Prüfungsbuch
Hochbau

Maurer • Beton- und Stahlbetonbauer

Lutz Röder

Fragen und Antworten
- zur Vorbereitung auf Klassenarbeiten, Zwischenprüfung und Abschlussprüfung
- zum Üben und Wiederholen
- zum Nachschlagen

7., überarbeitete Auflage

Handwerk und Technik
Best.-Nr. 5650

Bildquellen
„Lernfeld Bautechnik – Grundstufe", Handwerk und Technik GmbH, Hamburg, 2016
„Lernfeld Bautechnik – Fachstufen Maurer", Handwerk und Technik GmbH, Hamburg, 2014
„Lernfeld Bautechnik – Fachstufen Maurer, Beton- und Stahlbetonbauer",
Handwerk und Technik GmbH, Hamburg, 2016
„Tabellenbuch Bau", Handwerk und Technik GmbH, Hamburg, 2015
DYWIDAG-Systems International GmbH, Unterschleißheim, S. 512 o.
CMS – Cross Media Solutions GmbH, Würzburg
Hans-Hermann Kropf, Syrgenstein

7., überarbeitete Auflage 2016

Dieses Werk folgt der reformierten Rechtschreibung und Zeichensetzung.

Dieses Buch ist auf Papier gedruckt, das aus 100% chlorfrei gebleichten Faserstoffen hergestellt wurde.

Verlag Handwerk und Technik GmbH, Postfach 10 23 52, 70019 Stuttgart, Tel. 07 11/6 14 39 15, Fax: 07 11/6 14 39 22, E-Mail: info@handwerk-technik.de, Internet: www.handwerk-technik.de

Umschlagabbildungen:
Helmut Sommer, Stuttgart, links; Fotolia Deutschland Berlin, © www.fotolia.de, (© Kadmy), rechts
Satz: CMS – Cross Media Solutions GmbH, Würzburg
Druck und Weiterverarbeitung: Konrad Triltsch, Print und digitale Medien GmbH, Ochsenfurt-Hohestadt

ISBN 978-3-7782-**5650**-3

Vorwort

Das vorliegende **Prüfungsbuch** für **Maurer, Beton- und Stahlbetonbauer** sowie die entsprechenden Schwerpunkte der **Hochbaufacharbeiter** ist als **Lernbegleiter** von der ersten Unterrichtsstunde bis zur Abschlussprüfung konzipiert.
Mit mehr als 1300 Aufgaben und Antworten bzw. Lösungen deckt es die Inhalte der aktuellen Lehrpläne für alle Lernfelder von der Grundstufe bis zum Ende des 3. Ausbildungsjahres ab.

Mit diesem Buch können Sie also
- **Unterrichtsinhalte** nacharbeiten und vertiefen,
- sich auf **Leistungskontrollen** vorbereiten,
- zu jedem Lernfeld zusätzliche **Mathematikaufgaben** bearbeiten und
- sich auf die **Zwischen- und Abschlussprüfung** vorbereiten.

Das Buch eignet sich somit hervorragend zur Unterstützung des **selbstständigen, eigenverantwortlichen Lernens** und liefert eine **solide Wissensbasis** für alle Prüfungen.

Vorwort zur 7. Auflage

Die Neuauflage wurde genutzt, um das Buch **gründlich zu überarbeiten** und in Hinblick auf die aktuellen Entwicklungen der Technik und Normung auf den **neuesten Stand** zu bringen. Beispielhaft seien hier die DIN 18065 „Gebäudetreppen" (Bezeichnung und Darstellung), die DIN 18300 „Erdarbeiten" (Homogenbereiche statt Boden- und Felsklassen), die DIN 18550 „Planung, Zubereitung und Ausführung von Innen- und Außenputzen" (Putzmörtelgruppen PI . . . PIV entfallen) sowie die DIN EN 771 „Festlegungen für Mauersteine" (P- und U-Ziegel statt LD- und HD-Ziegeln) genannt. Außerdem wurden zahlreiche **Anregungen von Benutzern** umgesetzt, für die wir uns herzlich bedanken.

Im Herbst 2016

Inhalt

Lernen – aber wie?

Um mit Erfolg zu lernen, sind einige einfache Regeln sehr hilfreich:

1. Wann lerne ich?

Die menschliche Leistungsfähigkeit ist nicht über den ganzen Tag gleich – sie unterliegt tageszeitlichen Schwankungen. Die größte Leistungsfähigkeit liegt zwischen 8 Uhr und 13 Uhr sowie am Abend zwischen 17 Uhr und 21 Uhr.

| 1 | 2 | 3 | 4 | 5 | 6 | 7 | 8 | 9 | 10 | 11 | 12 | 13 | 14 | 15 | 16 | 17 | 18 | 19 | 20 | 21 | 22 | 23 | 0 |

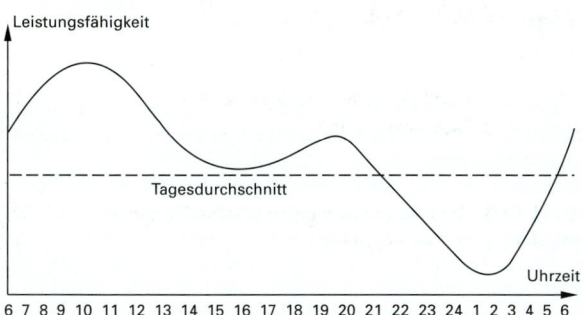

2. Wie lerne ich?

Der „Speicher" ist begrenzt und eine Vielzahl gleicher oder ähnlicher Inhalte ist nicht aufnehmbar bzw. führt später dann zu Verwechselungen.

Daher sollte der Stoff im thematischen Wechsel gelernt werden:
- Faktenfragen: hier wird „auswendig gelernt".
- Beschreibung von Abläufen: hier werden logische Abläufe begriffen.
- Mathematik: hier werden ähnliche Aufgaben immer wieder mit anderen Zahlen wiederholt („trainiert"), bis es klappt.

Faktenfragen mit „Nennen Sie", „Zählen Sie auf" führen schnell dazu, dass nichts Neues mehr aufgenommen werden kann. Daher bietet sich nach einer kurzen Pause ein Wechsel an, indem zum Beispiel logische Abläufe und verschiedene Mathematikaufgaben wiederholt werden.
So wird die reine Lernphase („Auswendiglernen") durch anderweitige Übungsphasen (z. B. „Trainieren") ergänzt, in der man sich wieder erholen kann.

3. Hilft das Buch unter dem Kopfkissen?

Angeblich soll es hilfreich sein, das Buch nachts unter das Kopfkissen zu stecken, um den Inhalt des Buches zu lernen.

Was ist dran?

Wenn man am frühen Morgen noch schnell versucht etwas zu lernen, so überlagern die in der Folge über den Tag auf den Menschen einströmenden Eindrücke (Straßenverkehr, Schule, Freunde,) diese gelernten Fakten und Inhalte, sodass die meisten wie bei einer Festplatte „überschrieben" werden.

Wenn man aber abends vor dem Schlafen noch lernt (danach muss das Buch nicht unbedingt unter das Kissen gesteckt werden), so folgt in der Nacht eine „reizarme Zeit", in der der Kopf keine neuen Eindrücke aufnimmt. Das Gelernte prägt sich auf der „Festplatte" ein und ist viel besser abgespeichert.

4. „Übung macht den Meister!" – stimmt das?

Ja – natürlich! Je häufiger etwas wiederholt wird, desto besser prägt es sich ein. Um sich den ganzen Inhalt des Buches so zu erarbeiten, dass er in der Prüfung „abrufbar" ist, ist es also nötig rechtzeitig zu beginnen.

Das Buch ist nach Lernfeldern geordnet. Sie können jedes Lernfeld einzeln bearbeiten und sich so auf die Klassenarbeiten oder Kurzkontrollen vorbereiten. Dabei sollte aber nicht vergessen werden, nach einiger Zeit die Inhalte der vergangenen Lernfelder wieder anzuschauen und gezielt zu wiederholen. Das erspart vor der Zwischen- oder Abschlussprüfung die Angst, „nicht mehr alles zu schaffen", weil es einfach zuviel Stoff ist. Dabei empfiehlt es sich, alle richtig gelösten Aufgaben mit einem Häkchen zu versehen. Beim zweiten Durchgang ist ebenso zu verfahren, sodass man sich beim dritten Durchgang auf die „hartnäckigen" Fragen konzentrieren kann.

5. Wie gut sind „Spickzettel"?

Sehr gut! Nehmen Sie sich einen möglichst kleinen Zettel und versuchen Sie, einen Spickzettel anzufertigen. Schnell merken Sie, was Sie nicht aufschreiben müssen (also schon können), und wo Sie noch Nachholbedarf haben. Schreiben Sie den Spickzettel und lernen Sie besonders die dort aufgeschriebenen Fakten.

Damit haben Sie das Wichtigste gelernt – und können auf den Zettel in der Klassenarbeit oder Prüfung getrost verzichten.

Lernfeld 1
Einrichten der Baustelle

1. Nennen Sie die drei wesentlichen Teile eines Bauantrages.

1. Lageplan
2. Entwurfszeichnungen 1: 100
3. Baubeschreibung

2. Welche Entwurfszeichnungen sind im Bauantrag im Maßstab 1: 100 einzureichen?

- Grundrisse aller Etagen,
- Schnittdarstellung,
- alle Ansichten.

3. Beschreiben Sie, auf welche Art ein Bauunternehmen zu einem öffentlichen Auftrag kommt.

- Information über aktuell geplante Bauvorhaben in Ausschreibungsblättern, in der Kommune oder auch im Internet,
- Anforderung der Ausschreibungsunterlagen,
- Kalkulation der Preise entsprechend der Positionen des Leistungsverzeichnisses und Erstellung eines kostendeckenden Angebotes,
- am Termin der Angebotseröffnung („Submission") werden alle Angebote geöffnet und der günstigste Anbieter erhält den Bauauftrag.

4. Nach welchen Kriterien wird ermittelt, welches Bauunternehmen das „günstigste Angebot" abgegeben hat?

- Preis,
- Bauzeit,
- Leistungsfähigkeit des Unternehmens (Anzahl/Qualifikation der Beschäftigten, Qualität vorheriger Bauvorhaben),
- Qualität der Bauausführung,
- zusätzliche Leistungen (Garantien, Service, Wartungsverträge,…).

5. Was ist in einem Bauzeitenplan abzulesen?

- auszuführende Arbeiten und eingesetzte Gewerke/Bauunternehmen,
- zeitliche Folge der Bauarbeiten,
- Beginn/Ende der einzelnen Tätigkeiten mit Soll- (geplanten) und Ist- (tatsächlich erreichten) Zeiten.

6. Nennen Sie mindestens zehn Elemente, die in einem Baustelleneinrichtungsplan in ihrer Lage festgelegt werden müssen.

1. Bauwerk
2. Arbeitsräume, Böschungen
3. Lagerplätze für Material und Aushub
4. Standplätze für Geräte und Maschinen (Kran, Betonpumpe, Mischanlage,…)
5. Schwenkbereich des Kranes
6. Unterkünfte
7. Sanitärräume
8. Magazin/Lagerräume
9. Bauleitung
10. Wasser- und Stromanschlüsse
11. wenn notwendig Entwässerung (z. B. bei Grundwasserabsenkungen)
12. Zufahrten, Durchfahrten, Parkplätze

7. Welche Elemente der Baustelleneinrichtung müssen unbedingt im Schwenkbereich des Kranes liegen?

- gesamtes Bauwerk,
- Lagerflächen für Material (Holz, Ziegel, Baustahl,…),
- Lagerflächen für Ausrüstung (Schalung,…),
- Teile der Arbeitsvorbereitung (Zimmererplatz, Stahlbiegeplatz,…),
- Gerätestandflächen (Baustellenmischanlage, Betonanlieferung,…).

8. Welche Elemente der Baustelleneinrichtung sollen außerhalb des Schwenkbereiches des Kranes liegen?

- Unterkünfte,
- Sanitäranlagen,
- Lagerplatz für Aushub und Oberboden,
- Bauleitung.

9. Benennen Sie die Teile des abgebildeten Turmdrehkranes.

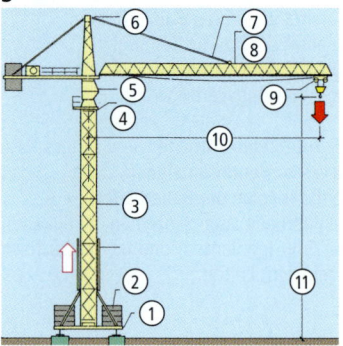

1 – Fundament/Aufstellfläche
2 – Ballast unten
3 – Turm
4 – Drehwerk
5 – Kabine
6 – Turmspitze
7 – Abspannung
8 – Ausleger
9 – Laufkatze
10 – maximale Ausladung = Reichweite
11 – maximale Höhe

10. In welche Arten werden Turmdrehkrane unterschieden
a) nach der Art des Auslegers,
b) nach der Lage des Drehpunktes?

a) • Nadelausleger,
   • Laufkatzausleger,
   • Knickausleger.
b) • oben drehend,
   • unten drehend.

11. Nennen Sie fünf Großgeräte, deren Standplätze in der Baustelleneinrichtung berücksichtigt werden müssen.

1. Turmdrehkran
2. Mobilkran
3. Mischanlage
4. Betonpumpe
5. Fahrmischer

12. Zur Erstellung eines Bauwerkes müssen der Gehweg und ein Teil der Straße gesperrt werden.
a) Wer hat den erforderlichen Verkehrszeichenplan auszuarbeiten?
b) Wer genehmigt den Verkehrszeichenplan?
c) Wer ist für die Einhaltung des Planes während der gesamten Bauzeit verantwortlich?
d) Wer darf und soll die Einhaltung kontrollieren?

a) das Bauunternehmen
b) die zuständige Straßenverkehrsbehörde
c) das Bauunternehmen
d) • die Straßenverkehrsbehörde bzw. das Bauordnungsamt,
   • das Gewerbeaufsichtsamt,
   • die Bau-Berufsgenossenschaft.

13. Zur Sicherung einer Baustelle im Verkehrsbereich werden diese Verkehrszeichen verwendet. Was bedeuten sie?

a) allgemeine Gefahrenstelle
b) Achtung Arbeitsstelle
c) einseitige Fahrbahneinengung
d) beidseitige Fahrbahneinengung
e) dem Gegenverkehr Vorfahrt gewähren
f) Achtung Gegenverkehr

14. Nennen Sie mindestens sieben Elemente, die zur Sicherung einer Baustelle im Straßenbereich eingesetzt werden können.

1. Verkehrszeichen
2. Absperrschranke
3. Leitbake
4. Leitkegel
5. Warnbänder
6. Lichtsignalanlagen
7. Bauzaun
8. Warnleuchten

15. Wie viele Warnleuchten sind einzusetzen, wenn durch eine Baustelle
a) eine Fahrspur gesperrt wird,
b) die gesamte Fahrbahn gesperrt wird?

a) $3 \times$ gelb
b) $5 \times$ rot

16. Was ist zu beachten, um bei Längenmessungen möglichst exakte Ergebnisse zu erhalten?

- Maßband am Nullpunkt anlegen
- Maßband nicht durchhängen lassen.
- Maßband nicht zu stark ziehen (Dehnung).
- Im geneigten Gelände waagerechte Teilstrecken messen und addieren.
- Lange Strecken entlang einer Fluchtlinie messen.
- Wenn möglich, große Entfernungen elektronisch messen (mittels Tachymeter).

17. Welche Geräte werden in der Vermessung verwendet, zur Messung von
a) Längen,
b) Höhen,
c) Winkeln/Richtungen?

a) Tachymeter
b) Nivelliergerät
c) Theodolit

18. Nennen Sie vier Möglichkeiten, einen rechten Winkel abzustecken.

- mit dem „Baudreieck" im Verhältnis 3 : 4 : 5,
- mittels Winkelprisma,
- mittels Kreuzscheibe,
- mit dem „Schnurdreieck".

19. Zählen Sie mindestens sieben Regeln zum Verhalten auf Baustellen auf, die dazu dienen, Unfälle zu vermeiden.

1. Schutzkleidung und Sicherheitsschuhe tragen.
2. Schutzhelm aufsetzen.
3. Ordnung am Arbeitsplatz halten.

→

→

4. Nur einwandfreie Werkzeuge und Geräte verwenden.
5. Mängel an Geräten sofort melden und abstellen lassen.
6. Kein Aufenthalt unter schwebenden Lasten (Kran).
7. Sicherheitszeichen und Gefahrensignale beachten.
8. Alkoholverbot.

20. Welche Forderungen sind bei der Verwendung von Anlegeleitern zu beachten?

- Auf einer ebenen Fläche standfest aufstellen.
- Gegen Verrutschen und Einsinken sichern.
- Anstellwinkel etwa 70°.
- Die Leiter muss mindestens 1,00 m über den Austritt herausragen.

Lernfeld 1
Fachmathematik

1. In einem Lageplan 1:500 ist die Länge l_R eines Gebäudes mit 48,60 m angegeben. Wie lang ist die Länge l_Z des Hauses gezeichnet?

$$n = \frac{\text{reale Länge}}{\text{Zeichnungslänge}} = \frac{l_R}{l_Z}$$

$$l_Z = \frac{l_R}{n} = \frac{48,60\,\text{m}}{500}$$

$$l_Z = 0,0972\,\text{m}$$

$$l_Z = \underline{9,7\,\text{cm}}$$

2. Auf einer Bauzeichnung 1:150 ist eine Straße 56 cm lang eingezeichnet. Wie lang ist die Straße im Gelände?

$$n = \frac{\text{reale Länge}}{\text{Zeichnungslänge}} = \frac{l_R}{l_Z}$$

$$l_R = l_Z \cdot n$$

$$l_R = 0,56\,\text{m} \cdot 150$$

$$l_R = \underline{84,00\,\text{m}}$$

3. Eine 22,50 m breite Brücke ist in der Zeichnung 4,5 cm breit ge- →

$$n = \frac{\text{reale Länge}}{\text{Zeichnungslänge}} = \frac{l_R}{l_Z}$$
→

**zeichnet. In welchem Maßstab
wurde die Zeichnung erstellt?**

$$n = \frac{22,50\ \text{m}}{0,045\ \text{m}}$$

$$n = 500$$

$$\underline{\underline{1:500}}$$

**4. Aus einer Bauzeichnung 1:250
wurden mit dem Lineal folgende
Werte gemessen:**
a) Schachttiefe 2,3 cm,
b) Straßenbreite 4,2 cm,
**c) Länge der Hausanschluss-
leitung 8,1 cm,**
d) Gebäudelänge 5,5 cm,
e) Gebäudebreite 6,7 cm.
**Wie groß sind diese Maße in der
Realität?**

a) Schachttiefe:

$$n = \frac{\text{reale Länge}}{\text{Zeichnungslänge}} = \frac{l_R}{l_Z}$$

$$l_R = l_Z \cdot n$$

$$l_R = 2,3\ \text{cm} \cdot 250 = 575\ \text{cm}$$

$$l_R = \underline{\underline{5,75\ \text{m}}}$$

b) Straßenbreite:

$$n = \frac{\text{reale Länge}}{\text{Zeichnungslänge}} = \frac{l_R}{l_Z}$$

$$l_R = l_Z \cdot n$$

$$l_R = 4,2\ \text{cm} \cdot 250 = 1050\ \text{cm}$$

$$l_R = \underline{\underline{10,50\ \text{m}}}$$

c) Länge Hausanschlussleitung:

$$n = \frac{\text{reale Länge}}{\text{Zeichnungslänge}} = \frac{l_R}{l_Z}$$

$$l_R = l_Z \cdot n$$

$$l_R = 8,1\ \text{cm} \cdot 250 = 2025\ \text{cm}$$

$$l_R = \underline{\underline{20,25\ \text{m}}}$$

d) Gebäudelänge:

$$n = \frac{\text{reale Länge}}{\text{Zeichnungslänge}} = \frac{l_R}{l_Z}$$

$$l_R = l_Z \cdot n$$

$$l_R = 5,5\ \text{cm} \cdot 250 = 1375\ \text{cm}$$

$$l_R = \underline{\underline{13,75\ \text{m}}}$$

e) Gebäudebreite:

$$n = \frac{\text{reale Länge}}{\text{Zeichnungslänge}} = \frac{l_R}{l_Z}$$

$$l_R = l_Z \cdot n$$

$$l_R = 6,7\,\text{cm} \cdot 250 = 1675\,\text{cm}$$

$$l_R = \underline{16,75\,\text{m}}$$

5. Ermitteln Sie die fehlenden Werte.

	Maß-stab	l_Z	l_R
a)	1 : 50	12,3 cm	?
b)	?	6,5 cm	1,300 km
c)	1 : 250	?	21,00 m
d)	1 : 75	?	3,75 m
e)	?	7,1 cm	2,84 m

	Maßstab	l_Z	l_R
a)	1 : 50	12,3 cm	6,15 m
b)	1 : 20000	6,5 cm	1,300 km
c)	1 : 250	8,4 cm	21,00 m
d)	1 : 75	5,0 cm	3,75 m
e)	1 : 40	7,1 cm	2,84 m

6. Sie sollen mittels „Bau-dreieck" im Verhältnis 3 : 4 : 5 am Punkt X eine Zwischenwand im rechten Winkel anlegen.
a) Ermitteln Sie die erforder-lichen Werte a und b, wenn $c = 2,00$ m beträgt.
b) Berechnen Sie a und c, wenn die Zwischenwand nur eine Länge von 3,20 m hat.
c) Wie groß sind b und c, wenn $a = 75$ cm ist?

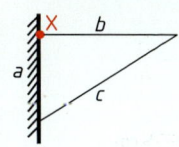

a) $3 : 4 : 5 = a : b : 2,00$ m

1 Teil $\cong \dfrac{2,00\,\text{m}}{5} = 0,40\,\text{m}$

$a = 3 \cdot 0,40$ m $b = 4 \cdot 0,40$ m

$a = \underline{1,20\,\text{m}}$ $b = \underline{1,60\,\text{m}}$

b) $3 : 4 : 5 = a : 3,20$ m $: c$

1 Teil $\cong \dfrac{3,20\,\text{m}}{4} = 0,80\,\text{m}$

$a = 3 \cdot 0,80$ m $c = 5 \cdot 0,80$ m

$a = \underline{2,40\,\text{m}}$ $c = \underline{4,00\,\text{m}}$

c) $3 : 4 : 5 = 0,75$ m $: b : c$

1 Teil $\cong \dfrac{0,75\,\text{m}}{3} = 0,25\,\text{m}$

$b = 4 \cdot 0,25$ m $c = 5 \cdot 0,25$ m

$b = \underline{1,00\,\text{m}}$ $c = \underline{1,25\,\text{m}}$

7. **Ermitteln Sie für folgende Beispiele die zum Anlegen eines Baudreieckes erforderlichen Werte.**

	a	b	c
a)	?	?	1,00 m
b)	?	2,00 m	?
c)	3,60 m	?	?
d)	?	?	3,50 m
e)	?	8,40 m	?

	a	b	c
a)	0,60 m	0,80 m	1,00 m
b)	1,50 m	2,00 m	2,50 m
c)	3,60 m	4,80 m	6,00 m
d)	2,10 m	2,80 m	3,50 m
e)	6,30 m	8,40 m	10,50 m

Lernfeld 2
Erschließen und Gründen eines Bauwerkes

2

1. Zu welchem Zweck werden Böden in Homogenbereiche eingeteilt?

Bei der Einteilung in Homogenbereiche fasst der Planer die Bodenschichten, die mit vergleichbarem Aufwand gelöst werden können, in einen Bereich zusammen. Dieser Aufwand bestimmt
- Art und Anzahl der Geräte,
- Bauzeit,
- Personaleinsatz,
- Kosten des Bauvorhabens.

Aus diesem Grund ist diese Einteilung nur bei der Ausschreibung und bei der Abrechnung der Bauleistungen maßgebend.

2. Nach welchem Regelwerk werden die Böschungswinkel festgelegt:
a) auf der Baustelle,
b) bei der Bauabrechnung?

a) auf der Baustelle:
   Für alle Tätigkeiten auf der Baustelle gelten die UVV (Unfallverhütungsvorschriften) und die DIN 4124. Dort sind die Böschungswinkel festgelegt.
b) bei der Bauabrechnung:
   Für die Bauabrechnung gilt die VOB/C DIN 18300. Hier sind keine Böschungswinkel mehr angegeben, es gelten die Winkel der DIN 4124.

3. Zu welchem Zweck werden Böden in Bodenarten unterteilt?

Die Einteilung in Bodenarten bestimmt die typischen Eigenschaften der Böden wie
- Tragfähigkeit,
- Setzungsverhalten,
- Frostverhalten.

Daher werden in der Baupraxis wichtige Sachverhalte wie Verbauart und Böschungswinkel an Baugruben und Gräben nach den Bodenarten festgelegt.

4. In den Baugrundgutachten werden die Böden (nach ihrer Korngröße unterteilt) mit englischen Kurzzeichen gekennzeichnet. Erklären Sie, was mit den Kurzzeichen gemeint ist, und nennen Sie die entsprechende Korngröße:
a) Cl,
b) Si,
c) Sa,
d) Gr,
e) Co,
f) Bo.

Kurz	Engl.	Deu.	Korngröße
Cl	Clay	Ton	0........ 0,002 mm
Si	Silt	Schluff	0,002 ..... 0,06 mm
Sa	Sand	Sand	0,06 ...... 2,0 mm
Gr	Gravel	Kies	2,0 ..... 63 mm
Co	Cobble	Steine	63 .... 200 mm
Bo	Boulder	Blöcke	> 200 mm

5. Erläutern Sie den Begriff „bindiger Boden". Warum haften die Bodenteilchen aneinander? Nennen Sie typische Beispiele.

Bindige Böden besitzen einen inneren Zusammenhalt, sind plastisch. Der Boden hat eine sehr feine Struktur mit Bodenteilchen von < 0,06 mm Durchmesser. Das im Boden vorhandene Wasser haftet an den Oberflächen der benachbarten Teilchen (Adhäsion) und hält sie so zusammen.
Beispiele:
- Ton
- Lehm
- Schluff
- Mergel

6. Erläutern Sie den Begriff „nichtbindiger Boden". Warum gibt es bei nichtbindigen Böden keinen inneren Zusammenhalt? Nennen Sie typische Beispiele.

Nichtbindige Böden bilden ein loses Gefüge. Die grobe Kornstruktur mit Bodenteilchen > 0,06 mm Durchmesser besitzt zwar im Regelfall einen Wasserfilm, der an den Berührungspunkten der Körner aber unterbrochen ist und so die deutlich schwereren Körner nicht zusammenhalten kann.
Beispiele:
- Kies
- Sand
- Kies-Sand-Gemische

7. Wovon ist die Tragfähigkeit eines bindigen Bodens abhängig? Begründen Sie Ihre Aussage.

Die Tragfähigkeit eines bindigen Bodens ist vom Wassergehalt abhängig.
Ein bindiger Boden mit geringem Wassergehalt hat um die Bodenteilchen sehr dünne Wasserfilme mit einer sehr großen Anziehungskraft und damit eine hohe Tragfähigkeit. Mit zunehmendem Wassergehalt werden die Wasserfilme dicker, der Boden weicht auf, wird sehr plastisch und verliert seine Tragfähigkeit.

8. Wovon ist die Tragfähigkeit eines nichtbindigen Bodens abhängig? Begründen Sie Ihre Aussage.

Die Tragfähigkeit eines nichtbindigen Bodens ist vom „Winkel der inneren Reibung" abhängig.
Im nichtbindigen Boden haben die Bodenteilchen eine direkte Kornberührung. Durch eine gute Verzahnung geben die Bodenteilchen die Last ohne Verschiebung von Korn zu Korn weiter. Die Verzahnung bzw. Reibung ist besonders hoch bei möglichst
• großer Körnung,
• weit abgestufter Körnung,
• Körnung mit rauer Oberfläche.

9. Beschreiben Sie das Setzungsverhalten eines bindigen Bodens.

Der bindige Boden hat eine Vielzahl sehr kleiner Hohlräume. Unter der Bauwerkslast wird das Porenwasser des Bodens ganz langsam seitlich verpresst. Dies ist ein sehr langwieriger Prozess, in dessen Verlauf es über Jahre zu sehr großen Setzungsbeträgen kommen kann.

10. Beschreiben Sie das Setzungsverhalten eines nichtbindigen Bodens.

Im nichtbindigen Boden werden unter der Bauwerkslast die luftgefüllten Hohlräume verpresst. Die Setzung ist schon nach kurzer Zeit abgeschlossen. Die Setzungsbeträge sind gering.

11. Wie verhält sich nichtbindiger Boden bei Frost?

„Reiner" nichtbindiger Boden (weniger als 5 % Feinststoffe < 0,06 mm Durchmesser) besitzt kein kapillar aufsteigendes Wasser. Seitlich und von oben eindringendes Wasser wird nach unten abgeleitet. Eventuell noch bei Frost im Boden befindliche Feuchte dehnt sich in die Hohlräume hinein aus, daher gibt es keinerlei Frostausdehnungen und damit keine Schäden. Der Boden gilt als „frostsicher".

12. Wie verhält sich bindiger Boden bei Frost?

Das im Boden reichlich vorhandene Wasser dehnt sich aus. Kapillar aufsteigendes weiteres Wasser setzt sich von unten an die gefrorene Schicht und bildet Eislinsen. Dadurch hebt sich der Boden.

13. Wie sollte ein nichtbindiger Boden beschaffen sein, um eine möglichst hohe Tragfähigkeit zu haben? Wählen Sie in den vier Gruppen jeweils a oder b.

1.	a	plattiges, flaches Gestein
	b	gedrungenes, kompaktes Gestein
2.	a	weit abgestuftes Korngemisch
	b	eng gestuft, steile Sieblinie
3.	a	sehr feines Gestein
	b	möglichst großes Größtkorn
4.	a	raues, gebrochenes Gestein
	b	Rundkorn, glatte Oberflächen

1. b

2. a

3. b

4. a

14. Was versteht man unter einer „Bauabsteckung"?

Das exakte Einmessen der Eckpunkte des geplanten Bauwerkes auf dem Baugrundstück.

15. Welche Angaben müssen in einem Lageplan für ein zu errichtendes Gebäude enthalten sein?

- Das Baugrundstück mit den Grenzen,
- die Lage des Bauwerkes mit seinen Abmessungen.

16. Ein Bauwerk ist abgesteckt. Wie kann man überprüfen, ob das abgesteckte Bauwerk rechtwinklig ist?

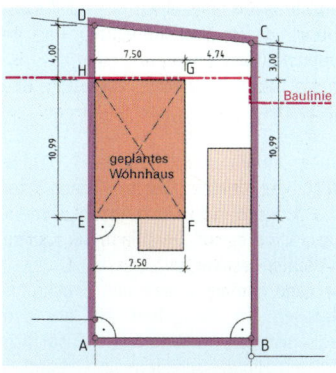

a) Errechnen der Diagonale:

$$d = \sqrt{10,99^2 + 7,50^2} = \text{.......} \, m$$

b) Messen der beiden Diagonalen. Wenn diese gleich lang sind (egal wie lang), sind alle vier Ecken rechtwinklig.

c) Kontrolle mit optischen Hilfsmitteln wie Winkelprisma oder Kreuzscheibe.

17. Nennen Sie die Böschungswinkel, die Sie entsprechend der Bodenart nach DIN 4124 bei der Absteckung der Baugrube einhalten müssen.

nichtbindiger Boden	45°
bindiger Boden	60°
Fels	80°

18. Benennen Sie die mit den entsprechenden Buchstaben bezeichneten Elemente der im Bild gezeigten Baugrube.

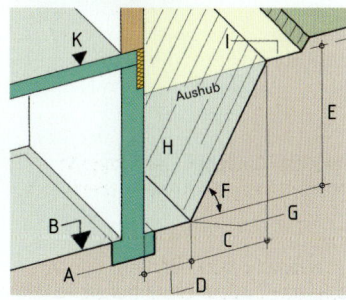

A – Fundamentsohle
B – Baugrubensohle
C – Böschungsbreite
D – Arbeitsraum
E – Baugrubentiefe
F – Böschungswinkel
G – Böschungsfuß
H – Böschung
I – Abtrag Oberboden
K – RFB Erdgeschoss

19. Sie sollen die Baugrube für ein Mehrfamilienhaus ausheben. Beschreiben Sie, welche Vorarbeiten dafür erforderlich sind.

- Bodenuntersuchung,
- Ermittlung der Wasserstände im Boden,
- Einmessen der Baugrube,
- Lage und Tiefe der im Baufeld vorhandenen Leitungen feststellen,
- Abbruch vorhandener Bebauung,
- Roden des Bewuchses,
- Abtrag und gesonderte Lagerung des Oberbodens.

20. Woran können Sie sich vor Ort orientieren, wenn die Lage der im Boden befindlichen Leitungen und Kanäle nicht bekannt ist:
a) bei Kanälen,
b) bei Druckrohrleitungen für Wasser, Gas, Abwasser und Fernwärme?

a) Kanäle laufen in Richtung und Gefälle exakt geradeaus. Durch Öffnen der Schachtdeckel lassen sich Anzahl, Dimension, Richtung und Tiefenlage der Kanäle im Baufeld bestimmen.

b) Die Lage der Armaturen von Druckrohrleitungen im Baugebiet ist an den Straßenkappen erkennbar. Zusätzlich wird mit Hinweisschildern an Gebäuden und Pfählen im Gelände auf die Lage hingewiesen. Die Leitungen laufen im Regelfall parallel zur Fahrbahn, die Hausanschlüsse zweigen rechtwinklig zum Gebäude ab.

21. Nennen Sie die vier typischen Baugeräte, die zum Aushub einer Baugrube verwendet werden können.

1. Bagger mit Tieflöffel
2. Bagger mit Greifer
3. Radlader
4. Laderaupe

22. Bei welchen Aushubgeräten setzt der Einsatz eine befahrbare Sohle und Rampe aus der Baugrube voraus?

- Laderaupe
- Radlader

23. Welche Aushubgeräte sind geeignet, um in kurzer Zeit große Mengen Boden auszuheben und auf einen Lkw zu verladen?

- Bagger mit Tieflöffel
- Radlader

24. Was versteht man unter einem „Flachbagger" und wann
→

„Flachbagger" ist der Fachausdruck für Planierraupen. Sie werden eingesetzt um ge-
→

22

wird er sinnvoll eingesetzt? Nennen Sie zwei Beispiele.

ringe Schichtdicken auf- oder abzutragen und über kurze Strecken zu transportieren.

Beispiele:
- Abtrag von Oberboden und seitliche Ablagerung auf Mieten,
- Herstellen eines Planums.

25. Ordnen Sie die Erdbaugeräte Planierraupe, Bagger mit Tieflöffel und Radlader folgenden Aufgaben zu:

a)	Aushub großer Bodenmengen und direkte Verladung auf Lkw
b)	Aushub der Baugrube und Transport des Bodens zur Lagerstelle
c)	Abtrag dünner Bodenschichten und seitliche Ablagerung

a)	Bagger mit Tieflöffel
b)	Radlader
c)	Planierraupe

26. Nennen Sie beim Aushub einer Baugrube die Mindestabmessungen für die Breite
a) des Arbeitsraumes,
b) der Schalung,
c) des Verbaus.

a) 50 cm bei geböschten Baugruben/60 cm bei verbauten Baugruben
b) 15 cm
c) 15 cm

27. Welche Mindestgrabenbreite ist beim Aushub eines Grabens für den Hausanschlusskanal generell mindestens einzuhalten?

Außendurchmesser des Rohres OD + 40 cm

28. Welche Verdichtungsgeräte kommen bei der lagenweisen Verfüllung und Verdichtung des Arbeitsraumes rund um ein Bauwerk
a) in bindigen Böden,
b) in nichtbindigen Böden
zum Einsatz?

a) • handgeführte Schaffußwalzen,
   • Stampfer.
b) • handgeführte Vibrationswalzen,
   • Vibrationsplatten.

29. Zählen Sie vier typische Geräte auf, mit denen auf Baustellen Höhen übertragen werden können.

1. Wasserwaage
2. Schlauchwaage
3. Nivelliergerät
4. Rotationslaser

30. Ordnen Sie die drei Geräte Wasserwaage, Schlauchwaage und Nivelliergerät den folgenden Aufgaben sinnvoll zu und begründen Sie Ihre Aussage:
a) **Kontrolle der Höhe der vier Eckpunkte einer größeren Baugrube.**
b) **Kontrolle der Höhe der beiden Auflager zum Versetzen eines Fenstersturzes.**
c) **Kontrolle der Fußbodenhöhen in allen Räumen eines Rohbaugeschosses.**

a) Nivelliergerät, da die Höhen auf großer Entfernung abgelesen werden müssen.
b) Wasserwaage, da sie ausreichend lang ist und immer zur Verfügung steht.
c) Schlauchwaage, da die Höhen in verschiedenen Räumen sind und durch die dazwischen liegenden Wände nicht einsehbar sind. Der Wasserspiegel in der Schlauchwaage ist trotzdem immer genau gleich hoch.

31. Benennen Sie die im Bild mit 1 ... 7 bezeichneten Teile eines Nivelliergerätes.

1 – Stehachse
2 – Zielachse
3 – Okular
4 – Fokussierschraube
5 – Fußschraube
6 – Dosenlibelle
7 – Stativ

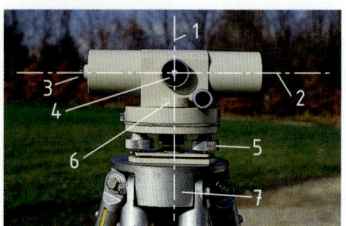

32. Beschreiben Sie das Vorgehen bei der Übertragung eines Höhenpunktes mit der Schlauchwaage.

Der Schlauch wird auf einer ebenen Fläche ausgerollt, von der einen Seite mit Wasser befüllt, bis in den beiden Glasröhrchen an den Enden das Wasser steht. Ein Röhrchen wird an die bekannte Höhe gehalten, das andere Röhrchen an der gewünschten Stelle angehalten. Nachdem sich der Wasserstand beruhigt hat, kann dort exakt die gleiche Höhe angetragen werden, da der Wasserspiegel exakt gleich hoch ist.

33. Erläutern Sie bei der Verwendung eines Nivelliergerätes
a) das Grundprinzip,
b) das Bestimmen eines Höhenpunktes.

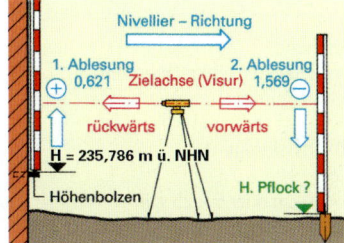

34. Erläutern Sie beim Nivellement die Begriffe
a) Rückwärtsablesung = Rückblick,
b) Vorwärtsablesung = Vorblick,
c) Visierhöhe = Zielhöhe.

35. Beschreiben Sie die Höhenmessung mittels Rotationslaser.

36. Was ist ein Schnurbock und wozu dient er?

a) Das Nivelliergerät wird mittels Libellen so eingestellt, dass die Zielachse exakt waagerecht ausgerichtet ist. Es entsteht eine waagerechte Zielebene (das „Niveau" – daher „Nivelliergerät").

b) An einer bekannten Höhe wird mittels Nivellierlatte die Höhe bis zur waagerechten Zielebene abgelesen und zur Höhe addiert. Im Beispiel:
235,786 m ü. NHN + 0,621 m
= 236,407 m ü. NHN (= Visierhöhe)
Nun kann an jeder beliebigen Stelle die Nivellierlatte aufgestellt, der dortige Wert abgelesen und von der Visierhöhe abgezogen werden. Im Beispiel:
236,407 m ü. NHN – 1,569 m
= 234,838 m ü. NHN

a) Rückblick:
Ablesung der Höhe am bekannten Punkt. Die Addition der Ablesung zur Höhe des Punktes ergibt die Visierhöhe.
b) Vorblick:
Ablesung der Höhe an einem unbekannten Punkt. Die Subtraktion der Ablesung von der Visierhöhe ergibt die Höhe des Punktes.
c) Visierhöhe:
Höhe der waagerechten Zielebene in alle Richtungen, aus bekannter Höhe + Rückblick berechnet. Von ihr können beliebig viele neue Punkte bestimmt werden.

Der rotierende Lichtpunkt bildet wie beim Nivelliergerät eine exakt waagerechte Scheibe (Zielebene). Die Höhe wird durch eine Ablesung nahe einem bekannten Höhenpunkt (Rückblick) bestimmt, und alle weiteren Punkte durch die Differenz zur Zielebene (Vorblicke).

Ein Schnurbock ist ein Holzgerüst an den Ecken außerhalb der Baugrube, zum Antragen der Gebäudefluchten.

37. Nennen Sie äußere Einflüsse, die die Standfestigkeit einer Böschung beeinflussen können.

- Witterung (Frost, Regen,…),
- Grund- und Schichtenwasserbewegungen,
- Erschütterungen durch Verkehr und Baumaschinen,
- Belastungen des Böschungsrandes (Material, Technik,..).

38. Zählen Sie mögliche Arten der Grabensicherung auf.

- Böschung,
- waagerechter/senkrechter Verbau,
- Verbau mittels Grabenverbaugeräten.

39. Nennen Sie die Mindestabmessungen folgender Elemente des waagerechten Holzverbaus:
a) lastfreier Streifen,
b) Verbauüberstand an der Geländekante,
c) Verbaubohlen,
d) Steife (Holz).

a) 60 cm beidseits
b) 5 cm
c) 5 × 20 cm oder 5 × 25 cm
d) Durchmesser $d = 10$ cm

40. Was versteht man unter einer Grabensicherung mittels „Grabenverbaugeräten"?

Grabenverbaugeräte sind großflächige Metallplatten, die mittels Stützen oder Stützrahmen den Erddruck der beiden Grabenseiten gegenseitig abstützen.

41. Nennen Sie die Böschungswinkel, die in Abhängigkeit von der Bodenart nach DIN 4124 einzuhalten sind.

nichtbindige und weiche bindige Böden	45°
bindige Böden mind. steifer Konsistenz	60°
Fels	80°

42. Beschreiben Sie anhand der Skizze die Belastung des Baugrundes durch das Bauwerk.

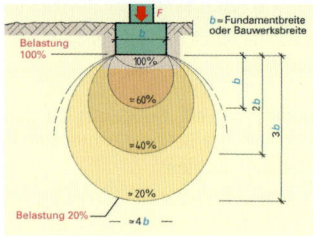

Das Bauwerk gibt die Summe der Lasten über die Fundamentsohle auf den Boden ab. Im Boden verteilt sich der Druck ähnlich Druck- oder Schallwellen kreisförmig. Da der Boden in größeren Tiefenlagen aber stärker verdichtet ist, entsteht eine sogenannte „Druckzwiebel", die etwa $b : h = 4 : 3$ abgeflacht ist. In einer Tiefe von etwa $3 \cdot b$ (b = Fundamentbreite) beträgt die verteilte Last pro m² nur noch 20 % der ursprünglichen Last und ebbt dann weiter ab.

43. Erläutern Sie die Begriffe
a) Setzung,
b) verstärkte Setzung,
c) Grundbruch.

a) Setzung:
Unter der Last des Bauwerkes wird im Boden vorhandene Luft oder Porenwasser verpresst. Das Bauwerk sinkt dabei ein, es kommt zu „Setzungen". Setzungen sind nicht zu verhindern, allerdings sollten sie unter dem Bauwerk gleichmäßig verlaufen.
b) Verstärkte Setzung:
Eine „verstärkte Setzung" entsteht, wenn zwei Gebäude so nahe nebeneinander gebaut werden, dass sich ihre Druckzwiebeln überlagern. Im überlagerten Bereich wird der Boden doppelt belastet, was zu einer stärkeren Setzung führt. An dieser Stelle sinkt dann das Bauwerk stärker ein, es kommt zu Rissen und Neigungen.
c) Grundbruch:
Wenn der Baugrund zu stark belastet wird, kann der Boden plötzlich seitlich ausweichen. Das kann einseitig („einseitiger Grundbruch") oder nach beiden Seiten („beidseitiger Grundbruch") geschehen.

44. Aus welchen Lasten setzt sich die Gesamtlast, die das Fundament auf den Baugrund überträgt zusammen?

- „Eigenlasten" = ständige Lasten, das heißt, die Lasten aller Bauteile und Baustoffe des Bauwerkes.
- „Nutzlasten" = zeitweilige Lasten, wie Personen, Einrichtungsgegenstände, Wind, Schneelasten,….

45. Unterscheiden Sie die beiden typischen Gründungsarten und nennen Sie die dazugehörigen Fundamente.

Flachgründungen	Tiefgründungen
Einzelfundament	Stehende Pfahlgründung
Streifenfundament	Schwebende Pfahlgründung
Plattenfundament	

**46. Erklären Sie, in welcher Situation üblicherweise
a) Streifenfundamente,
b) Einzelfundamente,
c) Plattenfundamente
eingesetzt werden.**

a) Streifenfundamente werden für die Übertragung von Linienlasten eingesetzt. Daher sind sie für alle Arten von Wänden (Mauerwerk, Ortbeton, Fertigteile) gebräuchlich.
b) Mit Einzelfundamenten werden Punktlasten von Stützen und Pfeilern auf den Baugrund übertragen. Sie sind für Skelett- und Hallenbauten, aber auch für einzelne Elemente wie Masten gebräuchlich.
c) Plattenfundamente verteilen die Bauwerkslast auf eine möglichst große Auflagefläche. Das wird nötig, wenn der Baugrund eine sehr geringe oder sehr unterschiedliche Tragfähigkeit aufweist. Plattenfundamente werden häufig auch zur Zeit- und damit Kostenersparnis eingesetzt.

47. Erklären Sie den Unterschied zwischen einer stehenden Pfahlgründung und einer schwebenden Pfahlgründung bezüglich der Kraftübertragung auf den Baugrund.

Stehende Pfahlgründung:
• Steht mit den Spitzen der Pfähle im tragfähigen Baugrund.
• Die Lasten werden über die Pfahlspitzen auf den Boden übertragen.
Schwebende Pfahlgründung:
• Die Pfähle stehen auf nicht ausreichend tragfähigem Boden.
• Lastübertragung ausschließlich über die Mantelreibung der Pfahlwandungen im Boden.

48. Welche Aufgaben müssen Fundamente erfüllen? Begründen Sie Ihre Aussagen.

• Schaffung einer ausreichend großen Auflagefläche, damit der Boden pro m^2 nicht überlastet wird. Das Fundament muss ausreichend breit und lang sein.
• Erreichen der frostsicheren Gründungstiefe, damit der Boden unter dem Fundament im Winter nicht durchfriert, was im Anschluss zu Frostsenkungen führen würde. Das Fundament muss ausreichend tief sein.

49. Welche frostsicheren Gründungstiefen sind in Abhängigkeit von der geografischen Höhenlage einzuhalten?

Höhenlage	Gründungstiefe
…..400 m ü. NHN	80 cm
…..1000 m ü. NHN	1,00 m
Über 1000 m ü. NHN	1,20 m

2

50. Sie sollen ein Streifenfundament ausheben. Worauf ist bei der fachgerechten Ausführung der Arbeiten besonders zu achten?

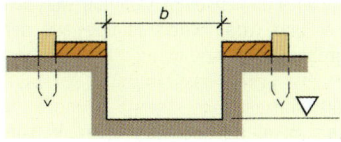

- Die Sohle soll eben und sauber sein, der Boden nicht unnötig aufgelockert werden.
- Die Sohle soll waagerecht, im geneigten Gelände stufenweise in waagerechten Abschnitten, hergestellt werden.
- Die Seitenwände sollen senkrecht (parallel) hergestellt werden, auf keinen Fall darf der Abstand nach unten geringer werden.
- Der obere Rand wird beidseitig mit Bohlen gesichert. Diese gewährleisten, dass das Fundament exakt waagerecht, fluchtrecht und in der richtigen Höhenlage abschließt.

51. Erklären Sie den Begriff „Wasserhaltung".

Unter „Wasserhaltung" werden alle Maßnahmen zusammengefasst, die dem Trockenhalten der Baugrube bzw. des Grabens während der Bautätigkeit dienen.

52. Welche nachteiligen Wirkungen können sich in einer Baugrube während der Bauzeit ergeben durch
a) Niederschlag,
b) Schichtenwasser,
c) Grundwasser?

a) Niederschlag:
- Das Wasser sammelt sich in der Baugrube und macht das Arbeiten unmöglich.
- An der Baugrubensohle anstehender bindiger Boden wird durchfeuchtet und verliert seine Tragfähigkeit.

b) Schichtenwasser:
- Das Wasser durchströmt den Boden und macht die Böschungen instabil, was zu Böschungsrutschungen führen kann.

c) Grundwasser:
- Das Wasser strömt beim Aushub von unten durch die Baugrubensohle, lockert diese auf und kann zum Auftrieb des Bauwerkes führen.

53. Unter welchen Bedingungen wird bei einer Baugrube eine offene Wasserhaltung eingesetzt? Beschreiben Sie die technische Vorgehensweise.

Die offene Wasserhaltung ist in der Lage, bei geringen Mengen an Niederschlag und Schichtenwasser die Baugrube trocken zu halten. Bei anstehendem Grundwasser ist dieses Verfahren nicht einsetzbar.

Auf der Fläche der Baugrube wird ein Flächendrän mit 1 % Gefälle in Richtung Böschung angelegt und mit Filterkies abgedeckt. Entlang der Böschungen wird in einem Graben ein Ringdrän mit dem Tiefpunkt (Pumpensumpf) in einer Baugrubenecke angelegt. Im Pumpensumpf sammelt sich das Wasser und wird mittels Pumpe aus der Baugrube gefördert.

54. In der Wasserversorgung werden entsprechend ihrer Funktion verschiedene Leitungsarten unterschieden. Erklären Sie die Begriffe
a) Zuleitung,
b) Versorgungsleitung,
c) Anschlussleitung,
d) Verbrauchsleitung,
e) Verteilleitung,
f) Steigleitung,
g) Stockwerksleitung.

a) Zuleitung:
Leitung vom Hochbehälter zum Versorgungsgebiet.
b) Versorgungsleitung:
Alle Leitungen im Straßennetz des Versorgungsgebietes.
c) Anschlussleitung:
Leitung von der Versorgungsleitung in der Straße bis ins Gebäude.
d) Verbrauchsleitung:
Alle Leitungen innerhalb des Gebäudes.
e) Verteilleitung:
Waagerechte Verteilung im Keller oder Erdgeschoss des Gebäudes in verschiedene Steigleitungen.
f) Steigleitung:
Senkrechte Leitung vom Keller des Gebäudes in die einzelnen Etagen.
g) Stockwerksleitung:
Leitungen in der Etage bis in die einzelnen Räume an die Verbrauchsstellen.

2

55. Welche Bezeichnungen tragen die mit „A" … „D" gekennzeichneten Wasserleitungen im Bild?

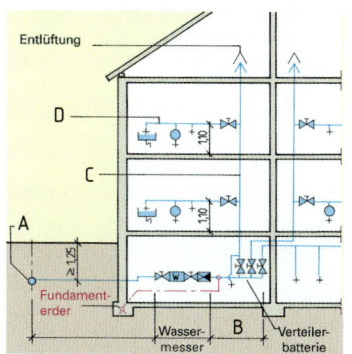

A	Versorgungsleitung
B	Verteilleitung
C	Steigleitung
D	Stockwerksleitung

56. Das im Gebäude anfallende Abwasser wird von verschiedenen Verbrauchsstellen in die Entwässerung eingeleitet. Welche Verbrauchsstellen werden in der Bauzeichnung gekennzeichnet mit den in der Abbildung aufgeführten Kurzzeichen?

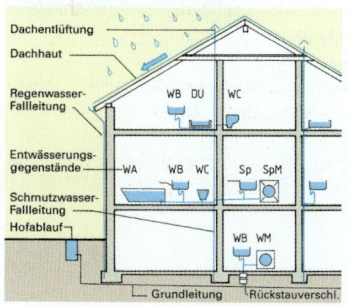

Kurzzeichen	Verbrauchsstelle
WA	Wanne
WB	Waschbecken
WC	Toilette
Sp	Spülbecken
SpM	Spülmaschine
WM	Waschmaschine

57. Benennen Sie die in der Darstellung mit 1 … 7 gekennzeichneten Bauteile eines Kontrollschachtes.

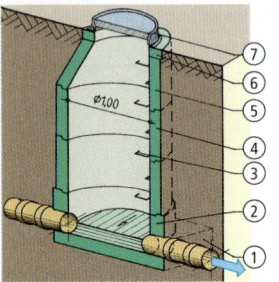

1 – Fundament
2 – Schachtunterteil mit Fließrinne
3 – Steigeisen
4 – Schachtring
5 – Schachthals („Konus")
6 – Auflagerung
7 – Schachtabdeckung

58. Zählen Sie vier Baustoffe auf, aus denen Abwasserkanalrohre hergestellt werden können.

- Kunststoff (PVC)
- Steinzeug (Stz)
- Beton (B)
- Duktiler Guss (GGG)

59. Mit welcher Art von Dichtung sind die Kanalrohre einzubauen:
a) PVC-Rohre,
b) Steinzeugrohre,
c) Betonrohre?

a) separat einzulegender Dichtring
b) Steckmuffe L (bis DN 200), Steckmuffe K (ab DN 200)
c) Gleitring

60. Welche Eigenschaften werden von Kanalrohren verlangt? Nennen Sie mindestens fünf.

- dicht,
- glatte Innenoberfläche,
- chemisch beständig,
- preiswert,
- hohe mechanische Festigkeit,
- Langlebigkeit.

61. Erklären Sie, welche Kanäle in den Bauzeichnungen mit folgenden Linienarten dargestellt sind:
a) _____
b) — — — — — — — —
c) —— · —— · —— · —— · —— · ——

a) Schmutzwasserkanal
b) Regenwasserkanal
c) Mischwasserkanal

62. Erklären Sie, welche Kanalrohre in der Bauzeichnung mit diesen Symbolen dargestellt werden:

a)

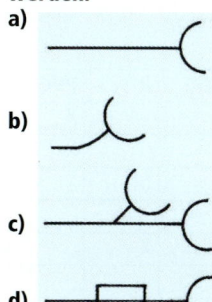

b)

c)

d)

a) gerades Rohr
b) Bogen
c) Abzweig
d) Reinigungsrohr

63. Beschreiben Sie die Vorgehensweise bei der Verlegung eines Abwasserkanals.

1. Die in der Zeichnung geplante Lage des Kanals wird im Gelände abgesteckt.
2. Graben mit der erforderlichen Tiefe ausheben, dabei ist das nötige Gefälle des Kanals schon zu berücksichtigen.
3. Ein Auflager von mindestens 10 cm (bei Felsboden 15 cm) Stärke aus Sand, Kies oder Splitt einbringen.
4. Rohre vom tiefer liegenden Punkt aus verlegen, dabei Flucht und Gefälle exakt einhalten.
5. Rohre in den Zwickeln seitlich unterstopfen, sodass sie auf der gesamten Länge im Auflager satt aufliegen.
6. Vor dem Zusammenschieben Muffe und Spitzende säubern, den exakten Sitz der Dichtung in der Muffe prüfen und Gleitmittel auf beide Enden auftragen.
7. Vorsichtiges Zusammenschieben mittels Brechstange (bei großen Rohren Baggerlöffel).
8. Anschließend Dichtheitsprüfung des Kanals.

64. Ordnen Sie den unterschiedlichen Rohrwerkstoffen von Ab-
wasserkanälen die entsprechenden Eigenschaften richtig zu.
Kreuzen Sie die zutreffenden
Eigenschaften an.

	Stz	GGG	B	PVC
A				
B				
C				
D				
E				
F				
G				

	Stz	GGG	B	PVC
A	X			X
B	X			X
C				X
D		X		
E		X	X	
F	X	X		
G	X			X

A = dauerhaft glatte Innenoberfläche
B = chemische Beständigkeit
C = geringer Preis
D = hoher Preis
E = hohe mechanische Festigkeit
F = Langlebigkeit
G = kaum Ablagerungen

65. Was versteht man unter einer
„Dränung"?
Erklären Sie die Begriffe
a) Dränleitung,
b) Dränschicht,
c) Dränelemente.

Dränung ist die Ableitung von Sicker- oder
Schichtenwasser in einer Schicht aus durch-
lässigem Material.
a) Leitung, die von außen Wasser aufnimmt
und innen mit einem Gefälle von mindestens 0,5 % ableitet.
b) Durchlässige Bodenschicht aus einem
Kies oder Kies-Sand-Gemisch, in der das
Wasser abfließen kann.
c) Hohlraumreiche Steine, Matten oder Platten, die das Wasser aufnehmen und ableiten können.

66. Welche Anforderungen
werden an eine Verkehrsfläche
gestellt?

- tragfähig,
- ebenflächig,
- frostbeständig,
- sichere Ableitung des Niederschlages.

67. Bezeichnen Sie in dem dargestellten Schichtenaufbau einer Pflasterfläche die einzelnen Schichten. Ordnen Sie die Schichten dem Oberbau und Untergrund zu.

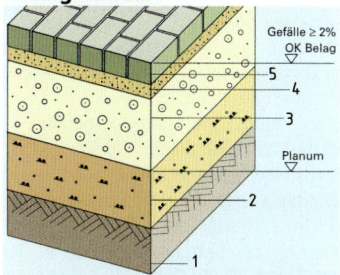

1 – anstehender Boden
2 – Schüttung
3 – Tragschicht/Frostschutz
4 – Bettung
5 – Pflaster
Untergrund:
- anstehender Boden
Unterbau:
- Schüttung, wenn nötig
Oberbau:
- Tragschicht/Frostschutz,
- Bettung,
- Pflaster.

68. Welche Funktionen erfüllen im Schichtaufbau einer Verkehrsfläche der
a) Oberbau,
b) Unterbau,
c) Untergrund?

Oberbau:
- Aufnahme und Verteilung der Verkehrslasten,
- Ableiten des Oberflächenwassers,
- Verschleißschicht, abriebfest,
- Frostschutz.
Unterbau:
- Erreichen der planmäßigen Höhenlage nach Projekt (Planum).
Untergrund:
- Natürlicher Boden, muss in der Lage sein die Lasten aufzunehmen.

69. Zählen Sie fünf Materialien auf, mit denen Sie einen Fußweg befestigen können.

1. Betonverbundpflaster
2. Klinkerplatten
3. Gehwegplatten aus Beton
4. keramische Platten
5. Rasensteine

70. Erklären Sie, um welche Randeinfassungssteine es sich bei folgenden Lieferbezeichnungen handelt:
a) HB 150 × 300,
b) TB 100 × 250,

a) Hochbordstein, 15 cm dick und 30 cm hoch
b) Tiefbordstein, 10 cm dick und 25 cm hoch

→   →

c) RB 150 × 220,
d) FB 200 × 200.

c) Rundbordstein, 15 cm dick und 22 cm hoch
d) Flachbordstein, 20 cm dick und 20 cm hoch

71. Sie sollen den Fußweg zu einem neu gebauten Haus herstellen. Nennen Sie die dazu notwendigen Arbeitsgänge in der richtigen Reihenfolge.

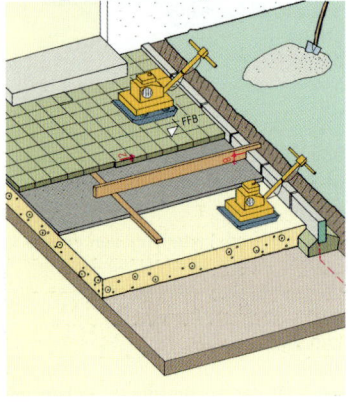

1. Abtragen des vorhandenen Oberbodens und Lagerung.
2. Ausheben des anstehenden Bodens bis zur Planumshöhe.
3. Herstellen des Planums (Verdichtung, Längs- und Quergefälle).
4. Herstellen der Randeinfassungen (Bordsteine, Betonbettung, …).
5. Einbringen der Tragschicht/Frostschutzschicht und Verdichtung.
6. Einbauen der Bettung, Abziehen in der richtigen Höhe und Gefälle.
7. Verlegen der Platten oder Betonpflastersteine.
8. Einsanden der Fugen.
9. Verdichten der fertigen Fläche mit Rüttelplatte.
10. Herstellen der Grünfläche zu beiden Seiten der Randeinfassungen.

Lernfeld 2
Fachmathematik

1. Berechnen Sie die Böschungsbreite eines 2,60 m tiefen Grabens im bindigen Boden.

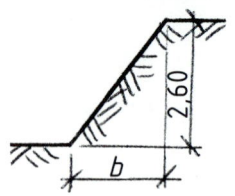

Böschungswinkel im bindigen Boden $= 60°$

Umrechnungsfaktor $60° = 0{,}58$
$b = 0{,}58 \cdot 2{,}60\,\text{m} = \underline{\underline{1{,}51\,\text{m}}}$

2. Berechnen Sie die Böschungs-breite eines 4,20 m tiefen Grabens im Felsboden.

Böschungswinkel im Felsboden = 80°

Umrechnungsfaktor $80° = 0,18$
$b = 0,18 \cdot 4,20\,m = \underline{\underline{0,76\,m}}$

3. Berechnen Sie die Böschungs-breite eines 1,80 m tiefen Grabens im nichtbindigen Boden.

Böschungswinkel im nichtbindigen Boden = 45°

Umrechnungsfaktor $45° = 1,00$
$b = 1,00 \cdot 1,80\,m = \underline{\underline{1,80\,m}}$

4. Ermitteln Sie die Böschungs-breiten von Baugrubenböschun-gen in folgenden Situationen:

Boden	Tiefe	Breite
nichtbindig	3,30 m	?
bindig	2,20 m	?
bindig	3,65 m	?
Fels	3,85 m	?
nichtbindig	2,15 m	?

Boden	Tiefe	Breite
nichtbindig	3,30 m	3,30 m
bindig	2,20 m	1,28 m
bindig	3,65 m	2,12 m
Fels	3,85 m	0,69 m
nichtbindig	2,15 m	2,15 m

5. Berechnen Sie die obere Grabenbreite eines 3,00 m tiefen geböschten Grabens mit einer Sohlbreite von 80 cm im nicht-bindigen Boden.

Obere Grabenbreite (b_O)
$= 2 \times$ Böschungsbreite (b_B) + Sohlbreite (b_s)

$\boxed{b_O = 2 \cdot b_B + s}$

$b_B = 1,0 \cdot 3,00\,m$
$b_O = 2 \cdot 3,00\,m + 0,80\,m$
$b_O = \underline{\underline{6,80\,m}}$

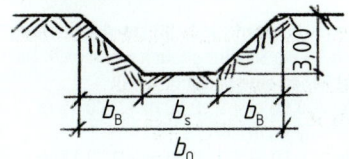

6. Berechnen Sie jeweils die oberen Grabenbreiten für folgende Bedingungen:

Boden	Tiefe	Sohle	Breite
bindig	2,75 m	0,90 m	?
nicht-bindig	2,10 m	0,80 m	?
bindig	3,05 m	1,00 m	?
Fels	3,50 m	1,10 m	?
Fels	4,30 m	1,00 m	?

Boden	Tiefe	Sohle	Breite
bindig	2,75 m	0,90 m	4,10 m
nicht-bindig	2,10 m	0,80 m	5,00 m
bindig	3,05 m	1,00 m	4,54 m
Fels	3,50 m	1,10 m	2,36 m
Fels	4,30 m	1,00 m	2,55 m

7. Im bindigen Boden soll die 2,15 m tiefe geböschte Baugrube für ein Ziegelgebäude von 13,50 m Länge und 11,30 m Breite ausgehoben werden. Berechnen Sie den Platzbedarf der Baugrube im Gelände (obere Länge und Breite).

Sohle = Gebäudemaß + 2 · 50 cm Arbeitsraum + 2 · 0,15 cm Schalung (wenn nötig). Wegen der Ziegelbauweise, wird keine Schalung benötigt, also:
Länge = 13,50 m + 2 · 0,50 m = 14,50 m
Breite = 11,30 m + 2 · 0,50 m = 12,30 m
Obere Länge = untere Länge
$\qquad$ + 2 · Böschungsbreite (b)

$b = 0,58 · 2,15$ m = 1,25 m

Obere Länge = 14,50 m + 2 · 1,25 m
$\qquad$ = 17,00 m
Obere Breite = untere Breite
$\qquad$ + 2 · Böschungsbreite (b)
Obere Breite = 12,30 m + 2 · 1,25 m
$\qquad$ = 14,80 m
Der Platzbedarf beträgt 17,00 × 14,80 m.

8. Für ein Bauwerk von 4,50 × 6,50 m soll im Felsboden eine 3,00 m tiefe Baugrube ausgehoben werden. Wie groß ist der Platzbedarf für die Baugrube?

Sohle = Bauwerk + 2 · 50 cm Arbeitsraum + 2 · 0,15 cm Schalung (auch wenn nicht bekannt ist, ob eine benötigt wird).
Länge = 6,50 m + 2 · 0,50 m + 2 · 0,15 m
$\qquad$ = 7,80 m
Breite = 4,50 m + 2 · 0,50 m + 2 · 0,15 m
$\qquad$ = 5,80 m
Obere Länge = untere Länge
$\qquad$ + 2 · Böschungsbreite (b)

$b = 0,18 · 3,00$ m = 0,54 m

→

2

Obere Länge $= 7,80 \text{ m} + 2 \cdot 0,54 \text{ m}$
$\qquad = \underline{8,88 \text{ m}}$
Obere Breite $=$ untere Breite
$\qquad + 2 \cdot$ Böschungsbreite (b)
Obere Breite $= 5,80 \text{ m} + 2 \cdot 0,54 \text{ m}$
$\qquad = \underline{6,88 \text{ m}}$
Der Platzbedarf beträgt $\underline{8,88 \times 6,88 \text{ m}}$.

9. Welcher Platzbedarf ist für folgende Baugruben im Baugelände nötig?
(Die Gebäude sollen aus Stahlbeton hergestellt werden.)
Bauwerksmaße:

	Länge	Breite	Tiefe	Boden
a)	12,40 m	6,30 m	2,10 m	nicht-bindig
b)	18,80 m	9,90 m	2,85 m	bindig
c)	6,85 m	4,45 m	3,30 m	bindig
d)	13,70 m	7,85 m	1,90 m	Fels
e)	25,20 m	8,95 m	4,15 m	Fels

Baugrubenmaße/Platzbedarf:

	Länge (oben)	Breite (oben)
a)	17,90 m	11,80 m
b)	23,40 m	14,50 m
c)	11,97 m	9,57 m
d)	15,68 m	9,83 m
e)	28,00 m	11,75 m

10. Berechnen Sie den Erdaushub und die Verfüllung einer 3,20 m tiefen geböschten Baugrube im bindigen Boden für ein Gebäude von $12,60 \times 15,40$ m in Ziegelbauweise:

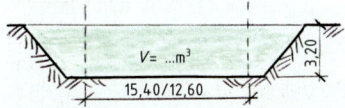
$V = ...\text{m}^3$
15,40/12,60
3,20

a) Aushubvolumen,

a) Aushubvolumen:
Maße der Baugrubensohle = Bauwerk + $2 \cdot 50$ cm Arbeitsraum (keine Schalung, da Ziegelbauweise)

$A_{unten} = l_{unten} \cdot b_{unten}$
$A_{unten} = (15,40 \text{ m} + 2 \cdot 0,50 \text{ m})$
$\qquad \cdot (12,60 \text{ m} + 2 \cdot 0,50 \text{ m})$
$A_{unten} = 16,40 \text{ m} \cdot 13,60 \text{ m} = \underline{223,04 \text{ m}^2}$

Böschungsbreite bei bindigem Boden:

$b = 0,58 \cdot 3,20 \text{ m} = \underline{1,86 \text{ m}}$

$\longrightarrow$ $\qquad \longrightarrow$

b) **Masse Bodentransport bei einer Dichte von 1,85 t/m³ (nicht aufgelockert),**
c) **Anzahl der Lkw-Ladungen bei 12,5 t/Lkw,**
d) **abzutransportierendes Volumen bei 15 % Auflockerung,**
e) **Volumen der Verfüllung,**
f) **Masse Bodenantransport bei einer Dichte von 1,85 t/m³ (fertig verdichtet),**
g) **Anzahl der Lkw-Ladungen bei 12,5 t/Lkw,**
h) **anzutransportierendes Volumen bei 12 % Verdichtung.**

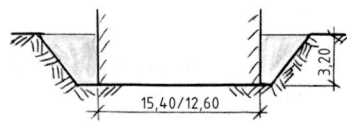

Obere Maße der Baugrube
= untere Maße + 2 · Böschungsbreite, also:

$$A_{oben} = l_{oben} \cdot b_{oben}$$
$$A_{oben} = (16,40\,m + 2 \cdot 1,86\,m)$$
$$\cdot (13,60\,m + 2 \cdot 1,86\,m)$$
$$A_{oben} = 20,12\,m \cdot 17,32\,m = \underline{\underline{348,48\,m^2}}$$
$$V_{Aushub} = \frac{A_{oben} + A_{unten}}{2} \cdot h$$
$$V_{Aushub} = \frac{223,04\,m^2 + 348,48\,m^2}{2} \cdot 3,20\,m$$
$$V_{Aushub} = \underline{\underline{914,432\,m^3}}$$

b) $m = 914,432\,m^3 \cdot 1,85\,t/m^3 = \underline{\underline{1691,7\,t}}$

c) $Ladungen = \dfrac{1691,7\,t}{12,5\,t/Lkw} = 135,336,$

also müssen <u>136 Ladungen</u> gefahren werden.

d) <u>Abtransportvolumen:</u>
$$V_{Abtransport} = 914,432\,m^3 \cdot 1,15$$
$$= \underline{\underline{1051,597\,m^3}}$$

e) <u>Volumen Verfüllung:</u>
Verfüllung = Aushub – Bauwerksvolumen

$$V_{Bauwerk} = l \cdot b \cdot h = 15,40\,m \cdot 12,60\,m \cdot 3,20\,m$$
$$V_{Bauwerk} = \underline{\underline{620,928\,m^3}}$$
$$V_{Verfüllung} = 914,432\,m^3 - 620,928\,m^3$$
$$V_{Verfüllung} = \underline{\underline{293,504\,m^3}}$$

f) $m = 293,504\,m^3 \cdot 1,85\,t/m^3 = \underline{\underline{543,0\,t}}$

g) $Ladungen = \dfrac{543,0\,t}{12,5\,t/Lkw} = 43,43,$

also müssen <u>44 Ladungen</u> zur Baustelle gefahren werden.

h) <u>Antransportvolumen:</u>
$$V_{Antransport} = 293,504\,m^3 \cdot 1,12$$
$$= \underline{\underline{328,724\,m^3}}$$

11. **Berechnen Sie den Erdaushub und die Verfüllung einer 2,60 m tiefen geböschten Baugrube im Felsboden für ein Gebäude von 27,30 × 18,25 m, welches vor Ort betoniert wird:**
a) **Aushubvolumen,**
b) **Masse Bodentransport bei einer Dichte von 1,75 t/m³ (nicht aufgelockert),**
c) **Anzahl der Lkw-Ladungen bei 32 t/Lkw,**
d) **abzutransportierendes Volumen bei 18 % Auflockerung,**

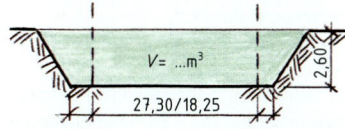

a) Aushubvolumen:
Maße der Baugrubensohle
= Bauwerk + 2·50 cm Arbeitsraum + 2·15 cm Schalung, da betoniert werden muss.

$A_{unten} = l_{unten} \cdot b_{unten}$

$l_{unten} = 27,30\,\text{m} + 2 \cdot 0,50\,\text{m}$
$\qquad\quad + 2 \cdot 0,15\,\text{m} = 28,60\,\text{m}$

$b_{unten} = 18,25\,\text{m} + 2 \cdot 0,50\,\text{m}$
$\qquad\quad + 2 \cdot 0,15\,\text{m} = 19,55\,\text{m}$

$A_{unten} = 28,60 \cdot 19,55\,\text{m} = \underline{\underline{559,13\,\text{m}^2}}$

Böschungsbreite bei Felsboden:

$b = 0,18 \cdot 2,60\,\text{m} = \underline{0,47\,\text{m}}$

Obere Maße der Baugrube = untere Maße + 2·Böschungsbreite, also:

$A_{oben} = l_{oben} \cdot b_{oben}$

$A_{oben} = (28,60\,\text{m} + 2 \cdot 0,47\,\text{m})$
$\qquad\quad \cdot (19,55\,\text{m} + 2 \cdot 0,47\,\text{m})$

$A_{oben} = 29,54\,\text{m} \cdot 20,49\,\text{m} = \underline{\underline{605,27\,\text{m}^2}}$

$V_{Aushub} = \dfrac{A_{oben} + A_{unten}}{2} \cdot h$

$V_{Aushub} = \dfrac{559,13\,\text{m}^2 + 605,27\,\text{m}^2}{2} \cdot 2,60\,\text{m}$

$V_{Aushub} = \underline{\underline{1513,720\,\text{m}^3}}$

b) $m = 1513,720\,\text{m}^3 \cdot 1,75\,\text{t/m}^3 = \underline{\underline{2649,010\,\text{t}}}$

c) Ladungen $= \dfrac{2649,0\,\text{t}}{32\,\text{t/Lkw}} = 82,781,$

also müssen <u>83 Ladungen</u> gefahren werden.

d) Abtransportvolumen:

$V_{Abtransport} = 1513,720\,\text{m}^3$
$\qquad\qquad\quad \cdot 1,18 = \underline{\underline{1786,190\,\text{m}^3}}$

e) **Volumen der Verfüllung,**
f) **Masse Bodenantransport bei einer Dichte von 1,75 t/m³ (fertig verdichtet),**
g) **Anzahl der Lkw-Ladungen bei 32 t/Lkw,**
h) **anzutransportierendes Volumen bei 14 % Verdichtung.**

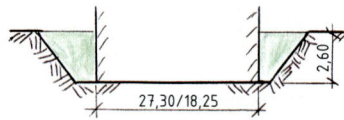

12. **Berechnen Sie für die Gebäude mit der Länge (l), Breite (b) und Aushubtiefe (h) jeweils**
a) **das Aushubvolumen,**
b) **die abzutransportierende Masse des Bodens,**
c) **das Volumen der Verfüllung,**
d) **die Masse des für die Verfüllung anzutransportierenden Bodens.**

Hinweis: Es handelt sich um bindigen Boden. Die Dichte des jeweiligen Bodens in t/m³ ist in der Tabelle unter ϱ angegeben.

	l (m)	b (m)	h (m)	ϱ
12.1.	12,30	8,10	4,60	1,80
12.2.	26,70	22,40	5,80	1,95
12.3.	17,55	12,35	1,85	1,75
12.4.	22,15	11,15	2,25	1,80
12.5.	8,85	6,75	3,30	1,85

e) Volumen Verfüllung:
Verfüllung = Aushub – Bauwerksvolumen
$V_\text{Bauwerk} = l \cdot b \cdot h = 27,30\,\text{m} \cdot 18,25\,\text{m} \cdot 2,60\,\text{m}$
$V_\text{Bauwerk} = \underline{\underline{1295,385\,\text{m}^3}}$
$V_\text{Verfüllung} = 1513,720\,^3\text{m} - 1295,385\,\text{m}^3$
$V_\text{Verfüllung} = \underline{\underline{218,335\,\text{m}^3}}$

f) $m = 218,335\,\text{m}^3 \cdot 1,75\,\text{t/m}^3 = \underline{\underline{382,086\,\text{t}}}$

g) Ladungen $= \dfrac{382,086\,\text{t}}{32\,\text{t/Lkw}} = 11,94,$

   also müssen <u>12 Ladungen</u> zur Baustelle gefahren werden.

h) Antransportvolumen:
$\overline{V_\text{Antransport}} = 218,335\,\text{m}^3 \cdot 1,14 = \underline{\underline{248,902\,\text{m}^3}}$

Da die Bauart des Gebäudes nicht bekannt ist, muss pauschal mit 15 cm Schalung gerechnet werden.
Der bindige Boden erfordert nach DIN 4124 eine Böschung von 60°.
Der Arbeitsraum an der Baugrubensohle beträgt rundum 50 cm.
<u>Hinweise zu den Ergebnissen:</u>
Einheiten der Ergebnisse in der Tabelle:
a) und c) in m³
b) und d) in t
Formel:
$V = \dfrac{A_\text{oben} + A_\text{unten}}{2} \cdot h,$

bei Verwendung anderer Formeln können leichte Differenzen im Ergebnis entstehen.

	a)	b)	c)	d)
12.1.	936	1685	478	860
12.2.	4987	9725	1518	2960
12.3.	545	953	144	252
12.4.	770	1387	214	386
12.5.	408	756	211	391

13. Geben Sie für eine 2,50 m tiefe Baugrube den Böschungswinkel (β), die Umrechnungszahl (z) und die Böschungsbreite b für eine Baugrube entsprechend dem Boden nach DIN 4124 an.

Bodenart	β	z	b
nichtbindig bindig, weich	45°	1,00	2,50 m
bindig mind. steifer Konsistenz	60°	0,58	1,45 m
Fels	80°	0,18	0,45 m

14. Ermitteln Sie das nach VOB/C (DIN 18300) beim Auftraggeber abzurechnende Aushubvolumen für die Baugruben der in Fertigteilbauweise erstellten Gebäude mit der Länge (l), Breite (b) und Aushubtiefe (h).
Der Baugrund besteht aus nichtbindigem Boden.

Nichtbindiger Boden wird nach VOB/C bzw. DIN 18300 mit einem Böschungswinkel von 45° abgerechnet.
Unter Verwendung der Formel:

$$V = \frac{A_{oben} + A_{unten}}{2} \cdot h$$

ergeben sich die folgenden Werte. Bei Verwendung anderer Formeln können leichte Differenzen im Ergebnis entstehen.

	l (m)	b (m)	h (m)	V (m³)
a)	8,70	6,20	2,60	?
b)	12,50	10,20	3,00	?
c)	15,75	13,25	3,25	?
d)	14,10	11,70	2,65	?
e)	20,65	13,90	2,90	?

	l (m)	b (m)	h (m)	V (m³)
a)	8,70	6,20	2,60	330,980
b)	12,50	10,20	3,00	729,900
c)	15,75	13,25	3,25	1171,828
d)	14,10	11,70	2,65	740,635
e)	20,65	13,90	2,90	1297,660

15. Berechnen Sie das Aushubvolumen eines 46,00 m langen verbauten Grabens mit einer Sohlbreite von 90 cm und einer Tiefe von 2,85 m.

Zur Aushubbreite ist beidseitig der Verbau zuzurechnen, wenn die Verbaustärke unbekannt ist, pauschal 15 cm.
$B = b + 2 \cdot 15 \text{ cm} = 1,20 \text{ m}$

$V = l \cdot B \cdot h$

$V = 46,00 \text{ m} \cdot 1,20 \text{ m} \cdot 2,85 \text{ m}$

$V = \underline{\underline{157,320 \text{ m}^3}}$

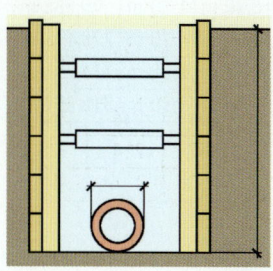

16. Wie groß ist das Aushubvolumen für den 1,20 m tiefen unverbauten Graben zur Verlegung eines 12,50 m langen Regenwasserkanals (Sohlbreite = 80 cm) im bindigen Boden?

Gräben bis 1,25 m Tiefe werden unverbaut senkrecht ausgehoben. Daher gilt hier:

$V = l \cdot b \cdot h$

$V = 12,50 \, \text{m} \cdot 0,80 \, \text{m} \cdot 1,20 \, \text{m}$

$V = \underline{\underline{12,000 \, \text{m}^3}}$

17. Welches Aushubvolumen entsteht an einem 1,90 m tiefen und 26,80 m langen geböschten Graben mit einer Sohlbreite von 0,90 m im nichtbindigen Boden?

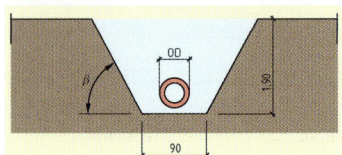

Nichtbindiger Boden ist nach DIN 4124 mit einem Böschungswinkel von 45° auszuheben, also:
Obere Grabenbreite (b_O)
$= 2 \cdot$ Böschungsbreite (b_B) + Sohlbreite (b_s)

$$\boxed{b_O = 2 \cdot b_B + b_s}$$

$b_B = 1,0 \cdot 1,90 \, \text{m} = 1,90 \, \text{m}$

$b_O = 2 \cdot 1,90 \, \text{m} + 0,90 \, \text{m}$

$b_O = \underline{\underline{4,70 \, \text{m}}}$

$V = \dfrac{b_O + b_s}{2} \cdot h \cdot l$

$V = \dfrac{4,70 \, \text{m} + 0,90 \, \text{m}}{2} \cdot 1,90 \, \text{m} \cdot 26,80 \, \text{m}$

$V = \underline{\underline{142,576 \, \text{m}^3}}$

18. Berechnen Sie das Aushubvolumen folgender unverbauter Gräben im bindigen Boden:

Bei der Berechnung ist zu beachten, dass entsprechend der Tiefe nach DIN 4124 ein Graben nicht, einer nur teilweise und drei Gräben vollständig zu böschen sind.

	l	b_s	h	V
a)	24,20 m	0,90 m	1,60 m	?
b)	12,35 m	0,80 m	1,10 m	?
c)	18,70 m	1,00 m	4,20 m	?
d)	34,20 m	0,90 m	2,60 m	?
e)	55,90 m	0,90 m	3,30 m	?

	l	b_s	h	V
a)	24,20 m	0,90 m	1,60 m	37,813 m³
b)	12,35 m	0,80 m	1,10 m	10,868 m³
c)	18,70 m	1,00 m	4,20 m	270,178 m³
d)	34,20 m	0,90 m	2,60 m	214,297 m³
e)	55,90 m	0,90 m	3,30 m	518,361 m³

19. Wie groß ist der Sohldruck eines 60 cm breiten Streifenfundamentes bei einer Bemessungslast von 130 kN/m?

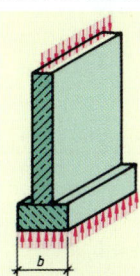

Streifenfundamente werden pro laufenden Meter berechnet.

$$\sigma_{E,d} = \frac{F}{A},$$

für eine Breite von 60 cm ergibt sich eine Fläche von:

$A = 0{,}60 \text{ m} \cdot 1{,}00 \text{ m} = 0{,}60 \text{ m}^2,$

daraus folgt:

$$\sigma_{E,d} = \frac{F}{A} = \frac{130 \text{ kN}}{0{,}60 \text{ m}^2} = \underline{\underline{216{,}7 \text{ kN/m}^2}}$$

20. Ein 80 cm breites Streifenfundament steht auf einem Baugrund, der nach Tabelle einen Bemessungswert des Sohldruckes von 185 kN/m² hat. Wie groß darf die Bemessungslast maximal sein?

Aus $\sigma_{R,d} = \dfrac{F}{A}$

folgt durch Umstellen der Gleichung:

$F = \sigma_{R,d} \cdot A$

$F = 185 \text{ kN/m}^2 \cdot (0{,}80 \text{ m} \cdot 1{,}00 \text{ m})$

$F = \underline{148 \text{ kN}}$

21. Wie breit muss ein mit 220 kN/m belastetes Streifenfundament mindestens sein, wenn der Bemessungswert des Sohldruckes von 190 kN/m² nicht überschritten werden darf?

Aus $\sigma_{R,d} = \dfrac{F}{A}$

folgt durch Umstellen der Gleichung:

$$A = \frac{F}{\sigma_{R,d}} = \frac{220 \text{ kN}}{190 \text{ kN/m}^2} = 1{,}16 \text{ m}^2$$

Da Streifenfundamente immer pro laufenden Meter gerechnet werden, ist die Länge l = 1,00 m. Aus $A = l \cdot b$ folgt:

$$b = \frac{A}{l} = \frac{1{,}16 \text{ m}^2}{1{,}00 \text{ m}} = \underline{\underline{1{,}16 \text{ m}}}$$

22. Berechnen Sie die in der Tabelle jeweils fehlenden Werte für die Streifenfundamente:

	$\sigma_{R,d}$	b	F
a)	210 kN/m²	0,70 m	?
b)	?	0,60 m	145 kN/m
c)	180 kN/m²	?	205 kN/m
d)	?	1,20 m	260 kN/m
e)	140 kN/m²	?	165 kN/m

	$\sigma_{R,d}$	b	F
a)	210 kN/m²	0,70 m	147 kN/m
b)	242 kN/m²	0,60 m	145 kN/m
c)	180 kN/m²	1,14 m	205 kN/m
d)	217 kN/m²	1,20 m	260 kN/m
e)	140 kN/m²	1,18 m	165 kN/m

23. Welchen Sohldruck erzeugt ein mit 245 kN belastetes rechteckiges Einzelfundament mit einer Breite von 85 cm und einer Länge von 1,15 m auf dem anstehenden Boden?

$$A = l \cdot b = 1,15\,\text{m} \cdot 0,85\,\text{m} = 0,98\,\text{m}^2$$

$$\sigma_{E,d} = \frac{F}{A} = \frac{245\,\text{kN}}{0,98\,\text{m}^2} = \underline{\underline{250,0\,\text{kN/m}^2}}$$

24. Ein quadratisches Fundament 1,20 × 1,20 m steht auf einem Baugrund der nach Tabelle einen Bemessungswert des Sohldruckes von 175 kN/m² hat. Wie groß darf die Bemessungslast maximal sein?

Aus $\sigma = \dfrac{F}{A}$

folgt durch Umstellen der Gleichung:

$$F = \sigma \cdot A$$
$$F = 175\,\text{kN/m}^2 \cdot (1,20\,\text{m} \cdot 1,20\,\text{m})$$
$$F = \underline{\underline{252\,\text{kN}}}$$

25. Wie lang und wie breit muss ein mit einer Bemessungslast von 260 kN belastetes quadratisches Fundament mindestens sein, wenn der Bemessungswert des Sohldruckes von 155 kN/m² nicht überschritten werden darf?

Aus $\sigma_{R,d} = \dfrac{F}{A}$

folgt durch Umstellen der Gleichung:

$$A = \frac{F}{\sigma_{R,d}} = \frac{260\,\text{kN}}{155\,\text{kN/m}^2} = 1,68\,\text{m}^2$$

Aus der Fläche des Quadrates $A = l^2$ lässt sich durch Umstellung die Kantenlänge des quadratischen Fundamentes ermitteln:

$$l = \sqrt{A} = \sqrt{1,68\,\text{m}^2} = \underline{\underline{1,30\,\text{m}}}$$

Das Fundament muss also mindestens $\underline{\underline{1,30 \times 1,30\,\text{m}}}$ sein.

26. Berechnen Sie die in der Tabelle jeweils fehlenden Werte für quadratische Fundamente:

	$\sigma_{R,d}$	$l = b$	F
a)	150 kN/m²	0,65 m	?
b)	?	0,85 m	165 kN
c)	230 kN/m²	?	175 kN
d)	?	1,40 m	360 kN
e)	260 kN/m²	?	245 kN

	$\sigma_{R,d}$	$l = b$	F
a)	150 kN/m²	0,65 m	63 kN
b)	228 kN/m²	0,85 m	165 kN
c)	230 kN/m²	0,87 m	175 kN
d)	184 kN/m²	1,40 m	360 kN
e)	260 kN/m²	0,97 m	245 kN

27. Berechnen Sie die erforderliche Breite und Tiefe eines Streifenfundamentes unter einer 24 cm dicken Wand mit einer Bemessungslast (Eigenlast und Fundamentlast) von 165 kN/m auf einem bindigen Boden mit einem Bemessungswert des Sohldruckes von maximal 210 kN/m².

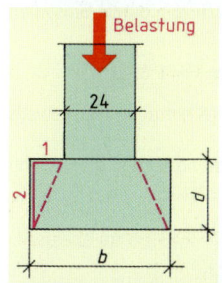

(Hinweis: Der Druckverteilungswinkel soll mit 63,4°, das heißt im Verhältnis 2:1 angenommen werden.)

Aus $\sigma_{R,d} = \dfrac{F}{A}$

folgt durch Umstellen der Gleichung:

$$A = \frac{F}{\sigma_{R,d}} = \frac{165\,\text{kN}}{210\,\text{kN/m}^2} = 0,79\,\text{m}^2$$

Da Streifenfundamente immer pro laufenden Meter gerechnet werden, ist die Länge $l = 1,00$ m. Aus $A = l \cdot b$ folgt:

$$b = \frac{A}{l} = \frac{0,79\,\text{m}^2}{1,00\,\text{m}} = \underline{0,79\,\text{m}}$$

Der seitliche Überstand ergibt sich, wenn man die Wandstärke abzieht:

$$ü = \frac{0,79\,\text{m} - 0,24\,\text{m}}{2} = 27,5\,\text{cm}\ \text{(beidseitig)}$$

Die Tiefe des Fundamentes muss also

$$h = 2 \cdot 0,275\,\text{m} = \underline{0,55\,\text{m}}$$

betragen.

Das Fundament muss also mindestens 79 cm breit und 55 cm tief sein.

28. Ermitteln Sie die Mindestabmessungen der Streifenfundamente (F = Bemessungslast, $\sigma_{R,d}$ = Bemessungswert des Sohlwiderstandes):

	$\sigma_{R,d}$	Wand	F
a)	180 kN/m²	24 cm	120 kN
b)	200 kN/m²	15 cm	165 kN
c)	230 kN/m²	36,5 cm	175 kN
d)	270 kN/m²	30 cm	360 kN
e)	260 kN/m²	24 cm	245 kN

Lösung: (Mindestabmessungen, in der Regel wird auf jeweils 5 cm aufgerundet, d. h. statt 0,67 × 0,43 m → 0,70 × 0,45 m)

	Breite	Tiefe
a)	0,67 m	0,43 m
b)	0,83 m	0,68 m
c)	0,76 m	0,40 m
d)	1,33 m	1,03 m
e)	0,94 m	0,70 m

29. Berechnen Sie die erforderliche Länge, Breite und Tiefe eines Einzelfundamentes unter einer Stütze von 30 × 30 cm mit einer Bemessungslast (Eigenlast und Fundamentlast) von 250 kN auf einem nichtbindigen Boden mit einem Bemessungswert des Sohlwiderstandes von 210 kN/m².

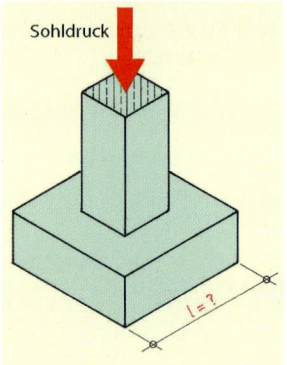

Aus $\sigma_{R,d} = \dfrac{F}{A}$

folgt durch Umstellen der Gleichung:

$$A = \frac{F}{\sigma_{R,d}} = \frac{250\,\text{kN}}{210\,\text{kN/m}^2} = 1,19\,\text{m}$$

Da das Einzelfundament quadratisch ist folgt aus $A = l \times l = l^2$, durch Umstellen nach l:

$$l = \sqrt{A} = \sqrt{1,19\,\text{m}^2} = \underline{1,09\,\text{m}}$$

Die Länge und Breite betragen also jeweils 1,09 m.
Der seitliche Überstand ergibt sich, wenn man die Wandstärke abzieht:

$$ü = \frac{1,09\,\text{m} - 0,30\,\text{m}}{2} = 39,5\,\text{cm (beidseitig)}$$

Die Tiefe des Fundamentes muss also $h = 2 \cdot 0,395\,\text{m} = \underline{0,79\,\text{m}}$ betragen.

Es sollten also mindestens folgende Fundamentabmessungen gewählt werden:
$\underline{l = b = 1,10\,\text{m}, h = 80\,\text{cm}.}$

30. **Ermitteln Sie die Mindest-abmessungen folgender Einzel-fundamente (F = Bemessungslast einschließlich Fundamentlast):**

Lösung: (Abmessungen auf jeweils 5 cm aufgerundet, d. h. statt z. B. 0,67 × 0,43 m 0,70 × 0,45 m)

2

	$\sigma_{R,d}$	Stütze	F
a)	160 kN/m²	24x24 cm	140 kN
b)	220 kN/m²	35x35 cm	265 kN
c)	200 kN/m²	30x30 cm	205 kN
d)	370 kN/m²	50x50 cm	460 kN
e)	230 kN/m²	25x25 cm	345 kN

	Länge/Breite	Tiefe
a)	0,95 m	0,70 m
b)	1,10 m	0,75 m
c)	1,05 m	0,75 m
d)	1,15 m	0,65 m
e)	1,25 m	1,00 m

31. **Ein Kanal hat auf einer Länge von 37,60 m ein Gefälle von 2,5 %. Wie groß ist der Höhenunterschied?**

$$h = \frac{p \cdot l}{100\,\%} = \frac{2,5\,\% \cdot 37,60\,m}{100\,\%} = \underline{\underline{0,94\,m}}$$

32. **Der Regenwasserkanal hat von einem zum nächsten Schacht einen Höhenunterschied in der Schachtsohle von 76 cm. Wie weit sind die Schächte entfernt, wenn das Gefälle 1,25 % beträgt?**

$$l = \frac{h}{p} \cdot 100\,\% = \frac{0,76\,m}{1,25\,\%} \cdot 100\,\%$$

$$l = \underline{\underline{60,80\,m}}$$

33. **Ein Abwasserkanal soll auf einer Länge von 38,90 m einen Höhenunterschied von 68 cm haben. In welchem Gefälle muss er verlegt werden?**

$$p = \frac{h}{l} \cdot 100\,\% = \frac{0,68\,m}{38,90\,m} \cdot 100\,\%$$

$$p = \underline{\underline{1,75\,\%}}$$

34. **Berechnen Sie die in der Tabelle fehlenden Werte.**

	p	h	l
a)	3,50 %	1,25 m	?
b)	2,25 %	?	47,55 m
c)	?	0,75 m	100,00 m
d)	1,25 %	?	128,00 m
e)	?	2,75 m	110,00 m

	p	h	l
a)	3,50 %	1,25 m	35,70 m
b)	2,25 %	1,07 m	47,55 m
c)	0,75 %	0,75 m	100,00 m
d)	1,25 %	1,60 m	128,00 m
e)	2,50 %	2,75 m	110,00 m

35. Ein Regenwasserkanal ist in der Zeichnung mit einem Gefälle von 1: 80 angegeben. Wie groß ist das Gefälle in %?

$$p = \frac{1}{n} \cdot 100\,\% = \frac{1}{80} \cdot 100\,\% = \underline{\underline{1,25\,\%}}$$

36. Eine 6,75 m breite Böschung soll mit einer Neigung von 1:1,5 angelegt werden. Wie groß ist der Höhenunterschied?

$$h = \frac{l}{n} = \frac{6,75\,\text{m}}{1,5} = \underline{\underline{4,50\,\text{m}}}$$

37. Welche Neigung weist eine Böschung auf, die auf einer Länge von 11,90 m einen Höhenunterschied von 6,80 m hat?

$$n = \frac{l}{h} = \frac{11,90\,\text{m}}{6,80\,\text{m}} = \underline{1,75}$$

Die Neigung beträgt also $\underline{1{:}1,75}$.

38. Eine Tiefgaragenabfahrt soll mit einer maximalen Neigung von 1: 15 einen Höhenunterschied von 3,75 m überwinden. Wie lang muss die Abfahrt sein?

$$l = n \cdot h = 15 \cdot 3,75\,\text{m}$$
$$l = \underline{\underline{56,25\,\text{m}}}$$

39. Berechnen Sie die in der Tabelle fehlenden Werte.

	$1:n$	p	l	h
a)	?	?	26,00 m	1,04 m
b)	1: 50	?	155,00 m	?
c)	?	0,8 %	81,25 m	?
d)	1: 33	?	?	2,65 m
e)	?	1,25 %	?	1,35 m

	$1:n$	p	l	h
a)	1: 25	4,0 %	26,00 m	1,04 m
b)	1: 50	2,0 %	155,00 m	3,10 m
c)	1: 125	0,8 %	81,25 m	0,65 m
d)	1: 33	3,0 %	87,45	2,65 m
e)	1: 80	1,25 %	108,00 m	1,35 m

40. Zwei Schächte werden in der Bauzeichnung mit den Sohltiefen Schacht1 = 421,70 m ü. NHN und Schacht2 = 419,20 m ü. NHN angegeben. Die Entfernung zwischen den Schächten beträgt 111,00 m. Ermitteln Sie das Gefälle des Kanals in % bzw. 1: n.

$$h = 421,70\,\text{m ü. NHN} - 419,20\,\text{m ü. NHN}$$
$$= 2,50\,\text{m}$$
$$p = \frac{h}{l} \cdot 100\,\% = \frac{2,50\,\text{m}}{111,00\,\text{m}} \cdot 100\,\%$$
$$p = \underline{\underline{2,25\,\%}}$$
$$n = \frac{l}{h} = \frac{111,00\,\text{m}}{2,50\,\text{m}} = \underline{\underline{44,4}}$$

Die Neigung beträgt also $\underline{1{:}44,4}$.

Lernfeld 3
Mauern eines einschaligen Baukörpers

3

1. Welche Arten von Wänden werden nach ihrer Funktion unterschieden?

- tragende Wände,
- nichttragende Wände,
- aussteifende Wände,
- Brandwände.

2. Erläutern Sie, welche Funktionen die folgenden Wände zu erfüllen haben:
a) Tragende Wände,
b) aussteifende Wände,
c) nichttragende Wände,
d) Brandwände.

a) Tragende Wände nehmen die senkrechten Lasten des Gebäudes auf und leiten sie über die darunterliegenden Bauwerksteile auf die Fundamente ab.

b) Aussteifende Wände stehen rechtwinklig zu den tragenden Wänden und verhindern so das Ausknicken durch die Bauwerks- oder Windlast.

c) Nichttragende Wände dienen der Raumabgrenzung. An der Gebäudeaußenseite müssen sie auch Windlasten aufnehmen können.

d) Brandwände verhindern die Brandausbreitung in andere Gebäudeteile und dürfen im Brandfall ihre Standfestigkeit bzw. Tragfähigkeit nicht verlieren.

3. Welche Anforderungen werden an tragende Wände gestellt?

- Sie müssen die Bauwerkslasten aufnehmen können, d. h. ausreichend druckfest sein.
- Mindestwandstärke 17,5 cm.
- Außenwände im Regelfall mind. 30 cm dick wegen Schall- und Wärmeschutz.

4. Wie muss die Brandwand in einem Gebäude beschaffen sein?

- aus nichtbrennbaren Baustoffen,
- mindestens 24 cm dick,
- keine Aussparungen,
- bei Einfamilienhäusern mit Massivdecke in zweischaliger Ausführung sind auch $2 \cdot 17,5$ cm zulässig.

5. Nennen Sie mindestens sieben Aufgaben, die Wände erfüllen können.

1. Raumabgrenzung
2. Senkrechte Lastableitung
3. Aufnahme von Windlasten
4. Aussteifung des Gebäudes
5. Brandschutz
6. Wärmeschutz
7. Schallschutz
8. Wetterschutz

6. Welche Funktionen haben die im Bild mit A ... E bezeichneten Wände zu erfüllen?

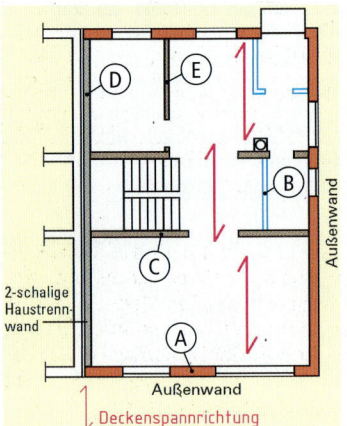

2-schalige Haustrennwand

Außenwand

Deckenspannrichtung

	Funktionen
A	Tragende Außenwand: – Lastableitung – Schallschutz – Wetterschutz – Wärmeschutz
B	Nichttragende Wand: – Raumabgrenzung
C	Tragende Innenwand: – Lastableitung – Schallschutz zum Treppenhaus – Aussteifung der Außenwand
D	Brandwand: – Brandschutz – Schallschutz zum Nachbarhaus
E	Aussteifende Wand: – Aussteifung der Außenwand – Raumbegrenzung

7. Teilen Sie die künstlichen Mauersteine nach ihrer Herstellung ein und ordnen Sie jeder Gruppe vier typische Vertreter zu.

Gebrannte Steine	Ungebrannte Steine
– Ziegel – Vormauerziegel – Klinker – Schamotte	– Kalksandsteine – Betonsteine – Leichtbetonsteine – Porenbetonsteine

8. Geben Sie die exakten Abmessungen folgender Ziegel in mm an:
a) Dünnformat,
b) Normalformat,
c) 2DF-Stein.

a) $240 \times 115 \times 52$ mm
b) $240 \times 115 \times 71$ mm
c) $240 \times 115 \times 113$ mm

9. Welche Eigenschaften werden von künstlichen Mauersteinen je nach Anwendung verlangt? Nennen Sie mindestens sieben.

1. Maßhaltigkeit
2. Druckfestigkeit
3. Frostbeständigkeit
4. Wärmedämmfähigkeit
5. Wärmespeicherfähigkeit
6. gute Schalldämmung
7. optisch ansprechende Oberfläche
8. gute Verarbeitbarkeit

3

10. Benennen Sie die mit A … G gekennzeichneten Steine und Fugen und geben Sie jeweils die exakten Maße an.

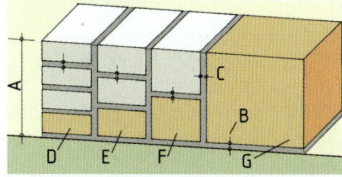

	Benennung	Maße
A	Baurichtmaß	25 cm
B	Lagerfuge	1,2 cm
C	Stoßfuge	1,0 cm
D	DF-Ziegel	240 × 115 × 52 mm
E	NF-Ziegel	240 × 115 × 71 mm
F	2DF-Ziegel	240 × 115 × 113 mm
G	Großformat z. B. 8DF-Stein	240 × 240 × 238 mm

11. Beschreiben Sie den Produktionsablauf bei der Herstellung von Ziegeln und Klinkern.

Ton, Lehm und Sand werden zerkleinert, gemischt und mit entsprechendem Feuchtegehalt zu einer plastischen Masse aufbereitet. In der Strangpresse wird ein Strang geformt, mittels Schneiddraht in Rohlinge bestimmter Größe geteilt, die dann vorgetrocknet und im Tunnelofen gebrannt werden.

12. Gebrannte Mauersteine werden in Bauzeichnungen und auf Lieferlisten mit Kurzzeichen gekennzeichnet. Erläutern Sie, welche Mauersteine zu folgenden Kurzbezeichnungen gehören:
a) Mz,
b) HLzB,
c) VMz,
d) KHLzA,
e) VHLzA,
f) WDz,
g) KMz.

a) Vollziegel (max. 15 % der Fläche gelocht),
b) Hochlochziegel mit Lochung B,
c) Vormauerziegel (max. 15 % der Fläche gelocht),
d) Hochlochklinker Lochung A,
e) Vormauerhochlochziegel mit A-Lochung,
f) Wärmedämmziegel,
g) Vollklinker (max. 15 % der Fläche gelocht).

13. Erläutern Sie den Unterschied zwischen Mauerziegel, Vormauerziegel und Klinker bezüglich ihrer Eigenschaften und Einsatzmöglichkeiten.

Mauerziegel:
- geringe Druckfestigkeit,
- für tragende und nichttragende Wände geeignet,
- für wärmedämmendes Mauerwerk geeignet,
- nicht wetterfest, nur für geschütztes (verputztes oder beschichtetes) Mauerwerk geeignet.

Vormauerziegel:
- höhere Druckfestigkeit,
- wetterfest, frostsicher,
- für Sicht- und Verblendmauerwerk geeignet.

Klinker:
- höchste Druckfestigkeit (mind. 28 N/mm^2),
- wetterfest, frostsicher,
- für Sichtmauerwerk, Gewölbe, Schächte, Schornsteinköpfe und Sockelmauerwerk geeignet.

14. Auf einer Materialbestellung sind Ziegel mit der Bezeichnung „DIN 105 – HLzA 12–1,4–3 DF" angegeben. Beschreiben Sie, um welche Ziegel es sich dabei handelt.

DIN 105 – Norm für Mauerziegel
HLzA – Hochlochziegel mit Lochung A
12 – Druckfestigkeitsklasse 12 N/mm^2
1,4 – Rohdichte in kg/dm^3
3 DF – Format $240 \times 175 \times 115$ mm

15. Erläutern Sie folgende Ziegelbezeichnung: „DIN 105 – KMz 36–1,9 – NF".

DIN 105 – Norm für Mauerziegel
KMz – Vollklinker
36 – Druckfestigkeitsklasse 36 N/mm^2
1,9 – Rohdichte in kg/dm^3
NF – Normalformat $240 \times 115 \times 71$ mm

16. Zu welchem Zweck haben Hochlochklinker, aber auch Vollklinker (max. 15 % der Fläche) Löcher?

Die Klinker werden bei max. 1450 °C bis zur Sinterung (Schmelzen) gebrannt. Dabei entsteht eine harte, sehr glatte Oberfläche, auf der der Mörtel der Lagerfugen nur unzureichend haften kann. Die Löcher ermöglichen durch eine Art Verzahnung die Haftung des Mörtelbettes am Klinker.

17. Der skizzierte Kalksandstein der Druckfestigkeitsklasse 8 hat eine Rohdichte von 1,0 kg/dm³.
a) Unter welcher Kurzbezeichnung kann man diesen Stein bestellen?
b) Welche Eigenschaften hat ein solcher Stein?

a) DIN V 106 – KS L 8–1,0–12 DF (24)
b) Eigenschaften:
• schwer,
• dichtes Materialgefüge,
• gute Schalldämmung,
• viel Hohlraum zur Wärmedämmung,
• ausreichend druckfest für den Einsatz in tragenden Wänden.

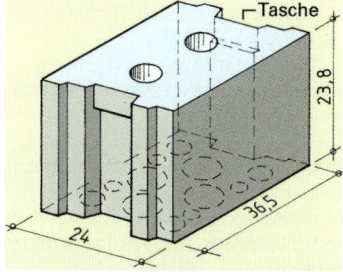

18. Beschreiben Sie den Produktionsablauf bei der Herstellung von Kalksandsteinen.

Branntkalk, Quarzsand und Wasser werden gemischt und etwa 3 Stunden gelagert, bis der Branntkalk (CaO) vollständig zu Kalkhydrat (Ca(OH)$_2$) abgelöscht ist. Danach wird das Mischgut zu Rohlingen gepresst und unter Wasserdampf ausgehärtet.

19. Kalksandsteine werden auf Lieferscheinen mit Kurzzeichen benannt. Um welchen Stein handelt es sich bei folgenden Kurzzeichen:
KS,
KS L,
KS P,
KS XL,
KS BP,
KS-Vm,
KS-Vb?

KS – Kalksandstein (Vollstein oder Vollblock)
KS L – Kalksandlochstein oder Kalksandhohlblockstein
KS P – Kalksandplanstein zum Verkleben mit Dünnbettmörtel
KS XL – Kalksandplanelement mit Mindestsystemmaß von $h = 25$ cm und $l = 50$ cm
KS BP – Planelement mit umlaufender Nut und Feder
KS-Vm – Vormauerstein, frostsicher, Mindestdruckfestigkeit 10 N/mm²
KS-Vb – Verblender, frostsicher, sehr maßgenau, mit einer Mindestdruckfestigkeit von 16 N/mm²

20. Kalksandsteine können mit Mörtel vermauert oder mit Dünnbettmörtel verklebt werden. Welche der in 19. genannten Kalksandsteine eignen sich zum Mauern bzw. zum Kleben?

Mauern	Kleben
• KS	• KS P
• KS L	• KS XL
• KS-Vm	• KS BP
• KS-Vb	

21. Laut Lieferschein werden Kalksandsteine mit der Bezeichnung „DIN V 106 – KS L 12–1,2–12DF (24)" angeliefert. Erklären Sie diese Bezeichnung.

DIN V 106 – Norm für Kalksandsteine
KS L – Kalksandhohlblockstein
12 – Druckfestigkeitsklasse in N/mm²
1,2 – Rohdichte in kg/dm³
12DF – Großformat $365 \times 240 \times 238$ mm
(24) – Stein mit Nut und Feder zum Vermauern in einer 24er-Wand

22. Beschreiben Sie die Herstellung von Leichtbetonsteinen.

Leichtes poriges Gestein (Bims, Ziegelsplitt,…) wird mit Zement und Wasser gemischt, in die Form gegeben und auf dem Rütteltisch verdichtet. Nach 28 Tagen ist der Betonstein dann ausgehärtet.

23. Nennen Sie die drei prinzipiellen Arten Leichtbeton herzustellen.

1. Verwendung von leichtem und porigem Gestein.
2. Ein-Korn-Sieblinien der Gesteinskörnung, z. B. 4/8.
3. Zugabe von Luftporenbildnern.

24. Welcher künstliche Mauerstein ist im Bild gezeigt?

• Mauerstein aus Leichtbeton,
• Vollblock geschlitzt mit Nut,
• Format 12DF, also $365 \times 240 \times 238$ mm,
• für den Einsatz in einer 24er-Wand,
• zu verarbeiten mit 12 mm Lagerfuge aus Mörtel oder Leichtmörtel.

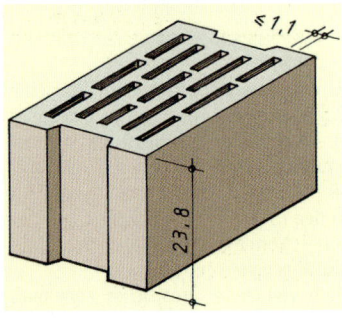

25. Beschreiben Sie die Herstellung von Porenbetonsteinen.

Fein gemahlener Quarzsand, Zement, Kalk und Wasser werden gemischt und ein Luftporenbildner zugesetzt. In einer Form bildet der Luftporenbildner dann Treibgas, das in dem Beton viele kleine Kugelporen entstehen lässt. Die Blöcke werden ausgeschalt, mit Schneiddrähten auf die exakte Größe geschnitten und unter Wasserdampf gehärtet.

26. Nennen Sie vier typische Eigenschaften von Porenbetonsteinen.

1. leicht, gut bearbeitbar,
2. hohe Wärmedämmung,
3. nicht frostsicher, nicht wetterfest,
4. wasserdampfdurchlässig

27. Erläutern Sie die Unterschiede zwischen Luftkalk und hydraulischem Kalk in Bezug auf
a) die Herstellung,
b) die Eigenschaften.

	Luftkalk	Hydraulischer Kalk
a)	Kalkstein wird gebrochen, gemahlen, bei etwa 900 °C gebrannt und dann fein aufgemahlen.	Herstellung durch Mischung geeigneter Stoffe (Calciumhydroxid, -silicate und -aluminate).
b)	Braucht zum Abbinden das CO_2 aus der Luft. Hat keine prüfbare Druckfestigkeit.	Bindet auch unter Luftabschluss ab. Höhere Druckfestigkeit, eingeteilt in Festigkeitsklassen von $2 \ldots 5 \; N/mm^2$.

28. Beschreiben Sie den „Kalkkreislauf" bei der Herstellung und Verwendung von Luftkalk.

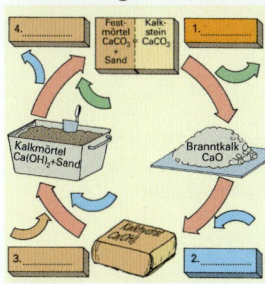

1. Brennen
Beim Brennen wird dem Kalkstein CO_2 entzogen, es entsteht Branntkalk.
$$CaCO_3 \rightarrow CaO + CO_2$$
2. Löschen:
Dem Branntkalk wird Wasser zugegeben, wodurch Kalkhydrat entsteht.
$$CaO + H_2O \rightarrow Ca(OH)_2$$

3. Mischen:
Beim Mischen wird dem Kalkhydrat Wasser und Sand zugegeben, wodurch ein gut verarbeitbarer Mörtel entsteht.

4. Erhärten:
Beim Erhärten bindet der Luftkalk CO_2 aus der Luft, das überschüssige Wasser verdunstet. $Ca(OH)_2 + CO_2 \rightarrow CaO_3 + H_2O$

29. Erklären Sie, welche Kalke mit diesen Kurzzeichen versehen sind:
a) CL 90-Q,
b) DL 80-S,
c) HL 5.

a) Weißkalk mit einem CaO-Gehalt von mindestens 90 %, das Q steht für ungelöscht, d. h. es ist ein Branntkalk.
b) Dolomitkalk mit einem CaO- und MgO-Gehalt von mindestens 80 %, das S steht für gelöscht, d. h. es handelt sich um ein Kalkhydrat.
c) Hydraulischer Kalk mit einer Mindestdruckfestigkeit von 5 N/mm².

30. Welche Anforderungen werden an die Gesteinskörnung in der Mörtelmischung gestellt?

- gemischtkörnige Zusammensetzung nach Sieblinie,
- gedrungene, kompakte Gesteinsform,
- keine schädlichen Beimengungen wie Salze, Ton, oder organische Stoffe.

31. Nennen Sie die typischen Mischungsverhältnisse zur Herstellung von Mörtel der Mörtelgruppen (MG) I, II und III.

MG	Kalk	Zement	Sand
I	1	–	3
II	2	1	8
III	–	1	4

32. Worin unterscheiden sich Mörtel der Mörtelgruppe I von Mörteln der Mörtelgruppe III? Nennen Sie Eigenschaften und typische Einsatzmöglichkeiten dieser Mörtel.

MG I ist Kalkmörtel, d. h. eine Mischung aus Kalk, Sand und Wasser. Dieser Mörtel hat keine prüfbare Mindestfestigkeit.
Eigenschaften:
- langsames Abbinden,
- kaum Risse,
- elastisch, gut verarbeitbar.
Einsatz:
- Wände, mindestens 24 cm dick,
- Gebäude mit max. 2 Geschossen,
- für nichttragende Wände.

→

58

MG III ist Zementmörtel, d. h. eine Mischung aus Zement, Sand und Wasser. Dieser Mörtel hat eine hohe Festigkeit (mind. 10 N/mm²).
Eigenschaften:
- schnelles Abbinden,
- wetterfest,
- hart, spröde, Rissgefahr.

Einsatz:
- Schachtbauwerke,
- Gewölbe, Pfeiler,
- hoch belastete tragende Wände,
- Sockel- und Verblendmauerwerk,
- bewehrtes Mauerwerk.

33. **Sie sollen mit NF-Klinkern Sichtmauerwerk herstellen. Wie viele Binder, Läufer, bzw. Schichten ergeben jeweils ein Baurichtmaß von:**
a) 25 cm,
b) 1,00 m.

	Binder	Läufer	Schichten
a)	2	1	3
b)	8	4	12

34. **Die Nennmaße auf der Bauzeichnung ergeben sich jeweils aus den Achtelmetermaßen (1 am = 12,5 cm), unter Berücksichtigung der Fugen. Beschreiben Sie für folgende Nennmaße die Bildung des Maßes und je ein Beispiel, wo dieses vorkommen kann:**
a) Außenmaß,
b) Innenmaß,
c) Anbaumaß.

a) Außenmaß:
   Außenmaß = ... · am − 1 cm (Fuge)
   z. B. Außenmaße von Gebäuden, Pfeilermaße, kurze freistehende Wände
b) Innenmaß:
   Innenmaß = ... · am + 1 cm (Fuge)
   z. B. Tür- und Fensteröffnungen, Rauminnenmaße
c) Anbaumaß:
   Anbaumaß = ... · am +/− 0
   z. B. einseitig anstoßende Wände

35. Der abgebildete Ausschnitt einer Zeichnung ist nur mit den Baurichtmaßen versehen. Bestimmen Sie für die genannten Baurichtmaße die Nennmaße und legen Sie fest, ob es sich dabei um ein Außen-, Innen- oder Anbaumaß handelt.

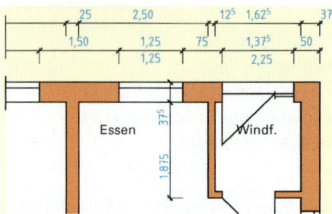

Richtmaß	Nennmaß	Maßart
12,5 cm	11,5 cm	Außenmaß
25 cm	24 cm	Außenmaß
37,5 cm	36,5 cm	Außenmaß
50 cm	49 cm	Außenmaß
75 cm	74 cm	Außenmaß
1,25 m	1,26 m	Innenmaß
1,375 m	1,385 m	Innenmaß
1,50 m	1,49 m	Außenmaß
1,625 m	1,635 m	Innenmaß
1,875 m	1,875 m	Anbaumaß
2,25 m	2,26 m	Innenmaß
2,50 m	2,51 m	Innenmaß

36. Eine aus elf Schichten Großformatsteinen gemauerte Wand soll auf der Außenseite eine Verklinkerung erhalten. Wie viele Schichten DF-, NF- bzw. 2DF-Klinker werden dafür benötigt?

DF = 44 Schichten
NF = 33 Schichten
2DF = 22 Schichten

37. Benennen Sie die drei Fugenarten und geben Sie die Fugenmaße an.

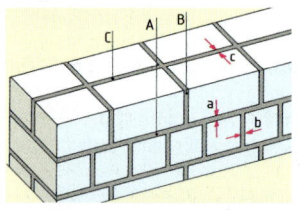

A – Lagerfuge
B – Stoßfuge
C – Längsfuge
a – 1,2 cm
b – 1,0 cm
c – 1,0 cm

38. Nennen Sie vier wichtige Werkzeuge zum Mauern und erklären Sie, wozu sie verwendet werden.

1. **Maurerkelle** – Auftragen des Mörtels.
2. **Wasserwaage** – Kontrolle, ob das Mauerwerk waagerecht bzw. senkrecht ist.
3. **Maurerhammer** – Schlagen von Teilstücken.
4. **Maurerschnur** – Einhalten der Flucht zwischen den Mauerecken.

39. Welche Arbeitsgänge sind beim Mauern zum Setzen eines Steines erforderlich?

1. Stein mit einer Hand greifen.
2. Stoßfuge am Stein anbringen.
3. Lagerfuge aufbringen und verteilen.
4. Stein setzen und ausrichten.
5. Vorquellenden Mörtel sauber abstreichen und auf Lagerfuge geben.

3

40. Welche max. Masse dürfen folgende Mauersteine haben:
a) Einhandstein ohne Griffschlitz,
b) Einhandstein mit Griffschlitz,
c) Zweihandstein?

a) 6 kg
b) 7,5 kg
c) 25 kg

41. Die Verzahnung (das „Überbindemaß" = $\ddot{u}$) verhindert die Bildung durchgehender Risse bei der Belastung der Wand.
a) Wie groß muss $\ddot{u}$ mindestens sein?
b) Ermitteln Sie $\ddot{u}$ für eine Steinhöhe von 7,1 cm, 11,3 cm und 23,8 cm.

Mindest-Überbindemaß $= 0,4 \cdot$ Steinhöhe
Für die Steinhöhe 7,1 cm folgt:
$\ddot{u} = 0,4 \cdot 7,1$ cm $= 3$ cm,
also mind. ½ **am**
Für die Steinhöhe 11,3 cm folgt:
$\ddot{u} = 0,4 \cdot 11,3$ cm $= 4,5$ cm,
also mind. ½ **am**
Für die Steinhöhe 23,8 cm folgt:
$\ddot{u} = 0,4 \cdot 23,8$ cm $= 9,5$ cm,
also mind. **1 am**

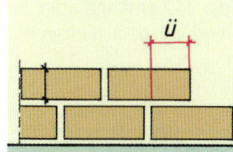

42. Nennen Sie sieben Regeln, die beim Mauern einer Wand immer zu berücksichtigen sind.

1. Die Schichten müssen immer waagerecht liegen.
2. Es sind möglichst viele ganze Steine zu verwenden.
3. Bei heißem Wetter die Steine vornässen, damit sie dem Mörtel nicht das Abbindewasser entziehen.
4. Mauerwerk immer lot- und fluchtrecht herstellen.
5. Vollfugig mauern.
6. Mittelformatige Steine werden zusammen mit kleinformatigen Steinen verwendet.

7. Niemals verschiedene Steinarten (Ziegel mit KS-Steinen oder Porenbetonsteinen) gemeinsam in einer Wand verwenden.

43. Wie heißt der typische Mauerwerksverband, der in einer 11,5er-Wand verwendet wird? Nennen Sie die Verbandsregeln zum Mauern einer 11,5er-Wand mit NF- oder 2DF-Steinen.

Die 11,5er-Wand wird im Läuferverband erstellt.
- Am Wandende wechseln sich je ein ganzer und ein halber Stein ab.
- Das Überbindemaß beträgt generell 1 am.
- An Ecken zeigt der Läufer abwechselnd in die eine bzw. andere Wand.
- An Wandkreuzungen werden zur Vermeidung von Kreuzfugen zwei ¾-Steine eingesetzt.

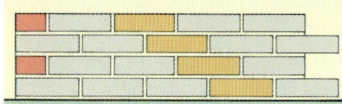

44. Was versteht man unter einem „umgeworfenen Verband"?

Im Regelfall sollten die Maße des Mauerwerkes entsprechend der Baurichtmaße in ganzzahligen am-Maßen herstellbar sein. Ein umgeworfener Verband entsteht, wenn die Länge einer Wand mit ½ am aufhört. Hier wird z. B. in der 11,5er-Wand statt ½-Stein ein ¾-Stein und vor dem ganzen ein ¼-Stein eingebaut.

45. Skizzieren Sie den dargestellten Wandabschnitt einer 11,5er-Wand zweimal auf kariertes Papier (1 Kästchen = 1 am) und tragen Sie die Steine der ersten und zweiten Schicht im Läuferverband ein.

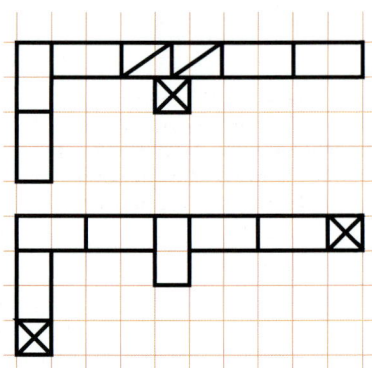

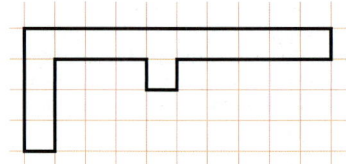

46. Skizzieren Sie den dargestellten Wandabschnitt einer 11,5er-Wand zweimal auf kariertes Papier (1 Kästchen = 1 am) und tragen Sie die Steine der ersten und zweiten Schicht im Läuferverband ein.

3

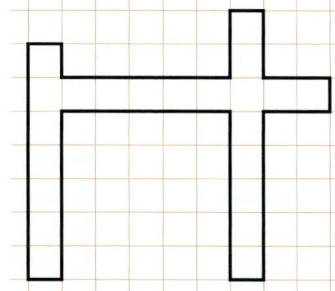

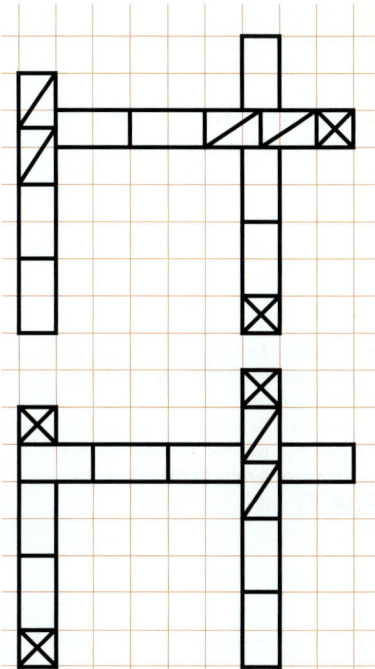

47. Nennen Sie die beiden typischen Mauerwerksverbände zur Herstellung einer 24er-Wand mit kleinformatigen Steinen. Worin unterscheiden sich die Verbände?

Blockverband:
- Binder liegen senkrecht übereinander,
- Läufer liegen senkrecht übereinander,
- regelmäßige Verzahnung,
- unregelmäßige Abtreppung.

Kreuzverband:
- Binder liegen senkrecht übereinander,
- Läufer sind senkrecht um 1 am versetzt,
- unregelmäßige Verzahnung,
- regelmäßige Abtreppung.

48. **Nennen Sie die vier Regeln zum Mauern einer mindestens 24er-Wand mit kleinformatigen Steinen.**
Was ist beim Kreuzverband zusätzlich zu beachten?

1. Läufer- und Binderschichten wechseln sich ab.
2. Die Läuferschicht beginnt mit so viel ¾-Steinen, wie die Wand ½-Steine dick ist.
3. An Kreuzungen und Einbindungen geht immer die Läuferschicht durch, die Binderschicht schließt an.
4. Überbindemaß generell ½ am.

Beim Kreuzverband wird in jeder 2. Läuferschicht gleich nach den ¾-Steinen ein ½-Stein (Binder) eingebaut, der alle weiteren Läufer um 1 am verschiebt.

49. **Skizzieren Sie den dargestellten Wandabschnitt einer 24er-Wand zweimal auf kariertes Papier (1 Kästchen = 1 am) und tragen Sie die NF-Steine der ersten und zweiten Schicht im Blockverband ein.**

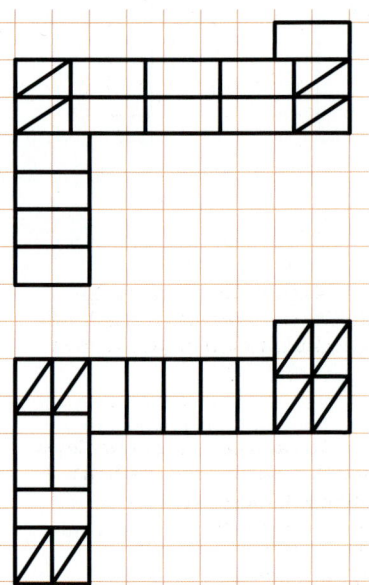

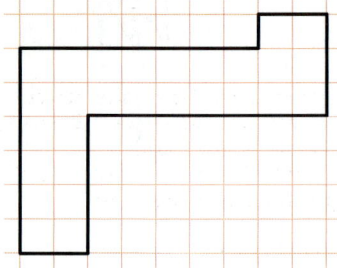

50. **Skizzieren Sie den dargestellten Wandabschnitt einer 24er-Wand zweimal auf kariertes Papier (1 Kästchen = 1 am) und tragen Sie die NF-Steine der ersten und zweiten Schicht im Blockverband ein.**

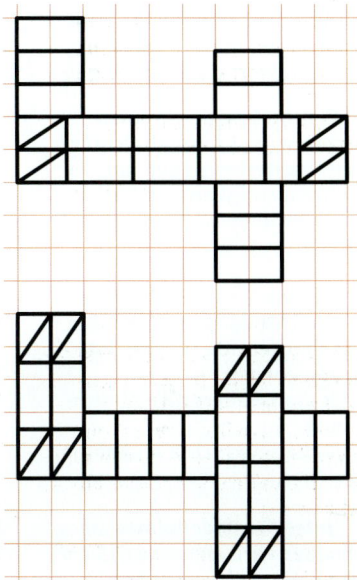

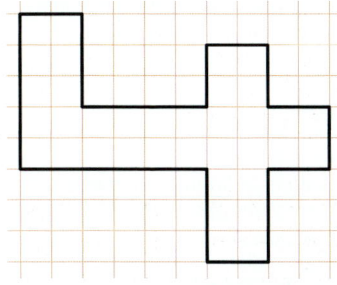

51. **Nennen Sie drei Arten der Stoßfugenausbildung beim Mauern mit großformatigen Steinen.**

1. Stein mit Nut und Feder – ohne Mörtel.
2. Stein mit Mörteltasche – keine Stoßfuge, Mörteltasche wird gefüllt.
3. Stein mit Mörteltasche – beidseits Stoßfugen, Mörteltasche bleibt leer.

52. **Mit welchen mittelformatigen Mauersteinen lassen sich folgende Wandstärken mauern:**
a) 17,5er-Wand,
b) 24er-Wand,
c) 30er-Wand,
d) 36,5er-Wand?

a) nur mit 3DF-Steinen,
b) 2DF- + 3DF-Steine, oder
   2DF- + 4DF-Steine,
c) 2DF- + 3DF-Steine, oder
   5DF-Steine,
d) 2DF- + 4DF-Steine, oder
   6DF- Steine.

53. **Welche Besonderheit ist beim Mauern einer 36,5er-Wand mit kleinformatigen Steinen zu berücksichtigen?**

Die Wandstärke ist zu groß, um normale Binder zu verwenden. Daher sind auf der Sichtseite (Außenseite) die Läufer- und Binderschichten sichtbar, dahinter jedoch die jeweils andere Schicht. Am Wandende wer-

→

den in der Binderschicht statt Binder je zwei ¾-Steine gesetzt. Alle anderen in **48.** genannten Regeln behalten ihre Gültigkeit.

54. Welche Schäden können entstehen, wenn die Abdichtung eines Bauwerkes gegen aufsteigende Feuchtigkeit beschädigt wird oder fehlerhaft ausgeführt ist?

- Durchfeuchtung des Mauerwerkes,
- Ausblühungen,
- Putzschäden,
- Abplatzungen des Betons durch Bewehrungskorrosion,
- Schimmelbildung.

55. Nennen Sie Baustoffe, die zur Abdichtung eines Gebäudes gegen Erdfeuchte verwendet werden können:
a) für die waagerechte Abdichtung,
b) für die senkrechte Abdichtung.

a) waagerechte Abdichtungsschichten:
- Bitumenbahnen
- Kunststoffbahnen
b) senkrechte Abdichtungsschichten:
- Bitumendickbeschichtung
- Spachtelmasse
- Asphaltmastix
- Sperrputze (Zementmörtel)

56. Unter der Bodenplatte eines Gebäudes wird eine etwa 15 cm dicke Kiesschicht eingebracht. Wozu dient diese Schicht?

Der Kies dient als „kapillarbrechende Schicht". Besonders im bindigen Boden steigt in den sehr engen Hohlräumen Bodenfeuchte auf, die zu einer Durchfeuchtung des Betons führen kann. Der Kies unterbricht das Aufsteigen des Wassers, sodass die Bodenplatte stets trocken bleibt.

57. Erläutern Sie, um welche Maße es sich bei OKD, UKD, RFB, FFB sowie A … D handelt, und warum einige Dreiecke nicht ausgemalt sind.

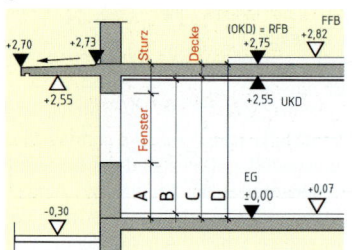

Abkürzung	Maßbezeichnung
OKD	Oberkante (Roh-) Decke
UKD	Unterkante (Roh-) Decke
RFB	Höhe Rohfußboden
FFB	Höhe fertiger Fußboden
A	Brüstungshöhe (BRH)
B	Lichte Höhe
C	Lichte Rohbauhöhe
D	Geschosshöhe

Die nicht ausgemalten Dreiecke bezeichnen Höhen, die im fertig gestellten Zustand des Gebäudes eingehalten werden müssen (Fertighöhen).

58. Eine Treppe ist in der Bauzeichnung mit der Bemaßung 12 × 17²/28 versehen. Erklären Sie, was damit gemeint ist.

12 – Anzahl der Steigungen, d. h. 11 Stufen und die Steigung aufs nächste Podest
17² – Steigung (17,2 cm)
28 – Auftritt (28 cm), ohne etwaige Unterschneidungen

59. Grundrisszeichnungen von Bauwerken sind im Regelfall mit mindestens drei Maßketten versehen. Erklären Sie, welche Maße auf den Maßketten zu finden sind.

1. Maßkette (am Gebäude):
   Alle Rohbaumaße an der Gebäudeaußenseite, wie
   • Tür- und Fensteröffnungen,
   • Wandlängen,
   • Pfeiler.
2. Maßkette:
   Alle Rohbaumaße im Inneren des Gebäudes, wie
   • Raumlängen und -breiten,
   • Wandstärken.
3. Maßkette (ganz außen angebracht):
   • Das Gesamtmaß des Bauwerkes.

60. Welche Baustoffe werden in Bauzeichnungen mit den abgebildeten Schraffuren dargestellt?

Schraffur	Baustoff

Schraffur	Baustoff
	Natürlicher Boden
	Mauerwerk aus künstlichen Steinen
	Unbewehrter Beton
	Stahlbeton
	Betonfertigteile
	Dichtungsschichten
	Dämmschichten
	Putzschichten

61. Auf Bauzeichnungen werden häufig Kurzzeichen verwendet. Erklären Sie, worum es sich bei folgenden Kurzzeichen handelt: UG, EG, OG, DG, UK, OK, OKG, Stg, BRH, HKN, WD, WS, DD, DA, m ü. NHN

UG – Untergeschoss
EG – Erdgeschoss
OG – Obergeschoss
DG – Dachgeschoss
UK – Unterkante
OK – Oberkante
OKG – Oberkante Gelände
Stg – Steigung
BRH – Brüstungshöhe
HKN – Heizkörpernische
WD – Wanddurchbruch
WS – Wandschlitz
DD – Deckendurchbruch
DA – Deckenaussparung
m ü. NHN – Meter über Normalhöhennull

Lernfeld 3
Fachmathematik

1. Ein Vollziegel darf maximal einen Lochanteil von 15 % der Lagerfläche aufweisen. Der dargestellte 2DF-Ziegel hat 10 quadratische Löcher. Wie groß dürfen die Löcher höchstens sein?

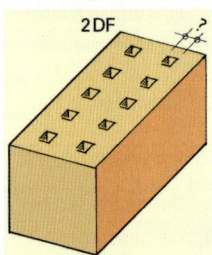

Lagerfläche des Ziegels:
$$A_{Lagerfläche} = l \cdot b = 24\,cm \cdot 11,5\,cm$$
$$= \underline{276\,cm^2}$$

Maximal möglicher Lochanteil:
$$A_{Lochanteil} = A_{Lagerfläche} \cdot 0,15$$
$$= 276\,cm^2 \cdot 0,15$$
$$A_{Lochanteil} = \underline{41\,cm^2}$$

Maximale Lochgröße:
$$A_{Loch} = \frac{41\,cm^2}{10\,Löcher} = 4,1\,cm^2$$
$$l = b = \sqrt{4,1\,cm^2} = \underline{2\,cm}$$

Die Löcher dürfen also nicht größer als $\underline{2 \times 2\,cm}$ sein.

2. Wie groß ist der Lochanteil des dargestellten 2DF-Hochlochziegels (HLzA), wenn die Größe der Löcher 1,5 × 1,5 cm beträgt?

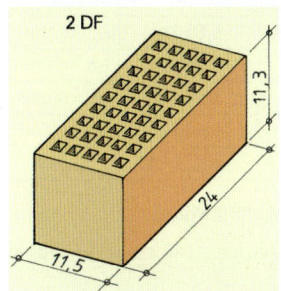

Lagerfläche des 2DF-Ziegels:

$A_{\text{Lagerfläche}} = l \cdot b = 24\,\text{cm} \cdot 11,5\,\text{cm} = \underline{276\,\text{cm}^2}$

Fläche der Löcher:

$A_{\text{Lochanteil}} = 45$ Löcher $\cdot\,(1,5\,\text{cm} \cdot 1,5\,\text{cm})$

$A_{\text{Lochanteil}} = \underline{101,25\,\text{cm}^2}$

Lochung in %:

$p\,\% = \dfrac{101,25\,\text{cm}^2}{276\,\text{cm}^2} \cdot 100\,\%$

$p\,\% = \underline{\underline{36,7}}$

3. Ein Ziegel hat eine Rohdichteklasse von 1,4. Wie schwer ist ein 5DF-Stein maximal?

Rohdichteklasse 1,4:

$\varrho = 1,201 \ldots 1,4\,\text{kg/dm}^3$

Volumen des Steins:
5 DF = 30,0 cm · 24,0 cm · 11,3 cm

$V = 3\,\text{dm} \cdot 2,4\,\text{dm} \cdot 1,13\,\text{dm} = \underline{8,136\,\text{dm}^3}$

Masse:

$m = \varrho \cdot V = 1,4\,\text{kg/dm}^3 \cdot 8,136\,\text{dm}^3$

$m = \underline{\underline{11,4\,\text{kg}}}$

4. Ein 8DF-Stein wiegt 19,2 kg. Welcher Rohdichteklasse ist dieser Stein zuzuordnen?

Volumen des Steins:
8 DF = 24,0 cm · 24,0 cm · 23,8 cm

$V = 2,4\,\text{dm} \cdot 2,4\,\text{dm} \cdot 2,38\,\text{dm} = \underline{13,709\,\text{dm}^3}$

Rohdichteklasse:

$\varrho = \dfrac{m}{V} = \dfrac{19,2\,\text{kg}}{13,709\,\text{dm}^3}$

$\varrho = \underline{1,40\,\text{kg/dm}^3}$

Der Stein ist der Rohdichteklasse 1,4 zuzuordnen.

5. Berechnen Sie für die Ziegel in
der Tabelle die fehlenden Werte:

	Format	Masse	Roh-dichte
a)	2 DF	?	2,2 kg/dm³
b)	3 DF	8,54 kg	?
c)	12 DF	?	1,0 kg/dm³
d)	10 DF	12,00 kg	?
e)	?	7,322 kg	0,9 kg/dm³

	Format	Masse	Roh-dichte
a)	2 DF	6,86 kg	2,2 kg/dm³
b)	3 DF	8,54 kg	1,8 kg/dm³
c)	12 DF	20,85 kg	1,0 kg/dm³
d)	10 DF	12,00 kg	0,7 kg/dm³
e)	5 DF	7,322 kg	0,9 kg/dm³

6. Welche Druckspannung muss
ein 8DF-Hochlochziegel HLzA6 bei
der Überprüfung im Labor
mindestens aushalten?

Druckfläche des 8DF-Steins:

$A = l \cdot b = 240\,mm \cdot 240\,mm = \underline{57\,600\,mm^2}$

Aus $\sigma = \dfrac{F}{A}$ folgt durch Umstellen

$F = \sigma \cdot A$

$F = 6\,N/mm^2 \cdot 57\,600\,mm^2 = \underline{345,6\,kN}$

$(\hat{=} 34,6\,t)$

7. Ein 3DF-Kalksandstein bricht
bei der Kontrolle der Druckfestig-
keit im Baustofflabor unter einer
Bruchlast von 480 kN. Welcher
Druckfestigkeitsklasse kann der
Stein zugeordnet werden?

Druckfläche des 3DF-Steins:

$A = l \cdot b = 240\,mm \cdot 175\,mm = \underline{42\,000\,mm^2}$

$\sigma = \dfrac{F}{A} = \dfrac{480\,000\,N}{42\,000\,mm^2} = \underline{11,43\,N/mm^2}$

Der Stein ist also der Druckfestigkeitsklasse
10 zuzuordnen.

8. Fünf verschiedene Kalksandsteine
wurden auf ihre Druckfestigkeit untersucht. Berechnen Sie für diese Steine
die in der Tabelle fehlenden Werte:

	Format	Bruch-last	Druckfes-tigkeit
a)	NF	?	16 N/mm²
b)	3 DF	340 kN	?
c)	2 DF	?	12 N/mm²
d)	10 DF	295 kN	?
e)	?	576 kN	10 N/mm²

	Format	Bruch-last	Druck-festigkeit
a)	NF	442 kN	16 N/mm²
b)	3 DF	340 kN	8 N/mm²
c)	2 DF	331 kN	12 N/mm²
d)	10 DF	295 kN	4 N/mm²
e)	8 DF	576 kN	10 N/mm²

9. Sie sollen 1500 l Zementmörtel im Mischungsverhältnis MV 1 : 4 mischen. Berechnen Sie den Materialbedarf bei einem Mörtelfaktor von 1,6.
(Hinweis: 1 Sack Zement = 20 l, 1 Sack Kalk = 40 l)

Mischung $= 1 + 4 = 5$ Raumteile (RT)
1 RT $= (1500\,l \cdot 1,6) : 5 = 480\,l$
Zement $= 1$ RT $= 480\,l : 20\,l$ /Sack
$= \underline{24\ Sack}$

Sand $= 4$ RT $= 4 \cdot 480\,l = 1920\,l$
$= \underline{1,92\ m^3}$

10. Berechnen Sie den Materialbedarf an Weißkalk, Zement und Sand für 780 l Mörtel der Mörtelgruppe II bei einem Mörtelfaktor von 1,4.

Mischung $= 2 : 1 : 8$, also 11 RT
1 RT $= (780\,l \cdot 1,4) : 11 = 99\,l$
Kalk $= 2$ RT $= 198\,l : 40\,l$/Sack $= \underline{5\ Sack}$
Zement $= 1$ RT $= 99\,l : 20\,l$/Sack $= \underline{5\ Sack}$
Sand $= 8$ RT $= 8 \cdot 99\,l = 792\,l = \underline{0,8\ m^3}$

11. Ermitteln Sie jeweils den Materialbedarf an Weißkalk, Zement und Sand für die folgenden Mörtelgruppen und Mörtelmengen:

	Mörtelfaktor	Menge	MG
a)	1,4	2250 l	I
b)	1,6	650 l	II
c)	1,55	1250 l	IIa
d)	1,45	2625 l	III
e)	1,5	1640 l	II

	Weißkalk	Zement	Sand
a)	20 Sack	–	2,4 m³
b)	5 Sack	5 Sack	0,8 m³
c)	6 Sack	12 Sack	1,5 m³
d)	–	38 Sack	3,0 m³
e)	11 Sack	11 Sack	1,8 m³

12. Der im Bild gezeigte Windfang ist 2 cm dick mit Mörtel der MG I zu verputzen. Die lichte Raumhöhe beträgt 2,85 m. Berechnen Sie den Materialbedarf bei einem Mörtelfaktor von 1,4 (Laibungen bleiben unberücksichtigt).

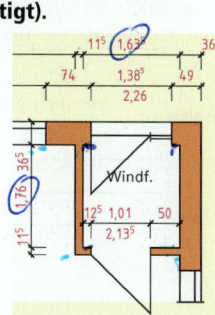

Putzfläche:
2 Wände: $1,76\,m \cdot 2,85\,m = 10,03\,m^2$
2 Wände: $1,635\,m \cdot 2,85\,m = 9,32\,m^2$
Tür 1: $1,01\,m \cdot 2,135\,m = -2,16\,m^2$
Tür 2: $1,385\,m \cdot 2,26\,m = -3,13\,m^2$
Gesamtfläche $= \underline{14,06\,m^2}$

$V = A \cdot 0,02\,m = 0,281\,m^3 = \underline{281\ l}$

Mischung $= 1 : 3$, also 4 RT
1 RT $= (281 \cdot 1,4) : 4 = 98\,l$
Kalk $= 1$ RT $= 98\,l : 40\,l$/Sack $= \underline{3\ Sack}$
Sand $= 3$ RT $= 3 \cdot 98\,l = 294\,l = \underline{0,3\ m^3}$

13. Berechnen Sie für den Zeichnungsausschnitt in Aufgabe 12. Materialmengen:
a) m² 36,5er-Wand (3,00 m hoch),
b) Anzahl 12DF-Steine und Liter Mörtel,
c) m² 24er-Wand (2,75 m hoch),
d) Anzahl 6DF-Steine und Liter Mörtel,
e) m² 11,5er-Wand (2,75 m hoch),
f) Anzahl 2DF-Steine und Liter Mörtel,
g) Bedarf an Zement, Weißkalk und Sand für den Mauermörtel MG II für alle drei Wandarten (Mörtelfaktor = 1,4).

a) $A = ([1,49 + 1,26 + 0,74 + 1,385 + 0,49 + 2,125] \text{ m}) \cdot 3,00 \text{ m}$
$= 7,49 \text{ m} \cdot 3,00 \text{ m} = \underline{\underline{22,47 \text{ m}^2}}$

b) laut Tabelle: 16,5 Steine und 38 l Mörtel pro m², also: $\underline{371 \text{ Steine und } 854 \text{ l Mörtel}}$

c) $A = 2,50 \text{ m} \cdot 2,75 \text{ m} = \underline{\underline{6,88 \text{ m}^2}}$

d) laut Tabelle: 22 Steine und 40 l Mörtel pro m², also: $\underline{151 \text{ Steine und } 275 \text{ l Mörtel}}$

e) $A = ([1,635 + 0,115 + 1,76] \text{ m}) \cdot 2,75 \text{ m}$
$= 3,51 \text{ m} \cdot 2,75 \text{ m} = \underline{\underline{9,65 \text{ m}^2}}$

f) laut Tabelle: 33 Steine und 20 l Mörtel pro m², also: $\underline{318 \text{ Steine und } 193 \text{ l Mörtel}}$
Mörtel gesamt $= 854 \text{ l} + 275 \text{ l} + 193 \text{ l}$
$= \underline{\underline{1322 \text{ l}}}$

g) Mischung $= 2 : 1 : 8$, also 11 RT
1 RT $= (1322 \cdot 1,4) : 11 = 168 \text{ l}$
Kalk $= 2 \text{ RT} = 336 \text{ l} : 40 \text{ l/Sack} = \underline{\underline{9 \text{ Sack}}}$
Zement $= 1 \text{ RT} = 168 \text{ l} : 20 \text{ l/Sack}$
$= \underline{\underline{9 \text{ Sack}}}$
Sand $= 8 \text{ RT} = 8 \cdot 168 \text{ l} = 1344 \text{ l}$
$= \underline{\underline{1,34 \text{ m}^3}}$

14. Eine Wand (12,50 m lang und 2,75 m hoch) soll 1,5 cm dick mit Mörtel der Mörtelgruppe II verputzt werden. Berechnen Sie den Materialbedarf an Weißkalk, Zement und Sand bei einem Mörtelfaktor von 1,6.

$V = l \cdot h \cdot d = 12,50 \text{ m} \cdot 2,75 \text{ m} \cdot 0,015 \text{ m}$
$V = 0,516 \text{ m}^3 = \underline{\underline{516 \text{ l}}}$

Mischung $= 2 : 1 : 8$, also 11 RT
1 RT $= (516 \cdot 1,6) : 11 = 75 \text{ l}$
Kalk $= 2 \text{ RT} = 150 \text{ l} : 40 \text{ l/Sack} = \underline{\underline{4 \text{ Sack}}}$
Zement $= 1 \text{ RT} = 75 \text{ l} : 20 \text{ l/Sack} = \underline{\underline{4 \text{ Sack}}}$
Sand $= 8 \text{ RT} = 8 \cdot 75 \text{ l} = 600 \text{ l} = \underline{\underline{0,6 \text{ m}^3}}$

15. Aus 210 l Zement, 210 l Kalk und 1,26 m³ Sand sind 1050 l Mauermörtel der Mörtelgruppe IIa hergestellt worden.
a) Wie groß war der Mörtelfaktor (Mf)?
b) Wie groß war die Mörtelausbeute (Ma)?

Ausgangsstoffe der Mischung:
$210 \text{ l} + 210 \text{ l} + 1260 \text{ l} = \underline{1680 \text{ l}}$

a)
$\text{Mörtelfaktor} = \dfrac{\text{Volumen der Ausgangsstoffe}}{\text{Volumen des Mörtels}}$
$= 1680 \text{ l} : 1050 \text{ l} = \underline{\underline{1,6}}$

b)
$\text{Mörtelausbeute} = \dfrac{\text{Mörtelvolumen} \cdot 100 \%}{\text{Volumen Ausgangsstoffe}}$

→

72

$$= \frac{1050\,l \cdot 100\,\%}{1680\,l} = \underline{\underline{62,5\,\%}}$$

16. **Aus 160 l Weißkalk, 80 l Zement und 0,64 m³ Sand soll Mauermörtel der Mörtelgruppe II hergestellt werden.**
Der Mörtelfaktor beträgt 1,4.
a) Nennen Sie das Mischungsverhältnis (MV).
b) Wie viel Mörtel ist hergestellt worden?
c) Wie groß war die Mörtelausbeute (Ma)?

Ausgangsstoffe der Mischung:
$160\,l + 80\,l + 640\,l = \underline{880\,l}$
a) 1 RT = 80 l (Zement), also 2 RT Kalk und 8 RT Sand
Mischungsverhältnis = $\underline{2 : 1 : 8}$

b) Mörtel = $\dfrac{\text{Volumen der Ausgangsstoffe}}{\text{Mörtelfaktor}}$

$= 880\,l : 1,4 = \underline{629\,l}$

c) Mörtelausbeute = $\dfrac{\text{Mörtelvolumen} \cdot 100\,\%}{\text{Volumen Ausgangsstoffe}}$

$= \dfrac{629\,l \cdot 100\,\%}{880\,l} = \underline{\underline{71,5\,\%}}$

17. Berechnen Sie die in der Tabelle fehlenden Werte.

	$V_{\text{Ausgangsstoffe}}$	$V_{\text{Mörtel}}$	Mf	Ma
a)	2650 l	1710 l	?	?
b)	785 l	?	?	69,0 %
c)	?	986 l	1,4	?
d)	2730 l	?	1,6	?
e)	3135 l	2090 l	?	?

	$V_{\text{Ausgangsstoffe}}$	$V_{\text{Mörtel}}$	Mf	Ma
a)	2650 l	1710 l	1,55	64,5 %
b)	785 l	541 l	1,45	69,0 %
c)	1380 l	986 l	1,4	71,4 %
d)	2730 l	1706 l	1,6	62,5 %
e)	3135 l	2090 l	1,5	66,7 %

18. Auf die Baustelle werden 5 t Sand geliefert (Rohdichte = 1,85 t/m³), Zement ist ausreichend vorhanden. Wie viel l Mörtel MG III können bei einem Mörtelfaktor von 1,4 gemischt werden?

$V = \dfrac{m}{\varrho} = \dfrac{5\,t}{1,85\,t/m^3} = 2,7m^3 = \underline{2700\,l}$

Mischungsverhältnis MG III = 1 : 4, also
Zement = 2700 : 4 = $\underline{675\,l}$
Ausgangsstoffe = 675 l + 2700 l = 3375 l
Mörtel = 3375 l : 1,4 = $\underline{2411\,l}$

19. Auf der Baustelle sind noch 31 Sack Weißkalk je 40 l, 45 Sack →

Benötigte Ausgangsstoffe
$= 1,4 \cdot 7070\,l = 9898\,l$ →

Zement je 20 L und etwa 15 t Sand vorhanden.
Für das zu erstellende Mauerwerk wird nach Zeichnung und Tabelle 7070 L Mauermörtel der MG II benötigt. Reicht das Material für diesen Arbeitsauftrag?
(Mörtelfaktor = 1,4)

MG II; also
Mischung $= 2:1:8$, d. h. 11 RT
1 RT $= 9898:11 = 900$ l
Kalk $= 2$ RT $= 1800$ l : 40 l/Sack $= \underline{45\ \text{Sack}}$
Zement $= 1$ RT $= 900$ l : 20l/Sack $= \underline{45\ \text{Sack}}$
Sand $= 8$ RT $= 8 \cdot 900$ l $= 7200$ l $= \underline{7,2\ \text{m}^3}$
$m = 1,85$ t/m³ $\cdot 7,2$ m³ $= 13,32$ t
Es fehlen 14 Sack Kalk, Zement wird gerade ausreichen und Sand ist genug vorhanden.

20. Sie sollen den Keller eines Einfamilienhauses mauern. Nach Zeichnung und Tabelle werden dafür 8640 L Mauermörtel der MG IIa benötigt. Eine Palette mit 50 Sack Zement je 20 L und 20 t Sand sind schon angeliefert worden. Vom Weißkalk sind noch 28 Sack von der vorherigen Baustelle übriggeblieben. Wie viel Material muss noch zur Herstellung des Mörtels bestellt werden?
(Mörtelfaktor = 1,5;
Sand = 1,85 t/m³)

Benötigte Ausgangsstoffe
$= 1,5 \cdot 8640$ l $= 12\,960$ l
MG IIa; also
Mischung $= 1:1:6$, d. h. 8 RT
1 RT $= 12\,960$ l : 8 $= 1620$ l
Kalk $= 1$ RT $= 1620$ l : 40 l/Sack $= \underline{41\ \text{Sack}}$
Zement $= 1$ RT $= 1620$ l : 20l/Sack $= \underline{81\ \text{Sack}}$
Sand $= 6$ RT $= 6 \cdot 1620$ l $= 9720$ l $= \underline{9,72\ \text{m}^3}$
$m = 1,85$ t/m³ $\cdot 9,72$ m³ $= \underline{17,98\ \text{t}}$
Es müssen noch mindestens 13 Sack Kalk und 31 Sack Zement bestellt werden, Sand ist genug vorhanden.

21. Die Fassade eines Einfamilienhauses ist mit NF-Klinkern im Läuferverband zu verkleiden. Geben Sie folgende Maße ($l \cdot h$) exakt an:
a) Fensteröffnung 8 Läufer lang und 15 Schichten hoch,
b) angebaute Wand 5 Läufer lang und 36 Schichten hoch,
c) Wand zwischen Tür und Fenster 6 Läufer lang und 33 Schichten hoch.

a) Öffnung $=$ Innenmaß,
also am-Maß + 1 cm
$l = 8 \cdot 25$ cm $+ 1$ cm $= \underline{2,01\ \text{m}}$
3 Schichten NF $= 25$ cm, also
$h = 15:3 \cdot 25$ cm $= 1,25$ m $+ 1$ cm
$= \underline{1,26\ \text{m}}$

b) Anbaumaß $=$ am-Maß $+/-$ 0
$l = 5 \cdot 25$ cm $= \underline{1,25\ \text{m}}$
$h = 36:3 \cdot 25$ cm $= \underline{3,00\ \text{m}}$

c) Zwischenwand $=$ Außenmaß,
also am-Maß $- 1$ cm
$l = 6 \cdot 25$ cm $- 1$ cm $= \underline{1,49\ \text{m}}$
$h = 33:3 \cdot 25$ cm $= \underline{2,75\ \text{m}}$

22. Die Fassade eines Einkaufszentrums soll mit 2DF-Kalksandsteinen verklinkert werden. Ermitteln Sie die Abmessungen dieser Bauwerksteile:

	Bauwerksteil	Läufer	Schichten
a)	Fassade	124	96
b)	Fenster	13	12
c)	Pfeiler	3	30
d)	Fenster	8	9
e)	Tür	10	18

	Bauwerksteil	Länge	Höhe
a)	Fassade	30,99 m	12,00 m
b)	Fenster	3,26 m	1,51 m
c)	Pfeiler	0,74 m	3,75 m
d)	Fenster	2,01 m	1,135 m
e)	Tür	2,51 m	2,26 m

3

Lernfeld 4
Herstellen eines Stahlbetonbauteiles

1. Erklären Sie die Begriffe
a) **Beton,**
b) **Zement,**
c) **Zementklinker,**
d) **Zementleim,**
e) **Zementstein.**

a) Beton ist ein künstlicher Baustoff, der aus einem Gemisch von Zement, Wasser und abgestufter Gesteinskörnung hergestellt wird.
b) Zement ist ein fein gemahlenes hochhydraulisches Bindemittel zur Herstellung von Mörtel und Beton.
c) Zementklinker ist das Zwischenprodukt bei der Herstellung von Zement, aus dem der Zement fein aufgemahlen wird.
d) Zementleim ist das Wasser-Zement-Gemisch beim Anmachen des Zementes.
e) Zementstein ist der ausgehärtete Zementleim im Festbeton.

2. Beschreiben Sie die technische Herstellung von Zement.

Die Ausgangsstoffe Kalkstein und tonhaltiges Gestein werden gebrochen, gemahlen und im Verhältnis von 3 : 1 (Kalk : Ton) gemischt. Das Gemisch wird dann im Drehrohrofen bei etwa 1450 °C bis zur Sinterung (zum Schmelzen) gebrannt, wobei kleine Kugeln (Zementklinker) entstehen. Diese werden mit etwa 3 % Gips zu Zement fein aufgemahlen.

3. Welchen Einfluss hat die Mahlfeinheit des Zementes auf die Eigenschaften des Betons?

Je feiner der Zement aufgemahlen ist, desto größer ist seine Reaktionsoberfläche bei der Reaktion mit Wasser. Das führt zu
- schnellerer Abbindereaktion,
- höherer Betonfestigkeit,
- höherer Wärmeentwicklung.

4. Was versteht man unter dem Begriff „w/z-Wert" und welchen Einfluss hat er auf die Betoneigenschaften?

Der w/z-Wert sagt aus, wie viel Wasser bezogen auf die Zementmenge in der Mischung enthalten sind, also:

$$w/z = \frac{w}{z} = \frac{\text{Wassermenge}}{\text{Zementmenge}}$$

76

Zum vollständigen Abbinden braucht der Zement etwa 40 % seiner Masse an Wasser ($w/z = 0{,}4$). Alles überschüssige Wasser verdunstet und hinterlässt im Beton Hohlräume. Das führt zu
- geringerer Druckfestigkeit,
- Undichtheit/eindringendem Wasser,
- Frostempfindlichkeit.

5. Welche Folgen hat ein zu geringer w/z-Wert für die Betonqualität?

Teile des in der Mischung vorhandenen Zementes können, weil das Wasser fehlt, chemisch nicht abbinden. Der Beton erreicht seine Festigkeit nicht.

6. Nennen Sie die fünf Hauptgruppen von Zement und das jeweilige Kurzzeichen.

Zementgruppe	Kurzzeichen
Portlandzement	CEM I
Portlandkompositzement	CEM II
Hochofenzement	CEM III
Puzzolanzement	CEM IV
Kompositzement	CEM V

7. Ein Zement trägt die Lieferbezeichnung „CEM I 32,5 R". Um welchen Zement handelt es sich?

CEM I: Portlandzement
32,5: Druckfestigkeitsklasse 32,5 N/mm²
R: hohe Anfangsfestigkeit (R = „rapid")

8. Erläutern Sie, um welchen Zement es sich bei dieser Lieferbezeichnung handelt: „CEM II/B-S 32,5 – LH"

CEM II: Portlandkompositzement
B: Mischung (Anteil der Zumahlstoffe) (A = max. 20 % Zumahlstoffe, B = max. 35 % Zumahlstoffe)
S: Zumahlstoff Sand, also gemahlene Hochofenschlacke (= „Hüttensand")
32,5: Druckfestigkeitsklasse 32,5 N/mm²
LH: niedrige Wärmeentwicklung (low heat)

9. Nennen Sie fünf Zumahlstoffe, die in Zementen verwendet werden, und ihre Kurzzeichen.

Zumahlstoff	Kurzzeichen
Hüttensand	S
Puzzolan	P
Flugasche	V
Kalkstein	L
Ölschiefer	T

10. Nach welcher Dauer werden Zemente auf ihre Festigkeit überprüft:
a) Anfangsfestigkeit,
b) Normfestigkeit?

a) in der Regel nach 2 Tagen (Ausnahme CEM 32,5N nach 7 Tagen)
b) nach 28 Tagen

11. In welche Druckfestigkeitsklassen werden Zemente unterschieden?
Welche Farbe haben die jeweiligen Zementsäcke?

32,5 N/mm²: hellbraun
42,5 N/mm²: hellgrün
52,5 N/mm²: rot

12. Nennen Sie mindestens fünf Zusatzbezeichnungen für Zemente.

1. N: übliche Anfangsfestigkeit
2. R: hohe Anfangsfestigkeit
3. L: niedrige Anfangsfestigkeit (nur CEM III)
4. LH: niedrige Hydratationswärme
5. SR: hoher Sulfatwiderstand
6. NA: niedriger wirksamer Alkaligehalt
7. FE: mit frühem Erstarren
8. SE: schnell erstarrender
9. HO: mit erhöhtem Anteil an organischen Zusätzen

13. Welche Betoneigenschaften lassen sich durch die Wahl des Zementes beeinflussen?

- Druckfestigkeit durch die Zementart und Druckfestigkeitsklasse,
- Abbindegeschwindigkeit durch Verwendung von N- oder R-Zement,
- Wärmeentwicklung beim Abbinden durch LH-Zemente,
- Korrosionsschutz der Bewehrung (pH-Wert) durch Verwendung von CEM I oder CEM II/A mit hohem Ca^{2+}-Anteil,
- Chemische Beständigkeit, z. B. bei Schächten durch Verwendung von SR-Zement.

14. Welche Betoneigenschaften lassen sich durch die Wasserqualität und Wassermenge beeinflussen?

- Langlebigkeit/Festigkeit durch Verwendung von „Trinkwasserqualität", also keine gelösten organischen Stoffe oder Salze

→   →

78

- Druckfestigkeit:
  zu wenig Wasser – unvollständige Reaktion und damit geringe Festigkeit,
  zu viel Wasser – Verdunstungshohlräume und dadurch geringere Festigkeit.
- Dichtheit/Frostbeständigkeit:
  Zu viel Wasser führt zu Kapillarporenbildung, wodurch Wasser später eindringen kann.

15. Welche Betoneigenschaften lassen sich durch die Gesteinskörnung beeinflussen?

- Druckfestigkeit durch:
  - druckfestes Gestein,
  - abgestuftes Korngemisch, wenig Hohlraum,
  - gute Verzahnung bei gebrochenem Gestein.
- Dichtheit/Wasserundurchlässigkeit durch:
  - abgestuftes Korngemisch,
  - wenig Hohlraum.
- Masse des Betons:
  Leichtbeton durch:
  - leichtes Gestein,
  - Ein-Korn-Gemische.
  Schwerbeton durch:
  - schweres Gestein, schwere Zusätze,
  - dichtes abgestuftes Gesteinsgefüge.

16. Bei welcher Rohdichte gilt ein Beton als „Leichtbeton", „Normalbeton" bzw. „Schwerbeton"?

Beton	Rohdichte kg/dm³
Leichtbeton	$\leq 2,0$
Normalbeton	$> 2,0 \leq 2,6$
Schwerbeton	$> 2,6$

17. Nennen Sie mögliche Gesteine, die für die Herstellung eines Leicht-, Normal- bzw. Schwerbetons geeignet sind.

Leicht-beton	Normal-beton	Schwer-beton
– Natur-bims – Hütten-bims – Blähton – Bläh-schiefer	– Kiessand – Granit – Kalkstein	– Basalt – Schwer-spat – Magnetit

18. Nennen Sie mögliche Recyclingmaterialien, die für die Herstellung eines Leicht-, Normal- bzw. Schwerbetons geeignet sind.

Leicht- beton	Normal- beton	Schwer- beton
– Kunststoff- granulat – Ziegelsplitt	– Betonsplitt – Hochofen- schlacke	– Stahl- schrot

19. Welche nachteilige Wirkung haben Feinststoffe (abschlämmbare Bestandteile) in einer Betonmischung?

Sind in der Gesteinskörnung Bestandteile mit einem Durchmesser unter 0,063 mm enthalten, so wird wesentlich mehr Zement benötigt, um alle Bestandteile der Gesteinskörnung mit Zementleim zu ummanteln. Bei normaler Zementmenge erfolgt keine ausreichende Verbindung des Gesteins, die Druckfestigkeit wird nicht erreicht.

20. Wählen Sie jeweils aus, wie ein Gestein beschaffen sein sollte, wenn Sie einen möglichst dichten druckfesten Beton herstellen sollen.

Merkmal	Beispiele
Kornform	plattig, gedrungen, kompakt, länglich
Kornoberfläche	glatt, eben, rau
Kornstruktur	dicht, druckfest, offenporig

Merkmal	Beispiele
Kornform	gedrungen, kompakt
Kornoberfläche	rau
Kornstruktur	dicht, druckfest

21. Was ist eine „Sieblinie" und wozu wird sie benötigt? Was sind „Regelsieblinien"?

Die Sieblinie gibt die Kornzusammensetzung der Gesteinskörnung in % in den einzelnen Korngrößen an. Um ein möglichst dichtes Gesteinsgerüst im Beton zu erreichen, muss viel druckfestes Größtkorn, aber auch so viel mittlere und kleine Körnung vorhanden sein, dass alle Hohlräume gefüllt sind. So ist der Zement nicht Füllstoff, sondern wirklich nur Bindemittel.

Die Regelsieblinien gelten als Vergleichswerte zur Herstellung eines solchen dichten Gesteinsgefüges. Es gibt die Regelsieblinien für die Sieblinienbereiche 0/63 mm, 0/32 mm, 0/16 mm und auch 0/8 mm.

22. Das Bild zeigt die Regelsieb-linien im Kornbereich 0/32 mm.

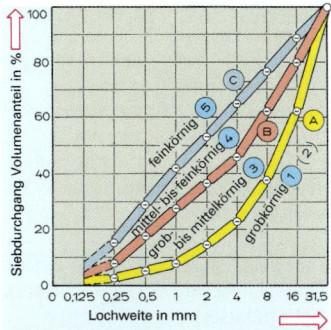

a) **Erklären Sie welche Bedeu-tung die Grenzsieblinie A hat.**
b) **Welche Bedeutung hat die Grenzsieblinie B?**
c) **Wie sind Gesteinskörnungen oberhalb der Grenzsieblinie C zu bewerten?**

a) Grenzsieblinie A:
Jede Mischung, deren Sieblinie unterhalb dieser Grenzsieblinie verläuft, ist für die Herstellung eines Betons zu grob. Entwe-der hat der Beton große Hohlräume, was die Druckfestigkeit stark herabsetzt, oder die Hohlräume würden mit Zementleim gefüllt. Durch den hohen Zementeinsatz käme es zu großem Schwundmaß, großer Wärmeentwicklung und vielen Rissen.

b) Grenzsieblinie B:
Die Linie teilt den für eine Betonmi-schung möglichen Sieblinienbereich in ei-nen brauchbaren und einen günstigen Bereich. Der unter der Linie liegende Be-reich ist der günstige, denn hier ist möglichst viel großes Gestein, aber alle Hohlräume sind mit jeweils kleiner Körnung gefüllt. Mit geringen Zement-mengen lassen sich sehr druckfeste Be-tonmischungen herstellen.

c) Grenzsieblinie C:
Alle Gesteinskörnungen, deren Sieblinie oberhalb der Grenzsieblinie C verlaufen, sind für die Betonherstellung zu fein. An-stelle einzelner Größtkörner sind viele kleine Körner vorhanden, die alle mit Ze-mentleim verbunden werden müssen. Durch den hohen Zementeinsatz käme es zu großem Schwundmaß, großer Wärme-entwicklung und vielen Rissen.

23. Erklären Sie folgende Begriffe:
a) **Beton,**
b) **Stahlbeton,**
c) **Spannbeton,**
d) **Baustellenbeton,**
e) **Transportbeton,**
f) **Ortbeton,**
g) **Frischbeton,**
h) **junger Beton,**
i) **Festbeton.**

a) Beton – künstlicher Baustoff aus Zement, Wasser und Gesteinskörnungen (ohne Bewehrung)

b) Stahlbeton – Beton mit schlaffer Bewehr-rung

c) Spannbeton – Beton mit gespannter Be-wehrung

d) Baustellenbeton – auf der Baustelle ge-mischter Beton

e) Transportbeton – auf die Baustelle trans-portierter, fertig gemischter Beton

f) Ortbeton – auf der Baustelle frisch verarbeiteter Beton
g) Frischbeton – Beton, so lange er noch verarbeitbar ist
h) junger Beton – Beton, der erhärtet und nicht mehr verarbeitet werden kann
i) Festbeton – fertig erhärteter Beton

24. Was versteht man unter dem Begriff „Ausfallkörnung"?

In der Sieblinie fehlen eine oder mehrere Korngruppen, was zu einem unsteten Verlauf der Sieblinie führt.

25. Ein Beton trägt auf dem Lieferschein die Bezeichnung „C 30/45".
a) Wofür steht diese Bezeichnung?
b) Wann wird die Druckfestigkeitsprüfung durchgeführt?
c) Wie sieht der Probekörper aus?
d) Welche Druckfestigkeit hat der Betonprobewürfel mindestens zu erbringen?

a) C – concrete (englisches Wort für Beton) 30/45 – Mindestdruckfestigkeit (Druckfestigkeitsklasse).
b) Nach 28 Tagen Lagerung unter Wasser.
c) Würfel $15 \times 15 \times 15$ cm (in Deutschland üblich) oder Zylinder $\varnothing = 15$ cm, $h = 30$ cm (in anderen Ländern Europas).
d) Würfel $= 45$ N/mm², Zylinder $= 30$ N/mm².

26. Was versteht man beim Frischbeton unter „Konsistenz" und wie werden verschiedene Konsistenzstufen in der Herstellung erreicht?
Wofür ist die Angabe der Konsistenz wichtig?

„Konsistenz" $=$ die Verarbeitbarkeit des Betons von sehr steif bis sehr fließfähig.
• Erreichbar durch die zugegebene Wassermenge oder die Zugabe von Fließmitteln,
• wichtig für den Einsatz der verschiedenen Verdichtungsgeräte.

27. Mit welchen Verfahren wird üblicherweise die Konsistenz des Frischbetons festgestellt?

• Ausbreitmaß (Konsistenzklasse F1 bis F6),
• Verdichtungsmaß (Konsistenzklasse C0 bis C4).

28. Ordnen Sie die Konsistenzen des Frischbetons den jeweiligen Konsistenzklassen zu.

Konsistenz	F	C
sehr steif		
steif		
plastisch		
weich		
sehr weich		
fließfähig		
sehr fließfähig		

Konsistenz	F	C
sehr steif		C 0
steif	F 1	C 1
plastisch	F 2	C 2
weich	F 3	C 3
sehr weich	F 4	C 4
fließfähig	F 5	
sehr fließfähig	F 6	

29. Mit welchem Verdichtungsverfahren kann man Frischbeton der einzelnen Konsistenzstufen verdichten?

Konsistenzstufe	Verfahren
F 1	
F 2	
F 3	
F 4	
F 5	
F 6	

Konsistenzstufe	Verfahren
F 1	Stampfen
F 2	Stampfen/Rütteln
F 3	Rütteln
F 4	Stochern
F 5	Stochern
F 6	(selbst verdichtend)

30. Welche Eigenschaften sind bei einem Beton mit hohem Porenvolumen zu erwarten?

- geringe Druckfestigkeit,
- geringe Rohdichte (Gewicht),
- wasserdurchlässig,
- frostgefährdet,
- kaum Korrosionsschutz der Bewehrung.

31. Bei welcher Betonart sind die bauphysikalischen Eigenschaften als gut (+) oder schlecht (–) zu beurteilen?

Eigenschaft	Normalbeton	Leichtbeton
Wärmeschutz		
Luftschallschutz		
Trittschallschutz		
Brandschutz		
Feuchteschutz		

Eigenschaft	Normalbeton	Leichtbeton
Wärmeschutz	–	+
Luftschallschutz	+	–
Trittschallschutz	–	–
Brandschutz	+	+
Feuchteschutz	+	–

32. Beschreiben Sie, warum die Druckfestigkeit mit steigendem w/z-Wert abnimmt.

Zum vollständigen Abbinden des Zementes genügt ein w/z-Wert von 0,4. Alles zusätzlich in die Mischung gegebene Wasser verdunstet aus dem jungen Beton und hinterlässt auf dem Weg an die Oberfläche Kapillarporen. Anstelle des Wassers bleiben im Festbeton Hohlräume zurück. Je höher der w/z-Wert, desto mehr Kapillarporen und Hohlräume hat der Beton, was die Druckfestigkeit herabsetzt.

33. Was ist eine „Expositionsklasse"?

Die Expositionsklasse gibt die Gefährdungen an, denen der Festbeton im Bauwerk ausgesetzt sein wird. Entsprechend diesen Gefährdungen wird die Betonrezeptur ausgerichtet.

34. Welche Expositionsklassen weisen auf einen Angriff durch Salze oder Taumittel hin?

- XD
- XS
- XF

35. Warum wird Beton, der Salzen oder Taumitteln ausgesetzt ist, ein Luftporenbildner (LP) zugesetzt?

Der Luftporenbildner bildet im Festbeton kleine geschlossene Kugelporen. Sollte Salz in den Beton eindringen und auskristallisieren, so dehnen sich die Salze in die Hohlräume hinein aus, ohne dass der Beton durch die Volumenzunahme Risse bekommt.

36. In der Tabelle sind die typischen Gefährdungen, auf die mit den Expositionsklassen hingewiesen wird, den entsprechenden Kurzzeichen zugeordnet. Ergänzen Sie.

4

Kurzz.	Gefährdung
XO	?
?	Korrosion der Bewehrung durch Karbonatisierung
?	Korrosion der Bewehrung durch Chloride wie Streusalz
XS	?
?	Frostangriff (Wassersättigung mit/ohne Taumittel)
XA	?
?	Betonkorrosion durch mechanischen Verschleiß

Kurzz.	Gefährdung
XO	Keine Gefährdung
XC	Korrosion der Bewehrung durch Karbonatisierung
XD	Korrosion der Bewehrung durch Chloride wie Streusalz
XS	Korrosion der Bewehrung durch Chloride aus Meersalz
XF	Frostangriff (Wassersättigung mit/ohne Taumittel)
XA	Betonkorrosion durch chemischen Angriff
XM	Betonkorrosion durch mechanischen Verschleiß

37. Was verstehen Sie unter „Standardbeton"?

Die Festlegung einer Betonmischung nach Tabellenwerten bei geringer Gefährdung (Exposition) und geringer Druckfestigkeitsklasse.

38. Worin unterscheiden sich
a) Beton nach Zusammensetzung,
b) Beton nach Eigenschaften,
c) Standardbeton.

a) Beton nach Zusammensetzung:
Der Planer (Architekt) gibt die gesamte Rezeptur des Betons (Zementgehalt, Zementfestigkeitsklasse, Zementmenge, Korngrößen, Sieblinie, Zusätze, …) vor, die Mischanlage stellt den Beton danach her.

→

→

b) Beton nach Eigenschaften:
Der Planer gibt nur die gewünschten Eigenschaften des Betons vor, die Mischanlage legt die dazu passende Rezeptur fest.

c) Standardbeton:
Mischung in der Mischanlage nach Tabellenwerten – nur bis maximal C16/20 und bei Expositionsklasse XO, XC1 und XC2 erlaubt.

39. Welchen Einfluss hat die Korngröße auf den erforderlichen Zementgehalt im Beton?

Je kleiner die Korngröße, desto mehr Zement muss eingesetzt werden, um alle Teile der Gesteinskörnung mit Zementleim zu ummanteln und so zu verbinden.

40. Welche Auswirkungen hat ein hoher Zementgehalt in der Mischung auf den Beton?

Je höher die eingesetzte Zementmenge, desto höher ist die Wärmeentwicklung beim Abbinden, die Schwindneigung und die Gefahr der Rissbildung nehmen zu.

41. Innerhalb welcher Frist nach der Wasserzugabe sollte Beton verarbeitet sein?

- im Regelfall max. nach 1 Stunde,
- bei warmer trockener Witterung schon nach ½ Stunde.

42. Welche Betonzusatzmittel können für die folgenden Anforderungen eingesetzt werden?
a) **Erhöhung der Konsistenzstufe ohne Einsatz von zusätzlichem Wasser,**
b) **Beschleunigung des Abbindens,**
c) **Verzögerung des Abbindens,**
d) **Verhinderung des Entmischens beim Schütten aus großen Höhen (Wandschalungen).**
Nennen Sie die Kurzzeichen und die Farbkennzeichnung des Zusatzmittels auf dem Lieferschein.

	Zusatzmittel	Zeichen	Farbe
a)	Fließmittel	FM	grau
b)	Erstarrungs-beschleuniger	BE	grün
c)	Erstarrungs-verzögerer	VZ	rot
d)	Stabilisierer	ST	violett

43. Was passiert, wenn Frischbeton beim Einbringen in die

Die Erdanziehungskraft bewirkt bei verschieden schweren Körnungen eine unter-

→

86

**Schalung aus größeren Höhen herabfällt?
Wie groß ist die maximal zulässige Fallhöhe?**

schiedliche Fallbewegung, wodurch der Beton sich im Fallen entmischt. Die maximale Fallhöhe sollte 1,00 m nicht übersteigen.

44. Welche Geräte kann man verwenden, um beim Einbringen des Frischbetons eine Entmischung zu vermeiden?

- Prallbleche,
- Schütttrichter/Schüttrohre,
- Krankübel mit Schüttschlauch,
- Betonpumpen mit Schlauch.

45. Wovon ist die Dicke einer Schüttlage beim Betonieren in Wandschalungen abhängig? Geben Sie Richtwerte an.

Die Schütthöhen sollten zwischen 30 cm und 50 cm betragen. Die Dicke hängt vom eingesetzten Verdichtungsgerät ab.

46. Nennen Sie vier Verdichtungsgeräte für Frischbeton.

- Innenrüttler
- Schalungsrüttler („Außenrüttler")
- Rüttelbohle
- Rütteltisch

47. Erklären Sie den Unterschied zwischen Innenrüttler und Außenrüttler. Wann wird ein Außenrüttler eingesetzt?

Innenrüttler:
Der Innenrüttler wird in den Beton eingetaucht und verdichtet den Beton direkt über die eingebrachten Schwingungen.
Außenrüttler:
Der Außenrüttler wird außen an die Schalung angebracht und angeschaltet. Er bringt die Schalung und damit auch den innen liegenden Beton zum Schwingen. Einsatz:
- nur bei dünnen Wänden, Pfeilern und Platten, da sonst die Schwingungen nicht den ganzen Betonquerschnitt erreichen,
- wenn bei dünnen Bauteilen die Bewehrung zu eng liegt, um mit dem Innenrüttler dazwischen zu verdichten.

48. Was versteht man unter der „Nachbehandlung" von Beton?

Alle Maßnahmen, die getroffen werden müssen, damit der Beton seine volle Qualität erreicht.

49. Wovor muss der „junge Beton" während der Erhärtung geschützt werden?

- Vor zu hohen Temperaturen,
- vor zu niedrigen Temperaturen/Frost,
- vor zu schneller Austrocknung,
- vor der Einwirkung von Schwingungen.

50. Auf welche Art lässt sich Beton vor zu schneller Austrocknung schützen?

- Aufsprühen von Wasser,
- Aufsprühen eines Wachsfilmes,
- Abdecken mit Folie.

51. Wovon hängt die Dauer der Nachbehandlung ab?

- Bauteilabmessungen,
- Witterung,
- Betonzusammensetzung,
- Frischbetontemperatur bzw. Wärmeentwicklung des Betons,
- Zementart,
- Festigkeitsentwicklung des Betons.

52. Im Bild ist das Dehnungsverhalten eines Betonstabstahles unter Belastung zu sehen („Spannung/Extensometer-Dehnungs-Kurve"). Beschreiben Sie, was im Abschnitt A, B bzw. C mit dem Stahl passiert.

Abschnitt A:
In diesem Bereich dehnt sich der Stahl bei Belastung elastisch und geht bei Entlastung wieder in die Ausgangslänge zurück.
Abschnitt B:
Mit dem Erreichen der „Streckgrenze" wird der Stahl kalt verformt, was zu einer Gefügeveränderung führt. Der Stahl dehnt sich aus, streckt sich und geht nicht wieder auf die Ausgangslänge zurück.
Abschnitt C:
Mit dem Erreichen der maximalen Zugspannung („Zugfestigkeit") schnürt sich der Stahl im Querschnitt ein, wird nochmals länger und reißt dann.

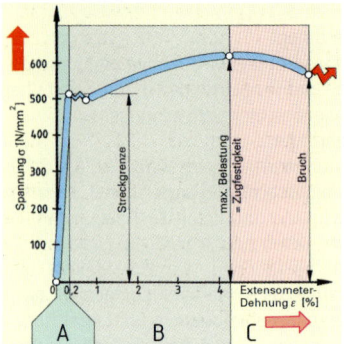

53. Welche Festigkeit wird beim Betonstabstahl als Mindestzugfestigkeit angegeben?

Es wird die Grenze angegeben, innerhalb der sich der Stahl elastisch verhält – also die Streckgrenze.

54. Ein Betonstahl ist mit der Bezeichnung „B500A" versehen. Was bedeutet diese Bezeichnung?

B – Betonstahl
500 – Mindestzugfestigkeit $= 500$ N/mm² (Streckgrenze)
A – normale Duktilität (Dehnbarkeit)

55. Erklären Sie den Unterschied zwischen:
a) Lagermatten,
b) Listenmatten und
c) Vorratsmatten.

a) Lagermatten:
Standardisierte Matten mit einer Größe von $6,00 \times 2,30$ m mit quadratischen (Q-Matte) oder rechteckigen (R-Matte) Stababständen.

b) Listenmatten:
Matten, die nach Stahlliste für ein bestimmtes Bauobjekt angefertigt werden – nicht standardisiert.

c) Vorratsmatten:
Großflächige Matten mit Überständen an je einer Längs- und Querseite und quadratischen Stababständen.

56. Eine Betonstahlmatte wird mit „R 335" angegeben. Beschreiben Sie den Aufbau der Matte.

Mit „R" bzw. „Q" werden Lagermatten gekennzeichnet, also ist die Matte 6,00 m lang und 2,30 m breit.
R steht für Rechteckmatte, das heißt, der Abstand der Stähle ist in Haupttragrichtung 15 cm und in der anderen Richtung 25 cm.
Die 335 sagt aus, dass in Haupttragrichtung pro m Mattenbreite 335 mm² Stahlquerschnitt zum Tragen kommen.

57. Welchen Unterschied gibt es zwischen den Betonstahlmatten „Q 188" und „B 188"?

Q ist eine Lagermatte und B ist eine Vorratsmatte. Beide haben dieselben Stabdurchmesser und Abstände und damit auch denselben tragenden Stahlquerschnitt. Die Vorratsmatte hat aber im Randbereich auf der Längs- und Querseite einseitig 2 … 3 fehlende Stäbe, um eine einfachere Übergreifung zur nächsten Matte zu gewährleisten.

58. Stahlbeton gilt als „Verbundbaustoff". Was ist damit gemeint?

Ein Verbundbaustoff besteht aus mindestens zwei verschiedenen Baustoffen, die innerhalb des Verbundbaustoffes an räumlich getrennten Stellen verschiedene Funktionen zu erfüllen haben:
Stahl – Zugfestigkeit in der Zugzone
Beton – Druckfestigkeit in der Druckzone

59. Nennen Sie einen weiteren Verbundbaustoff und seine Funktionsweise.

Beispiel Gipskarton-Bauplatte:
Karton – Außenseite als Faserbewehrung
Gips – Innen als Wandbaustoff

60. Wie heißen die im Bild mit A … D gekennzeichneten Stähle, wo müssen sie liegen und welche Funktion haben sie im Stahlbetonbalken zu erfüllen?

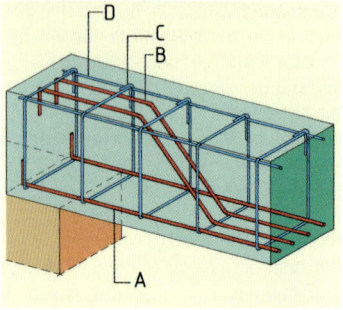

A – Tragstäbe:
Liegen in der Zugzone und nehmen die Hauptzugspannungen im Stahlbeton auf.
B – Schrägstäbe:
Liegen im Bereich von Zwischen- und Endauflagern und nehmen dort die Schubspannungen auf.
C – Bügel:
Bilden den Bewehrungskorb, liegen aber verstärkt im Bereich der Auflager, um Schubspannungen aufzunehmen.
D – Montagestäbe:
Dienen nur der Komplettierung des Bewehrungskorbes und verhindern, dass sich die Bewehrung während Transport, Einbau und Betonieren verschiebt.

61. Welche Spannungen werden im Stahlbeton von den genannten Bauteilen bzw. Baustoffen aufgenommen?

Bauteil	Spannung
Beton	?
Längstragstäbe	?
Bügel	?
Schrägstäbe	?

Bauteil	Spannung
Beton	– Druckspannung
Längstragstäbe	– Zugspannung – Querschubspannung
Bügel	– Längsschubspannung
Schrägstäbe	– Längsschubspannung – Querschubspannung

62. Nennen Sie mindestens drei Maßnahmen, die verhindern sollen, dass sich der Bewehrungsstahl bei Zugbelastung vom ummantelnden Beton löst.

1. Profilierung der Stahloberfläche.
2. Aufschweißen von Querstählen.
3. Verankerung an den Enden durch Endhaken.

63. Auf welche Art werden die Bewehrungsstäbe im Stahlbeton vor Korrosion geschützt?

- ausreichender Zementgehalt (der pH-Wert des Zementes liegt im alkalischen Bereich und verhindert die Korrosion),
- ausreichend dicke Betondeckung,
- ausreichend dichte Betondeckung.

64. Wovon ist die Dicke der Betondeckung abhängig?

- Größtkorn der Betonmischung,
- Abstände der Bewehrungsstäbe,
- Expositionsklasse.

65. Was versteht man bei der Betondeckung unter einem „Vorhaltemaß" und wie wird die auf der Baustelle einzuhaltende Betondeckung ermittelt?

Beim Einbau des Betons kann es zu Abweichungen von der planmäßigen Lage des Bewehrungsstabes kommen (z. B. stehen beim Betonieren einer Decke die Arbeiter auf der Bewehrung, wodurch sich diese durchbiegt). Das Vorhaltemaß soll derartige Toleranzen berücksichtigen und beträgt zwischen 1,0 und 1,5 cm.

Die einzuhaltende Betondeckung laut Projekt („Nennbetondeckung") setzt sich aus der Mindestbetondeckung + Vorhaltemaß zusammen, also:

$$c_{nom} = c_{min} + \Delta c$$

66. Erklären Sie die im Bild gezeigte Bezeichnung eines Bewehrungsstahles.

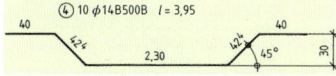

4 – Positionsnummer in Zeichnung und Stahlliste
10 – Anzahl gleicher Stäbe
ϕ 14 – Durchmesser 14 mm
B – Betonstahl
500 – Festigkeitsklasse 500 N/mm²
B – hohe Duktilität
l – Länge = 3,95 m
(entlang der Achse, also Schnittlänge)

67. Wie groß ist der Mindestabstand parallel laufender Bewehrungsstäbe?

- mind. Stabdurchmesser
- mind. 2 cm

68. Aus welchem Material werden Abstandhalter für die Sicherung der Lage der Bewehrung hergestellt? Wo werden diese bevorzugt eingesetzt?

Kunststoff:
Für die Lage der äußeren/unteren Bewehrung in allen Wand- und Deckenschalungen.
Beton:
Anstelle von Kunststoff bei Sicht- und WU-Beton (WU = wasserundurchlässig) .
Stahl:
In Form von Unterstützungen (Bügel, Körbe) für die obere Lage der Bewehrung in Deckenschalungen.

69. **Benennen Sie die Einzelteile der gezeigten Schalung. Wozu dienen die einzelnen Elemente?**

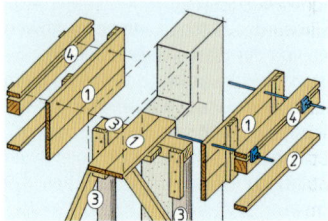

1. Schalhaut – gibt dem Beton die Form.
2. Drängbretter – verhindern unten das seitliche Ausweichen der Schalung durch den Betondruck.
3. Unterkonstruktion – sichert die Höhenlage und verhindert Durchbiegung unter Last.
4. Verspannung – verhindert im oberen Bereich das seitliche Ausweichen der Schalung durch den Betondruck.

70. **Zeichnen Sie in die dargestellten Stahlbetonplatten die Lage der erforderlichen Hauptbewehrung ein.**

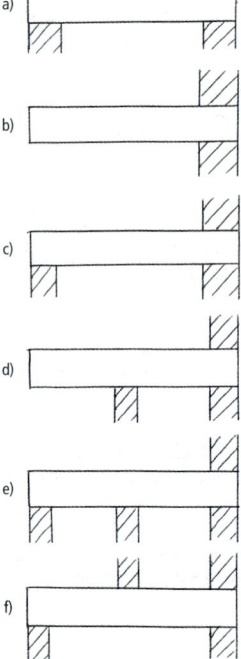

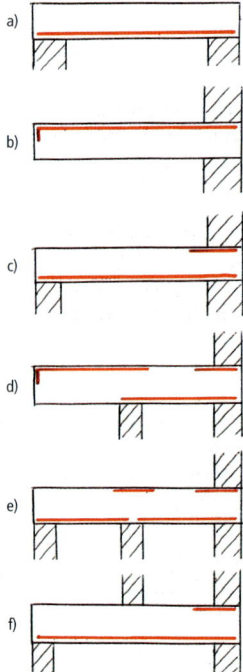

71. Wovon hängt der Schalungs-druck in einer Wand- oder Stützenschalung ab?

- Betonkonsistenz,
- Frischbetontemperatur,
- Betonrohdichte,
- Steiggeschwindigkeit,
- Verdichtungsart.

72. Unterscheiden Sie die ver-schiedenen Arten von Schalungen nach dem eingesetzten Schal-material.

- Brettschalungen,
- Schalungplatten aus:
  - Furniersperrholz,
  - Stäbchensperrholz,
  - Stabsperrholz,
- Rahmenschalungen mit Stahl- oder Alu-miniumrahmenkonstruktionen,
- Stahlschalungen.

73. Was versteht man unter „Kunststoffschalungen"?

In die Schalung werden Matten aus Kunst-stoff gelegt, geklebt oder genagelt, die eine profilierte Oberfläche aufweisen. Diese gibt dem Festbeton dann ein entsprechendes Aussehen.

74. Unterscheiden Sie die ver-schiedenen Arten von Schalungen nach dem herzustellenden Bau-teil.

- Wandschalung,
- Deckenschalung,
- Unterzugschalung/Sturzschalung,
- Stützenschalung.

75. Benennen Sie die im Bild mit A…F bezeichneten Bauteile einer Sturzschalung und erklären Sie, welche Funktion die Bauteile zu erfüllen haben.

A – Schalhaut:
Formgebung für den Beton, muss ausrei-chend formstabil sein, um unter dem Beton-druck nicht zu verbiegen.
B – Dreieckleiste:
Üblich in Schalungen, um scharfe Betonkan-ten am Festbeton in der Gebäudenutzung zu vermeiden.
C – Drängbrett:
Verhindert das seitliche Ausweichen der Schalhaut am unteren Rand beim Betonie-ren.
D – Hüllrohr:
Zum Einbau des Schalungsankers und als Abstandhalter der Schalungsplatten.

→

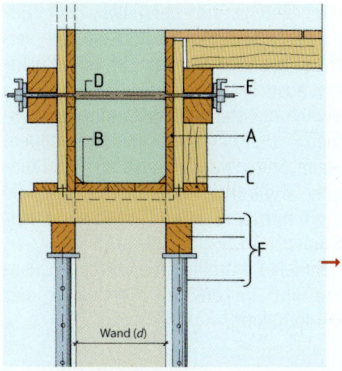

4

E – Verspannung:
Hält die beiden Schalungsseiten zusammen, verhindert ein Auseinanderbewegen beim Betonieren oder Verdichten.
F – Unterstützungskonstruktion:
Kopfholz, Jochholz und Stahlrohrstützen nehmen die Lasten auf und leiten sie auf die darunterliegende Geschossdecke ab.

76. Worin unterscheiden sich die beiden im Bild zu sehenden Verspannungen? Wo werden sie eingesetzt?

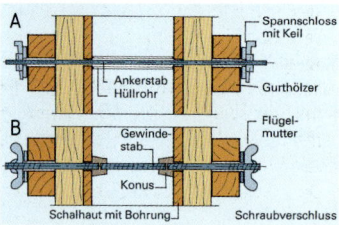

Die Verspannung A ist die einfachste, preiswerteste Verspannung. Hier wird ein Hüllrohr eingesetzt, das den Abstand der Schalungsplatten festlegt. Die Verspannung wird durch das Hüllrohr geführt. Beim Ausschalen sind sowohl der Ankerstab, als auch die Ankerplatten oder Spannschlösser wieder verwendbar. Dieses Verfahren wird im Regelfall eingesetzt.
Bei der Verspannung B sind nur die Ankerplatten und Flügelmuttern wieder verwendbar, der Rest (Konus, Gewindestab) verbleibt im Festbeton. Dieses Verfahren hat den Vorteil, dass im ausgeschalten Festbeton keine Hohlräume entstehen. Es wird besonders bei Bauteilen eingesetzt, die dicht/wasserdicht ausgeführt werden müssen.

77. Beschreiben Sie den Arbeitsablauf bei der Herstellung einer Wandschalung.

- Alle Schalungsteile nach dem vorherigen Einsatz säubern, Beschädigungen ausbessern.
- Oberflächen der Schalhaut mit Trennmittel behandeln.
- Erste Seitenwand herstellen, mit Bogenhölzern, Gurten und Richtstützen versehen und exakt senkrecht und fluchtrecht ausrichten.
- Bewehrung stellen, Abstandhalter zwischen Bewehrung und Schalung einbauen.
- Zweite Seitenwand herstellen, Abstandhalter (Hüllrohre,…) einbauen und die Wand mit der ersten Seitenwand verspannen.
- Nochmals Kontrolle der exakten Ausrichtung und lückenlosen Herstellung der Wandschalung.

78. Welche Regeln sind beim Verdichten des Frischbetons in der Wandschalung mit einem Innenrüttler zu beachten?

- Schüttlagen des Betons nicht dicker als 30 ... 50 cm,
- Rüttler schnell eintauchen, dann langsam nach oben ziehen,
- Rüttelbereiche sollen sich überschneiden,
- nicht an die Schalung oder Bewehrung kommen,
- nicht zu lange an einer Stelle rütteln (Entmischung),
- Rüttler nicht zum Verteilen des Betons benutzen.

79. Beschreiben Sie, welche nachteilige Wirkung zu befürchten ist, wenn Sie beim Verdichten des Frischbetons in der Schalung den Innenrüttler an die Bewehrung halten.

Die Schwingungen des Rüttlers setzen sich über die gesamte Bewehrung des Geschosses hinweg bis in Bereiche, in denen der Beton schon am Erhärten ist. Dort löst sich der Bewehrungskorb durch die Schwingungen vom erhärtenden Beton, wobei der Verbund zwischen Beton und Stahlbewehrung gelöst wird. Der Stahlbeton verliert seine Tragfähigkeit.

80. Aus welchem Grund soll der Innenrüttler bei der Verdichtung schnell eingetaucht und dann langsam nach oben gezogen werden?

Wenn man den Rüttler langsam in die zu verdichtende Schicht eintaucht, wird der oben liegende Beton verdichtet und Luftblasen in der darunterliegenden Schicht können nicht mehr nach oben heraus. Der Festbeton hat dann trotz Verdichtung eine Vielzahl an Hohlräumen und wird weniger druckfest und nicht dicht.

81. Aus welchem Grund werden die Schaltafeln vor ihrem Einsatz mit Trennmitteln behandelt?

- Dadurch wird verhindert, dass der Festbeton beim Ausschalen zu stark an der Schalung haftet.
- Weniger Verschleiß an den Schaltafeln.
- Höhere Einsatzhäufigkeit der Schaltafeln.
- Höhere Wirtschaftlichkeit.

82. Benennen Sie die mit A ... F gekennzeichneten Teile einer Wandschalung. Erklären Sie, wozu die einzelnen Bauteile benötigt werden.

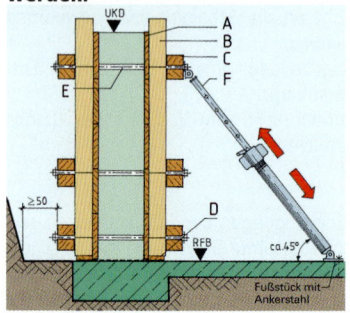

A – Schalhaut: Formgebung für den Beton, muss ausreichend formstabil sein, um unter dem Betondruck nicht zu verbiegen.

B – Bogenhölzer: Stützen die Schalhaut ab und verhindern so die Verformung.

C – Gurtung: Nimmt den Betondruck aus den Bogenhölzern auf. Da der Betondruck nach unten zunimmt, ist dort auch der Abstand enger zu wählen.

D – Drängbretter: Verhindern am Schalungsfuß das seitliche Auseinanderbewegen der Schalungsseiten unter dem Betondruck.

E – Hüllrohr/Verspannung: Hält die beiden Schalungsseiten zusammen, verhindert im oberen Bereich ein Auseinanderbewegen beim Betonieren oder Verdichten.

F – Richtstützen: Sichern die senkrechte und fluchtrechte Lage der Schalungswand.

Lernfeld 4
Fachmathematik

1. Aus einem Naturkies wird die Korngröße 8/16 mm ausgesiebt. Aus einer Tonne Naturkies erhält man 690 kg der Gesteinskörnung 8/16 mm. Wie hoch ist die Ausbeute?

$$\frac{\text{Gesamtmenge}}{100\,\%} = \frac{\text{Teilmenge}}{x\,\%}$$

$$x\,\% = \frac{\text{Teilmenge}}{\text{Gesamtmenge}} \cdot 100\,\%$$

$$x\,\% = \frac{690\,\text{kg}}{1000\,\text{kg}} \cdot 100\,\%$$

$$x\,\% = \underline{69\,\%}$$

2. Wie viel Gesteinskörnung 2/8 mm erhält man aus 2,5 t Naturkies, wenn die Ausbeute bei 45 % liegt?

$$\frac{\text{Gesamtmenge}}{100\,\%} = \frac{\text{Teilmenge}}{x\,\%}$$

$$\text{Teilmenge} = \frac{\text{Gesamtmenge} \cdot x\,\%}{100\,\%}$$

$$= \frac{2500\,\text{kg} \cdot 45\,\%}{100\,\%}$$

$$\text{Gesteinskörnung } 2/8\,\text{mm} = \underline{1125\,\text{kg}}$$

3. Berechnen Sie die Masse an gewinnbarer Gesteinskörnung (m) für die folgenden Bedingungen:

	Ausbeute	Naturkies	m
a)	62 %	2,8 t	?
b)	85 %	3,2 t	?
c)	37 %	1,2 t	?
d)	43 %	2,9 t	?
e)	71 %	4,0 t	?

	Ausbeute	Naturkies	m
a)	62 %	2,8 t	1736 kg
b)	85 %	3,2 t	2720 kg
c)	37 %	1,2 t	444 kg
d)	43 %	2,9 t	1247 kg
e)	71 %	4,0 t	2840 kg

4. Bei einem Siebversuch mit 6,7 kg Kiessand fallen 400 g durch das unterste Sieb (0,06 mm). Der Kies ist nur dann frostsicher, wenn der Anteil der Körnung unter 0,06 mm max. 5 % beträgt. Ist der Kiessand frostsicher?

$$\frac{\text{Gesamtmenge}}{100\,\%} = \frac{\text{Teilmenge}}{x\,\%}$$

$$x\,\% = \frac{\text{Teilmenge}}{\text{Gesamtmenge}} \cdot 100\,\%$$

$$x\,\% = \frac{400\,\text{g}}{6700\,\text{g}} \cdot 100\,\%$$

$$x\,\% = \underline{5,97\,\%}$$

Der Kiessand ist <u>nicht frostsicher</u>.

5. Ermitteln Sie für die in der Tabelle aufgeführten Siebversuche der Masse (m) jeweils den Anteil an Feinststoffen < 0,06 mm (a) in % und legen Sie fest, welche Gesteinskörnungen als Frostschutzmaterial eingebaut werden können.

	m	a	a in %
a)	8,3 kg	706 g	?
b)	6,2 kg	260 g	?
c)	4,9 kg	59 g	?
d)	7,7 kg	38 g	?
e)	5,2 kg	500 g	?

	m	a	a in %
a)	8,3 kg	706 g	8,5 %
b)	6,2 kg	260 g	4,2 %
c)	4,9 kg	59 g	1,2 %
d)	7,7 kg	38 g	0,5 %
e)	5,2 kg	500 g	9,6 %

Die Böden der Siebversuche b, c und d können als Frostschutzmaterial eingebaut werden, da sie weniger als 5 % Feinstoffe enthalten.

6. Von einem Kiesboden soll die Sieblinie erstellt und bewertet werden. Beim Wiegen der Probe von 6540 g wurden im Siebsatz auf den einzelnen Sieben folgende Siebrückstände (g) festgestellt:

Sieb (mm)	Rückstand (g)
0,125	200
0,25	530
0,5	580
1	390
2	520
4	650
8	780
16	920
32	1180
63	0

Ermitteln Sie den Siebdurchgang durch die einzelnen Siebe in g und in % und zeichnen Sie die Sieblinie in das Diagramm ein.

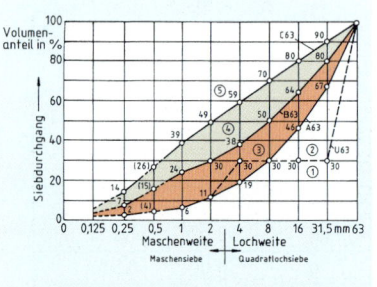

Bewerten Sie die Sieblinie. Was sagt die Sieblinie über die Eignung des Kieses aus?

Siebdurchgang ist jeweils 6540 g abzüglich der bis zu dem Sieb zurückgebliebenen Rückstände:

Durchgang (g):
Sieb 63 mm = 6540 g – 0 g = 6540 g
Sieb 32 mm = 6540 g – 1180 g = 5360 g
Sieb 16 mm = 5360 g – 920 g = 4440 g
Sieb 8 mm = 4440 g – 780 g = 3660 g …..

Berechnung der Durchgänge in %:

$$\text{Sieb 63 mm} = \frac{6540\ g}{6540\ g} \cdot 100\% = \underline{\underline{100\%}}$$

$$\text{Sieb 32 mm} = \frac{5360\ g}{6540\ g} \cdot 100\% = \underline{\underline{82\%}}$$

……

Sieb (mm)	Rückstand (g)	Durchgang (g)	Durchgang (%)
0,125	200	790	12
0,25	530	990	15
0,5	580	1520	23
1	390	2100	32
2	520	2490	38
4	650	3010	46
8	780	3660	56
16	920	4440	68
32	1180	5360	82
63	0	6540	100

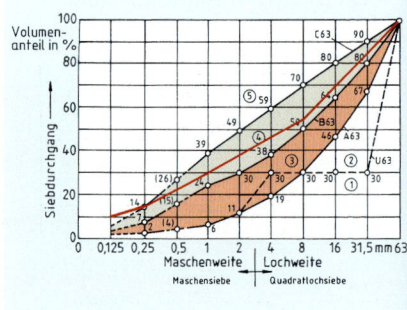

Die Sieblinie liegt im Bereich 4, also für die Herstellung eines Betons eigentlich im „brauchbaren" Bereich. Allerdings sind durch das untere Sieb (0,125 mm) noch 12 % hindurchgegangen. Dieser hohe Anteil an Feinststoffen ist für eine Betonherstellung unzulässig.

Mit einem Feinstkornanteil von über 5 % ist der Kies auch als Frostschutzschicht nicht mehr einsetzbar!

4

7. Ermitteln Sie für die angegebenen Proben von jeweils 5000 g den Siebdurchgang in g und %, und tragen Sie dann die drei Sieblinien in das unten stehende Diagramm ein.

a)

Sieb (mm)	Rückstand (g)
0,25	5
0,5	95
1	255
2	395
4	745
8	1015
16	2490
32	0

b)

Sieb (mm)	Rückstand (g)
0,25	220
0,5	465
1	515
2	620
4	750
8	915
16	1515
32	0

Lösung a):

Sieb (mm)	Rück- stand (g)	Durch- gang (g)	Durch- gang (%)
0,25	5	0	0
0,5	95	5	0,1
1	255	100	2
2	395	355	7
4	745	750	15
8	1015	1495	30
16	2490	2510	50
32	0	5000	100

Lösung b):

Sieb (mm)	Rück- stand (g)	Durch- gang (g)	Durch- gang (%)
0,25	220	0	0
0,5	465	220	4,4
1	515	685	14
2	620	1200	24
4	750	1820	36
8	915	2570	51
16	1515	3485	70
32	0	5000	100

c)

Sieb (mm)	Rückstand (g)
0,25	520
0,5	465
1	505
2	625
4	695
8	820
16	750
32	0

Lösung c):

Sieb (mm)	Rück-stand (g)	Durch-gang (g)	Durch-gang (%)
0,25	520	620	12
0,5	465	1140	23
1	505	1605	32
2	625	2110	42
4	695	2735	55
8	820	3430	69
16	750	4250	85
32	0	5000	100

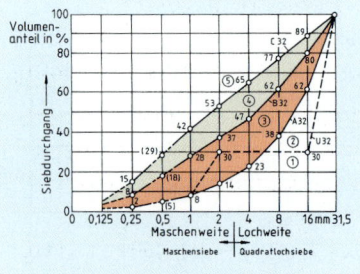

Bewerten Sie die Brauchbarkeit der Gesteinskörnungen für die Betonherstellung.

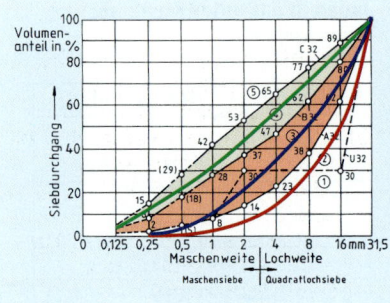

Auswertung:
- Sieblinie a (rot) liegt im Bereich 1, ist also für die Betonherstellung zu grob.
- Sieblinie b (blau) liegt im günstigen Bereich 3, also sehr gut geeignet.
- Sieblinie c (grün) liegt im brauchbaren Bereich 4, also geeignet.

8. Ermitteln Sie nach der Tabelle die Zusammensetzung des Betons für folgende Bauteile:

Konsis-tenz	Druck-festig-keits-klasse	Sieb-linien-bereich	Baustoffbedarf		
			Zement in kg/m³	Gesteins-körnung in kg/m³	Wasser in kg/m³
steif C1, F1	C 8/10	3	230	2045	140
		4	250	1975	160
	C 12/15	3	290	1990	140
		4	320	1915	160
	C 16/20	3	310	1975	140
		4	340	1895	160
plastisch C2, F2	C 8/10	3	250	1975	160
		4	270	1900	180
	C 12/15	3	320	1915	160
		4	350	1835	180
	C 16/20	3	340	1895	160
		4	370	1815	180

a) **Pfeiler 40 × 60 cm, 3,75 m hoch in Beton C16/20, plastischer Beton, Sieblinienbereich 3.**
b) **30er-Stahlbetonwand, $h = 3,25$ m, 12,80 m lang, C12/15, plastischer Beton, Sieblinienbereich 4.**
c) **Fundament 60 × 80 cm, 22,50 m lang, C8/10, steifer Beton, Sieblinienbereich 3.**
d) **Garagenfußboden 3,50 × 5,90 m, 15 cm dick, steifer Beton C12/15, Sieblinienbereich 3.**
e) **Bodenplatte Stahlbeton 16,45 × 24,60 m, 25 cm dick, plastischer Beton C16/20, Sieblinienbereich 4.**

a) $V = l \cdot b \cdot h = 0,40\,\text{m} \cdot 0,60\,\text{m} \cdot 3,75\,\text{m}$
$V = \underline{0,900\,\text{m}^3}$
Zement $= 340\,\text{kg/m}^3 \cdot 0,9\,\text{m}^3 \qquad = \underline{306\,\text{kg}}$
Gestein $= 1895\,\text{kg/m}^3 \cdot 0,9\,\text{m}^3 \qquad = \underline{1,706\,\text{t}}$
Wasser $= 160\,\text{kg/m}^3 \cdot 0,9\,\text{m}^3 \qquad = \underline{144\,\text{l}}$

b) $V = l \cdot b \cdot h = 12,80\,\text{m} \cdot 0,30\,\text{m} \cdot 3,25\,\text{m}$
$V = \underline{12,480\,\text{m}^3}$
Zement $= 350\,\text{kg/m}^3 \cdot 12,48\,\text{m}^3 \qquad = \underline{4368\,\text{kg}}$
Gestein $= 1835\,\text{kg/m}^3 \cdot 12,48\,\text{m}^3 \qquad = \underline{22,901\,\text{t}}$
Wasser $= 180\,\text{kg/m}^3 \cdot 12,48\,\text{m}^3 \qquad = \underline{2246\,\text{l}}$

c) $V = l \cdot b \cdot h = 0,60\,\text{m} \cdot 0,80\,\text{m} \cdot 22,50\,\text{m}$
$V = \underline{10,800\,\text{m}^3}$
Zement $= 230\,\text{kg/m}^3 \cdot 10,8\,\text{m}^3 \qquad = \underline{2484\,\text{kg}}$
Gestein $= 2045\,\text{kg/m}^3 \cdot 10,8\,\text{m}^3 \qquad = \underline{22,086\,\text{t}}$
Wasser $= 140\,\text{kg/m}^3 \cdot 10,8\,\text{m}^3 \qquad = \underline{1512\,\text{l}}$

d) $V = l \cdot b \cdot h = 3,50\,\text{m} \cdot 5,90\,\text{m} \cdot 0,15\,\text{m}$
$V = \underline{3,098\,\text{m}^3}$
Zement $= 290\,\text{kg/m}^3 \cdot 3,098\,\text{m}^3 \qquad = \underline{898\,\text{kg}}$
Gestein $= 1990\,\text{kg/m}^3 \cdot 3,098\,\text{m}^3 \qquad = \underline{6,165\,\text{t}}$
Wasser $= 140\,\text{kg/m}^3 \cdot 3,098\,\text{m}^3 \qquad = \underline{434\,\text{l}}$

e) $V = l \cdot b \cdot h = 16,45\,\text{m} \cdot 24,60\,\text{m} \cdot 0,25\,\text{m}$
$V = \underline{101,168\,\text{m}^3}$
Zement $= 370\,\text{kg/m}^3 \cdot 101,168\,\text{m}^3 \quad = \underline{37,432\,\text{t}}$
Gestein $= 1815\,\text{kg/m}^3 \cdot 101,168\,\text{m}^3 \quad = \underline{183,620\,\text{t}}$
Wasser $= 180\,\text{kg/m}^3 \cdot 101,168\,\text{m}^3 \quad = \underline{18210\,\text{l}}$

4

9. Berechnen Sie die erforderlichen Mengen der Ausgangsstoffe für folgende zu betonierende Bauteile
(F: Konsistenz, C: Betonfestigkeit, S: Sieblinienbereich, l, b, h, jeweils in m):

	l	b	h	F	C	S
a)	3,05	4,20	6,10	1	12/15	3
b)	4,55	0,25	3,00	2	16/20	4
c)	12,80	0,20	4,50	1	12/15	4
d)	22,10	0,15	3,85	2	8/10	3
e)	18,30	0,65	2,25	2	12/15	3

Nach Tabelle (siehe **8.**):

	Zement	Gestein	Wasser
a)	22,661 t	155,501 t	10940 l
b)	1,263 t	6,194 t	614 l
c)	3,686 t	22,061 t	1843 l
d)	3,191 t	25,206 t	2042 l
e)	8,564 t	51,253 t	4282 l

10. Berechnen Sie für die dargestellte Wand:
a) m³ erforderlicher Beton,
b) Bedarf an Zement, Gesteinskörnung und Wasser für die Mischung bei Verwendung eines C16/20, plastisch, Sieblinienbereich 4,
c) m² Wandschalung.
(<u>Hinweis</u>: Tür- und Fensterschalung sind Kastenschalungen in der geschlossenen Wandschalung.)

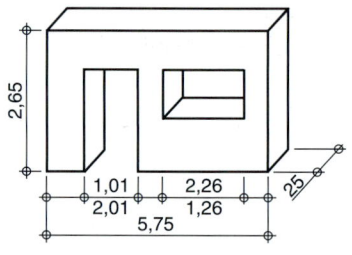

a) <u>Beton:</u>
$$V = 5,75\,\text{m} \cdot 2,65\,\text{m} \cdot 0,25\,\text{m} = 3,809\,\text{m}^3$$
$$-1,01\,\text{m} \cdot 2,01\,\text{m} \cdot 0,25\,\text{m} = -0,508\,\text{m}^3$$
$$-1,26\,\text{m} \cdot 2,26\,\text{m} \cdot 0,25\,\text{m} = \underline{-0,712\,\text{m}^3}$$
$$V = \underline{\underline{2,589\,\text{m}^3}}$$

b) <u>Mischung:</u>
$$\text{Zement} = 370\,\text{kg/m}^3 \cdot 2,589\,\text{m}^3 = \underline{\underline{958\,\text{kg}}}$$
$$\text{Gestein} = 1815\,\text{kg/m}^3 \cdot 2,589\,\text{m}^3 = \underline{\underline{4,699\,\text{t}}}$$
$$\text{Wasser} = 180\,\text{kg/m}^3 \cdot 2,589\,\text{m}^3 = \underline{\underline{466\,\text{l}}}$$

c) <u>Schalung:</u>
$$A_{\text{Wand}} = 2 \cdot 5,75\,\text{m} \cdot 2,65\,\text{m} = 30,48\,\text{m}^2$$
$$A_{\text{Stirnseiten}} = 2 \cdot 0,25\,\text{m} \cdot 2,65\,\text{m} = 1,33\,\text{m}^2$$
$$A_{\text{Kasten Tür}} = 2 \cdot (2,01\,\text{m} + 1,01\,\text{m}) \cdot 0,25\,\text{m}$$
$$= 1,51\,\text{m}^2$$
$$A_{\text{Kasten Fenster}} = 2 \cdot (2,26\,\text{m} + 1,26\,\text{m}) \cdot 0,25\,\text{m}$$
$$= 1,76\,\text{m}^2$$
$$A_{\text{gesamt}} = \underline{\underline{35,08\,\text{m}^2}}$$

11. Die Stütze ist in Beton C16/20, plastisch, Sieblinienbereich 3 herzustellen.

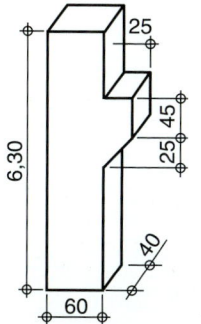

a) Berechnen Sie die Ausgangsstoffe für den Beton.
b) Berechnen Sie die Fläche der Schalhaut.

12. Wie viel Beton ist für das Hülsenfundament zu bestellen, wenn die Aussparung eine Größe von 40 × 40 × 60 cm hat?

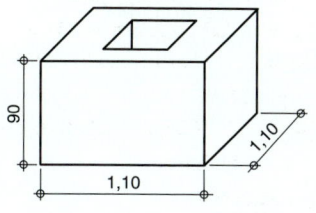

a) Ausgangsstoffe:

$V = 0{,}40\,\text{m} \cdot 0{,}60\,\text{m} \cdot 6{,}30\,\text{m} = 1{,}512\,\text{m}^3$

$+\, 0{,}45\,\text{m} \cdot 0{,}40\,\text{m} \cdot 0{,}25\,\text{m} = 0{,}045\,\text{m}^3$

$+\, \dfrac{0{,}25\,\text{m} \cdot 0{,}25\,\text{m}}{2} \cdot 0{,}40\,\text{m} = 0{,}013\,\text{m}^3$

$V_{\text{gesamt}} = \underline{\underline{1{,}570\,\text{m}^3}}$

Zement $= 340\,\text{kg/m}^3 \cdot 1{,}570\,\text{m}^3 = \underline{\underline{534\,\text{kg}}}$

Gestein $= 1895\,\text{kg/m}^3 \cdot 1{,}570\,\text{m}^3 = \underline{\underline{2{,}975\,\text{t}}}$

Wasser $= 160\,\text{kg/m}^3 \cdot 1{,}570\,\text{m}^3 = \underline{\underline{251\,\text{l}}}$

b) Schalung:

$A_{\text{vorn+hinten}} = (0{,}60\,\text{m} \cdot 6{,}30\,\text{m} + 0{,}45\,\text{m}$
$\cdot\, 0{,}25\,\text{m} + 0{,}25\,\text{m} \cdot 0{,}25\,\text{m} : 2) \cdot 2 = 7{,}85\,\text{m}^2$

$A_{\text{links}} = 6{,}30\,\text{m} \cdot 0{,}40\,\text{m} = 2{,}52\,\text{m}^2$

$A_{\text{rechts}} = (6{,}30\,\text{m} - 0{,}70\,\text{m} + 0{,}25\,\text{m}$
$+\, 0{,}45\,\text{m} + 0{,}35\,\text{m}) \cdot 0{,}40\,\text{m}$

$A_{\text{rechts}} = 2{,}66\,\text{m}^2$

$A_{\text{gesamt}} = \underline{\underline{13{,}03\,\text{m}^2}}$

$V = 1{,}10\,\text{m} \cdot 1{,}10\,\text{m} \cdot 0{,}90\,\text{m} = 1{,}089\,\text{m}^3$

$-\, 0{,}40\,\text{m} \cdot 0{,}40\,\text{m} \cdot 0{,}60\,\text{m} = -0{,}096\,\text{m}^3$

$V = \underline{\underline{0{,}993\,\text{m}^3}}$

Also ist $\underline{1\,\text{m}^3\,\text{Beton}}$ zu bestellen.

13. Das in der Draufsicht darge-stellte 1,20 m tiefe Fundament ist zu betonieren. Berechnen Sie die erforderliche Menge am Zement, Gesteinskörnung und Wasser für einen Beton C 8/10, steif im Sieb-linienbereich 3.

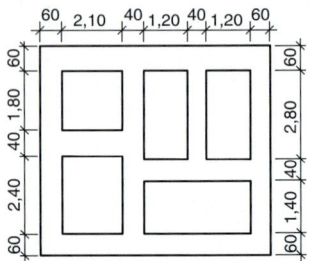

Volumen $=$ Gesamtfläche $\cdot$ 1,20 m, also:

$A = 6,50\,\text{m} \cdot 5,80\,\text{m} = 37,70\,\text{m}^2$

$- 2,10\,\text{m} \cdot 2,40\,\text{m} = -5,04\,\text{m}^2$

$- 2,10\,\text{m} \cdot 1,80\,\text{m} = -3,78\,\text{m}^2$

$- (1,20\,\text{m} \cdot 2,80\,\text{m}) \cdot 2 = -6,72\,\text{m}^2$

$- 1,40\,\text{m} \cdot 2,80\,\text{m} = -3,92\,\text{m}^2$

$A_{gesamt} = \underline{18,24\,\text{m}^2}$

$V = 18,24\,\text{m}^2 \cdot 1,20\,\text{m} = \underline{21,888\,\text{m}^3}$

Mischung:
Zement $= 230\ \text{kg/m}^3 \cdot 21,888\ \text{m}^3 = \underline{5,034\ \text{t}}$

Gestein $= 2045\ \text{kg/m}^3 \cdot 21,888\ \text{m}^3 = \underline{44,761\ \text{t}}$

Wasser $= 140\ \text{kg/m}^3 \cdot 21,888\ \text{m}^3 = \underline{3064\ \text{L}}$

14. Ein Betonrohr mit einer Länge von 2,50 m wird im Sommer bei 30 °C in den Kanal eingebaut. Im verfüllten Boden herrscht später eine Temperatur von 5 °C. Um wie viel verkürzt sich das Rohr? ($\alpha = 0{,}01$ mm/m · K)

$\Delta l = \alpha \cdot l_1 \cdot \Delta T$

$\Delta l = 0{,}01\,\dfrac{\text{mm}}{\text{m} \cdot \text{K}} \cdot 2{,}50\,\text{m} \cdot 25\,\text{K}$

$\Delta l = \underline{0{,}6\,\text{mm}}$

15. Berechnen Sie das Maß, um das sich eine Stahlbetonbrücke mit 26,40 m Länge ausdehnt, wenn im Winter mit −18 °C und im Sommer mit +30 °C zu rechnen ist.

$\Delta T = T_1 - T_2 = 30\,°\text{C} - (-18\,°\text{C})$

$\qquad = 48\,°\text{C} = \underline{48\,\text{K}}$

$\Delta l = \alpha \cdot l_1 \cdot \Delta T$

$\Delta l = 0{,}01\,\dfrac{\text{mm}}{\text{m} \cdot \text{K}} \cdot 26{,}40\,\text{m} \cdot 48\,\text{K}$

$\Delta l = \underline{13\,\text{mm}}$

16. Ermitteln Sie jeweils die Längenänderung für die Stahlbetonbauteile unter den angegebenen Bedingungen:

	l_1	T_1	T_2	Δl
a)	12,00 m	−13 °C	+22 °C	?
b)	26,50 m	−10 °C	+24 °C	?
c)	18,60 m	+10 °C	+31 °C	?
d)	15,70 m	+ 5 °C	+20 °C	?
e)	40,00 m	+ 2 °C	+37 °C	?

	l_1	T_1	T_2	Δl
a)	12,00 m	−13 °C	+22 °C	4,2 mm
b)	26,50 m	−10 °C	+24 °C	9,0 mm
c)	18,60 m	+10 °C	+31 °C	3,9 mm
d)	15,70 m	+ 5 °C	+20 °C	2,4 mm
e)	40,00 m	+ 2 °C	+37 °C	14,0 mm

17. Eine Baustahlmatte ist in der Produktion bei 15 °C mit den Abmessungen 6,00 × 2,30 m zugeschnitten worden.
($\alpha = 0{,}012$ mm/m · K)
a) Wie groß ist sie im Winter bei −20 °C?
b) Wie groß ist sie im Sommer bei +35 °C?

a) $\Delta T = T_1 - T_2 = 15\,°C - (-20\,°C)$
$\quad = 35\,°C = \underline{35\,K}$

$\Delta l_b = \alpha \cdot l_1 \cdot \Delta T$
$\quad = 0{,}012\,\dfrac{mm}{m \cdot K} \cdot 2{,}30\,m \cdot 35\,K = \underline{\underline{1{,}0\,mm}}$

$\Delta l_l = \alpha \cdot l_1 \cdot \Delta T$
$\quad = 0{,}012\,\dfrac{mm}{m \cdot K} \cdot 6{,}00\,m \cdot 35\,K = \underline{\underline{2{,}5\,mm}}$

Die Betonstahlmatte ist im Winter $\underline{1\,mm}$ $\underline{schmaler}$ und $\underline{2{,}5\,mm\ kürzer}$.

b) $\Delta T = T_1 - T_2 = 35\,°C - 15\,°C$
$\quad = 20\,°C = \underline{20\,K}$

$\Delta l_b = \alpha \cdot l_1 \cdot \Delta T = 0{,}012\,\dfrac{mm}{m \cdot K} \cdot 2{,}30\,m \cdot 20\,K$

$\quad = \underline{\underline{0{,}6\,mm}}$

$\Delta l_l = \alpha \cdot l_1 \cdot \Delta T = 0{,}012\,\dfrac{mm}{m \cdot K} \cdot 6{,}00\,m \cdot 20\,K$

$\quad = \underline{\underline{1{,}4\,mm}}$

Die Betonstahlmatte ist im Sommer $\underline{0{,}6\,mm}$ $\underline{breiter}$ und $\underline{1{,}4\,mm\ länger}$.

18. **Im Bild ist die Bewehrung eines Unterzuges zu sehen. Berechnen Sie**
a) **die Schnittlängen der 3 verschiedenen Stähle,**
b) **die zu bestellende Gesamtlänge der Stähle ϕ 8 mm und ϕ 16 mm,**
c) **die Gesamtmasse des Bewehrungskorbes.**

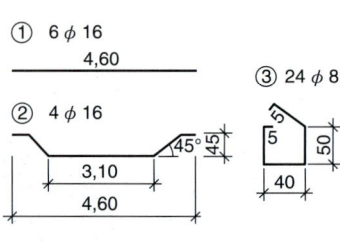

a) Position 1: $6 \cdot 4{,}60$ m
Position 2:
Schräge $= \sqrt{45^2 + 45^2} = 64$ cm
$L = 3{,}10$ m $+ 2 \cdot 0{,}64$ m $+ 2 \cdot 0{,}30$ m
$= 4{,}98$ m
Also $4 \cdot 4{,}98$ m

Position 3:
$L = 2 \cdot 0{,}05$ m $+ 2 \cdot 0{,}50$ m $+ 2 \cdot 0{,}40$ m
$= 1{,}90$ m, also $24 \cdot 1{,}90$ m

b) $\varnothing$ 8 mm $= 24 \cdot 1{,}90$ m $= \underline{45{,}60 \text{ m}}$
$\varnothing$ 16 mm $= 4 \cdot 4{,}98$ m $+ 6 \cdot 4{,}60$ m
$= \underline{47{,}52 \text{ m}}$

c) $V = \left(\dfrac{\pi}{4} \cdot d^2 \cdot l \right)$
$V = 0{,}785 \cdot (0{,}8 \text{ cm})^2 \cdot 4560$ cm
$V = 2291 \text{ cm}^3 = 2{,}291 \text{ dm}^3$
$m = 2{,}291 \text{ dm}^3 \cdot 7{,}85 \text{ kg/dm}^3 = 17{,}98$ kg
$m = \underline{18 \text{ kg}}$

$V = 0{,}785 \cdot (1{,}6 \text{ cm})^2 \cdot 4752$ cm
$V = 9550 \text{ cm}^3 = 9{,}550 \text{ dm}^3$
$m = 9{,}550 \text{ dm}^3 \cdot 7{,}85 \text{ kg/dm}^3 = 74{,}97$ kg
$m = \underline{75 \text{ kg}}$

Gesamtmasse $= 18$ kg $+ 75$ kg $= \underline{\underline{93 \text{ kg}}}$

19. **Eine Baustahlmatte (Vorratsmatte B 257) mit den Maßen von 2,45 × 6,00 m hat in Längsrichtung 14 Stähle ϕ 7 mm und in Querrichtung 37 Stähle ϕ 7 mm. Wie schwer ist die Matte bei einer Rohdichte von 7,85 kg/dm³?**

$L = 14 \cdot 6{,}00$ m $+ 37 \cdot 2{,}45$ m $= 174{,}65$ m
$V = \left(\dfrac{\pi}{4} \cdot d^2 \cdot l \right)$
$V = 0{,}785 \cdot (0{,}7 \text{ cm})^2 \cdot 17465$ cm
$V = 6717{,}91 \text{ cm}^3 = \underline{6{,}718 \text{ dm}^3}$
$m = 6{,}718 \text{ dm}^3 \cdot 7{,}85 \text{ kg/dm}^3 = 52{,}74$ kg
$m = \underline{\underline{53 \text{ kg}}}$

20. Wie schwer ist eine Lagermatte R 188 mit 16 × ϕ 6 mm in Längsrichtung und 24 × ϕ 6 mm in Querrichtung bei einer Größe von 2,30 × 6,00 m?

$L = 16 \cdot 6,00\,m + 24 \cdot 2,30\,m = 151,20\,m$

$V = \left(\dfrac{\pi}{4} \cdot d^2 \cdot l\right)$

$V = 0,785 \cdot (0,6\,cm)^2 \cdot 15\,120\,cm$

$V = 4272,9\,cm^3 = \underline{4,273\,dm^3}$

$m = 4,273\,dm^3 \cdot 7,85\,kg/dm^3 = \underline{\underline{33,54\,kg}}$

4

21. Berechnen Sie die Masse folgender Baustahlmatten (Lagermatten 6,00 × 2,30 m):

	Matte	Längs	Quer	Masse
a)	Q 188	16 ϕ 6	40 ϕ 6	?
b)	Q 335	16 ϕ 8	40 ϕ 8	?
c)	Q 424	16 ϕ 9	40 ϕ 9	?
d)	R 257	16 ϕ 7	24 ϕ 6	?
e)	R 335	16 ϕ 8	24 ϕ 6	?

	Matte	Längs	Quer	Masse
a)	Q 188	16 ϕ 6	40 ϕ 6	41,71 kg
b)	Q 335	16 ϕ 8	40 ϕ 8	74,14 kg
c)	Q 424	16 ϕ 9	40 ϕ 9	93,84 kg
d)	R 257	16 ϕ 7	24 ϕ 6	41,24 kg
e)	R 335	16 ϕ 8	24 ϕ 6	50,10 kg

22. Ermitteln Sie für die Bewehrung der Stütze die
a) Gesamtlänge der Stähle ϕ 8 mm, ϕ 12 mm und ϕ 28 mm,
b) Gesamtmasse des Bewehrungskorbes

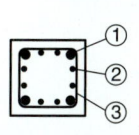

① 4 ϕ 28
6,80

② 8 ϕ 12
6,80

③ 42 ϕ 8

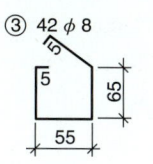

5

65

55

a) Position 1: $\underline{4 \cdot 6,80\,m}$

Position 2: $\underline{8 \cdot 6,80\,m}$

Position 3:

$L = 2 \cdot 0,05\,m + 2 \cdot 0,65\,m + 2 \cdot 0,55\,m$

$= 2,50\,m$, also $\underline{42 \cdot 2,50\,m}$

ϕ 28 mm = $4 \cdot 6,80\,m = \underline{27,20\,m}$

ϕ 12 mm = $8 \cdot 6,80\,m = \underline{54,40\,m}$

ϕ 8 mm = $42 \cdot 2,50\,m = \underline{105,00\,m}$

b) $V = \left(\dfrac{\pi}{4} \cdot d^2 \cdot l\right)$

$V = 0,785 \cdot (0,8\,cm)^2 \cdot 10\,500\,cm$

$V = 5275\,cm^3 = 5,275\,dm^3$

$m = 5,275\,dm^3 \cdot 7,85\,kg/dm^3 = 41,41\,kg$

$m = \underline{41,4\,kg}$

→

$V = 0,785 \cdot (1,2\,cm)^2 \cdot 5440\,cm$

$V = 6149\,cm^3 = 6,149\,dm^3$

$m = 6,149\,dm^3 \cdot 7,85\,kg/dm^3 = 48,27\,kg$

$m = \underline{48,3\,kg}$

$V = 0,785 \cdot (2,8\,cm)^2 \cdot 2720\,cm$

$V = 16\,740\,cm^3 = 16,740\,dm^3$

$m = 16,740\,dm^3 \cdot 7,85\,kg/dm^3 = 131,41\,kg$

$m = \underline{131,4\,kg}$

Gesamtmasse

$= 41,4\,kg + 48,3\,kg + 131,4\,kg$

$= \underline{\underline{221,1\,kg}}$

23. Für eine Deckenschalung werden 82 m² Schalbretter mit einer Dicke von 24 mm geliefert. Wie viel wiegt das Schalmaterial, bei einer Rohdichte von 480 kg/m³?

$V = A \cdot d = 82,00\,m^2 \cdot 0,024\,m$

$V = 1,968\,m^3$

$m = V \cdot 480\,kg/dm^3$

$m = \underline{945\,kg}$

24. Das im Bild gezeigte Streifenfundament mit einer Höhe von 85 cm soll eingeschalt werden. (Dicke der Schalbretter = 24 mm)

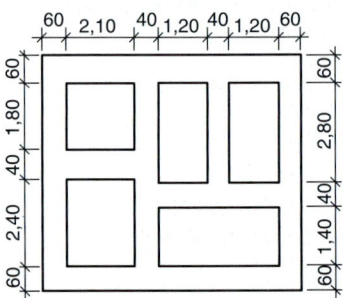

a) $L = 2 \cdot 6,50\,m$

$+ 2 \cdot 5,80\,m$

$+ 2 \cdot 1,80\,m$

$+ 4 \cdot 2,10\,m$

$+ 2 \cdot 2,40\,m$

$+ 4 \cdot 1,20\,m$

$+ 4 \cdot 2,80\,m$

$+ 2 \cdot 1,40\,m$

$+ 2 \cdot 2,80\,m = \underline{65,80\,m}$

$A = L \cdot 0,85\,m = \underline{\underline{55,93\,m^2}}$

a) Berechnen Sie die Fläche der Schalhaut (die Stöße in den Ecken bleiben unberücksichtigt).

→

→

b) Wie viel Schalung muss bei einem Verschnitt von 3,5 % bestellt werden?

c) Ermitteln Sie die Transportmasse der Schalbretter bei einer Rohdichte von 520 kg/m³.

b) $A = 55,93 \text{ m}^2 \cdot 1,035 = \underline{\underline{57,89 \text{ m}^2}}$

c) $m = 57,89 \text{ m}^2 \cdot 0,024 \text{ m} \cdot 520 \text{ kg/m}^3$
$m = 722,5 \text{ kg}$
$m = \underline{\underline{0,723 \text{ t}}}$

25. Die abgebildete Geschossdecke eines Gebäudes soll eingeschalt werden.

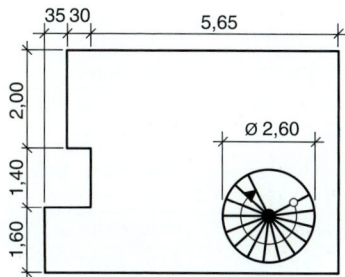

a) Berechnen Sie die Fläche der Geschossdecke.

b) Wie viele Schaltafeln 1,50 × 0,75 m werden benötigt, wenn mit einem Verschnitt von 15 % gerechnet werden muss?

c) Berechnen Sie die Masse einer Schaltafel (32 mm dick, Rohdichte = 600 kg/m³).

d) Wie schwer ist die gesamte Schalfläche?

a) $A = 5,95 \text{ m} \cdot 5,00 \text{ m} = \quad 29,75 \text{ m}^2$
$\quad - 1,40 \text{ m} \cdot 0,30 \text{ m} = -0,42 \text{ m}^2$
$\quad - \dfrac{\pi}{4} \cdot d^2 = -0,785 \cdot (2,60 \text{ m})^2$
$\qquad\qquad\qquad = -5,31 \text{ m}^2$
$\quad + 1,60 \text{ m} \cdot 0,35 \text{ m} = +0,56 \text{ m}^2$
$A = \underline{\underline{24,58 \text{ m}^2}}$

b) 1 Schaltafel $= 1,50 \text{ m} \cdot 0,75 \text{ m}$
$= 1,125 \text{ m}^2$
Anzahl Schaltafeln:
$= \dfrac{24,58 \text{ m}^2}{1,125 \text{ m}^2} = 21,85$

Anzahl mit Verschnitt:
$= 21,85 \cdot 1,15$
$= 25,13$, es werden also $\underline{\underline{26 \text{ Tafeln}}}$ benötigt.

c) $V = l \cdot b \cdot h$
$= 1,50 \text{ m} \cdot 0,75 \text{ m} \cdot 0,032 \text{ m}$
$= 0,036 \text{ m}^3$
$m = 0,036 \text{ m}^3 \cdot 600 \text{ kg/m}^3$
$m = \underline{\underline{21,6 \text{ kg}}}$

d) $m = 21,6 \text{ kg} \cdot 21,85 \text{ Stück}$
(eingebaute Fläche!)
$m = \underline{\underline{472 \text{ kg}}}$

4

Lernfeld 5
Herstellen einer Holzkonstruktion

1. Nennen Sie mindestens fünf europäische Bäume, die als Bauholz verwendet werden.

1. Kiefer
2. Fichte
3. Tanne
4. Lärche
5. Buche
6. Eiche

2. Ordnen Sie den Eigenschaften entsprechende Holzarten zu:

Eigenschaften	Holzarten
weich, elastisch	?
wasserbeständig	?
Hartholz	?
gut bearbeitbar	?
harzhaltig	?
hohe Tragfähigkeit	?

Eigenschaften	Holzarten
weich, elastisch	Fichte, Tanne
wasserbeständig	Kiefer, Lärche, Eiche
Hartholz	Eiche, Buche
gut bearbeitbar	Tanne, Fichte, Kiefer, Lärche
harzhaltig	Fichte, Kiefer, Lärche
hohe Tragfähigkeit	Lärche, Eiche, Buche

3. Beschreiben Sie die unterschiedlichen für die Verwendung als Baustoff wichtigen Eigenschaften von
a) Buche,
b) Kiefer,
c) Fichte.

a) Buche:
- sehr hohe Tragfähigkeit,
- kaum elastisch,
- nicht wetterbeständig,
- sehr hart,
- schwer, dicht.

b) Kiefer:
- gute Tragfähigkeit,
- elastisch,
- wetterbeständiger durch hohen Harzgehalt,
- gut bearbeitbar.

c) Fichte:
- geringe Tragfähigkeit,
- sehr elastisch,
- nicht wetterbeständig,
- gut bearbeitbar,
- leicht, geringe Dichte,
- leicht entflammbar.

handwerk-technik.de

4. Nennen Sie zu jeder Holzart drei Verwendungsmöglichkeiten als Bauholz.

Holzart	Verwendung
Fichte	– – –
Tanne	– – –
Kiefer	– – –
Lärche	– – –
Eiche	– – –
Buche	– – –

Holzart	Verwendung
Fichte	– Betonschalungen – Dachkonstruktionen – Deckenbalken
Tanne	– Bohlen, Bretter – Kanthölzer, Balken – Innenverkleidungen
Kiefer	– Außenverkleidungen – Garten- und Landschaftsbau – Fenster, Außentüren
Lärche	– Wasserbau – Treppen – Fußböden
Eiche	– Wasserbau – Treppen, Parkett – Schwellen, Fachwerk
Buche	– Treppen – Parkett, Holzpflaster – Werkzeugtisch

5. Benennen Sie die Schichten A ... E, aus denen jeder Baum aufgebaut ist und erklären Sie, wozu die jeweilige Schicht im Baum dient.

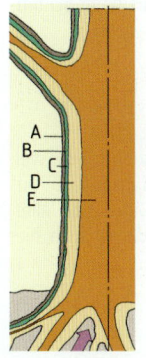

A – Rinde:
Mechanischer Schutz des Baumes.

B – Bast:
Transport der Aufbaustoffe von der Krone nach unten und Verteilung entlang der Kambiumschicht.

C – Kambium:
Die Kambiumschicht ist die Wachstumsschicht des Baumes, hier wird der neue Jahresring gebildet.

D – Splint:
Das Splintholz transportiert das Wasser und die darin gelösten Nährsalze (Stickstoff, Phosphor, Kalium, ...) von den Wurzeln nach oben.

E – Kern:
Das Kernholz ist abgelagertes, dichtes und durch Verkernungs- und Farbstoffe konserviertes Holz.

6. Welche Bedeutung hat der Wald?

- Erzeugung von Bauholz,
- Erholungsraum für Menschen,
- Lebensraum für Tiere,
- Schutz des Bodens vor Erosion,
- Wasserreservoir,
- Bindung des Luftschadstoffes CO_2,
- Bildung von Sauerstoff.

7. Welches Bauholz
a) **ist durch seine deutlich sichtbare Maserung optisch sehr schön,**
b) **ist wegen des auslaufenden Harzes für Verkleidungen im Innenbereich wenig geeignet,**
c) **gilt als Hartholz,**
d) **hat kaum sichtbare Maserung,**
e) **ist weich und elastisch,**
f) **ist im Außenbereich beständig gegen Feuchte?**

a) – Kiefer
   – Eiche
   – Lärche

d) – Buche
   – Tanne
   – Fichte

b) – Lärche
   – Kiefer

e) – Fichte
   – Tanne

c) – Buche
   – Eiche

f) – Lärche
   – Kiefer
   – Eiche

8. Was versteht man unter einem „Splintholzbaum", „Kernholzbaum" bzw. „Reifholzbaum"? Nennen Sie jeweils drei typische Vertreter.

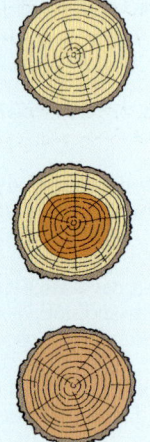

Splintholzbaum:
Der Querschnitt besteht nur aus weichem, einfarbigem Splintholz – daher kaum sichtbare Maserung.
- Ahorn
- Birke
- Weißbuche

Kernholzbaum:
Der Querschnitt hat außen helles, weiches Splintholz und im Inneren dunkleres, hartes Kernholz – der Kontrast führt beim Schnittholz zu einer deutlichen Maserung.
- Eiche
- Kiefer
- Lärche

Reifholzbaum:
Der Querschnitt besteht außen aus weichem, hellem Splintholz und im Inneren aus deutlich festerem Kernholz, das sich allerdings nicht verfärbt hat – daher auch hier kaum sichtbare Maserung.
- Fichte
- Tanne
- Rotbuche

9. Nennen Sie mindestens sieben Wachstumsfehler, die einen Baum für die Verwendung als Bauholz weniger geeignet machen.

1. Drehwuchs
2. Krummwuchs
3. Gabelwuchs
4. Abholzigkeit
5. Exzenterwuchs
6. abgestorbene Äste
7. Harzgallen
8. Ringrisse

10. Welche Wirkung haben folgende Wachstumsfehler:
a) Drehwuchs/Krummwuchs,
b) Gabelwuchs,
c) Exzenterwuchs,
d) abgestorbene Äste,
e) Harzgallen?

a) Drehwuchs/Krummwuchs:
Das Holz verzieht sich bei der Trocknung, die Querschnitte werden krumm und verzogen.
b) Gabelwuchs:
Der Baum teilt sich in zwei kleine kaum nutzbare Querschnitte – unwirtschaftlich.
c) Exzenterwuchs:
Die Dichte der Holzzellen ist im Querschnitt unterschiedlich verteilt, weswegen es nicht gleichmäßig bearbeitet werden kann.
d) Abgestorbene Äste:
Am noch wachsenden Baum abgebrochene Äste stecken im Holz. Jedes Jahr werden neue Jahresringe rundum gebildet, ohne Verbindung zum abgestorbenen Ast. Bei der Trocknung fallen die toten Äste heraus, so entstehen „Astlöcher" im Bauholz.
e) Harzgallen:
Die Harzgallen sind Harzansammlungen, die auch durch Lackschichten und Lasuren hindurch auslaufen.

11. Nennen Sie die vier Gruppen (Lieferformen), in die das Bauschnittholz unterteilt wird.

1. Kanthölzer/Balken
2. Latten
3. Bohlen
4. Bretter

5

12. Erklären Sie, welche Abmessungen die Holzquerschnitte haben müssen.

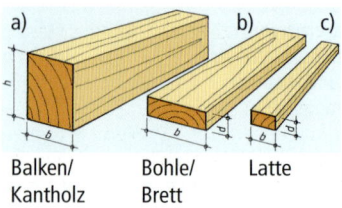

Balken/   Bohle/   Latte
Kantholz   Brett

a) Balken/Kantholz:
– kompakte Querschnitte, $h = $ max. $3 \cdot b$.
b) Bohle/Brett:
– flache Querschnitte, $b = $ mehr als $3 \cdot d$,
– Bohlen sind dicker, mehr als 4 cm dick,
– Bretter sind mind. 8 cm breit.
c) Latte:
– Dicke wie Brett (max. 4 cm),
– weniger als 8 cm breit.

13. Benennen Sie die mit A ... D gekennzeichneten Lieferformen von Baurundholz.

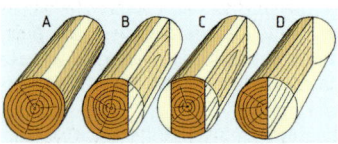

A – unbesäumtes Rundholz
B – einseitig besäumtes Rundholz
C – beidseitig besäumtes Rundholz
D – Halbrundholz

14. Was versteht man unter dem „Arbeiten" des Holzes?

Unter dem „Arbeiten" des Holzes versteht man die Verformung des Holzquerschnittes bei Wasseraufnahme (Quellen) bzw. Wasserabgabe (Schwinden).

15. Nach dem Einschnitt des Stammes zu Schnittholz wird in „Ganzholz", „Halbholz" und „Viertelholz" unterschieden. Was ist damit gemeint? Welche Auswirkungen hat die jeweilige Einschnittform auf das „Arbeiten" des Holzes?

Ganzholz:
– Aus dem Stamm wird ein großer Querschnitt hergestellt.
– Der Kern liegt in der Mitte, was zu einem gleichmäßigen „Arbeiten" des Holzes führt.
Halbholz:
– Aus dem Stamm werden zwei schmalere Querschnitte geschnitten.
– Der Kern liegt an den Seitenflächen, was beim „Arbeiten" des Holzes zu Verkrümmungen führt.
Viertelholz:
– Aus dem Stamm werden vier kompakte Querschnitte geschnitten.

→   →

– Der Kern liegt jeweils an einer Ecke des Holzquerschnittes, dadurch verformt sich das Holz beim „Arbeiten" rautenförmig.

16. Begründen Sie, warum das Holz nicht in jedem Feuchtebereich arbeitet.
Erklären Sie dabei die Begriffe
- **„Fasersättigung",**
- **„lufttrockenes Holz",**
- **„darrgetrocknetes Holz".**

Direkt nach dem Einschnitt des Stammes im Wald hat das Holz eine Feuchte von über 50 %. Dabei sind die Zellwände und die Zellhohlräume mit Wasser gefüllt.
Beim Trocknen bis auf 30 % Feuchte bleiben alle Zellwände wassergefüllt („Fasersättigung"), nur die Hohlräume trocknen aus. Daher verformt sich hier das Holz noch nicht.
Bei weiterer Trocknung trocknen dann auch die Zellwände aus, was zu einer Abnahme des Volumens (Schwinden) führt.
An der Luft lässt sich Holz wegen der umgebenden Luftfeuchte nur bis etwa 15 % (lufttrocken) trocknen, technisch kann man Holz auch bis 0 % Feuchte (darrtrocken) trocknen.

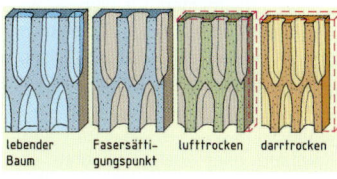

lebender Baum | Fasersättigungspunkt | lufttrocken | darrtrocken

17. Beschreiben Sie, wie sich das Holz richtungsabhängig beim Schwinden verformt.

Das Holz ist ein Faserbaustoff. In Querrichtung liegen viel mehr Zellwände (pro cm) nebeneinander, als in der Längsrichtung des Holzes. Daher schwindet das Holz quer zur Faserrichtung (bei der Austrocknung der Zellwände) auch deutlich stärker als in Längsrichtung.

18. Geben Sie ungefähre Richtwerte für das Schwinden des Bauholzes in Längs- und Querrichtung an.

Ungefähre Richtwerte:

Längsrichtung (axial)	0,1 …0,5 %
Querrichtung (radial)	5 %
Querrichtung (tangential)	10 %

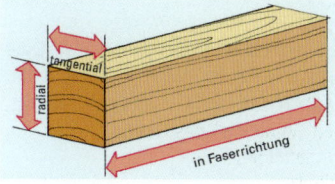

19. Wie verformen sich die verschieden eingeschnittenen Holzquerschnitte beim Schwinden?

Ganzholz Halbholz Viertelholz

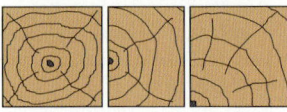

20. Was versteht man bei Brettern und Bohlen unter der „rechten" bzw. „linken" Seite? Wozu ist diese Bezeichnung wichtig?

21. Auf welche Art lässt sich das „Arbeiten" des Holzes bei der Verwendung von Holzwerkstoffen deutlich vermindern? Skizzieren Sie mindestens drei Beispiele.

Entsprechend der Tabelle ist das Schwindmaß tangential doppelt so groß wie radial. Also ergeben sich folgende Querschnitte:

Ganzholz Halbholz Viertelholz

Die rechte Seite ist dem Kern des Baumes zugewandt, die linke dem Splintholz. Die rechte Seite arbeitet deutlich weniger, was zu einer Verkrümmung des Holzquerschnittes beim „Arbeiten" führt. Bei Holzschalungen sollte daher die rechte Seite zum Beton zeigen.

Ausnahme:
Das Kernbrett oder auch „Herzbrett" hat den Kern in der Mitte des Brettes, damit zwei rechte Seiten und verformt sich kaum.

Der Querschnitt verformt sich tangential doppelt so stark wie radial. Also werden vor der Verleimung die Querschnitte so gedreht, dass die benachbarten Hölzer sich gegenseitig an der Ausdehnung hindern:

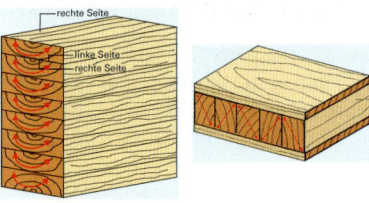

Beim Sperrholz wird die Dehnung in Querrichtung von der Faserlängsrichtung verhindert, die sich nur um 1/10 der Länge dehnt.

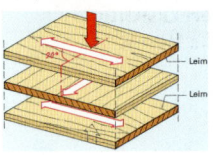

22. Nennen Sie mindestens zehn Holzwerkstoffe.

- Brettschichtholz (BSH)
- Sperrholz:
  - Furnierplatte (FU)
  - Baufurnierplatte (BFU)
  - Tischlerplatte (TI)
  - Bautischlerplatte (BTI)
- Holzspanplatte:
  - Flachpressplatte
  - OSB-Platte
  - Strangpressplatte (voll – SV, mit Röhren – SR)
- Holzfaserplatte:
  - hart gepresste Faserplatte
  - poröse Faserplatte:
    - mineralisch gebunden
    - bituminös gebunden
    - ohne Bindemittel

5

23. Was unterscheidet Furnierplatten von Baufurnierplatten und Tischlerplatten von Bautischlerplatten?

Durch die wasserfeste Verleimung sind die Bauplatten auch im Außenbereich bzw. bei direkter Feuchteberührung, z. B. im Schalungsbau verwendbar.

24. Warum werden Sperrholzplatten in der Regel mit einer ungeraden Anzahl an Schichten (3, 5, 7,..) hergestellt?

Damit die Maserung auf der Vorder- und Rückseite in die gleiche Richtung zeigt und so bei fehlerhaften Stellen die Platten auch gedreht werden können.

25. Erklären Sie die Holzbezeichnung „Kantholz DIN 4074 – S 10 TS – KI".

Kantholz – Kompaktquerschnitt
(h = max. 20 cm)
DIN 4074 – Norm für Holzbezeichnung
S 10 – Sortierklasse 10,
     also Holz mit normaler Tragfähigkeit
TS – trocken sortiert
KI – Holzart = Kiefer

26. Welche Merkmale werden bei der Sortierung von Schnittholz in Sortierklassen berücksichtigt? Nennen Sie mindestens sechs davon.

1. Äste (Größe, Anzahl)
2. Baumkanten (Länge, Breite)
3. Jahresringbreite
4. Faserneigung zur Längsachse
5. Risse (Tiefe, Länge)
6. Längskrümmung, Verdrehung
7. Druckholzanteil

27. Was sagt die Einstufung der Bauhölzer in die Sortierklassen aus?

S 7	?
S 10	?
S 13	?
S 15	?

S 7	Geringe Tragfähigkeit
S 10	Normale Tragfähigkeit
S 13	Hohe Tragfähigkeit
S 15	Besonders hohe Tragfähigkeit (nur mit technischen Geräten feststellbar)

28. Ordnen Sie zu, in welcher Richtung zur Faser die Festigkeit hoch bzw. gering ist.

Festigkeit	Faser-längs-rich-tung	Faser-quer-rich-tung
Druckfestigkeit	?	?
Zugfestigkeit	?	?
Scherfestigkeit	?	?

Festigkeit	Faser-längs-rich-tung	Faser-quer-rich-tung
Druckfestigkeit	hoch	gering
Zugfestigkeit	hoch	gering
Scherfestigkeit	gering	hoch

29. Wovon sind die Druckfestigkeit und die Härte des Holzes abhängig? Nennen Sie drei sehr harte und druckfeste Hölzer. Wo werden solche Hölzer eingesetzt?

Die Härte und Druckfestigkeit werden durch die Rohdichte des Holzes bestimmt. Je höher die Rohdichte, desto höher die Druckfestigkeit bzw. Härte des Holzes.
- Eiche
- Buche
- Lärche

Einsatz:
Wo hohe mechanische Beanspruchungen erfolgen, z. B. Treppenstufen, Fußboden.

30. Wie verändert eine hohe Astigkeit die Zug- und Scherfestigkeit des Holzes in Längsrichtung der Fasern?

Zugfestigkeit:
Die Äste stören die längs auf Zug beanspruchte Faserstruktur und mindern so die Zugfestigkeit in Längsrichtung.
Scherfestigkeit:
Die Äste erhöhen die Scherfestigkeit in Längsrichtung, da so keine parallelen Scherflächen gegeben sind.

31. Was ist bei der Stapelung der Hölzer zur Trocknung (Lufttrocknung) zu beachten?

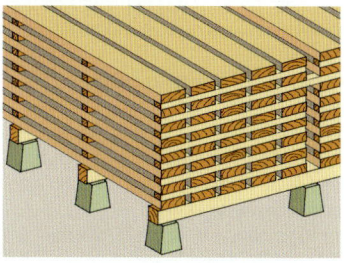

- Abstand vom Boden mindestens 50 cm,
- Sperrschicht unter der untersten Holzlage anbringen,
- gleich dicke Hölzer in die Lagen einstapeln,
- Stapelleisten immer senkrecht übereinander,
- Stapelleisten nicht in zu großen Abständen (max. 1,25 m),
- den Stapel möglichst quer zur Hauptwindrichtung anlegen.

5

32. Welche Vor- und Nachteile hat die Lufttrocknung gegenüber der technischen Trocknung?

Vorteile:
- langsame Trocknung, dadurch kaum Rissbildung.

Nachteile:
- hohe Kosten für Lagerhaltung,
- nur Trocknung bis max. 15 % Feuchte möglich (lufttrocken = „Gleichgewichtsfeuchte").

33. Nennen Sie mindestens fünf Schädlinge, die Holzkonstruktionen zerstören können.

Pilze:
- Echter Hausschwamm
- Kellerschwamm

Insekten:
- Hausbockkäfer
- Klopfkäfer
- Holzwespen
- Termiten

34. Unter welchen Bedingungen kann eine Holzkonstruktion von Pilzen angegriffen werden?

- Temperaturen über +3 °C.
- Holzfeuchte über 18 %.

35. Beschreiben Sie, wie die Schädigung des Holzes durch Pilze erfolgt.

Pilzsporen, die in der Luft enthalten sind, setzen sich am Holz ab und bilden ein Myzel (dünnes Geflecht an Strängen, die durch das Holz wachsen). Der Pilz ernährt sich von der Cellulose und zerstört so die gesamte Holzstruktur. Entlang des Myzels bilden sich

→

neue Fruchtkörper, die wieder neue Sporen an die Luft abgeben. Der Pilz setzt sich also durch die Luft (Sporen) und durch die Wände und Decken (Myzel) zugleich fort und befällt immer neue Konstruktionsteile.

36. Welche Maßnahmen sind zu treffen, wenn eine Holzkonstruktion durch den „Echten Hausschwamm" befallen ist?

- Ausbau aller befallenen Konstruktionsteile,
- Verbrennen des schadhaften Holzes,
- umgebendes Mauerwerk gründlich reinigen (evtl. abflammen, imprägnieren, vollständig austrocknen).
- Der Hausschwamm ist meldepflichtig.

37. Was versteht man unter „vorbeugendem baulichem Holzschutz"? Wogegen kann man Holz konstruktiv schützen?

„vorbeugender baulicher Holzschutz":
umfasst alle Maßnahmen, die verhindern, dass Schadeinwirkungen das Holz schädigen können.
Schutz gegen:
- Feuchte,
- Pilze/Insekten,
- Brand.

38. Beschreiben Sie Möglichkeiten, mit Maßnahmen des vorbeugenden baulichen Holzschutzes Brandschutz zu betreiben.

Brandschutz:
- Verwendung weniger, größerer Holzquerschnitte, statt vieler kleiner (Decken, Dachsparren, …). Das Feuer hat weniger Angriffsfläche und die Konstruktion hält länger stand.
- Verwendung gehobelter Konstruktionshölzer. Da keine losen Fasern auf der Oberfläche vorhanden sind, braucht das Feuer länger zum Angriff.

39. Nennen Sie mindestens sieben Maßnahmen des vorbeugenden baulichen Holzschutzes, um die Konstruktionen vor Durchfeuchtung und in der Folge vor dem Befall durch Insekten und Pilze zu bewahren.

Feuchteschutz:
1. Unter den Holzbalken am Auflager Sperrschicht anbringen.
2. Balkenköpfe an der Stirnseite mit Dämmung versehen und Luftschicht zur Zirkulation einbauen.
3. Unter Schwellen (Fußpfette oder Fachwerk) auf Mauerwerk oder Beton Sperrschicht einbauen.

→

120

4. Holzstützen durch Fußkonstruktionen aus Metall 30 cm aus dem Spritzwasserbereich herausheben.
5. Holzverschalungen möglichst mit senkrechten Brettern, damit der Regen nicht in den waagerechten Fugen steht.
6. Größere Dachüberstände schützen die Holzverkleidungen am Giebel.
7. Holzverkleidungen auf doppelter Lattung anbringen, damit die Hinterlüftung das Holz trocken hält.
8. Waagerechte Handläufe an Terrassen mit dem Splintholz nach oben. Beim Quellen durch Feuchte wird das Holz rund und das Wasser kann ablaufen.

40. Welche Maßnahmen sind zum Schutz des Balkenkopfes vorzusehen?

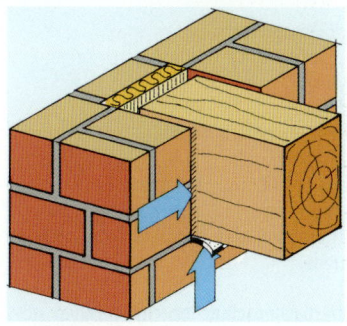

- Sperrschicht unter dem Balkenkopf, damit die Feuchte des Mauerwerkes nicht in den Balkenkopf ziehen kann.
- Dämmung an der Stirnseite, da hier durch die Schwächung der Wand Frostgefahr besteht. Bei Unterschreitung des Taupunktes entsteht Schwitzwasser, was zur Fäulnis führt.
- Rund um den Balken muss 2 cm Abstand zum Mauerwerk sein, damit die Luft zirkulieren kann.

41. Chemische Holzschutzmittel werden gegen verschiedene Gefährdungen des Holzes verwendet. Auf welche Einsatzmöglichkeiten wird in der Bezeichnung mit folgenden Kurzzeichen hingewiesen?

→

→

Kurzzeichen	Einsatzmög-lichkeit
P	?
Iv	?
(Iv)	?
Ib	?
E	?
S	?
W	?

Kurzzeichen	Einsatzmöglichkeit
P	Gegen Pilze (Fäulnisschutz)
Iv	Vorbeugend gegen Insekten
(Iv)	Bei Tiefenschutz vorbeugend gegen Insekten
Ib	Bekämpfend gegen Insekten
E	Für Holz, das extremer Beanspruchung ausgesetzt ist
S	Auch zum Spritzen oder Tauchen geeignet
W	Schutz gegen Wetter, Wasser, Witterung

42. Der chemische Holzschutz kann in unterschiedlicher Eindringtiefe ausgeführt werden. Nennen Sie die verschiedenen Schutzarten und die jeweilige Eindringtiefe.

Oberflächenschutz:
Nur oberflächlich aufgetragen, keine Eindringtiefe.
Randschutz:
Bis zu 10 mm Eindringtiefe.
Tiefenschutz:
Mindestens 10 mm Eindringtiefe.
Vollschutz:
Durchdringung aller zugänglichen Konstruktionsteile.

43. Wie kann der chemische Holzschutz eingebracht werden?

- Oberflächenschutz durch Streichen oder Spritzen,
- Randschutz durch einige Stunden Lagerung im Tauchbett,
- Tiefenschutz durch tagelange Lagerung im Tauchbett,
- Vollschutz durch Kesseldruckimprägnierung.

44. Nennen Sie Sicherheitsmaßnahmen, die beim Umgang →

- Kennzeichnung als Gift,
- sorgfältig verschlossen aufbewahren,

→

122

mit Holzschutzmitteln beachtet werden müssen.

- bei der Arbeit:
  - Schutzkleidung tragen,
  - nicht essen,
  - nicht rauchen,
- nach der Arbeit Hände und Gesicht gründlich reinigen.

45. Welche Bezeichnungen tragen die mit A … H gekennzeichneten Bauteile einer Fachwerkwand?

A – Schwelle
B – Eckpfosten
C – Pfosten
D – Türpfosten
E – Sturzriegel
F – Fachriegel
G – Strebe
H – Rähm

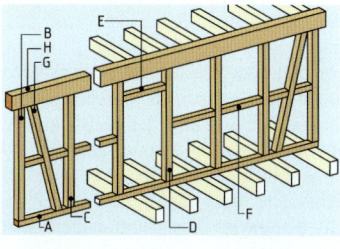

46. Welche Aufgabe hat der Rähm, wie wird er belastet und welcher Querschnitt ist daher notwendig?

Aufgabe:
Aufnahme der Lasten aus Decke, darüberliegenden Wänden und Dach und Ableitung in die Pfosten.
Belastung:
Biegezugbelastung.
Querschnitt:
Hochkantquerschnitt.

47. Die Streben in der Fachwerkwand sind jeweils in den ersten Feldern nach unten innen geneigt angeordnet. Warum dürfen die Streben der Fachwerkwand nicht in die andere Richtung geneigt sein?

Die Strebe wird durch die Windlast auf Druck belastet und leitet diese Kräfte in die Schwelle ab. Da die Verbindungen druck- aber nicht zugfest sind, würde sonst die Windlast erst oben durch das gesamte Tragwerk geleitet und erst am Ende der Wand in die Schwelle abgeleitet, was alle Knotenpunkte in der Wand belasten würde.

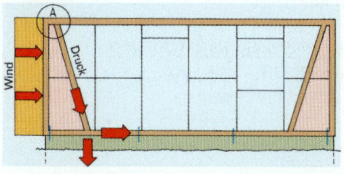

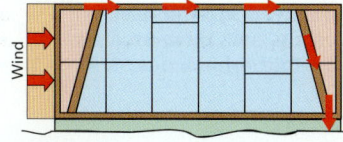

48. Ordnen Sie die Bauteile der Fachwerkwand nach ihrer Funktion in zwei Gruppen.

Tragende Hölzer	Aussteifende Hölzer
–	–
–	–
–	–

Tragende Hölzer	Aussteifende Hölzer
– Rähm – Pfosten – Schwelle	– Streben – Riegel

49. Welche Aufgabe haben Streben und Riegel in einer Fachwerkwand?
Wie werden sie beansprucht und welcher Querschnitt ist daher notwendig?
Begründen Sie Ihre Aussagen.

Streben und Riegel steifen die Wand aus.
Streben:
Aussteifung gegen Windlasten. Sie werden aufgenommen, entlang der Strebe geleitet und an die Schwelle abgegeben. Dabei wird die Strebe auf Druck beansprucht und könnte in alle vier Richtungen ausknicken. Um das zu verhindern, muss die Strebe in alle Richtungen denselben Querschnitt haben, also quadratisch sein.
Riegel:
Steifen die Wand gegen Windlasten aus und geben der Ausfachung Halt. Wegen der Druckbeanspruchung sollen auch Riegel quadratisch sein, da sonst ein Ausknicken zu befürchten ist.

50. Nennen Sie zehn zimmermannsmäßige Holzverbindungen.

1. Gerades Blatt
2. Hakenblatt
3. Eckblatt
4. Zapfen
5. Abgesetzter Zapfen
6. Scherzapfen
7. Brustzapfen
8. Stirnversatz
9. Fersenversatz
10. Doppelter Versatz

51. Zählen Sie in jeder Gruppe mindestens zwei zimmermannsmäßige Holzverbindungen auf: →

a) zugfeste Längsverbindungen:
• Hakenblatt
• Schwalbenschwanz →

124

a) **zugfeste Längsverbindungen,**
b) **nicht zugfeste Längsverbindungen,**
c) **rechtwinklige Verbindungen,**
d) **schräge Verbindungen.**

b) nicht zugfeste Längsverbindungen:
• Gerades Blatt
• Zapfenstoß
c) rechtwinklige Verbindungen:
• Eckblatt
• Scherzapfen
d) schräge Verbindungen:
• Stirnversatz
• Fersenversatz

52. Erklären Sie, worauf bei der Herstellung einer Zapfenverbindung zu achten ist. Begründen Sie die Aussagen.

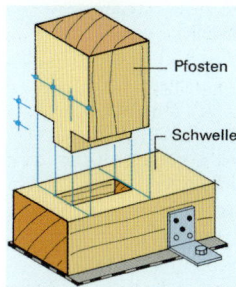

Einerseits darf der Zapfen nicht zu schmal sein, da er die Position des Pfostens in der Wand sichert und sonst abbrechen könnte.
Andererseits dürfen die beidseitig liegenden Wangen aber auch nicht zu schmal werden, da nur sie die Druckkräfte aufnehmen – der Zapfen trägt nicht mit!
Insgesamt soll daher die Breite der Wangen und der Zapfen jeweils $1/3$ des Holzquerschnittes betragen.
Die Tiefe des Zapfens soll etwa 4 .. 5 cm sein, damit er dem Pfosten sicher Halt geben kann. Das Zapfenloch soll tiefer als der Zapfen sein, um sicherzustellen, dass nicht statt der Wangen vielleicht nur die Zapfenfläche die Lasten überträgt.

53. Worauf ist bei der Herstellung eines Stirnversatzes zu achten? Welches konstruktive Problem gibt es bei dieser Holzverbindung? Machen Sie Vorschläge, wie man dieses Problem lösen könnte.

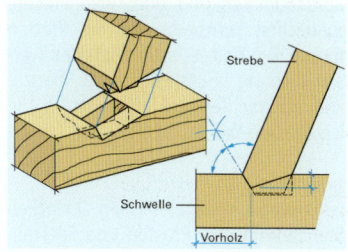

• Die Übertragung der Druckkräfte erfolgt über die Stirnseite der Strebe in die Schwelle – hohe Passgenauigkeit dieser Versatzfläche!
• Neigung der Versatzfläche exakt in der Winkelhalbierenden zwischen Schwelle und Strebe.
• Versatztiefe etwa $1/4$ .. $1/6$ der Schwellenhöhe.
• Zapfenbreite $1/3$ der Holzbreite, mittig in der Schwelle.
• Zapfenloch tiefer als die Zapfenlänge, da der Zapfen keine Kräfte übertragen soll.
Problem:
Die schräge Kraft erzeugt über die Versatzfläche eine senkrechte Druckkraft auf

→

die Schwelle, aber auch eine waagerechte Scherkraft längs der Faserrichtung der Schwelle. Je flacher die Strebe geneigt ist, desto größer wird diese Scherkraft, die zum Abspalten des Vorholzes führen kann.
Vorschläge:
- längeres Vorholz,
- astreiches Vorholz,
- zusätzlichen Fersenversatz (doppelter Versatz) einbauen, um das Vorholz in zwei Ebenen nutzen zu können,
- zusätzliche Brettlaschen,
- zusätzliche Bolzenverbindung.

54. Benennen Sie die Konstruktionsteile A ... I des dargestellten Pfettendaches.

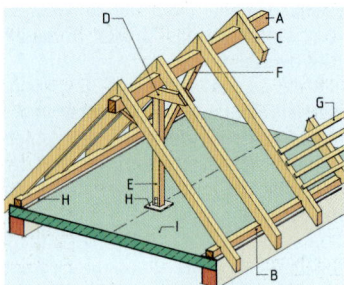

A – Firstpfette
B – Fußpfette (Schwelle)
C – Dachsparren
D – Firstlaschen
E – Pfosten
F – Kopfband
G – Lattung
H – Dichtungsschichten
I – Stahlbetondecke

55. Beschreiben Sie die Funktionsweise des Pfettendaches anhand der Ableitung der Kräfte.

Das Pfettendach funktioniert wie eine schräg liegende Balkendecke. Die Lasten (Dacheindeckung, Schnee usw.) werden von den Sparren aufgenommen und über waagerechte Auflageflächen senkrecht auf die Pfetten übertragen. Die First- und Mittelpfetten werden auf Biegung beansprucht und übertragen die senkrechten Kräfte weiter in die Stuhlsäulen und Wände des Hauses.

56. Wie und mit welchen Bauteilen wird die Pfettendachkon-

a) Querrichtung:
Herstellen von unverschieblichen Dreiecken aus Stahlbetondecke, Pfosten und Sparren.

→

126

struktion gegen Windkräfte aus-
gesteift:
a) in Querrichtung,
b) in Längsrichtung?

**57. Erläutern Sie für die folgen-
den Konstruktionsteile des Pfettendaches jeweils die Aufgaben,
die Beanspruchung und dement-
sprechend die erforderliche Querschnittsform des Holzes:**
a) Lattung,
b) Sparren,
c) Firstpfette,
d) Fußpfette,
e) Pfosten,
f) Kopfband,
g) Firstlasche.

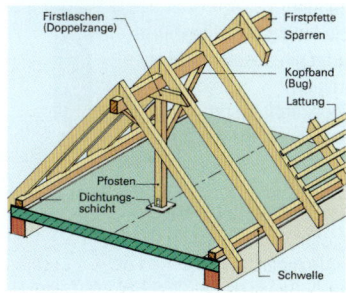

Zusätzliche Dreiecke können mit Kehlbalken
und Firstlaschen gebildet werden.
b) Längsrichtung:
Unverschiebliche Dreiecke, gebildet durch
Kopfbänder, Pfetten und Pfosten. Zusätzlich
sind starre Längswände im Dach möglich.

a) Lattung:
• Aufnahme der senkrechten Lasten der
  Dacheindeckung und Schneelast und Ab-
  tragen der Last auf die Sparren,
• Biegebeanspruchung,
• Flachquerschnitt
  diagonal belastet.

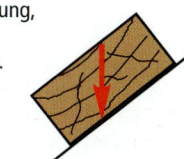

b) Sparren:
• Lasten aufnehmen und senkrecht auf die
  Pfetten ableiten,
• Windlasten aufnehmen und gegen die
  Pfetten (quer) bzw. Pfosten und Kopfbän-
  der (längs) aussteifen,
• Biegebeanspruchung,
• Hochkantquerschnitt.

c) Firstpfette:
• Lasten aus den Sparren aufnehmen und
  auf Pfosten und Wände abtragen,
• Biegebeanspruchung,
• Hochkantquerschnitt.

d) Fußpfette:
• Lasten der Sparren aufnehmen und direkt
  an die darunterliegende Decke weiterleiten,
• Druckbean-
  spruchung,
• Flachquerschnitt.

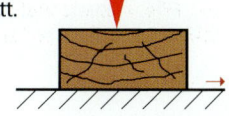

→

e) Pfosten:
- trägt die Lasten aus den Pfetten senkrecht nach unten auf die Geschossdecke ab,
- Druck-/Knickbeanspruchung,
- Quadratquerschnitt.

f) Kopfband:
- verringert die Durchbiegung der Pfetten zwischen den Pfosten,
- dient der Längsaussteifung des Daches,
- Druck-/Knickbeanspruchung,
- Quadratquerschnitt.

g) Firstlasche:
- hält die gegenüberliegenden Sparren zusammen,
- unterstützt die Mittelpfette,
- bildet ein unverschiebliches Dreieck,
- Biegezugbeanspruchung,
- Hochkantquerschnitt.

58. Welche Bauteile werden zur Längsaussteifung des Pfettendaches zu einem unverschieblichen Dreieck verbunden?

- First- bzw. Mittelpfette,
- Pfosten,
- Kopfbänder.

59. Was unterscheidet die „zimmermannsmäßigen Holzverbindungen" von den Verbindungen des „Ingenieurholzbaus"?

Zimmermannsmäßige Verbindungen:
Verbinden die Holzbauteile ohne jedwede Art von Metall. Wenn nicht anders möglich, werden auch Nägel eingesetzt, allerdings Holznägel aus Eichenholz.
Verbindungen des Ingenieurholzbaus:
Verbinden die einzelnen Holzbauteile mit metallischen Hilfsmitteln wie Schrauben, Nägeln oder Bolzen.

60. Welchen bauphysikalischen Nachteil haben die Ingenieurholzbauverbindungen gegenüber den zimmermannsmäßigen?

An allem im Holz verbauten Metall sammelt sich Kondenswasser. An diesen Stellen hat das Holz also eine deutlich höhere Feuchte, was Pilze und Fäulnis anregt.

61. Nennen Sie fünf typische Verbindungsteile des Ingenieurholzbaus.

1. Nägel („Drahtstifte")
2. Bolzen
3. Schrauben
4. Stahldübel
5. Blechformteile

62. Erklären Sie, um welche Drahtstifte es sich in den Darstellungen handelt, und wozu diese sinnvoll eingesetzt werden.

a)

b)

c)

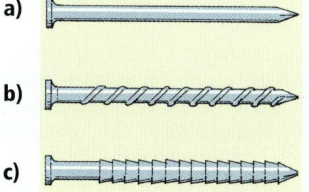

Ein Drahtstift ist ein aus Walzdraht hergestellter Metallstift, also ein „Nagel".

a) glatter Nagel:
   Verbindet zwei Holzbauteile, die rechtwinklig zur Drahtachse belastet werden – der Metallquerschnitt wird nur auf Abscheren des Querschnittes beansprucht.

b) Schraubnagel:
   Kann zusätzlich das Auseinanderbewegen der verbundenen Holzteile verhindern.

c) Rillennagel (Ankernagel):
   Wird verwendet, wenn z. B. Holzteile an der Decke angenagelt werden. Diese versuchen, durch ihre Eigenlast sich von der Decke zu lösen. Der Rillennagel ist „auszugfest".

63. Was ist bei der Herstellung einer Nagelverbindung zu beachten?

- Nicht zu nahe am Rand des Holzes nageln (speziell am Ende und parallel zur Faser ist die Gefahr des Aufspaltens sehr groß).
- Den Nagel vor dem Einschlagen „stauchen" (mit dem Hammer auf die Spitze schlagen, damit diese nicht mehr spitz ist). Dadurch zerschlägt der Nagel beim Eintreiben die Faser, statt sie seitlich auseinanderzutreiben. Die Spaltgefahr ist deutlich geringer.

64. Wie werden Nagelverbindungen nach der Lage der Nägel in der Verbindung unterschieden?
→

- Nach der Richtung in einseitig oder beidseitig.

→

5

Welche Bezeichnung trägt die skizzierte Verbindung mit 2 × 3 Nägeln?

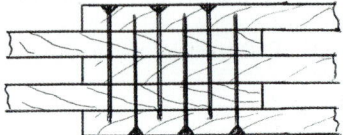

- Nach der Anzahl der auf Abscheren belasteten Nagelquerschnitte eines Nagels in einschnittig oder mehrschnittig

Bezeichnung:

„beidseitige vierschnittige Nagelung", da von beiden Seiten genagelt und jeder Nagel auf vier Scherflächen beansprucht wird.

65. An einer Holzverbindung steht in der Bauzeichnung die Angabe: „2x 6N 38x100". Erklären Sie, was damit gemeint ist.

- 2x – beidseitig genagelt
- 6N – von jeder Seite 6 Nägel
- 38 – Nagelschaftdurchmesser 3,8 mm
- 100 – Nagellänge 100 mm

66. Im Bild ist eine einschnittige (links) und eine zweischnittige (rechts) Nagelverbindung zu sehen. Welchen Vorteil hat eine zweischnittige Holzverbindung? Begründen Sie Ihre Aussage.

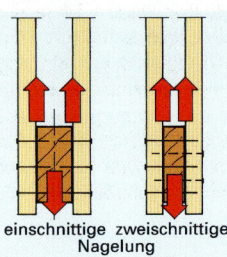

einschnittige zweischnittige Nagelung

Bei der einschnittigen Verbindung werden genügend Nägel ins Holz geschlagen, damit die Stahlquerschnitte die Verbindungskräfte übertragen können. Wenn sich allerdings aufgrund der Kraftrichtungen die Hölzer auseinander bewegen, können sich die Nägel verbiegen, was die Tragfähigkeit der Verbindung beeinträchtigt.

Bei zwei- oder mehrschnittigen Verbindungen wird der Stahlquerschnitt des Nagels an mehreren Stellen jeweils im vollen Querschnitt beansprucht – was weniger Nägel notwendig macht und die Gefahr des Aufspaltens reduziert. Da die außen liegenden Hölzer in die gleiche Richtung ziehen, können sich die Nägel auch nicht verformen.

67 Wovon hängt der Mindestabstand ab, den ein Nagel von der Außenseite des Holzes haben muss?

- Von der Faserrichtung,
- von der Dicke des Nagels.

68. Wie lang sollte ein Nagel sein, um einen Holzquerschnitt an der Unterkonstruktion sicher zu befestigen?

Mindestens dreimal so lang wie das zu befestigende Holz dick ist, sodass der Nagel $2 \cdot d$ in der Unterkonstruktion steckt.

69. Wie viele Nägel muss eine tragende Holzverbindung mindestens haben?

Mindestens vier Nägel pro Scherfläche.

70. Benennen Sie die in der Darstellung zu sehenden Holzschrauben.

a) Flachkopfschraube
   (auch „Senkkopfschraube" genannt)
b) Rundkopfschraube
c) Linsenkopfschraube
d) Sechskantschraube

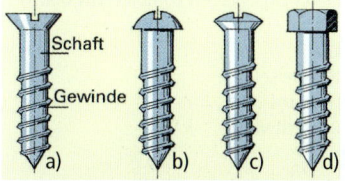

71. Welche Verbindungsformen kann man statt der Nägel oder Schrauben wählen, um große Kräfte mit wenigen Scherflächen zu übertragen?

- Schraubbolzen
- Passbolzen
- Stabdübel
- Metalldübel

72. Welche Funktion hat ein Metalldübel in der Holzverbindung?

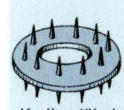 

Krallendübel   Ringkeildübel

Der Metalldübel wird in die Verbindungsstelle eingelegt (Krallendübel) oder in der Verbindung in eine ausgefräste Öffnung eingesetzt (Ringdübel), bevor die Verbindung fest angezogen wird. Die durch Scherkräfte belastete Holzverbindung versagt erst dann, wenn auch die gesamte Scherfläche des Dübels abgeschert wird – das heißt, der Dübel vergrößert die wirkende Scherfläche.

73. Erklären Sie den Unterschied zwischen Schraubbolzen, Passbolzen und Stabdübel.

Schraubbolzen:
Das Loch im Holz wird etwas größer vorgebohrt, der Bolzen eingesetzt und auf beiden Seiten mit Unterlegscheibe und Mutter fest angezogen. Der Bolzenquerschnitt hat in der Verbindung etwas „Spiel", das heißt, er liegt nicht vollflächig kraftschlüssig im Holz an.
Passbolzen:
Der Passbolzen wird in ein Loch, das genau auf seine Größe gebohrt ist, eingeschlagen

5

und liegt im Holz vollflächig kraftschlüssig an. Die Schraubenden werden dann noch mit Unterlegscheiben und Muttern angezogen.
Stabdübel:
Selbe Funktion wie Passbolzen, allerdings ohne Schraubenden. Die Stabdübel stecken nach dem Einschlagen komplett **im** Holz.

74. Nennen Sie fünf Werkzeuge zur Holzbearbeitung.

1. Hobel
2. Stemmeisen
3. Handsäge
4. Fuchsschwanz
5. Bohrer

75. Benennen Sie die Teile A … G des Stemmeisens/Stechbeitels.

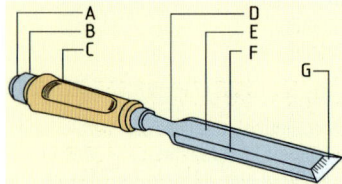

A – Schlagkopf
B – Zwinge
C – Griff
D – Hals
E – Blatt
F – Seitenfase
G – Schneide

76. Was versteht man unter dem „Schränken" einer Säge?
Welche Wirkung hat die Schränkung?

Die Zähne des Sägeblatts werden abwechselnd nach links und nach rechts gebogen, um ein Festklemmen der Säge im Schnitt zu verhindern.

Schränkung	Wirkung
zu wenig	?
zu breit	?
einseitig	?

Schränkung	Wirkung
zu wenig	– zu enger Schnitt, das Sägeblatt verklemmt beim Schneiden
zu breit	– zu breiter Schnitt – der Schnitt kann verlaufen
einseitig	– der Schnitt verläuft in Tiefe und Richtung (schiefe Schnitte)

77. In der Darstellung sind zwei verschiedene Arten der Anordnung der Zähne am Sägeblatt zu sehen. Worin unterscheiden sie sich im Einsatz?

a) einseitig arbeitende Säge:
• Die Säge arbeitet nur in Stoßrichtung, der Rückzug bleibt ohne Wirkung.
• Sehr gut geeignet für Schnitte in Faserlängsrichtung.
b) beidseitig arbeitende Säge:
• Durch die Anordnung der Zähne als gleichschenklige Dreiecke schneidet die Säge auf Stoß und auf Zug.
• Sehr gut geeignet für Schnitte in Faserquerrichtung.

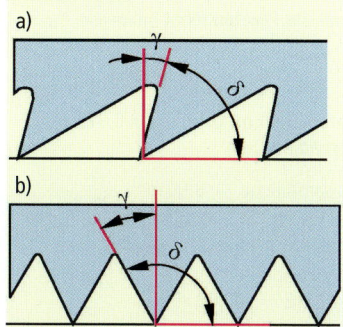

5

78. Nennen Sie vier typische Arten von Handsägen und ordnen Sie die Sägen in Ein- bzw. beidseitig wirksame Sägen.

Einseitig sägend	Beidseitig sägend
Fuchsschwanz	Gestellsäge
Stichsäge	Rückensäge

79. Unter welchen Umständen ist es ratsam, in einer Nagelverbindung die Nagellöcher vorzubohren?
Mit welchem Durchmesser wird vorgebohrt?

Wenn die Gefahr des Aufspaltens des Holzes beim Einschlagen der Nägel hoch ist, z. B.
• bei vielen eng liegenden Nägeln,
• nahe am Holzrand,
• bei sehr dicken Nägeln,
• bei Hartholz (Buche, Eiche,..).
Durchmesser $= 0{,}9 \cdot$ Nageldurchmesser

80. Nennen Sie vier Arten von Holzbohrern.

1. Schneckenbohrer
2. Schlangenbohrer
3. Spiralbohrer
4. Forstnerbohrer

Lernfeld 5
Fachmathematik

1. Ein Paket mit 6 Dachlatten je 2,60 m lang kostet 18,95 €. Eine Dachlatte (2,60 m lang) kostet 3,85 €.
Welches Angebot ist günstiger?

$$\text{Preis pro Latte} = \frac{18,95 \, €}{6} = \underline{\underline{3,16 \, €}}$$

Also ist das Paketangebot billiger.

2. Sie sollen eine Dachschalung von 8 m² auf einen Schuppen nageln. Ein Brett (12,5 cm breit, 24 mm dick und 3 m lang) kostet 4,95 €. Eine Packung von 10 gleichen Brettern kostet 44,95 €. Welches Angebot ist preiswerter?

1 Brett = 3,00 m · 0,125 m = 0,375 m²
Bedarf an Brettern:

$$= \frac{\text{Gesamtfläche}}{1 \, \text{Brett}} = \frac{8,00 \, \text{m}}{0,375 \, \text{m}} = 21,33$$

also sind 22 Bretter zu kaufen.
Nach Einzelpreis:
22 · 4,95 € = $\underline{\underline{108,90 \, €}}$
Nach Packungen:
3 Packungen · 44,95 € = $\underline{\underline{134,85 \, €}}$
Zwei Packungen reichen nicht, bei 3 Packungen ist ein großer Rest – also ist hier der Kauf einzelner Bretter günstiger.

3. Auf einen Pkw-Anhänger sollen maximal 350 kg geladen werden. Sie kaufen im Baustoffhandel
– 8 Balken 12/24 cm, 4,50 m lang (Kiefer)
– 20 m² Dielung 28 mm dick (Kiefer)
Wie oft müssen Sie fahren, wenn das Kiefernholz 530 kg/m³ wiegt?

1 Balken:
0,12 m · 0,24 m · 4,50 m · 530 kg/m³
= 68,7 kg
1. Ladung = 350 kg : 68,7 kg = 5,09
also maximal 5 Balken (= 343,5 kg)
Dielung:
20 m² · 0,028 m · 530 kg/m³ = 296,8 kg,
also 2. Ladung = komplette Dielung
Für die letzten drei Balken muss man noch ein drittes Mal fahren.

4. Für die Balken und die Dielung in Aufgabe 3. soll statt Kiefer doch besser Eiche (750 kg/m³) verwendet werden.

1 Balken:
0,12 m · 0,24 m · 4,50 m · 750 kg/m³
= 97,2 kg
Dielung:
20 m² · 0,028 m · 750 kg/m³ = 420 kg

→

→

a) Wie oft müssen Sie mit dem Pkw-Anhänger fahren?

b) Der Baustoffhandel bietet Ihnen die Ausleihe eines Transporters mit 1 t maximaler Zuladung an. Wie oft müsste man mit dem Transporter fahren?

a) Pkw-Ladungen:
insgesamt 4 Ladungen:

2 Ladungen mit 3 Balken (291,6 kg)
1 Ladung mit Dielungsholz (350 kg)
1 Ladung mit Dielungsholz und 2 Balken
(70 kg + 194,4 kg = 294,4 kg)

b) Transporter:
Auch der Transporter muss zweimal fahren, denn mit

$8 \cdot 97,2$ kg + 420 kg = 1197,6 kg
wäre er überladen.

5. **Über einen 9,74 m langen und 6,24 m breiten Raum soll eine Holzbalkendecke mit Balken 10/24 cm verlegt werden. Das maximale Bundmaß soll 85 cm betragen. Der Abstand der Balken von der Wand soll jeweils 5 cm betragen, das Auflager auf der Wand 15 cm.**

a) Aufteilung in gleich große Felder
(Bundmaß $= b$):
$L = 9,74$ m $- 2 \cdot 5$ cm $- 10$ cm $= 9,54$ m
Felder $= 9,54$ m : 0,85 m $= 11,22$,
also mindestens 12 Felder
$b = 9,54$ m : 12 Felder $= \underline{79,5\ cm}$

Es werden also 13 Balken im Abstand von 69,5 cm (Bundmaß 79,5 cm) verlegt.

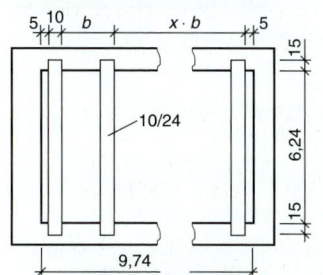

a) Berechnen Sie das zu wählende gleichmäßige Bundmaß (*b*) der Decke.

b) Ermitteln Sie den Holzbedarf für die Balken in Stück und m³.

c) Die Balken sollen einen Holzschutzanstrich mit 0,8 L/m² erhalten. Eine Büchse (5 L) kostet 32,95 €. Wie teuer ist der Anstrich?

b) 13 Balken 10/24, Länge $= 6,54$ m
$V = St. \cdot l \cdot b \cdot h$
$V = 13 \cdot 6,54$ m $\cdot 0,10$ m $\cdot 0,24$ m
$V = \underline{2,040\ m^3}$

c) Fläche 1 Balken:
$A = (2 \cdot 0,24\ m + 2 \cdot 0,10\ m)$
$\quad \cdot 6,54\ m + 2 \cdot 0,24\ m \cdot 0,10\ m$
$A = 4,45\ m^2 + 0,05\ m^2 = \underline{4,50\ m^2}$
Gesamtfläche $= 13 \cdot 4,50\ m^2 = \underline{58,5\ m^2}$
Anzahl Büchsen:
$58,5\ m^2 \cdot 0,8\ L/m^2 : 5\ L/Büchse = 9,36$
Also 10 Büchsen.
Preis:
$10 \cdot 32,95\ € = \underline{329,50\ €}$

d) Dielung:
$A = 6,24\ m \cdot 9,74\ m \cdot 1,05$
$A = \underline{63,82\ m^2}$

d) Auf die Holzbalken soll eine Dielung ($d = 28$ mm) aufgebracht werden.
Berechnen Sie die m² Dielung bei einem Verschnitt von 5 %.

e) Berechnen Sie die Gesamtmasse der Holzladung (Kiefernholz = 520 kg/m³).

e) $V = 63{,}82 \, m^2 \cdot 0{,}028 \, m + 2{,}040 \, m^3$

$V = 3{,}827 \, m^3$

$m = 3{,}827 \, m^3 \cdot 520 \, kg/m^3 = 1990 \, kg$

$m = \underline{\underline{1{,}990 \, t}}$

6. Dachsparren sollen zwischen den Giebelwänden (Maß *Z*) im Bundmaß angeordnet werden. Maximales Bundmaß max. *b*, Wandabstand 5 cm. Berechnen Sie Stückzahl und Bundmaß *(b)* für folgende Querschnitte:

	Z (m)	*b/h* (cm)	max. *b*
a)	11,66 m	8/18	0,85 m
b)	26,16 m	10/22	1,20 m
c)	22,58 m	6/16	0,60 m
d)	12,10 m	8/24	0,75 m
e)	35,78 m	12/24	1,30 m

Nach Abzug der Wandabstände und eines Sparrens ergeben sich die aufzuteilenden Längen *(L)* und damit folgende Ergebnisse:

	Sparrenanzahl	Bundmaß
a)	15	0,82 m
b)	23	1,18 m
c)	39	0,59 m
d)	17	0,745 m
e)	29	1,27 m

7. Berechnen Sie für die Sparren in Aufgabe **6.** jeweils die Transportmasse *(m)*, die zu streichende Fläche *(A)* und den Bedarf an Holzschutzmittel (L).
(Die Sparren werden im vollen Querschnitt berechnet, ohne Schrägschnitte und Kerven.)

	Länge	Rohdichte des Holzes	Verbrauch Holzschutz
a)	9,25 m	470 kg/m³	0,7 L/m²
b)	12,60 m	520 kg/m³	0,9 L/m²
c)	7,20 m	450 kg/m³	0,6 L/m²
d)	9,65 m	470 kg/m³	0,8 L/m²
e)	13,50 m	520 kg/m³	0,9 L/m²

Nach den Formeln (Aufgabe **5.**):
$V = St. \cdot l \cdot b \cdot h$ und

$A = (Umfang) \cdot$ Länge $+ 2 \cdot$ Stirnfläche

errechnen sich folgende Ergebnisse:

	Masse	Fläche des Holzes	Holzschutzmittel
a)	0,939 t	72,58 m²	50,8 L
b)	3,315 t	186,48 m²	167,8 L
c)	1,213 t	124,30 m²	74,6 L
d)	1,480 t	105,64 m²	84,5 L
e)	5,863 t	283,55 m²	255,2 L

8. Ermitteln Sie für die dargestellte Fachwerkwand den Materialbedarf getrennt nach Positionen:
Pos. 1 Schwelle,
Pos. 2 Rähm,
Pos. 3 Pfosten,
Pos. 4 Streben,
Pos. 5 Riegel,
(Die Zapfenlängen betragen 4 cm.)

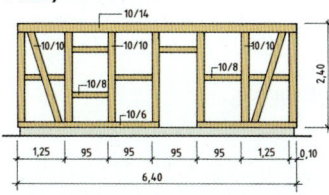

Erstellen Sie die Holzliste wie folgt:

Pos.	Anz.	Maße	Länge	m³
1				
2				
3				
4				
5				

Länge Rähm = 6,40 m

$$V = 0,10\,m \cdot 0,14\,m \cdot 6,40\,m = 0,090\,m^3$$

Länge Schwelle = 6,40 m − 0,85 m
= 5,55 m

$$V = 0,10\,m \cdot 0,06\,m \cdot 5,55\,m = 0,033\,m^3$$

Länge Strebe = $\sqrt{1,15^2 + 2,20^2}$ = 2,48 m
$+ 2 \cdot 4\,cm$
= 2,56 m

$$V = 2 \cdot 0,10\,m \cdot 0,10\,m \cdot 2,56\,m = 0,051\,m^3$$

Länge Pfosten = 2,40 m − 0,06 m − 0,14 m
$+ 2 \cdot 0,04\,m$ = 2,28 m

$$V = 7 \cdot 0,10\,m \cdot 0,10\,m \cdot 2,28\,m = 0,160\,m^3$$

Länge Feldriegel = 0,85 m + 2 · 0,04 m
= 0,93 m

$$V = 5 \cdot 0,10\,m \cdot 0,08\,m \cdot 0,93\,m = 0,037\,m^3$$

Länge Riegel (Strebenfeld) = 1,23 m

$$V = 2 \cdot 0,10\,m \cdot 0,08\,m \cdot 1,23\,m = 0,020\,m^3$$
$$V_{gesamt} = 0,391\,m^3$$

Pos.	Anz.	Maße	Länge	m³
1	1	10/6	5,55 m	0,033
2	1	10/14	6,40 m	0,090
3	7	10/10	2,28 m	0,160
4	2	10/10	2,56 m	0,051
5	5	10/8	0,93 m	0,037
	2	10/8	1,23 m	0,020
Σ				**0,391 m³**

5

9. Berechnen Sie die Gesamtmasse der Holzlieferung. Es handelt sich um Fichtenholz mit einer Rohdichte von 470 kg/m³.

$m = 0,391$ m³ $\times$ 470 kg/m³
$m = \underline{184\ kg}$

10. Berechnen Sie das Volumen und die Masse der einzelnen Holzpositionen sowie das Gesamtvolumen und die Gesamttransportmasse der Ladung. (Rohdichte = 520 kg/m³)
a) **15 Balken 12/24 cm, l = 12,80 m**
b) **140 m² Schalholz, d = 24 mm**
c) **36 Sparren 8/18 cm, l = 8,35 m**
d) **55 Schaltafeln 0,50 × 1,50 m (d = 3 cm)**
e) **165 m Dachlatten 3 × 5 cm**

	Volumen	Masse
a)	5,530 m³	2,875 t
b)	3,360 m³	1,747 t
c)	4,329 m³	2,251 t
d)	1,238 m³	0,644 t
e)	0,248 m³	0,129 t

Gesamtvolumen:
$V = 5,530 + 3,360 + 4,329 + 1,238$
$\quad + 0,248$ m³
$V = \underline{14,705\ m³}$
Transportmasse:
$m = 14,705$ m³ $\cdot$ 520 kg/m³ $= \underline{7,647\ t}$

11. Beide Giebel des Hauses sind mit einer Holzverkleidung zu versehen.

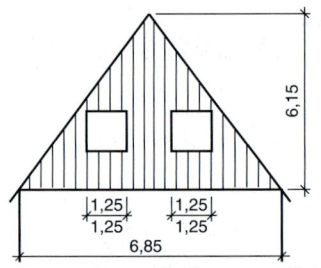

a) **Berechnen Sie die zu verkleidende Fläche in m².**
b) **Die Bretter sind 12,5 cm breit, 24 mm dick und 2,60 m lang. Wie viele Bretter sind zu kaufen, wenn mit einem Verschnitt von 7 % gerechnet wird?**

a) Fläche:
$A = 2 \cdot \left(\dfrac{6,85\,m \cdot 6,15\,m}{2} - 2 \cdot 1,25\,m \cdot 1,25\,m \right)$
$A = \underline{35,88\ m²}$

b) Bretter:
1 Brett $= 0,125$ m $\cdot$ 2,60 m $= 0,325$ m²
Anzahl Bretter $= 35,88$ m² $: 0,325$ m²
$= 110,4$ Bretter $\cdot$ 1,07
$= \underline{118\ Bretter}$

c) 118 Bretter : 6 $= 19,7$ Pakete,
also müssen 20 Pakete gekauft werden.
$20 \cdot 32,80$ € $= \underline{656,00\ €}$

d) 1 Brett:
$A = (2 \cdot 0,125\,m + 2 \cdot 0,024\,m) \cdot$ 2,60 m
$= 0,775$ m²
alle Bretter:
$A = 120 \cdot 0,775$ m² $= 93$ m²
Holzschutz:
93 m³ $\cdot$ 0,8 l/m² : 2,5 l/Büchse
$= \underline{30\ Büchsen}$
Preis $= 30 \cdot 21,95$ € $= \underline{658,50\ €}$

c) Ein Paket mit 6 Brettern kostet 32,80 €. Wie hoch ist der Preis?

d) Vor dem Zuschnitt werden alle Bretter mit 0,8 L/m² Holzschutz versehen (ohne Stirnseiten). Eine 2,5-L-Büchse kostet 21,95 €. Was kostet der Holzschutz?

e) Die Unterkonstruktion besteht aus einem doppelten Lattenrost. Senkrechte Lattung alle 80 cm, waagerechte Konterlattung alle 50 cm. Wie viele Latten je 2,60 m sind bei 5 % Verschnitt zu bestellen?

f) Was kosten die Latten wenn ein Paket mit 10 Latten 13,95 € kostet?

g) Was kostet die gesamte Giebelverkleidung, wenn für die Befestigungsmittel (Dübel) nochmals mit 15,00 €/m² gerechnet werden muss?

e) 1 m² = 1 : 0,50 m + 1 : 0,80 m
= 2,00 m + 1,25 m = <u>3,25 m/m²</u>
Lattung = 35,88 m² · 3,25 m/m²
= 116,61 m · 1,05
= 122,44 m : 2,60 m/Latte
= <u>47 Latten</u>

f) 47 Latten: 10 Latten/Paket = 4,7
also 5 Pakete Latten · 13,95 €
= <u>69,75 €</u>

g) 35,88 m² · 15,00 €/m² = 538,20 €
538,20 € (Befestigung) + 656,00 €
(Bretter) + 658,50 € (Holzschutz)
+ 69,75 € (Latten)
= <u><u>1922,45 €</u></u>

12. Das in der Draufsicht gezeigte Dach hat eine Dachneigung von 45°.

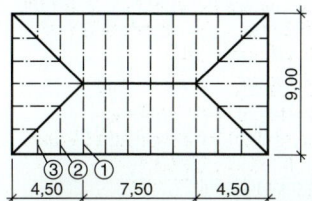

③ ② ①
4,50 | 7,50 | 4,50
9,00

a) Berechnen Sie die Längen der Hölzer der Positionen 1 … 3 für das gesamte Dach.

a) <u>Längen:</u>
Position 1:
$l = \sqrt{4{,}50^2 + 4{,}50^2} = \underline{6{,}36\,\text{m}}$

Position 2:
$l = \sqrt{3{,}00^2 + 3{,}00^2} = \underline{4{,}24\,\text{m}}$

Position 3:
$l = \sqrt{1{,}50^2 + 1{,}50^2} = \underline{2{,}12\,\text{m}}$

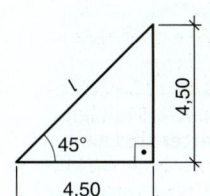

5

b) Vervollständigen Sie die Holz-liste.

Pos.	Anz.	Maße	Länge	m³
1	?	10/18	?	?
2	?	10/18	?	?
3	?	10/18	?	?

b) Holzliste:

Pos.	Anz.	Maße	Länge	m³
1	14	10/18	6,36 m	1,603 m³
2	8	10/18	4,24 m	0,611 m³
3	8	10/18	2,12 m	0,305 m³
Σ				2,519 m³

c) Wie viel m² Dämmung werden für das Dach benötigt? (Die Holzquerschnitte werden übermessen.)

d) Ermitteln Sie die Gesamtlänge Dachlattung in m, wenn das Bundmaß 15 cm beträgt.

e) Das Dach soll eine „doppelte Biberschwanzdeckung"

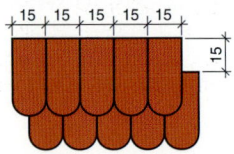

bekommen. Jeder Dachziegel ist 15 cm breit und 32 cm lang. Berechnen Sie die Anzahl der Dachziegel bei 3 % Verschnitt.

c) $A_{\text{Trapez}} = \dfrac{16,50\,\text{m} + 7,50\,\text{m}}{2} \cdot 6,36\,\text{m}$

$\quad = 76,32\,\text{m}^2$

$A_{\text{Dreieck}} = \dfrac{9,00\,\text{m} \cdot 6,36\,\text{m}}{2} = 28,62\,\text{m}^2$

$A_{\text{gesamt}} = 2 \cdot 76,32\,\text{m}^2 + 2 \cdot 28,62\,\text{m}^2$

$\quad = \underline{\underline{209,88\,\text{m}^2}}$

d) $1\,\text{m}^2 = 1 : 0,15\,\text{m} = 6,67\,\text{m}$ Lattung
Lattung $= 209,88\,\text{m}^2 \cdot 6,67\,\text{m/m}^2$
$= \underline{\underline{1399,20\,\text{m}}}$

e) 1 Dachziegel deckt $0,15\,\text{m} \cdot 0,15\,\text{m}$
$= 0,0225\,\text{m}^2$ Dach
Anzahl $= 209,88\,\text{m}^2 : 0,0225$ Ziegel/m²
$= 9328$ Dachziegel $\cdot 1,03$
$= \underline{\underline{9608\ \text{Dachziegel}}}$

13. Für die im Bild zu sehenden Dachsparren ist die Material-berechnung durchzuführen.

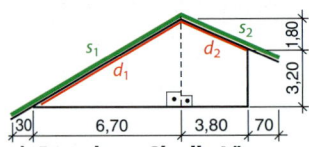

a) Berechnen Sie die Längen d_1 und d_2

b) Ermitteln Sie die Längen der beiden Sparren s_1 und s_2.

a) $d_1 = \sqrt{6,70^2 + 5,00^2} = \underline{\underline{8,36\,\text{m}}}$

$d_2 = \sqrt{3,80^2 + 1,80^2} = \underline{\underline{4,20\,\text{m}}}$

b) Verhältnisrechnung:

$\dfrac{s_1}{d_1} = \dfrac{7,00\,\text{m}}{6,70\,\text{m}}$

$s_1 = \dfrac{7,00\,\text{m} \cdot 8,36\,\text{m}}{6,70\,\text{m}} = \underline{\underline{8,73\,\text{m}}}$

$\dfrac{s_2}{d_2} = \dfrac{4,50\,\text{m}}{3,80\,\text{m}}$

$s_2 = \dfrac{4,50\,\text{m} \cdot 4,20\,\text{m}}{3,80\,\text{m}} = \underline{\underline{4,97\,\text{m}}}$

14. Berechnen Sie für den Brettbinder folgende Längen der Hölzer:

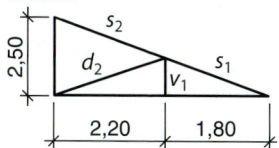

a) v_1
b) s_1
c) s_2
d) d_2

a) Verhältnisrechnung:
$$\frac{v_1}{2,50\,m} = \frac{1,80\,m}{4,00\,m}$$
$$v_1 = \frac{1,80\,m \cdot 2,50\,m}{4,00\,m} = \underline{\underline{1,125\,m}}$$
b) $s_1 = \sqrt{1,125^2 + 1,80^2} = \underline{\underline{2,12\,m}}$
c) $s_2 = \sqrt{(2,50\,m - 1,125\,m)^2 + (2,20)^2}$
$$s_2 = \underline{\underline{2,59\,m}}$$
d) $d_2 = \sqrt{1,125^2 + 2,20^2} = \underline{\underline{2,47\,m}}$

5

15. Ermitteln Sie die fehlenden Längen für die Hölzer in dem dargestellten Dachbinder:

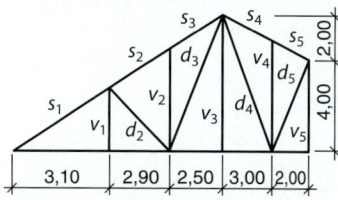

Feld	v	d	s
1	?	–	?
2	?	?	?
3	6,00 m	?	?
4	?	?	?
5	4,00 m	?	?

Die V-Hölzer („Vertikalstäbe") lassen sich durch Verhältnisrechnung ermitteln.
Die D-Hölzer („Diagonalstäbe") sind mittels Satz des Pythagoras errechenbar.
Die S-Hölzer („Streben") kann man mit dem Satz des Pythagoras berechnen, wenn man die Höhendifferenzen der V-Hölzer verwendet.

Folgende Ergebnisse sind zu erreichen:

Feld	v	d	s
1	2,19 m	–	3,80 m
2	4,24 m	3,63 m	3,55 m
3	6,00 m	6,50 m	3,06 m
4	4,80 m	6,71 m	3,23 m
5	4,00 m	4,47 m	2,15 m

16. Die Giebelseite des Dachbinders soll mit Schalholz verkleidet werden.
Berechnen Sie
a) **m² Schalfläche,**
b) **Anzahl der Bretter ($b = 14$ cm, $d = 28$ mm, $l = 2,50$ m) bei 7 % Verschnittmenge,**
c) **benötigte Holzschutzmenge am fertig verschalten Giebel bei einem Verbrauch von 0,95 L/m²,**
d) **den günstigsten Gesamtpreis:**
   – **der m² Schalbretter kostet 16,75 €,**
   – **8 Schalbretter kosten im Paket 48,50 €,**
   – **1 Kanister Holzschutz (20 L) kostet 105,00 €,**
   – **1 Büchse Holzschutz (5 L) kostet 31,95 €.**

a) Schalfläche:

$$A_{Dreieck} = \frac{8,50\,m \cdot 6,00\,m}{2} = 25,50\,m^2$$

$$A_{Trapez} = \frac{6,00\,m + 4,00\,m}{2} \cdot 5,00\,m$$

$$= 25,00\,m^2$$

$$A_{Gesamt} = 25,50\,m^2 + 25,00\,m^2$$

$$= \underline{\underline{50,50\,m^2}}$$

b) Bretter:
1 Brett $= 0,14$ m $\cdot 2,50$ m $= 0,35$ m²
Anzahl $= 50,50$ m² : $0,35$ m²
$= 144,3$ Bretter $\cdot 1,07$
$= \underline{154,4\ Bretter}$
also müssen $\underline{155\ Bretter}$ bestellt werden.

c) Holzschutz:
50,50 m² $\cdot 0,95$ L/m² $= \underline{\underline{48\ L}}$

d) günstigster Preis:
Bretter: 50,50 m² $\cdot 1,07 = 54,04$ m²
$\cdot 16,75$ € $= \underline{905,17\ €}$,
oder 20 Pakete $\cdot 48,50$ € $= 970,00$ €
Holzschutz: 3 Kanister $= \underline{315,00\ €}$
10 Büchsen $= 319,50$ €
Bester Preis $= 905,17$ € $+ 315,00$ €
$= \underline{\underline{1220,17\ €}}$

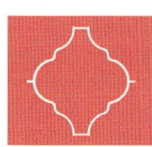

Beschichten und Bekleiden eines Baukörpers

1. Welche Eigenschaften hat Gips? Nennen Sie Vor- und Nachteile dieses Baustoffes.

Vorteile:
- haftet gut auf glatten Flächen,
- kein Schwundmaß beim Erhärten, daher keine Rissbildung,
- raumklimatisierend, da er kurzfristig Wasserdampf aufnimmt und dann wieder an den Raum zurückführt,
- feuerhemmend ab 10 mm Schichtdicke.

Nachteile:
- nicht wetterfest, löst sich bei Dauerfeuchte,
- kein Rostschutz für Stahleinlagen.

2. Was ist bei der Verwendung von Gips als Wandputz zu beachten?

- zum Teil sehr schnelle Erhärtung,
- alle Stahlteile (Nägel, Bewehrung,…) im Oberflächenbereich müssen verzinkt sein,
- Gips darf nicht mit Zement vermischt werden.

3. Erklären Sie, wie beim Kreislauf des Stuckgipses aus dem Gipsstein Stuckgips entsteht.

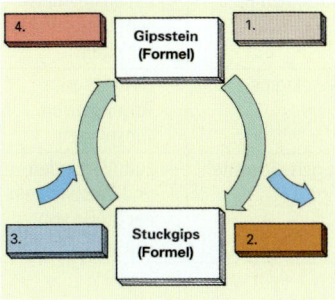

1. Mahlen:
Der Gipsstein $CaSO_4 \cdot 2H_2O$ („Calciumsulfatdihydrat") wird gebrochen und gemahlen.

2. Brennen:
Der Gips wird bei etwa 180 °C gebrannt. Dabei wird 75 % des Kristallwassers ausgetrieben. Es entsteht $CaSO_4 \cdot 0,5 H_2O$ („Calciumsulfathalbhydrat").

3. Anmachen:
Durch die Zugabe des Anmachwassers bindet der Gips wieder 1,5 H_2O.

4. Erhärtung (Rekristallisation):
Der Gips bildet durch die Wassereinlagerung wieder Gipskristalle, die allerdings in der kurzen Zeit ungeordnet entstehen, was zu einer geringen Volumenzunahme (1…2 %) führt. Das Endprodukt ist wieder Gipsstein, $CaSO_4 \cdot 2H_2O$.

4. Worin unterscheiden sich Stuckgips und Putzgips in der Herstellung und in der Verwendung?

Putzgips wird bei Temperaturen bis zu 700 °C gebrannt, es entsteht dabei zum Teil auch völlig entwässerter Gips. Der Gips versteift schneller, bleibt aber länger plastisch und so bearbeitbar.

5. Nennen Sie mindestens sechs Arten von Baugips und die jeweilige Verwendung.

Baugips	Verwendung
1. Stuckgips	– Stuckarbeiten – Form- und Zugarbeiten – Rabitzarbeiten – Gipsbauplattenherstellung
2. Putzgips	– Herstellung verschiedener Innenputze (Gipsputz, Gipskalkputz, Gipssandputz) – Rabitzarbeiten
3. Fertigputzgips	– Putzgips mit Zusätzen und Füllstoffen
4. Maschinenputzgips	– Fertigputz zum Einbau mit Putzmaschinen
5. Haftputzgips	– einlagige, meist sehr dünne Putzschichten
6. Ansetzgips	– Haftgips zum Ansetzen von Gipsplatten
7. Fugen-/Spachtelgips	– zum Verbinden und Verspachteln der Stöße von Gipsplatten

6. Erklären Sie die Begriffe „Calciumsulfatbinder", „Putz- und Mauerbinder" und „Magnesiabinder".

Calciumsulfatbinder (Anhydritbinder):
Mörtel aus Calciumsulfat ohne Wasser ($CaSO_4$) mit Zusatz von kristallisationsanregenden Stoffen.

Putz- und Mauerbinder:
Bindemittel aus Portlandzement oder Zement und anorganischen Zusätzen (Gesteinsmehl, …).

Magnesiabinder:
Mörtel aus Magnesiumoxid (MgO) und Füllstoffen, dem Magnesiumchlorid zugesetzt wird, was zu einer sehr schnellen Erhärtung führt.

7. Ordnen Sie den Bindemitteln die entsprechenden Einsatzmöglichkeiten zu: (X ≙ geeignet, – ≙ ungeeignet) B – Betonherstellung, P – Putze, E – Estriche.

Bindemittel	B	P	E
Zement	?	?	?
Kalk	?	?	?
Gips	?	?	?
Calciumsulfatbinder	?	?	?
Putz- und Mauerbinder	?	?	?
Magnesiabinder	?	?	?

Bindemittel	B	P	E
Zement	X	X	X
Kalk	–	X	–
Gips	–	X	–
Calciumsulfatbinder	–	–	X
Putz- und Mauerbinder	–	X	–
Magnesiabinder	–	–	X

8. Welche Funktionen erfüllt die Gesteinskörnung im Putz und wie muss sie beschaffen sein?

Funktionen:
• Die Gesteinskörnung ist das tragende Gerüst im Putz.
• Sie dient als Magerungsmittel der Verhinderung von Schwundrissen im Putz.

Beschaffenheit:
Die Gesteinskörnung soll abgestuft sein, sodass die Hohlräume zwischen den großen Körnern immer noch durch kleinere Körnungen gefüllt sind und das Bindemittel nur die Haftung dazwischen herstellen muss.

6

9. Welchen Einfluss hat ein zu hoher oder zu niedriger Bindemittelgehalt in der Putzmischung?

Zu hoch:
Bei Zement- und Kalkputzen bilden sich vermehrt Schwundrisse.
Zu niedrig:
Das Bindemittel verbindet nicht alle Bestandteile der Kornstruktur, was zum „Absanden" der Oberflächen führt.

10. Erklären Sie, welche Anforderungen an das Zugabewasser eines Putzmörtels zu stellen sind.

Sauberkeit:
Es dürfen keine Verunreinigungen durch Humus oder Salze im Wasser vorhanden sein, da sonst der Putz seine Festigkeit verliert oder Ausblühungen entstehen. Das Wasser soll „Trinkwasserqualität" haben.
Wassermenge:
Zu wenig Wasser führt dazu, dass nicht alle Teile der Gesteinskörnung mit Bindemittelleim umhüllt sind, zu viel Wasser verursacht Ausschwemmungen des Bindemittels. In beiden Fällen verliert der Putz seine Festigkeit und Frostbeständigkeit.

11. Ordnen Sie den Putzmörteln je ein typisches Anwendungsgebiet zu.

Mörtel	Anwendung
Kalkmörtel	?
Kalkzementmörtel	?
Zementmörtel	?
Gipsmörtel	?

Mörtel	Anwendung
Kalkmörtel	Innenputz Keller
Kalkzementmörtel	Außenputz
Zementmörtel	Sockelputz
Gipsmörtel	Innenputz Wohnraum

12. Unterscheiden Sie drei Arten von Gipsputz nach der Zusammensetzung.

1. Gipsputz (ohne Zusätze)
2. Gips-Sand-Putz
3. Gips-Kalk-Putz

13. Beschreiben Sie die Eigenschaften eines Zementputzes.

- hohe mechanische Festigkeit,
- hart und spröde,
- neigt zur Rissbildung,
- wetterfest, spritzwasserbeständig,
- frostbeständig,
- kurze Abbindezeit.

14. Welche Eigenschaften weist ein Kalkputz auf?

- weich, elastisch,
- keine Rissbildung,
- atmungsaktiv,
- lange Verarbeitungszeit,
- gute Haftung auf der Oberfläche,
- geringe Festigkeit.

15. Ordnen Sie den Putzmörteln Kalkputz (K), Kalkzementputz (KZ), Zementputz (Z) und Gipsputz (G) die folgenden Eigenschaften zu:
(+ $\hat{=}$ gut, +/– $\hat{=}$ mittel, – $\hat{=}$ schlecht)

Eigenschaft	K	KZ	Z	G
Mechan. Festigkeit	?	?	?	?
Wetter- festigkeit	?	?	?	?
Frostbestän- digkeit	?	?	?	?
Raumklima- tisierend	?	?	?	?
Gut verarbeitbar	?	?	?	?
Oberflä- chenhaftung	?	?	?	?
Rissgefahr	?	?	?	?

Eigenschaft	K	KZ	Z	G
Mechanische Festigkeit	–	+/–	+	–
Wetter- festigkeit	–	+	+	–
Frostbestän- digkeit	–	+/–	+	–
Raumklima- tisierend	+	+/–	–	+
Gut verarbeitbar	+	+	–	+
Oberflächen- haftung	+	+/–	–	+
Rissgefahr	+	+/–	–	+

16. Wo sind die einzelnen Putzmörtel bei Wohngebäuden am besten einsetzbar?

Kalkmörtel:
- Untergeschosse,
- Feuchträume (Bad, Küche).

Kalkzementmörtel:
- Außenputz,
- mechanisch beanspruchter Innenputz.

Zementmörtel:
- Sockelbereich,
- Erdbau (Schächte außen,…).

Gipsmörtel:
- Innenputz in allen Wohn- und Schlafräumen.

17. Im Bild ist der prinzipielle Aufbau eines mehrlagigen Außenputzes gezeigt. Benennen Sie die Schichten A … C und erläutern Sie ihre Aufgaben.

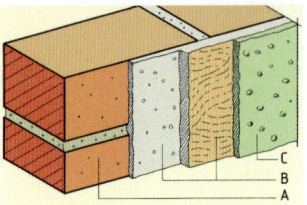

A – Putzgrund:
Bildet die Unterlage für den Putz, muss eine Haftung des Putzes ermöglichen.
B – Spritzbewurf + Unterputz:
Tragende Funktion, höhere Festigkeit als der Deckputz, daher mitunter Rissbildung. Ausgleich von Unebenheiten.
C – Oberputz:
Weich, elastisch, rissfrei, zusätzlich gestalterische Funktion (Struktur, Farbe, …).

18. Welche Anforderungen werden an den Putzgrund gestellt?

- gute Haftung des Putzes (rau)
- sauber, frei von Verunreinigungen wie Schalöl, Gips, lose Mörtelreste, Staub,
- saugfähig,
- gleichmäßiges Material um Rissbildung im Putz bei Feuchteänderungen und Temperaturdehnungen zu vermeiden.

19. Welche Gefahr besteht für den Putz, wenn der Untergrund zu stark saugt?
Wo kann diese Situation auftreten?

Zu stark saugender Untergrund entzieht dem Putzmörtel in kurzer Zeit das Anmachwasser. Dadurch kann der Putz nicht chemisch reagieren. Er erreicht die geforderte Festigkeit nicht.
Dies kann durch stark saugende Untermaterialien (Porenbeton, Leichtbeton, Ziegel) oder durch das Aufheizen der Flächen durch die warme Witterung (Sommer) entstehen.

20. Nennen Sie Möglichkeiten, um eine gute Haftung des Putzes unter folgenden Bedingungen zu ermöglichen:
a) stark saugende Flächen,
b) wenig saugende glatte Flächen (Beton),
c) glatte nicht saugfähige Flächen (Stahlträger),
d) sehr unterschiedlicher Untergrund (Mischmauerwerk).

a) – Vornässen der Oberflächen mit Wasser.
b) – dünne Lage Spritzbewurf mit Zementmörtel,
  – Aufstreichen einer Haftbrücke.
c) – Anbringen eines Putzträgers aus Streckmetall oder Rabitzdraht.
d) – Herstellen einer gleichmäßigen Haftung und Saugfähigkeit durch eine Lage Spritzbewurf mit Zementmörtel.

21. Unterscheiden Sie Putze nach
a) der Oberflächenstruktur,
b) der Putzlage,
c) speziellen bauphysikalischen
Eigenschaften,
d) nach der Lage im Gebäude.

a) Oberflächenstruktur:
- Kratzputz
- Strukturputz
- Reibeputz
- Waschputz

b) Putzlage:
- Unterputz
- Oberputz

c) Bauphysikalische Eigenschaften:
- Wärmedämmputz
- wasserundurchlässiger Putz („Sperrputz")
- feuerhemmender Putz

d) nach der Lage:
- Innenputz
- Außenputz
- Wandputz
- Deckenputz
- Sockelputz

6

22. Wie groß ist die übliche
(mittlere) Putzdicke an Wänden?

- Außenputz (zweilagig) 2 cm
- Innenputz (zweilagig) 1,0 … 1,5 cm
- Innenputz (einlagig) 1,0 cm

23. Welche Anforderungen muss
ein Außenputz erfüllen?

- witterungsbeständig, schlagregenfest,
- frostbeständig,
- wasserdampfdurchlässig,
- rissfrei bei Temperatur- und Feuchtewechsel,
- haftfähig und elastisch, um die Spannungen des Mauerwerkes aufzunehmen,
- gute optische Gestaltung,
- mechanische Festigkeit der Oberfläche.

24. Nennen Sie Regeln, die
beim Aufbringen des Putzes ein-
zuhalten sind.

- Zu stark saugende Untergründe vornässen.
- Auf ungleiche Untergründe Spritzbewurf aus Zementmörtel aufbringen.
- Putzlage nicht zu dick aufbringen, damit der Putz haftet und nicht abrutscht (Schichtdicke max. 3 · Größtkorn der Putzmischung).
- Putzlagen gleichmäßig dick aufbringen.

→

→

- Große Unebenheiten mit extra Schicht ausgleichen.
- Nächste Putzlage erst nach ausreichender Austrocknung der vorherigen Putzschicht aufbringen.
- Bei schlechter Haftung die vorherige Putzschicht annässen oder aufrauen.
- Mörtel anwerfen (von Hand oder maschinell), damit eine Adhäsionskraft entsteht, nicht vom Brett aufziehen.

25. Wann darf Außenputz nicht angebracht werden?

- bei Schlagregen,
- bei Frost,
- auf gefrorenem Mauerwerk.

26. Unter welchen Umständen sind vor dem Putzen Putzträger anzubringen?

- bei stark unterschiedlichen Untergründen, z. B. Wärmedämmung am Sturz,
- beim Überputzen von Holzbauteilen (Fachwerk).

27. Wie groß ist die Maßtoleranz, die bei der Ebenflächigkeit einer geputzten Wand eingehalten werden muss?

Maximal 3 … 5 mm auf einen Meter Länge/Höhe der Wand.

28. Eine Fachwerkwand ist zu putzen. Welche Aufgabe erfüllen die Bauteile A … E?

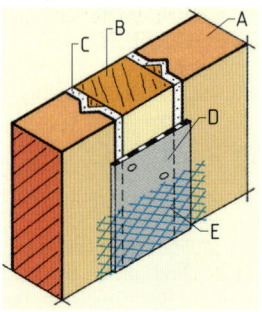

A – Ausfachung:
Wandbaustoff ohne tragende Funktion.
B – Pfosten:
Das Fachwerk ist die tragende Konstruktion in der Wand. Der Pfosten leitet die Lasten senkrecht in die Schwelle ab.
C – Mörtelfuge:
Dichter Anschluss zwischen Fachwerk und Ausfachung.
D – Trennschicht:
Verhindert, dass der Mörtel eine Verbindung mit dem Holz eingeht. Dadurch werden Spannungen in der Tragkonstruktion nicht auf den Putz übertragen.
E – Putzträger:
Trägt die Putzschicht zwischen den Ausfachungen.

29. Wozu werden beim Putzen Putzleisten verwendet?

An Kanten:
- Zur Einhaltung der exakten senkrechten/ waagerechten Lage der Kante.
- Zum mechanischen Schutz der fertigen Putzkante.

In der Fläche:
- Zur Einhaltung der Ebenflächigkeit, indem der Putz auf den Leisten mit dem Richtscheit abgezogen wird.

30. Was versteht man unter „Trockenputz"? Welche Vorteile hat der Trockenputz?

Beim Trockenputz werden Gipsplatten mit einem Ansetzmörtel versehen und dann an der Wand angebracht.

Vorteile:
- geringere Baufeuchte,
- große, exakt ebene Flächen,
- kurze Bauzeit,
- sofort fertige, weiter beschichtbare Fläche (Farbe, Tapete,…).

31. Welche Abmessungen sind bei Trockenbauplatten üblich?

Länge: 2,00 m, 2,50 m oder 2,60 m
Breite: 62,5 cm oder 1,25 m
Dicke: 9,5 mm, 12 mm oder 15 mm

32. Wofür sind die verschiedenen Typen von Gipsplatten besonders geeignet?

Typ	Verwendung
A	?
H	?
E	?
F	?
P	?
R	?
I	?

Typ	Verwendung
A	Standardplatte für Trockenputz
H	Feuchträume
E	Beplankung an Außenwänden
F	Feuerschutzplatte
P	Putzträger für andere Beschichtung
R	wenn höhere Tragfähigkeit verlangt wird
I	bei mechanischer Beanspruchung der Oberfläche

33. Worin unterscheiden sich Gipsplatten von faserverstärkten Gipsplatten?

Faserverstärkte Gipsplatten haben durch die Faserbewehrung eine höhere Stabilität, aber ein ungünstigeres Schwindverhalten.

6

34. **Welche Bezeichnungen haben die gezeigten Kantenformen von Gipsplatten?**

Kantenformen:
a) halbrunde abgeflachte Kante
b) runde Kante
c) volle Kante
d) halbrunde Kante
e) Winkelkante
f) abgeflachte Kante

35. **Welche Kantenform von Gipsplatten ist zu wählen, wenn auf den Plattenstoß in die Spachtelmasse ein Bewehrungsstreifen einzubauen ist?**

• halbrunde abgeflachte Kante
• abgeflachte Kante

36. **Beschreiben Sie die drei Verfahren, Trockenbauplatten als Trockenputz an die Wand zu bringen. Wann ist welches Verfahren anzuwenden?**

1. Ansetzmörtel:
   Der Mörtel wird als Batzen auf die Wand oder die Platte aufgetragen bzw. maschinell in Schlangen an die Wand gespritzt. Dann wird die Platte an der Wand angesetzt, ausgerichtet und mit Wasserwaage und Richtscheit kontrolliert. Einsatz bei „normalen" Wänden (Regelfall).

2. Dünnbettverfahren:
   Der Mörtel wird wie beim Fliesenlegen mit einer Zahnspachtel dünn auf die Platte aufgetragen, dann wird die Platte an der Wand angesetzt und ausgerichtet. Einsatz bei sehr ebenen Untergründen (z. B. Stahlbetonwände).

3. Ansetzen auf Plattenstreifen:
   Auf dem Untergrund werden erst Plattenstreifen (wenn nötig in mehreren Lagen) aufgebracht, bis diese eine ebene Fläche darstellen. Dann werden die Trockenbauplatten mit Ansetzmörtel auf den Streifen befestigt und ausgerichtet. Einsatz bei sehr unebenen Untergründen (z. B. Altbaumauerwerk).

37. Nennen Sie mindestens fünf Anforderungen, die an Fußböden gestellt werden können.

1. mechanische Festigkeit
2. Abriebfestigkeit
3. waagerecht und ebenflächig
4. trocken
5. wärmedämmend
6. trittschalldämmend

38. Aus welchen abriebfesten Materialien können Fußböden bestehen?

- Ziegel, Ziegelplatten
- Beton, Betonplatten
- Estrich
- keramische Platten

39. Beschreiben Sie den Arbeitsablauf beim Herstellen eines Fußbodens aus Ziegeln in einem Nutzraum.

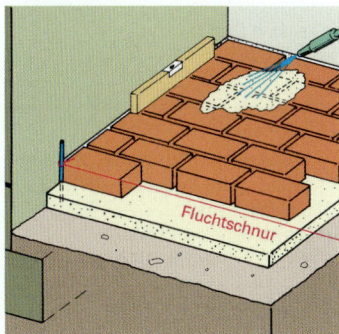

Fluchtschnur

Zuerst den Untergrund verdichten, sowie waagerecht und ebenflächig abziehen (Planum herstellen). Dann wird 3 … 5 cm Sandbett eingebracht und ebenfalls auf Lehren waagerecht abgezogen. Die 1. Reihe und danach die beidseitigen Randsteine (im Verband) werden exakt nach Wasserwaage verlegt, dann die anderen Steine nach Schnur. Nach der Verlegung werden die Fugen mit Sand eingekehrt bzw. eingeschlämmt. Verdichtung mit Rüttelplatte (mit Gummischürze), wobei besonders auf die ausreichende Verdichtung am Rand geachtet werden muss. Anschließend nochmals einsanden.

40. Erläutern Sie den Schichtaufbau eines Betonfußbodens im Kellerbereich. Nennen Sie die Schichten des Aufbaus und ihre Funktion.

Kiesschicht:
Direkt auf den verdichteten Untergrund kommt eine mindestens 15 cm dicke Kiesschicht, um das Aufsteigen der Bodenfeuchte zu verhindern („kapillarbrechende Schicht").
Trennschicht:
Auf der Kiesschicht wird eine Folie ausgelegt – dies ist keine „Dichtung", sondern verhindert nur, dass der Zementleim des Betons nicht in den Kies abfließt.

→

→

Unterbeton:
Der Unterbeton ist die tragende Bodenschicht, die je nach Nutzung des Kellers
dann noch weiter mit Dichtung oder auch
Dämmung versehen werden kann. Der Unterbeton ist 10 … 15 cm dick und mindestens aus einem Beton C12/15.

41. Nennen Sie die vier Arten von Estrich, die nach der Bauart unterschieden werden.

1. Verbundestrich
2. Estrich auf Trennlage
3. Estrich auf Dämmschicht
4. Fertigteilestrich

42. Zählen Sie drei typische Estrichmaterialien auf.

- Zementestrich (CT)
- Calciumsulfatestrich (CA)
- Magnesiaestrich (MA)

43. Nennen Sie weitere mögliche Materialien, aus denen ein Estrich bestehen kann.

- Gussasphalt (AS)
- Kunstharz (SR)

44. Erklären Sie, um welchen Estrich es sich jeweils im Bild handelt.
Nennen Sie die Schichten und ihre Funktion.
a)

a) Verbundestrich:
   A – Unterbeton (Tragschicht), rau abge-
       zogen zum besseren Haftverbund
       mit dem Estrich.
   B – Estrich (Nutzschicht).
   C – Belag (Kunststoff, Fliesen,…).

b)

b) Estrich auf Trennschicht:
   A – Unterbeton (Tragschicht).
   B – Trennschicht (Folie,…) gewährleis-
       tet, dass der Estrich sich ohne Ver-
       bund mit dem Unterbeton frei be-
       wegen kann. Dadurch werden
       Spannungen der Unterkonstruktion
       nicht in den Estrich übertragen, was
       sonst zu Rissen (besonders bei kera-
       mischen Belägen) führen würde.
   C – Estrich (Nutzschicht).
   D – Belag (Kunststoff, Fliesen, …).

154

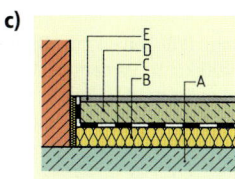

c)

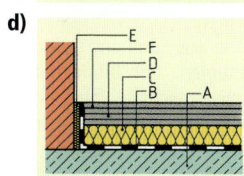

d)

c) Estrich auf Dämmschicht (schwimmender Estrich):
A – Unterbeton/Unterkonstruktion.
B – Wärme- und Trittschalldämmung, muss durchgängig unten und entlang der Wände verlegt werden, um die Ausbreitung des Trittschalls zu verhindern.
C – Abdichtung, verhindert, dass die Dämmung durch den Estrich durchfeuchtet, unterbrochen oder beschädigt wird.
D – Estrich (Nutzschicht).
E – Belag (Kunststoff, Fliesen, …).

d) Fertigteilestrich:
A – Unterbeton/Unterkonstruktion.
B – Dichtung gegen Feuchte (PE-Folie).
C – Wärme- und Trittschalldämmung, muss durchgängig und lückenlos sein.
D – Fertigteile („Trockenestrich") als Nutz-/Tragschicht.
E – Randdämmstreifen, verhindert die Trittschallausbreitung in die Tragkonstruktion und weiter in andere Räume.
F – Belag (Kunststoff, Fliesen, …).

45. Für einen Lagerraum soll ein dichter Fußbodenaufbau hergestellt werden.
Benennen Sie die erforderlichen Schichten.

A – Kies (kapillarbrechende Schicht)
B – Trennschicht
C – Unterbeton C12/15
D – Voranstrich
E – Bitumenklebemasse
F – Abdichtungsschicht
G – Deckaufstrich
H – Trennlage
I – Estrich

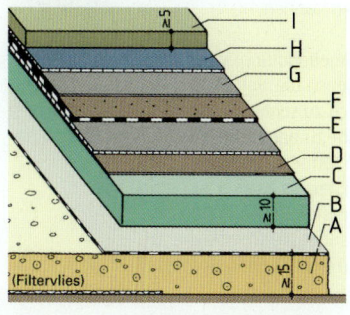

46. Beschreiben Sie, worin sich die Estricharten in der Zusammensetzung unterscheiden:
a) Zementestrich,
b) Gussasphaltestrich,
c) Calciumsulfatestrich.

a) Zementestrich:
Gesteinskörnung 0/8 (ab 4 cm Dicke auch 0/16) + 400 kg/m³ Zement + Wasser, kann wenn nötig mit Fließmittel und anderen Betonzusätzen gemischt und in jeder Konsistenz (steif bis fließfähig) eingebracht werden.

b) Gussasphaltestrich:
Gesteinskörnung aus Sand und Splitt bis 0/5 mm + Bitumen, mit Bitumenüberschuss fließ- oder streichfähig heiß eingebracht, danach Absanden der Oberflächen.

c) Calciumsulfatestrich:
Gesteinskörnung + Calciumsulfat (aus der Rauchgasentschwefelung) + Wasser in der Regel fließfähig eingebracht.

47. Welche Materialeigenschaften sind bei der Verarbeitung der folgenden Estriche besonders zu beachten:
a) Zementestrich,
b) Gussasphaltestrich,
c) Calciumsulfatestrich?

a) Zementestrich:
• Der Estrich schwindet bei der Erhärtung, daher sind Fugen zur kontrollierten Rissbildung einzuschneiden,
• erst nach etwa drei Tagen begehbar,
• vor zu schnellem Austrocknen schützen.

b) Gussasphaltestrich:
• Temperatur über 200 °C, also Verbrennungsgefahr,
• gefährliche Dämpfe in geschlossenen Räumen.

c) Calciumsulfatestrich:
• Bei der Erhärtung bildet sich eine dichte Schicht, die abgeschliffen werden muss, damit weitere Schichten (Fliesen,…) haften können.

48. Erklären Sie, was unter der „Nachbehandlung" eines Zementestrichs zu verstehen ist und welche Folgen eine fehlende Nachbehandlung haben kann.

Nachbehandlung umfasst alle Schutzmaßnahmen, die verhindern, dass der Zementestrich zu schnell austrocknet. Der Estrich ist feucht zu halten und vor Zugluft und zu hoher Wärme zu schützen.
Trocknet der Estrich zu schnell aus,
• entstehen Schwundrisse,
• sandet die Oberfläche ab,
• erreicht er die geforderte Festigkeit nicht.

49. Worin unterscheiden sich die Fugen a) und b)? In welchen Abständen sind im Zementestrich Fugen anzuordnen?

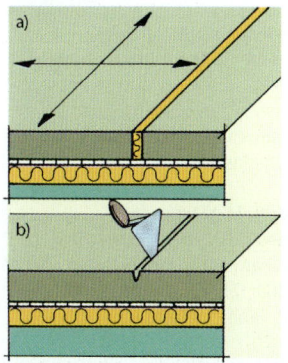

a) durchgehende Dehnungsfuge:
- ermöglicht Längenänderungen (Dehnungen, Schwinden) des Estrichs im eingebauten Zustand, die aus Temperaturänderungen resultieren,
- ist in der Tragkonstruktion des Gebäudes eine Bewegungsfuge eingebaut, ist auch genau dort eine Dehnungsfuge im Estrich anzuordnen.

b) Scheinfuge:
- wird in den frischen Estrich etwa 1/3 der Estrichdicke eingeschnitten. Beim Schwinden des Zementleims während der Erhärtung reißt der Estrich dann vollständig durch (kontrollierte Rissbildung).

Die Fugen sollen im Estrich so geschnitten werden, dass etwa quadratische Felder mit gleichem Schwundmaß in beiden Richtungen entstehen. Die Feldgröße soll 20 … 30 m² nicht überschreiten, also max. alle 5 × 5 m müssen Fugen angeordnet werden.

50. Erklären Sie die Begriffe „Fließestrich" und „Fertigteilestrich" und nennen Sie die jeweiligen Vorteile.

Fließestrich:
In fließfähiger Konsistenz eingebrachter Estrich (meist Calciumsulfatestrich – CA), der sich leicht verteilt und durch seine flüssige Konsistenz selbst in der Höhe nivelliert.
Fertigteilestrich:
Estrich aus kreuzweise verlegten Gips- oder Holzfaserbauplatten, der sofort begehbar ist und keine Baufeuchte verursacht.

51. Nennen Sie Eigenschaften, die Dämmstoffe aufweisen müssen.

- geringe Wärmeleitfähigkeit,
- geringe Rohdichte,
- hoher Luftporenanteil,
- geringe Feuchteaufnahme,
- Fäulnisbeständigkeit.

52. Wo muss beim Estrich auf Dämmschicht die Trittschalldämmung angebracht werden?

- lückenlos unter der gesamten Estrichfläche,
- umlaufend entlang aller Wände,

6

- um alle Einbauten im Fußboden, wie Pfeiler, Heizungsrohre etc.,
- quer durch die Türöffnungen im Estrich, damit der Fußboden des Nachbarraumes nicht mitschwingt.

53. Welche Dämmstoffe werden unter den Estrichen verwendet bei
a) plastisch eingebrachten Estrichen (CT, MA, CA),
b) Fertigteilestrichen?

a) plastisch eingebrachte Estriche:
Hier werden Dämmplatten verwendet, aus:
- Polystyrol („Styropur"),
- Extruderschaum („Styrodur"),
- Schaumglas,
- Kork,
- Holz- oder Kokosfasern.

b) Fertigteilestriche:
Hier sind sämtliche Dämmplatten ebenso verwendbar, aber auch lose Schüttungen aus Bims, Blähton, Perlit, …

54. Welchen Vorteil hat die Dämmung unter Fertigteilestrichen mit losen Schüttstoffen gegenüber einer Dämmung mit Dämmplatten?

Da auf der Rohdecke häufig auch die gesamten Installationen wie Elektrokabel, Heizungsrohre oder gar Abwasserleitungen entlang geführt werden, müssen die Platten des Dämmmaterials oft aufwendig ausgeschnitten werden und liegen dann nicht vollflächig an.
Die Schüttung verteilt sich komplett und lückenlos auf der gesamten Decke.

55. Nennen Sie Plattenmaterialien, die für die Verlegung im Fußbodenbereich in Frage kommen.

Natursteinplatten	Keramische Platten	Zementgebundene Platten
–	–	–
–	–	–
–	–	
–		

Natursteinplatten	Keramische Platten	Zementgebundene Platten
– Granit – Marmor – Kalkstein – Schiefer	– Fliesen – Spaltplatten – Ziegelplatten	– Terrazzoplatten – Betonplatten

56. Erklären Sie, worin der Unterschied zwischen „Fliesen", „Mosaik" und „Riemchen" besteht.

Fliesen: > 90 cm² Fläche
Mosaik: max. 90 cm² Fläche
Riemchen: Flachquerschnitt, mehr als 3 : 1

57. Beschreiben Sie die Herstellung von Fliesen.

Ton, Quarzsand und Zusätze (Feldspat) werden gemahlen, gemischt, in Trockenpressen oder Strangpressen zu Rohlingen gepresst und bei 1000 °C bis 1200 °C gebrannt.

58. Was versteht man bei der Herstellung der Fliesen unter dem „Koordinierungsmaß" bzw. dem „Werkmaß"?

Koordinierungsmaß:
Richtmaß zur Belagsaufteilung, besteht in Länge und Breite immer aus dem Maß der Fliese + 1 Fuge. Im Regelfall in 5 cm Schritten genormt, z. B. 20 × 20 cm oder 25 × 30 cm
Werkmaß:
Ist das Nennmaß oder Herstellungsmaß, also das reale Maß der Fliese.

59. Worin unterscheiden sich Fliesen mit der Bezeichnung „GL" von Fliesen mit der Bezeichnung „UGL"?

UGL = unglasierte Fliesen
GL = glasierte Fliesen
Diese werden nach einem ersten Brenndurchgang (Schrühbrand) mit Glasur überzogen und dann nochmals gebrannt (Glasurbrand).

60. Erklären Sie den Unterschied in der Herstellung und in den Eigenschaften zwischen
a) Steingutfliesen,
b) Steinzeugfliesen und
c) Feinsteinzeugfliesen.

a) Steingut:
Geringere Brenntemperatur (1000 °C) und hohe Wasseraufnahme von über 10 %:
- unglasiert nicht frostsicher,
- geringe Festigkeit,
- nur für den Innenbereich.
b) Steinzeug:
Höhere Brenntemperatur (1200 °C) und geringere Wasseraufnahme von 3 .... 10 %:
- frostsicher,
- hohe Festigkeit,
- für den Innen- und Außenbereich geeignet,
- chemisch beständig.

→   →

6

c) Feinsteinzeug:
Bis zur Sinterung (Schmelze) gebrannte Fliese. Sehr dicht, Wasseraufnahme teilweise unter 0,5 %:
- absolut dicht und wetterfest,
- chemisch beständig, auch gegen Säuren (Laborfliesen),
- sehr hohe Festigkeit.

61. Fliesen werden entsprechend ihrer Festigkeit in Abriebklassen eingeteilt. Für welche Nutzung sind die Abriebklassen einsetzbar?

Klasse	Nutzung
1	?
2	?
3	?
4	?

Klasse	Nutzung
1	– Schlafräume – Badbereich
2	– Wohnbereich
3	– Küche – Flur, Diele
4	– Eingangsbereich – Arbeitsräume – Verkaufsräume – Werkstätten

62. Was versteht man unter „Grobkeramik"? Nennen Sie Beispiele.

Grobkeramik wird aus Ton, Quarzsand, Feldspat, mineralischen Zusätzen und evtl. Schamotte zu einer plastischen Masse gemischt und wie auch bei der Ziegelherstellung in einer Strangpresse in langen Strängen geformt, die dann nur noch auf die Länge der einzelnen Platten geschnitten werden.
Beispiele:
- Spaltplatten
- Einzelplatten
- Trennwandsteine

63. Erläutern Sie den Unterschied zwischen einer „Betonwerksteinplatte" und einer „Terrazzoplatte".

Betonwerksteinplatte:
- besteht aus der Gesteinskörnung, Zement und evtl. Farbzusätzen,
- wird gemischt und in einer Form ausgehärtet,

→

160

• die Oberfläche wird bearbeitet (geschliffen, scharriert, sandgestrahlt, ausgewaschen,…).

Terrazzoplatte:
• ist eine Zweischichtplatte aus Kernbeton und einer Vorsatzschale aus Sichtbeton mit speziellem Splitt und Farbstoffen,
• die Vorsatzschale wird geschliffen, sodass die Kornstruktur gut zu sehen ist.

64. Welche Anforderungen werden an den Untergrund beim Fliesen gestellt?

• ebenflächig, rechtwinklig, maßhaltig,
• sauber, frei von Schalöl, Mörtelresten und Staub,
• saugfähig.

65. Nennen Sie Maßnahmen die zu treffen sind, wenn der Untergrund
a) zu stark saugfähig ist,
b) sehr unterschiedlich saugfähig ist,
c) stark uneben ist.

a) Vornässen der Oberflächen, oder Spritzbewurf mit Zementmörtel,
b) Spritzbewurf mit Zementmörtel,
c) Aufbringen einer Ausgleichsschicht aus Putzmörtel oder Trockenputz, oder Fliesen im Dickbettverfahren verlegen.

66. Beschreiben Sie den Arbeitsgang beim Ansetzen einer Wandfliese.

1. Fliese kurz ins Wasser tauchen, damit sie dem Mörtel nicht die Feuchte entziehen kann.
2. Auf Fliesenrückseite Mörtel aufbringen.
3. Fliese an die Wand drücken.
4. Mit Fliesenkellenstiel Fliese anklopfen, damit der Zementleim in die Poren der Fliesenrückseite eindringt und die Fliese an der Wand „verdübelt".

67. Wann werden die verschiedenen Mörtel zum Fliesen verwendet:
a) Zementmörtel 1 : 4 … 1 : 6,
b) Fliesenkleber,
c) kunststoffvergüteter Fliesenkleber,
d) kunstharzvergüteter Fliesenkleber?

a) Beim Fliesen im Dickbettverfahren.
b) Beim Fliesen im Dünnbettverfahren.
c) Im Dünnbettverfahren – der Kleber ist flexibler und weniger rissgefährdet (bei unterschiedlichen Untergründen,…).
d) Im Dünnbettverfahren – der Kleber haftet sehr stark (bei sehr glatten Wänden oder Fliesen mit sehr geringer Wasseraufnahme).

68. Beschreiben Sie die Vorgehensweise bei den drei verschiedenen Dünnbettverfahren. Erklären Sie, wann welches Dünnbettverfahren zum Einsatz kommen sollte
a) Floating-Verfahren,
b) Buttering-Verfahren,
c) kombiniertes Verfahren.

a) Floating-Verfahren:
Der Kleber wird als dünne Schicht auf den Untergrund aufgetragen, dann wird das Klebebett mit der Zahnspachtel aufgekämmt. Die Fliesen werden kurz in Wasser getaucht und dann sofort ohne weiteren Kleber an die Wand gedrückt.
Einfaches schnelles effektives Arbeiten – dies sollte der Regelfall sein.

b) Buttering-Verfahren:
Der Mörtel wird nur auf die Plattenrückseite aufgetragen, dann wird die Fliese an die Wand angesetzt. Das Verfahren eignet sich besonders bei stark unebenen oder profilierten Plattenrückseiten (Spaltplatten,…).

c) kombiniertes Verfahren:
Sowohl auf dem Untergrund als auch auf der Fliesenrückseite wird der Kleber aufgebracht. Das garantiert ein hohlraumfreies Kleberbett unter der Fliese – besonders bei großformatigen Fliesen und Platten eingesetzt.

69. Nennen Sie mindestens fünf Materialien, die zum Schutz eines Gebäudes vor Feuchte eingesetzt werden können.

1. Bitumenbahnen
2. Kunststoffbahnen
3. Schweißbahnen
4. Bitumenanstriche, -emulsionen
5. Spachtelmassen

70. Benennen Sie die Bauteile A … I des Außenwandanschlusses im Bild.

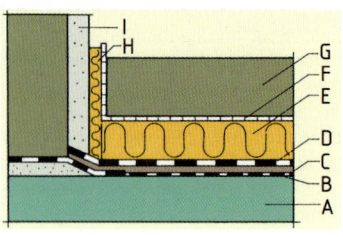

A – Bodenplatte
B – Voranstrich
C – Klebemasse
D – Abdichtungsschicht
E – Wärme- und Schalldämmung
F – Trennschicht
G – Estrich auf Dämmschicht
H – Randdämmstreifen
I – Putzschicht

Lernfeld 6
Fachmathematik

Hinweise:
Rechnen Sie alle folgenden Aufgaben mit folgenden Werten:
- **Mörtelfaktor = 1,6**
- **1 Sack Kalk = 40 l**
- **1 Sack Zement = 20 l**

1. Sie sollen mit 2 Sack Kalk Mörtel im Mischungsverhältnis 2 : 1 : 8 mischen. Wie viel Zement und Sand werden benötigt?

Mischungsverhältnis $2 : 1 : 8$ ist nach Raumteilen (RT):
2 RT Kalk : 1 RT Zement : 8 RT Sand
2 Sack Kalk $= 2 \cdot 40\,l = 80\,l$
2 RT $= 80\,l$, also ist 1 RT $= 40\,l$
Zement: 1 RT $= 40\,l = \underline{2\;Sack}$ (je 20 l)
Sand: 8 RT $\cdot 40\,l = 320\,l = \underline{\underline{0,32\;m^3}}$

2. Wie viel Sand und Kalk werden benötigt, um mit 4 Sack Zement Mörtel im Mischungsverhältnis 1 : 1 : 6 zu mischen?

1 RT Kalk : 1 RT Zement : 6 RT Sand
4 Sack Zement $= 4 \cdot 20\,l = 80\,l$
also ist 1 RT $= 80\,l$
Kalk: 1 RT $= 80\,l = \underline{2\;Sack}$ (je 40 l)
Sand: 6 RT $\cdot 80\,l = 480\,l = \underline{\underline{0,48\;m^3}}$

3. Berechnen Sie die in der Tabelle jeweils fehlenden Werte (Kalk und Zement in Sack, Sand in m³):

MV	Kalk	Zement	Sand
1 : 1 : 6	7 Sack	?	?
1 : 4	?	3 Sack	?
2 : 1 : 8	?	?	0,96 m³
1 : 3	6 Sack	?	?
1 : 1 : 6	?	?	1,44 m³

MV	Kalk	Zement	Sand
1 : 1 : 6	7 Sack	14 Sack	1,68 m³
1 : 4	–	3 Sack	0,24 m³
2 : 1 : 8	6 Sack	6 Sack	0,96 m³
1 : 3	6 Sack	–	0,72 m³
1 : 1 : 6	6 Sack	12 Sack	1,44 m³

4. Wie groß ist die Fläche, die man mit 600 l Mörtel an der Wand bei folgenden Schichtdicken putzen kann:

$600\,l = 600\,dm^3 = 0,600\,m^3$
$V = A \cdot d$
$A = \dfrac{V}{d}$

→

→

6

a) 2,5 cm,
b) 2,0 cm,
c) 1,5 cm,
d) 1,0 cm?

Für $V = 0,600$ m³ und die jeweilige Schichtdicke d folgt:
a) $A = 0,600$ m³ : $0,025$ m $= \underline{\underline{24,00\,m^2}}$
b) $A = 0,600$ m³ : $0,020$ m $= \underline{\underline{30,00\,m^2}}$
c) $A = 0,600$ m³ : $0,015$ m $= \underline{\underline{40,00\,m^2}}$
d) $A = 0,600$ m³ : $0,010$ m $= \underline{\underline{60,00\,m^2}}$

5. Sie haben 350 l Mörtel gemischt. Der Kleckerverlust beim Putzen beträgt 4 %.
a) Wie viel Mörtel ist an der Wand?
b) Wie viel Mörtel ist verloren gegangen?

a) Bei 4 % Verlust ist 96 % des Mörtels an der Wand, also 350 l · 0,96 $= \underline{336\,l}$

b) Verlust:
350 l · 0,04 $= \underline{14\,l}$

6. Berechnen Sie den Bedarf an Kalk, Zement und Sand, wenn eine Putzfläche von 127,40 m² 1,5 cm dick mit Mörtel der MG IIa verputzt werden soll.

MG IIa entspricht einem Mischungsverhältnis von 1 : 1 : 6, also 1 RT Zement + 1 RT Kalk + 6 RT Sand = 8 RT
$V = A \cdot d = 127,40\,m^2 \cdot 0,015\,m$
$V = 1,911\,m^3 = \underline{1911\,l}$
Ausgangsstoffe $= 1,6 \cdot 1911$ l
$= \underline{3058\,l}$
1 RT = 3058 : 8 = 382 l, also:
Zement = 382 l : 20 l/Sack $= \underline{19\,Sack}$
Kalk = 382 l : 40 l/Sack $= \underline{10\,Sack}$
Sand = 382 l · 6 RT $= \underline{\underline{2,292\,m^3}}$

7. Ermitteln Sie die benötigte Menge Sand und Zement, um auf einer Fläche von 17,80 m² einen Spritzbewurf von 5 L/m² aufzubringen (MG III).

Spritzbewurf:
Ausgangsstoffe $= 17,80$ m² · 5 l/m² · 1,6
$= 142,4$ l (MV = 1 : 4, also 5 RT)
1 RT = 142,4 l : 5 = 28,5 l
Zement = 28,5 l : 20 l/Sack $= \underline{1,4\,Sack}$
Sand = 28,5 l · 4 RT $= \underline{\underline{0,114\,m^3}}$

8. Wie viel Zement, Kalk und Sand ist zu bestellen, um eine Fassade von 288 m² Fläche zu putzen:
a) Spritzbewurf MG III, 6 L/m²,

a) Spritzbewurf:
Ausgangsstoffe $= 288$ m² · 6 l/m² · 1,6
$= 2765$ l (MV = 1 : 4,
also 5 RT)
1 RT = 2765 : 5 = 553 l
Zement = 553 l : 20 l/Sack $= \underline{28\,Sack}$
Sand = 553 l · 4 RT $= \underline{\underline{2,212\,m^3}}$

→   →

164

b) Unterputz MG IIa, 1,5 cm dick,
c) Deckputz MG II, 1 cm dick,
d) Gesamtbestellung.

b) Unterputz:
Ausgangsstoffe $= 288 \text{ m}^2 \cdot 0,015 \text{ m} \cdot 1,6$
$\quad\quad\quad\quad\quad = 6,912 \text{ m}^3 = 6912 \text{ l}$
$(MV = 1:1:6, \text{ also } 8 \text{ RT})$
$1 \text{ RT } 6912:8 = 864 \text{ l}$
Zement $= 864 \text{ l}:20 \text{ l/Sack} = \underline{\underline{43 \text{ Sack}}}$
Kalk $= 864 \text{ l}:40 \text{ l/Sack} = \underline{\underline{22 \text{ Sack}}}$
Sand $= 864 \text{ l} \cdot 6 \text{ RT} = \underline{\underline{5,184 \text{ m}^3}}$

c) Deckputz:
Ausgangsstoffe $= 288 \text{ m}^2 \cdot 0,010 \text{ m} \cdot 1,6$
$\quad\quad\quad\quad\quad = 4,608 \text{ m}^3 = 4608 \text{ l}$
$(MV = 2:1:8, \text{ also } 11 \text{ RT})$
$1 \text{ RT } 4608 \text{ l}:11 = 419 \text{ l}$
Zement $= 419 \text{ l}:20 \text{ l/Sack} = \underline{\underline{21 \text{ Sack}}}$
Kalk $= 419 \text{ l} \cdot 2 \text{ RT}:40 \text{ l/Sack} = \underline{\underline{21 \text{ Sack}}}$
Sand $= 419 \text{ l} \cdot 8 \text{ RT} = \underline{\underline{3,352 \text{ m}^3}}$

d) Gesamtbestellung:
Zement $= \underline{\underline{92 \text{ Sack}}}$
Kalk $= \underline{\underline{43 \text{ Sack}}}$
Sand $= \underline{\underline{10,748 \text{ m}^3}}$

9. Berechnen Sie den Material-
bedarf für die Putzflächen:

	Putzfläche	Dicke	MG
a)	158,40 m²	1,0 cm	MG I
b)	65,35 m²	2,0 cm	MG IIa
c)	122,70 m²	1,5 cm	MG II
d)	87,60 m²	1,0 cm	MG III
e)	46,30 m²	1,5 cm	MG II

	Zement	Kalk	Sand
a)	–	16 Sack	1,901 m³
b)	13 Sack	7 Sack	1,568 m³
c)	13 Sack	13 Sack	2,142 m³
d)	14 Sack	–	1,121 m³
e)	5 Sack	5 Sack	0,808 m³

10. Ermitteln Sie den Material-
bedarf zum Putzen der Fassade
(Tiefe der Laibungen = 10 cm).

a) Putzfläche:
$$A_{\text{Dreieck oben}} = \frac{3,75 \text{ m} \cdot 7,50 \text{ m}}{2} = 14,06 \text{ m}^2$$
$$A_{\text{Rechteck}} = 4,75 \text{ m} \cdot 7,50 \text{ m} - 2 \cdot (1,26 \text{ m}^2)$$
$$- 2 \cdot (1,26 \text{ m} \cdot 2,26 \text{ m})$$
$$A_{\text{Rechteck}} = 26,75 \text{ m}^2$$

6

→ →

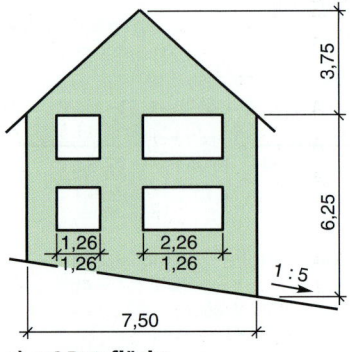

3,75

6,25

1,26
1,26
2,26
1,26

1 : 5

7,50

a) **m² Putzfläche,**
b) **m² Fläche bei 6 % Klecker-
   verlust,**
c) **Spritzbewurf MG III, 4,5 L/m²,**
d) **Unterputz MG IIa, 1,0 cm dick,**
e) **Deckputz MG II, 1,5 cm dick,**
f) **Putzeckleisten, je 2,60 m lang,**
g) **gesamte Materialbestellung.**

$$A_{Dreieck\ unten} = \frac{7{,}50\ m \cdot 1{,}50\ m}{2} = 5{,}63\ m^2$$

$$A_{Laibungen} = (2 \cdot 2{,}26\ m + 10 \cdot 1{,}26\ m) \cdot 0{,}10\ m$$

$$= 1{,}71\ m^2$$

$$A_{gesamt} = \underline{\underline{48{,}15\ m^2}}$$

b) Fläche mit Verlust:
   A = 1,06 · 48,15 m² = $\underline{51{,}04\ m^2}$

c) Spritzbewurf:
   Ausgangsstoffe = 51,04 m² · 4,5 L/m² · 1,6
   $= 367{,}5$ L (MV = 1 : 4,
   also 5 RT)
   1 RT = 367,5 : 5 = 73,5 L
   Zement = 73,5 L : 20 L/Sack = $\underline{4\ Sack}$
   Sand = 73,5 L · 4 RT = $\underline{0{,}294\ m^3}$

d) Unterputz:
   Ausgangsstoffe = 51,04 m² · 0,010 m · 1,6
   $= 0{,}817\ m^3 = 817$ L
   (MV = 1 : 1 : 6, also 8 RT)
   1 RT 817 : 8 = 102 L
   Zement = 102 L : 20 L/Sack = $\underline{5\ Sack}$
   Kalk = 102 L : 40 L/Sack = $\underline{3\ Sack}$
   Sand = 102 L · 6 RT = $\underline{0{,}612\ m^3}$

e) Deckputz:
   Ausgangsstoffe = 51,04 m² · 0,015 m · 1,6
   $= 1{,}225\ m^3 = 1225$ L
   (MV = 2 : 1 : 8, also 11 RT)
   1 RT 1225 L : 11 = 111 L
   Zement = 111 L : 20 L/Sack = $\underline{6\ Sack}$
   Kalk = 111 L · 2 RT : 40 L/Sack = $\underline{6\ Sack}$
   Sand = 111 L · 8 RT = $\underline{0{,}888\ m^3}$

f) Eckleisten:
   $l = 6{,}25$ m + 4,75 m + 10 · 1,26 m + 2 ·
   2,26 m = 28,12 m
   Anzahl = 28,12 m : 2,60 m = $\underline{11\ Stück}$

g) Gesamtbestellung:
   $\underline{15\ Sack\ Zement,\ 9\ Sack\ Kalk,\ 1{,}8\ m^3}$
   $\underline{Sand\ und\ 11\ Putzeckleisten.}$

11. In dem Raum (Höhe 2,62 m) sollen alle Wände 1,5 cm dick mit Putz der MG I (MV 1 : 3) geputzt werden.

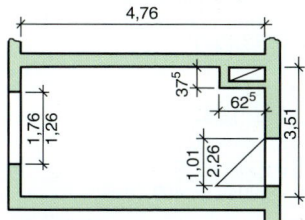

Berechnen Sie
a) die Putzfläche in m² (Laibungstiefe = 20 cm),
b) den Materialbedarf an Kalk und Sand, bei 2,5 % Kleckerverlust.
c) Nach dem Abtrocknen soll eine Grundierung (0,9 L/m²) gestrichen werden. Wie viele 2,5-L-Büchsen müssen Sie kaufen?
d) Eine Büchse Grundierung kostet 7,95 €, ein 10-L-Kanister 32,95 €. Was ist die preiswertere Lösung?

12. Der Fußboden in dem Raum (Aufgabe 11.) soll als schwimmender CT-Estrich hergestellt werden. Berechnen Sie die Kosten
a) bei 6 cm Dämmplatten Styropor, ein Paket mit 8 Platten je 0,50 × 1,00 m kostet 14,99 €,
b) für eine Rolle Randdämmstreifen (50 m), sie kostet 5,49 €,

a) Putzfläche:
$$A_{Wände} = (2 \cdot 4{,}76\,m + 2 \cdot 3{,}51\,m) \cdot 2{,}62\,m$$
$$= 43{,}33\,m^2$$
$$- A_{Fenster} = (1{,}76\,m \cdot 1{,}26\,m) = -2{,}22\,m^2$$
$$- A_{Tür} = 1{,}01\,m \cdot 2{,}26\,m = -2{,}28\,m^2$$
$$+ A_{Laibung} = (2 \cdot 1{,}26\,m + 1{,}76\,m) \cdot 0{,}20\,m$$
$$= +0{,}86\,m^2$$
$$A_{gesamt} = \underline{39{,}69\,m^2}$$

b) Materialbedarf:
$A = 1{,}025 \cdot 39{,}69\,m^2 = \underline{40{,}68\,m^2}$
Ausgangsstoffe $= 40{,}68\,m^2 \cdot 0{,}015\,m$
$\cdot 1{,}6$
$= 0{,}976\,m^3 = 976\,l$ (MV
$= 1:3$, also 4 RT)
1 RT $= 976 : 4 = 244\,l$
Kalk $= 244\,l : 40\,l/Sack = \underline{6\ Sack}$
Sand $= 244\,l \cdot 3\,RT = \underline{0{,}732\ m^3}$

c) Grundierung:
$= 39{,}69\,m^2 \cdot 0{,}9\,l/m^2 = 35{,}7\,l$
$35{,}7\,l : 2{,}5\,l/Büchse = \underline{15\ Büchsen}$

d) 15 Büchsen $\cdot$ 7,95 € $= \underline{119{,}25\ €}$
4 Kanister $\cdot$ 32,95 € $= \underline{131{,}80\ €}$

In dem Fall ist es preiswerter, <u>15 kleine Büchsen</u> zu kaufen.

a) Dämmung:
$A = 4{,}76\,m \cdot 3{,}51\,m - 0{,}375\,m$
$\cdot 0{,}625\,m = \underline{16{,}47\,m^2}$
1 Paket $= 8 \cdot 0{,}50\,m \cdot 1{,}00\,m$
$= 4{,}00\,m^2$
16,47 m² : 4,00 m² = 4,12 Pakete
(4 Pakete reichen nicht, es müssen 5 gekauft werden)
$5 \cdot 14{,}99\,€ = \underline{74{,}95\ €}$

b) Randdämmstreifen:
$l = 2 \cdot 4{,}76\,m + 2 \cdot 3{,}51\,m$
$= 16{,}54\,m$, also reicht eine Rolle
$= \underline{5{,}49\ €}$

6

c) **für die Trennfolie, eine Rolle 2 m breit und 10 m lang kostet 22,65 € (Überlappung mind. 15 cm),**

d) **für die Estrichmörtel-Fertig-mischung (5 cm dick), ein Sack mit 30 kg = 20 l kostet 9,99 €,**

e) **insgesamt.**

c) Trennfolie:
$A = 16,47$ m² (Fläche)
$+ 16,54$ m $\cdot 0,05$ m $= 0,83$ m² (Rand)
$+ (4,76$ m $+ 2 \cdot 0,05$ m) $\cdot 0,15$ m
$= 0,73$ m² (Überlappung)
$= \underline{18,03}$ m² 1 Rolle reicht,
also $\underline{\underline{22,65\ €}}$

d) Estrichmörtel:
$A = 0,05$ m $\cdot 16,47$ m²
$= 0,824$ m³ $= \underline{824\ l}$
824 l : 20 l/Sack $= 41$ Sack
41 Sack $\cdot 9,99$ € $= \underline{\underline{409,59\ €}}$

e) Gesamtkosten:
Preis $= 74,95$ € $+ 5,49$ € $+ 22,65$ €
$+ 409,59$ €
$= \underline{\underline{512,68\ €}}$

13. Ermitteln Sie den Preis, den ein Fertigteilestrich in dem Raum (siehe Aufgabe 11.) kosten würde:

a) **6 cm Trockenschüttung (ein 50-l-Sack Schüttung kostet 9,99 €),**

b) **eine Rolle Randdämmstreifen (50 m) kostet 5,49 €,**

c) **2 Lagen Estrichverlegeplatten, 1 Platte 0,50 × 1,50 m kostet 11,49 €,**

d) **Gesamtpreis.**

a) Trockenschüttung:
$A = 4,76$ m $\cdot 3,51$ m $- 0,375$ m
$\cdot 0,625$ m
$= \underline{16,47}$ m²
$V = A \cdot 0,06$ m $= 0,988$ m³ $= \underline{988\ l}$
988 l : 50 l/Sack $= 19,76$ Sack,
es müssen also 20 Sack $\cdot 9,99$ €
gekauft werden
$= \underline{199,80\ €}$

b) Randdämmstreifen:
$l = 2 \cdot 4,76$ m $+ 2 \cdot 3,51$ m
$= 16,54$ m, also reicht eine Rolle
$= \underline{\underline{5,49\ €}}$

c) Estrichplatten:
2 Lagen $= 2 \cdot 16,47$ m² $= \underline{32,94\ m^2}$
1 Platte $= 0,50$ m $\cdot 1,50$ m $= \underline{0,75\ m^2}$
32,94 m² : 0,75 m²/Platte $= 43,92$ Platten
44 Platten $\cdot 11,49$ €/Platte $= \underline{505,56\ €}$

d) Gesamtpreis:
Preis $= 199,80$ € $+ 5,49$ € $+ 505,56$ €
$= \underline{\underline{710,85\ €}}$

14. Das im Bild gezeigte Bad soll neue Wandfliesen erhalten (Laibungen 20 cm tief, Raumhöhe = 2,75 m).

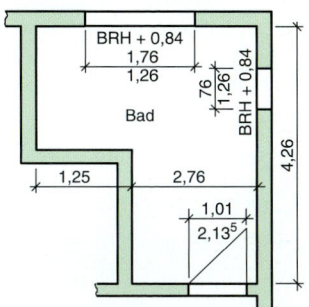

Berechnen Sie die Kosten
a) **für eine Grundierung (0,6 L/m²) auf allen Wänden (volle Höhe), 10 L-Kanister = 33,49 €,**
b) **für die Wandfliesen (4 % Verschnitt) bis zu einer Höhe von 1,85 m über Fußboden, (1 m² Fliesen = 10,99 €, 1 Paket Fliesen = 1,44 m²)**
c) **für den Fliesenkleber, 1 Sack (für etwa 5 m²) kostet 7,39 €,**
d) **insgesamt.**

a) Grundierung:
$$A_{\text{Wände}} = (2 \cdot 4,26\,\text{m} + 2 \cdot 4,01\,\text{m}) \cdot 2,75\,\text{m}$$
$$= 45,49\,\text{m}^2$$
$$- A_{\text{Fenster}} = (1,76\,\text{m} \cdot 1,26\,\text{m} + 0,76\,\text{m} \cdot 1,26\,\text{m}) = -3,18\,\text{m}^2$$
$$- A_{\text{Tür}} = 1,01\,\text{m} \cdot 2,135\,\text{m} = -2,16\,\text{m}^2$$
$$+ A_{\text{Laibung}} = (4 \cdot 1,26\,\text{m} + 1,76\,\text{m} + 0,76\,\text{m}) \cdot 0,20\,\text{m} = +1,51\,\text{m}^2$$
$$A_{\text{gesamt}} = \underline{41,66\,\text{m}^2}$$

41,66 m² · 0,6 L/m² = 25 L,
also 3 Kanister je 33,49 € = $\underline{100,47\ €}$

b) Wandfliesen:
$$A_{\text{Wände}} = (2 \cdot 4,26\,\text{m} + 2 \cdot 4,01\,\text{m}) \cdot 1,85\,\text{m}$$
$$= 30,60\,\text{m}^2$$
$$- A_{\text{Fenster}} = (1,76\,\text{m} \cdot 1,01\,\text{m} + 0,76\,\text{m} \cdot 1,01\,\text{m}) = -2,55\,\text{m}^2$$
$$A_{\text{Tür}} = 1,01\,\text{m} \cdot 1,85\,\text{m} = -1,87\,\text{m}^2$$
$$+ A_{\text{Laibung}} = (4 \cdot 1,01\,\text{m}) \cdot 0,20\,\text{m}$$
$$= +0,81\,\text{m}^2$$
$$A_{\text{gesamt}} = \underline{26,99\,\text{m}^2}$$

$$A = 26,99\,\text{m}^2 \cdot 1,04 = \underline{28,07\ \text{m}^2}$$

Pakete = 28,07 m² : 1,44 m²/Paket
= 19,49, also 20 Pakete
20 Pakete · 1,44 m²/Paket · 10,99 €/m²
= $\underline{316,51\ €}$

c) Fliesenkleber:
26,99 m² : 5 m²/Sack = 5,4 Säcke, also
6 Säcke · 7,39 €/Sack = $\underline{44,34\ €}$

d) Gesamtpreis:
Preis = 100,47 € + 316,51 € + 44,34 € = $\underline{461,32\ €}$

6

15. Die 3,30 m breite Wand im Dachgeschoss soll einen Trockenputz aus Trockenbauplatten 60 cm × 2,60 m erhalten. Sie sollen die Platten zuschneiden.

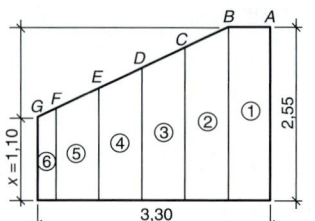

Ermitteln Sie die Zuschnittmaße A … G.

16. Ermitteln Sie die Zuschnittmaße *C, D, E* und *F* (siehe Bild Aufgabe **15.**) für die Trockenputzplatten 60 cm × 2,60 m, wenn das senkrechte Maß „*x*" folgende Werte annimmt:

x	C	D	E	F
0,40 m	?	?	?	?
0,90 m	?	?	?	?
1,20 m	?	?	?	?
1,50 m	?	?	?	?
1,80 m	?	?	?	?

$A = B = \underline{2,55\ m}$ (Raumhöhe)

Verhältnisrechnung an der Dachschräge:

$$\frac{\text{Gesamthöhe}}{\text{Gesamtbreite}} = \frac{\text{Teilhöhe}}{\text{Teilbreite}}$$

$$\frac{1,45\ m}{2,70\ m} = \frac{x}{0,60\ m}$$

$x = \underline{32,2\ cm}$

Je 60 cm Breite nimmt also die Höhe um 32,2 cm ab.

$C = 2,55\ m - 0,322\ m = \underline{\underline{2,23\ m}}$

$D = 2,55\ m - 2 \cdot 0,322\ m = \underline{\underline{1,91\ m}}$

$E = 2,55\ m - 3 \cdot 0,322\ m = \underline{\underline{1,58\ m}}$

$F = 2,55\ m - 4 \cdot 0,322\ m = \underline{\underline{1,26\ m}}$

$G =$ die Wandseite, also $= \underline{\underline{1,10\ m}}$

x	C	D	E	F
0,40 m	2,07 m	1,59 m	1,12 m	0,64 m
0,90 m	2,18 m	1,82 m	1,45 m	1,08 m
1,20 m	2,25 m	1,95 m	1,65 m	1,35 m
1,50 m	2,32 m	2,08 m	1,85 m	1,62 m
1,80 m	2,38 m	2,22 m	2,05 m	1,88 m

17. Berechnen Sie für die darge-stellte Treppenhauswand

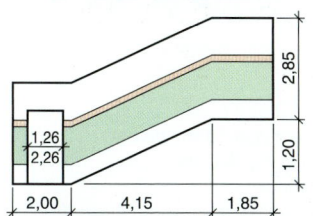

a) **m² Wandputz bei 3 % Klecker-verlust,**
b) **m² Wandfliesen (grüner Be-reich, 1,15 m hoch) bei 14 % Verschnitt,**
c) **Anzahl Bordüren (rot) 5 × 25 cm, bei 6 % Verschnitt.**

a) Wandputz:
$A = 8,00$ m $\cdot$ 2,85 m $-$ 1,26 m $\cdot$ 2,26 m
$A = 19,95$ m² $\cdot$ 1,03
$A = \underline{20,55 \text{ m}^2}$

b) Wandfliesen:
$A = 8,00$ m $\cdot$ 1,15 m $-$ 1,26 m $\cdot$ 1,15 m
$A = 7,75$ m² $\cdot$ 1,14
$A = \underline{8,84 \text{ m}^2}$

c) Bordüre:
$\text{Schräge} = \sqrt{(4,15)^2 + (1,20)^2} = 4,32$ m
$l = (2,00 \text{ m} - 1,26 \text{ m}) + 4,32$ m
$\quad + 1,85$ m
$l = 6,91$ m $\cdot$ 1,06
$l = \underline{7,32 \text{ m}}$
Anzahl Bordüren $= 7,32$ m : 0,25 m/Stück
$\qquad\qquad\quad = \underline{29,3 \text{ Stück,}}$

also müssen $\underline{30 \text{ Bordüren}}$ gekauft werden.

6

Lernfeld 7 M/9 B
Mauern einer einschaligen Wand

1. Welche Vorteile bieten groß-formatige Mauersteine gegen-über den Kleinformaten?

- kürzere Bauzeit,
- weniger Fugen/Mörtelbedarf,
- geringere Baufeuchte,
- preiswerter.

2. Unterscheiden Sie nach der Masse in Mauersteine, die
a) mit einer Hand versetzt werden,
b) mit zwei Händen versetzt werden,
c) nur maschinell versetzt werden.

a) bis 7,5 kg
b) 7,5 … 25 kg
c) über 25 kg

3. Nennen Sie mindestens sieben Mauerziegel und ihre jeweilige Kurzbezeichnung.

Mauerziegel	Kurzzeichen
Mauerziegel (Vollstein)	Mz
Vormauerziegel	VMz
Klinker	KMz
Keramikvollklinker	KK
Hochlochziegel	HLz
Wärmedämmziegel	WDz
Vormauer-Hochlochziegel	VHLz
Hochlochklinker	KHLz
Keramikhochlochklinker	KHK

4. Erklären Sie die drei ver-schiedenen Stoßfugenarten, die bei großformatigen Steinen eingesetzt werden.
a)

b)

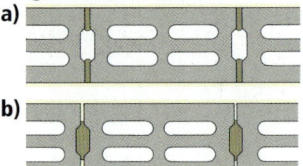

a) normale Stoßfuge:
   Die normale Stoßfuge kommt bei der Ein-zelverlegung der Steine zum Einsatz. Der vorherige Stein bekommt zwei Stoßfugen und der nächste wird auf dem Mörtelbett dagegen geschoben.
b) „Knirschfuge":
   Die Steine werden auf dem Mörtelbett in Reihenverlegung zuerst ohne Stoßfuge „knirsch" versetzt. Anschließend wird die Mörteltasche mit Mörtel gefüllt.

→

172

c)

c) „Verzahnung":
Bei der Verzahnung werden die Steine auf dem Mörtelbett direkt ohne Stoßfuge versetzt.

5. Wie breit ist die
a) Stoßfuge,
b) Knirschfuge,
c) Fuge der Verzahnung.

a) 10 mm
b) 5 mm
c) 3 mm

6. In welcher Länge muss ein Stein hergestellt werden, damit er zusammen mit der Fuge in der Wand auf eine Länge von 2 am, 3 am bzw. 4 am kommt?

1 am = 1 Achtelmeter = 1/8 m = 12,5 cm, also ist:
2 am = 25 cm
3 am = 37,5 cm
4 am = 50 cm

am	Stoß-fuge	Knirsch-fuge	Verzah-nung
2	?	?	?
3	?	?	?
4	?	?	?

am	Stoß-fuge	Knirsch-fuge	Verzah-nung
2	24,0 cm	24,5 cm	24,7 cm
3	36,5 cm	37,0 cm	37,2 cm
4	49,0 cm	49,5 cm	49,7 cm

7 M
9 B

7. Beschreiben Sie, um welchen Stein es sich bei folgender Lieferbezeichnung handelt:
„DIN 105 – HLzA 12 – 1,6 – 8 DF".

DIN 105:	Norm für Mauerziegel
HLzA:	Hochlochziegel mit A-Lochung
12:	Druckfestigkeitsklasse 12
1,6:	Rohdichteklasse
8 DF:	Format (24 × 24 × 23,8 cm)

8. Beschreiben Sie den großformatigen Stein mit der Lieferbezeichnung:
„DIN 106 – KS L – RP 10 – 0,9 – 12 DF (365)".

DIN 106:	Norm für Kalksandsteine
KS L:	Lochstein bzw. Hohlblockstein, (bei diesem Format Hohlblockstein)
R:	mit Nut und Feder
P:	Planstein (2 mm Lagerfuge)
10:	Druckfestigkeitsklasse
0,9:	Rohdichteklasse
12 DF:	Format (24,8 × 36,5 × 24,8 cm) (Stoß- und Lagerfuge je 2 mm, wegen R+P)
(365):	zur Verwendung in der 36,5 cm dicken Wand

9. Um welchen Stein handelt es sich bei folgender Lieferbezeichnung: „DIN 18151 – 5K Hbl 4 – 0,8 – 10 DF"?

DIN 18151:	Norm für Leichtbetonsteine
5K:	5-Kammer-Stein
Hbl:	Hohlblock aus Leichtbeton
4:	Druckfestigkeitsklasse
0,8:	Rohdichteklasse
10 DF:	Format (24 × 30 × 23,8 cm)

10. Was bedeutet die Bezeichnung „5-Kammer-Hohlblockstein"?

In dem Beton-/Leichtbetonstein sind die Hohlräume („Kammern") in fünf Reihen angeordnet, sodass in der Wand fünf Luftschichten zur Wärmedämmung entstehen.

11. Bei großformatigen Steinen wird häufig nach der Formatgröße noch auf die Wandstärke hingewiesen, in der der Stein verwendet werden soll. Warum?

Die Steine haben in vielen Fällen an den Stirnseiten Nuten oder Nut- und Feder-Verbindungen. Daher kann der Stein nicht einfach um 90° gedreht in einer anderen Wandstärke verwendet werden – es entstünden keine ebenen Wandoberflächen.

12. Benennen Sie die im Bild gezeigten nicht genormten großformatigen Mauersteine, und erklären Sie, wozu diese eingesetzt werden.

a)
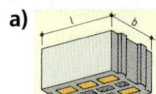
b)
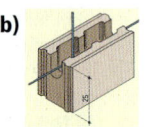

c)
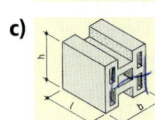
d)
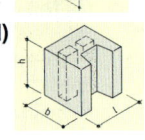

a) Hohlblock mit Dämmung:
Leichtbetonhohlblock, bei dem die Kammern zur Verbesserung der Wärmedämmung mit Schaumkunststoff gefüllt sind. Für wärmedämmendes Mauerwerk (Außenwand).

b) Schalungsstein:
Beton-/Leichtbetonsteine mit zwei großen Kammern, die gemauert und dann mit Beton oder Leichtbeton verfüllt werden.

c) H-Stein:
Leichtbetonstein, in Reihe gemauert, sodass waagerechte Hohlräume für Installationen in der Wand entstehen.

d) Installationsstein:
Beton-/Leichtbetonstein für senkrechte Installationsschlitze in Wänden.

174

e) 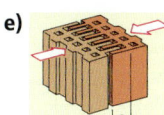 f)

e) Verschiebeziegel:
Durch die Längsverschiebung lassen sich Restlücken von 10…25 cm, die keine am-Maße sind, füllen, ohne andere Materialien oder Mörtel verwenden zu müssen. So werden Wärmebrücken vermieden.

f) Winkelziegel:
Für 135°-Mauerecken, um den Arbeitsaufwand beim Schneiden von Passstücken zu reduzieren.

13. Unterscheiden Sie die Mauermörtel nach
a) der Mörtelgruppe,
b) dem Ort der Herstellung,
c) der Verarbeitung.

a) Mörtelgruppen:

MG	Mörtelarten
I	Kalkmörtel
II	Kalkzementmörtel
II a	Kalkzementmörtel (höhere Druckfestigkeit)
III	Zementmörtel
III a	Zementmörtel (höhere Druckfestigkeit)

7 M
9 B

b) Herstellungsort:
- Baustellenmörtel – auf der Baustelle gemischt.
- Werk-Trockenmörtel – im Mörtelwerk ohne Wasser gemischt und in Säcken oder Silos zur Baustelle gefahren.
- Werk-Frischmörtel – im Mörtelwerk gemischt und in Fahrmischern zur Baustelle transportiert.

c) Verarbeitung:
NM – Normalmauermörtel
LM – Leichtmauermörtel
DM – Dünnbettmörtel

14. Kreuzen Sie an, welcher Mauermörtel wie hergestellt wird.

	NM	LM	DM
Baustellenmörtel			
Werk-Trocken-mörtel			
Werk-Frischmörtel			

	NM	LM	DM
Baustellenmörtel	X	–	–
Werk-Trocken-mörtel	X	X	X
Werk-Frischmörtel	X	X	–

15. Nennen Sie je drei Einsatzgebiete von Mauermörtel der MG I, II und III.

MG I:
- unbelastete Wände,
- Wände, die mindestens 24 cm dick sind,
- Gebäude mit max. zwei Geschossen.

MG II:
- tragende Wände,
- nichttragende Wände,
- aussteifende Wände.

MG III:
- hoch belastete Wände,
- Pfeiler,
- Gewölbe,
- bewehrtes Mauerwerk,
- Schachtbauwerke.

16. Was versteht man unter einem Leichtmauermörtel (LM)? Zu welchem Zweck wird er eingesetzt?

Beim Leichtmauermörtel werden leichte Gesteinskörnungen wie Perlit oder Polystyrolschaumperlen verwendet. Sie werden als Werkmörtel auf die Baustelle geliefert und zur Verarbeitung von wärmedämmenden Wandbausteinen im Außenwandmauerwerk eingesetzt. Dadurch entstehen an den Stoß- und Lagerfugen keine Wärmebrücken.

17. Geben Sie die üblichen Mischungsverhältnisse für die fünf Mauermörtelgruppen an.

MG	Kalk	Zement	Sand
I			
II			
II a			
III			
III a			

MG	Kalk	Zement	Sand
I	1	–	3
II	2	1	8
II a	1	1	6
III	–	1	4
III a	–	1	4

18. Beschreiben Sie bei der Verarbeitung großformatiger Mauersteine
a) die Einzelverlegung,
b) die Reihenverlegung.
c) Welche Verlegeart ist jeweils auf den Abbildungen zu sehen?

1.

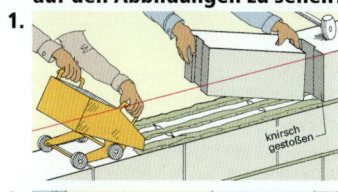

knirsch gestoßen

2.

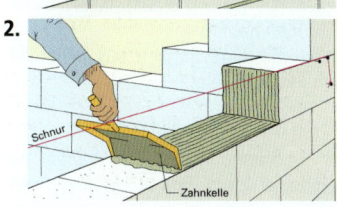

Schnur

Zahnkelle

a) Einzelverlegung:
An den vorher versetzten Stein wird innen und außen je eine Stoßfuge angeschlossen, dann wird der nächste Stein auf die Lagerfuge gesetzt und gegen die Stoßfuge geschoben. Diese Verlegeart wird bei allen Steinen ohne Nut und Feder mit glatten Stirnflächen verwendet, das heißt, auch im Dünnbettmörtelverfahren bei Porenbetonplansteinen.

7 M
9 B

b) Reihenverlegung:
Mit einem Mörtelschlitten wird eine exakt gleich dicke Lagerfuge aufgezogen, auf die dann die Mauersteine der Reihe nach knirsch nebeneinander gesetzt werden. Die Steine werden entweder mit Mörteltaschen oder Stirnverzahnungen verbunden. Die Verlegung wird bei allen Steinen mit Nut und Feder oder Verzahnungen verwendet.

c) Verlegearten:
1. Reihenverlegung von Mauersteinen mit Mörteltaschen
2. Einzelverlegung von Porenbetonplansteinen

19. Welche Vorteile haben Porenbetonsteine bei der Verarbeitung? Nennen Sie mindestens drei.

1. geringe Masse,
2. gut bearbeitbar (sägen, schleifen, …),
3. sehr maßgenau,
4. geringer Mörtelbedarf, wegen des Dünnbettverfahrens,
5. kaum Wärmebrücken im Mauerwerk.

20. Wodurch unterscheiden sich Porenbetonplansteine (PP) von Porenbetonplanelementen (PPE)?

PP: Höhe max. 2 am, also 24,9 cm
PPE: Höhe ab 3 am, also 37,4 cm

21. Kreuzen Sie an, welche Steine mit Normalmauermörtel (NM) und welche mit Dünnbettmörtel (DM) verarbeitet werden müssen.

Mauerstein	NM	DM
Kalksandhohlblock		
Hochlochziegel		
Porenbetonplanstein		
Porenbetonplan-element		
Normalbetonstein		
Kalksandplanelement		
Planziegel		

Mauerstein	NM	DM
Kalksandhohlblock	X	
Hochlochziegel	X	
Porenbetonplanstein		X
Porenbetonplan-element		X
Normalbetonstein	X	
Kalksandplanelement		X
Planziegel		X

22. Zählen Sie mindestens drei wichtige Verbandsregeln beim Mauern mit großformatigen Mauersteinen auf.

- Der Fugenversatz („Überdeckung") muss immer 1 oder 2 am betragen.
- An Ecken und Anschlüssen darf der Versatz auf 1/2 am verringert werden.
- Pfeiler (bis 50 cm Breite) dürfen keine Stoßfugen haben.
- Ausgleichssteine müssen aus dem gleichen Material sein.

**23. Erklären Sie die Begriffe
a) „mittiger Verband",
b) „schleppender Verband".**

a) „mittiger Verband":
Bei großformatigen Mauersteinen der Steinlänge 2 am und 4 am liegen die Stoßfugen immer in der Mitte des darunterliegenden Steins, das ergibt eine Steinüberdeckung von 1 am bzw. 2 am.
b) „schleppender Verband":
Bei 3 am langen großformatigen Steinen kann die Stoßfuge nicht in der Mitte des darunterliegenden Steins liegen, weil die Überdeckung 1 oder 2 am betragen muss.

24. Welcher Mauerwerksverband ist im Bild gezeigt?
Suchen Sie im Tabellenbuch mindestens drei Mauersteine, mit denen Sie diese 30er-Wand (Schichthöhe = 25 cm) so mauern könnten.

Ein „schleppender Verband".

Mauersteine:
- Vbn – 15 DF – 375 × 300 × 238 mm
- Hbn – 15 DF – 375 × 300 × 238 mm
- Vbl – 15 DF – 375 × 300 × 238 mm
- Hbl – 15 DF – 375 × 300 × 238 mm
- HLz – 15 DF – 365 × 300 × 238 mm

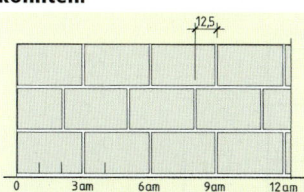

25. Mit welchen Hilfsmitteln lassen sich von großformatigen Mauersteinen Teilstücke selbst herstellen?

- Bandsäge,
- Mauerstein-Kreissäge,
- Handsäge (bei Porenbeton),
- Zurechtschlagen mit Hammer und Spalteisen,
- Zurechtschlagen mit Maurerhammer.

7 M
9 B

26. Welchen Nachteil haben Schlitze im Mauerwerk?

- Verringerung der Tragfähigkeit,
- schlechtere Wärmedämmung,
- schlechterer Schallschutz.

27. Zeichnen Sie in den Grundriss der 24er-Wandecke den Mauerwerksverband bei der Verwendung von 12DF-Steinen ein.

12DF-Steine sind im Richtmaß 37,5 × 24 cm, bei einer 24er-Wand also 24 cm breit und 37,5 cm lang. Es muss also ein „schleppender Verband" gemauert werden.

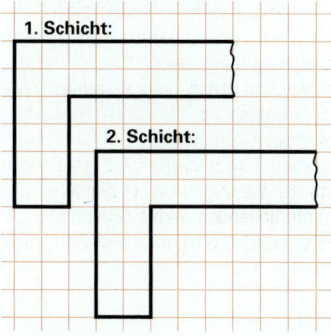

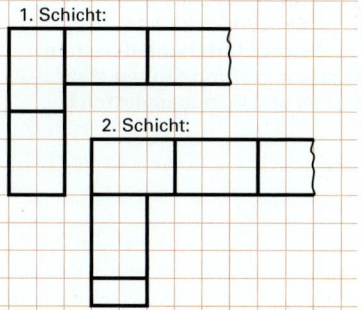

28. An die 36,5er-Wand schließt eine 30er-Wand an. Es sollen 15DF- und 12DF-Steine verwendet werden. Zeichnen Sie den Mauerwerksverband ein, als Ergänzungssteine können kleinformatigere Ziegel verwendet werden.

Der 15DF-Stein passt in die 30er-Wand (30 cm breit und 37,5 cm lang, also „schleppender Verband").

Der 12DF-Stein passt in die 36,5er-Wand (36,5 cm breit und 24 cm lang), also „mittiger Verband").

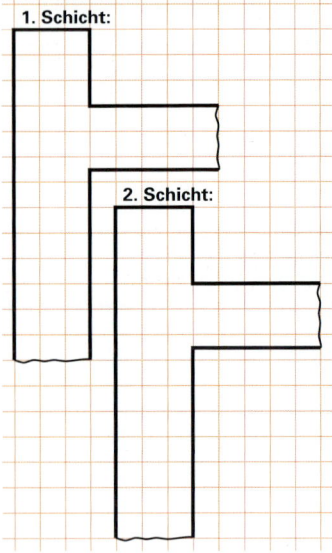

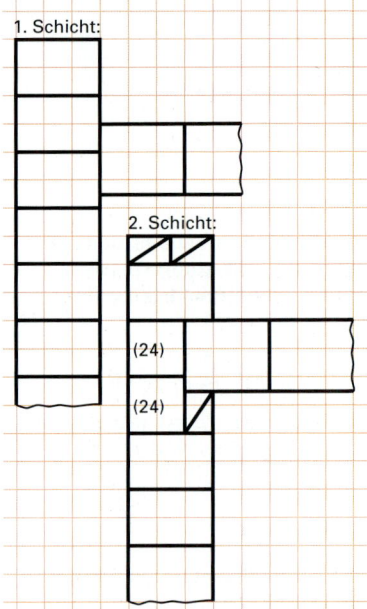

29. Welcher Unterschied besteht zwischen großformatigen Mauersteinen und Wandbauplatten?

großformatige Mauersteine:
- können von Hand oder maschinell versetzt werden,
- sind max. 25 cm hoch,
- sind max. 50 cm lang.

Wandbauplatten:
- werden generell maschinell versetzt,
- sind max. 62,5 cm hoch,
- sind max. 1,50 m lang.

30. Kreuzen Sie an, aus welchen Materialien Sie großformatige Mauersteine (MS), Wandbauplatten (WP) bzw. Wandelemente (WE) bestellen können.

Material	MS	WP	WE
Ziegel			
Kalksandstein			
Beton			
Leichtbeton			
Porenbeton			

Material	MS	WP	WE
Ziegel	X	–	X
Kalksandstein	X	X	–
Beton	X	–	X
Leichtbeton	X	–	X
Porenbeton	X	X	X

31. Die im Bild gezeigten Wände sind 2,50 m hoch. Wie nennt man die zur Herstellung der Wand jeweils verwendeten Bauelemente?

A – Wandelemente liegend
B – Wandelemente stehend
C – Wandbauplatten
D – großformatige Mauersteine

7 M
9 B

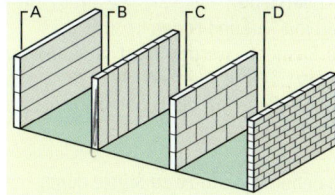

32. Beschreiben Sie den Arbeitsablauf beim Versetzen von Wandbauplatten.

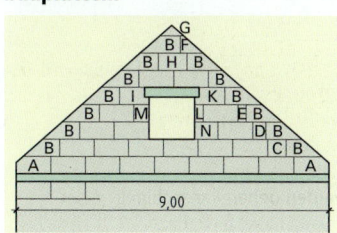

- Die erste Schicht wird zum Ausgleich von Unebenheiten auf eine Mörtelfuge versetzt (exakt flucht-, waage- und senkrecht),
- diese Schicht sollte zwei Tage aushärten,
- weitere Schichten in Reihenverlegung (bei Verzahnung am Stoß) oder Einzelverlegung mit Stoßfuge versetzen,
- die Steine müssen maschinell versetzt werden,
- Mauerwerksverband mittig oder schleppend wie bei Mauersteinen.

33. Nennen Sie mindestens drei Gründe, warum Wandelemente bewehrt sein müssen.

- Schutz vor dem Zerbrechen bei Transport und Versetzen mit Kran,
- senkrechte Wandelemente müssen seitliche Erdlasten aushalten bzw. gegen Ausknicken unter der Auflast gesichert sein,
- waagerechte Wandelemente überdecken auch Öffnungen und dienen so als Sturz.

34. Wie heißen die drei Verbindungsarten von stehenden Wandelementen?
Wie wird jeweils sichergestellt, dass sich bei Belastung kein Element aus der Wand herausbewegen kann?

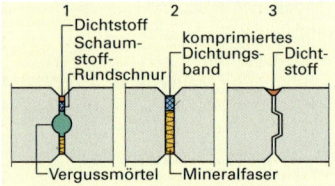

1. Stoß mit Vergussnut:
   Die Elemente werden stumpf aneinander versetzt. An der Außenseite wird Dichtstoff, innen Dämmstoff in die Fuge gegeben. Der Hohlraum wird als Mörtelschloss mit Zementmörtel gefüllt und sichert so die Lage der Elemente.
2. stumpfer Stoß:
   In der Vorfertigung werden die Elemente an der Verbindung mit Dichtstoff und Dämmstoff versehen und fest mit Kunstharz verklebt.
3. Stoß mit Nut und Feder:
   Die Elemente werden dicht in Nut/Feder versetzt, diese Verbindung sichert die Lage. Außen wird die Fuge mit Dichtstoff abgedichtet.

35. Welche Besonderheiten haben liegend angeordnete Wandelemente?

- Sie gehen von Stütze zu Stütze durch,
- keine Anordnung in Verbänden,
- die Elemente sind bewehrt, da sie auch Öffnungen überdecken,
- sie werden mit Dünnbettmörtel versetzt,
- Fugen glatt oder mit Nut und Feder.

36. In Bauzeichnungen werden häufig Kurzzeichen verwendet. Erläutern Sie, was diese Kurzzeichen bedeuten.

Zeichen	Bedeutung
RFB	
UK	
OK	
NHN	
UZ	
FT	
DN	
Stg	
BR	
WD	
SWS	
DA	
DD	
UG	
DG	
KS	
RR	
FFB	

Zeichen	Bedeutung
RFB	Rohfußboden (Höhe)
UK	Unterkante
OK	Oberkante
NHN	m ü. Normalhöhennull
UZ	Unterzug
FT	Fertigteil
DN	Nennweite (mm)
Stg	Steigung (Treppe)
BR	Brüstungshöhe
WD	Wanddurchbruch
SWS	senkrechter Wandschlitz
DA	Deckenaussparung
DD	Deckendurchbruch
UG	Untergeschoss
DG	Dachgeschoss
KS	Kanalsohle (Höhe)
RR	Regenrohr
FFB	Fertigfußboden (Höhe)

7 M
9 B

37. Erklären Sie den Unterschied zwischen einem Arbeitsgerüst und einem Schutzgerüst.

Arbeitsgerüst:
Dient als Arbeitsplatz, je nach Lastklasse darf auf dem Gerüst auch Material gelagert werden.
Schutzgerüst:
Kein Arbeitsplatz – dient nur als Schutz, damit Arbeiter nicht abstürzen oder am Boden befindliche Arbeiter oder Passanten nicht von herabfallenden Gegenständen getroffen werden.

38. Nennen Sie die drei Arten von Schutzgerüsten.

- Fanggerüst
- Dachfanggerüst
- Schutzdach

39. Welche vier Arten von Gerüsten werden nach der Art des Tragsystems unterschieden? Beschreiben Sie das Tragsystem.

Standgerüst:
Das Gerüst steht auf höhenverstellbaren Füßen direkt auf dem Baugrund oder der Betondecke.
Hängegerüst:
Das Gerüst wird an eine hervorstehende Konstruktion angehängt.
Konsolgerüst:
Das Gerüst stützt sich außen am Gebäude auf eine stabile Dreieckskonstruktion („Konsole") ab.
Auslegergerüst:
Die Tragbalken des Gerüstes werden innen auf der Geschossdecke verankert und reichen durch Wandöffnungen bis vor die Außenwand.

40. Benennen Sie die Bauteile A … C und die Mindestmaße a … d, die bei Gerüsten generell einzuhalten sind.

A – Bordbrett
B – Zwischenholm
C – Geländerholm

a – mindestens 15 cm,
b – maximal 47 cm,
c – mindestens 1,00 m,
d – maximal 30 cm

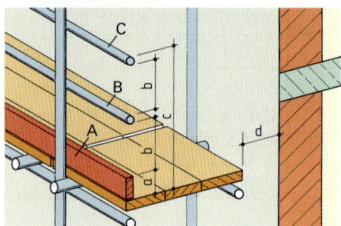

41. Arbeitsgerüste werden in Lastklassen unterschieden. Worin unterscheiden sich diese Lastklassen?

Lastklasse 1:
Nur Kontrolltätigkeit, nur für eine Person pro Gerüstfeld, keine Materiallagerung.
Lastklasse 2:
Leichte Arbeitstätigkeit ohne Materiallagerung (z. B. Malerarbeiten).
Lastklasse 3:
Arbeiten mit geringer Materiallagerung (z. B. Putzarbeiten).
Lastklasse 4 … 6:
Arbeiten mit Material- und Bauteillagerung auf dem Gerüst, eingeteilt in verschiedene zulässige Nutzlasten.

42. Weshalb ist es wichtig, beim Aufbau des Gerüstes zu wissen, um welche Lastklasse es sich handelt?

43. Benennen Sie die vier Bauteile eines Stahlrohrkupplungsgerüstes und beschreiben Sie ihre Funktion.

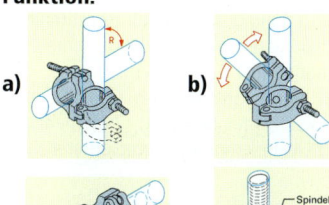

44. Zählen Sie vier wichtige Regeln auf, die bei der Verwendung von Anlegeleitern zu beachten sind.

45. Beschreiben Sie die Arbeitsfolge beim Aufstellen eines Rahmengerüstes.

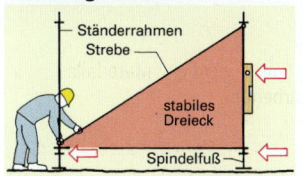

Die Lastklasse bestimmt den Abstand der Querriegel unter dem Gerüstbelag in Abhängigkeit von der Belagdicke. So wird verhindert, dass der Belag unter der Last bricht.

a) Normalkupplung:
   Zur Verbindung aller rechtwinklig verlaufenden Stahlrohre, wie Ständer, Längs-, Quer- und Zwischenriegel.
b) Drehkupplung:
   Zur Verbindung aller schräg laufenden Rohre (z. B. Streben) mit den senkrechten und waagerechten Konstruktionsteilen.
c) Stoßkupplung:
   Zugfeste Verbindung bei der Verlängerung der Stahlrohre. Der innen liegende Bolzen („Dorn") sichert die exakte Lage und bei der Verlängerung der Ständer die senkrechte Lastübertragung.
d) Gewindefußplatte:
   Waagerechte Aufstandsfläche für das Gerüst, in der Höhe bis zu 10 cm variabel, um Höhenunterschiede ausgleichen zu können.

- Anstellwinkel 68 … 75°,
- die Leiter muss mindestens 1,00 m über den Austritt hinausragen,
- Sicherung gegen Umfallen oder Abrutschen,
- sichere Aufstellung, Schutz gegen Einsinken oder Wegrutschen.

1. Untergrund einebnen, wenn nötig verdichten.
2. Zwei Rahmen im Abstand der Gerüsttafeln exakt senkrecht aufstellen, max. Wandabstand 30 cm, mit Spindelfüßen auf gleiche Höhe bringen.
3. Die Rahmen oberhalb der Spindelfüße mit Längsriegel verbinden und diagonal mit einer Strebe verbinden – so entsteht ein stabiles unverschiebliches Dreieck.

7M
9B

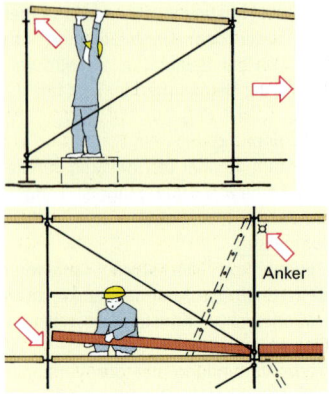

4. Rahmentafeln in beide Rahmen einhängen, so entsteht das erste Feld.
5. Weitere Felder in der 1. Ebene entstehen durch Aufstellen der Rahmen, Verbinden mit Längsriegel und Einhängen der Tafeln.
6. Die nächste Ebene (Etage) entsteht durch das Einstecken der Rahmen und Einhängen der Rahmentafeln, wobei auf die Aussteifung durch Streben zu achten ist.
7. Die Gerüste sind schon beim Aufbau am Gebäude fest zu verankern.
8. Vor Inbetriebnahme des Gerüstes sind die Felder mit Bordbrett, Zwischenholm und Geländerholm zu komplettieren.

46. Wodurch unterscheiden sich Kelleraußenwände von anderen Außenwänden?

- senkrechte Belastung durch darüberliegende Bauwerksteile und horizontal wirkende Lasten durch den Erddruck,
- Belastung durch Bodenfeuchte, nichtdrückendes oder drückendes Wasser,
- Mindestwandstärke = 20 cm,
- Steinfestigkeitsklasse > 4,
- keinen Kalkmörtel, nur MG II und MG III verwenden.

47. Auf der Stahlbetondecke soll der Fußboden eines Feuchtraumes aufgebaut werden. Zählen Sie die fünf Schichten A … E in der Reihenfolge des Einbaus auf.

A – Dämmschicht
B – Trennfolie
C – Estrich
D – 2-lagige Dichtungsschicht
E – Fliesen auf Mörtelbett

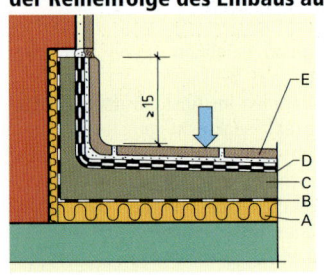

186

48. Benennen Sie die an und in der Kelleraußenwand zum Schutz angebrachten Elemente A … H. Wozu dienen die einzelnen Elemente?

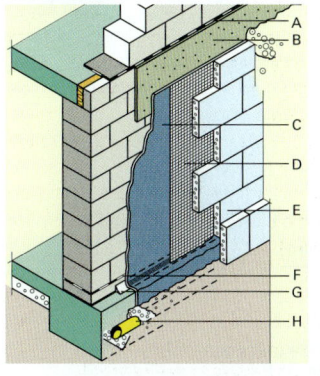

A – waagerechte Abdichtung:
Schutz der EG-Außenwand vor kapillar aufsteigender Feuchte.

B – mineralische Sockelabdichtung:
Senkrechte Abdichtung mit Putzgrund und Sockelputz MG III gegen Spritzwasser bis zu einer Höhe von 30 cm über OK Gelände.

C – senkrechte Wandabdichtung:
Senkrechte Abdichtung der Wand gegen eindringende Bodenfeuchte mit einer Dickbeschichtung oder überlappend angebrachten Dichtungsbahnen vom Sockel bis zum Fundament.

D – Abdeckung der Dichtung:
Schutzvlies für die Dickbeschichtung.

E – Dränplatten:
Senkrechte Ableitung des Sickerwassers zur Dränung und Schutz der Wandbeschichtung gegen Anprall bei der Verfüllung der Baugrube.

F – waagerechte Abdichtung:
Schutz der Kelleraußenwand vor kapillar aufsteigender Bodenfeuchte aus dem Fundament.

G – Hohlkehle:
Aus Zementmörtel hergestellt, damit die Dichtungsbahnen nicht brechen und das Sickerwasser zur Dränung abgeleitet wird.

H – Dränung:
Abtransport des Sickerwassers.

49. Zählen Sie mindestens drei aus Ziegeln hergestellte Fertigteile auf, und erklären Sie, wozu diese eingesetzt werden.

Fertigteil	Einsatz
Ziegelsturz	Öffnungsüberdeckung
Rollladenkasten	Element zur Aufnahme des Rollladens mit Dämmung auf der Außenseite
U-Schalen	Waagerecht in Reihe als Schalung für den Ringanker, senkrecht versetzt als Schalung für Stahlbetonstützen
L-Steine	Deckenrandschalung mit oder ohne Wärmedämmung

Lernfeld 7 M/9 B
Fachmathematik

1. In einer Wand sollen anstelle von NF-Steinen großformatige 12-DF-Mauersteine verwendet werden. Wie viele NF-Steine ersetzt ein Großformat?

Richtmaße (mit Fugenanteil, also 1,2 cm Lagerfuge und 1,0 cm Stoßfuge):
$NF = 25 \times 12,5 \times 8,33$ cm
$12DF = 37,5 \times 25 \times 25$ cm
$V_{NF\text{-}Stein} = 2,5$ dm $\cdot$ 1,25 dm $\cdot$ 0,833 dm
$= 2,603$ dm^3
$V_{12DF\text{-}Stein} = 3,75$ dm $\cdot$ 2,5 dm $\cdot$ 2,5 dm
$= 23,438$ dm^3

also ersetzt ein 12DF-Großformat:
$$\frac{23,438 \text{ dm}^3}{2,603 \text{ dm}^3} = \underline{\underline{9,00 \text{ NF-Steine}}}$$

2. Zur Fertigstellung einer Wand fehlen nach Verbrauch der letzten Palette 8DF-Steine noch genau 6 Steine. Wie viele NF-Steine müssen nachgekauft werden, um die Wand zu schließen?

Richtmaße (mit Fugenanteil):
$NF = 25 \times 12,5 \times 8,33$ cm
$8DF = 25 \times 25 \times 25$ cm
$V_{NF\text{-}Stein} = 2,5$ dm $\cdot$ 1,25 dm $\cdot$ 0,833 dm
$= 2,603$ dm^3
$V_{8DF\text{-}Stein} = 2,5$ dm $\cdot$ 2,5 dm $\cdot$ 2,5 dm
$= 15,625$ dm^3

also ersetzt ein 8DF-Großformat:
$$\frac{15,625 \text{ dm}^3}{2,603 \text{ dm}^3} = \underline{\underline{6,00 \text{ NF-Steine}}}$$

Es müssen also $6 \cdot 6 = 36$ NF-Steine nachgekauft werden.

3. Berechnen Sie jeweils, wie viele Steine der anderen Formate die schon gegebenen Steine ersetzen können (vorausgesetzt, sie wären in dieser Wandstärke zu verwenden).

	NF	2DF	8DF	12DF	16DF
a)	108	?	?	?	?
b)	?	?	?	48	?
c)	?	168	?	?	?
d)	?	?	12	?	?
e)	?	?	?	?	15

	NF	2DF	8DF	12DF	16DF
a)	108	72	18	12	9
b)	432	288	72	48	36
c)	252	168	42	28	21
d)	72	48	12	8	6
e)	180	120	30	20	15

4. Es sind 135,00 m² 24er-Wand-mauerwerk mit 8DF-Kalksand-steinen zu erstellen.
a) Berechnen Sie die Anzahl der benötigten Steine.
b) Im Baustoffhandel sind auf den Paletten in 6 Schichten je 4 × 4 Steine gestapelt. Wie viele Paletten müssen Sie kaufen?

a) Ein Stein ergibt mit Fuge (Richtmaß) in der Wand:

$A = 0,25 \text{ m} \cdot 0,25 \text{ m} = \underline{0,0625 \text{ m}^2}$

$\text{Anzahl Steine} = \dfrac{135,00 \text{ m}^2}{0,0625 \text{ m}^2} = \underline{\underline{2160 \text{ Steine}}}$

b) Eine Palette ist 4 × 4 × 6 Steine = 96 Steine

$\text{Anzahl} = \dfrac{2160 \text{ Steine}}{96 \text{ Steine/Pal.}} = \underline{22,5 \text{ Paletten}}$

$\rightarrow \underline{\underline{23 \text{ Paletten}}}$

5. Mit Wandbauplatten aus Kalk-sandstein 99,8 × 30,0 × 62,3 cm sollen 256,00 m² 30er-Wand her-gestellt werden.
a) Wie viele Wandbauplatten sind zu bestellen?
b) Wie viele Paletten werden be-nötigt, wenn die Platten in 2 Schichten je 4 Platten auf der Palette stehen?
c) Wie viele Lkw-Ladungen sind zu fahren, wenn pro Lkw 14 Paletten transportiert werden können?

a) Eine Wandbauplatte ergibt mit Fuge (Richtmaß) in der 30er-Wand:

$A = 1,00 \text{ m} \cdot 0,625 \text{ m} = \underline{0,625 \text{ m}^2}$

$\text{Anzahl} = \dfrac{256,00 \text{ m}^2}{0,625 \text{ m}^2} = \underline{\underline{410 \text{ Platten}}}$

b) Auf einer Palette sind 2 · 4 Platten = 8 Wandbauplatten

$\text{Anzahl} = \dfrac{410 \text{ Platten}}{8 \text{ Platten/Pal.}} = \underline{51,25 \text{ Paletten}}$

Es müssen also $\underline{52 \text{ Paletten}}$ gefahren wer-den (sonst fehlen 2 Wandbauplatten).

c) Anzahl Lkw-Ladungen:

$\dfrac{52 \text{ Paletten}}{14 \text{ Paletten/Lkw}} = \underline{3,7 \text{ Lkw-Ladungen}}$

Es muss $\underline{4\text{-mal}}$ gefahren werden.

7 M
9 B

6. Ermitteln Sie den Material-bedarf für die zu erstellenden 12,5er-Wände aus 2DF-Ziegeln, legen Sie fest wie viele Paletten zu kaufen sind und wie oft ein Lkw, der nur 8 Paletten laden darf, fahren muss.
(1 Palette = 12 Schichten je 32 Steine)

	m^2 Wand	Steine	Paletten	Lkw
a)	127,50	?	?	?
b)	322,00	?	?	?
c)	62,40	?	?	?
d)	209,90	?	?	?
e)	450,00	?	?	?

Ein Stein ist in der 12,5er-Wand 25 cm lang und 12,5 cm hoch (Richtmaß mit Fuge), also:
$A = 0,125\ m \cdot 0,25\ m = 0,03125\ m^2$

$$1\ m^2\ \text{Wand} = \frac{1,00\ m^2}{0,03125\ m^2/\text{Stein}} = \underline{\underline{32\ \text{Steine}}}$$

	m^2 Wand	Steine	Paletten	Lkw
a)	127,50	4080	11	2
b)	322,00	10304	27	4
c)	62,40	1997	6	1
d)	209,90	6717	18	3
e)	450,00	14400	38	5

7. Die unten dargestellte Doppelgarage soll aus 12DF-Steinen gemauert werden (Wandhöhe = 3,25 m, Fenster 1,01 × 1,26 m, Tore 2,51 × 2,26 m).
Berechnen Sie die erforderliche Anzahl der Steine.

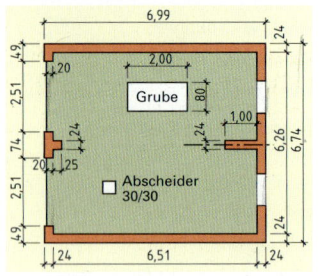

$A = 2 \cdot (6,74\ m \cdot 3,25\ m) + 2 \cdot (6,51\ m \cdot 3,25\ m)$
$\qquad + 1,25\ m \cdot 3,25\ m$
$A = 90,19\ m^2$

Abzüge:
$2 \cdot (2,51\ m \cdot 2,26\ m) + 2 \cdot (1,01\ m \cdot 1,26\ m)$
$= 13,90\ m^2$
$A = 90,19\ m^2 - 13,90\ m^2 = 76,29\ m^2$

Ein Stein ist in der 24er-Wand 37,5 cm lang und 25 cm hoch (Richtmaß mit Fuge), also:
$A = 0,375\ m \cdot 0,25\ m = 0,09375\ m^2$

$$1\ m^2\ \text{Wand} = \frac{1,00\ m^2}{0,09375\ m^2/\text{Stein}}$$
$$= 10,67\ \text{Steine}$$

$\underline{\text{Anzahl Steine}} = 76,29\ m^2 \cdot 10,67\ \text{Steine}/m^2$
$$= \underline{\underline{815\ \text{Steine}}}$$

8. Die in Aufgabe 7. dargestellte Garage soll gebaut werden. Wie viele Arbeitsstunden und -minuten sind für das Mauern der Wände bei folgenden Arbeitszeitrichtwerten einzuplanen:
a) Mz NF = 1,31 h/m²,
b) KS 2DF = 1,20 h/m²,
c) Hbl 8DF = 0,73 h/m²,
d) PP 16DF = 0,65 h/m²?

a) NF-Mauerziegel:
$33,24 \text{ m}^2 \cdot 1,31 \text{ h/m}^2 = 43,54 \text{ h}$
$= \underline{\underline{43 \text{ Stunden und 33 Minuten}}}$

b) 2DF-Kalksandstein:
$33,24 \text{ m}^2 \cdot 1,20 \text{ h/m}^2 = 39,89 \text{ h}$
$= \underline{\underline{39 \text{ Stunden und 53 Minuten}}}$

c) 8DF-Hohlblockstein:
$33,24 \text{ m}^2 \cdot 0,73 \text{ h/m}^2 = 24,27 \text{ h}$
$= \underline{\underline{24 \text{ Stunden und 16 Minuten}}}$

d) 16DF-Porenbetonplanstein:
$33,24 \text{ m}^2 \cdot 0,65 \text{ h/m}^2 = 21,61 \text{ h}$
$= \underline{\underline{21 \text{ Stunden und 37 Minuten}}}$

9. Berechnen Sie den Zeitbedarf für das Mauern der folgenden 24er-Ziegelwände nach den Arbeitszeitrichtwerten der Tabelle.

Format	DF	NF	2DF	6DF	10DF
h/m²	1,59	1,31	1,14	0,77	0,59

a)
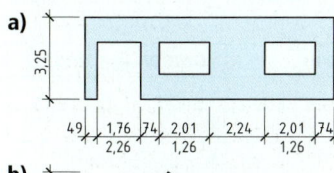

b)
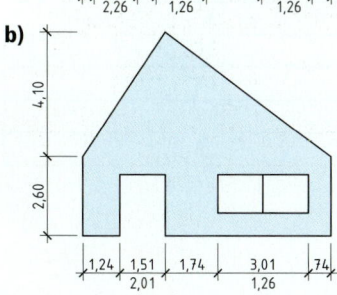

a) $A = 9,99 \cdot 3,25 \text{ m} \quad\quad = 32,47 \text{ m}^2$
$\quad -2 \cdot (2,01 \text{ m} \cdot 1,26 \text{ m}) - 5,07 \text{ m}^2$
$\quad -1,76 \text{ m} \cdot 2,26 \text{ m} \quad\quad -3,98 \text{ m}^2$
$\quad\quad\quad\quad\quad\quad\quad = \underline{23,42 \text{ m}^2}$

DF $= 23,42 \text{ m}^2 \cdot 1,59 \text{ h/m}^2 = \underline{\underline{37,23 \text{ h}}}$
NF $= 23,42 \text{ m}^2 \cdot 1,31 \text{ h/m}^2 = \underline{\underline{30,68 \text{ h}}}$
2DF $= 23,42 \text{ m}^2 \cdot 1,14 \text{ h/m}^2 = \underline{\underline{26,70 \text{ h}}}$
6DF $= 23,42 \text{ m}^2 \cdot 0,77 \text{ h/m}^2 = \underline{\underline{18,03 \text{ h}}}$
10DF $= 23,42 \text{ m}^2 \cdot 0,59 \text{ h/m}^2 = \underline{\underline{13,82 \text{ h}}}$

b) $A = 8,24 \cdot 2,60 \text{ m} + 8,24 \text{ m} \cdot 4,10 \text{ m} : 2$
$\quad = 21,42 \text{ m}^2 + 16,89 \text{ m}^2 = 38,31 \text{ m}^2$
$\quad\quad - 2,01 \text{ m} \cdot 1,51 \text{ m} \quad\quad - 3,04 \text{ m}^2$
$\quad\quad - 3,01 \text{ m} \cdot 1,26 \text{ m} \quad\quad - 3,79 \text{ m}^2$
$\quad\quad\quad\quad\quad\quad\quad = \underline{31,48 \text{ m}^2}$

DF $= 31,48 \text{ m}^2 \cdot 1,59 \text{ h/m}^2 = \underline{\underline{50,1 \text{ h}}}$
NF $= 31,48 \text{ m}^2 \cdot 1,31 \text{ h/m}^2 = \underline{\underline{41,2 \text{ h}}}$
2DF $= 31,48 \text{ m}^2 \cdot 1,14 \text{ h/m}^2 = \underline{\underline{35,9 \text{ h}}}$
6DF $= 31,48 \text{ m}^2 \cdot 0,77 \text{ h/m}^2 = \underline{\underline{24,2 \text{ h}}}$
10DF $= 31,48 \text{ m}^2 \cdot 0,59 \text{ h/m}^2 = \underline{\underline{18,6 \text{ h}}}$

7 M
9 B

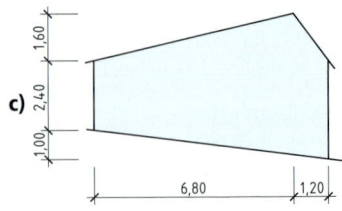

c) $A = (8,00 \text{ m} \cdot 1,00 \text{ m}) : 2 = \quad 4,00 \text{ m}^2$
$+ (8,00 \text{ m} \cdot 2,40 \text{ m}) \quad = + 19,20 \text{ m}^2$
$+ (8,00 \text{ m} \cdot 1,60 \text{ m}) : 2 = \underline{+ \;\; 6,40 \text{ m}^2}$
$= \quad \underline{\underline{29,60 \text{ m}^2}}$

DF $= 29,60 \text{ m}^2 \cdot 1,59 \text{ h/m}^2 = \underline{\underline{47,1 \text{ h}}}$

NF $= 29,60 \text{ m}^2 \cdot 1,31 \text{ h/m}^2 = \underline{\underline{38,8 \text{ h}}}$

2DF $= 29,60 \text{ m}^2 \cdot 1,14 \text{ h/m}^2 = \underline{\underline{33,7 \text{ h}}}$

6DF $= 29,60 \text{ m}^2 \cdot 0,77 \text{ h/m}^2 = \underline{\underline{22,8 \text{ h}}}$

10DF $= 29,60 \text{ m}^2 \cdot 0,59 \text{ h/m}^2 = \underline{\underline{17,5 \text{ h}}}$

10. Für das Erdgeschoss eines Einkaufzentrums sind 1260,00 m² 30er-Außenwandmauerwerk zu erstellen. Wie lange benötigt eine Kolonne von 6 Maurern unter folgenden Bedingungen:
- **Arbeitszeitrichtwert = 0,66 h/m²,**
- **8-Stunden-Arbeitstag?**

Arbeitszeit $= 1260 \text{ m}^2 \cdot 0,66 \text{ h/m}^2$
$= 831,6 \text{ h}$
Bei 6 Maurern $= 831,6 \text{ h} : 6 \text{ Arbeiter}$
$= 138,6 \text{ h/Maurer}$
Bei 8 h/Arbeitstag $= 138,6 : 8$
$= 17,325 \text{ Tage, also}$
genau: $\underline{17 \text{ Tage, 2 Stunden und 36 Minuten}}$

11. 240 m² Mauerwerk soll mit einem Arbeitszeitrichtwert von 0,77 h/m² hergestellt werden. Wie viele Stunden braucht eine Kolonne von
a) 3 Maurern,
b) 4 Maurern,
c) 5 Maurern,
d) 6 Maurern,
e) 8 Maurern,
f) 10 Maurern,
g) 20 Maurern?

$240 \text{ m}^2 \cdot 0,77 \text{ h/m}^2 = 184,8 \text{ h}$
Die Arbeitsstunden geteilt durch die Maurer ergibt:

Maurer	Stunden (gerundet)
3	62
4	46
5	37
6	31
8	23
10	18
20	9

→

→

Stellen Sie die Arbeitszeit im Diagramm dar. Was können Sie aus dem Diagramm entnehmen?

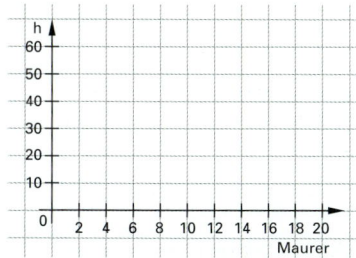

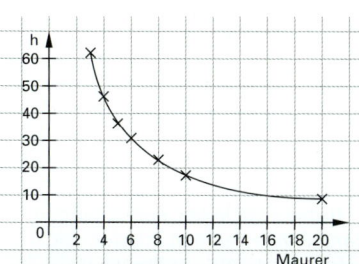

Individuelle Antwort, z. B.: Kleine Kolonnen arbeiten sehr effizient. Wenn zu drei Maurern noch zwei weitere eingesetzt werden, spart man 25 Stunden Bauzeit. Gibt man aber zu 8 Maurern noch 2 dazu, spart man nur noch 15 Stunden Bauzeit usw.

7 M
9 B

12. **8 Maurer mauern eine Wand von 124,00 m² in 4 Tagen je 7,75 Stunden.**
Wie lange benötigen 6 Maurer für 108,00 m², wenn am Tag 7,5 Stunden gearbeitet werden?

8 Maurer	124,00 m²	$4 \cdot 7,75 = 31,0$ h
1 Maurer	124,00 m²	$31,0 \cdot 8 = 248,0$ h
1 Maurer	1,00 m²	$248,0 : 124 = 2,0$ h
1 Maurer	108,00 m²	$2,0 \cdot 108 = 216,0$ h
6 Maurer	108,00 m²	$216 : 6 = 36,0$ h

36,0 h : 7,5 h/d = 4,8 d,
also: <u>4 Tage und 6 Stunden</u>

13. **4 Maurer mauern eine Wand von 62,00 m² in 5 Tagen je 7,25 Stunden.**
Wie lange benötigen 5 Maurer für 88,00 m², wenn am Tag 8,5 Stunden gearbeitet werden?

4 Maurer	62,00 m²	$5 \cdot 7,25 = 36,3$ h
1 Maurer	62,00 m²	$36,3 \cdot 4 = 145,2$ h
1 Maurer	1,00 m²	$145,2 : 62 = 2,34$ h
1 Maurer	88,00 m²	$2,34 \cdot 88 = 205,9$ h
5 Maurer	88,00 m²	$205,9 : 5 = 41,2$ h

41,2 h : 8,5 h/d = 4,85 d,
also: <u>4 Tage, 7 Stunden und 8,4 Minuten.</u>

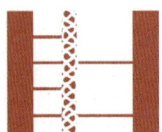

Lernfeld 8 M
Mauern einer zweischaligen Wand

1. Was versteht man unter dem Begriff „zweischalige Wand"?

Die zweischalige Wand besteht aus zwei separaten Wänden meist aus verschiedenen Baustoffen, die unterschiedliche Aufgaben zu erfüllen haben.

2. Ordnen Sie in der zweischaligen Wand den jeweiligen Schalen die Aufgaben zu (AS – Außenschale, ZS – Zwischenschicht, IS – Innenschale).

	AS	ZS	IS
Tragfunktion			
Schalldämmung			
Wärmespeicherung			
Wärmedämmung			
Feuchteschutz			
gutes Aussehen			

	AS	ZS	IS
Tragfunktion	–	–	X
Schalldämmung	X	–	X
Wärmespeicherung	–	–	X
Wärmedämmung	–	X	–
Feuchteschutz	X	–	–
gutes Aussehen	X	–	–

3. Die Außenschale einer zweischaligen Wand soll dicht, aber diffusionsoffen sein. Begründen Sie diese Aussage.

dicht:
Die Oberfläche muss dicht sein, damit Regenwasser nicht in das Mauerwerk und den Fugenmörtel eindringen kann. Sonst gibt es bei Frost Abplatzungen bis hin zur Zerstörung der gesamten Oberfläche.
diffusionsoffen:
Mit der Wärme wird von innen nach außen auch immer Luftfeuchte durch die Wand transportiert. Diese Feuchte muss an der Oberfläche entweichen können. Hinter einer diffusionsdichten Oberfläche würde sich die Feuchte sammeln, was ebenso zu Frostschäden führen würde.

4. Wie muss ein Baustoff beschaffen sein, um einen hohen Luftschallschutz zu gewährleisten?
Nennen Sie mindestens drei typische Baustoffe und die daraus hergestellten Mauersteine.

Je höher die Masse eines Bauteils ist, desto weniger lässt es sich durch die Schallwellen des Luftschalls in Schwingungen versetzen. Bauteile aus Baustoffen mit hoher Dichte haben also einen guten Luftschallschutz.
typische Baustoffe:
- Normalbeton (Hbn, Vbn, …),
- Kalksandsteine (KS, KSL, KS XL),
- Vollziegel (Mz, VMz, …),
- Klinker (KMz, KHLz, KK, …).

5. Erklären Sie, wie bei den im Bild gezeigten Wänden der Wärmeschutz erreicht wird. Welchen Vorteil hat die jeweilige Art der Konstruktion?

a) 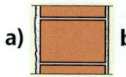 b) c)

a) einschaliges Mauerwerk:
  - Dämmung durch den Wandbaustoff, z. B. Porenbeton, Hochlochziegel, …,
  - Wandstärke mindestens 36,5 cm,
  - hohe mechanische Festigkeit der Außenoberfläche.
b) Wärmedämm-Verbundsystem:
  - Der Dämmstoff übernimmt außen die Wärmedämmung,
  - geringere Wandstärken,
  - geringe Oberflächenfestigkeit,
c) zweischaliges Mauerwerk:
  - Dämmung liegt in der Wand,
  - tragendes Mauerwerk liegt nicht im Frostbereich,
  - hohe mechanische Festigkeit an der Außenwand.

8 M

6. Worin unterscheidet sich der Wärmeschutz im Winter vom „sommerlichen Wärmeschutz"?

- Im Winter werden die Räume beheizt und die Konstruktion der Außenwände muss so beschaffen sein, dass die Wärme möglichst lang im Raum gehalten wird. In der Wand müssen also Schichten mit guter *Wärmedämmung* vorhanden sein.
- Im Sommer sollen die Räume gegen Wärme geschützt werden. Dazu sollen in der Wand Schichten mit sehr großer *Wärmespeicherung* vorhanden sein, die die von außen kommende Wärme zuerst speichern und erst später (wenn es draußen wieder kühler ist) an den Raum abgeben.

7. Wie müssen Baustoffe beschaffen sein, um
a) eine gute Wärmedämmung,
b) eine gute Wärmespeicherung
  zu erreichen.

a) Wärmedämmung:
  Baustoffe mit einer geringen Rohdichte, mit vielen Luftporen und Lufthohlräumen haben eine gute Wärmedämmung.

b) Wärmespeicherung:
  Baustoffe, die sehr dicht sind und daher eine hohe Masse aufweisen, sind am besten in der Lage Wärme zu speichern.

8. Nennen Sie je vier Mauersteine, die eine gute Wärmedämmung bzw. Wärmespeicherung aufweisen.

Dämmung	Speicherung

Dämmung	Speicherung
• HLz	• KMz
• PP	• KK
• Hbl	• Hbn
• Vbl	• Vbn
	• KS
	• KS XL

9. Wie sollte eine zweischalige Wand aufgebaut sein, damit sie sowohl im Winter als auch im Sommer einen guten Wärmeschutz gewährleisten kann.

Außenschale:
Dicht, wetterfest, schützt die dahinterliegende Dämmschicht.
Dämmschicht:
Verhindert, dass die Wärme von innen nach außen durch die Wand geht und schützt die Tragkonstruktion vor Frostschäden.
Innenschale:
Speichert im Sommer die von außen kommende Wärme und gibt sie erst später an den Raum ab.

10. Zählen Sie mindestens fünf Lasten auf, die auf eine Außenwand wirken können.

- Eigenlast,
- Dachlasten,
- Deckenauflager,
- Lasten von darüberliegenden Wänden (Etagen),
- Windlasten,
- Erddruck (bei Kelleraußenwänden).

11. Warum soll die Gebäude-trennwand zwischen zwei Gebäu-den zweischalig sein? Wie ist diese Konstruktion auszuführen?

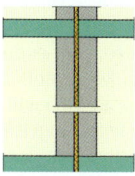

Die Trennwand zwischen zwei Gebäuden dient der Schalldämmung. Dabei ist zu beachten:
- beide Wände müssen mindestens 17,5 cm dick sein,
- Baustoffe mit hoher Rohdichte verwenden (Beton, KS, …),
- dazwischen mindestens 3 cm Spalt lassen, der dicht mit Dämmstoff gefüllt wird,
- es dürfen keine Bauteile und Materialien (Deckenbalken, Verankerungen, Mörtelreste, …) den Fugenhohlraum überbrücken.

12. Nennen Sie die vier Arten von zweischaligen Wandkon-struktionen.

Zweischaliges Mauerwerk mit:
- Putzschicht,
- Kerndämmung,
- Luftschicht,
- Luftschicht und Dämmung.

13. Welche Konstruktionsart ist im Bild gezeigt? Nennen Sie Vor- und Nachteile.

Zweischaliges Mauerwerk mit Putzschicht.
Vorteile:
- Besseres Aussehen,
- bessere Schalldämmung.

Nachteile:
- Keine Verbesserung des Wärmeschutzes.

8 M

14. Im Bild ist eine zweischalige Wand mit Luftschicht zu sehen.
a) Welche Aufgabe hat die Luft-schicht?
b) Welche Besonderheiten sind beim Mauern zu beachten?

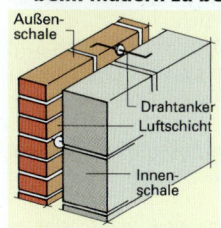

Außen-schale

Drahtanker
Luftschicht

Innen-schale

a) Luftschicht:
- Dient der Hinterlüftung der Fassade,
- Kondenswasser wird abgeleitet,
- durch die Außenschale eindringendes Wasser wird abgeleitet,
- bessere Wärmedämmung.

b) Besonderheiten:
- Die Luftschicht soll 6 … 15 cm breit sein,
- in der Außenschale müssen unten und oben offene Stoßfugen zur Entlüftung eingebaut werden,
- Entlüftung auch unter/über Wandöffnungen,
- die unteren Öffnungen dienen auch zur Entwässerung,
- Fugenmörtel an der Hohlrauminnenseite glatt abstreichen.

15. Welchen Vorteil bietet die zweischalige Wand mit Luftschicht und Dämmung? Worauf ist bei der Ausführung zu achten?

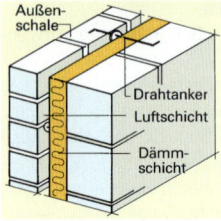

Außenschale
Drahtanker
Luftschicht
Dämmschicht

Durch die Wärmedämmschicht wird der Wärmeschutz der Wand deutlich verbessert. Der Abstand der Schalen darf max. 15 cm betragen, die Luftschicht muss überall mindestens 4 cm dick sein, um eine Ableitung von Kondenswasser sicherzustellen. Die zirkulierende Luftschicht garantiert, dass es zu keiner Durchfeuchtung des Dämmstoffes durch Wasserdampfdiffusion kommen kann. Da das Kondenswasser nach unten abgeleitet wird, müssen die Oberseiten von Tür- und Fensterstürzen und der Fußpunkt der Wand gegen Feuchte abgedichtet werden.

16. Erläutern Sie die beiden wesentlichen Kriterien, die bei einer Wand mit Kerndämmung zu beachten sind.

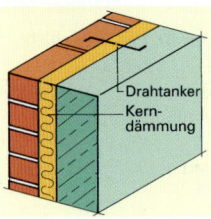

Drahtanker
Kerndämmung

1. Der Hohlraum zwischen den beiden Schalen wird vollständig gefüllt, daher können hier auch Schüttstoffe wie Blähperlite, Mineralwollegranulat oder Polystyrolschaumkugeln verwendet werden.
2. Da das Kondenswasser nicht durch eine Luftzirkulation abgeführt werden kann, muss die Außenschale sehr diffusionsoffen gestaltet werden. Es kommen also statt Klinkern eher Vormauerziegel zum Einsatz.

17. Nennen Sie mindestens vier Regeln, die beim Einsatz von Ankern im zweischaligen Mauerwerk zu beachten sind.

- Bei allen Arten von zweischaligen Wänden sind pro m^2 mindestens fünf Anker einzubauen.
- Die Anker haben mindestens einen Durchmesser von 3 mm und sind aus nicht rostendem Stahl.
- Ist der Schalenabstand > 7 cm, oder liegt der Wandbereich mehr als 12,00 m über OK Gelände müssen 4-mm-Anker verwendet werden.
- Der Abstand der Anker sollte senkrecht max. 50 cm, waagerecht max. 75 cm sein.
- Die Anker sind mit einer Tropfscheibe zu versehen, die Kondenswasser abtropfen lässt.

18. Welche Regeln sind beim Mauern der Außenschale einer zweischaligen Wand zu beachten?

- Lagerfugen vollfugig mauern,
- Mörtel an der Innenseite sauber abstreichen,
- keinen Mörtel in den Lufthohlraum fallen lassen,
- offene Stoßfugen zur Entlüftung und Entwässerung während des Mauerns mit Styroporplatten sichern,
- Einhaltung der Ankerabstände,
- Mindestdicke der Außenschale soll 11,5 cm betragen.

19. Unter welchen Umständen sind die Außenschalen mit Bewegungsfugen zu versehen?

- bei starken Temperaturschwankungen,
- bei sehr dunklen Steinen,
- bei sehr harten, spröden Steinen,
- bei sehr großen Flächen,
- wenn die Unterkonstruktion schon Bewegungsfugen hat, dann genau an diesen Stellen.

20. Nennen Sie Verarbeitungsregeln beim Anbringen der Dämmplatten an der Außenseite der Innenschale.

- Auf gleichmäßige Schichtdicke achten,
- lückenlose Ausführung an den Plattenstößen,
- ausgebrochene Stellen (z. B. an Ankern) mit Dichtstoff füllen.

8 M

21. Benennen Sie die Bauteile A … I der im Bild gezeigten zweischaligen Wand

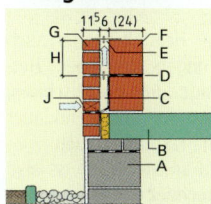

A – Kellermauerwerk
B – Decke über dem Keller
C – Luftschicht
D – Dichtungsbahn zur Ableitung des Kondenswassers
E – Drahtanker mit Tropfscheibe
F – Innenschale
G – Außenschale
H – Ankerabstand in Reihen max. 25 cm
I – offene Stoßfugen zur Belüftung und Entwässerung

22. Welche Eigenschaften muss ein Mauerstein aufweisen, der als Verblendmauerwerk verwendet werden soll?

- witterungsbeständig,
- geringe Wasseraufnahme,
- frostsicher,
- schönes Aussehen,
- sehr maßhaltig,
- Kleinformat, also 11,5 oder 17,5 cm breit.

23. Ordnen Sie die aufgezählten Mauersteine in der Tabelle entsprechend ihrer Eignung als Verblendmauerwerk ein:
HLz, Mz, VMz, KS L, KSVm, KSVb, Hbl, Hbn, KMz, VHLz, KS XL, KSVmL.

geeignet	ungeeignet
• …	• …
• …	• …
• …	• …

geeignet	ungeeignet
• VMz	• HLz
• KSVm	• Mz
• KSVb	• KS L
• KMz	• Hbl
• VHLz	• Hbn
• KSVmL	• KS XL

24. Welche Art von Oberfläche gibt es bei Ziegeln im Verblendmauerwerk?

- Handformziegel
- Glattformziegel
- Wasserstrichziegel

25. Beschreiben Sie, welche Art von Mörtel (Herstellungsart, MG) für die Verfugung von Sichtmauerwerk verwendet wird.

Herstellungsart:
Baustellenmörtel oder Werktrockenmörtel, da nur sehr geringe Mengen über einen langen Zeitraum verarbeitet werden.
Mörtelgruppe:
- MG I nicht verwendbar, da nicht wetterfest und frostsicher,
- MG II, IIa oder III verwendbar: der gleiche Mörtel, der zum Mauern der Außenschale verwendet worden ist.

26. Beim Verblendmauerwerk soll eine gleichmäßige Fläche in Farbe und Gestaltung entstehen. Worauf ist dabei zu achten?

Klinker verschiedener Hersteller, aber auch verschiedene Lieferungen desselben Herstellers können bedingt durch die Mischung, die Brenntemperatur oder die Brenndauer leicht unterschiedliche Farbtöne haben.
Die benötigte Anzahl an Steinen muss also vorher genau ausgerechnet und in *einer Lieferung* bestellt werden. Bei leichten farblichen Abweichungen sollten im Wechsel Steine von verschiedenen Paletten verwendet werden – diese farbliche Mischung fällt optisch nicht auf.

→

→

Auch der Mörtel muss immer exakt gleich gemischt werden bzw. vom selben Hersteller bezogen werden. Sonst sind im Fugenbild Farbunterschiede zu erkennen.

27. Sie sollen nach Leistungsverzeichnis (LV) „Sichtmauerwerk mit Fugenglattstrich" herstellen. Was ist damit gemeint?

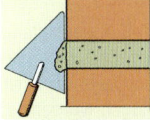

Beim „Glattstrich" wird das Sichtmauerwerk vollfugig hergestellt und der Mörtel außen mit der Kelle bündig abgezogen. Nach leichtem Antrocknen des Fugenmörtels wird dieser mit einem Fugeneisen, einem Holzspan oder einem Stück Schlauch glatt verstrichen. Eine nachträgliche Verfugung entfällt.

28. Beschreiben Sie den Arbeitsablauf beim Verfugen des Verblendmauerwerkes einer zweischaligen Wand.

1. Grobe Verunreinigungen wie Mörtelreste mit der Kelle, Spachtel oder einem Holzbrettchen entfernen, losen Mörtel aus den Fugen entfernen.
2. Flächen der Verblendsteine trocken vorreinigen.
3. Verblendsteine mit reichlich Wasser abbürsten, Zementmörtelschleier (ohne Verwendung von Säure) entfernen.
4. Vornässen der gesamten Fläche von unten nach oben.
5. Verfugen der Fläche – der Mörtel soll plastisch sein und muss binnen einer Stunde nach der Mischung verarbeitet werden.

8 M

29. Warum muss die Wandfläche vor dem Verfugen ausgiebig vorgenässt werden?

Verblender und Mauermörtel saugen kapillar Wasser an. Wenn die Fläche nicht vorgenässt wird, entziehen sie dem Fugenmörtel das Anmachwasser, noch ehe er vollständig erhärtet ist. Die Mörtelfugen sanden dann später ab.

30. **Wie sind die drei im Bild gezeigten Verfugungen hergestellt worden? Welche Ausführung ist nicht fachgerecht? Begründen Sie Ihre Entscheidung.**

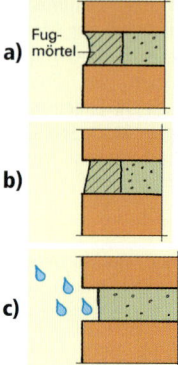

a) <u>ausgerundet:</u>
Der Fugenmörtel ist mittels Fugenkelle in die Fuge gedrückt worden und nach kurzem Antrocknen mit einem Stück Schlauch abgezogen worden.
Fachgerecht, da sich kein Wasser sammeln und in die Wand eindringen kann und auch keine Ablagerungsmöglichkeiten für Staub und Schmutz vorhanden sind.

b) <u>angeschrägt:</u>
Der Fugenmörtel ist mittels Fugenkelle in die Fuge gedrückt worden und nach kurzem Antrocknen mit einer Kelle oder der Fugenkelle schräg abgezogen worden.
Fachgerecht, da sich auch hier weder Wasser noch Schmutz ablagern können.

c) <u>gerade zurückgesetzt:</u>
Der Fugenmörtel ist mittels Fugenkelle in die Fuge gedrückt worden, wobei die Fuge aber nicht bis zur Oberfläche gefüllt wurde. Nach kurzem Antrocknen wurde die Oberfläche mit dem Fugeneisen geglättet.
Nicht fachgerecht, da sich in den Fugen Wasser und Schneematsch absetzen können. Beim Eindringen des Wassers in die Wand kann es bei Frost Abplatzungen geben. In den Fugen sammelt sich Staub und Dreck, der nach jedem Regen zum Teil über die Fassade verwaschen wird, was über Jahre hinweg zu Schmutzfahnen an der Verblendung führt.

31. **Erläutern Sie den Einfluss des Klimas auf die Verfugung der Außenschale. Nennen Sie mindestens drei schädliche Klimaeinflüsse.**

Der Fugenmörtel soll, um vollständig und möglichst rissfrei auszuhärten, nicht zu schnell austrocknen. Auch Schäden durch Frost (Nachtfrost) sind zu vermeiden.
Schädliche Einflüsse:
- Frost,
- direkte Sonneneinstrahlung,
- hohe Temperaturen,
- starker Wind.

32. Zu welchem Zweck werden in der Außenschale des zweischaligen Mauerwerks Bewegungsfugen eingebaut?

Die Bewegungsfugen verhindern, dass die Verblendung bei Ausdehnung bzw. bei Schwinden in den Fugen reißt. Dadurch könnte dann in der Folge Wasser in die Fassade eindringen und es zu Feuchte- und Frostschäden kommen.

33. Durch welche Einflüsse kommt es zur Ausdehnung bzw. zum Schwinden der Verblendung?

- Temperaturschwankungen (Sommer-Winter, Tag-Nacht),
- Intensität der Sonneneinstrahlung,
- Farbe des Mauerwerks.

34. Benennen Sie die Bauteile A … E der im Bild gezeigten Ecke mit Bewegungsfuge.

A – Bewegungsfuge
B – Innenschale
C – Außenschale
D – Luftschicht
E – Dämmschicht
F – Drahtanker mit Tropfscheiben

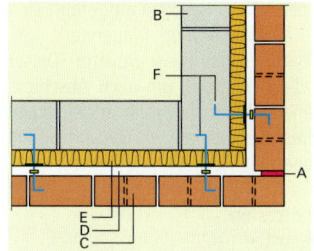

8 M

35. Wo sind an Verblendungen Bewegungsfugen einzubauen:
a) senkrechte Bewegungsfugen,
b) waagerechte Bewegungsfugen.

a) senkrechte Bewegungsfugen:
- an allen Gebäudeecken,
- an langen Wänden bei Ziegeln max. nach 10,00 m, bei Kalksandsteinen nach 8,00 m.

b) waagerechte Bewegungsfugen:
Wenn die Außenschale von unten gegen ein anderes Bauteil stößt, also:
- unter Fensterbänken,
- unter dem Dachüberstand,
- unter Abfangungen, wenn die Außenschale höher als 12,00 m ist.

36. Benennen Sie diese vier bei Verblendungen eingesetzten Verbände.

a)
b)

c)
d)

a) Läuferverband
b) gotischer Verband
c) märkischer Verband
d) wilder Verband

37. Was versteht man in einem Leistungsverzeichnis unter den „Einheitspreisen"?

Die meisten Bauverträge werden zwischen der Baufirma und dem Bauherrn in der Form eines „Einheitspreisvertrages" abgeschlossen. Dabei wird ein Leistungsverzeichnis erstellt, in dem alle Leistungen aufgeführt sind und die Baufirma *pro m^2* Mauerwerk oder *pro m^3* Beton einen Preis anbietet. Dieser Preis ist die Grundlage, um nach Abschluss der Baumaßnahme die real angefallenen Mengen mal Einheitspreis als Gesamtsumme beim Bauherrn in Rechnung zu stellen.

38. Was muss der Unternehmer in den Einheitspreis einrechnen, zu dem er eine Bauleistung anbieten kann?

- Materialkosten
- Gerätekosten
- Lohnkosten
- Gemeinkosten
- Wagnis und Gewinn

**39. Erklären Sie die Begriffe
a) Herstellkosten,
b) Gemeinkosten,
c) Wagnis und Gewinn.**

a) Herstellkosten:
Kosten, die direkt anfallen, wenn z. B. die Wand gemauert wird, also die Summe von:
- Material (Ziegel, Mörtel, …),
- Lohn (Tarif, Zuschläge, …),
- evtl. Geräten (gemietet, gekauft, …).
b) Gemeinkosten:
Kosten, die im Unternehmen unabhängig von der Bauleistung noch zusätzlich anfallen:
- Personalkosten (Büro, Buchhaltung, Kalkulation, …),
- Mietkosten für Gebäude, …,

→   →

- Sozialleistungen,
- Abschreibungen.

Diese Kosten werden anteilig auf die Baumaßnahmen verteilt, also zu den Herstellkosten addiert.

c) Wagnis und Gewinn:
Zuschlag für eventuelle Mehrkosten durch Gefährdungen während der Bauzeit (Wagnis) und einen angemessenen Gewinn. Ohne Gewinn kann kein Bauunternehmen existieren, da sonst niemand sein Kapital in dieses Unternehmen einbringen würde.

40. Was versteht man unter der „VOB"?

VOB = „**V**ergabe- und Vertrags**o**rdnung für **B**auleistungen", sie regelt die Zusammenarbeit zwischen Bauherren und Unternehmen.

41. Nennen Sie die drei Teile der VOB und ihren wesentlichen Inhalt.

Die VOB ist nach dem tatsächlichen Bauablauf gegliedert:
Teil A:
Vertragsarten, Leistungsbeschreibung, Vergabe.
Teil B:
Vertragsbedingungen, …
Teil C:
Technische Regelwerke für Durchführung und die Abrechnung Bauleistung.

8 M

42. Kreuzen Sie an, in welchen Einheiten die folgenden Bauleistungen üblicherweise abzurechnen sind:

Bauleistung	m^2	m	t
Ausfugen Außenschale			
Pfeiler mauern			
Mauerwerk Wand			
Laibungen herstellen			
Schüttgut antransportieren			
Ausmauern Fachwerk			
Schornstein mauern			

Bauleistung	m^2	m	t
Ausfugen Außenschale	X		
Pfeiler mauern		X	
Mauerwerk Wand	X		
Laibungen herstellen		X	
Schüttgut antransportieren			X
Ausmauern Fachwerk	X		
Schornstein mauern		X	

43. Bis zu welcher Größe dürfen Öffnungen und Unterbrechungen im Mauerwerk bei der Bauabrechnung „übermessen" werden?

- Öffnungen bis 2,5 m² Größe,
- Nischen, wenn das dahinterliegende Mauerwerk in einer gesonderten LV-Position erfasst ist,
- Unterbrechungen des Mauerwerks bis zu 30 cm Breite (Pfeiler,…),
- Bei Abrechnung nach Länge (m) Unterbrechungen bis 1,00 m.

44. Pfeiler werden im Mauerwerk gesondert abgerechnet. Wie viele Pfeiler sind in der Wand enthalten? Begründen Sie Ihre Aussage.

Öffnungen im Mauerwerk bis 2,5 m² Einzelgröße werden übermessen, damit sind Pfeiler 1, 2, 3 und 5 keine Pfeiler, sondern Mauerwerk.

Ein Pfeiler gilt nur dann als Pfeiler, wenn die Öffnungen *beidseitig* abgezogen werden, und er schmaler als 50 cm ist. Wäre er z. B. 61,5 cm breit, wäre er schon eine kurze Wand.

Nur Pfeiler ④ wird als Pfeiler abgerechnet.

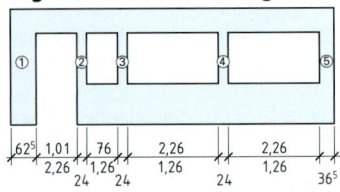

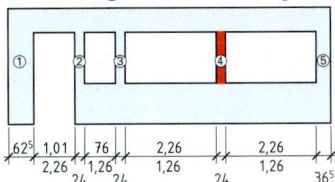

Lernfeld 8 M
Fachmathematik

1. Eine 12,80 m lange und 7,60 m hohe Wand soll eine 11,5er-Vorsatzschale aus DF-Klinkern erhalten.

a) Berechnen Sie die Wandfläche.

b) Wie viele Klinker werden pro m^2 benötigt?

c) Berechnen Sie, wie viele Klinker insgesamt benötigt werden.

d) Wie viele Klinker sind zu bestellen, wenn mit 3 % Bruch zu rechnen ist?

a) Wandfläche:
$A = l \cdot b = 12,80 \text{ m} \cdot 7,60 \text{ m} = \underline{97,28 \text{ m}^2}$

b) Klinker pro m^2:
4 Schichten DF = 25 cm Höhe, also sind
16 Schichten = 1,00 m
4 Läufer hintereinander = 1,00 m Länge
1 m^2 = 4 Läufer · 16 Schichten
$\qquad = \underline{64 \text{ Klinker}}$

c) benötigte Klinker:
Klinker = 97,28 m^2 · 64 Klinker/m^2
$\qquad = \underline{6226 \text{ Klinker}}$

d) zu bestellende Klinker:
Klinker = 6226 · 1,03 = $\underline{6413 \text{ Klinker}}$

2. Sie sollen eine 21,80 m lange und 5,80 m hohe Fassade mit einer 17,5er-Vorsatzschale aus 3DF-KS-Steinen verkleiden?

a) Berechnen Sie die Wandfläche.

b) Wie viele Kalksandsteine werden pro m^2 benötigt?

c) Berechnen Sie, wie viele KS-Steine insgesamt benötigt werden.

d) Wie viele KS-Steine sind zu bestellen, wenn mit 2,5 % Bruch zu rechnen ist?

a) Wandfläche:
$A = l \cdot b = 21,80 \text{ m} \cdot 5,80 \text{ m} = \underline{126,44 \text{ m}^2}$

b) KS-Steine pro m^2:
2 Schichten 3DF = 25 cm Höhe, also
sind 8 Schichten = 1,00 m
4 Läufer hintereinander = 1,00 m Länge
1 m^2 = 4 Läufer · 8 Schichten
$\qquad = \underline{32 \text{ Kalksandsteine}}$

c) benötigte KS-Steine:
KS-Steine = 126,44 m^2 · 32 KS-Steine/m^2
$\qquad = \underline{4047 \text{ Kalksandsteine}}$

d) zu bestellende KS-Steine:
KS-Steine = 4047 · 1,025
$\qquad = \underline{4149 \text{ KS-Steine}}$

8 M

3. Sie sollen Sichtmauerwerk im Läuferverband herstellen. Berechnen Sie für die angegebenen Flächen (A in m^2) die zu bestellende Anzahl Steine unter Berücksichtigung des zu erwartendes Bruches (p in %).

	A (m^2)	p	Format	Steine
a)	122,80	4 %	2DF	?
b)	212,30	3 %	NF	?
c)	87,60	2 %	DF	?
d)	62,90	1,5 %	3DF	?
e)	145,80	2,5 %	2DF	?

	A (m^2)	p	Format	Steine
a)	122,80	4 %	2DF	4,087
b)	212,30	3 %	NF	10,497
c)	87,60	2 %	DF	5,719
d)	62,90	1,5 %	3DF	2,043
e)	145,80	2,5 %	2DF	4,783

4. Ermitteln Sie den Materialbedarf für 270,00 m^2 der im Schnitt dargestellten Außenwand:

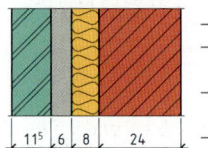

– HLzA 12, 12 DF
– Mineralwolle-platten
– Drahtanker 5 St./m^2
– KMz 48, NF

11^5 6 8 24

a) Paletten Hochlochziegel (pro Palette 6 Schichten je 12 Steine),
b) Pakete Mineralwolleplatten (0,384 m^3/Paket),
c) Anzahl Drahtanker,
d) Paletten Klinker (pro Palette 8 Schichten je 36 Klinker).

a) Paletten Hochlochziegel:
Ein Stein ist in der 24er-Wand mit Fuge (Richtmaß) = 37,5 cm · 25 cm
$$= 0,09375 \text{ m}^2$$

$$\text{Anzahl Steine} = \frac{270,00 \text{ m}^2}{0,09375 \text{ m}^2/\text{Stein}}$$

$$= 2880 \text{ Steine}$$

1 Palette = 6 · 12 Steine = 72 Steine

$$\text{Anzahl Paletten} = \frac{2880 \text{ Steine}}{72 \text{ Steine/Palette}}$$

$$= \underline{40 \text{ Paletten}}$$

b) Pakete Mineralwolle:
$$V_{\text{Dämmung}} = 270,00 \text{ m}^2 \cdot 0,08 \text{ m}$$

$$= 21,600 \text{ m}^3$$

$$\text{Anzahl Pakete} = \frac{21,600 \text{ m}^3}{0,384 \text{ m}^3/\text{Paket}}$$

$$= 56,25 \text{ Pakete}$$

Es müssen also $\underline{57 \text{ Pakete}}$ bestellt werden.

c) Anzahl Drahtanker:
Anker = 270,00 m^2 · 5 Anker/m^2

$$= \underline{1350 \text{ Drahtanker}}$$

→   →

d) Paletten Klinker:
Ein Stein ist in der 11,5er-Wand mit Fuge
(Richtmaß) $= 24$ cm $\cdot 8{,}333$ cm
$= 0{,}02$ m^2

Anzahl Steine $= \dfrac{270{,}00 \text{ m}^2}{0{,}02 \text{ m}^2/\text{Stein}}$

$= 13\,500$ Steine

1 Palette $= 8 \cdot 36$ Steine $= 288$ Steine

Anzahl Paletten $= \dfrac{13\,500 \text{ Steine}}{288 \text{ Steine/Palette}}$

$= 46{,}875$ Paletten

Es müssen also 47 Paletten Klinker bestellt werden.

5. Berechnen Sie den Materialbedarf für denselben Wandaufbau wie in Aufgabe 4. für folgende Wandflächen (A in m^2):

a) Paletten Hochlochziegel HLz 12, 8 DF (pro Palette 6 Schichten je 16 Steine),

b) Pakete Mineralwolleplatten (0,300 m^3/Paket),

c) Anzahl Drahtanker (5 St./m^2),

d) Paletten DF-Klinker (pro Palette 8 Schichten je 48 Klinker).

A in m^2	a)	b)	c)	d)
136,00	?	?	?	?
226,00	?	?	?	?
378,00	?	?	?	?
412,00	?	?	?	?
87,00	?	?	?	?

Änderungen zu Aufgabe 4.:

a) Paletten Hochlochziegel:
Ein Stein ist in der 24er-Wand mit Fuge
(Richtmaß) $= 25 \cdot 25$ cm $= 0{,}0625$ m^2
1 Palette $= 6 \cdot 16$ Steine $= 96$ Steine

b) Pakete Mineralwolle:
1 Paket $= 0{,}300$ m^3

d) Paletten Klinker:
Ein Stein ist in der 11,5er-Wand mit Fuge
(Richtmaß) $= 25 \cdot 6{,}25$ cm $= 0{,}016$ m^2
1 Palette $= 8 \cdot 48$ Steine $= 384$ Steine

8 M

A in m^2	a)	b)	c)	d)
136,00	23	37	680	23
226,00	38	61	1130	38
378,00	63	101	1890	63
412,00	69	110	2060	69
87,00	15	24	435	15

6. Ermitteln Sie den Materialbedarf für 345,00 m² der im Schnitt dargestellten Außenwand mit Kerndämmung:

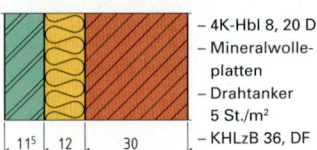

– 4K-Hbl 8, 20 DF
– Mineralwolle-platten
– Drahtanker 5 St./m²
– KHLzB 36, DF

11⁵ 12 30

a) Paletten Hohlblocksteine (pro Palette 6 Schichten je 8 Steine),

c) Pakete Mineralwolleplatten (0,360 m³/Paket),

c) Anzahl Drahtanker,

d) Paletten Klinker (pro Palette 8 Schichten je 48 Klinker).

a) Paletten Hohlblocksteine:
Ein Stein ist in der 30er-Wand mit Fuge (Richtmaß) = 50 cm · 25 cm = 0,125 m²

$$\text{Anzahl Steine} = \frac{345,00 \text{ m}^2}{0,125 \text{ m}^2/\text{Stein}}$$

$$= 2760 \text{ Steine}$$

1 Palette = 6 · 8 Steine = 48 Steine

$$\text{Anzahl Paletten} = \frac{2760 \text{ Steine}}{48 \text{ Steine/Palette}}$$

$$= 57,5 \text{ Paletten}$$

Es müssen also <u>58 Paletten</u> bestellt werden.

b) Pakete Mineralwolle:
$V_{\text{Dämmung}} = 345,00 \text{ m}^2 \cdot 0,12 \text{ m}$
$= 41,400 \text{ m}^2$

$$\text{Anzahl Pakete} = \frac{41,400 \text{ m}^3}{0,360 \text{ m}^3/\text{Paket}}$$

$$= \underline{115 \text{ Pakete}}$$

c) Anzahl Drahtanker:
$\text{Anker} = 345,00 \text{ m}^2 \cdot 5 \text{ Anker/m}^2$
$$= \underline{1725 \text{ Drahtanker}}$$

d) Paletten Klinker:
Ein Stein ist in der 11,5er-Wand mit Fuge (Richtmaß) = 24 cm · 6,25 cm
$$= 0,015 \text{ m}^2$$

$$\text{Anzahl Steine} = \frac{345,00 \text{ m}^2}{0,015 \text{ m}^2/\text{Stein}}$$

$$= 23\,000 \text{ Steine}$$

1 Palette = 8 · 48 Steine = 384 Steine

$$\text{Anzahl Paletten} = \frac{23\,000 \text{ Steine}}{384 \text{ Steine/Palette}}$$

$$= 59,896 \text{ Paletten}$$

Es müssen also <u>60 Paletten</u> Klinker bestellt werden.

7. Berechnen Sie den Materialbedarf für denselben Wandaufbau wie in Aufgabe 6. für folgende Wandflächen (A in m^2):
a) Paletten Hochlochziegel HLz 12,10 DF (pro Palette 5 Schichten je 15 Steine),
b) Pakete Mineralwolleplatten (0,288 m^3/Paket),
c) Anzahl Drahtanker (5 St./m^2),
d) Paletten 2DF-Kalksandsteine (pro Palette 8 Schichten je 32 KS-Steine).

Änderungen zu Aufgabe 6.:
a) Paletten Hochlochziegel:
   Ein Stein ist in der 30er-Wand mit Fuge (Richtmaß) = 25 cm · 25 cm = 0,0625 m^2
   1 Palette = 5 · 15 Steine = 75 Steine
b) Pakete Mineralwolle:
   1 Paket = 0,288 m^3
d) Paletten Kalksandsteine:
   Ein Stein ist in der 11,5er-Wand mit Fuge (Richtmaß) = 25 cm · 12,5 cm
   = 0,031 m^2
   1 Palette = 8 · 32 Steine = 256 Steine

A in m^2	a)	b)	c)	d)
65,00	?	?	?	?
88,00	?	?	?	?
125,00	?	?	?	?
212,00	?	?	?	?
387,00	?	?	?	?

A in m^2	a)	b)	c)	d)
65,00	14	28	325	9
88,00	19	37	440	12
125,00	27	53	625	16
212,00	46	89	1060	27
387,00	83	162	1935	49

8. 4 Maurer erstellen 76,00 m^2 11,5er-Wandmauerwerk in 2 Tagen je 8 Stunden. Wie groß ist der Arbeitszeitrichtwert für diese Arbeit?

Anzahl der Arbeitsstunden:

4 Maurer · 2 d · 8 $\dfrac{h}{d}$ = $\underline{64\ h}$

Arbeitszeitrichtwert:

$= \dfrac{64\ h}{76\ m^2} = \underline{\underline{0,84\ h/m^2}}$

8 M

9. Für das Erdgeschoss eines Einkaufsmarktes waren 1080 m^3 30er-Außenwandmauerwerk herzustellen. Ermitteln Sie den Arbeitszeitrichtwert, wenn die Arbeit von 8 Maurern in 10 Wochen (5 Tage pro Woche, 9 Stunden am Tag) gearbeitet worden ist.

Anzahl der Arbeitsstunden:
1 Maurer :

10 w · 5 $\dfrac{d}{w}$ · 9 $\dfrac{h}{d}$ = 450 h

Gesamtzahl = 8 · 450 h = $\underline{3600\ h}$

m^2 Wandmauerwerk:

$A = \dfrac{V}{d} = \dfrac{1080\ m^3}{0,3\ m} = \underline{3600\ m^2}$

Arbeitszeitrichtwert:

$= \dfrac{3600\ h}{3600\ m^2} = \underline{\underline{1,00\ h/m^2}}$

10. Berechnen Sie die Arbeits-zeitrichtwerte für die jeweiligen Maurerarbeiten
(*t:* Wandstärke, *M:* Anzahl Maurer, h/d: Stunden/Tag, d: Tage, *V:* Volumen des erstellten Mauer-werks).

Wie in Aufgabe **9.** zuerst die Gesamtzahl der Stunden und dann die m² Mauerwerk ermitteln. Danach den Arbeitszeitrichtwert berechnen.

	t	M	h/d	d	V
a)	36,5er	4	7,5	10	55,584 m³
b)	11,5er	5	8,0	6	23,590 m³
c)	24er	7	7,75	4	98,264 m³
d)	30er	9	8,25	7	229,300 m³
e)	17,5er	12	8,5	8	216,364 m³

	Arbeitszeitrichtwert
a)	1,97 h/m²
b)	1,17 h/m²
c)	0,53 h/m²
d)	0,68 h/m²
e)	0,66 h/m²

11. Ermitteln Sie aus den Tabellen der Arbeitszeitrichtwerte im Tabellenbuch, aus welchem Material und mit welchen Formaten die Wände in Aufgabe 10. gemauert wurden.

	Richtwert	Format	Material
a)	1,97 h/m²	?	?
b)	1,17 h/m²	?	?
c)	0,53 h/m²	?	?
d)	0,68 h/m²	?	?
e)	0,66 h/m²	?	?

	Richtwert	Format	Material
a)	1,97 h/m²	NF	Ziegel
b)	1,17 h/m²	DF	Ziegel
c)	0,53 h/m²	16DF	Ziegel
d)	0,68 h/m²	15DF	Leichtbeton
e)	0,66 h/m²	6DF	Kalksandstein

12. Berechnen Sie den Mittellohn einer Maurerkolonne, die aus fol-genden Arbeitern besteht:
1 Polier = 26,90 €/h,
1 Vorarbeiter = 23,60 €/h,
4 Maurer = 18,70 €/h,
6 Bauhelfer = 12,00 €/h.

Gesamtlohn der Kolonne pro Stunde:

$$
\begin{aligned}
& 1 \cdot 26,90 \ \text{€/h} \\
& 1 \cdot 23,60 \ \text{€/h} \\
& 4 \cdot 18,70 \ \text{€/h} \\
+ \ & 6 \cdot 12,00 \ \text{€/h} \\
\hline
= \ & \quad 197,30 \ \text{€/h}
\end{aligned}
$$

Mittellohn der Kolonne:

$$\text{Mittellohn} = \frac{\text{Gesamtlohn}}{\text{Arbeiter}} = \frac{197,30 \ \text{€/h}}{12}$$

$$= \underline{\underline{16,44 \ \text{€/h}}}$$

13. Berechnen Sie den Mittellohn folgender Maurerkolonne:
1 Vorarbeiter = 24,70 €/h,
7 Maurer = 19,20 €/h,
9 Bauhelfer = 12,40 €/h.

Gesamtlohn der Kolonne pro Stunde:

$$
\begin{aligned}
& 1 \cdot 24,70 \ \text{€/h} \\
& 7 \cdot 19,20 \ \text{€/h} \\
+ \ & 9 \cdot 12,40 \ \text{€/h} \\
\hline
= \ & 270,70 \ \text{€/h}
\end{aligned}
$$

Mittellohn der Kolonne:

$$\text{Mittellohn} = \frac{\text{Gesamtlohn}}{\text{Arbeiter}} = \frac{270,70 \ \text{€/h}}{17}$$

$$= \underline{15,92 \ \text{€/h}}$$

14. Ein Mehrfamilienhaus wurde in einem Pauschalvertrag erstellt. Nach Abschluss der Bautätigkeit bezahlt der Bauherr die pauschale Lohnsumme von **66.430,00 €.**
Teilen Sie die Lohnsumme unter folgender Baukolonne auf:
1 Polier = 27,30 €/h,
1 Vorarbeiter = 24,60 €/h,
7 Maurer = 18,20 €/h,
6 Bauhelfer = 12,70 €/h.
Wie viel Geld erhalten die einzelnen Arbeiter?

Gesamtlohn der Kolonne pro Stunde:

$$
\begin{aligned}
& 1 \cdot 27,30 \ \text{€/h} \\
& 1 \cdot 24,60 \ \text{€/h} \\
& 7 \cdot 18,20 \ \text{€/h} \\
+ \ & 6 \cdot 12,70 \ \text{€/h} \\
\hline
= \ & 255,50 \ \text{€/h}
\end{aligned}
$$

Anzahl der bezahlten Stunden pro Arbeiter:

$$\text{Stunden} = \frac{\text{Lohnsumme}}{\text{Stundenlohn}} = \frac{66.430,00 \ \text{€}}{255,50 \ \text{€/h}}$$

$$= \underline{260 \ \text{h}}$$

8 M

Es sind also nach Abschluss der Bauleistung für jeden Arbeiter 260 Stunden Lohn auszuzahlen:

$$\text{Polier} = 260 \ \text{h} \cdot 27,30 \ \text{€/h} = \underline{7.098,00 \ \text{€}}$$

$$\text{Vorarbeiter} = 260 \ \text{h} \cdot 24,60 \ \text{€/h}$$
$$= \underline{6.396,00 \ \text{€}}$$

$$\text{jeder Maurer} = 260 \ \text{h} \cdot 18,20 \ \text{€/h}$$
$$= \underline{4.732,00 \ \text{€}}$$

$$\text{die Bauhelfer} = 260 \ \text{h} \cdot 12,70 \ \text{€/h}$$
$$= \underline{3.302,00 \ \text{€}}$$

15. Teilen Sie die pauschalen Lohnsummen unter den Bau-kolonnen auf:
P = Polier = 28,60 €/h,
M = Maurer = 19,60 €/h,
H = Bauhelfer = 12,40 €/h.

	Lohnsumme	P	M	H
a)	17.304,00 €	1	4	3
b)	16.816,00 €	1	8	2
c)	19.175,00 €	1	6	12
d)	20.790,00 €	2	8	20
e)	18.837,00 €	1	5	3

	P	M	H
a)	3.432,00 €	2.352,00 €	1.488,00 €
b)	2.288,00 €	1.568,00 €	992,00 €
c)	1.859,00 €	1.274,00 €	806,00 €
d)	1.287,00 €	882,00 €	558,00 €
e)	3.289,00 €	2.254,00 €	1.426,00 €

16. Ein pauschaler Objektlohn von 3.000,00 € soll am Ende der Ar-beitswoche (5 Tage je 9 Stunden) zwischen dem Polier (22,20 €/h) und drei Maurern aufgeteilt werden.
Maurer 1 war immer pünktlich da, Maurer 2 hat 2 Tage gefehlt und Maurer 3 kam 2 Tage je 5 Stunden zu spät.
Wie viel Geld wird ausgezahlt?

Polierlohn:
45 h · 22,20 €/h = 999,00 €
Der Rest ist „gerecht" nach Arbeitsleistung aufzuteilen.
Geleistete Arbeitsstunden:
Maurer 1 = 45 h
Maurer 2 = 27 h
Maurer 3 = 35 h
= 107 h

$$\text{Stundenlohn} = \frac{\text{Lohnsumme}}{\text{Stunden}} = \frac{2.001,00 \text{ €}}{107 \text{ h}}$$
$$= \underline{18,70 \text{ €/h}}$$

Also wird den Maurern folgender Lohn aus-gezahlt:
Maurer 1 = 45 h · 18,70 €/h = 841,50 €
Maurer 2 = 27 h · 18,70 €/h = 504,90 €
Maurer 3 = 35 h · 18,70 €/h = 654,50 €

17. Ein Maurer (20,00 €/h) und vier Bauhelfer bauen eine Ga-rage. Der Bauherr zahlt am Ende der Woche (5 Tage je 8 Stunden) pauschal eine Lohnsumme von 2.600,00 € aus.

Maurerlohn:
40 Stunden · 2,00 €/h = 800,00 €
Der Rest ist gerecht nach Arbeitsleistung aufzuteilen.

214

Helfer 1 war nur 2 Tage da, Helfer 2 ist am Freitag 4 Stunden eher gegangen und Helfer 3 hat am Mittwoch 3 Stunden verschlafen.
Wer bekommt wie viel Geld?

Geleistete Arbeitsstunden:
Helfer 1 = 16 h
Helfer 2 = 36 h
Helfer 3 = 37 h
Helfer 4 = 40 h
= 129 h

$$\text{Stundenlohn} = \frac{\text{Lohnsumme}}{\text{Stunden}} = \frac{1.800,00 \ €}{129 \ h}$$
$$= \underline{\underline{13,95 \ €/h}}$$

Also wird den Maurern folgender Lohn ausgezahlt:
Helfer 1 = 16 h · 13,95 €/h = $\underline{\underline{223,20 \ €}}$
Helfer 2 = 36 h · 13,95 €/h = $\underline{\underline{502,20 \ €}}$
Helfer 3 = 37 h · 13,95 €/h = $\underline{\underline{516,15 \ €}}$
Helfer 4 = 40 h · 13,95 €/h = $\underline{\underline{558,00 \ €}}$

18. Ermitteln Sie den Einheitspreis, zu dem eine Baufirma den m^2 24er-Mauerwerk anbieten kann, unter folgenden Bedingungen:

12 DF-Ziegel = 3640,00 €/1000 St., Leichtmauermörtel = 0,30 €/L, Mörtelverbrauch = 26 L/m^2, Mittellohn = 13,40 €/h, Arbeitszeitrichtwert = 0,59 h/m^2, Gemeinkostenzuschlag auf Lohn 130 %, Gemeinkostenzuschlag auf Material 15 %.

Material:
Ein Ziegel ist in der Wand 37,5 cm lang und 25 cm hoch (Richtmaße mit Fuge), also
$A = 0,375 \cdot 0,25 \ m = 0,09375 \ m^2$
$$\text{Bedarf/}m^2 = \frac{1,00 \ m^2}{0,09375 \ m^2/\text{Stein}} = 10,7 \text{ Steine}$$

8 M

Materialkosten:
Ziegel = 10,7 Steine · 3,64 € = 38,95 €/m^2
Mörtel = 26 l · 0,30 €/l = 7,80 €/m^2
= 46,75 €/m^2
Mit Gemeinkosten · 1,15 = $\underline{\underline{53,76 \ €/m^2}}$
Lohnkosten:
13,40 €/h · 0,59 h/m^2 = 7,91 €/m^2
Mit Gemeinkosten · 2,3 = 18,19 €/m^2
Einheitspreis: = $\underline{\underline{71,95 \ €/m^2}}$

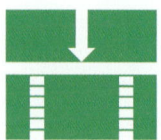

Lernfeld 9 M/11 B
Herstellen einer Massivdecke

1. Nennen Sie mindestens fünf Aufgaben, die Deckenkonstruktionen zu erfüllen haben.

- Aufnahme von Nutzlasten und ständigen Lasten,
- Ableitung der Lasten auf Wände oder Stützen,
- Abschließen von Räumen,
- Wärmeschutz,
- Schallschutz,
- Brandschutz,
- Aussteifung des Bauwerkes.

2. Erklären Sie den Unterschied zwischen einer „einachsig gespannten" und einer „zweiachsig gespannten" Deckenkonstruktion. Welche Art ist im Bild gezeigt?

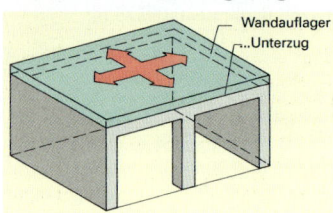

Wandauflager
...Unterzug

„einachsig gespannt":
Die Deckenplatte liegt auf den beiden gegenüberliegenden Wänden auf und leitet dorthin die Lasten ab. Die Tragbewehrung wird also in Richtung auf die beiden Wände verlegt.
Die Decke ist also nur in einer Richtung („Achse") bewehrt.

„zweiachsig gespannt":
Die Deckenplatte liegt auf allen vier umfassenden Wänden auf. Daher wird die Last durch eine Tragbewehrung in Längs- und Querrichtung in alle vier Wände abgeleitet.
Die Decke ist in zwei Richtungen („Achsen") bewehrt.
Im Bild ist eine „zweiachsig gespannte" Decke zu sehen.

3. Welcher Unterschied besteht zwischen einer
a) Einfeldplatte,
b) Durchlaufplatte,
c) Kragplatte?
Wo liegt jeweils die Hauptbewehrung der Platte?

a) Einfeldplatte:
- überdeckt von Auflager zu Auflager nur einen Raum,
- Hauptbewehrung im unteren Bereich der Platte.

→

→

216

b) Durchlaufplatte:
- überdeckt mehrere Räume mit zusätzlicher Auflagerung auf Zwischenwänden,
- Hauptbewehrung in den Feldern im unteren Bereich der Platte, über den Zwischenauflagern im oberen Bereich.

c) Kragplatte:
- liegt nur auf einer Plattenseite auf (eingespannt),
- die Hauptbewehrung liegt im oberen Bereich der Platte.

4. Wovon ist die Dicke einer Stahlbetonvollplatte abhängig?

Belastung der Decke
- Eigenlast,
- Spannweite,
- Bewehrung,
- Schall-/Brandschutzforderungen.

5. Nennen Sie die Mindestdicke d der folgenden Stahlbetondeckenplatten:

Decke	d
Decken, die nur ausnahmsweise begangen werden	?
normal belastete Deckenkonstruktionen	?
Decken mit Querkraftbewehrung	?
Decken mit Durchstanzbewehrung	?

Decke	d
Decken, die nur ausnahmsweise begangen werden	5 cm
normal belastete Deckenkonstruktionen	7 cm
Decken mit Querkraftbewehrung	16 cm
Decken mit Durchstanzbewehrung	20 cm

9 M
11 B

6. Was versteht man unter „punktförmig gestützten Platten"? Welche Vor- und Nachteile haben diese Konstruktionen?

Punktförmig gestützte Platten liegen statt linienförmig auf Wänden nur punktförmig auf Stützen auf. Die Lasten müssen über sehr kleine Auflageflächen in die Stützen übertragen werden.
Vorteile:
- glatte Deckenunterseite ohne Riegel und Unterzüge,
- geringe Deckenstärke.

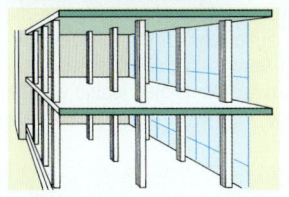

Nachteile:
- sehr dichte Bewehrungsführung im Bereich der Stützen,
- große Stahlmengen,
- keine Hohlräume unter der Decke für Einbauten (Rohre, Installationen, …).

7. Unterscheiden Sie die Arten von Deckenkonstruktionen:

a)

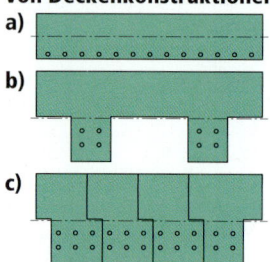

b)

c)

a) Plattendecke:
  - Massivdecke,
  - durchweg Beton in Druck- und Zugzone,
  - schwer, geringe Tragfähigkeit.

b) Plattenbalkendecke:
  - Platte nimmt Druckkräfte auf,
  - Balken nimmt Zugspannungen auf,
  - leicht, hohe Tragfähigkeit.

c) Balkendecke:
  - schwer,
  - Aufnahme von sehr hohen Lasten möglich.

8. In der Skizze ist eine Massivdecke dargestellt.

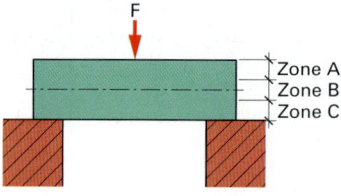

Zone A
Zone B
Zone C

a) Skizzieren Sie die Verformung der Decke unter Last.
b) Wo entstehen an der Decke Druck- bzw. Zugkräfte?
c) Welche Funktion hat der Beton in den Zonen A … C?

9. Bewerten Sie Ihre Aussagen zur Funktion des Betons in Zone A … C einer Massivdecke.

a) Verformung:

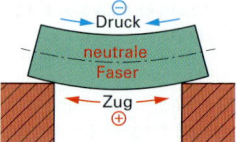

neutrale Faser
Druck
Zug

b) Zugkräfte an der Unterseite, zur Mitte abnehmend, Druckkräfte an der Oberseite, zur Mitte abnehmend.

c) Funktion:

Zone	Funktion
A	Aufnahme der Druckkräfte
B	Keine Funktion, nur Füllstoff
C	Ummantelung der Bewehrung

Die Decken müssten im Idealfall an der Oberseite nur aus Beton bestehen, um die Druckkräfte aufzunehmen. An der Unterseite muss die Bewehrung die Zugkräfte aufnehmen. Dazwischen reichen einige wenige leichte Stege um den Abstand zwischen

218

Zug- und Druckzone herzustellen, oder es könnten große Hohlräume (Kammern) eingebaut werden.
Die Massivdecke besteht durchweg aus Beton, der in Zone B und C keine Tragfunktion hat, aber dazu führt, dass die Konstruktion sehr schwer wird. Die hohe Eigenlast führt zur Durchbiegung bzw. zu geringen Stützweiten und hohen Lasten auf die Unterkonstruktion. Besser geeignet sind Plattenbalkendecken (siehe LF 12 B).

10. Was versteht man unter einer „systemlosen Schalung"?

Die systemlose Schalung besteht aus Schaltafeln oder Schalbrettern, die auf der Unterstützungskonstruktion aufgebracht werden. Da die Bretter beliebig in Breite und Länge zuschneidbar sind, lässt sich damit jeder beliebige Grundriss einschalen.

11. Nennen Sie die Vorteile und die Nachteile einer systemlosen Schalung.

Vorteile:
• jeder beliebige Grundriss ist herstellbar,
• preiswert in der Anschaffung.
Nachteile:
• arbeitsaufwendig, da viele Teile bewegt werden müssen,
• geringe Einsatzhäufigkeit,
• die Decke ist nicht ausschalbar, ohne die Träger zu entfernen.

**9 M
11 B**

12. Benennen Sie die im Bild mit A…C gekennzeichneten Bauteile einer systemlosen Schalung. Welche Funktion haben die Teile und aus welchem Material können sie bestehen?

A = Schalhaut:
Funktion:
• Formgebung der Decke, des Deckenrandes und der Aussparungen,
• Aufnahme der Lasten von Beton, Bewehrung, Personal und Maschinen.
Material:
• Bretter mind. 24 mm dick, sägerau oder gehobelt,
• Schalungsplatten, mehrschichtig verleimt aus Stabsperrholz oder Baufurnier, mit Wasser abweisender Beschichtung.

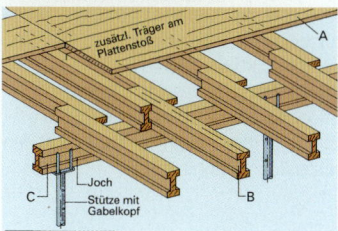

→

→

B = Unterkonstruktion:
Funktion:
- Verhinderung der Durchbiegung der Schalhaut,
- Verteilung der Lasten und Ableitung in die Unterstützungskonstruktion.

Material:
- Kanthölzer, meist sägerau,
- Holzschalungsträger als Vollwand- oder Gitterträger.

C = Unterstützungskonstruktion:
Funktion:
- Verhinderung der Durchbiegung der Jochträger,
- Sicherung der exakten Höhenlage,
- Aufnahme der Lasten und Ableitung auf die darunterliegende Decke oder Bodenplatte.

Material:
- Bretter mind. 24 mm dick, sägerau oder gehobelt,
- Schalungsplatten, mehrschichtig verleimt aus Stabsperrholz oder Baufurnier, mit Wasser abweisender Beschichtung.

13. Beschreiben Sie die Arbeitsschritte beim Aufbau einer systemlosen Deckenschalung.

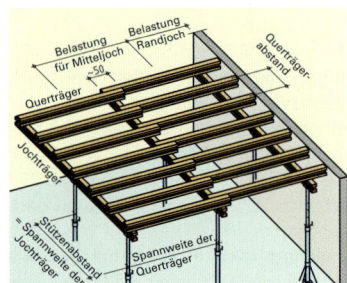

1. Unterlage:
- Schaffung einer ebenen und standfesten Unterlage,
- Boden gegebenenfalls verdichten oder Auflagen durch Kanthölzer schaffen.

2. Unterstützungskonstruktion:
- Aufstellen der Stahlrohrstützen in Reihen im Abstand der Joche,
- Stützenköpfe auf exakt gleiche Höhenlage bringen,
- Sicherung der senkrechten Lage durch Stützbeine und Verschwertung der Reihen von Stahlrohrstützen.

3. Unterkonstruktion:
- Verlegung der Jochträger,
- Sicherung der exakten Lage in den Stützenköpfen durch Keile,

→   →

220

- Verlegung der Querträger von Wand zu Wand, an den Stößen werden sie aneinander vorbeigeführt,
- Querträger im gleichmäßigen Abstand verlegen, sodass an den Stößen der Schalungsplatten immer ein Träger liegt.

4. Schalhaut:
- Verlegen der Schalungsplatten oder Bretter, lückenlos, Stöße auf einem Querträger,
- Passungen an Wänden, schrägen Anschlüssen und Ecken herstellen,
- Schalkästen für Deckenaussparungen unverrückbar anbringen,
- Oberfläche von losen Resten (Holz, Nägel, Späne,) befreien,
- Vor der Verlegung der Bewehrung Trennmittel aufsprühen.

14. Erläutern Sie den Begriff „Systemschalung".
Welche Vorteile hat eine solche Schalung bei Decken?

Die Schalungselemente sind immer gleich lang und in der Breite mit 80 cm, 60 cm oder 40 cm auf fast jede Raumbreite abstufbar, sodass kaum Brettschalungen in Passbereichen nötig werden.
Vorteile:
- schnelle Montage/Demontage,
- hohe Einsatzhäufigkeit durch geringen Verschleiß,
- bei Rahmentafeln können die Unterkonstruktionen entfallen.

9 M
11 B

15. Das Bild zeigt eine „Fallkopfstütze".
Wozu wird diese Form des Stützenkopfes verwendet?

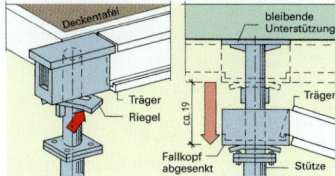

In den Stützenkopf werden die Längs- und Querträger eingehängt, die die Deckentafeln tragen.
Schon nach kurzer Erhärtungszeit können die Fallköpfe abgesenkt und so die gesamte Schalung demontiert werden – die Stützen bleiben aber stehen und stützen die weiter erhärtende Betondecke.
So kann die Decke schneller ausgeschalt und die Schalung schon an anderer Stelle mit anderen Stützen wieder genutzt werden.

16. Ein Betonstahl ist mit der Bezeichnung „B500A" versehen. Was bedeutet diese Bezeichnung?

B – Betonstahl
500 – Mindestzugfestigkeit $= 500$ N/mm^2
(Streckgrenze)
A – normale Duktilität (Dehnbarkeit)

17. In welchen Handelsformen kann Betonstahl auf die Baustelle geliefert werden?

- Betonstabstahl
- Betonstahl in Ringen
- Betonstahlmatten
- Bewehrungsdraht

18. Erklären Sie den Unterschied zwischen
a) Lagermatten,
b) Listenmatten und
c) Vorratsmatten.

a) Lagermatten:
Standardisierte Matten mit einer Größe von $6,00 \times 2,30$ m mit quadratischen (Q-Matte) oder rechteckigen (R-Matte) Stahlabständen.

b) Listenmatten:
Matten, die nach Stahlliste für ein bestimmtes Bauobjekt angefertigt werden – nicht standardisiert.

c) Vorratsmatten:
Großflächige Matten mit Überständen an je einer Längs- und Querseite und quadratischen Stahlabständen.

19. Eine Betonstahlmatte wird mit „R 257 A" angegeben. Beschreiben Sie den Aufbau der Matte.

Mit „R" bzw. „Q" werden Lagermatten gekennzeichnet, also ist die Matte 6,00 m lang und 2,30 m breit.
R steht für Rechteckmatte, das heißt, der Abstand der Stähle ist in Haupttragrichtung 15 cm und in der anderen Richtung 25 cm.
Die 257 sagt aus, dass in Haupttragrichtung pro m Mattenbreite 257 mm^2 Stahl zum Tragen kommen.
Mit A werden normal duktile (dehnbare) Matten bezeichnet.

20. Welchen Unterschied gibt es zwischen den Betonstahlmatten „Q 188" und „B 188"?

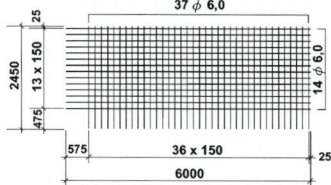

Welche Matte ist hier gezeigt?

21. An welcher Stelle muss in einer Massivdecke die Bewehrung angeordnet sein?

22. Tragen Sie in die Massivdecken des dargestellten Hauses ein, wo Zugspannungen (+) auftreten und zeichnen Sie die Hauptbewehrung ein.

Q ist eine Lagermatte und B ist eine Vorratsmatte. Beide haben dieselben Stabdurchmesser und Abstände und damit auch denselben tragenden Stahlquerschnitt. Die Vorratsmatte hat aber im Randbereich auf der Längs- und Querseite einseitig 2…3 fehlende Stäbe, um eine einfachere Übergreifung zur nächsten Matte zu gewährleisten. Durch den Übergreifungsstoß ist die Vorratsmatte 15 cm breiter.
Das Bild zeigt die Vorratsmatte B 188 mit den Übergreifungsstößen in Längs- und Querrichtung.

Da Beton keine Zugspannungen aufnehmen kann, muss die Bewehrung immer an den Stellen angebracht werden, wo später im Bauwerk Zugspannungen auftreten werden.

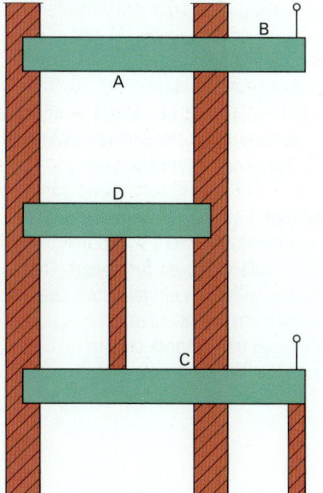
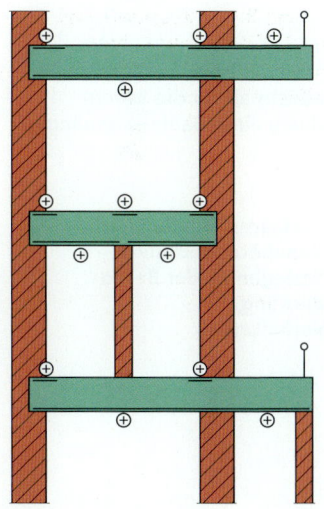

9 M
11 B

23. Aus welchen Gründen ist an den Stellen A … D des in Aufgabe 22. dargestellten Gebäudes Zugbewehrung eingebaut worden?

A – Feldbewehrung:
Im Feldbereich zwischen zwei Auflagern biegt sich die Decke nach unten durch, wodurch an der Unterseite Zugspannungen auftreten, die von der Bewehrung aufgenommen werden müssen.

B – Kragarmbewehrung:
Der Kragarm biegt sich unter der Belastung am Ende nach unten, wodurch an der Oberseite Zugspannungen auftreten.

C – Randbewehrung:
Ist die Platte am Rand durch Auflasten „eingespannt", so biegt sie sich an der Oberseite, wodurch dort Zugkräfte entstehen.

D – Stützbewehrung:
Über Unterstützungen biegt sich die Platte beidseitig nach unten, wodurch oben Zugspannungen entstehen.

24. Warum ist die Einhaltung der Betondeckung so wichtig für die Funktion eines Stahlbetonbauteils?

Die Betondeckung erfüllt drei Funktionen:
• Sicherstellung des Verbundes von Stahl und Beton,
• Korrosionsschutz der Bewehrung,
• Einhaltung des erforderlichen Feuerwiderstandes.

25. Wovon ist das erforderliche Mindestmaß für die Betondeckung eines Bauteils abhängig?

• Vom maximalen Stabdurchmesser der Bewehrung,
• von der Expositionsklasse, das heißt von den Gefährdungen, denen der Stahlbeton später ausgesetzt sein wird.

26. Erklären Sie die Begriffe:
a) Nennbetondeckung,
b) Verlegemaß der Betondeckung,
c) Vorhaltemaß.

a) Nennbetondeckung (Nennmaß):
Sie wird anhand der Stahldurchmesser und Expositionsklassen festgelegt. Dieses Maß muss später im eingebauten Zustand tatsächlich erreicht werden.

b) Verlegemaß der Betondeckung:
Nennmaß + Vorhaltemaß = Verlegemaß. Die Bewehrung wird danach eingebaut.

→   →

224

c) Vorhaltemaß:
Das Vorhaltemaß ist ein zusätzlich einzu-haltender Abstand, der eventuelle Ver-schiebungen beim Einbau und Betonieren berücksichtigt.

27. Aus welchem Material sind die gezeigten Abstandhalter für die Betondeckung, und zu welchem Zweck werden sie eingesetzt?

a)

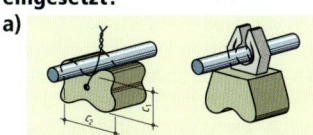

b)

c)

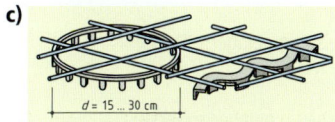

d)

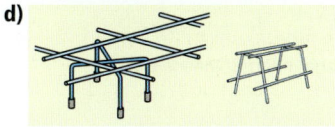

a) Beton:
Für die Lage der äußeren/unteren Be-wehrung in allen Wand- und Decken-schalungen bei Sicht- und WU-Beton.

b) Kunststoff:
Für die Lage der äußeren/unteren Be-wehrung (Einzelstäbe) in Wand- und Deckenschalungen.

c) Kunststoff:
Für die Lage der unteren Bewehrung bei Mattenbewehrung in Deckenschalungen.

d) Stahl:
Unterstützungen (Bügel, Körbe) für die obere Lage der Bewehrung in Decken-schalungen.

**9 M
11 B**

28. Von welchen Faktoren ist die Verankerungslänge des Stahls am Auflager abhängig? Wie groß ist das Mindestmaß „x" im Bild?

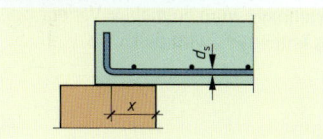

Die Verankerungslänge hängt ab von
• Stahlsorte,
• Betonfestigkeitsklasse,
• Lage der Bewehrung,
• Verankerungsart,
• Beanspruchung der Bewehrung.
Das Mindestmaß liegt beim 10-Fachen des Stabdurchmessers.

29. Nennen Sie mindestens drei Maßnahmen, die verhindern sollen, dass sich der Betonstahl bei Zugbelastung vom ummantelnden Beton löst.

- Profilierung der Stahloberfläche,
- Aufschweißen von Querstählen,
- Verankerung an den Enden durch Endhaken oder Schlaufen.

30. In der Darstellung ist der Übergreifungsstoß von Betonstahlmatten gezeigt. Worin unterscheiden sich die beiden Ausführungen?

a)

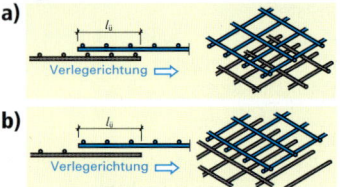

b)

a) „Zwei-Ebenen-Stoß":
   Im Bereich des Stoßes liegen die Matten übereinander, das heißt, in der oberen Matte liegen die Tragstähle nicht genau in der vorgesehenen Höhe.

b) „Ein-Ebenen-Stoß":
   Durch die Verwendung von Vorratsmatten (z. B. B 188 statt R 188) befinden sich in den Übergreifungsstößen keine Querstäbe, wodurch die Tragstähle beider Matten exakt in der vorgesehenen Höhe liegen können.

31. Welche Art der Deckenauflagerung wird mit diesen Symbolen gekennzeichnet?

a)   **b)**

c)   **d)**

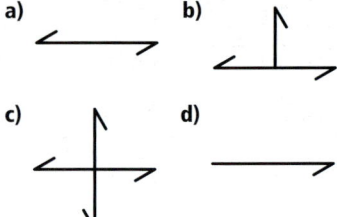

a) zweiseitig gelagerte Decke

b) dreiseitig gelagerte Decke

c) vierseitig gelagerte Decke

d) Kragarm (auskragende Decke)

32. Nennen Sie mindestens vier Angaben, die Sie aus den Schneideskizzen und Mattenlisten für die Bewehrung einer Decke entnehmen können.

- Art der Matten,
- Positionsnummern der Matten,
- Abmessungen der einzelnen Matten,
- Art der Unterstützungskörbe für die obere Bewehrung,
- Gesamtbedarf an Matten.

33. Finden Sie (auch mithilfe des Tabellenbuches) folgende Angaben zu dem Bewehrungsplan heraus:

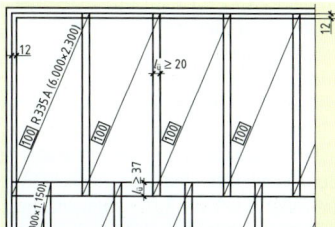

Positionsnummer der Matten	**?**		Positionsnummer der Matten	100
Art der Matten	**?**		Art der Matten	Rechteckmatten R 335 A
Abmessungen der Matten	**?**		Abmessungen der Matten	$6{,}00 \times 2{,}30$ m
Duktilität der Matten	**?**		Duktilität der Matten	normal duktil (A)
Übergreifungslänge in Längsrichtung	**?**		Übergreifungslänge in Längsrichtung	37 cm
seitliche Übergreifungslänge	**?**		seitliche Übergreifungslänge	20 cm
Verankerungslänge	**?**		Verankerungslänge	12 cm
mm^2 Stahlquerschnitt pro m Mattenbreite	**?**		mm^2 Stahlquerschnitt pro m Mattenbreite	335 mm^2/m
Stahldurchmesser in Tragrichtung	**?**		Stahldurchmesser in Tragrichtung	8,0 mm
Stahldurchmesser in Querrichtung	**?**		Stahldurchmesser in Querrichtung	6,0 mm
Anzahl der Stähle pro Matte in Tragrichtung	**?**		Anzahl der Stähle pro Matte in Tragrichtung	16 Stähle/Matte
Anzahl der Stähle pro Matte in Querrichtung	**?**		Anzahl der Stähle pro Matte in Querrichtung	24 Stähle/Matte

9 M
11 B

34. Ein Beton trägt auf dem Lieferschein die Bezeichnung „C 30/37".
a) Wofür steht diese Bezeichnung?
b) Wann wird die Druckfestigkeitsprüfung durchgeführt?
c) Wie sieht der Probekörper aus?
d) Welche Druckfestigkeit hat der Betonprobekörper mindestens zu erbringen?

a) • C – concrete (englisches Wort für Beton)
• 30/37 – Mindestdruckfestigkeit (Druckfestigkeitsklasse)
b) nach 28 Tagen Lagerung im Wasserbett
c) Würfel $15 \times 15 \times 15$ cm (in Deutschland üblich) oder Zylinder $\varnothing = 15$ cm, $h = 30$ cm (in anderen Ländern Europas)
d) Würfel $= 37$ N/mm^2
Zylinder $= 30$ N/mm^2

35. Was wird beim Frischbeton als „Konsistenz" bezeichnet und wie werden verschiedene Konsistenzstufen in der Herstellung erreicht? Wofür ist die Angabe der Konsistenz wichtig?

Konsistenz bezeichnet die Verarbeitbarkeit des Betons von sehr steif bis sehr fließfähig:
• erreichbar durch die Zusammensetzung,
• wichtig für Auswahl der Verdichtungsgeräte.

36. Nennen Sie die beiden Verfahren, mit denen üblicherweise die Konsistenz des Frischbetons festgelegt wird.

• Ausbreitmaß (Konsistenzklasse F1 bis F6)
• Verdichtungsmaß (Konsistenzklasse C0 bis C4)

37. Ordnen Sie die Konsistenzen des Frischbetons den jeweiligen Konsistenzklassen zu.

Konsistenz	F	C
Sehr steif		
Steif		
Plastisch		
Weich		
Sehr weich		
Fließfähig		
Sehr fließfähig		

Konsistenz	F	C
Sehr steif		C0
Steif	F1	C1
Plastisch	F2	C2
Weich	F3	C3
Sehr weich	F4	C4
Fließfähig	F5	
Sehr fließfähig	F6	

38. Warum nimmt die Druckfestigkeit mit steigendem *w/z*-Wert ab?

Zum vollständigen Abbinden des Zementes genügt ein *w/z*-Wert von 0,4. Alles zusätzlich in die Mischung gegebene Wasser verdunstet aus dem jungen Beton und hinterlässt Kapillarporen. Anstelle des Wassers bleiben im Festbeton Hohlräume zurück. Je weiter der *w/z*-Wert über 0,4 liegt, desto

→

→

228

mehr Kapillarporen und Hohlräume hat der Beton, was die Druckfestigkeit herabsetzt.

39. Erklären Sie den Begriff „Expositionsklasse".

Die Expositionsklasse gibt die Gefährdungen an, denen der Festbeton im Bauwerk ausgesetzt sein wird. Entsprechend dieser Gefährdungen wird die Betonrezeptur ausgerichtet.

40. Welche Expositionsklassen weisen auf einen Angriff durch Salze oder Taumittel hin?

- XD
- XS
- XF

41. In der Tabelle sind die typischen Gefährdungen, auf die mit den Expositionsklassen hingewiesen wird, den entsprechenden Kurzzeichen zugeordnet. Ergänzen Sie.

Kurzz.	Gefährdung
?	Betonkorrosion durch mechanischen Verschleiß
XC	?
?	Korrosion der Bewehrung durch Chloride wie Streusalz
XS	?
?	Frostangriff (Wassersättigung mit/ohne Taumittel)
XA	?
XO	?

Kurzz.	Gefährdung
XM	Betonkorrosion durch mechanischen Verschleiß
XC	Korrosion der Bewehrung durch Karbonatisierung
XD	Korrosion der Bewehrung durch Chloride wie Streusalz
XS	Korrosion der Bewehrung durch Chloride aus Meersalz
XF	Frostangriff (Wassersättigung mit/ohne Taumittel)
XA	Betonkorrosion durch chemischen Angriff
XO	Keine Gefährdung

9 M
11 B

42. Was versteht man unter dem „Mehlkorngehalt" einer Betonmischung? Welche Bedeutung hat er?

„Mehlkorn" ist der Begriff für die Feinstbestandteile in der Betonmischung, also die Gesteinskörnung von $0\ldots0{,}125$ mm und den Zementanteil.
Ein ausreichender Mehlkorngehalt ist wichtig für:
- ein dichtes Betongefüge,
- die Pumpbarkeit der Betonmischung beim Einbau auf der Baustelle.

43.
a) Was ist eine „Sieblinie" und wozu wird sie benötigt?
b) Wozu dienen „Regelsieb-linien"?

a) Die Sieblinie gibt die Kornzusammenset-zung der Gesteinskörnung in % in den einzelnen Korngrößen an. Um ein möglichst dichtes Korngerüst im Beton zu erreichen, muss viel druckfestes Größtkorn, aber auch so viel mittlere und kleine Körnung vorhanden sein, dass alle Hohlräume gefüllt sind. Dann ist der Zement nicht Füllstoff, sondern wirklich nur Bindemittel.

b) Die Regelsieblinien liefern Vergleichswer-te zur Herstellung eines dichten Ge-steinsgefüges. Es gibt Regelsieblinien für die Sieblinienbereiche 0/63 mm, 0/32 mm, 0/16 mm und auch 0/8 mm.

44. Beschreiben Sie, welchen Einfluss die Sieblinie auf die Betonqualität hat, wenn für die Mischung Gesteinskörnungen aus den Sieblinienbereichen
a)①,
b)③,
c)④ oder
d)⑤ verwendet werden.

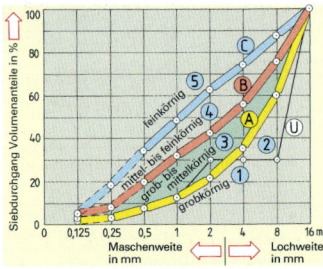

a) Sieblinienbereich ① :
- sehr wenig Feinkorn, viel Grobkorn,
- viele Hohlräume,
- geringe Festigkeit,
- hoher Zementgehalt notwendig, um alle Hohlräume mit Zementleim zu füllen,
- dadurch starkes Schwundmaß beim Abbinden, hohe Wärmeentwicklung und viele Risse.

b) Sieblinienbereich ③:
- viel Grobkorn, aber soviel mittlere und feine Körnung, dass alle Hohl-räume gefüllt sind,
- geringer Zementgehalt reicht aus,
- dadurch wenig Schwundmaß beim Abbinden und kaum Rissbildung,
- sehr hohe Festigkeit erreichbar.

c) Sieblinienbereich ④:
- mittel- bis feinkörnige Gesteinsmi-schung,
- höherer Zementeinsatz, um alle Ge-steinskörner zu ummanteln,
- größeres Schwundmaß, mehr Risse,
- brauchbare Mischung für noch ausrei-chende Betonfestigkeiten.

230

d) Sieblinienbereich ⑤:
- sehr viel Feinkorn,
- um alle Gesteinsteilchen zu ummanteln, braucht man sehr viel Zement,
- dadurch großes Schwundmaß beim Abbinden, hohe Wärmeentwicklung und viele Risse,
- keine ausreichenden Festigkeiten erreichbar.

45. Was verstehen Sie unter einem „Standardbeton"?

Beim „Standardbeton" wird die Betonmischung nach Tabellenwerten festgelegt. Dies ist nur bei geringer Gefährdung (Exposition) und geringer Druckfestigkeitsklasse erlaubt.

46. Welchen Einfluss hat die Korngröße auf den erforderlichen Zementgehalt im Beton?

Je kleiner die Korngröße, desto mehr Zement muss eingesetzt werden, um alle Teile der Gesteinskörnung mit Zementleim zu ummanteln und so zu verbinden.

47. Erläutern Sie den Unterschied zwischen
a) Beton nach Zusammensetzung,
b) Beton nach Eigenschaften,
c) Standardbeton.

a) Beton nach Zusammensetzung:
Der Planer gibt die gesamte Rezeptur des Betons (Zementgehalt, Zementfestigkeitsklasse, Zementmenge, Korngrößen, Sieblinie, Zusätze, …) vor, die Mischanlage stellt den Beton danach her.

b) Beton nach Eigenschaften:
Der Planer gibt nur die gewünschten Eigenschaften des Betons vor, die Mischanlage legt die dazu passende Rezeptur fest.

c) Standardbeton:
Mischung in der Mischanlage nach Tabellenwerten – nur bis maximal C16/20 und bei Expositionsklasse XO, XC1 und XC2 erlaubt.

**9 M
11 B**

48. Innerhalb welcher Frist nach der Wasserzugabe sollte Beton verarbeitet sein?

Beim Transport von steifem (erdfeuchtem) Beton auf Lkw spätestens nach 45 Minuten, beim Transport mit Fahrmischer nach 90 Minuten.

**49. Ein Beton wird auf dem Lieferschein mit:
„C35/45 – XF4/XM3 – d = 63 – Cl 0,40 – F1" angegeben.
Beschreiben Sie diesen Frischbeton.
Wo kann ein solcher Beton verwendet werden?**

C35/45   Betondruckfestigkeitsklasse (Zylinder $= 35$ N/mm^2, Würfel $= 45$ N/mm^2)

XF4   sehr hohe Frost- und Tausalzbelastung

XM3   starker mechanischer Verschleiß

$d = 63$ Gesteinskörnung 0 … 63 mm

Cl 0,40   Chloridgehalt

F1   Konsistenz steif (erdfeucht)

Aufgrund der Konsistenz kann der Beton nur mit starken Rüttelbohlen oder Walzen verdichtet werden. Ein solcher Beton, der hohen Tausalz- und Frostbelastungen ausgesetzt ist und eine hohe Abriebfestigkeit besitzen muss, wird nur im Straßenbau (Betonfahrbahnen) eingesetzt.

**50. Mit welchen Fahrzeugen wird der Frischbeton auf die Baustelle geliefert bei
a) Konsistenzstufe F1,
b) Konsistenzstufen F2 … F6?**

a) Mit normalen Lkw.
b) Mit Fahrmischern (oder Fahrzeugen mit Rührwerk).

51. Nennen Sie mindestens sechs wichtige Angaben, die ein Lieferschein für eine Frischbetonmischung enthalten muss.

- Name des Transportbetonwerkes,
- Lieferscheinnummer,
- Datum und Uhrzeit des Beladens,
- Kennzeichen des Lkws,
- Name des Käufers,
- Bezeichnung und Lage der Baustelle,
- Menge des Betons in m^3,
- bauaufsichtliches Übereinstimmungszeichen,
- Zeitpunkt des Eintreffens auf der Baustelle,
- Beginn und Ende der Entladung,
- Druckfestigkeitsklasse,
- Konsistenzstufe,
- Expositionsklasse,
- Nennwert des Größtkorns der Gesteinskörnung.

52. Der Frischbeton muss auf der Baustelle zum Verwendungsort transportiert werden.
Ordnen Sie den Transportmitteln die jeweils möglichen Konsistenz-stufen zu.

X: machbar
(X): bedingt möglich
–: technisch unmöglich

F	1	2	3	4	5	6
Krankübel						
Förderband						
Betonpumpe						

F	1	2	3	4	5	6
Krankübel	X	X	X	X	X	X
Förderband	X	X	(X)	–	–	–
Betonpumpe	–	X	X	X	(X)	–

53. Welche Betonzusatzmittel können für die folgenden Anfor-derungen eingesetzt werden:
a) Erhöhung der Konsistenzstufe ohne Einsatz von zusätzlichem Wasser,
b) Beschleunigung des Abbin-dens,
c) Verzögerung des Abbindens,
d) Verhinderung des Entmischens beim Schütten aus großen Höhen (Wandschalungen)?
Nennen Sie die Kurzzeichen und die Farbkennzeichnung des Zu-satzmittels auf dem Lieferschein.

	Zusatzmittel	Zeichen	Farbe
a)	Fließmittel	FM	grau
b)	Erstarrungs-beschleuniger	BE	grün
c)	Erstarrungs-verzögerer	VZ	rot
d)	Stabilisierer	ST	violett

9 M
11 B

54. Was passiert, wenn Frisch-beton beim Schütten auf die Deckenschalung aus größeren Höhen herabfällt.
Wie groß ist die maximal zulässige Fallhöhe?

Verschieden große Körner fallen unter-schiedlich schnell, wodurch der Beton sich im Fallen entmischt. Die maximale Fallhöhe sollte 1,00 m nicht übersteigen.

55. Welche Geräte kann man ver-wenden, um beim Schütten auf die Deckenschalung eine Entmi-schung zu vermeiden?

• Krankübel mit Schüttschlauch,
• Betonpumpen mit Schlauch.
Die Schütthöhe zählt erst ab Unterkante Schlauch, da nur von dort der Beton im „freien Fall" in die Schalung fällt.

56. Nennen Sie vier Verdichtungsgeräte für Frischbeton. Welche Geräte kommen beim Betonieren einer Decke zum Einsatz?

- Innenrüttler,
- Schalungsrüttler („Außenrüttler"),
- Rüttelbohle,
- Rütteltisch.

Zur Verdichtung des Frischbetons einer Decke lassen sich Rüttelbohlen oder Innenrüttler verwenden.

57. Erklären Sie den Unterschied zwischen Innenrüttler und Außenrüttler. Wann wird ein Außenrüttler eingesetzt?

Innenrüttler:
Der Innenrüttler wird in den Beton eingetaucht und verdichtet den umliegenden Beton direkt über die eingebrachten Schwingungen.
Außenrüttler:
Der Außenrüttler wird außen an die Schalung angebracht und. Er bringt die Schalung und damit auch den innen liegenden Beton zum Schwingen.
Einsatz:
- nur bei dünnen Wänden, Pfeilern und Platten, da sonst die Schwingungen nicht den ganzen Beton erreichen,
- wenn bei dünnen Bauteilen die Bewehrung zu eng liegt, um mit dem Innenrüttler dazwischen zu verdichten.

58. Benennen Sie die Bauteile A ... E des dargestellten „Innenrüttlers".

A – Unwuchtmasse
B – Lagerung
C – Elektromotor
D – Schutzschlauch für Anschlusskabel
E – Schalter

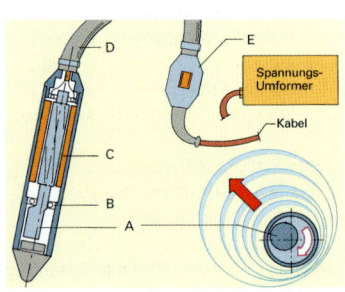

**59. Mit welchem Verdichtungs-
verfahren kann man Frischbeton
der einzelnen Konsistenzstufen
verdichten?**

Konsistenzstufe	Verfahren
F1	
F2	
F3	
F4	
F5	
F6	

Konsistenzstufe	Verfahren
F1	Stampfen
F2	Stampfen/Rütteln
F3	Rütteln/Stochern
F4	Stochern
F5	Stochern
F6	(selbst verdichtend)

**60. Was versteht man unter der
„Nachbehandlung" des Betons?**

Alle Maßnahmen, die getroffen werden
müssen, damit der Beton seine volle Qualität erreicht.

**61. Wovor muss der „junge Be-
ton" während der Erhärtung
geschützt werden?**

- vor zu hohen Temperaturen,
- vor zu niedrigen Temperaturen/Frost,
- vor zu schneller Austrocknung.

**62. Auf welche Art lässt sich
Beton vor zu schneller Austrocknung schützen?**

- Aufsprühen von Wasser,
- Aufsprühen eines Wachsfilmes,
- Abdecken mit Folie.

**63. Wovon hängt die Dauer der
Nachbehandlung ab?**

- Bauteilabmessungen,
- Witterung,
- Betonzusammensetzung,
- Frischbetontemperatur bzw.
  Wärmeentwicklung des Betons.

9 M
11 B

**64. Mit welchen Auswirkungen
auf den jungen Beton muss beim
Betonieren in der kalten Jahreszeit gerechnet werden?**

- langsamere Erhärtung,
- späteres Erreichen der erforderlichen Festigkeit,
- längere Ausschalfristen,
- bei Frost Spannungen und Risse.

**65. Nennen Sie mögliche Schutz-
maßnahmen beim Betonieren in
der kalten Jahreszeit
a) beim Frischbeton,
b) beim jungen Beton.**

a) Beim Frischbeton:
- Vorwärmen der Gesteinsmischung
  und des Anmachwassers,
- höherer Zementgehalt,

→

→

- Zement mit höherer Wärmeentwicklung verwenden, also z. B. CEM I statt CEM III.
b) Beim jungen Beton:
  - Abdecken der Oberflächen,
  - Verwendung wärmedämmender Schalung,
  - späteres Ausschalen,
  - Beheizen der Räume.

66. Vor dem Betonieren der Decke soll rund um das Gebäude ein Fanggerüst angebracht werden.
a) Wozu dient das Fanggerüst?
b) Wann ist es vorgeschrieben?

a) Das Fanggerüst dient als Absturzsicherung für die auf der Decke arbeitenden Personen.
b) Vorgeschrieben, wenn:
  - kein Gerüst vor der Fassade steht,
  - die Absturzhöhe mehr als 5,00 m beträgt.

67. Nennen Sie die Mindestmaße A ... D, die beim Aufbau eines Fanggerüstes beachtet werden müssen.

A – Wandabstand max. 30 cm
B – Gerüstbreite:
  - bis 2,00 m Absturzhöhe = 90 cm,
  - bis 3,00 m Absturzhöhe = 1,30 m
C – Höhe des Seitenschutzes = 1,00 m
D – Abstände im Seitenschutz max. 10 cm

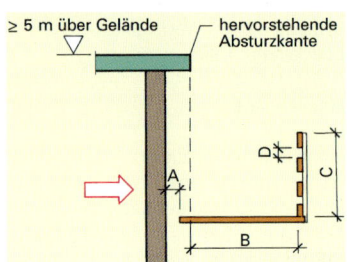

68. Erläutern Sie den Unterschied zwischen einem
a) Fanggerüst,
b) Schutzgerüst.

a) Fanggerüst:
Dient lediglich als Absturzsicherung für die auf der Decke arbeitenden Personen.
b) Schutzgerüst:
Schützt die unter der Gerüstebene befindlichen Menschen vor herabfallenden Gegenständen. Das Schutzgerüst muss daher mindestens 60 cm breiter als das

Baugerüst sein und eine so dichte Verschalung erhalten, dass auch Kleinteile wie Nägel und Schrauben nicht von oben durchfallen können.

Der Belag muss stark genug ausgebildet sein, sodass auch große Gegenstände (Ziegel, Kanthölzer...) und Personen ihn beim Herabfallen nicht durchschlagen können.

69. Nennen Sie die Mindestabmessungen des Schutzgerüstes.

A – 60 cm breiter als das Baugerüst

B – Gesamtbreite mindestens 1,50 m

C – Höhe der Schutzwand mindestens 60 cm

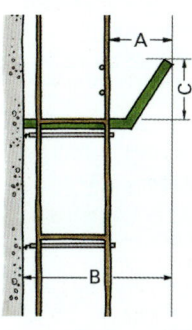

Lernfeld 9 M/11 B
Fachmathematik

9 M 11 B

1. Auf welche Länge müssen gerade Stabstähle zugeschnitten werden, die zu folgenden Betonstählen gebogen werden sollen?

a)

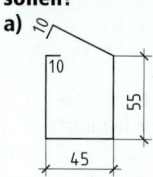

a) $l = 10\ cm + 55\ cm + 45\ cm + 55\ cm + 45\ cm + 10\ cm = \underline{\underline{2{,}20\ m}}$

→   →

b)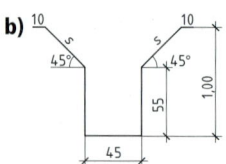

c)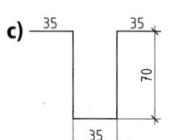

d)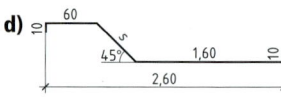

e)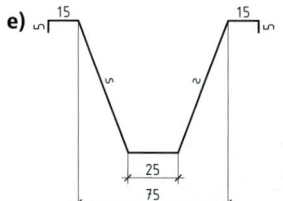

f)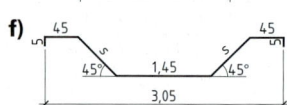

b) $l = 10\,cm + s + 55\,cm + 45\,cm$
  $+ 55\,cm + s + 10\,cm$
  $l = 1{,}75\,m + 2 \cdot s$
  $s = \sqrt{(45\,cm)^2 + (45\,cm)^2} = 63{,}6\,cm$
  $l = 1{,}75\,m + 2 \cdot 0{,}636\,m = \underline{\underline{3{,}02\,m}}$

c) $l = 3 \cdot 35\,cm + 2 \cdot 70\,cm = \underline{\underline{2{,}45\,m}}$

d) $l = 10\,cm + 60\,cm + s + 1{,}60\,m + 10\,cm$
  $l = 2{,}40\,m + s$
  $s = \sqrt{(40\,cm)^2 + (40\,cm)^2} = 56{,}6\,cm$
  $l = 2{,}40\,m + 0{,}566\,m = \underline{\underline{2{,}97\,m}}$

e) $l = 5\,cm + 15\,cm + s + 25\,cm + s +$
  $15\,cm + 5\,cm$
  $l = 0{,}65\,m + 2 \cdot s$
  $s = \sqrt{(25\,cm)^2 + (80\,cm)^2} = 83{,}8\,cm$
  $l = 0{,}65\,m + 2 \cdot 0{,}838\,m = \underline{\underline{2{,}33\,m}}$

f) $l = 5\,cm + 45\,cm + s + 1{,}45\,m + s +$
  $45\,cm + 5\,cm$
  $l = 2{,}45\,m + 2 \cdot s$
  $s = \sqrt{(35\,cm)^2 + (35\,cm)^2} = 49{,}5\,cm$
  $l = 2{,}45\,m + 2 \cdot 0{,}495\,m = \underline{\underline{3{,}44\,m}}$

2. **Berechnen Sie die jeweils fehlenden Maße des Betonstabstahls bei einer Schnittlänge (Gesamtlänge) l.**

	l	a	b	h
a)	?	20 cm	1,60 m	40 cm
b)	6,06 m	15 cm	4,20 m	?
c)	9,59 m	25 cm	?	35 cm
d)	8,65 m	?	6,25 m	60 cm
e)	7,42 m	30 cm	5,55 m	?

	l	a	b	h
a)	3,13 m	20 cm	1,60 m	40 cm
b)	6,06 m	15 cm	4,20 m	55 cm
c)	9,59 m	25 cm	8,10 m	35 cm
d)	8,65 m	35 cm	6,25 m	60 cm
e)	7,42 m	30 cm	5,55 m	45 cm

3. Ein Betonstahl mit einer Länge von 12,50 m wird im Werk bei einer Temperatur von 15 °C fertig zugeschnitten. Beim Einbau unter direkter Sonneneinstrahlung erhitzt sich der Stahl auf eine Temperatur von 40 °C. Um wie viel wird der Stahl dabei länger? ($\alpha = 0{,}012$ mm/m · K)

$\Delta T = T_1 - T_2 = 40\,°C - 15\,°C = 25\,°C = 25\,K$

$\Delta l = \alpha \cdot l_1 \cdot \Delta T$

$\Delta l = 0{,}012 \dfrac{mm}{m \cdot K} \cdot 12{,}50\,m \cdot 25\,K$

$\Delta l = \underline{\underline{3{,}8\,mm}}$

4. Berechnen Sie das Maß, um das sich eine Stahlkonstruktion von 57,80 m Länge ausdehnt, wenn im Winter mit −15 °C und im Sommer mit + 35 °C zu rechnen ist.

$\Delta T = T_1 - T_2 = 35\,°C - (-15\,°C) = 50\,°C$
$= 50\,K$

$\Delta l = \alpha \cdot l_1 \cdot \Delta T$

$\Delta l = 0{,}012 \dfrac{mm}{m \cdot K} \cdot 57{,}80\,m \cdot 50\,K$

$\Delta l = \underline{\underline{35\,mm}}$

5. Ermitteln Sie jeweils die Längenänderung für die Beton- stabstähle unter den angege- benen Bedingungen:

	l_1	T_1	T_2	Δl
a)	8,60 m	+10 °C	+31 °C	?
b)	6,50 m	−10 °C	+24 °C	?
c)	8,00 m	+ 2 °C	+37 °C	?
d)	12,00 m	−13 °C	+22 °C	?
e)	14,50 m	−12 °C	+12 °C	?

	l_1	T_1	T_2	Δl
a)	8,60 m	+10 °C	+31 °C	2,2 mm
b)	6,50 m	−10 °C	+24 °C	2,7 mm
c)	8,00 m	+ 2 °C	+37 °C	3,4 mm
d)	12,00 m	−13 °C	+22 °C	5,0 mm
e)	14,50 m	−12 °C	+12 °C	4,2 mm

**9 M
11 B**

6. Eine Betonstahlmatte ist in der Produktion bei 10 °C mit den Abmessungen 6,00 × 2,45 m zugeschnitten worden.
a) Wie groß ist sie im Winter bei −25 °C?
b) Wie groß ist sie im Sommer bei +40 °C? ($\alpha = 0{,}012$ mm/m · K)

a) $\Delta T = T_1 - T_2 = 10\,°C - (-25\,°C) = 35\,°C$
$= 35\,K$

$\Delta l_b = \alpha \cdot l_1 \cdot \Delta T = 0{,}012 \dfrac{mm}{m \cdot K} \cdot 2{,}45\,m$

$\cdot 35\,K = \underline{\underline{1{,}0\,mm}}$

$\Delta l_l = \alpha \cdot l_1 \cdot \Delta T = 0{,}012 \dfrac{mm}{m \cdot K} \cdot 6{,}00\,m$

$\cdot 35\,K = \underline{\underline{2{,}5\,mm}}$

Die Betonstahlmatte ist <u>im Winter 1 mm</u> <u>schmaler</u> und <u>2,5 mm kürzer</u>.

b) $\Delta T = T_1 - T_2 = 40\,°C - 10\,°C = 30\,°C$
$= 30\,K$

$\Delta l_b = \alpha \cdot l_1 \cdot \Delta T = 0,012\,\dfrac{mm}{m \cdot K}$

$\cdot 2,45\,m \cdot 30\,K = \underline{\underline{0,9\,mm}}$

$\Delta l_1 = \alpha \cdot l_1 \cdot \Delta T = 0,012\,\dfrac{mm}{m \cdot K}$

$\cdot 6,00\,m \cdot 30\,K = \underline{\underline{2,2\,mm}}$

Die Betonstahlmatte ist im Sommer 0,9 mm breiter und 2,2 mm länger.

7. Eine Betonstahlmatte (Lagermatte Q 335) mit den Maßen von 2,30 × 6,00 m hat in Längsrichtung 16 Stähle ϕ 8 mm und in Querrichtung 40 Stähle ϕ 8 mm. Wie schwer ist die Matte?

$l = 16 \cdot 6,00\,m + 40 \cdot 2,30\,m = 188,00\,m$

$V = \left(\dfrac{\pi}{4} \cdot d^2 \cdot l \right)$

$V = 0,785 \cdot (0,8\,cm)^2 \cdot 18\,800\,cm$

$V = 9445,12\,cm^3 = 9,445\,dm^3$

$m = 9,445\,dm^3 \cdot 7,85\,kg/dm^3 = 74,14\,kg$

$m = \underline{\underline{74\,kg}}$

8. Wie schwer ist eine Vorratsmatte B 524 mit 13 × ϕ 10 mm in Längsrichtung und 37 × ϕ 10 mm in Querrichtung bei einer Größe von 2,45 × 6,00 m?

$l = 13 \cdot 6,00\,m + 37 \cdot 2,45\,m = 168,65\,m$

$V = \left(\dfrac{\pi}{4} \cdot d^2 \cdot l \right)$

$V = 0,785 \cdot (1,0\,cm)^2 \cdot 16\,865\,cm$

$V = 13\,239\,cm^3 = 13,239\,dm^3$

$m = 13,239\,dm^3 \cdot 7,85\,kg/dm^3 = \underline{\underline{103,9\,kg}}$

9. Berechnen Sie die Masse folgender Betonstahlmatten (Lagermatten 6,00 × 2,30 m):

	Matte	Längs	Quer	Masse
a)	Q 257	16 ϕ 7	40 ϕ 7	?
b)	Q 424	16 ϕ 9	40 ϕ 9	?
c)	R 188	16 ϕ 6	24 ϕ 6	?
d)	R 257	16 ϕ 7	24 ϕ 6	?
e)	R 335	16 ϕ 8	24 ϕ 6	?

	Matte	Längs	Quer	Masse
a)	Q 257	16 ϕ 7	40 ϕ 7	56,77 kg
b)	Q 424	16 ϕ 9	40 ϕ 9	93,84 kg
c)	R 188	16 ϕ 6	24 ϕ 6	33,54 kg
d)	R 257	16 ϕ 7	24 ϕ 6	41,24 kg
e)	R 335	16 ϕ 8	24 ϕ 6	50,11 kg

10. Ermitteln Sie die Zuschnittmaße der fünf Betonstahlmatten für die im Bild gezeigte untere Bewehrungslage einer Decke.

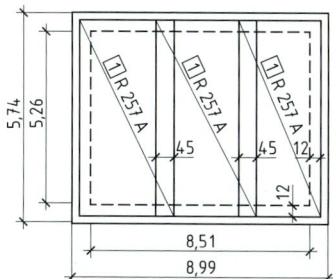

11. Berechnen Sie die Zuschnittmaße der Betonstahlmatten Position 3 … 5 der oberen Bewehrungslage der dargestellten Massivdecke.

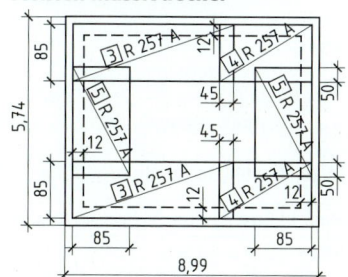

12. Ermitteln Sie die Zuschnittmaße der Betonstahlmatten R 188 A der Positionen 1 bis 5 für die Massivdecken über dem Raum mit der Innenlänge l und Innenbreite b:

→

Position 1:
l = 5,26 m + 2 · Verankerungslänge 12 cm
= 5,50 m

b = Mattenbreite nach Tabellenbuch =
= 2,30 m

Position 2:
l = 5,26 m + 2 · Verankerungslänge 12 cm
= 5,50 m

b = 8,51 m
   + 2 · Verankerungslänge 12 cm
   − 4 · Matte Position 1 = 4 · 2,30 m
   + 4 · Übergreifungsstoß 45 cm
b = 1,35 m

Position 3:
l = Mattenlänge (Tabellenbuch) = 6,00 m
b = Mattenbreite (Zeichnung) = 0,85 m

Position 4:
l = 8,51 m
   + 2 · Verankerungslänge 12 cm
   − 1 · Matte Position 3 = 6,00 m
   + 1 · Übergreifungsstoß 45 cm
l = 3,20 m

b = Mattenbreite (Zeichnung) = 0,85 m

Position 5:
l = 5,26 m
   + 2 · Verankerungslänge 12 cm
   − 2 · Matte Position 3 = 2 · 0,85 m
   + 2 · Übergreifungsstoß 50 cm
l = 4,80 m

b = Mattenbreite (Zeichnung) = 0,85 m

Beispiel Aufgabe a)
Position 1:
l = 5,51 m + 2 · Verankerungslänge 15 cm
= 5,81 m

b = Mattenbreite (Tabellenbuch) = 2,30 m

→

9 M
11 B

	l	b
a)	10,26 m	5,51 m
b)	11,01 m	4,26 m
c)	9,76 m	5,01 m
d)	10,51 m	3,01 m
e)	10,76 m	3,76 m

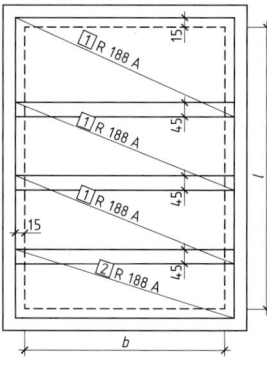

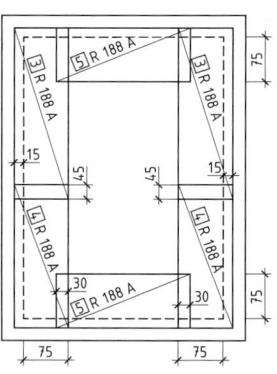

Position 2:
$l = 5,51$ m + 2 · Verankerungslänge 15 cm
$= \underline{\underline{5,81\ m}}$
$b = 10,26$ m
  + 2 · Verankerungslänge 15 cm
  − 5 · Matte Position 1 = 5 · 2,30 m
  + 5 · Übergreifungsstoß 45 cm
$b = \underline{\underline{1,31\ m}}$

Position 3:
l = Mattenlänge (Tabellenbuch) = $\underline{\underline{6,00\ m}}$
b = Mattenbreite (Zeichnung) = $\underline{\underline{0,75\ m}}$

Position 4:
$l = 10,26$ m
  + 2 · Verankerungslänge 15 cm
  − 1 · Matte Position 3 = 6,00 m
  + 1 · Übergreifungsstoß 45 cm
$l = \underline{\underline{5,01\ m}}$
b = Mattenbreite (Zeichnung) = $\underline{\underline{0,75\ m}}$

Position 5:
$l = 5,51$ m
  + 2 · Verankerungslänge 15 cm
  − 2 · Matte Position 3 = 2 · 0,75 m
  + 2 · Übergreifungsstoß 30 cm
$l = 4,91$ m
b = Mattenbreite (Zeichnung) = $\underline{\underline{0,75\ m}}$

	Pos. 1	Pos. 2	Pos. 3	Pos. 4	Pos. 5
a)	5,81 × 2,30 m	5,81 × 1,31 m	6,00 × 0,75 m	5,01 × 0,75 m	4,91 × 0,75 m
b)	4,56 × 2,30 m	4,56 × 2,06 m	6,00 × 0,75 m	5,76 × 0,75 m	3,66 × 0,75 m
c)	5,31 × 2,30 m	5,31 × 0,81 m	6,00 × 0,75 m	4,51 × 0,75 m	4,41 × 0,75 m
d)	3,31 × 2,30 m	3,31 × 1,56 m	6,00 × 0,75 m	5,26 × 0,75 m	2,41 × 0,75 m
e)	4,06 × 2,30 m	4,06 × 1,81 m	6,00 × 0,75 m	5,76 × 0,75 m	3,16 × 0,75 m

13. **Eine Deckenfläche von 46,50 m² soll eingeschalt werden. Wie viele Schalungsplatten 1,50 × 0,50 m werden bei einem Verschnitt von 5 % benötigt?**

Materialbedarf (mit Verschnitt):

$A = 46{,}50 \text{ m}^2 \cdot 1{,}05 = 48{,}83 \text{ m}^2$

1 Platte $= 1{,}50 \text{ m} \cdot 0{,}50 \text{ m} = 0{,}75 \text{ m}^2$

Anzahl Platten $= \dfrac{48{,}83 \text{ m}^2}{0{,}75 \text{ m}^2/\text{Platte}}$

$= 65{,}11$ Platten,

also sind 66 Platten zu bestellen.

14. **Auf der Baustelle sind noch 125 Schalungsplatten 1,50 × 0,50 m vorhanden. Wie groß ist die Deckenfläche, die sich damit bei einem Verschnitt von 7,5 % einschalen lässt?**

Fläche aller Schalungsplatten:

$A = 125 \cdot 1{,}50 \text{ m} \cdot 0{,}50 \text{ m} = 93{,}75 \text{ m}^2$

Schalfläche nach Abzug des Verschnitts:

$A = 93{,}75 \text{ m}^2 : 1{,}075 = \underline{87{,}21 \text{ m}^2}$

15. **Mit den auf der Baustelle noch vorhandenen 63 Schalungs-platten 1,50 × 0,50 m soll eine Deckenfläche von 45,43 m² ein-geschalt werden. Wie groß darf der Verschnitt maximal sein?**

Fläche aller Schalungsplatten:

$A = 63 \cdot 1{,}50 \text{ m} \cdot 0{,}50 \text{ m} = 47{,}25 \text{ m}^2$

Verschnitt:

$= \dfrac{\text{Schalfläche}}{\text{Deckenfläche}} = \dfrac{47{,}25 \text{ m}^2}{45{,}43 \text{ m}^2} = 1{,}040$

Der Verschnitt darf nicht mehr als 4 % be-tragen.

16. **Ermitteln Sie die fehlenden Maße für den Verschnitt (x %), die Deckenfläche A_D bzw. die Anzahl der Schalungsplatten (P) wie in den Aufgaben 13. bis 15. (Schalungsplatten 1,50 × 0,50 m):**

9 M
11 B

	A_D	P	x %
a)	16,30 × 8,60 m	199	?
b)	22,60 × 9,20 m	?	4,5 %
c)	8,70 × ?	65	3,5 %
d)	14,20 × 7,85 m	156	?
e)	17,85 × 9,75 m	?	7,5 %

	A_D	P	x %
a)	16,30 × 8,60 m	199	6,5 %
b)	22,60 × 9,20 m	290	4,5 %
c)	8,70 × 5,40 m	65	3,5 %
d)	14,20 × 7,85 m	156	5,0 %
e)	17,85 × 9,75 m	249	7,5 %

17. In einem Haus ist vom EG bis zum 8. OG eine Decke von 18,60 × 25,75 m immer wieder einzuschalen. Bei jedem Einsatz ist mit 5,5 % Verschnitt zu rechnen.
Wann müssen zu den vorhandenen 790 Schalungsplatten 1,50 × 0,50 m neue Platten hinzu bestellt werden?

Fläche aller Schalungsplatten:
$A = 790 \cdot 1,50$ m $\cdot$ 0,50 m $= 592,50$ m^2
Deckenfläche $= 18,60$ m $\cdot$ 25,75 m
$\qquad\qquad = 478,95$ m^2
EG $\quad = 478,95$ m^2 $\cdot$ 1,055 $= 505,29$ m^2
$\qquad\qquad\qquad\qquad\qquad\quad$ (reicht)
1. OG $= 505,29$ m^2 $\cdot$ 1,055 $= 533,08$ m^2
$\qquad\qquad\qquad\qquad\qquad\quad$ (reicht)
2. OG $= 533,08$ m^2 $\cdot$ 1,055 $= 562,40$ m^2
$\qquad\qquad\qquad\qquad\qquad\quad$ (reicht)
3. OG $= 562,40$ m^2 $\cdot$ 1,055 $= 593,33$ m^2
$\qquad\qquad\qquad\qquad\quad$ (reicht nicht mehr)
Nach dem Ausschalen des 2. OG müssen
Platten nachbestellt werden.

18. Ermitteln Sie den Materialbedarf zum Mischen des Betons für eine 25 cm dicke Decke von 25,60 x 18,70 m mit der dargestellten Tabelle.
(F2, C16/20, Sieblinienbereich ③)

$V_{Beton} = l \cdot b \cdot h = 25,60$ m $\cdot$ 18,70 m $\cdot$ 0,25 m
$V_{Beton} = 119,68$ m^3

Materialbedarf nach Tabelle:
Zement $\qquad = 119,68$ m^3 $\cdot$ 340 kg/m^3
$\qquad\qquad = \underline{\underline{40,691\ \text{t}}}$
Gesteinskörnung $= 119,68$ m^3 $\cdot$ 1895 kg/m^3
$\qquad\qquad = \underline{\underline{226,794\ \text{t}}}$
Wasser $\qquad = 119,68$ m^3 $\cdot$ 160 kg/m^3
$\qquad\qquad = \underline{\underline{19,149\ \text{m}^3}}$

Druck-fes-tig-keits-klasse	Sieb-linien-be-reich	Baustoffbedarf		
		Ze-ment in kg/m^3	Ge-steins-kör-nung in kg/m^3	Was-ser in kg/m^3
Konsistenz plastisch C2, F2				
C12/15	③	320	1915	160
	④	350	1835	180
C16/20	③	340	1895	160
	④	370	1815	180
Konsistenz KR weich C3, F3				
C12/15	③	350	1835	180
	④	380	1755	200
C16/20	③	380	1810	180
	④	410	1730	200

19. Berechnen Sie den erforderlichen Materialbedarf an Zement (Z), Gesteinskörnung (G) und Wasser (W) für die Decken mit folgenden Abmessungen ($l \times b \times h$):

	l	b	h	S	F
a)	12,45 m	7,70 m	18 cm	3	3
b)	8,85 m	3,45 m	16 cm	4	2
c)	17,45 m	20,15 m	25 cm	3	2
d)	9,95 m	5,60 m	15 cm	4	3
e)	16,65 m	11,70 m	20 cm	4	2

	Z	G	W
a)	6,041 t	31,672 t	3,107 m^3
b)	1,712 t	8,973 t	0,880 m^3
c)	28,128 t	168,329 t	14,064 m^3
d)	3,176 t	14,668 t	1,672 m^3
e)	13,636 t	71,493 t	7,013 m^3

Hinweise:
Verwendet wird ein Beton C12/15. Sieblinienbereich (S), Konsistenz (F).

20. Der Beton für die dargestellte 22 cm dicke Decke aus Beton C16/20 soll in plastischer Konsistenz, Sieblinienbereich 4 hergestellt werden. Berechnen Sie den Materialbedarf.

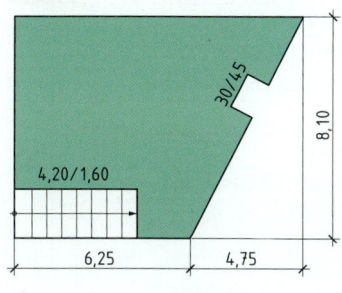

$A = A_{Rechteck} - A_{Dreieck} - A_{Pfeiler} - A_{Treppe}$
$A_{Rechteck} = 11,00\,m \cdot 8,10\,m = 89,10\,m^2$
$A_{Dreieck} = \dfrac{l \cdot b}{2} = \dfrac{4,75\,m \cdot 8,10\,m}{2} = 19,24\,m^2$
$A_{Pfeiler} = 0,30\,m \cdot 0,45\,m = 0,14\,m^2$
$A_{Treppe} = 4,20\,m \cdot 1,60\,m = 6,72\,m^2$
$A = 89,10\,m^2 - 19,24\,m^2 - 0,14\,m^2 - 6,72\,m^2$
$A = 63,00\,m^2$
$V = 63,00\,m^2 \cdot 0,22\,m = 13,86\,m^3$

Materialbedarf nach Tabelle (oben):
Zement $= 13,86\,m^3 \cdot 370\,kg/m^3$
$= \underline{5,128\,t}$

Gesteinskörnung $= 13,86\,m^3 \cdot 1815\,kg/m^3$
$= \underline{25,156\,t}$

Wasser $= 13,86\,m^3 \cdot 180\,kg/m^3$
$= \underline{2,495\,m^3}$

9 M
11 B

Lernfeld 10 M
Putzen einer Wand

**1. Nennen Sie Anforderungen, die gestellt werden an
a) alle Putzmörtel,
b) alle Putzflächen.**

a) Putzmörtel:
- gleichmäßige Mischung, gleichmäßiges Gefüge,
- gute Haftung am Untergrund,
- gute Verarbeitbarkeit mit Maschine oder von Hand.

b) Putzflächen:
- ausreichende Festigkeit,
- geringere Festigkeit als das darunterliegende Mauerwerk,
- wasserdampfdurchlässig,
- ebenflächig,
- rissfrei.

2. Ordnen Sie zu, welche Forderungen an Innenputze (IP) bzw. Außenputze (AP) gestellt werden.

Forderung	IP	AP
raumklimatisierend	?	?
dampfdichte Oberfläche	?	?
wetterfeste Oberfläche	?	?
diffusionsoffene Oberfläche	?	?
rissfrei	?	?
frostsicher	?	?
gute optische Gestaltung	?	?
Verbesserung der Raumakustik	?	?
ebenflächig	?	?
Erhöhung des Brandschutzes	?	?

Forderung	IP	AP
raumklimatisierend	X	–
dampfdichte Oberfläche	–	–
wetterfeste Oberfläche	–	X
diffusionsoffene Oberfläche	X	X
rissfrei	X	X
frostsicher	–	X
gute optische Gestaltung	X	X
Verbesserung der Raumakustik	X	–
ebenflächig	X	X
Erhöhung des Brandschutzes	X	–

246

3. Beschreiben Sie die Folgen einer zu dichten Putzschicht an der Außenseite eines Gebäudes.

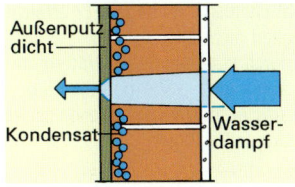

In der Raumluft (innen) ist immer Wasserdampf enthalten. Dieser Wasserdampf geht von innen nach außen durch die Wandkonstruktion. Bei einer zu dichten Außenoberfläche sammelt sich das Wasser unter der Putzschicht, durchfeuchtet die Wand auf der Außenseite und führt bei Frost zu großflächigen Abplatzungen der Außenoberflächen.

4. Welche Folgen sind bei einem zu dichten Innenputz zu befürchten?

Die Feuchte sammelt sich an der dichten Innenoberfläche des Putzes und kondensiert besonders in kalten Ecken. Dort kommt es in der Folge verstärkt zu Schimmelbildung.

5. Innenputze sollen „raumklimatisierend" wirken. Was ist damit gemeint?

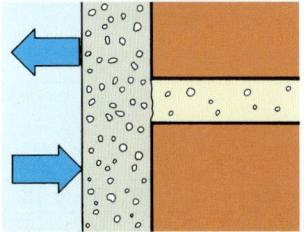

Nennen Sie dafür geeignete Putzmaterialien.

Räume werden über den Tag hinweg unterschiedlich genutzt. In Wohn- und z. B. Schulräumen steigt durch die Atmung der Menschen während der Nutzung die Luftfeuchte an, ebenso z. B. in Küchen und Bädern. Die Innenputze können bis zu 3 L/m^2 Wasserdampf vorübergehend aufnehmen, speichern und später, wenn der Raum nicht mehr genutzt wird, langsam wieder abgeben.
So wird durch den Putz das Raumklima ausgeglichen.
Mögliche Putzmaterialien:
- Kalkmörtel
- Gipsmörtel

6. Welche Anforderungen werden an den Putzgrund gestellt?

- gute Haftung des Putzes (rau),
- sauber, frei von Verunreinigungen wie Schalöl, Gips, lose Mörtelreste, Staub,
- saugfähig,
- gleichmäßiges Material um Rissbildung im Putz bei Feuchteänderungen und Temperaturdehnungen zu vermeiden.

10 M

7. Welche Gefahr besteht für den Putz, wenn der Untergrund zu stark saugt?
Wodurch kann das verursacht werden?

Zu stark saugender Untergrund entzieht dem Putzmörtel in kurzer Zeit die Feuchte des Anmachwassers. Dadurch kann der Mörtel nicht chemisch reagieren. Er erreicht seine Festigkeit nicht.

Dies kann durch stark saugende Untermaterialien (Porenbeton, Leichtbeton, Ziegel) oder durch das Aufheizen der Flächen in der warmen Jahreszeit erfolgen.

8. Nennen Sie Möglichkeiten, um eine gute Haftung des Putzes unter folgenden Bedingungen zu gewährleisten:
a) stark saugende Flächen,
b) wenig saugende glatte Flächen (Beton),
c) glatte, nicht saugfähige Flächen (Stahlträger),
d) sehr unterschiedlicher Untergrund (Mischmauerwerk).

a) Vornässen der Oberflächen mit Wasser.
b) Dünne Lage Spritzbewurf aus Zementmörtel, Aufstreichen einer Haftbrücke.
c) Anbringen eines Putzträgers aus Streckmetall oder Rabitzdraht.
d) Herstellen einer gleichmäßigen Haftung und Saugfähigkeit durch eine Lage Spritzbewurf aus Zementmörtel.

9. Welche Eigenschaften des Putzgrundes lassen sich durch die optische Prüfung (O), Wischprobe (W), Kratzprobe (K) bzw. Benetzungsprobe (B) ermitteln?

Eigenschaft	O	W	K	B
Verunreinigungen	?	?	?	?
Staub, Ruß, Schalölreste	?	?	?	?
noch zu feuchte Oberfläche	?	?	?	?
Oberflächenfestigkeit	?	?	?	?
lose Bestandteile	?	?	?	?
stark saugende Fläche	?	?	?	?

Eigenschaft	O	W	K	B
Verunreinigungen	X	–	–	–
Staub, Ruß, Schalölreste	X	X	–	–
noch zu feuchte Oberfläche	–	–	–	X
Oberflächenfestigkeit	–	–	X	–
lose Bestandteile	X	–	X	–
stark saugende Fläche	–	–	–	X

10. Beschreiben Sie die drei Varianten, Mörtel auf der Baustelle zu mischen. Wann werden diese Varianten eingesetzt?

→

a) Baustellenmörtel:
Auf der Baustelle nach Mischungsverhältnis gemischt.

→

248

Für kleine Flächen (Ausbesserungen), wenn kein Werktrockenmörtel vorhanden ist.

b) Werktrockenmörtel in Säcken:
Als fertige Trockenmischung in Säcken (auf Palette) angeliefert und dann nur noch mit Wasser angemacht. Immer gleichbleibende Qualität, für kleinere Putzaufträge, die von Hand erledigt werden.

c) Werktrockenmörtel in Silos:
Als fertige Trockenmischung im Silo auf die Baustelle gebracht, Putzmaschine wird angeschlossen und mischt kontinuierlich große Mengen in immer gleicher Qualität. Für große Flächen, die maschinell hergestellt werden.

11. Wo sind die einzelnen Putzmörtel bei Wohngebäuden am besten einsetzbar?

Kalkmörtel:
• Untergeschosse,
• Feuchträume (Bad, Küche).
Kalkzementmörtel:
• Außenputz,
• mechanisch beanspruchter Innenputz.
Zementmörtel:
• Sockelbereich,
• im Boden.
Gipsmörtel:
• Innenputz in allen Wohn- und Schlafräumen.

10 M

12. Aus welchen Bestandteilen (A … C) bestehen frische Kunstharzputze?
Wie erhärten diese Putze?

A – Kunstharz
B – Gesteinskörnungen verschiedener Farben
C – Wassertröpfchen
Erhärtung:
Das Wasser verdunstet, dabei vernetzen sich die Kunstharzmoleküle und binden das Gestein fest ein.

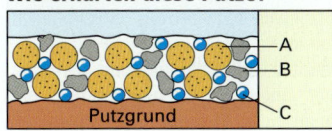

13. Welche Besonderheiten haben Kunstharzputze im Vergleich zu mineralischen Putzen?

- Kunstharze besitzen bis zu 8 % organische Bestandteile,
- sie werden fertig gemischt luftdicht verschlossen angeliefert,
- Volumenabnahme bei der Erhärtung,
- sehr gute Haftung am Putzgrund,
- sehr dichte Oberfläche,
- in sehr vielen Farben und Körnungen erhältlich,
- ausreichend dampfdurchlässig.

14. Im Bild ist der Prinzipaufbau eines mehrlagigen Außenputzes gezeigt. Benennen Sie die Schichten A...D und erläutern Sie deren Aufgaben.

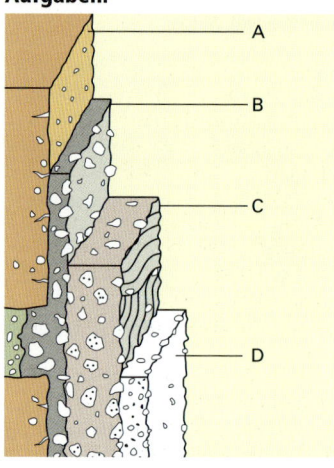

A – Putzgrund:
Bildet die Unterlage für den Putz, muss eine Haftung des Putzes ermöglichen und ausreichend saugfähig sein.
B – Spritzbewurf:
Gleicht Unebenheiten und ungleiches Saugverhalten verschiedener Untergrundmaterialien aus und verbessert die Putzhaftung auf der Oberfläche.
C – Unterputz:
Tragende Funktion, höhere Festigkeit als der Oberputz, daher mitunter Rissbildung. Ausgleich von letzten Unebenheiten.
D – Oberputz:
Weich, elastisch, rissfrei, zusätzlich gestalterische Funktion (Struktur, Farbe, ...).

15. Warum soll die Festigkeit der Putzschichten von innen nach außen abnehmen?

- Spritzbewurf reguliert das Saugverhalten, daher im Regelfall (Zementmörtel),
- Unterputz soll tragfähig und fest sein, daher meist Kalkzementmörtel; hier können noch kleinere Risse entstehen, die der Oberputz dann abdeckt,
- Oberputz soll rissfrei und elastisch sein, daher ein weicherer Putz (Kalkzementmörtel).

16. Wie groß sind die Putzdicken üblicherweise?

Putz	Dicke in mm
dünnlagige Innenputze	?
einlagiger Innenputz	?
mehrlagiger Innenputz	?
mehrlagiger Außenputz	?
Wärmedämmputz	?

Putz	Dicke in mm
dünnlagige Innenputze	3…5
einlagiger Innenputz	10
mehrlagiger Innenputz	15
mehrlagiger Außenputz	20
Wärmedämmputz	≤ 100

17. Wonach richtet sich die Trocknungszeit einer Putzschicht? Wann darf die nächste Putzschicht aufgebracht werden?

Die Trocknungszeit ist von der Schichtdicke und der Witterung abhängig.
Pro mm Putzdicke sollte etwa einen Tag abgewartet werden.

18. Nennen Sie Regeln, die beim Aufbringen des Putzes einzuhalten sind.

- zu stark saugende Untergründe vornässen,
- auf ungleiche Untergründe Spritzbewurf aus Zementmörtel aufbringen,
- Putzlage nicht zu dick aufbringen, damit der Putz haftet und nicht abrutscht (Schichtdicke max. $3 \times$ Größtkorn der Putzmischung),
- Putzlagen gleichmäßig dick aufbringen,
- bei großen Unebenheiten Ausgleichsschicht aufbringen,
- nächste Putzlage erst nach ausreichender Austrocknung der vorherigen Putzschicht aufbringen,
- bei schlechter Haftung die vorherige Putzschicht annässen oder aufrauen,
- Mörtel anwerfen (von Hand oder maschinell) damit eine Adhäsionskraft entsteht, nicht vom Brett aufziehen.

10 M

19. Welche Angaben werden in einem „Putzsystem" festgelegt?

- Anforderungen an die geputzte Fläche,
- Mörtelgruppe des Unterputzes,
- Druckfestigkeitsklasse des Unterputzes,
- Mörtelgruppe des Oberputzes,
- Druckfestigkeitsklasse des Oberputzes.

20. Für welche Anforderungen gibt es in der Norm passend festgelegte Putzsysteme?

Außenputz:
- ohne Anforderung,
- Wasser hemmend,
- Wasser abweisend,
- Kelleraußenputz,
- Außensockelputz.

Innenputz:
- übliche Beanspruchung,
- Feuchträume.

21. Erläutern Sie den Unterschied zwischen „Putzträgern" und „Putzbewehrungen". Nennen Sie je drei Beispiele.

Putzträger:
Trägt selbstständig eine Putzschicht, die am Untergrund sonst nicht haften würde:
- Rippenstreckmetall,
- Ziegeldrahtgewebe,
- Holzwolleleichtbauplatten.

Putzbewehrung:
Wird in die Putzschicht eingebettet und verhindert die Rissbildung bei Setzungen, unterschiedlichen Ausdehnungen der Untergründe oder beim Schwinden des Mörtels während der Erhärtung:
- Glasfasergewebe,
- Kunststofffasergewebe,
- Metallgewebe.

22. Beschreiben Sie, wie beim Verputzen einer Fachwerkwand vorzugehen ist.

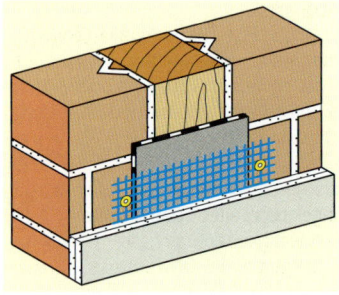

Alle Holzbauteile sind mit einer Trennschicht (Bitumenpappe) zu bekleiden, damit das „Arbeiten" des Holzes nicht zu Rissen im Putz führt. Über die Trennschicht ist ein mindestens 30 cm breiter Putzträger (Metallgitter, ...) aufzubringen, der beidseitig an der Ausfachung der Wand (nicht auf dem arbeitenden Holz!) befestigt wird. Der dann aufgebrachte Putz ist nur mit den Ausfachungen verbunden, das Holz kann sich frei, ohne Rissbildung in der Putzfläche, bewegen.

23. Worauf ist beim Einbau einer Putzbewehrung zu beachten?

- Einbettung im äußeren Drittel der Unterputzschicht,
- straffe faltenfreie Einbettung,
- Gewebestöße sollen sich mindestens 10 cm überlappen,
- 20 cm Überlappung auf benachbarte Bauteile,
- Maschen der Bewehrung 8...10 mm größer als das Größtkorn des Putzes,
- an Tür- und Fensterecken diagonale Zusatzbewehrung.

24. Was versteht man unter einem „Edelputz". Welchen Vorteil bietet er?

Beim Edelputz wird der Putzmischung des Oberputzes schon im Werk die Farbe mit beigegeben. Daher ist der ganze Oberputz durchgefärbt und es kann die äußere Farbgebung nicht wie bei einem Anstrich abwittern. Der Putz muss auch nach Jahren nicht nachgestrichen werden.

25. Erläutern Sie den Unterschied in der Herstellung von Oberputz als
a) Reibeputz,
b) Spritzputz,
c) Kratzputz.

a) Reibeputz:
Der Putz besitzt ein rundes Größtkorn und wird nur in der Dicke dieses Größtkorns aufgezogen. Danach wird mit dem Reibebrett auf der harten Oberfläche des Unterputzes die gewünschte Struktur eingerieben (kreisend, waagerecht oder senkrecht), wobei das Größtkorn auf dem Unterputz rollt (Rollkorn).

b) Spritzputz:
Spritzputze werden maschinell aufgespritzt und erhalten ihr Aussehen durch die enthaltene Kornstruktur und den Spritzdruck.

c) Kratzputz:
Beim Kratzputz wird der Deckputz feucht aufgebracht und nach einer kurzen Zeit des Antrocknens mit einem Nagelbrett oder einer Ziehklinge bearbeitet. Dabei werden Teile des Gesteinsgerüstes aus der Oberfläche gelöst, wodurch die gewünschte Struktur entsteht.

10 M

26. Nennen Sie mindestens drei Putze, die für spezielle Einsatzgebiete bestimmt sind.

- Sanierputz
- Akustikputz
- Brandschutzputz
- Leichtputz
- Kelleraußenwandputz
- Sockelputz

27. Ordnen Sie den genannten Einsatzgebieten den im Regelfall verwendeten Putzmörtel zu. (Kalkmörtel = K, Kalkzementmörtel = KZ, Zementmörtel = Z, Gipsmörtel = G)

	K	KZ	Z	G
Sanierputz	?	?	?	?
Kelleraußenwand	?	?	?	?
Außensockel	?	?	?	?
Brandschutzputz	?	?	?	?
Leichtputz	?	?	?	?

	K	KZ	Z	G
Sanierputz	–	X	–	–
Kelleraußenwand	–	–	X	–
Außensockel	–	X	X	–
Brandschutzputz	–	–	–	X
Leichtputz	X	X	–	–

28. Beschreiben Sie den Unterschied zwischen einem
a) Brandschutzputz,
b) Akustikputz.

a) Brandschutzputz: Besteht aus nichtbrennbaren Materialien in poröser Struktur mit teils porigem Gestein (Blähglimmer, Perlit, …). Je größer die Materialstärke (bis zu 65 mm), desto besser der Brandschutz. Bei Gipsputz tritt im Brandfall noch Kristallwasser aus, das den Brandschutz erhöht.
b) Akustikputz: Die stark porige und profilierte Oberfläche nimmt den Schall teilweise auf und mindert ihn ab (Absorption).

29. Erklären Sie den Schichtaufbau und die Funktionsweise eines Sanierputzes. Worauf muss bei diesem Putz besonders geachtet werden?

Schichtaufbau:
A – Ausgleichsputz
B – Sanierputz
C – Oberputz
Funktion:
Der Putz wird zur Sanierung von feuchtem Mauerwerk mit Salzausblühungen verwendet. Durch den Einsatz von Luftporenbildnern erreicht ein ausgehärteter Sanierputz ein Luftporenvolumen von bis zu 40 %.

→

→

254

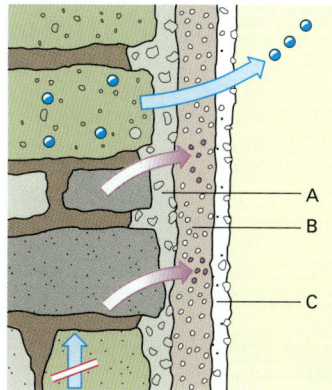

A
B
C

Dem Mörtel werden Wasser abweisende Zusätze zugegeben, die verhindern, dass er selbst Wasser aufnimmt. Die Feuchte des Mauerwerkes wird also durch den Putz nach außen hindurchgeleitet, ohne ihn zu durchnässen. Die im Mauerwerk gelösten Salze lagern sich in den Hohlräumen des Putzes ab, ohne dass es außen sichtbare Ablagerungen (Ausblühungen) gibt.
Beachten:
Der Sanierputz behebt die Ursachen nicht. Er ergibt ein optisch einwandfreies Aussehen, da das Wasser verdunstet und es keine Ausblühungen gibt. Ohne eine Beseitigung des Schadens und einer Trockenlegung des Mauerwerkes werden die Hohlräume im Putz irgendwann gefüllt sein und es wird dann doch wieder zu Ausblühungen kommen.

30. Was versteht man unter „Trockenputz"?
Welche Vorteile hat der Trockenputz?

Beim Trockenputz werden Gipsplatten mit einem Ansetzmörtel versehen und dann an der Wand angebracht.
Vorteile:
- geringere Baufeuchte,
- große, exakt ebene Flächen,
- kurze Bauzeit,
- sofort fertige, weiter beschichtbare Flächen (Farbe, Tapete, …).

31. Welche Anforderungen werden an den Untergrund bei der Herstellung eines Trockenputzes gestellt?

- ausreichend fest und tragfähig,
- rau, haftfähig,
- gleichmäßig (nicht zu stark) saugend,
- sauber, fettfrei, staubfrei, frei von Schalöl,
- eben, vollflächig gemauert.

10 M

32. Nennen Sie die drei Verfahren mit Trockenbauplatten als Trockenputz an die Wand zu bringen. Wann ist welches Verfahren anzuwenden?
Welches Verfahren ist im Bild (folgende Seite) gezeigt?

Ansetzmörtel:
Der Mörtel wird als Batzen auf die Wand oder die Platte aufgetragen, dann wird die Platte an der Wand angesetzt. Einsatz bei „normalen" Wänden (Regelfall).

→

→

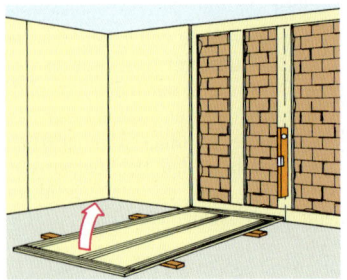

Dünnbettverfahren:
Der Mörtel wird mit einer Zahnspachtel dünn auf die Platte aufgetragen, dann wird die Platte an der Wand angesetzt.
Einsatz bei sehr ebenen Untergründen (z. B. Stahlbetonwänden).
Ansetzen auf Plattenstreifen:
Auf dem Untergrund werden erst Plattenstreifen (wenn nötig in mehreren Lagen) aufgebracht, bis diese eine ebene Fläche darstellen. Dann werden die Trockenbauplatten mit Ansetzmörtel auf den Streifen befestigt.
Einsatz bei sehr unebenen Untergründen (z. B. Altbaumauerwerk).
Im Bild ist das Ansetzen mit Plattenstreifen gezeigt.

33. Was versteht man unter einem „Wärmedämm-Verbundsystem" (WDVS)?

Das WDVS ist ein aufeinander abgestimmtes Beschichtungssystem für Außenwände, das die normalen Eigenschaften des Putzes (Wetterschutz, Optik) mit erhöhtem Wärmeschutz verbindet.

34. Benennen Sie die Schichten A … E eines Wärmedämm-Verbundsystems.

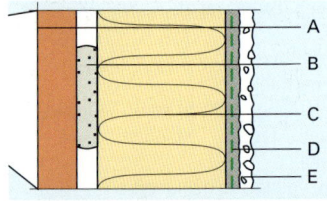

A – tragfähige Wand (Mauerwerk, Beton, Fachwerk, …)
B – Ansetzmörtel
C – Wärmedämmschicht (meist mit Dübeln befestigt)
D – 1. Putzschicht mit Armierungsgewebe
E – 2. Putzschicht (Oberputz)

35. Welche Materialien können als Wärmedämmschicht in einem Wärmedämm-Verbundsystem eingesetzt werden?

- Schaumkunststoffplatten (Polystyrol),
- Mineralwolleplatten,
- Holzwolleplatten,
- Korkplatten.

36. Auf eine Außenwand soll ein Wärmedämmverbundsystem aufgebracht werden.
Beschreiben Sie den Arbeitsablauf bei der Herstellung des WDVS.

- Zuschnitt der Dämmplatten,
- Aufbringen von Klebemörtel auf der Rückseite der Platten,
- Ansetzen der Platten (lückenlos, mit Versatz),
- Aufspritzen des Armierungsmörtels,
- Glattziehen des Armierungsmörtels,
- Anbringen und Einbetten des Armierungsgewebes (10 cm Überlappungsstöße, faltenfrei),
- Aufbringen des Edelputzes,
- Einreiben der Struktur.

37. Worauf ist beim Aufbringen des Edelputzes besonders zu achten?

Die Oberfläche des Armierungsputzes muss ausgehärtet sein. Der Putz ist auf der Wand von oben nach unten zügig in einem Arbeitsgang aufzubringen und unmittelbar danach zu verreiben, da Ansatzstellen später in der Fassade deutlich sichtbar sind.
Besonders beim Verreiben von einer Gerüstebene zur nächsten muss darauf geachtet werden, dass die Ansätze („frisch in frisch") verrieben werden.

38. Erklären Sie die Funktion eines „Wärmedämmputzes".

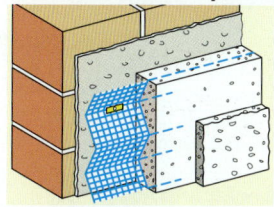

Der Putz hat eine sehr geringe Rohdichte, da die Gesteinskörnung leichte Zusätze (Blähglimmer, Schaumstoffkugeln, Perlit, ...) enthält. Der Putz wird in mehreren Lagen bis zu 100 mm dick aufgetragen und mit Putzträgern gehalten.
Die sehr geringe Rohdichte und die große Schichtdicke erzielen insgesamt eine hohe Wärmedämmung.

10 M

39. Nennen Sie die Arbeitsgänge beim Verputzen einer Wand mit der Putzmaschine.

- Prüfen der technischen Voraussetzungen (Wasserdruck mind. 2,5 bar, Strom 230 V, Absicherung 3 × 25 Ampere),
- Maßgenauigkeit der Wand überprüfen,
- Einstellung der Wassermenge an der Mischmaschine, sodass der Mörtel möglichst flüssig ist,

- Mörtel in Schlangenlinie streifenweise in gleicher Schichtdicke an die Wand spritzen,
- mit Kartätsche und Richtscheit den Mörtel flucht- und senkrecht abziehen,
- Fehlstellen ausgleichen,
- nach dem Anziehen nochmals annässen und mit Schwammscheibe oder Filzscheibe die Fläche glätten.

Lernfeld 10 M
Fachmathematik

Hinweise:
Rechnen Sie die folgenden Aufgaben nach diesen Angaben:
- **1 Sack Fertigmörtel mit 30 kg ergibt 24 L Frischmörtel.**
- **1 t Werktrockenmörtel im Silo ergibt 800 L Frischmörtel.**
- **Schüttdichte des Werktrockenmörtels = 1,1 t/m³.**

1. Auf einer Palette sind 30 Sack Mörtel geliefert worden.
a) Wie viel Frischmörtel lässt sich damit mischen?
b) Wie viel Mörtel geht verloren, wenn man von etwa 8 % Verlust ausgehen muss?
c) Wie viele m² Putz können hergestellt werden, wenn die Putzdicke 1,5 cm beträgt?

a) Frischmörtel:
$V = 30$ Sack $\cdot$ 24 L/Sack $= \underline{720\ L}$

b) Verlust:
$V = 720\ L \cdot 0{,}08 = \underline{57{,}6\ L}$

c) Putzfläche:
Volumen für 1 m² Putzfläche
$= l \cdot b \cdot d$
$= 10$ dm $\cdot$ 10 dm $\cdot$ 0,15 dm
$= 15$ dm³ $= 15$ L Putzmörtel

Putzmörtel $= 720\ L - 57{,}6\ L$ (Verlust)
$\qquad\quad = 662{,}4\ L$

Putzfläche $= \dfrac{662{,}4\ L}{15\ L/m^2} = \underline{\underline{44{,}16\ m^2}}$

2. Wie groß sind die Putzflächen (A), die man mit x Säcken Fertigmörtel bei einem Verlust von $p\%$ und einer Putzdicke d putzen kann?

	x	$p\%$	d	A
a)	25 Sack	6,5 %	1,2 cm	?
b)	70 Sack	4,5 %	1,0 cm	?
c)	15 Sack	8,0 %	1,8 cm	?
d)	32 Sack	7,5 %	0,8 cm	?
e)	24 Sack	10,0 %	1,4 cm	?

	x	$p\%$	d	A
a)	25 Sack	6,5 %	1,2 cm	46,75 m^2
b)	70 Sack	4,5 %	1,0 cm	160,44 m^2
c)	15 Sack	8,0 %	1,8 cm	18,40 m^2
d)	32 Sack	7,5 %	0,8 cm	88,80 m^2
e)	24 Sack	10,0 %	1,4 cm	37,03 m^2

3. Eine Wandfläche von 365,50 m^2 soll mit einer 1,2 cm dicken Putzschicht versehen werden (Verlust etwa 8,5 %).
a) Wie viel Sack müssen bestellt werden?
b) Was kostet der Mörtel, wenn pro Sack 3,49 € bezahlt werden müssen?
c) Was kostet der Mörtel alternativ, wenn pro Palette (30 Sack) 95,00 € bezahlt werden müssen?

a) Mörtelbedarf:
Volumen für 1 m^2 Putzfläche
$= l \cdot b \cdot d$
$= 10 \text{ dm} \cdot 10 \text{ dm} \cdot 0,12 \text{ dm}$
$= 12 \text{ dm}^3 = 12 \text{ l Putzmörtel}$

Frischmörtel $= 365,50 \text{ m}^2 \cdot 12 \text{ l/m}^2$
$= \underline{4386 \text{ l}}$
Gesamtmenge mit Verlust:
$V = 4386 \text{ l} \cdot 1,085 = \underline{4759 \text{ l}}$
$\text{Sack} = \dfrac{4759 \text{ l}}{24 \text{ l/Sack}} = \underline{198,3 \text{ Sack}}$, es
müssen also $\underline{199 \text{ Sack}}$ bestellt werden.

b) Kosten $= 199 \text{ Sack} \cdot 3,49 \text{ €/Sack}$
$= \underline{694,51 \text{ €}}$

c) Paletten $= 199 \text{ Sack} : 30 \text{ Sack/Palette}$
$= 6,6 \text{ Paletten}$
Kosten $= 7 \text{ Paletten} \cdot 95,00 \text{ €}$
$= \underline{665,00 \text{ €}}$

10 M

4. Es sollen weitere Wandflächen (*A*) mit der Putzdicke *d* und dem Verlust (*p*%) geputzt werden. Berechnen Sie den Preis für die Lieferung pro Sack bzw. pro Palette (Preis siehe Aufgabe 3.) und entscheiden Sie, welche Variante preiswerter ist.

	A	*p*%	*d*	Sack/ Pal.
a)	210,00 m^2	9,5 %	1,3 cm	?
b)	375,50 m^2	5,5 %	1,6 cm	?
c)	422,20 m^2	8,5 %	1,8 cm	?
d)	89,00 m^2	7,0 %	0,6 cm	?
e)	144,50 m^2	9,0 %	1,4 cm	?

	Sack	Palette	Sack/ Pal.
a)	439,74	475,00	Sack
b)	924,85	855,00	Paletten
c)	1211,03	1140,00	Paletten
d)	83,76	95,00	Sack
e)	324,57	380,00	Sack

5. Das dargestellte Silo (*d* = 2,20 m) ist noch bis zu einer Höhe (*h*) von 2,80 m gefüllt. Berechnen Sie die noch vorhandene Frischmörtelmenge
a) in L,
b) in t.

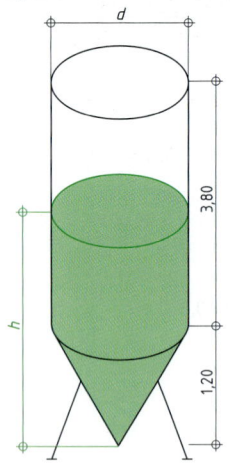

Alle geraden Körper berechnet man:
$V = A \cdot h =$ Grundfläche · Höhe

Alle spitzen Körper berechnet man:
$V = \dfrac{A \cdot h}{3} = \dfrac{\text{Grundfläche} \cdot \text{Höhe}}{3}$, also:

Grundfläche Kreis:
$A = \dfrac{\pi}{4} \cdot d^2 = 0,785 \cdot d^2 = 0,785 \cdot (2,20\text{ m})^2$
$A = 3,80\text{ m}^2$

a) Volumen in L:
$V = V_{\text{gerade}} + V_{\text{Spitze}}$
$V = 3,80\text{ m}^2 \cdot 1,60\text{ m} + \dfrac{3,80\text{ m}^2 \cdot 1,20\text{ m}}{3}$
$V = 6,08\text{ m}^3 + 1,52\text{ m}^3 = 7,60\text{ m}^3$
$V = \underline{7600\text{ L}}$

b) Masse in t:
$m = 7,6\text{ m}^3 \cdot 1,1\text{ t/m}^3 = \underline{8,360\text{ t}}$

6. Berechnen Sie die Restmengen im Silo bei einer Füllhöhe (h) und einem Durchmesser (d) jeweils in L und t.

	h	d	L	t
a)	4,75 m	2,00 m	?	?
b)	3,80 m	2,10 m	?	?
c)	2,25 m	2,30 m	?	?
d)	1,90 m	1,85 m	?	?
e)	1,20 m	1,90 m	?	?

	h	d	L	t
a)	4,75 m	2,00 m	12 403	13,643
b)	3,80 m	2,10 m	10 386	11,425
c)	2,25 m	2,30 m	6018	6,620
d)	1,90 m	1,85 m	2959	3,255
e)	1,20 m	1,90 m	1132	1,245

Rechnen Sie alle folgenden Aufgaben mit folgenden Werten:
– Mörtelfaktor = 1,6
– 1 Sack Kalk = 40 L
– 1 Sack Zement = 20 L

7. Sie sollen mit 4 Sack Kalk einen Kalkzementmörtel im Mischungsverhältnis 2 : 1 : 8 herstellen.
Wie viel Zement und Sand werden benötigt?

Mischungsverhältnis 2 : 1 : 8 ist nach Raumteilen (RT):
2 RT Kalk : 1 RT Zement : 8 RT Sand

4 Sack Kalk = 4 · 40 L = 160 L
2 RT = 160 L, also ist 1 RT = 80 L
Zement: 1 RT = 80 L = 4 Sack (je 20 L)
Sand: 8 RT · 80 L = 640 L = 0,640 m³

8. Ermitteln Sie den Bedarf an Sand und Kalk, um mit 10 Sack Zement Putzmörtel im Mischungsverhältnis 1 : 1 : 6 zu mischen?

1 RT Kalk : 1 RT Zement : 6 RT Sand

10 Sack Zement = 10 · 20 L = 200 L
also ist 1 RT = 200 L
Kalk: 1 RT = 200 L = 5 Sack (je 40 L)
Sand: 6 RT · 200 L = 1200 L = 1,200 m³

10 M

9. Wie groß ist die Fläche, die man mit 850 L Mörtel an der Wand bei folgenden Schichtdicken putzen kann:
a) 1,5 cm,
b) 1,2 cm,

850 L = 850 dm³ = 0,850 m³
$V = A \cdot d$
$A = \dfrac{V}{d}$

→   →

c) **0,5 cm,**
d) **1,0 cm?**

Für $V = 0,850$ m^3 und die jeweilige Schichtdicke d folgt:
a) $A = 0,850$ m^3 : 0,015 m $=$ $\underline{\underline{56,67\ m^2}}$
b) $A = 0,850$ m^3 : 0,012 m $=$ $\underline{\underline{70,83\ m^2}}$
c) $A = 0,850$ m^3 : 0,005 m $=$ $\underline{\underline{170,00\ m^2}}$
d) $A = 0,850$ m^3 : 0,010 m $=$ $\underline{\underline{85,00\ m^2}}$

10. Berechnen Sie den Bedarf an Kalk, Zement und Sand, wenn eine Putzfläche von 345,60 m^2 1,2 cm dick mit Kalkzementmörtel verputzt werden soll.

Kalkzementmörtel entspricht einem Mischungsverhältnis von 2 : 1 : 8, also 2 RT Kalk + 1 RT Zement + 8 RT Sand $= 11$ RT
$V = A \cdot d = 345,6$ m^2 · 0,012 m
$V = 4,147$ m$^3 = 4147$ l
Ausgangsstoffe $= 1,6 \cdot 4147$ l
$\qquad\qquad\qquad = 6635$ l
1 RT $= 6635 : 1$ l $= 603,2$, also:
Kalk $= 1206,4$ l : 40 l/Sack $= \underline{\underline{30,16\ \text{Sack,}}}$ also $\underline{\underline{31\ \text{Sack}}}$
Zement $= 603,2$ l : 20 l/Sack $= \underline{\underline{30,16\ \text{Sack,}}}$ also $\underline{\underline{31\ \text{Sack}}}$
Sand $= 603,2$ l · 8 RT $= \underline{\underline{4,826\ m^3}}$

11. Ermitteln Sie die benötigte Menge Sand und Zement, um auf einer Putzfläche von 62,00 m^2 einen Spritzbewurf (Zementmörtel) von 4,5 L/m^2 aufzubringen.

Spritzbewurf:
Ausgangsstoffe $= 62,00$ m^2 · 4,5 L/m^2 · 1,6
$= 446,4$ l (MV $= 1 : 4$, also 5 RT)
1 RT $= 446,4$ l : 5 $= 89,3$ l
Zement $= 89,3$ l : 20 l/Sack $= \underline{\underline{4,5\ \text{Sack,}}}$ also $\underline{\underline{5\ \text{Sack}}}$
Sand $= 89,3$ L/RT · 4 RT $= \underline{\underline{0,357\ m^3}}$

12. Ein Lkw hat Sand abgekippt. Berechnen Sie das Volumen des Sandes bei einer Länge l, Breite b und Höhe h des Sandhaufens. (Hinweis: der Schüttwinkel ist rundum gleich)

Der Sandhaufen lässt sich einfach in zwei Teilkörper zerlegen:

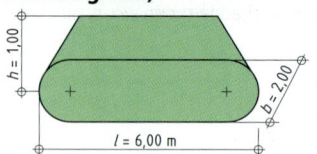

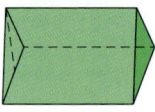

spitzer Körper   gerader Körper

262

$V = V_{\text{Kegel, spitz}} + V_{\text{Prisma, gerade}}$

$V = \dfrac{0,785 \cdot (2,00 \text{ m})^2}{3} \cdot 1,00 \text{ m}$

$\quad + \dfrac{2,00 \text{ m} \cdot 1,00 \text{ m}}{2} \cdot 4,00 \text{ m}$

$V = 1,047 \text{ m}^3 + 4,000 \text{ m}^3 = \underline{\underline{5,047 \text{ m}^3}}$

Der Lkw hat also etwa 5 t Sand abgekippt.

13. Berechnen Sie das Volumen (V) der Sandlieferungen (siehe Bild Aufgabe 12.) bei den Abmessungen l, b und h.

	l	b	h	V
a)	3,60 m	1,80 m	0,90 m	?
b)	4,20 m	2,00 m	0,80 m	?
c)	5,50 m	1,80 m	1,00 m	?
d)	5,10 m	2,20 m	0,70 m	?
e)	2,60 m	2,00 m	0,60 m	?

	l	b	h	V
a)	3,60 m	1,80 m	0,90 m	2,221 m³
b)	4,20 m	2,00 m	0,80 m	2,597 m³
c)	5,50 m	1,80 m	1,00 m	4,178 m³
d)	5,10 m	2,20 m	0,70 m	3,120 m³
e)	2,60 m	2,00 m	0,60 m	0,988 m³

14. Sie sollen einen Sockelputz aus Zementmörtel an einem Gebäude anbringen. Dazu haben Sie auf der Baustelle eine Palette Zement (30 Sack) und einen Sandhaufen (l = 3,40 m, b = 2,10 m, h = 0,80 m).
a) Was ist zuerst verbraucht – der Sand oder der Zement?
b) Wie viel Mörtel können Sie mischen?

Sandhaufen:
$V = V_{\text{Kegel, spitz}} + V_{\text{Prisma, gerade}}$

$V = \dfrac{0,785 \cdot (2,10 \text{ m})^2}{3} + \dfrac{2,10 \text{ m} \cdot 0,80 \text{ m}}{2}$

$\quad \cdot 1,30 \text{ m}$

$V = 0,923 \text{ m}^2 + 0,840 \text{ m}^2 = 1,763 \text{ m}^3$

$\quad = \underline{\underline{1763 \, l}}$

Zement $= 30 \cdot 20 \, l = \underline{\underline{600 \, l}}$

Zementmörtel entspricht einem Mischungsverhältnis von 1 : 4, also 1 RT Zement und 4 RT Sand = 5 RT

a) Es müsste also viermal so viel Sand wie Zement vorhanden sein, was nicht der Fall ist. Also ist der Sand zuerst verbraucht.

b) Ausgangsstoffe: 1763 l Sand + 440,75 l Zement = 2203,75 l
$V_{\text{Mörtel}} = 2203,75 \, l : 1,6 = \underline{\underline{1377,344 \, l}}$

10 M

Lernfeld 11 M
Herstellen einer Wand in Trockenbauweise

1. Welche Vorteile bietet der Trockenbau gegenüber herkömmlichen Bauweisen?

- kürzere Bauzeit durch Verwendung großflächiger Platten,
- sehr geringe Baufeuchte,
- sehr maßhaltig und ebenflächig,
- Installationen sind in der Wand- oder Deckenkonstruktion verlegbar,
- sehr leichte Konstruktionen,
- guter Wärme-, Schall- und Brandschutz.

2. Nennen Sie die fünf Anwendungsgebiete für Trockenbaukonstruktionen.

- Montagewände
- Vorsatzschalen
- Wandtrockenputz
- Montagedecken
- Trockenfußböden

3. Benennen Sie die Bauteile A…E der dargestellten Einfachständerwand und erklären Sie, welche Funktion die einzelnen Bauteile haben.

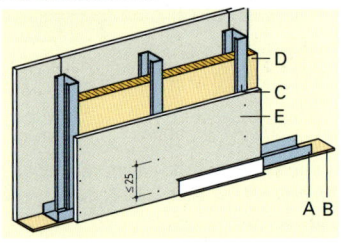

A – UW-Profil:
Zum Anschluss der Montagewand an die Fußbodenkonstruktion bzw. Geschossdecke. In dieses Profil werden die CW-Profile der Wand senkrecht eingestellt.

B – Dämmstreifen:
Selbstklebender Dämmstoffstreifen, der an allen Berührungsflächen zu anderen Konstruktionen (Wand, Decke, Pfeiler, Dachschräge, …) am UW-Profil angebracht wird, um eine Schallübertragung zu vermeiden.

C – CW-Profil:
Tragkonstruktion in der Wand, wird in das UW-Profil im Rastermaß von 62,5 cm (Regelfall) eingesetzt.

D – Dämmstoff:
Mineralwolledämmung zur Verminderung der Schallübertragung und zur Verbesserung der Wärmedämmung.

E – Beplankung:
Gipsplatten, die alle 25 cm an den CW-Profilen verschraubt werden, dienen als Wandoberfläche.

handwerk-technik.de

**4. Unterscheiden Sie die verschiedenen Arten von Montagewänden
a) nach dem Material,
b) nach der Bauweise,
c) nach der Beplankung.**

a) Material:
  • Holzständerwände,
  • Metallständerwände.
b) Bauweise:
  • Einfachständerwände,
  • Doppelständerwände.
c) Beplankung:
  • einfache Beplankung,
  • doppelte Beplankung.

5. Zu welchem Zweck baut man eine Trockenbauwand als Doppelständerwand mit doppelter Beplankung?

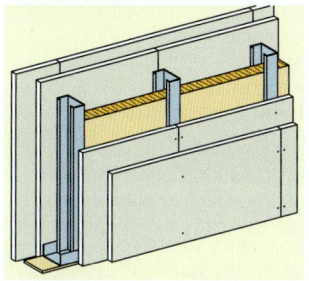

doppelte Ständerreihe:
• Entkopplung beider Ständerreihen zur Verbesserung des Schallschutzes,
• Aufnahme umfangreicher Installationen (Kabel, Wasserleitungen, Abwasserrohre, …),
• Verbesserung der Wärmedämmung durch zusätzliche Dämmstofflagen.
doppelte Beplankung:
• Erhöhung der Tragfähigkeit der Wandfläche, z. B. um Hängeschränke anzuhängen,
• Verbesserung des Schallschutzes durch größere Flächenmasse,
• Verminderung der Durchbiegung der Flächen, z. B. wenn Fliesenbeläge aufgebracht werden.

6. Im Bild ist ein „gleitender Deckenanschluss" gezeigt. Wozu dient diese Konstruktionsart? Benennen Sie die einzelnen Bauteile und ihre jeweilige Funktion.

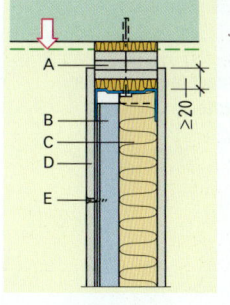

Decken mit großen Spannweiten können sich unter Belastung leicht durchbiegen und würden von oben auf die Trockenbauwand drücken, was zu Rissen und Abplatzungen führen kann. Der gleitende Deckenanschluss ist in der Höhe beweglich und nimmt dadurch diese Verformungen auf.

A – Paket von Gipsplattenstreifen mit dem UW-Deckenprofil
B – oben gekürzte CW-Ständerprofile
C – Dämmung
D – Gipsplatten in einfacher oder doppelter Beplankung
E – Schnellbauschrauben (nur in das CW-Profil geschraubt, nicht in den Plattenstreifen an der Decke!)

11 M

7. Worin unterscheiden sich Gipsplatten von Gipsfaserplatten bzw. von Gipsplatten mit Vliesbewehrung?

Gipsplatten:
Bestehen nur aus dem Gipskern (Wandbaustoff) und der Kartonummantelung (zugfeste Außenbewehrung).
Gipsfaserplatten:
Haben durch die in der Gipsmischung eingebrachte Faserbewehrung eine höhere Stabilität, aber ein ungünstigeres Schwindverhalten.
Gipsplatten mit Vliesbewehrung:
Zusätzlich zur Faserbewehrung in der Gipsmischung ist direkt unter der Oberfläche eine Matte aus Glasseidengewebe und -vlies als weitere Bewehrung eingebettet.

8. Welche Arten von Fugenbewehrungsstreifen und Fugenspachtelmassen werden zum Schließen der Fugen verwendet?

Fugenbewehrungsstreifen:
- Papierstreifen,
- Glasfaserstreifen,
- selbstklebendes Glasgittergewebe.

Fugenspachtelmassen:
- Fugenspachtel für unbewehrte Fugen,
- Fugenspachtel für Fugenbewehrung,
- Dispersionsspachtel zum Nachspachteln.

9. Welche Bezeichnung haben die gezeigten Kantenformen von Gipsplatten?

a) b)

c) d)

e) f)

Kantenformen:
a) halbrunde abgeflachte Kante
b) halbrunde Kante
c) abgeflachte Kante
d) runde Kante
e) Winkelkante
f) volle Kante

10. Welche Kantenform von Gipsplatten ist zu wählen, wenn auf den Plattenstoß in die Spachtelmasse ein Fugenbewehrungsstreifen einzubauen ist?

- halbrund abgeflachte Kante oder
- abgeflachte Kante

11. Nennen Sie mindestens fünf typische Werkzeuge, die beim Bau einer Trockenbauwand benötigt werden.

- Platten-/Klingenmesser,
- Bauschrauber,
- Kantenhobel,
- Surformhobel,
- Stanzzange,
- verschiedene Spachtel,
- Handschleifer/Schleifmaschinen.

12. Beschreiben Sie den Arbeitsablauf beim Bau einer Trockenbauwand als doppelt beplankte Einfachständerwand mit Fugenstreifenbewehrung.

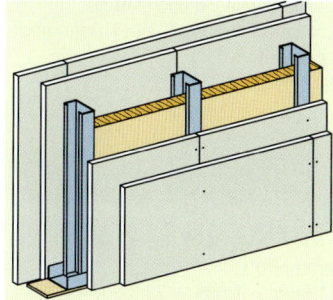

1. Arbeitsvorbereitung:
- Einmessen der Wandachse, Aufzeichnen auf dem Fußboden,
- senkrechte Lage an beiden Wandanschlüssen mit Lot einmessen und anzeichnen,
- Lage des UW-Profils an der Decke anzeichnen.

2. Anschlussprofile:
- alle Anschlussprofile an Wand (CW) und Fußboden/Decke (UW) mit selbstklebenden Dämmstreifen versehen,
- Boden- und Deckenprofil anlegen und mit Schrauben/Dübel befestigen (Achtung: in Fußboden und Decke sind häufig Elektrokabel verlegt!),
- die CW-Wandanschlussprofile in die UW-Profile stecken und ebenfalls an den Wänden anschrauben.

3. Einbau der Ständerprofile:
- CW-Profile etwa 1,5 cm kürzer zuschneiden,
- Profile mit der offenen Seite in Montagerichtung alle 62,5 cm in die UW-Profile einstellen und ausrichten,
- Zwischenständer und Riegel an Fenster und Türen zuschneiden und einbauen/befestigen,
- Kabel u. Ä. durch die Ständeröffnungen ziehen.

4. Beplankung:
- Platten 1,5...2,0 cm kürzer als die Raumhöhe zuschneiden und die erste Plattenlage einer Wandseite etwa alle 50 cm mit den Profilen verschrauben,

11 M

→   →

- die zweite Lage um eine halbe Platte versetzt auf die erste Lage schrauben (Schraubabstand 25 cm),
- Dämmung in die Wand einbringen,
- erste Lage der zweiten Wandseite schrauben, dann die zweite Lage um eine halbe Platte versetzt alle 25 cm verschrauben.

5. Verfugung:
- Die breite Fuge (abgeflachte Kante) mit Fugenspachtel auffüllen und von unten nach oben abziehen (Vorspachteln),
- Bewehrungsstreifen vollflächig ins frische Fugenbett einlegen und glätten,
- nach Erhärtung wird die Fläche nachgespachtelt.

Lernfeld 11 M
Fachmathematik

1. Wie viele Gipsplatten 62,5 cm × 2,60 m sind für eine doppelt beplankte Trockenbauwand mit einer Länge von 8,60 m und einer Höhe von 2,50 m zu bestellen (Verschnitt 8,5 %)?

$A = l \cdot b = 8,60 \text{ m} \cdot 2,50 \text{ m} = 21,50 \text{ m}^2$
Mit Verschnitt:
$A = 21,50 \text{ m}^2 \cdot 1,085 = 23,33 \text{ m}^2$
Beidseitig und doppelt beplankt, also · 4:
$A = 4 \cdot 23,33 \text{ m}^2 = 93,32 \text{ m}^2$
1 Platte $= 0,625 \cdot 2,60 \text{ m} = 1,625 \text{ m}^2$

$\text{Anzahl Platten} = \dfrac{93,32 \text{ m}^2}{1,625 \text{ m}^2/\text{Platte}}$
$= 57,4 \text{ Platten}$

Es müssen also <u>58 Platten</u> bestellt werden.

2. Auf einer Palette werden 50 Gipsplatten 1,25 × 2,50 m angeliefert. Wie viele m einfach beplankte Trockenbauwand lassen sich bei einer Raumhöhe von 3,25 m bei 6 % Verschnitt damit herstellen?

$A_{\text{Platten}} = 50 \cdot 1,25 \text{ m} \cdot 2,50 \text{ m} = 156,25 \text{ m}^2$
Beidseitig einfach beplankt, also : 2:
$A_{\text{Wand}} = 156,25 \text{ m}^2 : 2 = 78,13 \text{ m}^2$
Abzüglich Verschnittmenge:
$A = 78,13 \text{ m}^2 : 1,06 = 73,71 \text{ m}^2$
$A = l \cdot h \Rightarrow$
$l = \dfrac{A}{h} = \dfrac{73,71 \text{ m}^2}{3,25 \text{ m}} = \underline{\underline{22,68 \text{ m}}}$

3. Berechnen Sie die fehlenden Werte (Anzahl Platten 1,25 × 2,50 m = P, Verschnitt = $p\%$, Fläche Trockenbauwand = A) für die Materialberechnung einer einfach bzw. doppelt beplankten Wand.

	Beplankung	A	$p\%$	P
a)	einfach	93,00 m²	7,5%	?
b)	einfach	66,00 m²	?	46
c)	?	95,70 m²	4,5%	129
d)	einfach	46,15 m²	5,0%	?
e)	doppelt	?	6,5%	55

	Beplankung	A	$p\%$	P
a)	einfach	93,00 m²	7,5 %	64
b)	einfach	66,00 m²	8,9 %	46
c)	doppelt	95,70 m²	4,5 %	129
d)	einfach	46,15 m²	5,0 %	32
e)	doppelt	40,35 m²	6,5 %	55

4. Die im Bild gezeigte Wand soll einfach beplankt werden. Wie viele Gipsplatten 62,5 cm × 2,60 m sind dafür bei einer Verschnittmenge von 5,5% zu bestellen?

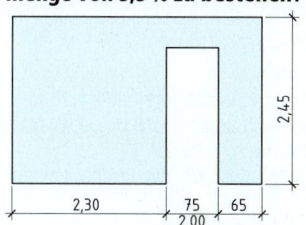

$A = A_{\text{Wand}} - A_{\text{Tür}}$
$A = 3,70 \text{ m} \cdot 2,45 \text{ m} - 0,75 \text{ m} \cdot 2,00 \text{ m}$
$A = \underline{7,565 \text{ m}^2}$

Beide Seiten, also · 2 = 15,13 m²
1 Platte = 0,625 m · 2,60 m = 1,625 m²

$\text{Anzahl Platten} = \dfrac{15,13 \text{ m}^2}{1,625 \text{ m}^2/\text{Platte}}$

$= 9,3 \text{ Platten}$

Es müssen also <u>10 Platten</u> bestellt werden.

5. Berechnen Sie für die im Bild gezeigte doppelt beplankte Wand im OG eines Gebäudes

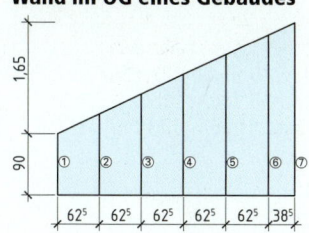

a) UW-Profile:
Profil$_{\text{unten}}$ = 3,51 m

$\text{Profil}_{\text{oben}} = \sqrt{(1,65 \text{ m})^2 + (3,51 \text{ m})^2}$

$= 3,88 \text{ m}$
$l = 3,51 \text{ m} + 3,88 \text{ m} = \underline{7,39 \text{ m}}$

b) CW-Profile:
Profil 1 = <u>0,90 m</u>
Profil 7 = <u>2,55 m</u>

11 M

a) die Länge der UW-Profile,
b) die Zuschnittlänge der CW-
   Profile,
c) die Anzahl der zu kaufenden
   UW- und CW-Profile ($l = 3{,}00$ m).

Höhenunterschied auf einer Länge von 62,5 cm:

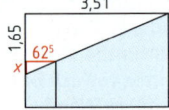

$$\frac{\text{Gesamthöhe}}{\text{Gesamtbreite}} = \frac{\text{Teilhöhe}}{\text{Teilbreite}}$$

$$\frac{1{,}65 \text{ m}}{3{,}51 \text{ m}} = \frac{x}{0{,}625 \text{ m}}$$

$$x = \underline{29{,}4 \text{ cm}}$$

Profil 2 $= 0{,}90$ m $+ 29{,}4$ cm $= \underline{\underline{1{,}194 \text{ m}}}$

Profil 3 $= 1{,}194$ m $+ 29{,}4$ cm $= \underline{\underline{1{,}488 \text{ m}}}$

Profil 4 $= 1{,}488$ m $+ 29{,}4$ cm $= \underline{\underline{1{,}782 \text{ m}}}$

Profil 5 $= 1{,}782$ m $+ 29{,}4$ cm $= \underline{\underline{2{,}076 \text{ m}}}$

Profil 6 $= 2{,}076$ m $+ 29{,}4$ cm $= \underline{\underline{2{,}370 \text{ m}}}$

c) UW-Profile:
   7,39 m : 3,00 m/Profil $= 2{,}46$ Profile
   Es müssen also $\underline{\underline{3 \text{ UW-Profile}}}$ gekauft werden.

   CW-Profile:
   1 Profil für 1. und 4. (0,90 m + 1,78 m)
   1 Profil für 2. und 3. (1,19 m + 1,49 m)
   3 Profile für 5., 6. und 7.
   Es müssen also $\underline{\underline{5 \text{ CW-Profile}}}$ gekauft werden.

6. Bestimmen Sie die Länge der
CW-Ständerprofile 1 ... 4 in den
Dachgeschosswänden bei folgen-
den Höhen A und B:

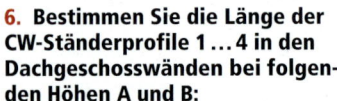

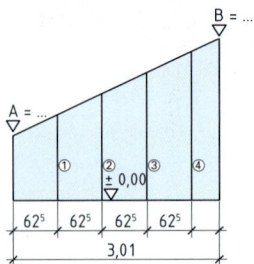

270

	A	B	1	2	3	4
a)	0,60 m	2,60 m	?	?	?	?
b)	1,10 m	3,00 m	?	?	?	?
c)	1,25 m	2,25 m	?	?	?	?
d)	0,85 m	1,65 m	?	?	?	?
e)	1,00 m	1,95 m	?	?	?	?

	1	2	3	4
a)	1,02 m	1,44 m	1,86 m	2,28 m
b)	1,49 m	1,88 m	2,27 m	2,66 m
c)	1,46 m	1,67 m	1,88 m	2,09 m
d)	1,02 m	1,19 m	1,36 m	1,53 m
e)	1,20 m	1,40 m	1,60 m	1,80 m

7. Für die dargestellte doppelt beplankte Trockenbauwand soll die komplette Materialbestellung durchgeführt werden.

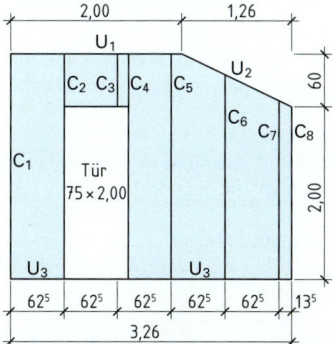

Berechnen Sie unter Verwendung der untenstehenden Tabelle:
a) **Anzahl Gipsplatten 1,25 × 2,50 m bei 6 % Verschnitt,**
b) **Stück UW-Profile $l = 3,00$ m,**
c) **Stück CW-Profile $l = 3,00$ m,**
d) **Rollen Anschlussdichtung,**
e) **Mineralwolledämmplatten (1 Paket = 8 Stück, 0,50 × 1,00 m, 6 cm dick),**
f) **Dübelverankerung (100 St./Paket),**
g) **Schnellbauschrauben (1000 St./Paket).**

→

a) Gipsplatten:
$A = A_{\text{Rechteck}} - A_{\text{Dreieck}} - A_{\text{Tür}}$
$A = 3,26 \text{ m} \cdot 2,60 \text{ m} - \dfrac{1,26 \text{ m} \cdot 0,60 \text{ m}}{2}$
$\quad - 0,75 \text{ m} \cdot 2,00 \text{ m}$
$A = 6,60 \text{ m}^2$

beidseitig, doppelt, mit Verschnitt:
$A = 6,60 \text{ m}^2 \cdot 4 \cdot 1,06 = 27,98 \text{ m}^2$
1 Platte $= 1,25 \text{ m} \cdot 2,50 \text{ m} = 3,125 \text{ m}^2$
Anzahl Platten $= \dfrac{27,98 \text{ m}^2}{3,125 \text{ m}^2/\text{Platte}}$
$\quad\quad\quad\quad = 8,95$ Platten

Also müssen 9 Platten bestellt werden.

b) UW-Profile:
$U_1 = 2,00 \text{ m}$
$U_2 = \sqrt{(1,26 \text{ m})^2 + (0,60 \text{ m})^2} = 1,40 \text{ m}$
$U_3 = 3,26 \text{ m} - 0,75 \text{ m} = 2,51 \text{ m}$
$U_{\text{Gesamt}} = 5,91 \text{ m}$
Also werden 2 UW-Profile bestellt.

c) CW-Profile:
CW 1, 2, 4 und 5 je 2,60 m = 4 Profile
CW 3 = 0,60 m + CW 8 = 2,00 m
= 1 Profil
$\dfrac{\text{Gesamthöhe}}{\text{Gesamtbreite}} = \dfrac{\text{Teilhöhe}}{\text{Teilbreite}}$
$\dfrac{0,60 \text{ m}}{1,26 \text{ m}} = \dfrac{x}{0,135 \text{ m}}$, also $x = 6,4 \text{ cm}$

→

11 M

Konstruktion/Material	Verbrauch
Ständerwände (Montagewände)	
• Beplankung Trockenbauplatten einlagig	$2,0 \text{ m}^2/\text{m}^2$
zweilagig	$4,0 \text{ m}^2/\text{m}^2$
• Anschlussdichtung Einfachständerwand	$1,2 \text{ m/m}^2$
Doppelständerwand	$2,4 \text{ m/m}^2$
• Dämmstreifen zw. Doppelständern	$0,5 \text{ m/m}^2$
• Mineralwolledämmplatten	$1,0 \text{ m}^2/\text{m}^2$
• Dübelverankerung Einfachständerwand	$1,5 \text{ St./m}^2$
Doppelständerwand	$3,0 \text{ m/m}^2$
• Schnellbau- Bepl. einlagig TN 25/35	29 St./m^2
schrauben zweilagig TN 25/35	$12,5 \text{ St./m}^2$
TN 35/45	29 St./m^2
• Bewehrungsstreifen	$1,5 \text{ m/m}^2$
• Fugengips/ einlagige Beplankung	$0,5 \text{ kg/m}^2$
Fugenfüller zweilagige Beplankung	$0,8 \text{ kg/m}^2$

CW 7 = 2,00 m + 6,4 cm = 2,06 m, der Rest von 94 cm wird als Riegel über der Tür gebraucht (l mind. 87 cm)

$$\frac{0,60 \text{ m}}{1,26 \text{ m}} = \frac{x}{0,76 \text{ m}}, \text{ also } x = \underline{36,2 \text{ cm}}$$

CW 6 = 2,00 m + 36,2 cm = 2,36 m

Es sind 7 CW-Profile zu bestellen.

d) Anschlussdichtung:
Wird auf allen UW- und den äußeren CW-Profilen gebraucht, also:
l = 5,91 m + 2,60 m + 2,00 m = 10,51 m
1 Rolle (30 m) wird bestellt.

e) Mineralwolle:
1 Paket = 8 · 0,50 m · 1,00 m = 4,00 m^2,
2 Pakete reichen für die 6,60 m^2 Wand.

f) Dübel:
3 Dübel/m^2 = 3 · 6,60 m^2 = 20 Dübel
1 Packung (100 St.) reicht.

g) Schnellbauschrauben:
TN 25/35 = 12,5 St./m^2 · 6,60 m^2 = 83 St.
TN 35/45 = 29 St./m^2 · 6,60 m^2 = 192 St.
Zu bestellen ist von jeder Art eine Packung.

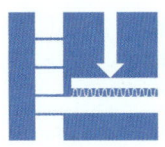

Lernfeld 12 M
Herstellen von Estrich

1. Nennen Sie mindestens vier Materialien, aus denen Estrich bestehen kann und das jeweilige Kurzzeichen des Estrichs.

Estrichmaterial	Kurzzeichen
Zement	CT
Calciumsulfat	CA
Magnesia	MA
Gussasphalt	AS
Kunstharz	SR

2. Welche Eigenschaften werden von einem Estrich verlangt?

- mechanische Festigkeit,
- Abriebfestigkeit,
- waagerecht und ebenflächig,
- trocken,
- wärmedämmend,
- trittschalldämmend.

**3. Unterscheiden Sie die verschiedenen Estriche
a) nach der Konstruktionsart,
b) nach der Verlegetechnik.**

Konstruktionsarten:
- Verbundestrich,
- Estrich auf Trennlage,
- Estrich auf Dämmschicht.

Verlegetechniken:
- handverlegter Estrich,
- Fließestrich (selbstnivellierend),
- Fertigteilestrich (Trockenestrich).

**4. Erläutern Sie, um welchen Estrich es sich bei den folgenden Bezeichnungen jeweils handelt:
a) EN 13813 CT – C30 – F6 – T45,
b) EN 13813 CA – C7 – F3 – V25,
c) EN 13813 MA – C12 – F2 – S40.**

a) EN 13813 – Euronorm für Estrich
   CT   – Zementestrich
   C30   – Druckfestigkeitsklasse
   F6   – Biegezugfestigkeitsklasse
   T   – Estrich auf Trennschicht
   45   – 45 mm Schichtdicke

b) EN 13813 – Euronorm für Estrich
   CA   – Calciumsulfatestrich
   C7   – Druckfestigkeitsklasse
   F3   – Biegezugfestigkeitsklasse
   V – Verbundestrich
   25 – 25 mm Schichtdicke

12 M

→   →

c) EN 13813 – Euronorm für Estrich
MA – Magnesiaestrich
C12 – Druckfestigkeitsklasse
F2 – Biegezugfestigkeitsklasse
S – Estrich auf Dämmschicht (schwimmender Estrich)
40 – 40 mm Schichtdicke

5. Erklären Sie, um welchen Estrich es sich im Bild jeweils handelt.
Nennen Sie die Schichten und ihre Funktion.

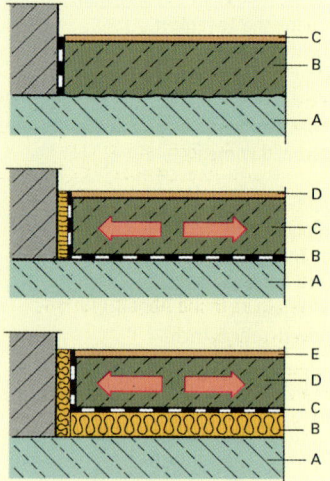

a) Verbundestrich:
A – Unterbeton (Tragschicht), rau abgezogen zum besseren Haftverbund mit dem Estrich
B – Estrich (Nutzschicht)
C – Belag (Kunststoff, Fliesen, …)

b) Estrich auf Trennschicht:
A – Unterbeton (Tragschicht)
B – Trennschicht (Folie, …) gewährleistet, dass der Estrich sich ohne Verbund mit dem Unterbeton frei bewegen kann. Dadurch wird verhindert, dass Spannungen der Unterkonstruktion in den Estrich übertragen werden, was zu Rissen (besonders bei keramischen Belägen) führen könnte.
C – Estrich (Nutzschicht)
D – Belag (Kunststoff, Fliesen, …)

c) Estrich auf Dämmschicht:
A – Unterbeton / Unterkonstruktion
B – Wärme- und Trittschalldämmung, muss durchgängig unten und entlang der Wände verlegt werden, um die Ausbreitung des Trittschalls zu verhindern.
C – Abdichtung, verhindert, dass die Dämmung durch den Estrich durchfeuchtet, unterbrochen oder beschädigt wird.
D – Estrich (Nutzschicht)
E – Belag (Kunststoff, Fliesen, …)

6. Zu welchem Zweck wird Verbundestrich hergestellt?
Worauf ist bei dieser Estrichart besonders zu achten?

Verbundestrich kann zwei verschiedene Zwecke erfüllen:
• Schaffung einer festen ebenen Nutzfläche,

→

274

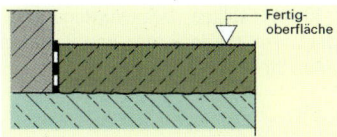

• Erreichen der exakten Höhenlage unter Bodenbelägen (Gefälleestrich).
Zu beachten:
• bei Gefälleestrich CT mindestens 2 cm Dicke und 1,5 % Gefälle,
• vollflächiger Verbund zum Rohfußboden,
• keine Dehnungsfugen notwendig.

7. Auf welche Art wird ein möglichst guter Haftverbund zwischen Rohdecke und Estrich beim Verbundestrich erreicht?

1. Fläche des Rohfußbodens:
   • rissfrei, fest,
   • sauber (kein Schalöl, Staub, Erdstoff, …),
   • trocken.
2. Aufbringen einer Haftbrücke:
   • Zementschlämme (1 : 1),
   • Haftemulsion aufstreichen.

**8. Erklären Sie die Begriffe
a) Hartstoffestrich,
b) Kunstharzestrich.
Wo werden diese Estriche eingesetzt?**

a) Hartstoffestrich:
zweilagig hergestellt, die erste Lage Zementestrich als Tragschicht, die zweite Lage als Hartstoffschicht mit sehr harten Zusätzen wie Korund oder Natursteinsplitt.
Einsatz:
• Industrieböden mit hohem mechanischem Verschleiß,
• Parkhäuser (hohe Abriebfestigkeit).

b) Kunstharzestrich:
zweilagig hergestellt, die erste Lage Zementestrich als Tragschicht, die zweite Lage aus sehr dichtem Kunstharz.
Einsatz:
• Abdichtung von Balkonen,
• Terrassenbeläge.

9. Beschreiben Sie die Funktion eines „Estrich auf Trennschicht".

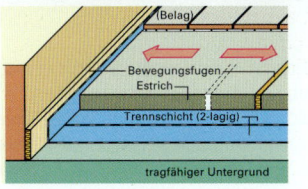

Im Gebäude bewegen sich alle Bauteile, also auch der Rohfußboden durch Schwingungen, Wärmeausdehnungen, Setzungen usw. Die Trennschicht verhindert, dass der Estrich diese Bewegungen mitmacht und vermeidet besonders bei sehr harten und rissempfindlichen Belägen wie Steinzeug, Fliesen oder Naturstein die Rissbildung. Alle

12 M

$10 \ldots 40$ m^2 sollten Dehnungsfugen angeordnet sein, die in Estrich und Belag an derselben Stelle liegen müssen.

10. Aus welchen Materialien kann die Trennlage im Estrich hergestellt werden?

- PE-Folien,
- Bitumenbahnen,
- Glasvliesbahnen bei Gussasphaltestrich.

11. Was bedeutet der Begriff „Estrich auf Dämmschicht"?

Der Estrich ist von allen anderen Bauwerksteilen, auch von allen Einbauten wie Pfeilern, Rohren, ... durch eine Dämmschicht getrennt. Dadurch kann der Trittschall von der Estrichplatte nicht weiter übertragen werden (Trittschallschutz).

12. In welche Räume sollte ein „Estrich auf Dämmschicht" eingebaut werden?

In alle Räume, die dem Aufenthalt von Personen dienen, also Wohnräume, Büros, öffentliche Gebäude, ...

13. Welche Aufgaben hat die Dämmschicht im Estrich auf Dämmschicht zu erfüllen?

- Verhinderung der Übertragung des Trittschalls auf die anderen Teile der Konstruktion (Trittschalldämmung),
- Verbesserung der Luftschalldämmung,
- Erhöhung der Wärmedämmung.

14. Benennen Sie die Bauteile 1 … 4 eines Estrichs auf Dämmschicht und beschreiben Sie, worauf bei der Herstellung zu achten ist.

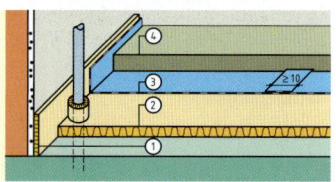

1 – Randdämmstreifen
2 – Dämmschicht
3 – Trennschicht
4 – Estrich
Zu beachten:
- Dämmschicht lückenlos herstellen,
- Randdämmstreifen um alle Einbauten (Pfeiler, Rohre …) und rundum entlang der Wand verlegen, auch durch die Türöffnung,
- Trennschicht mit Überlappung (> 10 cm) verlegen und beim Einbringen des Betons nicht verschieben.

15. Was versteht man unter einem „Fließestrich"? Wie wird er verarbeitet?

Fließestrich ist flüssig, daher verteilt er sich exakt auf einer Höhe („selbstnivellierend"). Der Werktrockenmörtel wird in Säcken oder im Silo auf die Baustelle geliefert, mit Wasser

→   →

276

gemischt und zum Einbauort gepumpt. Dort muss er nur noch mit einem Besen verteilt werden.

16. Welche Vorteile bzw. Nachteile ergeben sich beim Einbau eines Fließestrichs aus
a) Calciumsulfat (CA),
b) Zementmörtel (CT).

	Vorteile	Nachteile
CA	• sehr geringe Baufeuchte, • geringes Schwundmaß.	• bildet dichte glatte Oberfläche, die abgeschliffen werden muss, damit Fliesen haften.
CT	• hohe Oberflächenfestigkeit, • auch für Feuchträume geeignet.	• höheres Schwundmaß, • höhere Baufeuchte.

17. Welche Anforderungen werden an die Ebenflächigkeit einer Estrichfläche gestellt?

Wenn im Leistungsverzeichnis (LV) nicht anders vorgeschrieben, darf auf 1,00 m Länge die Abweichung höchstens 3...4 mm betragen.

18. Erklären Sie, wo und wie beim Estrich Fugen eingebaut werden:
a) Dehnungsfugen,
b) Scheinfugen.

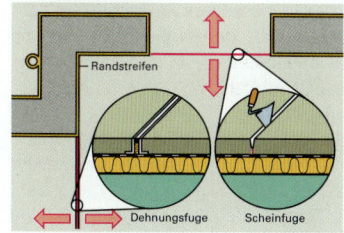

a) Dehnungsfugen:
  • alle 30...40 m^2,
  • über allen Fugen im Rohfußboden,
  • mindestens 1 cm breite Fuge mit Fugenprofil auf voller Estrichstärke hergestellt und mit Dichtstoff verschlossen.

b) Scheinfugen:
  • unterteilen die Flächen in etwa quadratische Felder, damit der Estrich in beiden Richtungen gleich stark schwindet und nicht reißt,
  • werden mit der Kelle etwa 1/3 der Tiefe eingeschnitten, der Rest der Estrichstärke reißt beim Schwinden durch,
  • Fugen werden nach der Erhärtung mit Kunstharz verschlossen.

12 M

19. Die Terrasse ist teilweise unterkellert und soll einen Gefälleestrich (CT) erhalten. Wo sind Fugen einzubauen? Begründen Sie Ihre Aussagen.

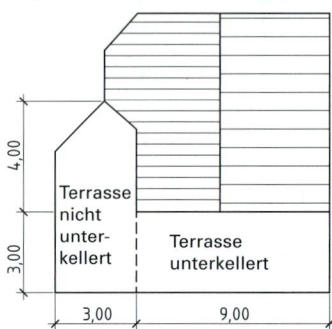

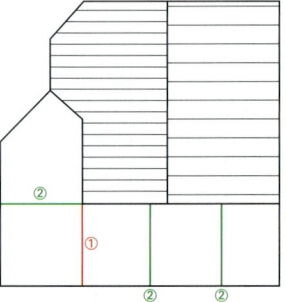

1. Dehnungsfugen:
   Hier ist mit unterschiedlichen Setzungsbeträgen der verschiedenen Gebäudeteile zu rechnen, daher ist eine durchgängige Dehnungsfuge einzubauen.
2. Scheinfugen:
   Unterteilen die Flächen in etwa 3×3 m große Teilflächen mit gleichem Schwundverhalten in Längs- und Querrichtung.

20. Erklären Sie die Begriffe
a) Luftschall,
b) Körperschall,
c) Trittschall.

a) Luftschall
   ist der Schall, der sich durch Schwingungen in der Luft ausbreitet.
b) Körperschall
   ist der Schall, der sich durch Schallwellen (Schwingungen) in festen Körpern ausbreitet.
c) Trittschall
   ist eine besonders intensive Art des Körperschalls, bei der durch das Begehen der Fußböden diese in Schwingungen versetzt werden.

21. Wie sollte eine einschalige Wand beschaffen sein, um eine möglichst gute Luftschalldämmung zu gewährleisten?

1. Schallübertragung in den Nachbarraum:
   Je schwerer die Wand, desto weniger lässt sie sich in Schwingungen versetzen. Die Wand sollte also eine möglichst hohe flächenbezogene Masse (kg/m^2) haben.

→

→

278

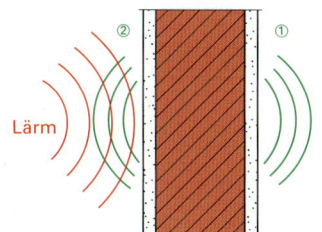

2. Schallreflexion zurück in den Raum:
Um die Reflexion zu reduzieren, werden poröse, stark strukturierte Oberflächen benötigt. Diese absorbieren die Schallwellen.

22. Auf welche Art wird beim Estrich auf Dämmschicht der Schallschutz umgesetzt?

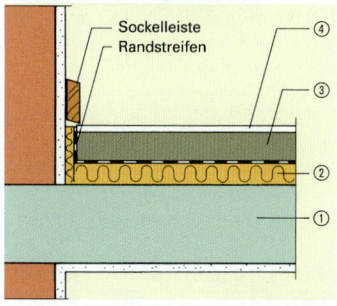

Sockelleiste
Randstreifen

1 – Massivdecke:
Guter Luftschallschutz bei möglichst hoher Flächenmasse.
2 – Dämmschicht:
Die zweischalige Kombination von biegesteifen (Decke, Estrich) und biegeweichen (Dämmschicht) Materialien verringert die Schallübertragung.
3 – Estrich:
Schwimmend, also ohne Verbindung zu anderen Bauteilen. Dadurch wird der Trittschall nicht als Körperschall in andere Bauteile übertragen.
4 – Bodenbelag:
Weichfedernde Beläge verringern den Trittschall schon bei der Entstehung.

23. Nennen Sie mindestens sechs Dämmstoffe, die für die Schall- und Wärmedämmung in Gebäuden eingesetzt werden können, und ihr jeweiliges Kurzzeichen.

Mineralwolle	MW
Polystyrol-Hartschaum	EPS
Extruderschaum	XPS
Polyurethan-Hartschaum	PUR
Schaumglasplatten	CG
Holzwolleplatten	WW
Holzfaserplatten	WF
Perlit	EPB
Kork	ICB

12 M

Lernfeld 12 M
Fachmathematik

1. Wie viel m³ Estrich CT ist für den 5 cm dicken Verbundestrich in einer Doppelgarage von 6,50 m Länge und 6,25 m Breite bei einer Verdichtung von 6,5 % zu bestellen?

$V = l \cdot b \cdot h$
$V = 6,50\ \text{m} \cdot 6,25\ \text{m} \cdot 0,05\ \text{m}$
$V = 2,031\ \text{m}^3$
Zu bestellen sind:
$V = 2,031\ \text{m}^3 \cdot 1,065 = \underline{2,163\ \text{m}^3}$

2. Ein 20 cm dicker Unterbeton für den Fußboden eines Einkaufzentrums ist einzubringen. Auf der Baustelle stehen 6 Fahrmischer mit je 5 m³ Frischbeton. Für welche Fläche (in m²) reicht dieser bei einer zu erwartenden Verdichtung von 7,5 %?

$V = A \cdot d$
$A = \dfrac{V}{d} = \dfrac{6 \cdot 5,00\ \text{m}^3}{0,20\ \text{m}} = \underline{150,00\ \text{m}^2}$
Unter Berücksichtigung der Verdichtung:
$A = 150,00\ \text{m}^2 : 1,075 = \underline{139,53\ \text{m}^2}$

3. Mit einer Zementestrichmenge *V* soll bei einer Verdichtung (*p*%) und einer Dicke (*d*) ein Estrich mit einer Fläche (*A*) eingebaut werden. Berechnen Sie die fehlenden Maße.

	V (m³)	d (cm)	p %	A (m²)
a)	?	6	6,5	22,50
b)	2,295	?	8,5	42,30
c)	1,023	7,5	?	12,40
d)	0,970	5,5	9,5	?
e)	9,218	?	7,5	122,50

	V (m³)	d (cm)	p %	A (m²)
a)	1,438	6	6,5	22,50
b)	2,295	5,0	8,5	42,30
c)	1,023	7,5	10,0	12,40
d)	0,970	5,5	9,5	16,11
e)	9,218	7,0	7,5	122,50

4. Berechnen Sie für den Fußbodenaufbau in einer Küche von 2,15 × 4,75 m die Eigenlast der Decke pro m² bei folgendem Schichtenaufbau:

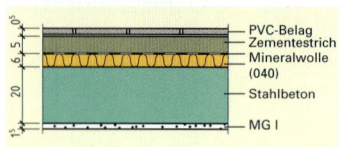

Berechnung immer für je 1,00 m².
Werte aus dem Tabellenbuch.
$m = d \cdot \varrho$
PVC-Belag $\quad = 0,005\ \text{m} \cdot 1380\ \text{kg/m}^3$
$\qquad\qquad = 6,9\ \text{kg}$
Zementestrich $= 0,05\ \text{m} \cdot 2100\ \text{kg/m}^3$
$\qquad\qquad = 105,0\ \text{kg}$
Mineralwolle $\ = 0,06\ \text{m} \cdot 40\ \text{kg/m}^3$
$\qquad\qquad = 2,4\ \text{kg}$

Stahlbeton $= 0,20 \text{ m} \cdot 2500 \text{ kg/m}^3$
$\qquad = 500,0 \text{ kg}$
MG I $\qquad = 0,015 \text{ m} \cdot 1800 \text{ kg/m}^3$
$\qquad = 27,0 \text{ kg}$
Gesamtmasse $= \underline{641,3 \text{ kg}}$

5. Im dargestellten Badezimmer soll ein Gefälleestrich mit maximal 4% Gefälle eingebaut werden.

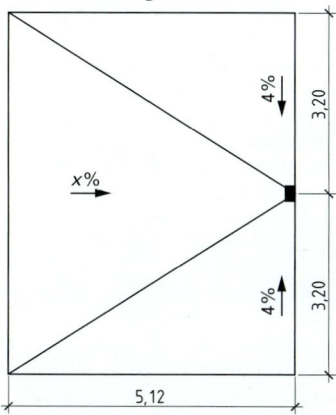

a) Berechnen Sie das passende Gefälle x%, um rundum am Sockel die gleiche Höhe zu haben.

b) Wie viel Zementestrich CT wird eingebaut, wenn der Estrich an der tiefsten Stelle noch 5 cm dick sein soll?

c) Wie viel Zementestrich ist bei einer Verdichtung von 8,5 % zu bestellen?

d) Wie groß ist die Masse des Estrichs pro m² (Rohdichte = 2200 kg/m³)?

a) Gefälle x%:
Höhenunterschied Wand – Ablauf:

$$\frac{h}{x\%} = \frac{l}{100\%}$$

$$h = \frac{l \cdot x\%}{100\%} = \frac{3,20 \text{ m} \cdot 4\%}{100\%} = 0,128 \text{ m}$$
$$= 12,8 \text{ cm}$$

Gefälle:
$$\frac{x\%}{h} = \frac{100\%}{l}$$

$$x\% = \frac{100\% \cdot h}{l} = \frac{100\% \cdot 0,128 \text{ m}}{5,12 \text{ m}} = \underline{\underline{2,5\%}}$$

b) Zementestrich:
$$V = V_{\text{Quader}} - V_{\text{Pyramide}}$$

$$V_{\text{Quader}} = 5,12 \text{ m} \cdot 6,40 \text{ m} \cdot 0,178 \text{ m}$$
$$V_{\text{Quader}} = 5,833 \text{ m}^3$$
$$V_{\text{Pyramide}} = \frac{A \cdot h}{3} = \frac{5,12 \text{ m} \cdot 6,40 \text{ m} \cdot 0,128 \text{ m}}{3}$$
$$V_{\text{Pyramide}} = 1,398 \text{ m}^3$$

$$V = 5,833 \text{ m}^3 - 1,398 \text{ m}^3 = \underline{\underline{4,435 \text{ m}^3}}$$

c) Bestellmenge:
$$V = 4,435 \text{ m}^3 \cdot 1,085 = \underline{\underline{4,812 \text{ m}^3}}$$

12 M

d) Masse des Estrichs pro m²:
Durchschnittliche Dicke d:
$$V = A \cdot d$$
$$d = \frac{V}{A} = \frac{4,435 \text{ m}^3}{5,12 \text{ m} \cdot 6,40 \text{ m}} = 0,135 \text{ m}$$
$$= 13,5 \text{ cm}$$

$V/m^2 = A \cdot d = 1,00 \text{ m}^2 \cdot 0,135 \text{ m}$
$= 0,135 \text{ m}^3$
$m = V \cdot 2200 \text{ kg/m}^3$
$m = 0,135 \text{ m}^3 \cdot 2200 \text{ kg/m}^3$
$= \underline{297 \text{ kg}}$

6. Ermitteln Sie den Material-bedarf für den Fertigteilfuß-boden dieses Raumes.

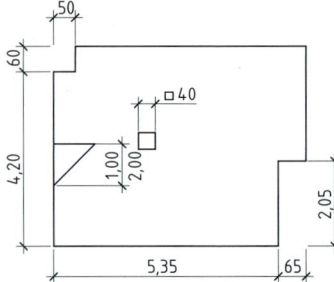

a) m² PE-Folie auf dem Fußboden und am Rand bis 12 cm Höhe aufgekantet (Verschnitt und Überlappung = + 15 %); 1 Rolle = 2,0 m breit und 25 m lang kostet 36,90 €.

b) Dämmung Polystyrol d = 8 cm, bei 5 % Verschnitt; 1 Paket = 6 Platten 0,50 × 1,00 m kostet 16,95 €.

c) Rollen Randdämmstreifen b = 10 cm; 1 Rolle = 25,00 m kostet 19,95 €

d) Estrichplatten 2-lagig je 2 cm dick, bei 3 % Verschnitt; 1 Platte = 0,75 × 1,50 m kostet 8,75 €.

e) Wie hoch sind die Material-kosten für den Fertigteilfuß-boden?

a) $\underline{\text{m}^2 \text{ PE-Folie:}}$
$A = 6,00 \text{ m} \cdot 4,80 \text{ m} = \quad 28,80 \text{ m}^2$
$\quad - 0,40 \text{ m} \cdot 0,40 \text{ m} = - 0,16 \text{ m}^2$
$\quad - 0,60 \text{ m} \cdot 0,50 \text{ m} = - 0,30 \text{ m}^2$
$\quad - 2,05 \text{ m} \cdot 0,65 \text{ m} = \underline{- 1,33 \text{ m}^2}$
$A = \qquad\qquad\qquad = \underline{27,01 \text{ m}^2}$

$+ \text{ Aufkantung:}$
$l = 2 \cdot 6,00 \text{ m} + 2 \cdot 4,80 \text{ m} - 1,00 \text{ m}$
$\quad + 4 \cdot 0,40 \text{ m} = 22,20 \text{ m}$
$A = l \cdot 0,12 \text{ m} = 2,66 \text{ m}^2$
$A_{Gesamt} = 27,01 \text{ m}^2 + 2,66 \text{ m}^2$
$\qquad\qquad = 29,67 \text{ m}^2$
$\text{mit Verschnitt} = 29,67 \text{ m}^2 \cdot 1,15$
$\qquad\qquad = \underline{34,12 \text{ m}^2}$

Es muss $\underline{\text{1 Rolle}}$ für 36,90 € gekauft werden.

b) $\underline{\text{Dämmstoffpakete:}}$
$A = 27,01 \text{ m}^2 \cdot 1,05 = 28,36 \text{ m}^2$
$\text{Platten} = \dfrac{28,36 \text{ m}^2}{0,5 \text{ m}^2/\text{Platte}} = 56,72,$
$\Rightarrow \underline{\text{57 Platten}}$

Also müssen $\underline{\text{10 Pakete}}$ bestellt werden.

c) $\underline{\text{Rollen Randdämmstreifen:}}$
$l = 2 \cdot 6,00 \text{ m} + 2 \cdot 4,80 \text{ m} + 4 \cdot 0,40 \text{ m}$
$l = \underline{23,20 \text{ m}}$

Also ist $\underline{\text{1 Rolle}}$ zu bestellen.

d) Estrichplatten:
$A = 27{,}01 \text{ m}^2 \cdot 2 \cdot 1{,}03 = 55{,}64 \text{ m}^2$
1 Platte $= 0{,}75 \text{ m} \cdot 1{,}50 \text{ m} = 1{,}125 \text{ m}^2$

$$\text{Platten} = \frac{55{,}64 \text{ m}^2}{1{,}125 \text{ m}^2/\text{Platte}} = 49{,}46 \text{ Platten}$$

Also werden 50 Platten bestellt.

e) Materialkosten:

PE-Folie:	36,90 €
Dämmstoff (10 ×):	169,50 €
Randdämmstreifen:	19,95 €
Estrichplatten (50 ×):	437,50 €
Kosten:	663,85 €

12 M

Lernfeld 13 M/10 B
Herstellen einer geraden Treppe

1. Was versteht man unter einer „Treppe"?

Bauteil zur Überwindung von Höhenunterschieden mit mindestens drei Steigungen.

2. Benennen Sie die Teile A … G einer Treppe, sowie die Maße a, b, d und s.

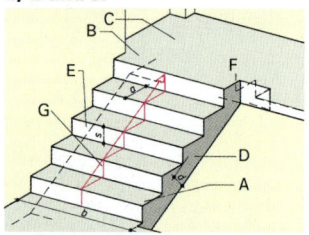

A – Antrittstufe
B – Austrittstufe
C – Podest
D – Lichtwange
E – Wandwange
F – Treppenauge
G – Lauflinie
a – Auftrittsbreite
b – Laufbreite
d – Dicke der Laufplatte
s – Steigung

3. Zu welchem Zweck werden in Treppenläufen Podeste eingebaut?

1. Reduzierung der Fallhöhe:
Aus Gründen der Sicherheit sollte bei notwendigen Treppen ein Treppenlauf maximal 18 Steigungen haben, ehe ein Podest die Fallhöhe begrenzt.
2. Änderung der Laufrichtung:
• Abwinklung um 90° („Viertelpodest") oder 180° („Halbpodest"),
• Auftrennen in zwei Lauflinien,
• Zusammenführen von zwei Lauflinien.

4. Welche Angaben müssen in der Bezeichnung einer Treppe (z. B. in der Leistungsbeschreibung eines Bauwerkes) enthalten sein?

• Anzahl der Läufe,
• Richtung der Läufe bei Abwinklungen,
• Treppenform,
• Anzahl und Art der Podeste.

5. Beschreiben Sie die dargestellten Treppen eindeutig.

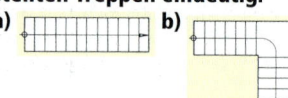

a) einläufige gerade Treppe
b) zweiläufige gewinkelte Treppe mit Zwischenpodest (Rechtstreppe)
c) zweiläufige gerade Treppe mit Zwischenpodest

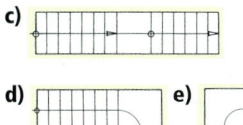

c)

d)   e)

d) zweiläufige gegenläufige Treppe mit Zwischenpodest (Rechtstreppe)
e) dreiläufige zweimal gewinkelte Treppe mit Zwischenpodest (Linkstreppe)

6. Skizzieren Sie die genannten Treppen.
a) zweiläufige gewinkelte Treppe mit Viertelpodest (als Rechtstreppe),
b) dreiläufige T-Treppe mit Viertelpodest und mittigem Antritt,
c) dreiläufige T-Treppe mit Viertelpodest und mittigem Austritt,
d) dreiläufige gegenläufige Treppe mit Zwischenpodest und mittigem Austritt,
e) dreiläufige gegenläufige Treppe mit Zwischenpodest und mittigem Austritt,
f) dreiläufige gerade Treppe mit zwei Zwischenpodesten.

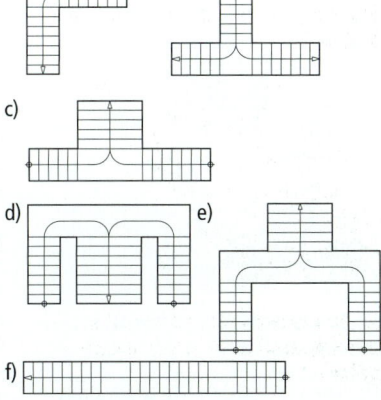

7. Nennen Sie die drei wesentlichen Regeln für die Bemessung von Treppen.
Welches Verhältnis von Steigung und Auftritt erfüllt alle drei Regeln?

1. Schrittmaßregel:
   $a + 2\,s = 63$ cm
2. Sicherheitsregel:
   $a + s = 46$ cm
3. Bequemlichkeitsregel:
   $a - s = 12$ cm
Alle Regeln werden erfüllt bei:
$a/s = 170$ mm/290 mm

8. Erklären Sie die Schrittmaßregel für Treppen.

Ein durchschnittlicher Schritt eines Menschen beträgt geradeaus etwa 63 cm. Senkrecht steigen kann der Mensch nur die Hälfte, also etwa 31,5 cm.
Ein Schritt auf der Treppe überwindet sowohl Länge als auch Höhe. Der Schritt auf der Treppe besteht also aus dem waagerechten

13 M
10 B

Schritt und der doppelt so schwer fallenden senkrechten Steigung, daher:
$a + 2\,s = 63$ cm

**9. Bezeichnen Sie die Teile A … E sowie *a*, *s*, *b* und *u*.
Erklären Sie den Unterschied zwischen *a* und *b*.**

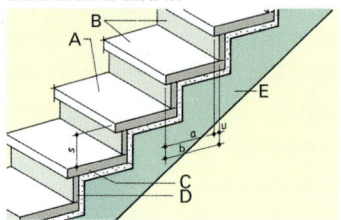

A – Trittfläche
B – Stufenbelag
C – Trittstufe
D – Setzstufe
E – Laufplatte
a – Auftritt
s – Steigung
b – Stufenbreite
u – Unterschneidung

a – Auftritt:
Nach diesem Maß werden die Treppen bemessen, da es sowohl aufwärts als auch abwärts nutzbar ist.

b – Stufenbreite:
$b = a + u$, durch die Unterschneidung der Stufen entsteht eine größere Auftrittsfläche, die beim beschwerlichen Aufstieg auf der Treppe für zusätzliche Sicherheit sorgt.

10. Unterscheiden Sie nach dem Steigungswinkel:

Treppen	Winkel
Haustreppen	?
Leitertreppen	?
Leitern	?

Treppen	Winkel
Haustreppen	$\leq 45°$
Leitertreppen	$\leq 75°$
Leitern	$\leq 90°$

**11. Worin unterscheiden sich Haus- und Freitreppen von Leitern und Leitertreppen
a) in der Nutzung,
b) im Steigungswinkel?**

a) Nutzung:
Da Leitertreppen und Leitern sehr steil sind, haben sie geringe Auftritte, die nur durch Unterschneidungen noch vergrößert werden können. Um die Unterschneidung auch abwärts zu nutzen, können diese Leitern und Leitertreppen auch abwärts nur mit dem Gesicht zu den Stufen begangen werden.

$\rightarrow$

$\rightarrow$

b) Steigungswinkel:
Haus- und Freitreppen $\leq 45°$
Leitertreppen und Leitern $> 45°$

12. Nennen Sie mindestens drei wichtige Mindestmaße, die bei der Konstruktion einer Treppe nach DIN 18065 beachtet werden müssen.

- Durchgangshöhe mindestens 2,00 m,
- nutzbare Laufbreite mind. 1,00 m,
- Steigung 14 … 29 cm,
- Auftritt 26 … 37 cm.

13. Benennen Sie die abgebildeten Stufenformen.

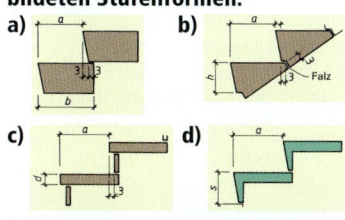

a) Blockstufen
b) Keilstufen
c) Plattenstufen
d) Winkelstufen

14. Ordnen Sie den Stufenformen die möglichen Materialien zu (Sb: Stahlbeton, Ho: Holz, Na: Naturstein):

	Sb	Ho	Na
Winkelstufen			
Blockstufen			
Plattenstufen			
Keilstufen			

	Sb	Ho	Na
Winkelstufen	X	–	–
Blockstufen	X	–	X
Plattenstufen	–	X	X
Keilstufen	X	(X)	X

15. Sie sollen eine gerade Treppe nach DIN 18065 bauen. Nennen und bewerten Sie verschiedene Möglichkeiten.

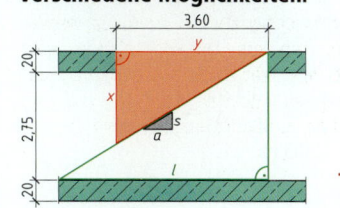

Für die Geschosshöhe (2,95 m) wird die Anzahl der Steigungen ($s = 14 … 19$ cm) festgelegt.
295 cm : 14 = 21,0 Steigungen, also 21 Steigungen je 14,0 cm
$a = 63$ cm $- 2 \cdot 14,0$ cm $= 35,0$ cm
Ergebnis:
21 × 140/350
Lauflänge der Treppe:
$l = 20$ Stufen $\cdot 35,0$ cm $= 7,00$ m

13 M
10 B

Passt die Treppe in die Deckenöffnung?

$\frac{s}{a} = \frac{x}{y}$ also $\frac{14,0\,cm}{35,0\,cm} = \frac{x}{3,60\,m}$

$x = 1,44$

Lichte Durchgangshöhe
$= 1,44\,m - 20\,cm = 1,24\,m$
(reicht nicht aus)

2,95 m : 19 = 15,5 Steigungen, also 16 Steigungen je 18,44 cm
$a = 63\,cm - 2 \cdot 18,44\,cm = 26,1\,cm$
Ergebnis:
$16 \times 184,4/261$
Lauflänge der Treppe:
$l = 15$ Stufen $\cdot 26,1\,cm = 3,915\,m$
Passt die Treppe in die Deckenöffnung?

$\frac{s}{a} = \frac{x}{y}$ also $\frac{18,44\,cm}{26,1\,cm} = \frac{x}{3,60\,m}$

$x = 2,54\,m$

Lichte Durchgangshöhe
$= 2,54\,m - 20\,cm = 2,34\,m$ (reicht aus)

Weitere Versionen:
a) $20 \times 147,5/335$

$\frac{s}{a} = \frac{x}{y}$ also $\frac{14,75\,cm}{33,5\,cm} = \frac{x}{3,60\,m}$

$x = 1,59\,m$

Lichte Durchgangshöhe
$= 1,59\,m - 20\,cm = 1,39\,m$
(reicht nicht aus)

b) $19 \times 155/320$

$\frac{s}{a} = \frac{x}{y}$ also $\frac{15,5\,cm}{32,0\,cm} = \frac{x}{3,60\,m}$

$x = 1,74\,m$

Lichte Durchgangshöhe
$= 1,74\,m - 20\,cm = 1,54\,m$
(reicht nicht aus)

c) $18 \times 164/302$

$\frac{s}{a} = \frac{x}{y}$ also $\frac{16,4\,cm}{30,2\,cm} = \frac{x}{3,60\,m}$

$x = 1,955\,m$

→   →

Lichte Durchgangshöhe
= 1,955 m − 20 cm = 1,76 m
(reicht nicht aus)

d) 17 × 173,5/283

$\dfrac{s}{a} = \dfrac{x}{y}$ also $\dfrac{17,35\,\text{cm}}{28,3\,\text{cm}} = \dfrac{x}{3,60\,\text{m}}$

$x = 2,21$ m

Lichte Durchgangshöhe
= 2,21 m − 20 cm = 2,01 m (reicht aus)

Die bequemst-(flachst-)mögliche Lösung ist:
17 × 176,5/277

16. Welche Natursteine können für Steintreppen verwendet werden? Nennen Sie drei Beispiele.

- Granit
- Basalt
- Sandstein

17. Beschreiben Sie den Aufbau einer Betonwerksteinstufe. Welche Funktion haben die einzelnen Schichten?

Kernbeton:
Beton C25/30 meist mit Bewehrung als Tragkonstruktion der Stufe.
Vorsatzschale:
Feinkörnige, harte, abriebfeste Sichtfläche, etwa 1,5 … 3,0 cm dick und fest mit dem Kernbeton verbunden bildet die Nutzfläche der Stufe.

18. Unterscheiden Sie die verschiedenen Treppen nach der
a) Richtung der Lastableitung,
b) Konstruktionen für die Lastableitung.

a) Richtung der Lastableitung:
- beidseitig unterstützt,
- mittig unterstützt,
- einseitig unterstützt (freitragend als Kragarm).

b) Konstruktion der Lastableitung:
- Mauerwerk (untermauert oder eingemauert),
- Stahlbetonwangen,
- Stahlbetonlaufplatten,
- Stahlbetonträger.

13 M
10 B

19. Ordnen Sie die Arten der Lastableitung den möglichen Konstruktionen zu (Ma: Mauerwerk, Wa: Wangen, Pl: Platten, Tr: Träger):

	Ma	Wa	Pl	Tr
beidseitig unterstützt				
mittig unterstützt				
einseitig unterstützt				

	Ma	Wa	Pl	Tr
beidseitig unterstützt	X	X	X	X
mittig unterstützt	–	–	–	X
einseitig unterstützt	X	–	X	–

20. Worin unterscheiden sich Trägertreppen von anderen Treppenkonstruktionen? Worauf ist bei diesen Konstruktionen besonders zu achten?

- Trägertreppen haben keine Setzstufen,
- sie wirken optisch leichter,
- geringe Konstruktionsmasse,
- nicht Raum abschließend.

Zu beachten:
Der lichte Abstand zwischen Oberkante Trittstufe und der Unterkante der nächsten Trittstufe darf maximal 12 cm betragen, da sonst Kinder hindurchfallen können!

21. Aus welchen Materialien können gemauerte Treppen bestehen?

- harte Natursteine (Granit, Basalt, …),
- Klinker.

22. Im Bild ist eine gemauerte Treppe aus Naturstein gezeigt. Beschreiben Sie den Arbeitsablauf bei der Herstellung einer solchen Treppe.

1. Wangen:
Zuerst werden im Gelände je nach Frosttiefe 80…120 cm tiefe Streifenfundamente ausgehoben und betoniert, danach die Wangen aufgemauert.

2. Bettung:
Der natürliche Boden wird abgetreppt in Form der einzelnen Stufen ausgehoben. Von unten beginnend werden mind. 5 cm Splitt oder Sand eingebracht und vorverdichtet.

3. Naturstein:
Die Steine werden in einem Mörtelbett im Verband versetzt, die Stoßfugen werden vollflächig ausgefugt.

23. Welche Möglichkeiten gibt es, beidseitig unterstützte Werksteintreppen herzustellen?

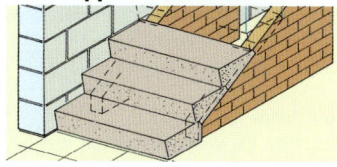

1. Beidseitig unterstützt mit Stahlträgern (etwa 10…20 cm vom Rand eingerückt).
2. Beidseitig durch Wandmauerwerk unterstützt, Wandwange als 11,5er-Wand, Lichtwange als 24er-Wand mit mind. 11,5 cm Auflagerlänge.
3. Wandwange mindestens 11,5 cm in die Wand eingebunden, Lichtwange als 24er-Wand mit mind. 11,5 cm Auflagerlänge.

24. Worauf ist bei Hauseingangstreppen besonders zu achten?

- Fundamente für Laufplatte oder Wangen 80…120 cm tief gründen (frostfrei),
- Podest mit mindestens 1 % Gefälle vom Haus weg (Entwässerung).

25. Sie sollen eine freitragende Betonwerksteintreppe an einer Ziegelwand herstellen. Welche Regeln sind dabei einzuhalten?

- Die 1. Stufe liegt auf dem Podest vollflächig auf,
- Einbindung in die Wand 24 cm tief (bei Laufbreite bis 1,00 m bindet jede 3. Stufe 24 cm tief ein, alle anderen 11,5 cm tief),
- Verlegung der Stufen bis zum nächsten Podest auf Lehrgerüst,
- erst nach vollständiger Verfugung Lehrgerüst entfernen.

**26. Zeichnen Sie die Lage der Hauptbewehrung ein:
a) in der Podestplatte,**

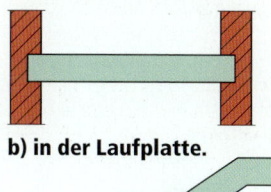

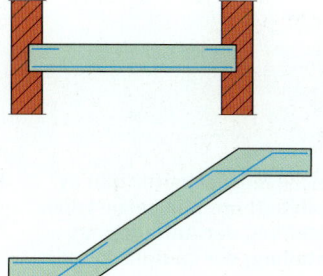

b) in der Laufplatte.

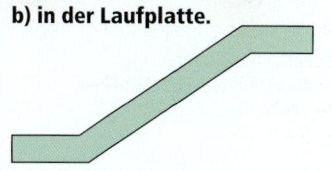

13 M
10 B

27. Nennen Sie mindestens drei Maßnahmen zur Reduzierung des Trittschalls auf Treppenläufen.

- weiche Beläge auf den Trittstufen,
- elastische Auflagerung der Laufplatten auf den Podesten,
- Dämmung zwischen Treppenstufen bzw. Wandwangen und Wand,
- Wandabstand der Stufen oder Wangen.

28. Sie sollen eine Stahlbetontreppe betonieren. Worauf ist bei der Betonmischung besonders zu achten? Begründen Sie Ihre Aussage.

- Beton mindestens C25/30,
- Konsistenz F3, wenn der Beton weicher ist, blutet er aus, wenn er steifer ist, ist keine ausreichende Verdichtung möglich und der Beton bekommt Kiesnester,
- Sieblinienbereich 3/16 mm – bei größerer Körnung entstehen durch die dicht liegende Bewehrung Kiesnester und Hohlräume,
- Betonverflüssiger zugeben, dadurch wird die Bewehrung dicht ummantelt, der Beton ist besser verdichtbar und es entstehen durch die geringere Wasserzugabe weniger Verdunstungshohlräume.

29. Benennen Sie die Teile A ... K einer Treppenschalung für eine Ortbetontreppe.

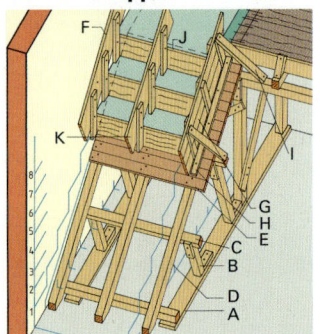

A – Bohle (Auflage auf der Decke)
B – Kantholzstützen (mit Knaggen gesichert)
C – Querträger
D – Längskantholz
E – Schalhaut
F – Bohle, an die Wand gedübelt
G – Schalung Lichtwange
H – Drängbrett Lichtwange
I – Absteifung Lichtwange
J – Stirnbrett mit Knaggen dreimal gesichert
K – Mittelaussteifung

30. Welche Möglichkeiten gibt es, eine Stahlbetontreppe herzustellen: a) Herstellung der Auflagerung, b) Herstellung der Laufplatte?

a) Herstellung der Auflagerung:
- Auflagerung auf Podestbalken,
- Auflagerung auf Podest.

b) Herstellung der Laufplatte:
  • Ortbeton, einschließlich der angrenzenden Podeste,
  • Stahlbetonfertigteilplatte („Laufplattentreppe"),
  • Aneinanderfügen mehrerer 16,6 cm breiter Trägerlamellen und anschließendes Ausbetonieren („Lamellentreppe").

Lernfeld 13 M/10 B
Fachmathematik

1. Berechnen Sie nach der Schrittmaßformel für die Auftritte (a) bzw. Steigungen (s) den jeweils zugehörigen Wert.

Schrittmaßformel:
$a + 2\,s = 63$ cm

	a	s
a)	?	14 cm
b)	30 cm	?
c)	?	18,5 cm
d)	33 cm	?
e)	?	19 cm

	a	s
a)	35 cm	14 cm
b)	30 cm	16,5 cm
c)	26 cm	18,5 cm
d)	33 cm	15 cm
e)	25 cm	19 cm

2. Sie sollen eine Treppe mit 16 Steigungen und einer Lauflänge von 4,18 m aus Blockstufen $l = 1,20$ m, $b = 30$ cm und $h = 17,5$ cm herstellen.

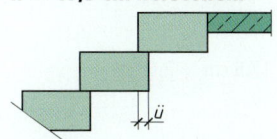

a) Wie groß muss der Überstand $\ddot{u}$ gewählt werden?
b) Wie lautet die Bemaßung auf der Lauflinie?

a) Überstand:
  Gesamtlänge aller Blockstufen
  $= 4,18$ m + 1 Stufe (Podest)
  $= 4,48$ m

  $a = \dfrac{4,48 \text{ m}}{16 \text{ Steigungen}} = 28$ cm

  Überstand $\ddot{u} = 30$ cm − 28 cm = <u>2 cm</u>

b) Bemaßung:
  <u>16 × 175/280</u>

**13 M
10 B**

3. **Ermitteln Sie den Überstand und die exakte Bezeichnung einer Blockstufentreppe mit 14 Steigungen und einer Lauflänge von 3,73 m aus 33 cm breiten Blockstufen.**

Überstand:
Länge mit oberster Stufe
$= 3,73$ m $+ 0,33$ m $= 4,06$ m
$$a = \frac{4,06 \text{ m}}{14 \text{ Steigungen}} = 29 \text{ cm}$$

Überstand $ü = 33$ cm $- 29$ cm $= \underline{\underline{4 \text{ cm}}}$

Bemaßung:
$\underline{14 \times 170/290}$

4. **Berechnen Sie für Blockstufentreppen der Lauflänge (l), der Stufenbreite (b) und Anzahl der Steigungen (Stg.) jeweils die erforderlichen Überstände zum Verlegen der Stufen und bezeichnen sie die Treppen.**

	l	b	Stg.
a)	4,92 m	36 cm	16
b)	2,41 m	29 cm	10
c)	3,80 m	40 cm	12
d)	4,30 m	35 cm	15
e)	2,48 m	27 cm	11

	$ü$	Bezeichnung
a)	3 cm	$16 \times 150/330$
b)	2 cm	$10 \times 180/270$
c)	5 cm	$12 \times 140/350$
d)	4 cm	$15 \times 160/310$
e)	2 cm	$11 \times 190/250$

5. **Für die dargestellte Treppe sollen Sie die jeweils fehlenden Werte ermitteln:**
(l: Lauflänge, h: Geschosshöhe, Stg.: Anzahl der Steigungen)

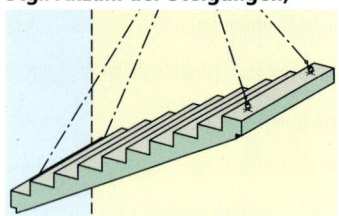

Beispiel:
a) Schrittmaßformel:
$a + 2s = 63$ cm, also ist $s = (63$ cm $-$ 28 cm$)$: 2
$s = \underline{17,5 \text{ cm}}$

$l = 15$x $\cdot$ 28 cm $= \underline{\underline{4,20 \text{ m}}}$

$h = 15$x $\cdot$ 17,5 cm $= \underline{\underline{2,63 \text{ m}}}$

294

	l	h	Stg.	a	s
a)	?	?	15	28 cm	?
b)	?	2,88 m	?	?	16 cm
c)	4,08 m	?	?	34 cm	?
d)	5,12 m	?	16	?	15,5 cm
e)	4,23 m	?	14	30,2 cm	?

	l	h	Stg.	a	s
a)	4,20 m	2,63 m	15	28 cm	17,5 cm
b)	5,58 m	2,88 m	18	31 cm	16 cm
c)	4,08 m	1,74 m	12	34 cm	14,5 cm
d)	5,12 m	2,48 m	16	32 cm	15,5 cm
e)	4,23 m	2,30 m	14	30,2 cm	16,4 cm

6. Sie sollen eine gerade Treppe mit 16 Steigungen einbauen.

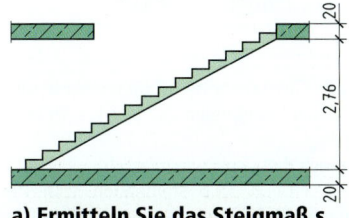

a) **Ermitteln Sie das Steigmaß s und die Auftrittslänge a.**
b) **Berechnen Sie die Lauflänge der Treppe.**
c) **Wie lautet die Bezeichnung der Treppe?**
d) **Wie lang muss das Treppenloch in der Decke gewählt werden, um eine lichte Durchgangshöhe von 2,00 m einzuhalten?**

a) Steigung/Auftritt:

$$s = \frac{2,96\ m}{16\ \text{Steigungen}} = \underline{\underline{18,5\ cm}}$$

$$a = 63\ cm - 2\,s = \underline{\underline{26\ cm}}$$

b) Lauflänge:
Die letzte Steigung ist schon die Decke, also: $l = 15 \cdot 26\ cm = \underline{\underline{3,90\ m}}$

c) Bezeichnung:
$\underline{16 \times 185/260}$

d) Treppenloch:

$$x = 2,00\ m + 20\ cm = \underline{\underline{2,20\ m}}$$

$$\frac{y}{x} = \frac{a}{s}$$

$$\frac{y}{2,20\ m} = \frac{0,26\ m}{0,185\ m}$$

$$y = \frac{2,20\ m \cdot 0,26\ m}{0,185\ m} = \underline{\underline{3,09\ m}}$$

13 M
10 B

7. Wie lang muss die Öffnung für die Treppe in einer 25 cm dicken Geschossdecke gewählt werden, wenn folgende Treppen einzubauen sind (Durchgangshöhe 2 m)?

	Bezeichnung	Öffnungslänge
a)	14 × 187/256	?
b)	16 × 160/310	?
c)	18 × 150/330	?
d)	15 × 174/282	?
e)	17 × 170/290	?

	Bezeichnung	Öffnungslänge
a)	14 × 187/256	3,08
b)	16 × 160/310	4,36
c)	18 × 150/330	4,95
d)	15 × 174/282	3,65
e)	17 × 170/290	3,84

8. Bemessen Sie eine möglichst flache (bequem zu gehende) Treppe, die in die Treppenöffnung passt.

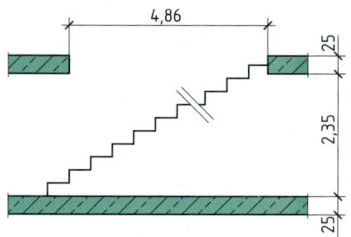

Für die Geschosshöhe (2,60 m) wird die Anzahl der Steigungen ($s = 14 \ldots 19$ cm) festgelegt.

1. so flach (bequem) wie möglich:
2,60 m : 14 = 18,6 Steigungen, also 19 Steigungen je 13,7 cm
$a = 63$ cm $- 2 \cdot 13,7$ cm $= 35,6$ cm
Ergebnis:
19 × 137/356
Lauflänge der Treppe:
$l = 18$ Stufen $\cdot 35,6$ cm $= 6,41$ m
Passt die Treppe in die Deckenöffnung?
$\frac{s}{a} = \frac{x}{y}$ also $\frac{13,7 \text{ cm}}{35,6 \text{ cm}} = \frac{x}{4,86}$
$x = 1,87$ m
Lichte Durchgangshöhe
$= 1,87$ m $- 25$ cm $= 1,62$ m
(reicht nicht aus)

2. weitere Möglichkeiten:
a) 18 × 144/342
$\frac{s}{a} = \frac{x}{y}$ also $\frac{14,4 \text{ cm}}{34,2 \text{ cm}} = \frac{x}{4,86 \text{ m}}$
$x = 2,046$ m
Lichte Durchgangshöhe
$= 2,046$ m $- 25$ cm $= 1,80$ m
(reicht noch nicht)

b) $17 \times 153/324$

$\dfrac{s}{a} = \dfrac{x}{y}$ also $\dfrac{15,3 \text{ cm}}{32,4 \text{ cm}} = \dfrac{x}{4,86 \text{ m}}$

$x = 2,295 \text{ m}$

Lichte Durchgangshöhe

$= 2,295 \text{ m} - 25 \text{ cm} = 2,05 \text{ m}$

(das genügt und ist bequem)

Die bequemst-(flachst-)mögliche Lösung ist:

$17 \times 153/324$

9. Berechnen Sie die Masse der dargestellten Beton-fertigteiltreppe $16 \times 17/29$ ($\varrho_{\text{Stahlbeton}} = 2{,}3 \text{ t/m}^3$) bei einer Breite von $b = 1{,}10 \text{ m}$. Die Dicke der Laufplatte beträgt $d = 20 \text{ cm}$.

$A = 16 \cdot A_{\text{Dreieck}} + A_{\text{Parallelogramm}} - 2 \cdot A_{\text{Rechteck}}$

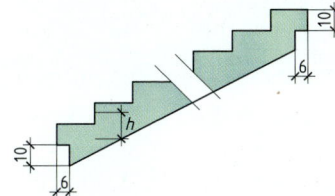

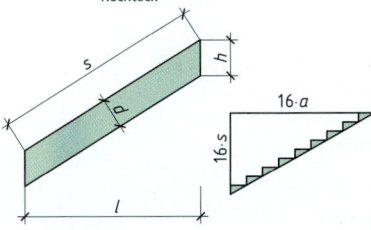

$s = \sqrt{(16 \cdot 0{,}17 \text{ m})^2 + (16 \cdot 0{,}29 \text{ m})^2}$

$s = 5{,}38 \text{ m}$

$A_{\text{Parallelogramm}} = l \cdot h = s \cdot d$

$4{,}64 \text{ m} \cdot h = 5{,}38 \text{ m} \cdot 0{,}20 \text{ m}$

$h = \dfrac{5{,}38 \text{ m} \cdot 0{,}20 \text{ m}}{4{,}64 \text{ m}} = 0{,}232 \text{ m}$

$A_{\text{Dreieck}} = \dfrac{0{,}29 \text{ m} \cdot 0{,}17 \text{ m}}{2} = 0{,}02465 \text{ m}^2$

$A_{\text{Parallelogramm}} = 0{,}232 \text{ m} \cdot 4{,}64 \text{ m} = 1{,}0765 \text{ m}^2$

$A_{\text{Rechteck}} = 0{,}10 \text{ m} \cdot 0{,}06 \text{ m} = 0{,}006 \text{ m}^2$

$A = 16 \cdot A_{\text{Dreieck}} + A_{\text{Parallelogramm}} - 2 \cdot A_{\text{Rechteck}}$

$A = 0{,}3944 \text{ m}^2 + 1{,}0765 \text{ m}^2 - 0{,}012 \text{ m}^2$

$A = 1{,}4589 \text{ m}^2$

$V = A \cdot b = 1{,}4589 \text{ m}^2 \cdot 1{,}10 \text{ m}$

$V = 1{,}605 \text{ m}^3$

$m = 1{,}605 \text{ m}^3 \cdot 2{,}3 \text{ t/m}^3$

$m = \underline{\underline{3{,}691 \text{ t}}}$

13 M
10 B

10. Ermitteln Sie das Volumen und die Masse für die Stahlbetonfertigteiltreppen mit folgenden Maßen (Breite b, Laufplattendicke d):

	b	d	Bezeichnung
a)	1,25 m	0,22 m	12 × 162/306
b)	1,05 m	0,24 m	15 × 144/342
c)	1,30 m	0,26 m	18 × 190/327
d)	2,10 m	0,32 m	14 × 152/326
e)	1,15 m	0,23 m	10 × 177/276

	Volumen V	Masse m
a)	1,499 m^3	3,449 t
b)	1,776 m^3	4,084 t
c)	2,527 m^3	5,813 t
d)	4,088 m^3	9,402 t
e)	1,134 m^3	2,609 t

Lernfeld 14 M
Überdeckung einer Öffnung mit einem Bogen

1. Welche Aufgaben haben Bogenkonstruktionen über Türen und Fenstern?

- Aufnahme der Lasten der darüberliegenden Bauwerksteile,
- Ableitung der Lasten in die Widerlager,
- gute optische Gestaltung.

2. Erläutern Sie den Unterschied in der Lastableitung zwischen einem Mauerwerksbogen und einem Stahlbetonsturz.

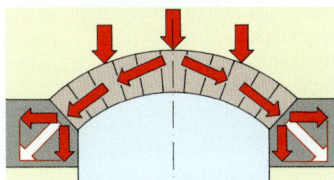

Mauerwerksbogen:
Die senkrechten Auflasten werden aufgenommen und von Fuge zu Fuge als Druckkraft bis ins Widerlager abgeleitet. Dort entstehen je nach Neigung der Widerlagerfläche mehr oder weniger große waagerechte und senkrechte Druckkräfte. Es gibt keine Zugspannungen.

Stahlbetonsturz:
Die senkrechten Auflasten werden aufgenommen, wodurch das Bauteil auf Biegung beansprucht wird. An der Oberseite des Bauteils entstehen Druckspannungen, an der Unterseite Zugspannungen. Die Lasten werden senkrecht in die waagerechten Auflagerflächen abgeleitet.

3. Benennen Sie die dargestellten Bogenformen.

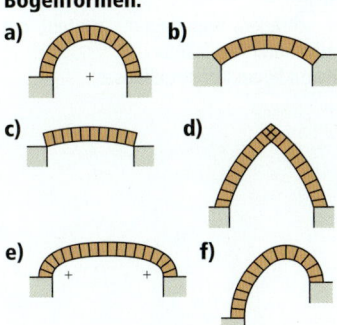

a) Rundbogen
b) Segmentbogen
c) scheitrechter Bogen
d) Spitzbogen
e) Korbbogen
f) einhüftiger Bogen

14 M

4. Welche Anforderungen werden an das Bogenmauerwerk gestellt?

Das Bogenmauerwerk ist auf Druck belastet, daher werden sowohl an die Ziegel, als auch an den Mörtel Mindestforderungen in Bezug auf die Druckfestigkeit gestellt:
- Ziegel mind. Festigkeitsklasse 12,
- Mörtel mind. Mörtelgruppe II,
- Sichtmauerwerk muss auch frostbeständig sein.

5. Benennen Sie die mit großen Buchstaben gekennzeichneten Bauteile und die mit kleinen Buchstaben gekennzeichneten Maße einer Bogenkonstruktion.

A – Anfangsstein
K – Kämpferpunkt
L – Laibung
M – Mittelpunkt
P – Scheitelpunkt
R – Rücken
S – Scheitelstein
W – Widerlager
a – Bogendicke
h – Stichhöhe
r – Radius
s – Spannweite
t – Bogentiefe

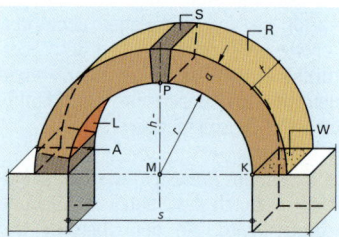

6. Welche Vor- und Nachteile hat ein Segmentbogen gegenüber einem Rundbogen?

Vorteile:
- auch bei geringen Raumhöhen verwendbar,
- geringerer Materialeinsatz.

Nachteile:
- bei schrägen Widerlagern entsteht ein großer seitlicher Schub,
- aufwendigere Konstruktionsart.

7. Ordnen Sie zu, welche Bogen-konstruktionen für geringe Raumhöhen (h) geeignet sind bzw. kaum waagerechte Schubkräfte (F) entwickeln.

Bogenkonstruktion	h	F
Rundbogen	?	?
Spitzbogen	?	?
Korbbogen	?	?
Segmentbogen	?	?
einhüftiger Bogen	?	?
scheitrechter Bogen	?	?

Bogenkonstruktion	h	F
Rundbogen	–	X
Spitzbogen	–	X
Korbbogen	X	X
Segmentbogen	X	–
einhüftiger Bogen	–	X
scheitrechter Bogen	X	–

8. Wovon ist die erforderliche Schichtdicke des Bogenmauer-werkes abhängig?

- Spannweite des Bogens,
- Belastung des Bogens durch darüber-liegende Bauwerksteile,
- Wandstärke,
- Festigkeitsklasse der Ziegel,
- Festigkeit/Mörtelgruppe des Fugen-mörtels.

9. Welche Stoßfugenstärke ist für Bögen vorgeschrieben?

Laibung: 0,5 … 1,2 cm
Rücken: 1,2 … 2,0 cm

10. Beschreiben Sie, wie ein 24 cm dicker Rundbogen mit einer Spannweite von 2,40 m aus DF-Ziegeln angelegt wird.

1. *Mittelpunkt M* festlegen:
   - halbe Spannweite = 2,40 m : 2
     = 1,20 m
   - Stichhöhe = 2,40 m : 2 = 1,20 m
2. *Lehrbogen* aus Holz herstellen und auf eine Unterstützungskonstruktion in die Wandöffnung stellen.
3. *Innenseite des Bogens* (Laibung) berech-nen und durch Anzahl der Ziegel teilen:

$$b_L = \frac{\pi \cdot d}{2} = 3,77 \text{ m} - 1 \text{ durchschnittliche}$$

Fuge = 3,76 m

1 DF-Stein mit mind. 0,5 cm Fuge
= 5,7 cm

14 M

$$\text{Anzahl der Steine} = \frac{3,76\ m}{0,057\ m/\text{Stein}}$$

= 66 Steine

Bei 66 Steinen folgt:

3,76 m : 66 Steine = 5,7 cm, also
5,2 cm Stein und 0,5 cm Fuge (Möglich, aber da in der Mitte des Bogens ein Schlussstein stehen muss, kann es nur ungerade Anzahlen an Steinen geben.)

Bei 65 Steinen folgt:

3,76 m : 65 Steine = 5,8 cm, also
5,2 cm Stein und 0,6 cm Fuge (möglich)

Bei 63 Steinen folgt:

3,76 m : 63 Steine = 6,0 cm, also
5,2 cm Stein und 0,8 cm Fuge (möglich)

Bei 61 Steinen folgt:

3,76 m : 61 Steine = 6,2 cm, also
5,2 cm Stein und 1,0 cm Fuge (möglich)

Bei 59 Steinen folgt:

3,76 m : 59 Steine = 6,4 cm, also
5,2 cm Stein und 1,2 cm Fuge (möglich, größere Fugen sind aber an der Laibung nicht erlaubt.)

4. *Außenseite des Bogens* (Rücken) berechnen und durch Anzahl der Ziegel teilen:

$$b_R = \frac{\pi \cdot d}{2} = \frac{\pi \cdot 2,88\ m}{2} = 4,52\ m - 1$$

durchschnittliche Fuge = 4,51 m

Bei 65 Steinen folgt:

4,51 m : 65 Steine = 6,9 cm, also
5,2 cm Stein und 1,7 cm Fuge (möglich)

Bei 63 Steinen folgt:

4,51 m : 63 Steine = 7,2 cm, also
5,2 cm Stein und 2,0 cm Fuge (möglich, größere Fugen sind am Bogenrücken nicht erlaubt.)

Für den Bogen sind also 65 oder 63 Steine einsetzbar, damit die Fugendicke nicht überschritten wird. Da bei 63 Steinen mit 20 mm Fuge schon die Obergrenze erreicht ist, ist es besser, 65 Steine zu verwenden.

→

→

5. *Lehrbogen anzeichnen,* indem die Anfangsfuge und dann alle 5,2 cm + 0,6 cm = 5,8 cm die Lage der Steine markiert wird.
6. *Bogen aufmauern,* dabei von beiden Auflagern beginnend wechselseitig die Steine vollfugig aufmauern. Die Markierungen am Lehrbogen sind einzuhalten und die Stoßfugen müssen immer in Richtung des Bogenmittelpunktes (M) zeigen.
7. *Schlussstein* beidseitig vollfugig einsetzen.
8. *Absenkung des Lehrbogens* nach Austrocknung des Mörtels – der Bogen steht nun selbst.

11. Sie sollen einen 24er-Rundbogen mit NF-Steinen mauern und stellen fest, dass die Fugen am Bogenrücken zu groß werden würden. Was können Sie tun?

- DF-Steine verwenden,
- zwei 12,5er-Bögen übereinander bauen (Rollschichten),
- werkgefertigte Radialsteine („Keilsteine") verwenden.

**12. Wie wird ein „scheitrechter Bogen" hergestellt und wie wirkt er?
Erläutern Sie die Einsatzmöglichkeiten.**

Der Bogen wird durch die leichte Krümmung eines zwischen die Auflagerpunkte eingespannten Brettes (Stichmaß 1...2 cm) fast waagerecht hergestellt. Durch die leichte Überhöhung in der Mitte wirkt auch dieser Bogen als Gewölbe, allerdings mit sehr großen seitlichen Schubkräften am Auflager:

- Regelfall für Gewölbeüberdeckungen von rechteckigen Fenstern und Türen,
- nur bei schmalen Öffnungen (max. 1,25 m),
- nie am Ende einer Wand einsetzbar.

13. Nennen Sie mindestens sieben Regeln, die beim Mauern eines scheitrechten Bogens zu beachten sind.

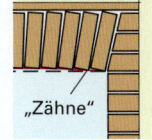
„Zähne"

- Stichhöhe etwa 1/100 der Spannweite, also 1...2 cm,
- Spannweite max. 1,25 m,
- Neigung der Widerlagerflächen etwa 6 : 1 (max. 8 : 1),
- ungerade Anzahl der Steine, Schlussstein exakt mittig,
- Fugen an der Laibung 0,5...1,2 cm,

14 M

- Fugen am Bogenrücken max. 2,0 cm,
- Fugen zeigen immer in Richtung des Bogenmittelpunktes (Schnittpunkt der beiden Auflagerflächen),
- vollfugig mauern,
- bei Sichtmauerwerk können die Stirnflächen der Steine exakt schräg zugeschnitten werden.

14. Beschreiben Sie die Herstellung eines Lehrbogens aus Holz für den Rundbogen über der Tür.

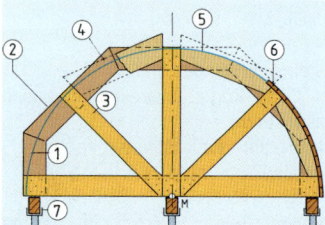

1. Aufriss:
Vom Mittelpunkt (M) aus wird der Radius (r) auf einer Unterlage angezeichnet.

2. Brettkranz – erste Lage:
Brettkranz auslegen, an den Stirnseiten auf Gehrung schneiden, den Radius (minus der Brettstärke der Schalbretter) anzeichnen und anschließend rund aussägen.

3. Tragkonstruktion:
Waagerechte und senkrechte Traghölzer zuschneiden, auslegen, Streben einpassen und die Tragkonstruktion am Brettkranz annageln.

4. Brettkranz – zweite Lage:
Die zweite Lage des Brettkranzes wird passend zwischen die Tragkonstruktion eingebaut und mit der ersten Lage vernagelt. Diese Bretter halten die Tragkonstruktion zusätzlich in ihrer Lage.

5. Andere Bogenseite:
Auf der anderen Seite der Tragkonstruktion werden erneut zwei Brettkränze angezeichnet und so ausgesägt, dass eine Lage vor und die zweite Lage zwischen der Tragkonstruktion liegt und diese aussteift.

6. Schalung:
Die Schalung aus schmalen Brettern (bei kleinen Radien auch Sperrholztafeln) wird auf die Brettkränze genagelt. Die Breite der Schalung entspricht der Bogenbreite.

7. Unterkonstruktion:
Der Bogen wird auf Stützen in der Höhe fixiert. Die Stützen werden mit Streben verbunden.

15. Erläutern Sie den Arbeitsablauf zum Aufreißen eines Segmentbogens.

1. Auflagerpunkte A und B waagerecht verbinden (w), am Mittelpunkt (M) Achse (a) senkrecht festlegen.
2. Stichhöhe h abtragen und Scheitelpunkt (S) anzeichnen.
3. Die Punkte S und A verbinden, und auf der Linie eine Mittelsenkrechte (m) ziehen.
4. Der Schnittpunkt von m und a ist der Drehpunkt (D) des Kreisbogens, der in einem Zug von a über S nach B führt.
   Der Radius des Bogens ist überall ($\overline{AD}$, $\overline{SD}$, $\overline{BD}$) gleich groß.

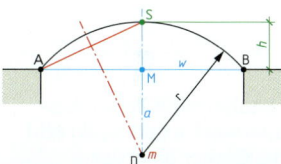

16. Beschreiben Sie das Vorgehen bei der Konstruktion eines dreiteiligen Korbbogens.

1. Auflagerpunkte A und B waagerecht verbinden (w), am Mittelpunkt (M) Achse (a) senkrecht festlegen.
2. Kreisbogen um M von S auf die Waagerechte (w) ziehen, es entsteht am Auflager A ein Punkt A_1 und eine Abweichung x.
3. A und S verbinden und von S aus die Abweichung x abziehen. Auf der Restlänge wird die Mittelsenkrechte (m) gebildet.
4. Der Schnittpunkt von m und w ist der Drehpunkt (D_A) des Rundbogens am Auflager A. Der Schnittpunkt von m und a ist der Drehpunkt (D_S) für den Mittelteil (Segmentbogenteil) des Korbbogens. Der Drehpunkt (D_B) des Rundbogens am Auflager B liegt symmetrisch zu D_A.

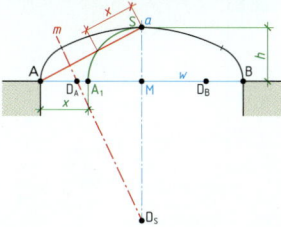

14 M

**17. Welche Besonderheiten und welche Vorteile hat ein dreiteiliger Korbbogen gegenüber einem
a) Segmentbogen,
b) Rundbogen?**

Der dreiteilige Korbbogen besteht im Mittelteil aus einem flachen langgestreckten Segmentbogen, der beidseitig mit einem kurzen Kreisbogen im Auflager anbindet.

a) Vorteil gegenüber Segmentbogen:
Durch den Anschluss des Korbbogens mit Rundbogen im Auflager wird die Kraft über eine waagerechte Auflagerfläche senkrecht abgetragen. Es gibt keinen seitlichen Schub.

b) Vorteil gegenüber Rundbogen:
Durch den flachen Segmentbogen in der Mitte des Korbbogens lassen sich auch sehr breite Öffnungen mit geringer Raumhöhe überdecken.

**18. Ein Bauherr will im Klinkersichtmauerwerk exakt senkrecht stehende Klinker über der Wandöffnung haben, die seitlich senkrecht an das Wandmauerwerk anschließen.
Machen Sie einen Vorschlag.**

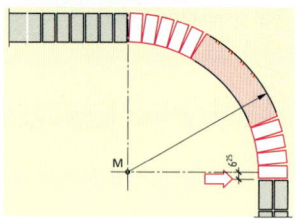

Eine solche Bauweise ist als Bogenmauerwerk (Gewölbe) nicht ausführbar, da es keine seitlichen Widerlager zur Lastableitung hat und die Steine unter der Auflast senkrecht nach unten herausgedrückt würden. Ein solches Bogenmauerwerk darf nicht hergestellt werden.
Um optisch eine solche Sichtfläche herzustellen, muss ein Stahlbetonsturz die Lasten aufnehmen und in waagerechte Auflagerflächen beidseitig der Wandöffnung ableiten. Der Sturz kann dann außen mit einer „Grenadierschicht" verblendet werden, die durch Edelstahlanker unsichtbar am Sturz gehalten wird.

19. Welche Verbandsregeln sind bei bogenförmigem Wandmauerwerk einzuhalten?

- Wechsel von Läufer- und Binderschicht in den angrenzenden Wänden,
- Kreisbogen im Binderverband mauern,
- Anschluss an Binderschicht mit ganzem Stein (wie beim geraden Wandende),
- Anschluss der Läuferschicht mit $1/2$ am Verzahnung (da bei der geraden Wand dort ein $3/4$-Stein wäre),
- Einteilung der Bogenlänge in $(n + 1/2)$ Binder, wegen der erforderlichen Verzahnung zur Läuferschicht,

306

- Fugen Innenbogen: 0,5 ... 1,2 cm,
- Fugen Außenbogen: 1,2 ... 2,0 cm,
- Mindestradius 2,00 m, sonst müssen Radialsteine eingesetzt werden.

20. Nennen Sie mindestens vier Einsatzgebiete für bogenförmiges Wandmauerwerk.

- Gebäudeecken
- Türme
- Treppenräume
- Gartenmauern
- Wasserbecken

21. Bei einem Projekt ist eine 24er-Wand in einem 60°-Bogen fortzuführen. Der Radius (außen) beträgt 4,00 m.

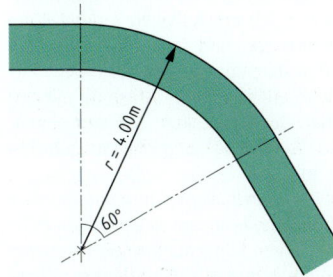

Beschreiben Sie Ihr Vorgehen.

1. Bogenlänge innen (Laibung):

$$b_L = \pi \cdot d \cdot \frac{\alpha}{360°} = 3,14 \cdot 7,52 \text{ m} \cdot \frac{60°}{360°}$$

$$b_L = 3,94 \text{ m}$$

Wegen des Mauerwerksverbandes muss die gebogene Wand in $(n + 1/2)$ Steine eingeteilt werden (siehe Aufgabe 19.), also
3,94 m + 1/2 Stein mit Fuge = 4,00 m
(bei mind. 0,5 cm Fuge ist 1 Stein = 12 cm)

mögliche Varianten:
a) 4,00 m : 34 Steine = 11,8 cm, also 11,5 cm Stein und nur 0,3 cm Fuge (zu enge Fuge, innen mind. 0,5 cm!)
b) 4,00 m : 33 Steine = 12,1 cm, also 11,5 cm Stein und 0,6 cm Fuge (möglich)
c) 4,00 m : 32 Steine = 12,5 cm, also 11,5 cm Stein und 1,0 cm Fuge (möglich)
d) 4,00 m : 31 Steine = 12,9 cm, also 11,5 cm Stein und 1,4 cm Fuge (zu dicke Fuge, innen max. 1,2 cm!)

2. Bogenlänge außen (Bogenrücken):

$$b_R = \pi \cdot d \cdot \frac{\alpha}{360°} = 3,14 \cdot 8,00 \text{ m} \cdot \frac{60°}{360°}$$

$$b_R = 4,19 \text{ m}$$

Wegen des Mauerwerksverbandes muss die gebogene Wand in $(n + 1/2)$ Steine eingeteilt werden (siehe Aufgabe 19.), also
4,19 m + 1/2 Stein mit Fuge = 4,25 m

14 M

mögliche Varianten:
a) entfällt (siehe oben)
b) 4,25 m : 33 Steine = 12,9 cm, also
   11,5 cm Stein und 1,4 cm Fuge
   (möglich)
c) 4,25 m : 32 Steine = 13,3 cm, also
   11,5 cm Stein und 1,8 cm Fuge
   (möglich)
d) entfällt (siehe oben)
Der Bogen lässt sich also unter Einhaltung der vorgeschriebenen Mindestmaße der Fugen mit 33 oder 32 Steinen herstellen, wobei $^1/_2$-Stein schon auf der Läuferseite in die angrenzende Wand einbindet.

22. Ein Bauherr wünscht in einer Stahlbetonwand eine Fensteröffnung von 1,20 × 1,80 m in Form einer Ellipse.
Wie reißen Sie diese Form der Schalung auf?

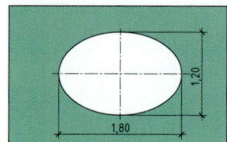

1. Auf dem Boden wird um denselben Mittelpunkt (M) ein Außenkreis mit 1,80 m Durchmesser und ein Innenkreis mit 1,20 m Durchmesser angezeichnet.

2. Es wird die senkrechte Achse (a) mit den beiden Scheitelpunkten auf dem Innenkreis (S_1 und S_2) und die Waagerechte (w) mit den beiden Außenpunkten (A und B) auf dem Außenkreis eingetragen.

3. Nun können beliebige viele Strahlen (1, 2, 3, 4 …) von M nach außen gezogen werden, die immer je einen Schnittpunkt auf dem Innenkreis und auf dem Außenkreis erzeugen. Vom Schnittpunkt auf dem Außenkreis wird eine Linie senkrecht zu w gezogen, vom Schnittpunkt auf dem Innenkreis wird eine Linie nach außen gezogen. Der Schnittpunkt beider Linien ergibt immer einen Punkt der Ellipse.

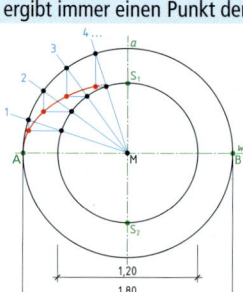

Lernfeld 14 M
Fachmathematik

1. Berechnen Sie für den Rundbogen die Bogenlänge an der Laibung (b_L) und am Bogenrücken (b_R).

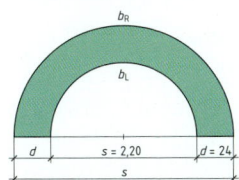

$$b_L = \pi \cdot s \cdot \frac{180°}{360°}$$

$$b_L = 3{,}14 \cdot 2{,}20 \text{ m} \cdot \frac{180°}{360°}$$

$$b_L = \underline{3{,}46 \text{ m}}$$

$$b_R = \pi \cdot S \cdot \frac{180°}{360°}$$

$$b_R = 3{,}14 \cdot 2{,}68 \text{ m} \cdot \frac{180°}{360°}$$

$$b_R = \underline{4{,}21 \text{ m}}$$

2. Wie groß ist die Bogendicke d, wenn der Rundbogen eine Laibungslänge (b_L) von 4,71 m und eine Bogenrückenlänge (b_R) von 6,25 m hat?

$$b_L = \pi \cdot s \cdot \frac{180°}{360°} = \pi \cdot s \cdot 0{,}5$$

$$s = \frac{b_L}{0{,}5 \cdot \pi} = \frac{4{,}71 \text{ m}}{0{,}5 \cdot \pi} = 3{,}00 \text{ m}$$

$$b_R = \pi \cdot S \cdot \frac{180°}{360°} = \pi \cdot S \cdot 0{,}5$$

$$S = \frac{b_R}{0{,}5 \cdot \pi} = \frac{6{,}25 \text{ m}}{0{,}5 \cdot \pi} = 3{,}98 \text{ m}$$

$$d = \frac{S - s}{2} = \underline{49 \text{ cm}}$$

3. Berechnen Sie die fehlenden Maße des Rundbogens.

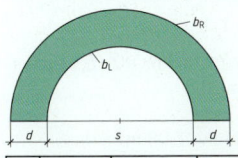

	s	d	b_L	b_R
a)	1,60 m	11,5 cm	?	?
b)	?	?	4,08 m	4,84 m
c)	?	24,0 cm	?	4,52 m
d)	?	36,5 cm	5,50 m	?
e)	1,85 m	?	?	4,05 m

	s	d	b_L	b_R
a)	1,60 m	11,5 cm	2,51 m	2,87 m
b)	2,60 m	24,0 cm	4,08 m	4,84 m
c)	2,40 m	24,0 cm	3,77 m	4,52 m
d)	3,50 m	36,5 cm	5,50 m	6,64 m
e)	1,85 m	36,5 cm	2,90 m	4,05 m

14 M

4. Ein 24er-Rundbogen wird aus 25 NF-Steinen mit je 0,7 cm Fuge an der Laibung hergestellt.
a) Wie lang ist die Bogenlaibung?
b) Wie groß ist die Spannweite s?
c) Wie lang ist der Bogenrücken?

a) Bogenlaibung:
25 NF-Steine $= 25 \cdot 7{,}1$ cm $= 1{,}775$ m
$+ 26$ Fugen je $0{,}7$ cm $\quad = 0{,}182$ m
$\quad\quad\quad\quad\quad\quad\quad\quad\quad\quad 1{,}957$ m
$\quad\quad\quad\quad\quad\quad\quad\quad\quad \approx \underline{\underline{1{,}96 \text{ m}}}$

b) Spannweite:
$$b_L = \pi \cdot s \cdot \frac{180°}{360°} = \pi \cdot s \cdot 0{,}5$$
$$s = \frac{b_L}{0{,}5 \cdot \pi} = \frac{1{,}96 \text{ m}}{0{,}5 \cdot \pi} = \underline{\underline{1{,}25 \text{ m}}}$$

c) Bogenrücken:
$$b_R = \pi \cdot S \cdot \frac{180°}{360°}$$
$$b_R = 3{,}14 \cdot (1{,}25 \text{ m} + 0{,}48 \text{ m}) \cdot \frac{180°}{360°}$$
$$b_R = \underline{\underline{2{,}72 \text{ m}}}$$

5. Ermitteln Sie für die Rundbögen die fehlenden Werte (f = Fugendicke an der Laibung, n = Anzahl der NF-Steine):

	f	n	b_L	s
a)	?	45	?	2,35 m
b)	?	39	3,06 m	?
c)	?	33	?	1,60 m
d)	?	61	4,79 m	?
e)	?	47	?	2,40 m

	f	n	b_L	s
a)	11 mm	45	3,69 m	2,35 m
b)	7,5 mm	39	3,06 m	1,95 m
c)	5 mm	33	2,51 m	1,60 m
d)	7,5 mm	61	4,79 m	3,05 m
e)	9 mm	47	3,77 m	2,40 m

6. Für ein Bauwerk aus Leichtbetonsteinen soll das dargestellte 36,5 cm dicke Fertigteil viermal hergestellt werden.

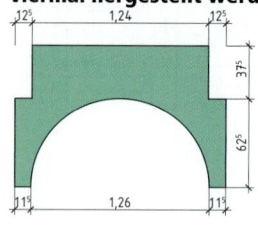

a) $U = 1{,}49$ m $+ 2 \cdot 1{,}00$ m $+ 2 \cdot 0{,}115$ m $+$
$\quad (\pi \cdot 1{,}26 \text{ m} : 2)$
$U = 5{,}70$ m
$A = U \cdot 0{,}365 \text{ m} = \underline{\underline{2{,}08 \text{ m}^2}}$

b) $A = 1{,}49$ m $\cdot 1{,}00$ m
$\quad - 2 \cdot 0{,}115$ m $\cdot 0{,}375$ m
$\quad - \frac{\pi}{4} \cdot (1{,}26 \text{ m})^2 : 2$

a) **Berechnen Sie die Schalfläche (die Schalung liegt und ist 36,5 cm hoch).**
b) **Wie groß ist das Volumen eines Fertigteils?**
c) **Wie schwer sind die vier Fertigteile bei einer Rohdichte von 1,2 kg/dm³?**

$A = 1,49 \text{ m}^2 - 0,09375 \text{ m}^2 - 0,4948 \text{ m}^2$
$A = 0,901 \text{ m}^2$
$V = A \cdot 0,365 \text{ m}$
$V = \underline{0,329 \text{ m}^3}$

c) $m = V \cdot 1,2 \text{ t/m}^3 \cdot 4$ Fertigteile
$m = 0,309 \text{ m}^3 \cdot 1,2 \text{ t/m}^3 \cdot 4$
$m = \underline{1,579 \text{ t}}$

7. Berechnen Sie die Masse folgender Fertigteile aus Porenbeton (1 m³ $\hat{=}$ 800 kg) bei einer Wandstärke von 30 cm.
a)

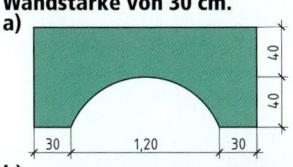

b)

c)

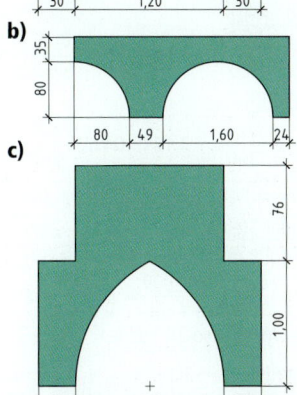

a) $A = 0,80 \text{ m} \cdot 1,80 \text{ m}$
$\quad - {}^2/_3 \cdot 1,20 \text{ m} \cdot 0,40 \text{ m}$

$A = 1,44 \text{ m}^2 - 0,32 \text{ m}^2$
$\quad = 1,12 \text{ m}^2$
$V = 1,12 \text{ m}^2 \cdot 0,30 \text{ m} = 0,336 \text{ m}^3$
$m = 0,336 \text{ m}^3 \cdot 800 \text{ kg/m}^3$
$m = \underline{269 \text{ kg}}$

b) $A = 1,15 \text{ m} \cdot 3,13 \text{ m} - {}^3/_4 \cdot \left(\dfrac{\pi}{4} \cdot d^2 \right)$
$A = 3,60 \text{ m}^2 - 1,51 \text{ m}^2$
$A = 2,09 \text{ m}^2$
$V = 2,09 \text{ m}^2 \cdot 0,30 \text{ m} = 0,627 \text{ m}^3$
$m = 0,627 \text{ m}^3 \cdot 800 \text{ kg/m}^3$
$m = \underline{502 \text{ kg}}$

c) $A = 1,76 \text{ m} \cdot 1,80 \text{ m}$
$\quad - 2 \cdot 0,76 \text{ m} \cdot 0,30 \text{ m}$
$\quad - 2/3 \cdot 1,20 \text{ m} \cdot 1,00 \text{ m}$
$A = 3,168 \text{ m}^2 - 0,456 \text{ m}^2 - 0,80 \text{ m}^2$
$A = 1,91 \text{ m}^2$
$V = 1,91 \text{ m}^2 \cdot 0,30 \text{ m} = 0,574 \text{ m}^3$
$m = 0,574 \text{ m}^3 \cdot 800 \text{ kg/m}^3$
$m = \underline{459 \text{ kg}}$

8. Ein 24er-Segmentbogen hat bei einer Spannweite (s) von 1,76 m eine Stichhöhe (h) von 35 cm.

a) $\underline{\text{Verhältnis:}}$
$h : s = 0,35 \text{ m} : 1,76 \text{ m}$
$\quad = \underline{\quad 1 \quad : \quad 5 \quad}$

14 M

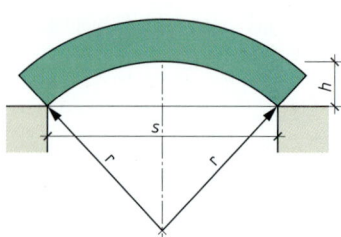

a) **Wie groß ist das Verhältnis von Stichhöhe zu Spannweite?**
b) **Berechnen Sie den Radius _r_.**
c) **Wie groß ist der Winkel α?**
d) **Ermitteln Sie die Bogenlängen b_L und b_R.**
e) **Wie viele NF-Steine werden für den Bogen benötigt?**
f) **Wie groß sind die Fugen an der Laibung (F_L) und am Bogenrücken (F_R)?**

b) Radius:
$x = r - h$
nach Pythagoras folgt:
$r^2 = (r - h)^2 + (s/2)^2$
$r^2 = (r - 0,35\ m)^2 + (0,88\ m)^2$
$r^2 = (r^2 - 0,70\ m \cdot r + 0,1225\ m^2)$
$\qquad + 0,7744\ m^2$
$0 = \quad - 0,70\ m \cdot r + 0,8969\ m^2$
$0,70\ m \cdot r = 0,8969\ m^2$
$\qquad\qquad r = \underline{\underline{1,28\ m}}$

c) Winkel:
$\sin\dfrac{\alpha}{2} = \dfrac{\text{Gegenkathete (GK)}}{\text{Hypotenuse (H)}}$

$= \dfrac{0,88\ m}{1,28\ m}$

$\dfrac{\alpha}{2} = 43,43°$

Also $\underline{\underline{\alpha = 86,9°}}$

d) Bogenlängen:
$b_L = \pi \cdot d \cdot \dfrac{86,9°}{360°} = 3,14 \cdot 2,56\ m \cdot \dfrac{86,9°}{360°}$

$b_L = \underline{\underline{1,94\ m}}$

$b_R = \pi \cdot d \cdot \dfrac{86,9°}{360°} = 3,14 \cdot 3,04\ m \cdot \dfrac{86,9°}{360°}$

$b_R = \underline{\underline{2,30\ m}}$

e) Anzahl der Steine:
Mindestfuge an der Laibung $= 0,5\ cm$
$\text{Anzahl} = \dfrac{b_L - 1\ cm\ \text{Fuge}}{1\ \text{Stein} + \text{Fuge}} = \dfrac{1,93\ m}{0,076\ m}$
$= 25,4\ \text{Steine, also}\ \underline{26\ \text{Steine}}$

f) Fugenbreiten:
Nur ungerade Anzahlen an Steinen sind möglich, also:
An der Laibung:
1,93 m : 25 Steine = 0,077 m, also
7,1 cm Stein und 0,6 cm Fuge (passt)
1,93 m : 23 Steine = 0,084 m, also
7,1 cm Stein und 1,3 cm Fuge (knapp)
1,93 m : 21 Steine = 0,092 m, also
7,1 cm Stein und 2,1 cm Fuge (zu groß)

312

Am Bogenrücken:
2,30 m : 25 Steine = 0,092 m, also
7,1 cm Stein und 2,1 cm Fuge (knapp, alle anderen Varianten würden deutlich zu große Fugen ergeben).
Ergebnis:
25 Steine, mit 0,6 cm Fuge an der Laibung und 2,1 cm Fuge am Rücken.

9. Ermitteln Sie für die Segment-bögen mit der Spannweite (s), der Bogendicke (d) und der Stich-höhe (h) jeweils r, α, b_L und b_R.

	d	s	h
a)	36,5 cm	2,51 m	0,22 m
b)	11,5 cm	0,76 m	0,10 m
c)	24,0 cm	1,51 m	0,18 m
d)	49,0 cm	3,26 m	0,90 m
e)	24,0 cm	2,26 m	0,55 m

	r	α	b_L	b_R
a)	3,69 m	39,8°	2,56 m	2,82 m
b)	0,77 m	59,0°	0,79 m	0,91 m
c)	1,67 m	53,8°	1,57 m	1,79 m
d)	1,92 m	116,2°	3,89 m	4,89 m
e)	1,44 m	103,4°	2,60 m	3,03 m

10. Der im Bild dargestellte Seg-mentbogen ist herzustellen.

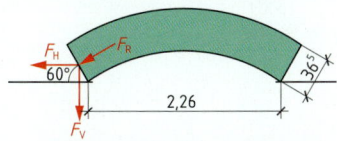

a) **Berechnen Sie den Radius r.**
b) **Berechnen Sie die Stichhöhe h.**
c) **Wie groß sind die Bogenlängen an der Laibung (b_L) und am Rücken des Bogens (b_R)?**
d) **Ermitteln Sie die Größe der horizontalen Schubkräfte (F_H) und die vertikale Auflagerkraft (F_V) bei einer resultierenden Kraft (F_R) von 18,0 kN.**

a) Radius:

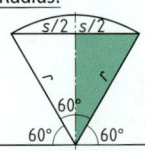

$$\sin 30° = \frac{GK}{H}$$
$$0,50 = \frac{(2,26\ \text{m} : 2)}{r}$$
$$r = \underline{\underline{2,26\ \text{m}}}$$

b) Stichhöhe:
$$x^2 = r^2 - (s/2)^2$$
$$x = \sqrt{r^2 - (s/2)^2}$$
$$x = \sqrt{5,11\ \text{m}^2 - 1,28\ \text{m}^2}$$
$$x = 1,96\ \text{m}$$
$$h = r - x$$
$$h = 2,26\ \text{m} - 1,96\ \text{m}$$
$$h = \underline{\underline{0,30\ \text{m}}}$$

→ **14 M**

c) Bogenlängen:

$$b_L = \pi \cdot d \cdot \frac{60°}{360°}$$

$$b_L = 3,14 \cdot 4,52 \text{ m} \cdot \frac{60°}{360°}$$

$$b_L = \underline{\underline{2,37 \text{ m}}}$$

$$b_R = \pi \cdot d \cdot \frac{60°}{360°}$$

$$b_R = 3,14 \cdot 5,25 \text{ m} \cdot \frac{60°}{360°}$$

$$b_R = \underline{\underline{2,75 \text{ m}}}$$

d) Kräfte:

$$\cos 30° = \frac{\text{Ankathete (AK)}}{H} = \frac{F_H}{F_R}$$

$$0,866 = \frac{F_H}{18 \text{ kN}}$$

$$F_H = \underline{\underline{15,6 \text{ kN}}}$$

$$\sin 30° = \frac{GK}{H} = \frac{F_V}{F_R}$$

$$0,5 = \frac{F_V}{18 \text{ kN}}$$

$$F_V = \underline{\underline{9,0 \text{ kN}}}$$

11. Ermitteln Sie die Schubkräfte (F_H) und die Auflagerkräfte (F_V) am Auflager der Segmentbögen. Neigung der Widerlagerflächen = α, resultierende Kraft = F_R.

	α	F_R	F_H	F_V
a)	45°	12 kN	?	?
b)	65°	20 kN	?	?
c)	30°	17 kN	?	?
d)	50°	22 kN	?	?
e)	55°	25 kN	?	?

	α	F_R	F_H	F_V
a)	45°	12 kN	8,5 kN	8,5 kN
b)	65°	20 kN	18,1 kN	8,5 kN
c)	30°	17 kN	8,5 kN	14,7 kN
d)	50°	22 kN	16,9 kN	14,1 kN
e)	55°	25 kN	20,5 kN	14,3 kN

Lernfeld 15 M
Herstellen einer Natursteinmauer

1. Nennen Sie mindestens vier typische Mineralien, aus denen Natursteine wie Kalkstein oder Granit bestehen.

- Feldspat
- Kalkspat
- Glimmer
- Quarz
- Ton

2. Welche Baustoffe enthalten die folgenden Mineralien:
a) Quarz,
b) Kalkspat,
c) Ton?

a) Quarz:
  - Gesteinskörnungen in Beton und Mörtel,
  - Glas,
  - Kalksandsteine,
  - Ziegel.

b) Kalkspat:
  - Baukalke,
  - Zement,
  - Kalksandsteine.

c) Ton:
  - Ziegel,
  - Klinker,
  - Zement,
  - hydraulischer Kalk.

3. Worin unterscheiden sich die Natursteine in der Entstehung und in ihren wesentlichen daraus resultierenden Eigenschaften?

Erstarrungsgesteine:
Das Magma (Gesteinsschmelze) erstarrt durch Abkühlung zu Gestein:
- keine Hohlräume,
- sehr dicht,
- wetterfest,
- abriebfest.

Ablagerungsgesteine:
Loses Gestein lagert sich in mächtigen Schichten ab und verfestigt sich durch den Auflagerdruck und/oder Bindemittel:
- Druckfestigkeit unterschiedlich und richtungsabhängig.

315 **15 M**

Umprägungsgesteine:
Gestein gerät innerhalb der Erdkruste in einen Bereich mit hohem Druck und hoher Temperatur und wird dadurch verpresst.
- gepresste, oft schiefrige Struktur,
- richtungsabhängige Festigkeiten.

4. Aus welchen Mineralien besteht der Naturstein Granit?

- Feldspat
- Quarz
- Glimmer

5. Ordnen Sie die genannten Natursteine ihrer Entstehungsart (Erstarrungsgestein = E, Ablagerungsgestein = A, Umprägungsgestein = U) zu.

Naturstein	E	A	U
Granit			
Sandstein			
Quarzit			
Schiefer			
Basalt			
Kalkstein			
Porphyr			
Marmor			
Gneis			
Kohle			

Naturstein	E	A	U
Granit	X		
Sandstein		X	
Quarzit			X
Schiefer			X
Basalt	X		
Kalkstein		X	
Porphyr	X		
Marmor			X
Gneis			X
Kohle		X	

6. Beschreiben Sie die vier Möglichkeiten (A … D), wie Erstarrungsgesteine entstehen können.
Nennen Sie je einen typischen Vertreter.

A – Tiefengesteine:
Das Magma kühlt ganz langsam ab, die einzelnen Mineralien kristallisieren nacheinander aus und bilden deutlich sichtbare Körner:
- körnige Struktur,
- Beispiel: Granit.

→

→

316

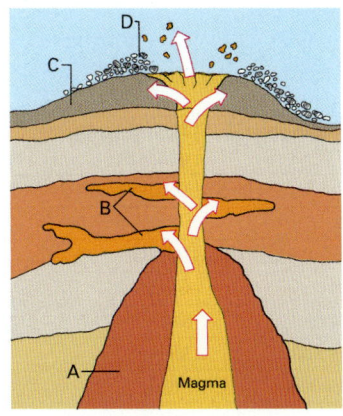

B – Ganggesteine:
Das Magma kühlt schneller ab – einige Mineralien können noch Kristalle bilden, der Rest erstarrt als einheitliche Masse:
- einheitliche Struktur mit eingesprenkelten Kristallen,
- Beispiel: Porphyr.

C – Ergussgesteine:
Sofortige Erstarrung beim Austritt an der Erdoberfläche als einheitliche Masse:
- dichte, glasige Struktur,
- Beispiel: Basalt.

D – Auswurfgesteine:
Ausgeworfene Partikel setzen sich in dicken Schichten ab:
- sehr feine Struktur, teilweise durch Gasbildung aufgeschäumt,
- Beispiele: Bims, Trass.

7. Durch welche natürlichen Einflüsse können Natursteine verwittern? Nennen Sie mindestens vier davon.

- Sonneneinstrahlung,
- Frost,
- Temperaturschwankungen,
- Regen,
- Wind,
- Wurzelwachstum von Pflanzen.

8. Erläutern Sie den dargestellten „Verwitterungskreislauf".

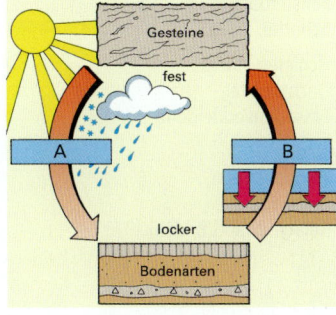

A – Verwitterung:
Durch mechanische (Abrieb, Wind, Gletscherbewegungen), thermische (Sonne, Frost, Temperaturschwankungen) und chemische (Regen) Vorgänge wird das Gestein gelockert, zerkleinert und durch Flüsse abtransportiert.

B – Ablagerung:
Die Lockermaterialien lagern sich als Blöcke (Oberlauf), Kies (Mittellauf), Sand (Unterlauf) und Ton (Ausgang zum Meer oder See) am Fluss ab. Durch die Lagerungsdauer, den Druck des darüberliegenden abgelagerten Gesteins und evtl. Bindemittel verfestigt sich das Lockermaterial zu einem neuen Naturstein.

**9. Ordnen Sie den Locker-
gesteinen die jeweils daraus
entstehenden Ablagerungs-
gesteine zu.**

Lockermaterial	Ablagerungs-gestein
Kies	?
?	Sandstein
Ton	?
Gips	?
?	Kohle
Ton + Kalk	?
?	Kreide

Lockermaterial	Ablagerungs-gestein
Kies	Konglomerat
Sand	Sandstein
Ton	Tonstein
Gips	Gipsstein
Pflanzen	Kohle
Ton + Kalk	Mergel
Tierschalen	Kreide

**10. Worin unterscheiden sich
Granit und Gneis?**

Granit:
- Tiefengestein,
- kristalliner richtungsunabhängiger Aufbau,
- sehr hohe Druck- und Abriebfestigkeit.

Gneis:
- Umprägungsgestein,
- schiefrig, richtungsabhängige Struktur,
- spaltbar, richtungsabhängige Festigkeit.

**11. Welche Umprägungsgesteine
sind aus den folgenden Aus-
gangsgesteinen entstanden?
Nennen Sie je zwei typische
Anwendungsgebiete dieser
Umprägungsgesteine:
a) Granit,
b) Tonstein,
c) Kalkstein,
d) Sandstein.**

a) Gneis:
- Treppenstufen,
- Fensterbänke,
- Schotter, Splitt.

b) Tonschiefer:
- Dachschiefer,
- Fassadenverkleidung.

c) Marmor:
- Treppenstufen,
- Fensterbänke,
- Beläge (Wand/Boden).

d) Quarzit:
- Terrassenbeläge.

12. Ordnen Sie den Natursteinen Basalt (Ba), Granit (Gr), Sandstein (Sa), Bims (Bi), Kalkstein (Ka), Trass (Tr) die möglichen Einsatzmöglichkeiten zu.

Einsatz	Ba	Gr	Sa	Bi	Ka	Tr
Zementherstellung	?	?	?	?	?	?
Gesteinskörnung Beton	?	?	?	?	?	?
Gesteinskörnung Leichtbeton	?	?	?	?	?	?
Werksteine	?	?	?	?	?	?
Schotter, Splitt	?	?	?	?	?	?
Pflastersteine	?	?	?	?	?	?
Terrassenbeläge	?	?	?	?	?	?

Einsatz	Ba	Gr	Sa	Bi	Ka	Tr
Zementherstellung	–	–	–	–	X	X
Gesteinskörnung Beton	X	X	–	–	X	–
Gesteinskörnung Leichtbeton	–	–	–	X	–	–
Werksteine	–	X	X	–	X	–
Schotter, Splitt	X	X	–	–	X	–
Pflastersteine	X	X	–	–	–	–
Terrassenbeläge	X	X	X	–	X	–

13. Nennen Sie mindestens vier Bearbeitungsmöglichkeiten für die Oberfläche der gebrochenen oder gesägten Natursteine. Ordnen Sie von sehr rau bis sehr glatt.

- gebeilt bzw. bossiert,   raue Oberfläche
- gestockt,
- geriffelt,
- beflammt,
- poliert.   sehr glatt

14. Im Bild ist der Bau einer Natursteinwand zu sehen. Nennen Sie die Mauerwerksregeln, die an den Stellen A … L jeweils einzuhalten sind.

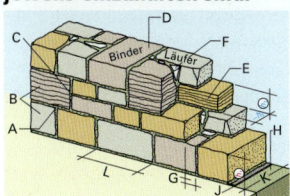

A – Keine „Kreuzfugen", das heißt, es dürfen maximal Fugen aus drei Richtungen zusammenstoßen.

B – Die größten Steine befinden sich an den Ecken, am Maueranfang und am Sockel der Wand, diese Steine dürfen auch über zwei Schichten durchgehen.

C – Stoßfugen dürfen maximal über zwei Schichten durchgehen.

D – Nach zwei Läufern muss wieder ein Binder kommen, oder die Wand besteht abwechselnd aus Läufer- und Binderschichten.

E – Besonders bei plattigen Gesteinen darauf achten, dass die Steine entsprechend der Struktur eingebaut werden.

F – Hohlräume mit Teilstücken ausfüllen und vollflächig vermörteln.

G – Überbindemaß mindestens 10 cm.

H – Auf frostfreie Gründungstiefe achten.

I – Schutz der Mauersteine gegen aufsteigende Bodenfeuchte.

K – Tiefe der Binder mind. 30 cm, bzw. mind. $1,5 \cdot$ Schichthöhe.

L – Länge $= 1 \ldots \leq 5 \cdot$ Schichthöhe.

15. Welche Anforderungen werden an das Material zum Bau einer Natursteinmauer gestellt:
a) an die Steine,
b) an den Mörtel?

a) Steine:
- hohe Druckfestigkeit,
- im Außenbereich wetterfest und frostbeständig,
- keine Verwitterungsschäden,
- gutes Aussehen.

b) Mörtel:
- Normalmauermörtel der MG I, II, IIa, III oder IIIa,
- MG I nur für den Innenbereich,
- MG III und IIIa nur bei besonders hohen Anforderungen (Gewölbe, …),
- der Mörtel darf nicht fester als der Stein sein,
- bei Gefahr von Ausblühungen sollte Portlandpuzzolanzement oder Puzzolanzement verwendet werden.

16. Ein Bauherr verlangt von Ihnen eine Wand als „Trockenmauerwerk" zu errichten.
a) Was versteht man darunter?
b) Wo dürfen solche Wände eingesetzt werden?
c) Welche Regeln sind dabei zu beachten?

a) „Trockenmauerwerk":
Trockenmauern werden aus wenig behauenen Natursteinen ohne Mörtel aufgeschichtet.

b) Einsatz:
Nur als Stützwand im Außenbereich z. B.:
- zur Sicherung von Steilhängen in Weinanbaugebieten,
- Stützmauern in Gärten oder Parkanlagen,
- bepflanzte Biotope.

→   →

320

c) Regeln:
- Steine greifen eng ineinander und halten durch die Auflast der nächsten Steine,
- möglichst enge Hohlräume,
- vorhandene Hohlräume mit kleineren Steinen verkeilen.

17. Welche Natursteinmauern sind auf den folgenden Bildern dargestellt?

a) Trockenmauerwerk
(ohne Mörtel)
b) Bruchsteinmauerwerk
(mit Mörtel)
c) Zyklopenmauerwerk
(mit Mörtel)
d) Schichtenmauerwerk
(mit Mörtel)

a)

b)

c)

d)

18. Worin unterscheidet sich das gezeigte Schichtenmauerwerk vom Bruchsteinmauerwerk?

Schichtenmauerwerk:
- rechtwinklig bearbeitete Steine,
- maßgenau, max. 3 cm Fugendicke,
- die Steine werden bis 15 cm Tiefe auf der Sichtfläche passgenau bearbeitet,
- Schichthöhe wird selten oder gar nicht gewechselt.

Bruchsteinmauerwerk:
- wenig bearbeitete Steine,
- unregelmäßiger Verband ohne durchgehende Lagerfugen,
- an den Mauerecken sollen größere Steine versetzt werden.

19. Welche Besonderheit hat das „Zyklopenmauerwerk"?

Das Zyklopenmauerwerk besteht aus großen vieleckigen (also nicht rechteckigen) Steinen, die miteinander verzahnt versetzt werden. Dabei entstehen weder waagerechte Lagerfugen, noch senkrechte Stoßfugen – das Fugenbild ist netzartig. Die Hohlräume zwischen den großen Steinen sind mit kleinen Steinen zu verkeilen, die Fugen vollflächig zu vermörteln.

20. Sie sollen die dargestellte Stützwand herstellen. Worauf ist bei der Herstellung zu achten?

Das Verblendmauerwerk besteht aus der Sichtfläche (Verblender = Natursteine) und der dahinterliegenden Betonwand (Tragkonstruktion). Unter der ersten Natursteinschicht ist eine Sperre gegen aufsteigende Bodenfeuchte anzuordnen, hinter der Wand ist eine Dränung einzubauen.
Der Verband ist ein „unregelmäßiges Schichtenmauerwerk", also:
- Steine 15 cm tief rechteckig bearbeiten,
- Schichthöhen können wechseln.

Beim Bau der Wand werden Natursteinwand und Betonwand gleichzeitig lagenweise erstellt. Dabei sollen die Binder der Natursteinwand mindestens 24 cm lang sein und mindestens 10 cm in die Betonwand einbinden. Mindestens 30 % der Binder sollen in dem Beton verzahnt sein.

21. Worin unterscheiden sich die drei verschiedenen Natursteinmauern?

a)

b)

c)

a) unregelmäßiges Schichtenmauerwerk:
- Fugen bis zu 3 cm dick,
- Schichthöhen dürfen innerhalb der Schichten wechseln,
- Steine sind bis 15 cm Wandtiefe auf der Sichtfläche zu bearbeiten,
- unterschiedlich hohe Schichten,
- nach spätestens 1,50 m wird die Wand rechtwinklig zur Kraftrichtung ausgeglichen.

b) regelmäßiges Schichtenmauerwerk:
- Steine sind bis 15 cm Wandtiefe auf der Sichtfläche zu bearbeiten,
- Schichthöhen gehen in gleicher Höhe durch,
- unterschiedlich hohe Schichten,
- nach jeder einzelnen Schicht wird die Wand rechtwinklig zur Kraftrichtung ausgeglichen.

c) Quadermauerwerk:
- gleichmäßige Fugendicke,
- die Steine sind auf der gesamten Tiefe in der Vorfertigung exakt bearbeitet und werden nach Nummerierung in der Wand versetzt,
- die Sichtflächen werden häufig zusätzlich bearbeitet (gestockt, geriffelt, …),
- Überbindemaß mindestens 15 cm,
- gleich hohe Schichten,
- nach jeder Schicht wird die Wand rechtwinklig zur Kraftrichtung ausgeglichen.

22. Wovon ist die Druckfestigkeit einer Wand aus Natursteinmauerwerk abhängig?

Abhängig von der
- Druckfestigkeit des Gesteins,
- Mörtelgruppe,
- Güteklasse des Mauerwerkes N1 … N4.

23. Welche Faktoren bestimmen die Güteklasse des Natursteinmauerwerkes?

- Steingröße, Steinform,
- Übergreifungsstöße,
- Fugenausbildung,
- Neigung der Lagerfuge,
- Verband.

24. Ordnen Sie den Güteklassen die entsprechenden Mauerwerksarten zu.

Güteklasse	Mauerwerksart
N1	?
N2	?
N3	?
N4	?

Güteklasse	Mauerwerksart
N1	Bruchsteinmauerwerk
N2	Schichtenmauerwerk, (Fugen > 3 cm möglich, nicht immer rechtwinklig)
N3	Schichtenmauerwerk
N4	Quadermauerwerk

25. Beschreiben Sie die vier Arbeitsgänge beim Verfugen einer Natursteinmauer und erläutern Sie, worauf bei den einzelnen Arbeitsschritten besonders zu achten ist.

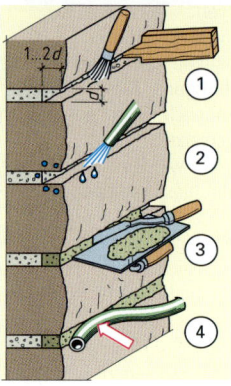

1. Fugen auskratzen:
Die Fugen sind 1 … 2-mal so tief auszukratzen, wie sie dick sind und anschließend von losen Bestandteilen und Staub zu reinigen.

2. Vornässen:
Die Wand ist von oben nach unten abschnittsweise direkt vor dem Verfugen vorzunässen, damit die Natursteine dem Mörtel kein Anmachwasser entziehen. Der Mörtel könnte sonst nicht abbinden.

3. Mörtel einbringen:
Der darunterliegende Stein ist mit der Kelle vor Verunreinigung zu schützen, der Mörtel mit dem Fugeisen seitlich einzubringen und fest anzudrücken. Die Steine dürfen dabei nicht verschmiert werden, da besonders poröse Natursteine (Sandstein, Kalkstein, …) den Mörtel aufnehmen und nie wieder vollständig zu reinigen sind.

4. Glättung:
Mit einem kurzen Stück Schlauch wird die Fuge im feuchten Zustand abgezogen, der Mörtel wird nochmals fest angedrückt und die Fugenoberfläche bekommt eine leicht nach innen gewölbte Form.

26. Zu welchem Zweck werden über Fenster- und Türöffnungen aus Naturstein Bögen angeordnet?

Die Bögen nehmen die Last des darüberliegenden Mauerwerkes auf und leiten sie seitlich ab. Dadurch wird verhindert, dass der Natursteinsturz sich durchbiegt und durch diese Biegespannungen bricht.

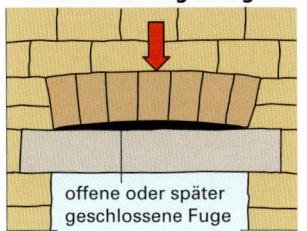

offene oder später geschlossene Fuge

Lernfeld 15 M

Fachmathematik

1. Auf einem Lkw stehen 12 Paletten (je 1,00 m lang und 0,80 m breit), auf denen Gneisplatten in einer Höhe von jeweils 60 cm aufgestapelt sind.
Wie viele t Gneisplatten hat der Lkw geladen? ($\varrho = 3000$ kg/m³)

$V = l \cdot b \cdot h \cdot 12$
$V = 1,00 \text{ m} \cdot 0,80 \text{ m} \cdot 0,60 \text{ m} \cdot 12$
$V = 5,760 \text{ m}^3$
$m = V \cdot 3,0 \text{ t/m}^3$
$m = \underline{\underline{17,280 \text{ t}}}$

2. Für einen Terrassenbelag von 12,80 m Länge und 4,60 m Breite sollen 6 cm dicke Kalksteinplatten bestellt werden.
Wie viele Paletten je 1,33 t sind zu bestellen? ($\varrho = 2800$ kg/m³)

$V = l \cdot b \cdot h$
$V = 12,80 \text{ m} \cdot 4,60 \text{ m} \cdot 0,06 \text{ m}$
$V = 3,533 \text{ m}^3$
$m = V \cdot 2,8 \text{ t/m}^3$
$m = 9,892 \text{ t}$
$\text{Paletten} = \dfrac{9,892 \text{ t}}{1,33 \text{ t/Palette}} = 7,4 \text{ Paletten}$

Es müssen also $\underline{\text{8 Paletten}}$ bestellt werden.

3. Der dargestellte Weg soll mit 8 cm dicken Sandsteinplatten belegt werden.
Auf dem Lkw stehen 10 Paletten (je 1,00 m lang und 80 cm breit), auf denen Sandsteinplatten bis zu einer Höhe von 40 cm gestapelt sind ($\varrho = 2600$ kg/m³).

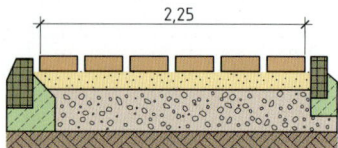

2,25

a) Wie schwer ist die Ladung?
b) Wie viele m² Sandsteinplatten sind geliefert worden?
c) Wie weit kann man den Weg damit verlegen?

4. Auf einer Fläche (*A*) von 26,50 m² werden Natursteinplatten in einer Dicke (*d*) von 6 cm verlegt. Es wurden 6 Paletten Steine mit einer Masse von je 795 kg geliefert.
Mit welchem Naturstein wurde gebaut?

a) Masse der Ladung:
$$V = l \cdot b \cdot h \cdot 10$$
$$V = 1,00 \text{ m} \cdot 0,80 \text{ m} \cdot 0,40 \text{ m} \cdot 10$$
$$V = 3,200 \text{ m}^3$$
$$m = V \cdot 2,6 \text{ t/m}^3$$
$$m = \underline{\underline{8,320 \text{ t}}}$$

b) Fläche der Platten:
Wenn eine Platte 8 cm dick ist und die Paletten 40 cm hoch beladen sind, dann sind auf jeder Palette:
$$= \frac{40 \text{ cm Höhe}}{8 \text{ cm/Schicht}} = 5 \text{ Schichten gestapelt}$$
$$A = 1,00 \text{ m} \cdot 0,80 \text{ m} \cdot 5 \text{ Schichten}$$
$$\cdot 10 \text{ Paletten}$$
$$A = \underline{\underline{40,00 \text{ m}^2}}$$

c) Länge des Weges:
$$A = l \cdot b$$
$$l = \frac{A}{b} = \frac{40,00 \text{ m}^2}{2,25 \text{ m}}$$
$$l = \underline{\underline{17,78 \text{ m}}}$$

$$V = l \cdot b \cdot h$$
$$V = 26,50 \text{ m}^2 \cdot 0,06 \text{ m}$$
$$V = 1,590 \text{ m}^3$$
$$m = V \cdot \varrho$$
$$\varrho = \frac{m}{V} = \frac{6 \cdot 795 \text{ kg}}{1,590 \text{ m}^3}$$
$$\varrho = 3000 \text{ kg/m}^3$$

Also ist (da Platten) Gneis verwendet worden.

5. Ermitteln Sie jeweils fehlenden Werte in der Berechnung entsprechend Aufgabe 4. (d = Dicke, Anz. = Anzahl Paletten, A = Fläche, m = Masse einer Palette, Mat. = Material)

	A	d	m	Anz.	Mat.
a)	59,30 m^2	6 cm	830 kg	12	?
b)	27,30 m^2	8 cm	?	8	Sandstein
c)	150,00 m^2	4 cm	900 kg	20	?
d)	95,50 m^2	5 cm	955 kg	?	Gneis
e)	36,80 m^2	?	765 kg	10	Sandstein

	A	d	m	Anz.	Mat.
a)	59,30 m^2	6 cm	830 kg	12	Granit/Kalkstein
b)	27,30 m^2	8 cm	710 kg	8	Sandstein
c)	150,00 m^2	4 cm	900 kg	20	Gneis (da Platten)
d)	95,50 m^2	5 cm	955 kg	15	Gneis
e)	36,80 m^2	8 cm	765 kg	10	Sandstein

6. Aus Sandsteinen der Abmessungen 65 × 45 × 35 cm soll eine 45 cm dicke Natursteinwand als Quadermauerwerk hergestellt werden.
Die Dicke der Stoß- und Lagerfugen soll etwa 3 cm betragen.

a) Berechnen Sie den Anteil der Fugen an der Gesamtwand in %.
b) Wie viele Steine werden pro m^2 benötigt?
c) Wie viel Liter Mörtel werden pro m^2 Wand benötigt?

a) Fugenanteil:
Jeder Stein braucht zum Versetzen in der Wand je eine Lager- und eine Stoßfuge, ist also mit Fugen 68 cm lang und 38 cm hoch.
Ein vermauerter Stein umfasst eine Fläche in der Wand:
$A = 0,68 \text{ m} \cdot 0,38 \text{ m} = 0,2584 \text{ m}^2$
Der Stein selbst umfasst dabei:
$A = 0,65 \text{ m} \cdot 0,35 \text{ m} = 0,2275 \text{ m}^2$
Demnach ist der Fugenanteil:
$A = 0,2584 \text{ m}^2 - 0,2275 \text{ m}^2 = 0,0309 \text{ m}^2$

Der Fugenanteil bezogen auf die Gesamtfläche ist also:
$$\frac{x\,\%}{0,0309 \text{ m}^2} = \frac{100\,\%}{0,2584 \text{ m}^2}$$
$$x\,\% = \frac{0,0309 \text{ m}^2 \cdot 100\,\%}{0,2584 \text{ m}^2} = \underline{\underline{12\,\%}}$$

b) Steine pro m^2:
$$\text{Steine} = \frac{1,00 \text{ m}^2}{0,2584 \text{ m}^2/\text{Stein}} = 3,9 \text{ Steine,}$$
also $\underline{4 \text{ Steine}}$

c) Liter Mörtel pro m^2:
Mörtel $= 1,00\ m^2 \cdot 0,45\ m \cdot 0,12$
$= 0,054\ m^3$
$= \underline{54\ Liter}$

7. Berechnen Sie für das Natur-stein-Quadermauerwerk mit den folgenden Maßen den Fugenanteil und den Bedarf an Steinen und Mörtel pro m^2 (Fugen etwa 3 cm):

	Länge	Breite	Höhe
a)	80 cm	50 cm	40 cm
b)	60 cm	35 cm	30 cm
c)	75 cm	45 cm	35 cm
d)	50 cm	35 cm	25 cm
e)	65 cm	50 cm	35 cm

	Fugenanteil	Steine	Mörtel
a)	10,3 %	2,8 St.	51,7 l
b)	13,4 %	4,8 St.	47,0 l
c)	11,4 %	3,4 St.	51,5 l
d)	15,8 %	6,7 St.	55,2 l
e)	12,0 %	3,9 St.	60,0 l

8. Zum Herstellen des abgebilde-ten Zyklopenmauerwerkes rech-net man mit einem Mörtelver-brauch von 350 L/m^3.

a) Wie viele t Natursteine werden pro m^3 benötigt, wenn die ver-wendeten Natursteine eine Dichte von 2850 kg/m^3 haben?

b) Berechnen Sie die Masse der zu bestellenden Natursteine für eine Wand von 28,50 m Länge, 5,00 m Höhe und 85 cm Dicke, wenn mit 12 % Bruch-verlust gerechnet werden muss.

a) Natursteine pro m^3:
Pro m^3 sind 0,350 m^3 Mörtel, also 0,650 m^3 Naturstein zu veranschlagen.
$m = 0,650\ m^3 \cdot 2,85\ t/m^3$
$m = \underline{1,853\ t}$

b) Volumen Mauerwerk:
$V_G = l \cdot b \cdot h$
$V_G = 28,50\ m \cdot 5,00\ m \cdot 0,85\ m$
$V_G = 121,125\ m^3$

Volumen Natursteine:
$V_N = 121,125\ m^3 \cdot 0,65$
$V_N = 78,731\ m^3$

Mit Bruchverlust:
$V_N = 78,731\ m^3 \cdot 1,12$
$V_N = 88,179\ m^3$
$m = 88,179\ m^3 \cdot 2,85\ t/m^3$
$m = \underline{251,310\ t}$

Es sind also etwa <u>252 Tonnen</u> zu bestellen.

c) Wie viele Lkw-Ladungen je 12,5 t sind dafür zu bestellen?
d) Berechnen Sie, wie viel Mauermörtel für die Wand benötigt wird.
e) Berechnen Sie den Bedarf an Fugenmörtel, wenn 15 L/m² (auch an den Stirnseiten) benötigt werden.

c) Lkw-Ladungen:

$$\text{Ladungen} = \frac{251,310\ t}{12,5\ t/Lkw} = 20,1$$

Also müssen 21 Lkw-Ladungen angeliefert werden.

d) Mauermörtel:
$$V_M = 121,125\ m^3 \cdot 0,35$$
$$= 42,394\ m^3$$

e) Fugenmörtel:
$$A = (2 \cdot 28,50\ m + 2 \cdot 0,85\ m) \cdot 5,00\ m$$
$$A = 293,50\ m^2$$
$$\text{Fugenmörtel} = 293,50\ m^2 \cdot 15\ L/m^2$$
$$= 4403\ l$$

9. Das Trockenmauerwerk an einem Weinhang ist nach dem Winter auszubessern. 6 Maurer haben eine Fläche von 208,00 m² in 5 Tagen je 7,5 Stunden geschafft.

a) Wie lange brauchen 5 Maurer für eine Fläche von 180,00 m²?
b) Wie viel m² bewältigen 8 Maurer, wenn am Tag 8,5 Stunden gearbeitet werden?
c) Wie viele Maurer müssen eingesetzt werden, um 185,00 m² in 5 Tagen je 8 Stunden fertig zu bekommen?

a)

6 Maurer	208,00 m²	$5 \cdot 7,5 = 37,5$ h
1 Maurer	208,00 m²	$37,5 \cdot 6 = 225,0$ h
1 Maurer	1,00 m²	$225,0 : 208 = 1,08$ h
1 Maurer	180,00 m²	$1,08 \cdot 180 = 194,7$ h
5 Maurer	180,00 m²	$194,7 : 5 = \underline{38,9}$ h

38,9 h : 7,5 h/d = 5,19 d, also:
5 Tage, 1 Stunde und 26 Minuten

b)

6 Maurer	208,00 m²	37,5 h
1 Maurer	$208,00\ m^2 : 6 = 34,67\ m^2$	37,5 h
1 Maurer	$34,67 : 37,5 = 0,92\ m^2$	1 h
1 Maurer	$33,28\ m^2 \cdot 42,5$	42,5 h
	$= 1414,4\ m^2$	
8 Maurer	$39,1\ m^2 \cdot 8 = \underline{176,80\ m^2}$	42,5 h

c)

6 Maurer		208,00 m²	37,5 h
$6 \cdot 37,5 = 225$ Maurer		208,00 m²	1 h
$225 : 208$		1,00 m²	1 h
$= 1,082$ Maurer			
$1,082 \cdot 185$		185,00 m	1 h
$= 200$ Maurer			
$200 : 40$		185,00 m²	40 h
$= \underline{5,00\ \text{Maurer}}$			

10. Drei Maurer errichten eine Natursteinwand von 50 m Länge, 85 cm Breite und 2,00 m Höhe als Schichtenmauerwerk in 10 Tagen je 7 Stunden.
a) Wie lange brauchen die drei für die ersten 15,00 m?
b) Wie lange brauchen 5 Maurer für eine Wand von 45,00 m Länge, 95 cm Breite und 5,00 m Höhe, wenn sich der Aufwand durch die Benutzung von Gerüsten um $\frac{1}{3}$ erhöht?
c) Wie viele Maurer müssten eingesetzt werden, um mit der größeren Wand schon nach 3 Wochen fertig zu werden?

a)

3 Maurer	85,00 m³	70 h
1 Maurer	85,00 m³	70 · 3 = 210 h
1 Maurer	1,00 m³	210,0 : 85 = 2,47 h
1 Maurer	25,50 m³	2,47 · 25,5 = 63 h
3 Maurer	25,50 m³	63 : 3 = 21 h

Zu Beginn des dritten Arbeitstages sind 15,00 m geschafft.

b)

3 Maurer	85,00 m³	70 h
1 Maurer	85,00 m³	70 · 3 = 210 h
1 Maurer	1,00 m³	210,0 : 85 = 2,47 h
1 Maurer	213,75 m³	2,47 · 213,75 = 528 h + $\frac{1}{3}$ = 703,95 h
5 Maurer	213,75 m³	703,95 : 5 = 140,79 h

140,79 h : 7 h/d = 20,11 d, also: 20 Tage und 47 Minuten

c)

3 Maurer	85,00 m³	70 h
3 · 70 = 210 Maurer	85,00 m³	1 h
210 : 85 = 2,47 Maurer	1,00 m³	1 h
2,47 · 213,75 = 528 Maurer + $\frac{1}{3}$ = 704 Maurer 704 : 105 = 6,70 Maurer	213,75 m³ 213,75 m³	1 h 105 h

Es müssten also 7 Maurer eingesetzt werden.

Lernfeld 16 M
Mauern besonderer Bauteile

1. Von welchen Faktoren ist die Tragfähigkeit einer gemauerten Wand abhängig? Nennen Sie mindestens fünf davon.

- Lasten auf der Wand,
- Schlankheit der Wand,
- Knicklänge bzw. Einspannung der Wand,
- Steindruckfestigkeitsklasse,
- Mauersteinart,
- Art des verwendeten Mauermörtels.

2. Unter welchen Umständen dürfen Mauerwerkswände nach der „vereinfachten Berechnungs-methode" bemessen werden?

- max. drei Geschosse über dem Gelände,
- Länge bzw. Breite des Gebäudes müssen mindestens $1/3$ der Gebäudehöhe sein,
- Schlankheit der Wände max. 21,
- tragende Wände mind. 11,5 cm dick,
- Wände werden durch Decken oder die Dachkonstruktion in der Lage gehalten,
- Decken bzw. Dachkonstruktion liegt mind. $2/3$ auf der Wand auf (Minimum 8,5 cm),
- maximale Deckenstützweite 6,00 m,
- bei teilaufliegenden Decken müssen die Wände mind. 30 cm dick sein.

3. Wie erfolgt der Nachweis der Tragfähigkeit einer gemauerten Wand?

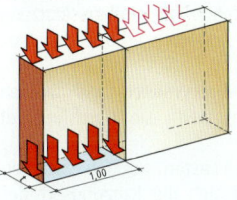

Die Tragfähigkeit wird am Fuß der Wand nachgewiesen.
Dort muss die einwirkende Normalkraft aus
- ständigen Lasten,
- veränderlichen Lasten und
- Teilsicherheitsbeiwerten
kleiner (maximal gleich) der zulässigen Normalkraft sein.

4. Erläutern Sie, welche Lasten auf eine Wand wirken.

ständige Lasten:
- Eigenlast der Wand,
- Lasten aus Pfeilern, Decken, Wänden, Dachkonstruktion über der Wand,

→

veränderliche Lasten:
- Schneelasten,
- Windlasten,
- Lasten aus der Gebäudenutzung (Personen, Möbel, Einbauten, Lagermaterial, …).

5. Benennen Sie die zur vereinfachten Berechnungsmethode verwendeten Formelzeichen:

Zeichen	Benennung
N_{Ed}	?
N_{Rd}	?
G_k	?
g_k	?
Q_k	?
q_k	?
γ	?
h_{ef}	?
ϱ_n	?
f_k	?
f_d	?

Zeichen	Benennung
N_{Ed}	einwirkende Normalkraft
N_{Rd}	zulässige Normalkraft
G_k	ständige Lasten
g_k	ständige Lasten pro Meter
Q_k	veränderliche Lasten
q_k	veränderliche Lasten pro m
γ	Teilsicherheitsbeiwert
h_{ef}	Knicklänge
ϱ_n	Abminderungsfaktor
f_k	charakteristische Druckfestigkeit des Mauerwerks
f_d	Bemessungswert der Druckfestigkeit des Mauerwerks

6. Warum werden sowohl ständige als auch veränderliche Lasten bei der Bemessung mit Teilsicherheitsbeiwerten versehen?

Die Teilsicherheitsbeiwerte sollen das Risiko einer eventuell später während der Nutzung des Bauwerkes sich noch erhöhenden Last aufnehmen, z. B.:
- Eigenlasten von Wänden und Decken erhöhen sich, wenn sie durchfeuchtet werden,
- veränderliche Lasten können sich erhöhen, wenn sich die Nutzungsart des Gebäudes ändert.

7. Was versteht man unter der
a) Bemessungslast einer Wand,
b) Schlankheit einer Wand.

→

a) Bemessungslast ist die einwirkende Normalkraft aus ständigen Lasten und veränderlichen Lasten, unter Einberechnung

→

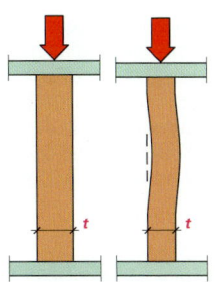

der jeweiligen Teilsicherheitsbeiwerte, am Fuße einer Wand.

b) <u>Schlankheit</u> ist das Verhältnis der Knicklänge der Wand zur Wanddicke

$$\text{Schlankheit} = \frac{h_{ef}}{t_{ef}}$$

und darf bei der vereinfachten Berechnungsmethode max. 21 betragen.

8. Wie wird die Bemessungslast (einwirkende Normalkraft) berechnet?

$N_{Ed} = \gamma_G \cdot G_k + \gamma_Q \cdot Q_k$
$N_{Ed} = 1{,}35 \cdot G_k + 1{,}50 \cdot Q_k$
oder vereinfacht:
$N_{Ed} = 1{,}40 \cdot (G_k + Q_k)$

9. Ermitteln Sie (vereinfacht) die am Fuß der Wand einwirkende Normalkraft im folgenden Fall:

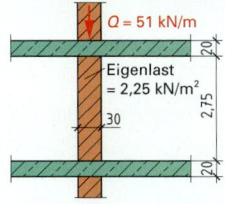

Eigenlast pro m:
$G = 2{,}25\ kN/m^2 \cdot 2{,}75\ m$
$\quad = 6{,}188\ kN/m$

$N_{Ed} = 1{,}40 \cdot (6{,}188\ kN/m + 51\ kN/m) \cdot 1{,}00\ m$
$N_{Ed} = 1{,}40 \cdot (57{,}188\ kN/m) \cdot 1{,}00\ m$
$N_{Ed} = 80{,}063\ kN$
$N_{Ed} = \underline{0{,}080\ MN}$

10. Wie groß ist die Bemessungslast (siehe Aufgabe 9.) bei folgenden Werten?

	Q	Eigenlast	h	N_{Ed}
a)	26,3 kN/m	2,40 kN/m²	2,25 m	?
b)	42,7 kN/m	2,55 kN/m²	2,50 m	?
c)	38,9 kN/m	2,50 kN/m²	2,65 m	?
d)	55,5 kN/m	2,45 kN/m²	2,75 m	?
e)	48,2 kN/m	2,35 kN/m²	2,85 m	?

	Q	Eigenlast	h	N_{Ed}
a)	26,3 kN/m	2,40 kN/m²	2,25 m	0,044 MN
b)	42,7 kN/m	2,55 kN/m²	2,50 m	0,069 MN
c)	38,9 kN/m	2,50 kN/m²	2,65 m	0,064 MN
d)	55,5 kN/m	2,45 kN/m²	2,75 m	0,087 MN
e)	48,2 kN/m	2,35 kN/m²	2,85 m	0,077 MN

11. Welche Bedeutung hat die Art der Einspannung einer Wand für die Knicklänge?

Ist eine Wand oben, unten und gegebenenfalls auch seitlich eingespannt, so verringert sich die Gefahr, dass die Wand unter Belastung zur Seite ausknickt.

Je mehr die Wand eingespannt ist, desto geringer ist die (freie) Knicklänge und desto höher ist die zulässige Normalkraft für diese Wand.

12. Nennen Sie die Abminderungsfaktoren, die in folgenden Fällen der Einspannung rechnerisch gelten:

Fall 1:
oben und unten gehalten, als Endauflager der Decke:
$\varrho = 1{,}0$

Fall 1:

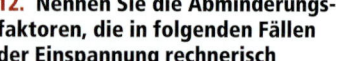

Fall 2:
nur oben und unten eingespannt:
$\varrho = 0{,}75$

Fall 3:
oben und unten eingespannt, zusätzlich seitlich gehalten:
$\varrho = \dfrac{2}{3} \cdot \dfrac{l}{h}$, max. 0,75

Fall 2:

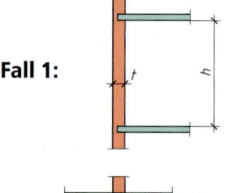

Fall 4:
oben und unten eingespannt, beidseitig gehalten:
$\varrho = \dfrac{1}{2} \cdot \dfrac{l}{h}$, max. 0,75

Fall 3:

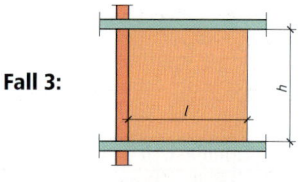

Fall 4:

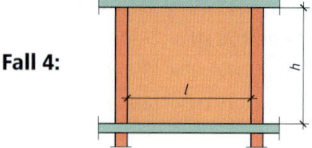

13. Berechnen Sie die Schlankheit der Wand mit folgenden Abmessungen: $l = 5{,}20$ m, $h = 2{,}40$ m, $t = 36{,}5$ cm.

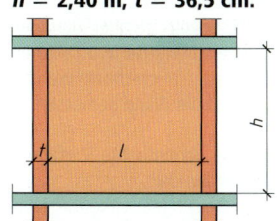

$$\text{Schlankheit} = \frac{\varrho \cdot h}{t_{ef}}$$

Für den Fall 3 gilt: $\varrho = \frac{2}{3} \cdot \frac{l}{h}$, max. 0,75

$$\varrho = \frac{2}{3} \cdot \frac{l}{h} = \frac{2}{3} \cdot \frac{5{,}20\,\text{m}}{2{,}40\,\text{m}} = 1{,}44,\ \text{aber max. } 0{,}75$$

$$\text{Schlankheit} = \frac{\varrho \cdot h}{t_{ef}} = \frac{0{,}75 \cdot 2{,}40\,\text{m}}{0{,}365\,\text{m}} = \underline{\underline{4{,}9}}$$

14. Ermitteln Sie die Schlankheit folgender Wände:

	l	h	t	Fall	S.
a)	5,50 m	2,75 m	30 cm	1	?
b)	4,50 m	2,80 m	24 cm	3	?
c)	0,85 m	2,40 m	36,5 cm	4	?
d)	6,80 m	2,50 m	30 cm	2	?
e)	4,65 m	2,25 m	24 cm	4	?

	l	h	t	Fall	S.
a)	5,50 m	2,75 m	30 cm	1	9,2
b)	4,50 m	2,80 m	24 cm	3	8,8
c)	0,85 m	2,40 m	36,5 cm	4	1,2
d)	6,80 m	2,50 m	30 cm	2	6,3
e)	4,65 m	2,25 m	24 cm	4	7,0

15. In welchen Arbeitsschritten wird die Berechnung der Tragfähigkeit einer Wand nach dem „vereinfachten Berechnungsverfahren" durchgeführt?

1. *Kontrolle,* ob das vereinfachte Verfahren angewendet werden darf.
2. *Belastung* der Wand (einwirkende Normalkraft) ermitteln, aus:
   $N_{Ed} = 1{,}40 \cdot (G_k + Q_k)$
3. Ermittlung des *Abminderungsfaktors* σ_n
4. Berechnen der *Knicklänge:*
   $h_{ef} = \varrho \cdot h$
5. *Schlankheit* ermitteln aus: $\frac{\varrho \cdot h}{t_{ef}}$, und damit den Beiwert c_A festlegen
6. *Bemessungsfestigkeit* f_d berechnen und die aufzunehmende Normalkraft N_{Rd}
7. *Nachweis:* $N_{Ed} \leq N_{Rd}$

16. Welcher Unterschied besteht zwischen der „charakteristischen Druckfestigkeit" f_k und der „Bemessungsfestigkeit" f_d von Mauerwerk?

Die charakteristische Druckfestigkeit ist eine reine Materialgröße, die von der Steindruckfestigkeitsklasse, der Steinart und dem verwendeten Mörtel abhängt.

Die Bemessungsfestigkeit ist aber geringer, da noch Teilsicherheitsbeiwerte und Faktoren für Langzeiteinflüsse eingerechnet werden müssen. Danach wird die Wand bemessen.

17. Führen Sie den Tragfähigkeitsnachweis für die folgende Wand nach der „vereinfachten Berechnungsmethode" durch.

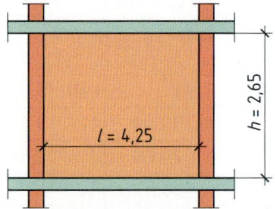

$l = 4{,}25$

$h = 2{,}65$

- **Flächenlast der Wand = 2,30 kN/m²**
- **Belastung auf der Wand = 52,8 kN/m**
- **Wandstärke 30 cm**
- **Material KSL 10, mit Mörtel NM IIa gemauert ($f_k = 4{,}5$ MN/m²)**

1. *Kontrolle,* ob das vereinfachte Verfahren angewendet werden darf.
2. *Belastung* der Wand (einwirkende Normalkraft) ermitteln, aus:
   Eigenlast pro m:
   $G = 2{,}30$ kN/m² · 2,65 m = 6,095 kN/m
   $N_{Ed} = 1{,}40 \cdot (G_k + Q_k)$
   $N_{Ed} = 1{,}40 \cdot (6{,}095$ kN/m $+ 52{,}8$ kN/m$)$ $\cdot 1{,}00$ m
   $N_{Ed} = 1{,}40 \cdot (58{,}895$ kN/m$) \cdot 1{,}00$ m
   $N_{Ed} = 82{,}453$ kN
   $N_{Ed} = 0{,}082$ MN
3. Ermittlung des *Abminderungsfaktors:*
   Fall 4, also gilt:
   $$\varrho_4 = \frac{l}{2 \cdot h} = \frac{4{,}25 \text{ m}}{5{,}30 \text{ m}} = 0{,}80,$$
   aber max. 0,75
4. Berechnen der *Knicklänge:*
   $h_{ef} = \varrho \cdot h = 0{,}75 \cdot 2{,}65$ m $= 1{,}99$ m
5. *Schlankheit* ermitteln:
   $\dfrac{\varrho \cdot h}{t_{ef}} = \dfrac{1{,}99 \text{ m}}{0{,}30 \text{ m}} = 6{,}63$, und damit den
   Beiwert c_A festlegen: $\rightarrow c_A = 0{,}7$
6. *Bemessungsfestigkeit* f_d berechnen:
   $$f_d = \frac{f_k}{1{,}76} = \frac{4{,}5 \text{ MN/m}^2}{1{,}76} = 2{,}56 \text{ MN/m}^2$$
   Die aufzunehmende Normalkraft N_{Rd}:
   $N_{Rd} = c_A \cdot f_d \cdot A$
   $N_{Rd} = 0{,}7 \cdot 2{,}56$ MN/m² · 1,00 m · 0,30 m
   $N_{Rd} = \underline{0{,}538 \text{ MN}}$
7. Nachweis:
   $N_{Ed} \leq N_{Rd}$
   $\underline{0{,}082 \text{ MN} \leq 0{,}538 \text{ MN}}$

18. Nennen Sie die drei Verbandsregeln zum Mauern mit kleinformatigen Mauersteinen.

- Jede Läuferschicht beginnt mit so viel $^3/_4$-Steinen, wie die Wand halbe Steine dick ist.
- Läufer- und Binderschichten wechseln sich ab.
- An Kreuzungen und Ecken geht die Läuferschicht durch, die Binderschicht stößt an.
- Der Fugenversatz beträgt $^1/_4$-Stein.

19. Welche Verbandsregeln sind beim Mauern von Pfeilern aus kleinformatigen Mauersteinen zu beachten?

Der Pfeiler ist eine sehr kurze Wand, also gelten sinngemäß die Regeln der entsprechenden Wand. Oft besteht der Pfeiler nur aus dem Wandanfang und dem Wandende. Da die Länge der Wand dazwischen gleich null ist, gibt es dann keine Unterscheidung zwischen Kreuzverband und Blockverband. Es gibt keine Kreuzungen und Ecken.

20. Tragen Sie in die Grundrisse der sechs Pfeiler jeweils die Lage der Mauersteine (NF) in der 1. und 2. Schicht ein.
Nutzen Sie dazu die bekannten Regeln der Mauerwerksverbände.

Nach den Regeln aus Aufgabe 18. entstehen folgende Mauerwerksverbände:

a) 1. Schicht   2. Schicht

b) 1. Schicht   2. Schicht

c) 1. Schicht   2. Schicht

a) 1. Schicht   2. Schicht

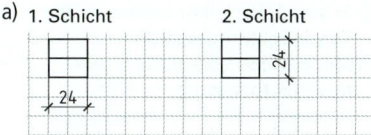

b) 1. Schicht   2. Schicht

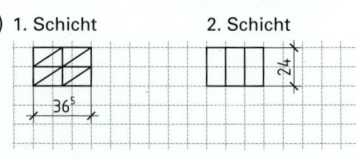

c) 1. Schicht   2. Schicht

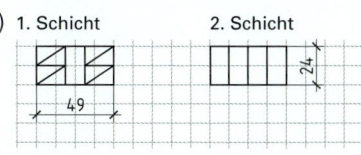

d) 1. Schicht 2. Schicht

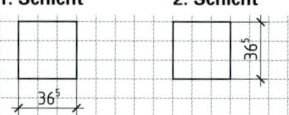

d) 1. Schicht 2. Schicht

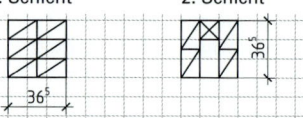

e) 1. Schicht 2. Schicht

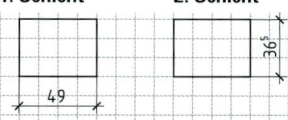

e) 1. Schicht 2. Schicht

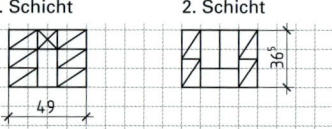

f) 1. Schicht 2. Schicht

f) 1. Schicht 2. Schicht

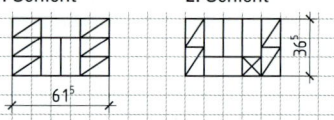

21. Pfeiler sind meist hoch belastete Bauteile, daher sollten sie möglichst keine Fugendeckungen aufweisen.

a) Finden Sie in den Beispielen aus Aufgabe 20. vorhandene Fugendeckungen.

b) In welchen Fällen treten solche Fugendeckungen auf?

c) Machen Sie Vorschläge, wie das Problem zu lösen ist. Skizzieren Sie Ihre Vorschläge an einem Beispiel.

a) Fugendeckungen:

1. Schicht 2. Schicht

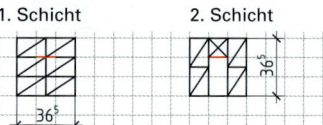

1. Schicht 2. Schicht

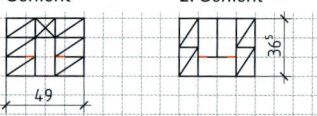

1. Schicht 2. Schicht

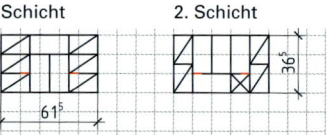

b) Fälle:

Beim Wandanfang und -ende der 36,5er-Wand entsteht in der Binderschicht nach den $2 \times {}^3/_4$-Steinen eine Fugendeckung mit der darunterliegenden Läuferschicht.

→

→

338

Das ist im normalen Wandmauerwerk ebenfalls so.

c) Vorschläge:
- Verwendung größerer Steinformate (3DF, statt 2 x $^3/_4$-Stein):

1. Schicht   2. Schicht

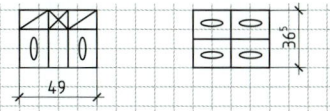

- 2 x 2 $^3/_4$-Steine in der Binderschicht an die Wandenden setzen:

1. Schicht   2. Schicht

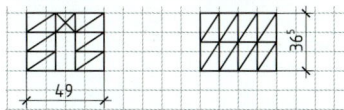

22. Worauf ist beim Mauern eines Pfeilers aus kleinformatigen Mauersteinen besonders zu achten?

- vollfugig mauern,
- möglichst keine Fugenüberdeckungen,
- den Fugenanteil gering halten, also besser größere Steinformate wählen.

**23. Nennen Sie die Verbandsregeln zum Mauern einer spitzwinkligen Mauerecke aus kleinformatigen Steinen.
Was ändert sich im Vergleich zum Regelverband?**

- Die äußere Reihe der Läuferschicht beginnt mit einem schräg geschnittenen Läufer der Länge $b + ^1/_2$ am. (Änderung)

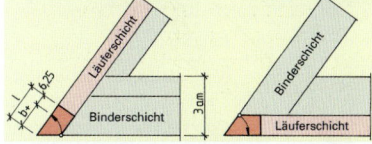

- Läufer- und Binderschichten wechseln sich ab. (bleibt gleich)
- An Kreuzungen und Ecken geht die Läuferschicht durch, die Binderschicht stößt an. (bleibt gleich)
- Die Binderschicht geht bis an die äußere Läuferreihe. (Änderung)
- Der Fugenversatz beträgt $^1/_4$-Stein. (bleibt gleich)

24. Tragen Sie in die dargestellte 45°-Mauerecke einer 36,5er-Wand den Mauerwerksverband aus kleinformatigen Steinen im Kreuzverband ein.

Unter Berücksichtigung der genannten Regeln entsteht folgender Verband:

1. Schicht:

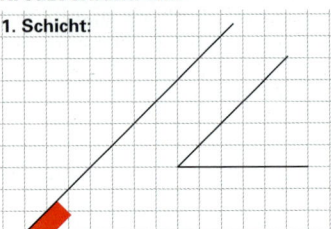

1. Schicht:

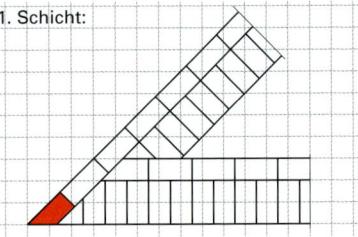

2. Schicht:

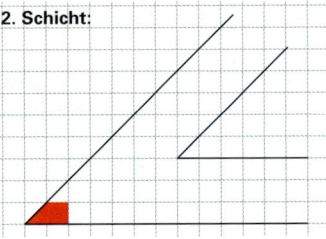

2. Schicht:

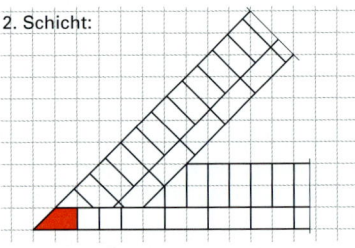

3. Schicht:

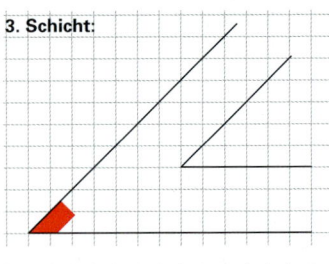

3. Schicht:

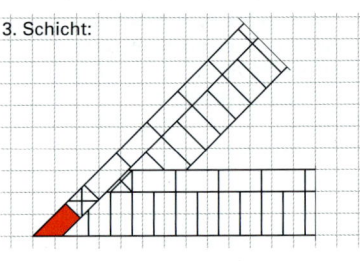

4. Schicht:

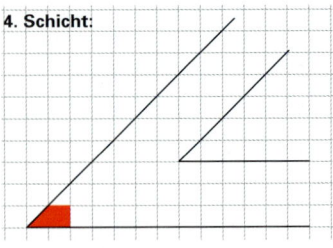

4. Schicht:

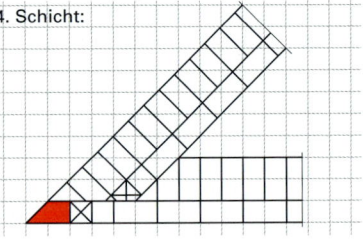

25. Nennen Sie die Verbands-regeln zum Mauern einer stumpf-winkligen Mauerecke aus klein-formatigen Steinen.
Was ändert sich im Vergleich zum Regelverband?

- Läufer- und Binderschichten wechseln sich ab. (bleibt gleich)
- An Kreuzungen und Ecken geht die Läuferschicht durch, die Binderschicht stößt an. (bleibt gleich)
- Die Binderschicht geht bis an die Innen-ecke, die Regelfuge der Läuferschicht hat von der Innenecke einen Abstand von $1/2$ am. (Änderung)

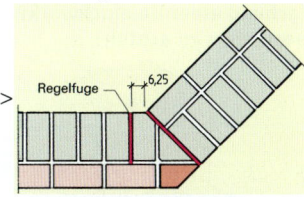

- Die äußere Reihe der Läuferschicht be-ginnt mit einem schräg geschnittenen Läufer, dessen Länge nach Maßgabe der Regelfuge bestimmt wird. (Änderung)
- Der Fugenversatz beträgt $1/4$-Stein. (bleibt gleich)

26. Tragen Sie in die dargestellte 120°-Mauerecke einer 24er-Wand den Mauerwerksverband aus kleinformatigen Steinen ein.

Unter Berücksichtigung der genannten Regeln entsteht folgender Verband:

1. Schicht:

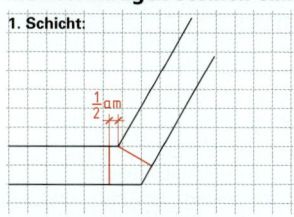

1. Schicht:

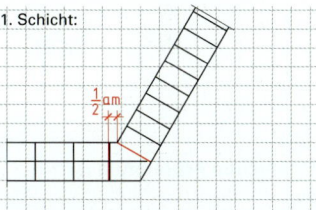

2. Schicht:

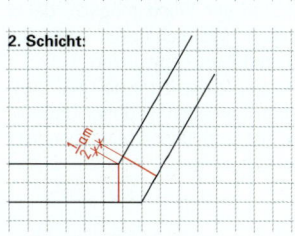

2. Schicht:

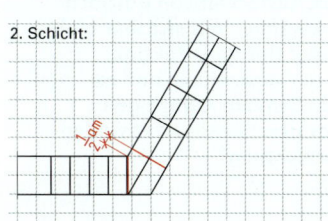

27. In welchen Konstruktionen kommen Ausfachungen aus Mauerwerk zum Einsatz?

- Holzfachwerkbau
- Stahlskelettbau
- Stahlbetonskelettbau

28. Welche Funktionen erfüllt die Mauerwerksausfachung?

- raumabschließend
- aussteifend
- optische Gestaltung

29. Worauf ist bei der Ausfachung einer Holzfachwerkwand besonders zu achten?

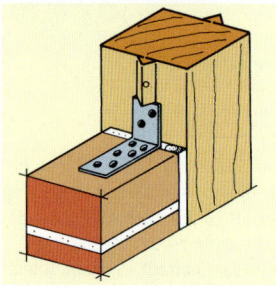

Da Holz und Ziegel sich bei Temperatur- und Feuchteänderung unterschiedlich verformen, ist die Verbindung sehr sorgfältig auszubilden:

- Dreikantleisten und Kerben in dem Mauerwerk halten die Steine im Gefach.
- Stahlwinkel sichern die Steinreihen zusätzlich.
- Die Fugen am Holz sind elastisch auszubilden.

30. Nennen Sie die vier Varianten, wie Fachwerkwände außen gestaltet werden können.

- Sichtmauerwerk zwischen den Holzkonstruktionsteilen,
- Mauerwerk in der Holzkonstruktion leicht zurückgesetzt, die Gefache werden dann verputzt,
- Mauerwerk im Gefach, anschließend wird die Fassade komplett verputzt,
- Mauerwerk im Gefach, dann Aufbau eines Wärmedämm-Verbundsystems.

31. Mit welchen Problemen ist zu rechnen
a) beim Ausfachen von Holzfachwerkwänden mit sichtbar bleibender Holzkonstruktion,
b) bei der Ausfachung und anschließendem Aufbringen einer geschlossenen Fassadenbeschichtung?

→

a) Mit sichtbarer Holzkonstruktion:
- Wärmedämmung ist nur auf der Innenseite der Wand möglich, daher entstehen Wärmebrücken an den Ecken und Zwischenwänden.
- Die Fugen zwischen Holz und Ausfachung „arbeiten", daher müssen diese elastisch und schlagregendicht hergestellt werden.

→

b) Geschlossene Fassadenfläche:
- Das Holz muss unter der Putzschicht weiter arbeiten können, darf also nicht mit der Putzschicht verbunden sein.
- Häufig ist diese Ausführung aus Gründen des Denkmalsschutzes nicht erlaubt.

32. Die Putzschicht über einer verputzten Holzfachwerkkonstruktion hat Risse entlang der darunterliegenden Holzbauteile bekommen.
a) Worin liegt die Ursache?
b) Welcher Fehler wurde gemacht?
c) Wie kann der Fehler behoben werden?

a) Ursache:
Holz und Mauerwerk dehnen sich bei Temperatur- und Feuchteänderung unterschiedlich aus. Wenn die Putzschicht vollflächig auf dem Untergrund aufgebracht wurde, dehnen sich Teile der Konstruktion mehr, andere weniger aus – das führt zu den Rissen.

b) Fehler:
Der Putz haftet am Holz, wodurch das elastische Holz seine Bewegungen auf die eher starre Putzfläche übertragen kann.

c) Beheben des Fehlers:
- Putzfläche komplett abschlagen,
- Gefache mit Spritzbewurf versehen,
- über die Holzteile eine Trennschicht (Bitumenbahn) legen,
- Putzträger auf die Trennschicht bringen und beidseitig an den Gefachen befestigen (niemals am Holz!),
- neue Putzschicht aufbringen; diese haftet nur an den Gefachen, das Holz kann sich darunter frei bewegen.

33. Das Bild zeigt ein ausgefachtes Holzfachwerk.

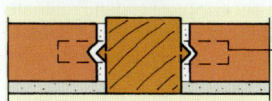

a) Worauf ist beim Feuchteschutz der Wand zu achten?
b) Worauf ist bezüglich des Wärmeschutzes zu achten?

a) Feuchteschutz:
- Sockel mindestens bis 30 cm über Oberkante Gelände,
- Sperrung auf dem Sockel aufbringen,
- Kalkzementputz (nicht Kalkputz, da nicht wetterfest, nicht Zementputz, da zu viele Risse),
- Holz mit offenporigem Anstrich versehen, keine Lackschichten.

→

→

b) Wärmeschutz:
- Meist nur von innen möglich, da von außen das Fachwerk weiter sichtbar bleiben soll.
- Gefache sind Wärmebrücken, da Holz einen geringeren Wärmedurchgang als Mauerwerk hat.
- Bei der Innendämmung bilden einbindende Wände und Decken Wärmebrücken in der zu dämmenden Fläche.

34. Mit welchen Materialien können Stahlbauskelette ausgemauert werden? Nennen Sie mindestens drei davon.

- Ziegel
- Kalksandsteine
- Leichtbetonsteine/-blöcke
- Porenbetonsteine/-elemente

35. Worauf ist beim Ausmauern eines Stahlskelettbaus besonders zu achten?

Der Stahl verformt sich durch Belastungen und Temperatureinflüsse elastisch. Daher muss der seitliche Anschluss der Ausfachung an die Stahlbauteile elastisch erfolgen, durch
- Dämmstreifen zwischen Ausmauerung und Stahlstütze,
- elastische und schlagregenfeste Verfugung zwischen Gefach und Stahlkonstruktion.

36. Auf welche Art werden die Gefache der Ausmauerung in dem Stahlskelett gehalten?

Das Profil der Stahlträger wird in der Regel so gewählt, dass die Wandstärke einschließlich der Verfugung genau in die Profiltiefe passt. Bei 11,5er-Wänden werden meist IPE 160, bei 24er-Wänden IPE 280 verwendet. Bei einseitigem Anschluss eines Gefaches (Fenster- oder Türöffnungen, Wandenden) sind U-Profile der entsprechenden Profiltiefe verwendbar. Soll die Verzahnung verbessert werden, sind Breitflanschträger HPE statt der IPE einsetzbar.

37. Benennen Sie die Bauteile 1…5 der dargestellten Wand.

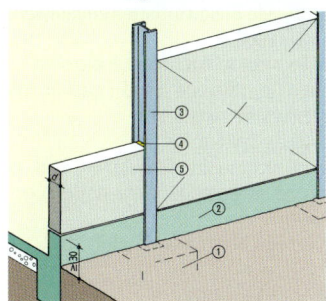

1 – Fundament
2 – Spritzwassersockel (mindestens bis 30 cm über Oberkante Gelände)
3 – Stahlskelett
4 – Dämmstreifen
5 – Ausfachung

38. Benennen Sie die Bauteile 1…7 der dargestellten Ausfachung eines Stahlbetonskelettbaus und erläutern Sie ihre jeweilige Funktion.

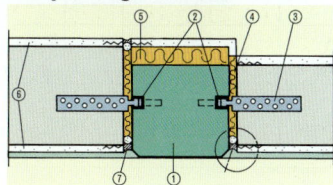

1 – Stahlbetonstützen
bilden die tragende Konstruktion.
2 – Ankerschienen
sind in die Stahlbetonstützen einbetoniert und ermöglichen es, in jeder beliebigen Höhe Stahlblechanker einzusetzen.
3 – Stahlblechanker
werden alle 25 oder 50 cm in die Ankerschienen eingesetzt und liegen in den Lagerfugen des Mauerwerkes. Sie halten die Gefache in der Wand.
4 – seitlicher Dämmstreifen
nimmt die Spannungen aus unterschiedlichen Dehnungen zwischen Mauerwerk und Stahlbetonkonstruktion auf.
5 – innen liegende Dämmung
gleicht den größeren Wärmedurchgang durch die Stahlbetonstütze aus. Vermeidung von Wärmebrücken in der Fassade.
6 – Putzschichten
schließen innen und außen die Oberflächen und dienen der optischen Gestaltung (außen zusätzlich Wetterschutz).
7 – elastische Fugen
bilden einen schlagregendichten Anschluss des Gefaches an der Stütze.

39. Erklären Sie den Unterschied zwischen den verschiedenen Abgasanlagen:
a) Schornstein,
b) Abgasleitung,
c) Luft-Abgas-System.

a) Schornstein:
- muss rußbrandbeständig sein,
- ist für alle Brennstoffarten zugelassen.

b) Abgasleitung:
- muss nicht rußbrandbeständig sein,
- nur für flüssige und gasförmige Brennstoffe zugelassen.

c) Luft-Abgas-System:
- muss nicht rußbrandbeständig sein,
- nur für gasförmige Brennstoffe zugelassen,
- führt Frischluft zu und Abluft ab.

40. Ordnen Sie zu, mit welchen Brennstoffen die jeweiligen Abgasanlagen zu betreiben sind:

	Stein-kohle	Braun-kohle	Erd-gas	Erd-öl
Schorn-stein	?	?	?	?
Abgas-leitung	?	?	?	?
Luft-Abgas-System	?	?	?	?

	Stein-kohle	Braun-kohle	Erd-gas	Erd-öl
Schorn-stein	X	X	X	X
Abgas-leitung	–	–	X	X
Luft-Abgas-System	–	–	X	–

41. Nennen Sie die drei Luftschadstoffe, die bei Verbrennungsanlagen üblicherweise entstehen.

- CO – Kohlenmonoxid
- CO_2 – Kohlendioxid
- SO_2 – Schwefeldioxid

42. Was versteht man unter einer „vollständigen Verbrennung" und was unter einer „unvollständigen Verbrennung"? Welche Auswirkungen kann eine unvollständige Verbrennung haben?

Bei der vollständigen Verbrennung verbrennt der Kohlenstoff unter Anbindung des Luftsauerstoffes zu Kohlendioxid:
$$C + O_2 \rightarrow CO_2$$
Wenn im Raum zu wenig Sauerstoff vorhanden ist, kommt es zur unvollständigen Verbrennung, und es entsteht statt Kohlendioxid nur das hochgiftige Kohlenmonoxid:
$$C + \frac{1}{2} O_2 \rightarrow CO$$

346

mögliche Auswirkungen:
1. Das Kohlenmonoxid ist geruchlos und giftig – beim Einatmen wird man nach kurzer Zeit bewusstlos und stirbt.
2. Im Schornsteinzug entstehen:
   - Ruß,
   - freier Wasserstoff,
   - Teer.

43. Benennen Sie die mit A…J bezeichneten Bauteile einer Abgasanlage.

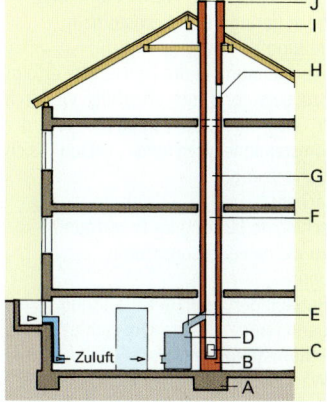

A – Schornsteinfundament
B – Sockel
C – Reinigungsöffnung (unten)
D – Feuerstätte
E – Verbindungsstück
F – Schornsteinzug/Abgasrohr
G – Schornsteinschaft
H – Reinigungsöffnung (oben)
I – Schornsteinkopf
J – Mündung des Schornsteins/Abgasrohrs

44. Erklären Sie den Begriff „Schornsteinzug".

Sobald eine Feuerstätte in Betrieb geht, entstehen heiße Abgase. Diese haben eine geringere Dichte als die Umgebungsluft und steigen so nach oben. Durch das Aufsteigen entsteht am Fuße des Schornsteins ein Unterdruck, der bewirkt, dass aus der Umgebung kalte Luft angezogen wird.

45. Von welchen Faktoren ist der Zug des Schornsteins abhängig? Nennen Sie mindestens vier davon.

- Länge des Schornsteinzuges,
- Mündungshöhe über dem Dach,
- Querschnittsgröße und -form,
- Innenoberfläche des Zuges,
- Dämmung der Schornsteinwandung.

46. Erläutern Sie folgende Schäden an Schornsteinen und nennen Sie die jeweiligen Ursachen und Folgen:
a) Versottung,
b) Verrußung.

a) Versottung:
Das Abgas kühlt im Schornstein zu schnell ab, sodass der Wasserdampftaupunkt unterschritten wird. An den Schornsteininnenwandungen schlägt sich ein säurehaltiges Kondensat nieder.
Ursachen:
- schlechte Dämmung der Wandung,
- zu geringer Schornsteinzug.
Folgen:
- Zerstörung der Wandung,
- Durchfeuchtung der Wandung,
- noch schlechtere Wärmedämmung,
- noch geringerer Schornsteinzug.

b) Verrußung:
Die Verbrennung in der Feuerstätte erfolgt bei zu geringer Frischluftzufuhr, wodurch statt CO_2 nur CO entsteht. An der Schornsteininnenwandung setzen sich Ruß und Teer ab.
Ursachen:
- schlechte Lüftung im Feuerraum,
- zu kleine Feuerungsräume.
Folgen:
- Rußablagerungen der Wandung,
- geringerer freier Querschnitt des Schornsteinzuges,
- Wärmeverluste,
- Gefahr des Schornsteinbrandes.

47. Benennen Sie die vier abgebildeten Konstruktionsarten von Schornsteinen:

a) einschaliger mehrzügiger gemauerter Schornstein
b) einschaliger einzügiger Schornstein aus Formstücken
c) mehrschaliger einzügiger gemauerter Schornstein
d) mehrschaliger einzügiger Schornstein aus Formstücken

a)
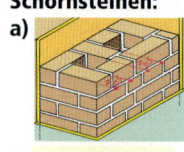

b)
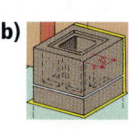

c)
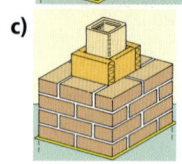

d)
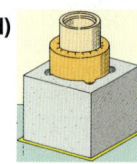

348

48. Wie sollte ein gemauerter Schornstein beschaffen sein, um einen möglichst guten Zug zu erreichen?

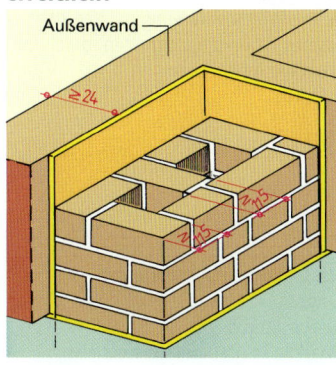

Außenwand

- Vollfugig gemauert, damit die Innenoberfläche möglichst glatt ist.
- Wärmedämmende Mauersteine, in kalten Räumen unter und über dem Dach dickere Schornsteinwandungen, um ein Versotten zu verhindern. An kalten Außenwänden kann zwischen Wand und Schornstein noch eine Dämmung angebracht sein.
- Querschnitt möglichst quadratisch, max. 1 : 1,5, um Verwirbelungen zu vermeiden.
- Schornsteinhöhe noch mindestens 4 m (bei mehreren Feuerstellen 5 m) über die höchste Feuerstelle ziehen.
- Der Schornstein sollte in Firstnähe aus dem Dach kommen, um Sturmschäden an frei stehenden Konstruktionen zu vermeiden.
- Schornsteinmündung mindestens bis 40 cm über First (bei Flachdächern 1,00 m über Dach).

49. Welchen Einfluss hat die Größe des Rohrquerschnittes auf die Wirkungsweise des Schornsteins?

Bei sehr kleinen Querschnitten entsteht ein starker Schornsteinzug, der zu einem hohen Brennstoffverbrauch führt.
Ist der Querschnitt sehr groß, so ist die Abgasströmung geringer. Das kann aber dazu führen, dass das Rauchgas schon im Schornstein abkühlt und es zur Versottung kommt.

50. Im Bild sind verschiedene Querschnittsformen von Schornsteinen gezeigt.

A B C D E

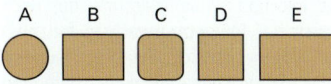

a) Ordnen Sie in der Reihenfolge von sehr gut (1) bis ungünstig (5).
b) Welche Querschnittsform ist nicht zulässig?

a) Ordnen nach Wirkungsgrad:
1 – A (rund, voller wirksamer Querschnitt)
2 – C (quadratisch mit abgerundeten Ecken)
3 – D (quadratisch ohne Abrundung)
4 – B (rechteckig, aber max. 1 : 1,5)
5 – E (rechteckig, > 1 : 1,5)

b) Rechteckformen von mehr als 1 : 1,5 sind nicht zulässig, da die dabei entstehenden Verwirbelungen den Schornsteinzug zu weit herabsetzen, also Beispiel E.

51. Welche Vorteile haben einschalige Schornsteine aus Leichtbeton-Formsteinen gegenüber aus Mauersteinen gemauerten einschaligen Schornsteinen?

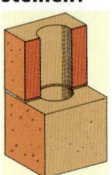

- glattere Innenoberfläche,
- weniger Fugen (keine Stoßfugen, Lagerfugen nur alle 25 cm),
- sehr maßgenau,
- bessere Wärmedämmung,
- besseres Strömungsverhalten durch abgerundete Innenecken.

52. Welche Vorteile bieten Schamotterohre als Innenschale bei mehrschaligen Schornsteinen?

- hoch temperaturbeständig,
- feuerfest,
- säurebeständig,
- beständig bei Temperaturwechseln,
- sehr dichte Oberfläche,
- mit Innenglasur sehr glatte Oberfläche möglich.

53. Das Bild zeigt den Aufbau eines dreischaligen Schornsteins. Beschreiben Sie die Funktionen der mit 1 … 4 gekennzeichneten Bauteile.

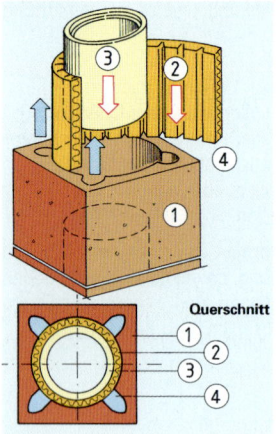

Querschnitt

1 – Mantelstein aus Leichtbeton:
Tragkonstruktion des Schornsteins, in die die anderen Bauteile eingebaut werden. Die Wärmedämmung des Leichtbetons kann durch Luftkammern im Bauteil noch verbessert werden. Die Lagerfuge ist häufig mit Falz ausgebildet, um die Verzahnung zu verbessern.

2 – Dämmstoffplatte:
Erhöht die Wärmedämmung, verbessert den Zug und vermeidet die Versottung. Trennt Mantelstein und Schamotterohr – das Rohr kann sich bei Temperaturwechsel frei ausdehnen und mechanische Beanspruchungen auf der Schornsteinaußenseite gelangen nicht bis ans Rauchrohr.

3 – Schamotterohr:
Dichte glatte feuerfeste Innenoberfläche sichert den bestmöglichen Schornsteinzug. Die Fugen dürfen nicht an derselben Stelle liegen wie die Lagerfugen der Mantelsteine.

350

4 – Hinterlüftung:
Aussparungen in den Ecken des Mantelsteins dienen als Hinterlüftung, um Kondensatfeuchte nach oben abzuführen.

54.
a) Benennen Sie die einzelnen Bauteile eines Luft-Abgas-Systems.

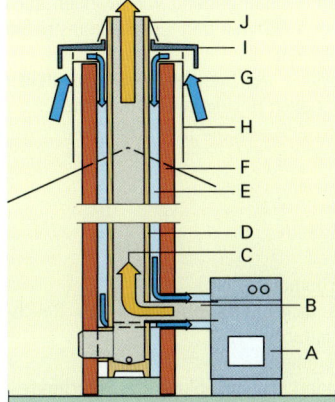

b) Wann kann ein solches System zum Einsatz kommen?
c) Welchen Vorteil bietet das System?

55. Beschreiben Sie den Arbeitsablauf beim Setzen eines dreischaligen Schornsteins aus Leichtbetonformsteinen.

a) A – Feuerstätte
   B – Doppelrohr (innen Rauchgas, außen Frischluft)
   C – Abgas
   D – Rauchrohr (innen)
   E – Ringspalt für Frischluftzufuhr
   F – Mantelstein
   G – Einströmung der Frischluft unter der Schornsteinabdeckung
   H – Schornsteinkopfverkleidung
   I – Schornsteinabdeckung
   J – Abströmungshülse für die Rauchgase
b) Das System ist nur für gasbetriebene Anlagen einsetzbar.
c) Auch bei sehr kleinen Feuerungsräumen, die sonst wegen der zu geringen Sauerstoffmengen (unvollständige Verbrennung) als Heizungsraum nicht geeignet wären, kann hier ständig Frischluft zugeführt werden.

1. Sperrung auf der Bodenplatte aufbringen.
2. Ersten Mantelstein setzen und ausbetonieren.
3. Schamotte-Sockelstein mit Kondensatablauf setzen und den zweiten Mantelstein mit Mörtel (MG II) darüber versetzen (Lagerfuge max. 10 mm).
4. Dämmschale einbauen.
5. Schamotteformstück mit Reinigungsöffnung mind. 20 cm unterhalb des Rauchgaseintritts einbauen (Säurekitt

→   →

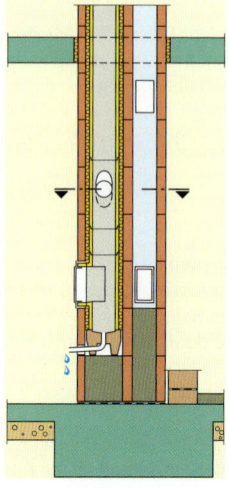

verwenden, innen die Fugen glattstreichen, max. 7 mm Lagerfuge).

6. Weitere Mantelsteine in MG II versetzen, Dämmplatten einbauen und Schamotterohre einsetzen (Fugen nicht an der gleichen Stelle wie bei den Mantelsteinen!).

7. An Deckendurchführungen mit mindestens 2 cm Abstand zur Decke einbauen, Dämmung einlegen.

8. Beim Einbau entlang von Wänden auch zu den Wänden trennende Dämmstreifen einbauen.

9. Abstand zu brennbaren Dachbauteilen oder auch Holzdecken mind. 5 cm.

56. Benennen Sie die Bauteile A … G der Deckendurchführung eines Fertigteilschornsteines und erläutern Sie die jeweilige Aufgabe des Bauteiles.

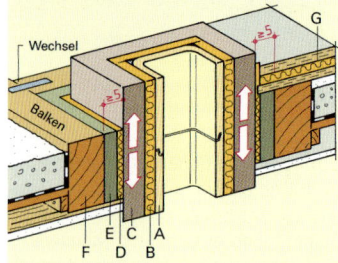

A – Schamotterohr:
Glatte dichte Innenoberfläche zur Rauchgasableitung.

B – Dämmung:
Verhindert die Abkühlung des Rauchgases, gewährleistet den Zug des Schornsteins und verhindert die Versottung.

C – Mantelstein:
Tragkonstruktion des Schornsteins mit oder ohne Hinterlüftung.

D – Dämmstreifen:
Trennt Decke und Schornstein, sodass sich der Schornstein frei bewegen kann.

E – Betonverwahrung:
Sichert die Lage des Schornsteins in der Decke und schützt die tragende Holzkonstruktion gegen Temperaturbeanspruchungen.

F – Holzkonstruktion:
Die Tragkonstruktion (Balken und auch Wechsel) muss einen Mindestabstand von 5 cm zur Schornsteinaußenseite haben.

352

G – Fußbodenaufbau:
Der Fußbodenaufbau muss den Sicherheitsabstand von 5 cm zum Schornstein nicht einhalten.

57. Nennen Sie die Mauerwerksregeln, die beim Mauern von Schornsteinen mit kleinformatigen Mauersteinen einzuhalten sind.

- möglichst wenig Fugen am Schornsteinzug,
- möglichst viele ganze Steine verwenden,
- $1/4$-Steine an den Außenecken einsetzen,
- keine Kreuzfugen an den Ecken des Schornsteinzuges,
- Zungen wechselseitig in die Wangen einbinden,
- vollfugig mauern.

58. Welche Anforderungen werden an die Mauersteine eines Schornsteins gestellt?

- feuer- und hitzebeständig,
- maßhaltig,
- glatte Oberflächen,
- widerstandsfähig gegen chemische Angriffe,
- am Schornsteinkopf wetter- und frostbeständig.

59. Tragen Sie jeweils die erste und zweite Schicht im Mauerwerksverband (11,5er-Wand) ein:
a) einzügiger Schornstein 13,5/13,5

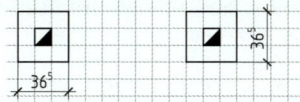

a) einzügiger Schornstein 13,5/13,5

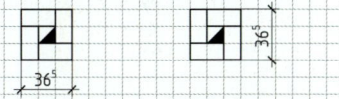

b) zweizügiger Schornstein 13,5/ 20 und 20/20

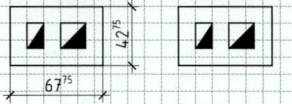

b) zweizügiger Schornstein 13,5/20 und 20/20

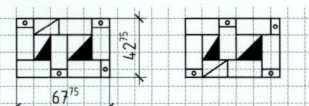

c) einzügiger Schornstein 20/20

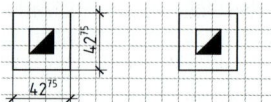

c) einzügiger Schornstein 20/20

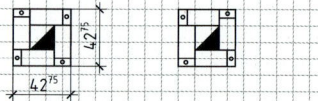

d) zweizügiger Schornstein 2 × 26/26

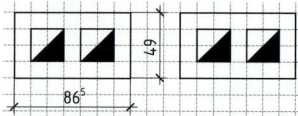

d) zweizügiger Schornstein 2 x 26/26

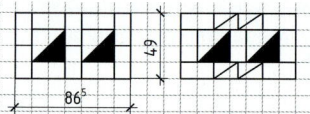

60. Unterscheiden Sie die Begriffe
a) Bodenfeuchte,
b) nichtdrückendes Wasser,
c) drückendes Wasser.

a) Bodenfeuchte:
Ist immer vorhanden. Bei Böden, die sehr durchlässig sind, sodass das eindringende Wasser schnell versickern kann, werden die Bauwerke nur durch die Bodenfeuchte belastet.

b) nichtdrückendes Wasser:
Ist der Boden schlecht durchlässig, so durchfeuchtet er bei eindringendem Niederschlag, und an der Außenwand des Gebäudes liegt nichtdrückendes Wasser an.

c) drückendes Wasser:
Sammelt sich das Wasser an der Außenwand auf einer bestimmten Höhe, so entsteht durch die Stauhöhe ein hydrostatischer Druck. Das gleiche geschieht, wenn das Gebäude bis zu einer bestimmten Höhe im Grundwasser steht.

61. Was versteht man unter einer
a) „weißen Wanne",
b) „schwarzen Wanne"?

Der Begriff „Wanne" resultiert daraus, dass man zum Schutz gegen drückendes Wasser das Gebäude in eine druckwasserdichte wannenförmige Konstruktion stellt.

a) „weiße Wanne":
Die Wanne wird aus wasserundurchlässigem Beton (WU-Beton) hergestellt – ist also hell.

b) „schwarze Wanne":
Die Wanne wird durch bitumenhaltige Anstriche und Bitumenbahnen hergestellt – also durch schwarze Baustoffe.

62. Benennen Sie die Bauteile A...F der im Bild gezeigten schwarzen Wanne und erläutern Sie ihre jeweilige Funktion.

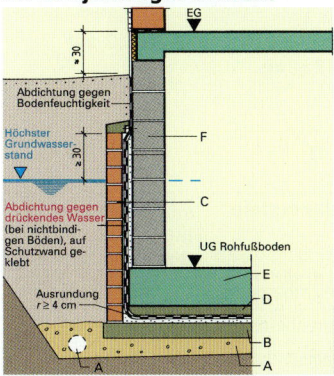

A – Flächen- und Ringdränung:
- diente der Wasserhaltung während der Bauzeit,
- Sauberkeitsschicht beim Einbau des Unterbetons.

B – Unterbeton:
- Sohle für die Wanne,
- saubere Auflagefläche für die waagerechten Abdichtungsschichten.

C – Schutzwand:
- mechanischer Schutz der Abdichtung beim Verfüllen der Baugrube,
- saubere Auflagefläche für die senkrechten Abdichtungsschichten.

D – Unterbeton:
- mechanischer Schutz der Abdichtungsschichten beim Einbau der Bewehrung für die Fundamentplatte.

E – Fundamentplatte:
- Bauwerkssohle,
- lastverteilendes Fundament.

F – Wandmauerwerk:
- tragende Außenwand,
- beim Mauern gleichzeitig vollflächige Hinterfüllung zwischen senkrechter Abdichtung und Mauerwerk.

63. Wie hoch muss die wannenförmige Abdichtung am Gebäude geführt werden?

- bei bindigen Böden bis 30 cm über Oberkante Gelände,
- bei nichtbindigen Böden bis 30 cm über den höchsten Grundwasserstand.

Lernfeld 16 M
Fachmathematik

1. Ein Leichtbetonstein hat eine Rohdichte von 1,2 kg/dm³. Wie schwer ist ein 8DF-Stein?

Rohdichte: $\varrho = 1,2\ \text{kg/dm}^3$
Volumen des Steins:
$8\ \text{DF} = 24,0\ \text{cm} \cdot 24,0\ \text{cm} \cdot 23,8\ \text{cm}$
$V = 2,4\ \text{dm} \cdot 2,4\ \text{dm} \cdot 2,38\ \text{cm} = \underline{13,709\ \text{dm}^3}$
Masse:
$m = \varrho \cdot V = 1,2\ \text{kg/dm}^3 \cdot 13,709\ \text{dm}^3$
$m = \underline{\underline{16,45\ \text{kg}}}$

2. Wie schwer ist ein 12DF-Leichtziegel der Rohdichte 0,8 kg/dm³?

Rohdichte: $\varrho = 0,8\,kg/dm^3$
Volumen des Steins:
12 DF = 36,5 cm · 24,0 cm · 23,8 cm
$V = 3,65\,dm \cdot 2,4\,dm \cdot 2,38\,dm = \underline{20,849\,dm^3}$
Masse:
$m = \varrho \cdot V = 0,8\,kg/dm^3 \cdot 20,849\,dm^3$
$m = \underline{\underline{16,68\,kg}}$

3. Ordnen Sie folgende Steine nach ihrer Masse, vom schwersten zum leichtesten.

	Mauerstein	ϱ (kg/dm³)	Format	m
a)	Vollklinker	2,4	2 DF	?
b)	Hochlochziegel	1,0	8 DF	?
c)	Kalksandstein	1,6	6 DF	?
d)	Leichtbetonstein	1,2	12 DF	?
e)	Porenbetonstein	0,7	20 DF	?

	Mauerstein	ϱ (kg/dm³)	Format	m
1.	Leichtbetonstein	1,2	12 DF	25,02 kg
2.	Porenbetonstein	0,7	20 DF	24,49 kg
3.	Kalksandstein	1,6	6 DF	15,84 kg
4.	Hochlochziegel	1,0	8 DF	13,71 kg
5.	Vollklinker	2,4	2 DF	7,49 kg

4. Ein 10DF-Kalksandstein wiegt 27,4 kg. Welcher Rohdichteklasse ist dieser Stein zuzuordnen?

Volumen des Steins:
10 DF = 30,0 cm · 24,0 cm · 23,8 cm
$V = 3,0\,dm \cdot 2,4\,dm \cdot 2,38\,dm = \underline{17,136\,dm^3}$
Rohdichte:
$$\varrho = \frac{m}{V} = \frac{27,4\,kg}{17,136\,dm^3}$$
$\varrho = \underline{1,60\,kg/dm^3}$

Der Stein ist der <u>Rohdichteklasse 1,6</u> zuzuordnen.

5. Berechnen Sie für die Mauersteine in der Tabelle die fehlenden Werte.

	Format	Masse	ϱ (kg/dm³)
a)	?	7,48 kg	2,4
b)	5 DF	13,83 kg	?
c)	10 DF	?	0,8
d)	?	22,93 kg	1,1
e)	8 DF	12,34 kg	?

	Format	Masse	ϱ (kg/dm³)
a)	2 DF	7,48 kg	2,4
b)	5 DF	13,83 kg	1,7
c)	10 DF	13,71 kg	0,8
d)	12 DF	22,93 kg	1,1
e)	8 DF	12,34 kg	0,9

6. Ein 10DF-Leichtbetonstein bricht bei der Kontrolle der Druckfestigkeit im Baustofflabor unter einer Bruchlast von 820 kN. Welcher Druckfestigkeitsklasse kann der Stein zugeordnet werden?

Druckfläche des 10DF-Steins:
$$A = l \cdot b = 300 \text{ mm} \cdot 240 \text{ mm} = \underline{72\,000 \text{ mm}^2}$$
$$\sigma = \frac{F}{A} = \frac{820\,000 \text{ N}}{72\,000 \text{ mm}^2} = \underline{\underline{11{,}39 \text{ N/mm}^2}}$$

Der Stein ist also der Druckfestigkeitsklasse 10 zuzuordnen.

7. Welchen Druck muss ein 12DF-Hochlochziegel HLzA 12 bei der Überprüfung im Labor mindestens aushalten?

Druckfläche des 12DF-Steins:
$$A = l \cdot b = 365 \text{ mm} \cdot 240 \text{ mm} = \underline{87\,600 \text{ mm}^2}$$
Aus $\sigma = \dfrac{F}{A}$ folgt durch Umstellen

$$F = \sigma \cdot A$$
$$F = 12 \text{ N/mm}^2 \cdot 87\,600 \text{ mm}^2 = \underline{1051{,}2 \text{ kN}}$$

8. Welches Format hat ein Mauerstein KS L 8, der eine Last von 336 kN im Baustoffprüflabor ausgehalten hat?

$$F = \sigma \cdot A$$
$$A = \frac{F}{\sigma} = \frac{336\,000 \text{ N}}{8 \text{ N/mm}^2} = \underline{42\,000 \text{ mm}^2}$$

Also ist die Auflagefläche 42 000 mm², was bei einem 3DF-Stein der Fall ist
(17,5 × 24,0 cm).

9. Fünf verschiedene Hochlochziegel wurden auf ihre Druckfestigkeit untersucht. Berechnen Sie für diese Steine die in der Tabelle fehlenden Werte.

	Format	Bruchlast	Druck-festigkeit
a)	NF	?	16 N/mm²
b)	3 DF	340 kN	?
c)	2 DF	?	12 N/mm²
d)	10 DF	295 kN	?
e)	?	576 kN	10 N/mm²

	Format	Bruchlast	Druck-festigkeit
a)	NF	442 kN	16 N/mm²
b)	3 DF	340 kN	8,1 N/mm²
c)	2 DF	331 kN	12 N/mm²
d)	10 DF	295 kN	4,1 N/mm²
e)	8 DF	576 kN	10 N/mm²

10. Wie groß ist die Eigenlast (pro m) der im Bild gezeigten Wand?

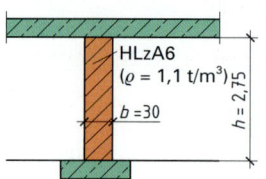

HLzA6
($\varrho = 1{,}1$ t/m³)
$b = 30$
$h = 2{,}75$

Eigenlast pro m:
$V = l \cdot b \cdot h$
$V = 1{,}00 \text{ m} \cdot 0{,}30 \text{ m} \cdot 2{,}75 \text{ m} = 0{,}825 \text{ m}^3$
$G = \varrho \cdot V$
$G = 11 \text{ kN/m}^3 \cdot 0{,}825 \text{ m}^3$
$\underline{\underline{G = 9{,}075 \text{ kN/m}}}$

11. Berechnen Sie die Eigenlasten folgender Wände.

	b	h	ϱ	G
a)	24 cm	2,65 m	1,0 t/m³	?
b)	30 cm	2,25 m	1,4 t/m³	?
c)	36,5 cm	2,40 m	0,8 t/m³	?
d)	17,5 cm	2,80 m	0,7 t/m³	?
e)	30 cm	3,25 m	1,2 t/m³	?

	b	h	ϱ	G
a)	24 cm	2,65 m	1,0 t/m³	6,36 kN/m
b)	30 cm	2,25 m	1,4 t/m³	9,45 kN/m
c)	36,5 cm	2,40 m	0,8 t/m³	7,01 kN/m
d)	17,5cm	2,80 m	0,7 t/m³	3,43 kN/m
e)	30 cm	3,25 m	1,2 t/m³	11,7 kN/m

12. Ermitteln Sie (vereinfacht) die am Fuß der Wand einwirkende Normalkraft für folgenden Aufbau.

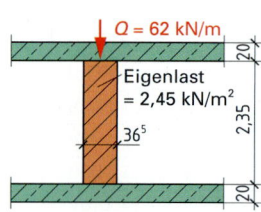

$Q = 62$ kN/m
Eigenlast $= 2{,}45$ kN/m²
36^5
20
2,35
20

Eigenlast pro m:
$G = 2{,}45 \text{ kN/m}^2 \cdot 2{,}35 \text{ m}$
$\quad = 5{,}758 \text{ kN/m}$
$N_{Ed} = 1{,}40 \cdot (5{,}758 \text{ kN/m} + 62 \text{ kN/m}) \cdot 1{,}00 \text{ m}$
$N_{Ed} = 1{,}40 \cdot (67{,}758 \text{ kN/m}) \cdot 1{,}00 \text{ m}$
$N_{Ed} = 94{,}861 \text{ kN}$
$\underline{\underline{N_{Ed} = 0{,}095 \text{ MN}}}$

13. Wie groß darf die Belastung der Wand (Q) maximal sein, wenn am Fuß der Wand die Normalkraft einen Wert von 0,1 MN/m nicht überschreiten darf?

Eigenlast pro m:
$G = 2,10 \text{ kN/m}^2 \cdot 2,50 \text{ m}$
$\quad = 5,25 \text{ kN/m}$
$N_{Ed} = 1,40 \cdot (G + Q_k)$
$100 \text{ kN/m} = 1,40 \cdot Q_k + 1,40 \cdot 5,25 \text{ kN/m}$
$92,65 \text{ kN/m} = 1,40 \cdot Q_k$
$Q = \underline{\underline{66,18 \text{ kN/m}}}$

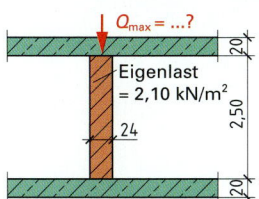

14. Wie groß ist die Bemessungslast (siehe Aufgabe **12.**) bei folgenden Werten?

	Q	Eigenlast	h	N_{Ed}
a)	76,3 kN/m	2,15 kN/m²	2,35 m	?
b)	35,7 kN/m	2,30 kN/m²	2,80 m	?
c)	42,9 kN/m	2,65 kN/m²	2,75 m	?
d)	34,5 kN/m	2,05 kN/m²	2,35 m	?
e)	98,2 kN/m	2,70 kN/m²	3,85 m	?

	Q	Eigenlast	h	N_{Ed}
a)	76,3 kN/m	2,15 kN/m²	2,35 m	0,114 MN
b)	35,7 kN/m	2,30 kN/m²	2,80 m	0,059 MN
c)	42,9 kN/m	2,65 kN/m²	2,75 m	0,070 MN
d)	34,5 kN/m	2,05 kN/m²	2,35 m	0,055 MN
e)	98,2 kN/m	2,70 kN/m²	3,85 m	0,152 MN

15. Berechnen Sie die Schlankheit der Wand.

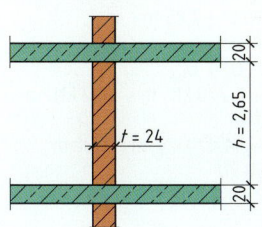

$\text{Schlankheit} = \dfrac{\varrho \cdot h}{t_{ef}}$

Für den Fall 2 gilt: $\varrho = 1,0$

$\text{Schlankheit} = \dfrac{\varrho \cdot h}{t_{ef}} = \dfrac{1,0 \cdot 2,65 \text{ m}}{0,24 \text{ m}} = \underline{\underline{11,0}}$

16. Wie groß ist die Schlankheit der dargestellten Wand?

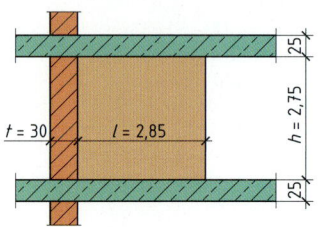

Schlankheit $= \dfrac{\varrho \cdot h}{t_{ef}}$

Für den Fall 3 gilt: $\varrho = 2/3 \cdot \dfrac{l}{h}$, max. 0,75

$\varrho = 2/3 \cdot \dfrac{l}{h} = 2/3 \cdot \dfrac{2,85 \text{ m}}{2,75 \text{ m}} = 0,69$,

aber max. 0,75

Schlankheit $= \dfrac{\varrho \cdot h}{t_{ef}} = \dfrac{0,69 \cdot 2,75 \text{ m}}{0,30 \text{ m}} = \underline{\underline{6,3}}$

17. Ermitteln Sie die Schlankheit folgender Wände.

	l	h	t	Fall	S.
a)	0,85 m	2,40 m	36,5 cm	4	?
b)	6,80 m	2,50 m	30 cm	2	?
c)	4,50 m	2,80 m	24 cm	3	?
d)	4,65 m	2,25 m	24 cm	4	?
e)	5,50 m	2,75 m	30 cm	1	?

	l	h	t	Fall	S.
a)	0,85 m	2,40 m	36,5 cm	4	1,2
b)	6,80 m	2,50 m	30 cm	2	6,3
c)	4,50 m	2,80 m	24 cm	3	8,8
d)	4,65 m	2,25 m	24 cm	4	7,0
e)	5,50 m	2,75 m	30 cm	1	9,2

18. Führen Sie den Tragfähigkeitsnachweis für die folgende Wand nach der „vereinfachten Berechnungsmethode" durch.

1. *Kontrolle*, ob das vereinfachte Verfahren angewendet werden darf.

2. *Belastung* der Wand (einwirkende Normalkraft) ermitteln, aus:
   Eigenlast pro m:
   $G = 2,20 \text{ kN/m}^2 \cdot 2,85 \text{ m}$
   $= 6,270 \text{ kN/m}$
   $N_{Ed} = 1,40 \cdot (G_k + Q_k)$
   $N_{Ed} = 1,40 \cdot (6,270 \text{ kN/m} + 38,2 \text{ kN/m}) \cdot 1,00 \text{ m}$
   $N_{Ed} = 1,40 \cdot (44,470 \text{ kN/m}) \cdot 1,00 \text{ m}$
   $N_{Ed} = 62,258 \text{ kN}$
   $N_{Ed} = \underline{0,062 \text{ MN}}$

3. Ermittlung des *Abminderungsfaktors*:
   Fall 2, also gilt: $\varrho_2 = 1,00$

→

360

Stein-druck-festig-keits-klasse	Charakteristische Druckfestigkeit f_k in N/mm² (MN/m²)					
	Normal-mauermörtel				Leicht-mauer-mörtel	
	NM II	NM IIa	NM III	NM IIIa	LM 21	LM 36
6	2,7	3,1	3,7	4,2	2,2	2,9
8	3,1	3,9	4,4	4,9	2,5	3,3
10	3,5	4,5	5,0	5,6	2,8	3,3
12	3,9	5,0	5,6	6,3	2,8	3,3
16	4,6	5,9	6,6	7,4	2,8	3,3
20	5,3	6,7	7,5	8,4	2,8	3,3
28	5,3	6,7	9,2	10,3	2,8	3,3
36	5,3	6,7	10,2	11,9	–	–

4. Berechnen der *Knicklänge*:
$h_{ef} = \varrho \cdot h = 1,00 \cdot 2,85\,m = 2,85\,m$

5. *Schlankheit* ermitteln:
$\dfrac{\varrho \cdot h}{t_{ef}} = \dfrac{2,85\,m}{0,30\,m} = 9,5$, und damit den Beiwert c_A festlegen: → $c_A = 0,7$

6. *Bemessungsfestigkeit* f_d berechnen:
$f_d = \dfrac{f_k}{1,76} = \dfrac{2,2\,MN/m^2}{1,76} = 1,25\,MN/m^2$
Die aufzunehmende Normalkraft N_{Rd}:
$N_{Rd} = c_A \cdot f_d \cdot A$
$N_{Rd} = 0,7 \cdot 1,25\,MN/m^2 \cdot 1,00\,m \cdot 0,30\,m$
$N_{Rd} = \underline{0,263\,MN}$

7. *Nachweis*:
$N_{Ed} \leq N_{Rd}$
$\underline{\underline{0,062\,MN \leq 0,263\,MN}}$

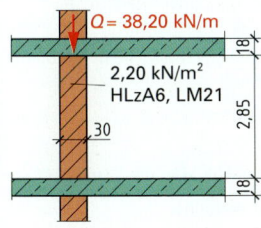

19. Führen Sie den Tragfähigkeitsnachweis für die folgende Wand nach der „vereinfachten Berechnungsmethode" durch.

1. *Kontrolle*, ob das vereinfachte Verfahren angewendet werden darf.

2. *Belastung* der Wand (einwirkende Normalkraft) ermitteln, aus:
Eigenlast pro m:
$G = 2,40\,kN/m^2 \cdot 2,60\,m$
$= 6,24\,kN/m$

Stein-druck-festig-keits-klasse	Charakteristische Druckfestigkeit f_k in N/mm² (MN/m²)					
	Normal-mauermörtel				Leicht-mauer-mörtel	
	NM II	NM IIa	NM III	NM IIIa	LM 21	LM 36
6	2,7	3,1	3,7	4,2	2,2	2,9
8	3,1	3,9	4,4	4,9	2,5	3,3
10	3,5	4,5	5,0	5,6	2,8	3,3
12	3,9	5,0	5,6	6,3	2,8	3,3
16	4,6	5,9	6,6	7,4	2,8	3,3
20	5,3	6,7	7,5	8,4	2,8	3,3
28	5,3	6,7	9,2	10,3	2,8	3,3
36	5,3	6,7	10,2	11,9	–	–

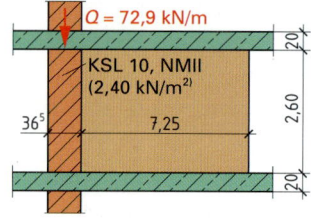

20. Schlagen Sie Materialien vor, mit welchen in Aufgabe 19. gebaut werden darf.

$N_{Ed} = 1,40 \cdot (G_k + Q_k)$
$N_{Ed} = 1,40 \cdot (6,24\,kN/m + 72,9\,kN/m)$
$\qquad \cdot 1,00\,m$
$N_{Ed} = 1,40 \cdot (79,14\,kN/m) \cdot 1,00\,m$
$N_{Ed} = 110,796\,kN$
$N_{Ed} = \underline{0,111\,MN}$

3. Ermittlung des *Abminderungsfaktors*:
Fall 4, also gilt:
$$\varrho_4 = \frac{l}{2 \cdot h} = \frac{7,25\,m}{5,20\,m} = 1,39, \text{ aber max. } 0,75$$

4. Berechnen der *Knicklänge*:
$h_{ef} = \varrho \cdot h = 0,75 \cdot 2,60\,m = 1,95\,m$

5. *Schlankheit* ermitteln:
$\dfrac{\varrho \cdot h}{t_{ef}} = \dfrac{1,95\,m}{0,365\,m} = 5,34$, und damit den
Beiwert c_A festlegen: $\rightarrow c_A = 0,7$

6. *Bemessungsfestigkeit* berechnen:
$f_d = \dfrac{f_k}{1,76} = \dfrac{3,5\,MN/m^2}{1,76} = 1,99\,MN/m^2$
Die aufzunehmende Normalkraft N_{Rd}:
$N_{Rd} = c_A \cdot f_d \cdot A$
$N_{Rd} = 0,7 \cdot 1,99\,MN/m^2 \cdot 1,00\,m \cdot 0,365\,m$
$N_{Rd} = \underline{0,508\,MN}$

7. *Nachweis*:
$N_{Ed} \leq N_{Rd}$
$\underline{\underline{0,111\,MN \leq 0,508\,MN}}$, die Wand darf so
nicht gebaut werden!!

N_{Rd} darf maximal 0,111 MN betragen:
$N_{Rd} = c_a \cdot f_d \cdot A$
$f_d = \dfrac{N_{Rd}}{c_A \cdot A} = \dfrac{0,111\,MN}{0,7 \cdot (1,00\,m \cdot 0,365\,m)}$
$f_d = 0,4344\,MN/m^2$
$f_d = \dfrac{f_k}{1,76}$
$f_k = f_d \cdot 1,76 = 0,4344\,MN/m^2 \cdot 1,76$
$f_k = \underline{\underline{0,765\,MN/m^2}}$

$\rightarrow$ $\rightarrow$

362

Stein-druck-festig-keits-klasse	Charakteristische Druckfestigkeit f_k in N/mm² (MN/m²)					
	Normal-mauermörtel				Leicht-mauer-mörtel	
	NM II	NM IIa	NM III	NM IIIa	LM 21	LM 36
6	2,7	3,1	3,7	4,2	2,2	2,9
8	3,1	3,9	4,4	4,9	2,5	3,3
10	3,5	4,5	5,0	5,6	2,8	3,3
12	3,9	5,0	5,6	6,3	2,8	3,3
16	4,6	5,9	6,6	7,4	2,8	3,3
20	5,3	6,7	7,5	8,4	2,8	3,3
28	5,3	6,7	9,2	10,3	2,8	3,3
36	5,3	6,7	10,2	11,9	–	–
48	5,3	6,7	12,2	14,1	–	–
60	5,3	6,7	14,3	16,0	–	–

Die Wand könnte gebaut werden aus
- KSL 20 mit NM IIIa,
- KSL 28 (oder höher) mit NM III oder NM IIIa.

21. Ein Pfeiler 36,5 × 36,5 cm soll durch drei Etagen hinweg (Gesamtlänge = 9,75 m) aus Vollklinkern KMz 36 – 2,4 – 2DF hergestellt werden.
a) Wie viele Klinker sind bei einem Verlust von 28 % zu bestellen?
b) Wie schwer ist ein Klinker?
c) Pro Palette werden 256 Klinker geliefert. Wie viele Paletten sind zu bestellen?

a) Bestellung:
$V_{Pfeiler} = l \cdot b \cdot h$
$V_{Pfeiler} = 0,365 \text{ m} \cdot 0,365 \text{ m} \cdot 9,75 \text{ m}$
$= 1,299 \text{ m}^3$
1 Klinker mit je einer Lager-/Stoßfuge:
$V_{Klinker} = l \cdot b \cdot h$
$V_{Klinker} = 0,250 \text{ m} \cdot 0,125 \text{ m} \cdot 0,125 \text{ m}$
$= 0,0039 \text{ m}^3$
$\text{Klinker} = \dfrac{1,299 \text{ m}^3}{0,0039 \text{ m}^3} = 333,08 \text{ Klinker,}$
also 334 Klinker
mit Verlust:
$= 334 \text{ Klinker} \cdot 1,28 = 427,52 \text{ Klinker,}$
also <u>428 Klinker</u>.

→

→

d) Wie schwer ist eine Palette? (Masse der leeren Paletten nicht zu berücksichtigen)

b) Masse eines Klinkers:
$m = \varrho \cdot V$
$m = 2,4 \, kg/dm^3$
$\cdot (2,4 \, dm \cdot 1,15 \, dm \cdot 1,13 \, dm)$
$m = 7,485 \, kg$

c) Es werden 2 Paletten je 256 Klinker benötigt.

d) Masse der Palette:
$m = 256 \cdot 7,485 \, kg$
$m = 1916 \, kg$
$m = 1,916 \, t$

22. Berechnen Sie den Bedarf an Klinkern zum Mauern eines 6,50 m hohen Pfeilers 24,0 × 36,5 cm im dargestellten Verband

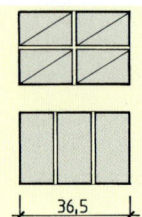

**a) mit DF-Klinkern,
b) mit NF-Klinkern,
c) mit 2DF-Klinkern.**

1. Schicht = 4 Klinker
2. Schicht = 3 Klinker, also sind 2 Schichten jeweils 7 Klinker.

a) DF-Klinker:
1 Schicht mit Lagerfuge = 6,25 cm
Anzahl Schichten $= \dfrac{6,50 \, m}{0,0625 \, m} = 104$
Anzahl Klinker $= 52 \cdot 7$ Klinker
$= \underline{364 \, Klinker}$

b) NF-Klinker:
1 Schicht mit Lagerfuge = 8,33 cm
Anzahl Schichten $= \dfrac{6,50 \, m}{0,0833 \, m} = 78$
Anzahl Klinker $= 39 \cdot 7$ Klinker
$= \underline{273 \, Klinker}$

c) 2DF-Klinker:
1 Schicht mit Lagerfuge = 12,5 cm
Anzahl Schichten $= \dfrac{6,50 \, m}{0,125 \, m} = 52$
Anzahl Klinker $= 26 \cdot 7$ Klinker
$= \underline{182 \, Klinker}$

23. Der 2-zügige Schornstein
**2 × 13,5 × 13,5 cm soll in einer
Länge von 12,75 m hergestellt
werden.**
**Wie viele 2DF-Steine sind bei 7 %
Bruch zu bestellen?**

1 Schicht = 6,5 Steine (5 Ganze, $1 \times {}^3/_4$-Stein, $1 \times {}^1/_2$-Stein, $1 \times {}^1/_4$-Stein)

1 Schicht mit Lagerfuge = 12,5 cm

Anzahl Schichten $= \dfrac{12,75 \text{ m}}{0,125 \text{ m}} = 102$

Anzahl Steine = 102 · 6,5 Steine
$\qquad\qquad\quad$ = 663 Steine

Mit Bruchverlust = 663 · 1,07
$\qquad\qquad\qquad$ = 709,41,
$\qquad\qquad\qquad$ also 710 Steine

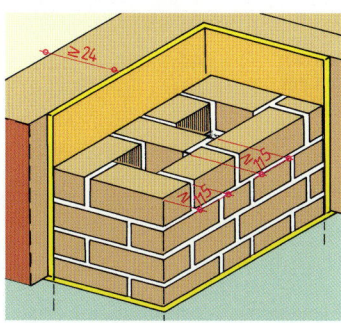

24. Der Schornstein soll in einer
Länge von 17,25 m hergestellt
werden.
**Wie viele NF-Steine sind bei 8,5 %
Bruch zu bestellen?**

1 Schicht = 6 Steine

1 Schicht mit Lagerfuge = 8,33 cm

Anzahl Schichten $= \dfrac{17,25 \text{ m}}{0,0833 \text{ m}} = 207$

Anzahl Steine = 207 · 6 Steine
$\qquad\qquad\quad$ = 1242 Steine

Mit Bruchverlust = 1242 · 1,085
$\qquad\qquad\qquad$ = 1347,57,
$\qquad\qquad\qquad$ also 1348 Steine

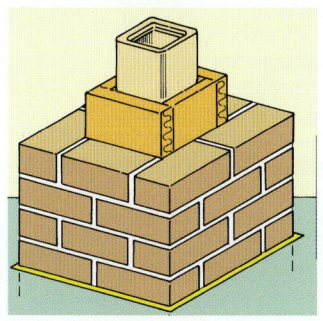

Lernfeld 17 M/14 B
Instandsetzen und Sanieren eines Bauteils

1. **Nennen Sie die wesentlichen Baustile in ihrer zeitlichen Reihenfolge.**

- Altertum
- Romanik
- Gotik
- Renaissance
- Barock
- Klassizismus
- Neuzeit

2. **Welche Bauten sind typisch für**
a) die griechische Antike,
b) die (darauf folgende) römische Antike?

a) griechische Antike:
- einfache rechteckige Grundrisse,
- langgestreckte Wohnhäuser,
- Tempel als Kultbauten mit verschiedenen Säulenformen,
- erste Bibliotheken.

b) römische Antike:
Bauwerke mit militärischer Bedeutung:
- komplette Straßennetze,
- Tunnel,
- große Brücken,
- befestigte Städte,
- Grenzwälle.
Entwicklung einer „Baukunst":
- Theater, Bibliotheken, Tempel,
- riesige Städte mit Wasser- und Abwassersystem,
- Aquädukte, Brückenbauten,
- Paläste, Mausoleen,
- beheizte Thermalbäder.

3. Ordnen Sie die genannten Merkmale dem Baustil (G = Gotik, R = Renaissance, B = Barock, K = Klassizismus) zu:

`17 M`
`14 B`

Merkmal	Stil
klare senkrechte und waagerechte Linien, fast ohne Schmuckelemente	?
stark geschwungene Linien, viele Schmuckelemente	?
Betonung der waagerechten Linien und Geschosse, rechteckige Fenster	?
schlanke, senkrecht aufstrebende Konstruktionen mit Strebepfeilern	?

Merkmal	Stil
klare senkrechte und waagerechte Linien, fast ohne Schmuckelemente	K
stark geschwungene Linien, viele Schmuckelemente	B
Betonung der waagerechten Linien und Geschosse, rechteckige Fenster	R
schlanke, senkrecht aufstrebende Konstruktionen mit Strebepfeilern	G

4. Nennen Sie die ungefähren Zeiträume für die Baustile
a) Romanik,
b) Gotik,
c) Renaissance,
d) Barock,
e) Klassizismus.

a) 800 … 1250 n. Chr.
b) 1250 … 1500 n. Chr.
c) 1500 … 1600 n. Chr.
d) 1600 … 1800 n. Chr.
e) 1800 … 1850 n. Chr.

5. Beschreiben Sie die Bauform einer typischen romanischen Kirche.
Benennen Sie die Bauwerksteile A … D (siehe Abbildung auf der folgenden Seite).

Die Form (Basilika) entspricht einem Kreuz aus
A – Mittelschiff,
B – Seitenschiff,
C – Querschiff,
D – Chor.
Die Bauform wurde durch die Rundbogenkonstruktionen (Fenster, Türen, Gewölbe, …) bestimmt, daher
• kleine Fenster und Türen,
• wenig Licht im Innenraum,
• massige Bauten,
• gedrungene Säulen.
Die Deckenkonstruktionen bestanden aus
• Holzbalkendecken,
• Tonnengewölben,
• massiven Kreuzgewölben.

→   →

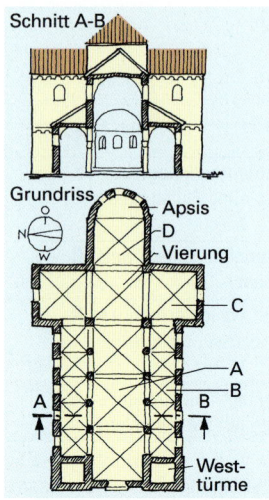

Die Bauwerke hatten eine insgesamt eher schmucklose Fassade.

6. Wodurch ließen sich in der Gotik wesentlich höhere, schlankere Bauwerke errichten? Nennen Sie mindestens vier konstruktive Elemente oder Konstruktionen.

In der Gotik ging man vom Massivbau zum Skelettbau über. Nur die tragenden Elemente waren massiv, die Flächen dazwischen wurden „ausgefacht".

Beispiele:
- Fachwerkhäuser aus Holz,
- Backsteingotik,
- Gewölbe aus tragenden Kreuzrippen,
- Strebepfeiler mit riesigen Freiräumen seitlich am Kirchenmittelschiff,
- riesige farbige Fenster („Rosetten") mit Natursteinskeletten („Maßwerk").

7. Was verstand man in der Gotik unter einer „Bauhütte"?

Die „Bauhütte" war ein Zusammenschluss von Handwerkern, die ihr handwerkliches, technisches und künstlerisches Wissen nur untereinander der Hütte weitergaben.

8. Erklären Sie, welche Bedeutung das Strebewerk hat, das in der Gotik seitlich am Mittelschiff der Kirche angebracht wurde.

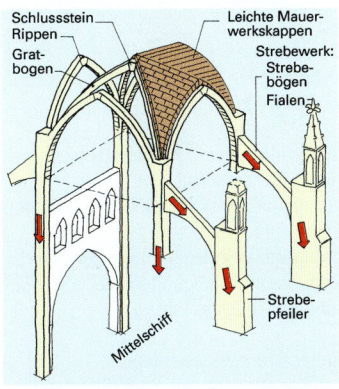

Schlussstein
Rippen
Grat-bogen
Leichte Mauer-werkskappen
Strebewerk:
Strebe-bögen
Fialen
Strebe-pfeiler
Mittelschiff

**9. Beschreiben Sie den Unterschied zwischen den Baustilen
a) Barock,
b) Klassizismus.**

10. Welche Besonderheiten haben die Bauwerke des 20. Jahrhunderts gegenüber allen vorherigen Baustilen?

→

Beim Kreuzrippengewölbe wird versucht mittels tragenden Rippen und einer möglichst leichten Ausmauerung der Flächen die Last der Gewölbedecke über dem Mittelschiff deutlich zu reduzieren. Die Gewölbe stehen auf den Pfeilern. Die schmalen Pfeilerreihen zwischen dem Mittelschiff und den Seitenschiffen können aber (auch bei geringeren Lasten) nur die senkrechten Lasten ableiten, die waagerechten Schubkräfte nach außen würden die Pfeiler auseinanderschieben und die Kirche zum Einsturz bringen.

Also werden an der Außenseite der Seitenschiffe quer stehende Strebemauern gebaut, die nach oben immer schmaler und zu Strebepfeilern werden. Von diesen wird ein Strebebogen zu den Köpfen der Mittelschiffpfeiler gemauert, der diese dann beidseitig (wie bei einer Schraubzwinge) zusammenhält.

a) Barock:
  • geschwungene Fassaden,
  • viele Schmuckelemente, Stuck, Vergoldungen, farbige Ausmalungen,
  • stark gegliederte Fassaden mit starken Gesimsen und stark abgesetzten Fenstern,
  • prunkvolle Treppenhäuser und Treppenanlagen im Außenbereich.

b) Klassizismus:
  • klare einfache Elemente,
  • Rückbesinnung auf die Antike bzw. Renaissance,
  • schmucklose Fassaden,
  • Vorsprünge (Erker, Eingänge, …) werden mit gleichschenkligen Giebeldreiecken gekrönt.

  • Neue Baustoffe werden eingesetzt (Stahlbau, Stahlbeton, Spannbeton).

→

17 M
14 B

- Die Tragkonstruktion wird zum sichtbaren Gestaltungselement (Brücken, Eiffelturm, …).
- Baustoffe werden nicht verkleidet (Sichtbeton, Stahlträger, Leimholzkonstruktionen,
- „Zweckbauten", das heißt, der Zweck bestimmt die äußere Erscheinungsform des Bauwerkes.

11. Welche nachteiligen Wirkungen hat ein durchfeuchtetes Mauerwerk?

- Zerstörung der Mauerwerkssubstanz (Ziegel, Fugenmörtel, …),
- Ausblühungen und Abplatzungen an den Oberflächen,
- verringerte Wärmedämmung der Wand,
- Gesundheitsschädigungen bei den Bewohnern (Feuchte, Pilze, …).

12. Benennen Sie die Ursachen A … H für die Durchfeuchtung einer Wand.

A – hoher Grundwasserspiegel
B – kapillar aufsteigende Bodenfeuchte
C – Schichtenwasser
D – Sickerwasser
E – Oberflächenwasser
F – hohe Luftfeuchte
G – Spritzwasser
H – Wasserdampfdiffusion

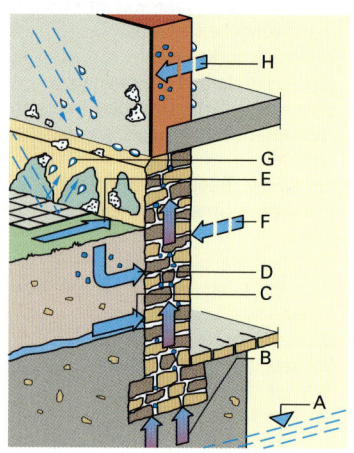

13. Welche Ursachen (A … H) lassen sich durch eine nachträgliche Abdichtung verhindern?

vertikale Abdichtung	?
horizontale Abdichtung	?
nicht zu verhindern	?

vertikale Abdichtung	C, D, E, G
horizontale Abdichtung	A, B
nicht zu verhindern	F, H

14. Auf welche Weise lässt sich die Feuchte von Mauerwerk messen?

- elektrische Widerstandsmessung,
- CM-Methode,
- Darrmethode.

**15. Beschreiben Sie das Vorgehen bei der Feuchtemessung mit der
a) CM-Methode,
b) Darrmethode.**

a) CM-Methode:
- Eine Mauerwerksprobe (10 … 50 g) wird entnommen und in ein Druckgefäß gegeben.
- Stahlkugeln und eine Glasampulle mit Calciumcarbid werden dazugegeben und das Druckgefäß verschlossen.
- Beim Schütteln zerstören die Stahlkugeln die Glasampulle, das Calciumcarbid reagiert heftig (explosiv) mit dem Wasser.
- Je mehr Wasser enthalten ist, umso höher ist der Druck, der am Manometer auf dem Druckgefäß angezeigt wird.

b) Darrmethode:
- Eine Probe wird entnommen und gewogen.
- Im Darrofen wird die Probe bei 105 °C so lang getrocknet, bis kein Kondensat mehr entsteht.
- Die trockene Probe wird gewogen:
  Wassergehalt $= \dfrac{(\text{Feuchtmasse} - \text{Trockenmasse})}{\text{Trockenmasse}} \cdot 100\%$

16. Nennen Sie drei Verfahren, um nachträglich eine waagerechte Abdichtung in eine Wand einzubringen.

- Einpressen von Edelstahlblechen,
- Mauersägeverfahren,
- drucklose Mauerwerksinjektion,
- Mauerwerksinjektion unter Druck.

17. Beschreiben Sie die Arbeitsschritte 1 ... 3 zur Trockenlegung einer Wand mittels chemischer Injektion.

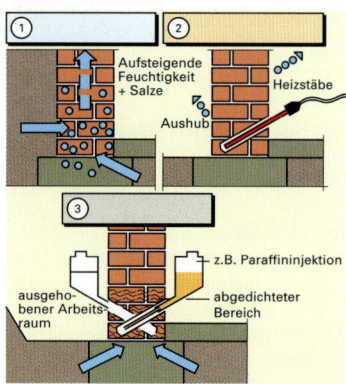

1 – durchfeuchtetes Mauerwerk:
Die Bodenfeuchte dringt von unten und seitlich ein und steigt in den Kapillarporen der Wand auf.
Baugrube ausheben, Platz schaffen und Baugrube absichern.

2 – Austrocknen der Wand:
In die Wand werden in mehreren waagerechten Reihen Löcher gebohrt und Heizstäbe eingesetzt, die dann das Wasser aus den Kapillarporen der Wand austreiben.

3 – Injektion:
An den Bohrlöchern werden Behälter mit einer sehr dünnflüssigen Injektionsflüssigkeit angebracht. Die Injektion dringt in die nun freien Kapillarporen der Wand ein und verfestigt sich dort chemisch.

18. Warum reicht das Einbringen einer horizontalen Abdichtung für die Trockenlegung einer Wand allein nicht aus?

Die horizontale Abdichtung verhindert ein weiteres Aufsteigen von Feuchte in den Kapillarporen der Wand.
Ohne eine zusätzliche vertikale Abdichtung auf der Außenseite der Wand dringt nach dem Verfüllen der Baugrube sofort wieder Bodenfeuchte (auch oberhalb der Horizontalsperre) seitlich in die Wand ein, wodurch die Wand erneut durchfeuchtet wird.

19. Der Bauherr wünscht die Trockenlegung einer 36er-Ziegelaußenwand.
Erklären Sie ihm die Vor- und Nachteile der verschiedenen Verfahren:
a) Edelstahlblechverfahren,
b) Mauersägeverfahren,
c) chemische Injektion.

a) Edelstahlblechverfahren:
  Vorteile:
  • schnell durchzuführen,
  • kraftschlüssig, keine Absicherung der Wand über der Dichtung nötig,
  • Edelstahl ist sehr dauerhaft.
  Nachteile:
  • technisch aufwendig,
  • teuer,
  • Erschütterungen am Bauwerk,
  • Lärmbelästigungen im Umfeld.

372

b) Mauersägeverfahren:
   Vorteile:
   - schnell durchzuführen.
   Nachteile:
   - nur abschnittsweise möglich, die Fugen müssen gesichert und nach Einbau der Dichtung verpresst werden,
   - technisch aufwendig,
   - teuer,
   - Lärmbelästigungen im Umfeld.

c) chemische Injektion:
   Vorteile:
   - wenig Lärmbelästigung (nur zum Bohren der Löcher),
   - preiswerter,
   - ohne aufwendige Geräte herstellbar.
   Nachteile:
   - dauert lange, da das Mauerwerk erst austrocknen muss,
   - wenn nicht vollständig ausgetrocknet, bleiben wassergefüllte Hohlräume, die nicht injiziert werden und somit undichte Stellen bilden.

20. Der Bauherr will schnell ein möglichst dauerhaftes Ergebnis bei der Trockenlegung der Wand erzielen.
Was empfehlen Sie?

Einrammen von Edelstahlblechen in eine der Lagerfugen der Wand.

21. Was raten Sie einem Bauherrn, der eine Natursteinwand (Zyklopenmauerwerk aus Granitsteinen) trockenlegen will?

Da es beim Zyklopenmauerwerk keine durchgehenden waagerechten Lagerfugen gibt, fällt das Einrammen von Edelstahlblechen aus. Das Mauersägeverfahren wäre möglich, besser ist aber die chemische Injektion in mehreren Reihen und – wenn möglich – von beiden Seiten in das Fugenmaterial der Wand.

22. Worin besteht der Unterschied zwischen der vertikalen Außen- und Innenabdichtung? Welche Variante ist zu bevorzugen?

Die Außenabdichtung wird außen auf die Wand aufgebracht und verhindert wirkungsvoll das seitliche Eindringen von Bodenfeuchte in die Wand.

Die Innenabdichtung wird auf der Innenseite der Wand aufgebracht und verhindert nur, dass die Feuchte in der Wand weitergegeben wird.

Zu bevorzugen ist stets die Außenabdichtung, da bei der Innenabdichtung die Wand an sich nicht saniert wird. Sie ist nur dann anzuwenden, wenn auf der Außenseite der Wand keine Baugrube ausgehoben werden kann, z. B. bei der Trennwand von Reihenhäusern. In allen anderen Fällen sollte die Außenabdichtung vorgenommen werden, um auch die Wand zu sanieren.

23. Beschreiben Sie die Arbeitsgänge bei der Herstellung einer vertikalen Außenwandabdichtung.

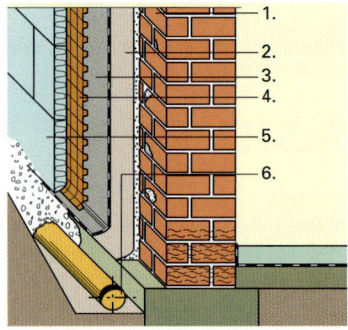

1. Reinigung:
Aushub der Baugrube, Entfernen alter Dichtungsschichten und Reinigen der Wandfläche.

2. Putz:
Herstellung einer ebenen Oberfläche durch einen Ausgleichsputz, Beseitigen von Absätzen an Wandübergängen und Anbringen einer waagerechten Hohlkehle am Übergang zum Fundament.

3. Abdichtungsschicht:
Aufbringen/Aufstreichen bitumenhaltiger Beschichtungen (Anstriche, Bitumenspachtelmassen) oder Anbringen von Bitumenbahnen bzw. -schweißbahnen mit seitlichen Überlappungen bis über die Hohlkehle hinweg.

4. Dränschicht:
Dränschicht bzw. Noppenbahn vor der Abdichtungsschicht anbringen, damit anfallendes Wasser nach unten abgeleitet werden kann.

374

5. Schutzschicht:
Eine Schutzschicht (oder Perimeterdämmung) verhindert, dass bei der Verfüllung der Baugrube die Abdichtung durch größere Steine beschädigt wird. Die Perimeterdämmung verringert zusätzlich den Wärmedurchgang durch die Wandfläche.
6. Dränung:
Mittels umlaufender Dränung muss das Sickerwasser vom Bauwerk abgeleitet werden.

24. Erläutern Sie Ihr Vorgehen bei einer Innenabdichtung mittels Feuchtwandsystem.

- Alte Putzoberflächen entfernen,
- losen Fugenmörtel auskratzen,
- Wasser speicherndes Faservlies überlappend aufbringen und mit Dübeln befestigen,
- Puzzolanleichtmörtel aufziehen und Putzbewehrungsgitter anbringen,
- mineralischen Ausgleichsputz als Sichtoberfläche aufbringen.

25. Welche Wirkung haben die im Wasser gelösten Salze im feuchten Mauerwerk?

- Die Salze kristallisieren unter Volumenzunahme aus.
- Die Kristallisation schreitet in Richtung zur Luftseite der Wand bzw. in Richtung auf Hohlräume fort.
- Es entsteht eine Druckkraft in der Wand, die Mauerwerk und Fugenmörtel zerstört bzw. Oberflächen abplatzen lässt.

26. Beschreiben Sie den Schichtenaufbau eines Sanierputzes und erklären Sie die Funktion der einzelnen Schichten.

1. Spritzbewurf:
Der durchfeuchtete Altputz wird bis etwa 50 cm in den trockenen Bereich abgeschlagen. Die Fugen der Wand werden 2 cm tief ausgekratzt, damit die Oberfläche der Wand austrocknen kann.
Nach Abtrocknen der Wandoberfläche wird ein netzartiger Spritzbewurf aufgebracht, um eine gleichmäßig saugfähige Putzunterlage zu erhalten.

→   →

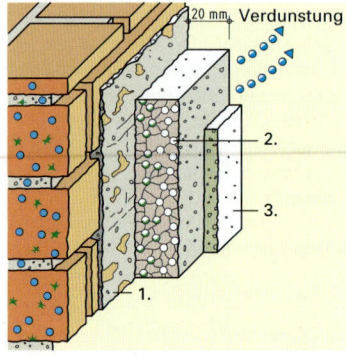

2. Sanierputz:
Der Sanierputz wird in einer Mindestschicht-dicke von 2 cm aufgebracht. In den Hohl-räumen des Putzes lagern sich Salze ab. Bei der Kristallisation dehnen sich die Salze in die Hohlräume des Sanierputzes hinein aus. So kommt es weder zu Abplatzungen und Zerstörungen, noch zu Ausblühungen auf der Wand.

3. mineralischer Deckputz:
Er bildet die Sichtoberfläche, die offenporig genug sein muss, um den Wasserdampf an der Oberfläche zur Luft hin abzuleiten und verdunsten zu lassen.

27. Welche Eigenschaften hat ein Sanierputz?

- sehr hoher Luftporengehalt (mindestens 25 %), um Salze aufnehmen zu können,
- diffusionsoffen, damit die Feuchte der Wand zur Luft hin abgeleitet werden kann,
- Wasser abweisend, um ein Eindringen von Wasser von außen zu verhindern.

28. Was versteht man unter einer „Betonkorrosion"?

Zerstörungen des Zementsteins oder des Bewehrungsstahls im Festbeton.

29. Nennen Sie die drei verschiedenen Arten der Betonkorrosion und ihre jeweiligen Ursachen.

1. Zerstörung des Betons an der Oberfläche durch Angriff von
   - Frost,
   - Tausalzen,
   - chemischen Stoffen wie Kohlensäure, Salzsäure, Schwefelsäure, …
2. Zerstörung des Betons von innen durch Sulfattreiben:
   - In gipshaltigem Boden dringt in Wasser gelöstes Sulfat in den Beton ein und es entsteht Gipsstein unter starker Volumenzunahme (Treibwirkung).

→   →

376

3. Zerstörung des Betonstahles durch Carbonatisierung: **17 M 14 B**
   - Über die Betonoberfläche dringen CO_2 und Feuchte ein, wodurch das $Ca(OH)_2$ im Porenwasser zu $CaCO_3$ umgewandelt wird.
   - Der veränderte pH-Wert bewirkt, dass der Stahl im Beton rostet.

30. Erklären Sie, was bei der im Bild gezeigten Probenentnahme untersucht wird.

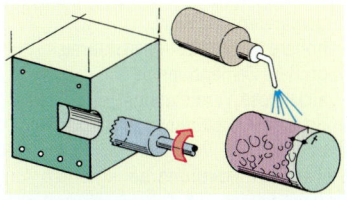

Aus der Betonoberfläche wird ein Bohrkern entnommen (nicht im Bereich der Tragbewehrung!) und mit einem Indikator (Phenolphthalein) besprüht. Anhand der Verfärbung der Oberfläche lässt sich der pH-Wert bestimmen (rot $= 12\ldots9{,}5$, farblos unter 9,5). Der farblose Bereich entspricht dem bereits carbonisierten Bereich.

31. Beschreiben Sie die drei im Bild gezeigten Phasen der Carbonatisierung von Beton.

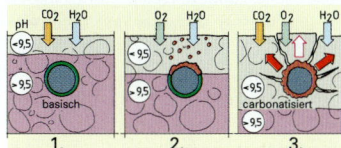

1. keine Schäden:
Das $Ca(OH)_2$ im Porenwasser des Betons bildet eine stark basische Umgebung um den Betonstahl, sodass dieser sich durch eine Schicht von Eisenoxid und -hydroxid selbst sicher vor Korrosion schützen kann. Der volle Stahlquerschnitt ist belastbar.

2. Rost an der Oberfläche:
Eindingendes CO_2 und Wasser wandeln von der Oberfläche des Festbetons beginnend das $Ca(OH)_2$ im Porenwasser in $CaCO_3$ um. Dadurch sinkt der pH-Wert ab, und der Stahl rostet an der Oberfläche.

→   →

3. Risse und Abplatzungen:
Die Umwandlung von $Ca(OH)_2$ in $CaCO_3$ (Calciumcarbonat, daher „Carbonatisierung") geht weiter und erfasst den gesamten Stahl. Dies führt zur Korrosion der Bewehrung, wobei durch die Volumenzunahme die Betondeckung erst Risse erhält und dann abplatzt. In der Folge liegt der Stahl frei, rostet weiter und verliert zunehmend an tragendem Querschnitt.

32. Auf welche Art lässt sich die Gefahr der Betonkorrosion durch Carbonatisierung verringern?

- Erhöhung der Dichte des Zementsteines durch
  - geringeren w/z-Wert,
  - höhere Zementfestigkeitsklasse,
  - größere Zementmenge,
  - lückenlose Verdichtung,
  - rissfreies Abbinden durch gute Nachbehandlung.
- Größere Betondeckung bei erhöhten Anforderungen an die Dauerhaftigkeit des Betons in Abhängigkeit von der Expositionsklasse.

33. Welche Baufehler führen zu einer schnelleren Carbonatisierung des Betons?

1. Schlechte Verdichtung:
Lunker und andere Hohlräume lassen CO_2 und Wasser schneller und tiefer eindringen.
2. Entmischung:
Kiesnester verhindern den luftdichten Abschluss durch die Betondeckung.
3. Fehlende Nachbehandlung:
Wird der Beton nicht feucht gehalten, so entstehen Risse, die zum Teil sofort bis zur Bewehrung durchgehen können, wodurch der Stahl nicht geschützt ist.

34. Was wird bei der Festlegung der Schadensstufen untersucht?

- Carbonatisierungstiefe,
- Stärke der Betondeckung,
- Risse im Beton.

35. Erklären Sie die vier Schadensstufen für Stahlbetonbauteile.

`17 M`
`14 B`

Stufe	Schädigung
I	
II	
III	
IV	

Stufe	Schädigung
I	Während der gesamten Standzeit des Bauwerkes ist nicht mit Schäden zu rechnen.
II	Noch keine Schäden, aber im Laufe der Standzeit wird es dazu kommen.
III	Betonabplatzungen, aber die Konstruktion ist noch voll tragfähig.
IV	Betonabplatzungen, die Standsicherheit des Gebäudes ist gefährdet.

36. Beschreiben Sie die Sanierung einer Stahlbetonstütze der Schadensstufe III.

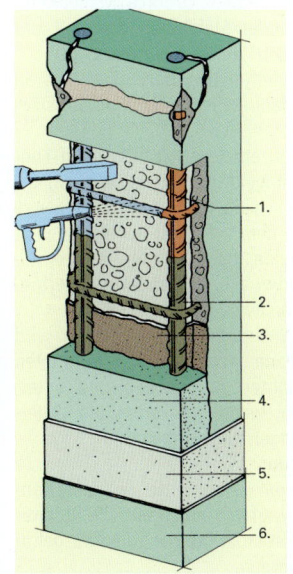

1. Untergrund vorbereiten:
   • lose Teile der Betondeckung entfernen,
   • Gesteinskörnung freilegen,
   • Stahl entrosten (Sandstrahlen).
2. Korrosionsschutz:
   • Aufstreichen einer Schutzbeschichtung aus Epoxidharz oder kunststoffvergütetem Zementmörtel.
3. Haftbrücke aufstreichen:
   • Altbeton vornässen,
   • zementgebundene Haftbrücke aufstreichen.
4. Stütze ergänzen:
   • Fehlstellen mit kunststoffvergütetem Zementmörtel auffüllen,
   • bei großen Flächen Schalung verwenden.
5. Feinspachtel:
   • Dünnputz mit Spachtelmasse auf der gesamten Fläche der Stütze, um ein gleichmäßiges Aussehen zu erreichen.
6. Deckanstrich:
   • Der Deckanstrich dichtet die Oberfläche ab, damit nicht erneut CO_2 eindringen kann.

37. Was versteht man unter einer „Unterfangung"?

38. Beschreiben Sie das Vorgehen bei der Unterfangung des im Bild gezeigten Gebäudes.

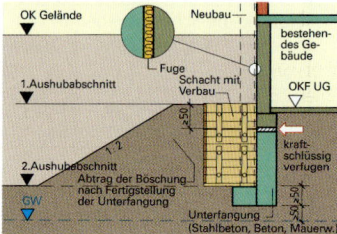

Abschnittsweise Herstellung eines tieferen Fundamentes unter einem bestehenden Gebäude.

1. Aushub der Baugrube:
   - Die gesamte Baugrube wird bis 50 cm über Unterkante Fundament ausgehoben.
   - Am Gebäude ist eine 2,00 m breite Berme zu belassen, die Restbaugrube kann von da an mit einer Böschungsneigung von 1 : 2 ausgehoben werden.
2. Grundwasser beachten:
   - Der Grundwasserstand darf maximal 50 cm unter dem neuen Fundament liegen, sonst ist er abzusenken.
3. Unterfangung:
   - Vor dem Gebäude wird ein max. 1,25 m breiter Abschnitt ausgehoben und verbaut.
   - Der Boden unter dem Fundament wird entfernt und durch Mauerwerk, Beton oder Stahlbeton ersetzt („unterfangen").
   - Die Unterfangung muss lückenlos an dem dahinterliegenden Boden anliegen.
   - Der horizontale Spalt zum alten Fundament ist kraftschlüssig (Zementmörtel) zu schließen.
   - Neben dem Feld sind mind. drei weitere Felder frei zu lassen, sodass zuerst etwa alle 5,00 m eine Unterfangung erstellt wird.
   - In den Abschnitten dazwischen wird erst dann weiter in 1,25 m breiten Abschnitten ausgehoben und unterfangen, wenn die vorherigen Unterfangungen tragfähig sind.
4. Restaushub:
   - Wenn alle Abschnitte der Unterfangung tragfähig sind, kann die Baugrube vollständig bis zur Sohle ausgehoben werden.

39. Welche Vorteile bietet eine Bohrpfahlwand anstelle einer Bauwerksunterfangung?

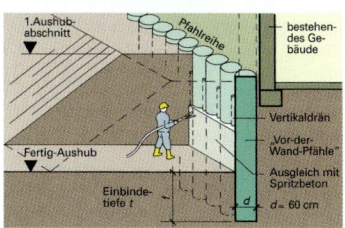

- schnelleres Arbeiten möglich,
- Betonpfähle werden schon vor Aushub der Baugrube eingebracht und sind dann schon voll tragfähig (höhere Sicherheit),
- durch Spritzbeton oder Stahlbeton-Vorsatzschale ist die Bohrpfahlwand mit als Kelleraußenwand nutzbar,
- Bohrpfähle bilden gleichzeitig die Gründung des neuen Hauses,
- die Druckzwiebel liegt in größerer Tiefe, daher keine Überlagerung mit dem Fundament des alten Gebäudes, und keine Setzungen am alten Haus zu befürchten.

40. Welche Bedeutung hat der bauliche Wärmeschutz?

- Reduzierung der Heizkosten,
- Verringerung der CO_2-Emission,
- Vermeidung von Bauschäden durch Kondenswasser.

41. Erklären Sie die Begriffe
a) Wärmeübergang,
b) Wärmedurchlasswiderstand,
c) Wärmedurchgangswiderstand.

a) Wärmeübergang:
An der Außenseite der Wand ist die Luft etwas wärmer als die Umgebungstemperatur und innen direkt vor der Wand ist die Luft schon etwas kühler als die Raumtemperatur. Diese Temperaturübergänge von Luft zu Wand und von Wand zu Luft werden mit den Tabellenwerten R_{si} (innen) und R_{se} (außen) in der Berechnung berücksichtigt. Dabei ist zu beachten, ob der Wärmestrom aufwärts, seitwärts oder abwärts erfolgt.

b) Wärmedurchlasswiderstand:
Jeder Baustoff hat eine spezielle Wärmeleitfähigkeit. Der Wärmedurchlasswiderstand einer Wand besteht aus $\dfrac{\text{Bauteildicke}}{\text{Wärmeleitfähigkeit}}$ in der Summe aller einzelnen Schichten im Aufbau einer Wand, also:

$$R = \frac{d_1}{\lambda_1} + \frac{d_2}{\lambda_2} + \frac{d_3}{\lambda_3} + \ldots$$

c) Wärmedurchgangswiderstand:
Der Wärmedurchgangswiderstand ist die Summe aus Wärmeübergang an den Wandflächen und Wärmedurchlasswiderstand der einzelnen Wandschichten, also:
$$R_T = R_{si} + R + R_{se}$$

42. Wo können an einem Bauwerk Wärmebrücken entstehen und welche Gegenmaßnahmen sind dort zu treffen?

Wärmebrücken können konstruktiv oder formbedingt entstehen:
- konstruktiv:
Tragkonstruktionen aus Stahl oder Stahlbeton haben meist eine größere Wärmeleitfähigkeit als die Ausmauerung oder Ausfachung dazwischen.
- formbedingt:
Besonders Außenecken von Gebäuden haben eine kürzere Wärme aufnehmende Innenseite und eine längere Wärme abgebende Außenseite. Daher wird hier mehr Wärme abgegeben, als in der restlichen Wand.
- Gegenmaßnahmen:
Zusätzlicher Einsatz von Dämmstoffen an den entsprechenden Stellen.

43. Nennen Sie jeweils mindestens fünf Dämmstoffe für den Wärmeschutz an Gebäuden in Form von
a) Platten oder Matten,
b) losen Schüttungen.

a) Matten oder Platten:
- Holzwolleplatten,
- Holzwolle-Mehrschichtplatten mit Hartschaumschicht,
- Schaumkunststoffplatten,
- Schaumglasplatten,
- Korkdämmplatten,
- Mineralwollematten,
- Faserdämmstoffmatten,
- Kokosfasermatten.
b) lose Schüttungen:
- Naturbims,
- Hüttenbims,
- Hüttenschlacke,
- Perlit,
- Blähton,
- Styroporkugeln.

44. Mit welchen Umweltbelastungen ist bei Abbrucharbeiten zu rechnen?

- Lärm,
- Staub,
- kontaminierten Materialien,
- Erschütterungen.

45. Nennen Sie typische Recyclingmaterialien, die aus folgenden Abbruchmaterialien gewonnen werden:
a) Ziegel,
b) Beton,
c) Betonstahl.

a) Ziegel:
- Ziegelsplitt für Leichtbeton,
- Tennisplatzbelag.
b) Beton:
- Splitt für Straßenbau,
- Gesteinskörnungen zur Betonherstellung.
c) Betonstahl:
- Schrott für erneute Stahlproduktion.

Lernfeld 17 M/14 B
Fachmathematik

Hinweis:
Verwenden Sie zur Berechnung in den folgenden Beispielen die Tabellen im Tabellenbuch.

1. Wie groß ist der Wärmedurchlasswiderstand eines 20 cm dicken Kalksandsteinplanelementes mit einer Rohdichte von $\varrho = 1400$ kg/m³?

$$R = \frac{d}{\lambda}$$

$$R = \frac{0,20\,\text{m}}{0,7\,\text{W/m} \cdot \text{K}}$$

$$R = 0,29\,\frac{\text{m}^2 \cdot \text{K}}{\text{W}}$$

2. Berechnen Sie den Wärmedurchlasswiderstand (R) einer 24 cm dicken Stahlbetonwand ($\varrho = 2400$ kg/m³).

$$R = \frac{d}{\lambda}$$

$$R = \frac{0,24\,\text{m}}{2,5\,\text{W/m} \cdot \text{K}}$$

$$R = 0,10\,\frac{\text{m}^2 \cdot \text{K}}{\text{W}}$$

3. Wie groß ist der Wärmedurchlasswiderstand einer 24 cm dicken Ziegelwand aus Hochlochziegeln (A-Lochung, $\varrho = 800$ kg/m³), die mit Normalmauermörtel gemauert wurde?
Vergleichen Sie das Ergebnis mit der Stahlbetonwand aus Aufgabe 2.

$$R = \frac{d}{\lambda}$$

$$R = \frac{0,24 \text{ m}}{0,39 \text{ W/m} \cdot \text{K}}$$

$$R = 0,62 \frac{\text{m}^2 \cdot \text{K}}{\text{W}}$$

Der Wärmedurchlasswiderstand ist aufgrund der besseren Materialeigenschaften beim Hochlochziegel sechsmal höher.

4. Ermitteln Sie die Wärmedurchlasswiderstände folgender Wände im Vergleich:

	Material	d (cm)	ϱ (kg/m³)	R (m²·K/W)
a)	Beton	30	2200	?
b)	Ziegel	36,5	1400	?
c)	Putz	2,5	1800	?
d)	KS-Stein	17,5	2000	?
e)	Bauholz	15	700	?

	Material	d (cm)	ϱ (kg/m³)	R (m²·K/W)
a)	Beton	30	2200	0,18
b)	Ziegel	36,5	1400	0,63
c)	Putz	2,5	1800	0,03
d)	KS-Stein	17,5	2000	0,16
e)	Bauholz	15	700	0,83

5. Für die dargestellte Wand ist der Wärmedurchgangswiderstand (R_T) zu berechnen:

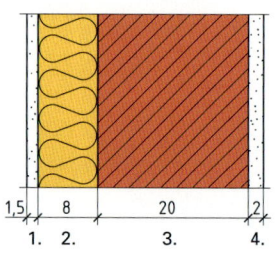

1. 2.   3.   4.

1. Außenputz (Kalkzementmörtel)
2. Mineralwolle 030 (Kategorie 1)
3. HLzB ($\varrho = 1000$ kg/m³, NM)
4. Innenputz (Kalkmörtel)

Der Wärmeübergangswiderstand beträgt beim horizontalen Wärmestrom durch die Wand:

$$\text{innen: } R_{si} = 0,10 \frac{\text{m}^2 \cdot \text{K}}{\text{W}}$$

$$\text{außen: } R_{se} = 0,04 \frac{\text{m}^2 \cdot \text{K}}{\text{W}}$$

$$R_T = R_{si} + R + R_{se}$$

$$R_T = \left(0,10 + \frac{0,015}{1,00} + \frac{0,08}{0,036} \right.$$
$$\left. + \frac{0,30}{0,45} + \frac{0,02}{1,00} + 0,04 \right) \frac{\text{m}^2 \cdot \text{K}}{\text{W}}$$

$$R_T = 3,06 \frac{\text{m}^2 \cdot \text{K}}{\text{W}}$$

6. Berechnen Sie den Wärmedurchgangswiderstand (R_T) folgender Wände:

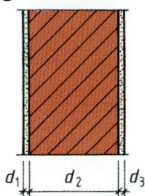

d_1 d_2 d_3

a) $d_1 = 1,5$ cm Außenputz Kalkzementmörtel
   $d_2 = 36,5$ cm Mauerwerk HLzA ($\varrho = 600$ kg/m³), NM
   $d_3 = 1,0$ cm Innenputz (Gipsputz)

b) $d_1 = 2,5$ cm Außenputz Kalkzementmörtel,
   $d_2 = 17,5$ cm Planstein KS ($\varrho = 1200$ kg/m³), NM
   $d_3 = 1,5$ cm Innenputz (Gipskalkputz)

c) $d_1 = 3,5$ cm KS-Verblender ($\varrho = 2200$ kg/m³)
   $d_2 = 24$ cm Mauerwerk Mz ($\varrho = 1800$ kg/m³), NM
   $d_3 = 1,0$ cm Innenleichtputz ($\varrho = 900$ kg/m³)

7. Ermitteln Sie den Wärmedurchgangswiderstand (R_T) der im Bild gezeigten Kellerdecke.

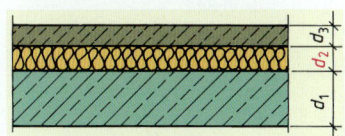

d_3
d_2
d_1

$d_1 = 20$ cm Stahlbeton ($\varrho = 2400$ kg/m³)
$d_2 = 8$ cm Polystyrolplatten 030
$d_3 = 4$ cm Calciumsulfatestrich

a) $R_T = R_{si} + R + R_{se}$

$R_T = \left(0,10 + \dfrac{0,015}{1,00} + \dfrac{0,365}{0,33} \right.$
$\left. + \dfrac{0,01}{0,51} + 0,04 \right) \dfrac{m^2 \cdot K}{W}$

$R_T = 1,28 \dfrac{m^2 \cdot K}{W}$

b) $R_T = R_{si} + R + R_{se}$

$R_T = \left(0,10 + \dfrac{0,025}{1,00} + \dfrac{0,175}{0,56} \right.$
$\left. + \dfrac{0,015}{0,70} + 0,04 \right) \dfrac{m^2 \cdot K}{W}$

$R_T = 0,50 \dfrac{m^2 \cdot K}{W}$

c) $R_T = R_{si} + R + R_{se}$

$R_T = \left(0,10 + \dfrac{0,035}{1,30} + \dfrac{0,24}{0,81} \right.$
$\left. + \dfrac{0,01}{0,38} + 0,04 \right) \dfrac{m^2 \cdot K}{W}$

$R_T = 0,49 \dfrac{m^2 \cdot K}{W}$

Der Wärmeübergangswiderstand beträgt beim abwärts gerichteten Wärmestrom durch die Deckenkonstruktion:

innen (oben): $R_{si} = 0,17 \dfrac{m^2 \cdot K}{W}$

außen (unten): $R_{se} = 0,04 \dfrac{m^2 \cdot K}{W}$

17 M
14 B

$$R_T = R_{si} + R + R_{se}$$

$$R_T = \left(0,17 + \frac{0,20}{2,50} + \frac{0,08}{0,036} \right.$$
$$\left. + \frac{0,04}{1,20} + 0,04 \right) \frac{m^2 \cdot K}{W}$$

$$R_T = 2,55 \frac{m^2 \cdot K}{W}$$

8. Wie groß ist der Wärmedurchgangswiderstand (R_T) der in Aufgabe 7. gezeigten Decke bei folgenden Schichtdicken?

	d_1	d_2	d_3	R_T (m$^2 \cdot$ K/W)
a)	15 cm	12 cm	3,5 cm	?
b)	22 cm	10 cm	4 cm	?
c)	25 cm	8 cm	5 cm	?
d)	30 cm	6 cm	6 cm	?
e)	35 cm	4 cm	6,5 cm	?

	d_1	d_2	d_3	R_T (m$^2 \cdot$ K/W)
a)	15 cm	12 cm	3,5 cm	3,63
b)	22 cm	10 cm	4 cm	3,11
c)	25 cm	8 cm	5 cm	2,57
d)	30 cm	6 cm	6 cm	2,05
e)	35 cm	4 cm	6,5 cm	1,52

9. Die im Bild zu sehende Wand soll nach DIN 4108-2 einen Wärmedurchlasswiderstand von mindestens 1,20 m$^2 \cdot$ K/W haben.

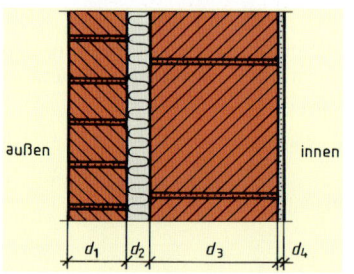

außen — innen

d_1 = 11,5 cm KMz 48 – 2,2 – NF
d_3 = 24 cm HLzB 12 – 1,0 – 12 DF (NM)
d_3 = 1,5 cm Putz (Kalkzementmörtel)

a) mit Mineralwolle 050:

$$R = \frac{d_1}{\lambda_1} + \frac{d_2}{\lambda_2} + \frac{d_3}{\lambda_3} + \frac{d_4}{\lambda_4}$$

$$1,20 \frac{m^2 \cdot K}{W} = \left(\frac{0,115}{1,20} + \frac{d_2}{0,060} \right.$$
$$\left. + \frac{0,24}{0,45} + \frac{0,015}{1,00} \right) \frac{m^2 \cdot K}{W}$$

$$1,20 \frac{m^2 \cdot K}{W} = 0,644 \frac{m^2 \cdot K}{W} + \frac{d_2}{0,060} \frac{m^2 \cdot K}{W}$$

$$0,556 \frac{m^2 \cdot K}{W} = \frac{d_2}{0,060} \frac{m^2 \cdot K}{W}$$

$$d_2 = \underline{3,3\ cm}$$

a) Wie dick muss die Kerndämmung aus Mineralwolle 050 mindestens sein?

b) Wie dick muss die Dämmung mindestens sein, wenn Mineralwolle 030 verwendet wird?

b) mit Mineralwolle 030:

$$R = \frac{d_1}{\lambda_1} + \frac{d_2}{\lambda_2} + \frac{d_3}{\lambda_3} + \frac{d_4}{\lambda_4}$$

$$1{,}20\,\frac{m^2 \cdot K}{W} = \left(\frac{0{,}115}{1{,}20} + \frac{d_2}{0{,}036} \right.$$
$$\left. + \frac{0{,}24}{0{,}45} + \frac{0{,}015}{1{,}00} \right) \frac{m^2 \cdot K}{W}$$

$$1{,}20\,\frac{m^2 \cdot K}{W} = 0{,}644\,\frac{m^2 \cdot K}{W} + \frac{d_2}{0{,}036}\,\frac{m^2 \cdot K}{W}$$

$$0{,}556\,\frac{m^2 \cdot K}{W} = \frac{d_2}{0{,}036}\,\frac{m^2 \cdot K}{W}$$

$$d_2 = \underline{\underline{2{,}0\ cm}}$$

17 M
14 B

10. **Die dargestellte Wand soll nachträglich außen mit einer Wärmedämmschicht aus Polystyrol 030 versehen werden.**
Der alte Außenputz bleibt erhalten, auf die Dämmung wird noch eine 1,5 cm dicke Putzschicht (Kalkzementmörtel) aufgebracht.

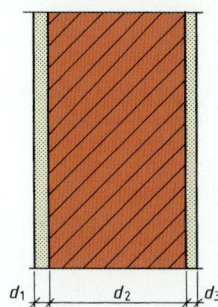

$d_1 = 2$ cm   Außenputz   (Kalkzementmörtel)
$d_2 = 36{,}5$ cm KSL 8 – 1,4 – 12 DF
$d_3 = 1$ cm Innenputz (Kalkmörtel)

a) nach DIN 4108-2:

$$R = \frac{d_1}{\lambda_1} + \frac{d_2}{\lambda_2} + \frac{d_3}{\lambda_3} + \frac{d_4}{\lambda_4} + \frac{d_5}{\lambda_5}$$

$$1{,}20\,\frac{m^2 \cdot K}{W} = \left(\frac{0{,}02}{1{,}00} + \frac{0{,}365}{0{,}70} + \frac{0{,}015}{1{,}00} \right.$$
$$\left. + \frac{d_4}{0{,}036} + \frac{0{,}015}{1{,}00} \right) \frac{m^2 \cdot K}{W}$$

$$1{,}20\,\frac{m^2 \cdot K}{W} = 0{,}57\,\frac{m^2 \cdot K}{W} + \frac{d_4}{0{,}036}\,\frac{m^2 \cdot K}{W}$$

$$0{,}63\,\frac{m^2 \cdot K}{W} = \frac{d_4}{0{,}036}\,\frac{m^2 \cdot K}{W}$$

$$d_4 = \underline{\underline{2{,}3\ cm}}$$

a) **Berechnen Sie die erforderliche Dicke der Dämmung, um nach DIN 4108-2 einen Wärmedurchlasswiderstand von mindestens 1,20 m² · K/W zu erreichen.**

b) **Berechnen Sie die Mindestdicke der Dämmung, um nach EnEV einen Wärmedurchgangskoeffizienten von mindestens 0,24 W/m² · K zu erreichen.**

c) **Welcher Wert ist nun maßgeblich?**

b) nach EnEV:

$$U_{max} = \frac{1}{R_T}$$

$$R_{Tmin} = \frac{1}{U_{max}} = \frac{1}{0,24} \frac{m^2 \cdot K}{W} = 4,17 \frac{m^2 \cdot K}{W}$$

$$R_{Tmin} = R_{si} + \frac{d_1}{\lambda_1} + \frac{d_2}{\lambda_2} + \frac{d_3}{\lambda_3} + \frac{d_4}{\lambda_4} + \frac{d_5}{\lambda_5} + R_{se}$$

$$4,17 \frac{m^2 \cdot K}{W} = \left(0,10 + \frac{0,02}{1,00} + \frac{0,365}{0,70} + \frac{0,015}{1,00} \right.$$
$$\left. + \frac{d_4}{0,036} + \frac{0,015}{1,00} + 0,04 \right) \frac{m^2 \cdot K}{W}$$

$$4,17 \frac{m^2 \cdot K}{W} = 0,71 \frac{m^2 \cdot K}{W} + \frac{d_4}{0,036} \frac{m^2 \cdot K}{W}$$

$$3,46 \frac{m^2 \cdot K}{W} = \frac{d_4}{0,036} \frac{m^2 \cdot K}{W}$$

$$d_4 = \underline{12,5\,cm}$$

c) Da es sich hier um eine Sanierungsmaßnahme am Gebäude handelt, ist der Wert nach Energieeinsparverordnung EnEV einzuhalten, das heißt, die neue Dämmung muss mindestens <u>13 cm</u> dick sein.

11. Berechnen Sie den Wärmedurchgangskoeffizienten *U* für folgenden Wandaufbau:
- **1,5 cm Außenputz (Kalkzementmörtel),**
- **8 cm Dämmplatten Polystyrol 040,**
- **30 cm HLzA 12 – 0,8 – 10 DF (LM),**
- **1 cm Innenputz (Kalkmörtel).**

Erfüllt die Wand die Forderungen der EnEV?

$$U = \frac{1}{R_T}$$

$$R_T = R_{si} + \frac{d_1}{\lambda_1} + \frac{d_2}{\lambda_2} + \frac{d_3}{\lambda_3} + \frac{d_4}{\lambda_4} + R_{se}$$

$$R_T = \left(0,10 + \frac{0,015}{1,00} + \frac{0,08}{0,048} + \frac{0,30}{0,34} \right.$$
$$\left. + \frac{0,01}{1,00} + 0,04 \right) \frac{m^2 \cdot K}{W}$$

$$R_T = 2,71 \frac{m^2 \cdot K}{W}$$

$$U_{vorh} = \frac{1}{2,71} \frac{W}{m^2 \cdot K} = 0,37 \frac{W}{m^2 \cdot K} > U_{max}$$

$$= 0,24 \frac{W}{m^2 \cdot K}$$

Die Forderungen wurden <u>nicht erfüllt</u>!

12. **Berechnen Sie den Wärmedurchgangskoeffizienten *U* für das Beispiel in Aufgabe 11., wenn als Dämmung verwendet wird:**

17 M
14 B

	Dämmmaterial	U (W/m²·K)
a)	10 cm Holzwolle 080	?
b)	10 cm Polystyrol 030	?
c)	12 cm Polystyrol 030	?
d)	14 cm Mineralwolle 040	?
e)	10 cm Holzfaser 035	?

	Dämmmaterial	U (W/m²·K)
a)	10 cm Holzwolle 080	0,44
b)	10 cm Polystyrol 030	0,23
c)	12 cm Polystyrol 030	0,20
d)	14 cm Mineralwolle 040	0,22
e)	10 cm Holzfaser 035	0,26

In welchen Fällen ist die Forderung der EnEV von maximal 0,24 W/m² · K erfüllt?

In den Fällen b, c und d ist die EnEV-Forderung erfüllt.

13. **Bei der Sanierung eines Mehrfamilienhauses soll zur Verringerung der Wärmeverluste an die Kellerdecken eine zusätzliche Wärmedämmung aus Polystyrol 040 (Schicht d_4) angebracht werden.**

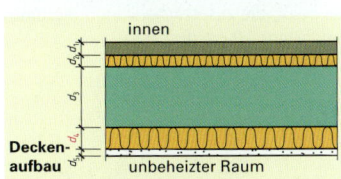

$d_1 = 4$ **cm Zementestrich**
$d_2 = 5$ **cm Trittschalldämmung 050**
$d_3 = 25$ **cm Stahlbeton, 2400 kg/m³**
$d_5 = 2$ **cm Deckenputz (Kalkzementmörtel)**
a) Berechnen Sie die erforderliche Dicke der Dämmung, um nach DIN 4108-2 einen Wärmedurchlasswiderstand von mindestens 1,75 m² · K/W zu erreichen.

a) nach DIN 4108-2:

$$R = \frac{d_1}{\lambda_1} + \frac{d_2}{\lambda_2} + \frac{d_3}{\lambda_3} + \frac{d_4}{\lambda_4} + \frac{d_5}{\lambda_5}$$

$$1,75\,\frac{m^2 \cdot K}{W} = \left(\frac{0,04}{1,40} + \frac{0,05}{0,050} + \frac{0,25}{2,50} \right.$$
$$\left. + \frac{d_4}{0,048} + \frac{0,02}{1,00} \right) \frac{m \cdot K}{W}$$

$$1,75\,\frac{m^2 \cdot K}{W} = 1,15\,\frac{m^2 \cdot K}{W} + \frac{d_4}{0,048}\,\frac{m^2 \cdot K}{W}$$

$$0,60\,\frac{m^2 \cdot K}{W} = \frac{d_4}{0,048}\,\frac{m^2 \cdot K}{W}$$

$$d_4 = \underline{2,9\ cm}$$

b) Berechnen Sie die Mindestdicke der Dämmung, um nach EnEV einen Wärmedurchgangskoeffizienten von mindestens 0,30 W/m^2 · K zu erreichen.

c) Welcher Wert ist nun maßgeblich?

b) nach EnEV:

$$U_{max} = \frac{1}{R_T}$$

$$R_{T\,min} = \frac{1}{U_{max}} = \frac{1}{0,30} \frac{m^2 \cdot K}{W} = 3,33 \frac{m^2 \cdot K}{W}$$

$$R_{T\,min} = R_{si} + \frac{d_1}{\lambda_1} + \frac{d_2}{\lambda_2} + \frac{d_3}{\lambda_3} + \frac{d_4}{\lambda_4} + \frac{d_5}{\lambda_5} + R_{se}$$

$$3,33 \frac{m^2 \cdot K}{W} = \left(0,10 + \frac{0,04}{1,40} + \frac{0,05}{0,050} + \frac{0,25}{2,50} + \frac{d_4}{0,048} + \frac{0,02}{1,00} + 0,04\right) \frac{m^2 \cdot K}{W}$$

$$3,33 \frac{m^2 \cdot K}{W} = 1,29 \frac{m^2 \cdot K}{W} + \frac{d_4}{0,048} \frac{m^2 \cdot K}{W}$$

$$2,04 \frac{m^2 \cdot K}{W} = \frac{d_4}{0,048} \frac{m^2 \cdot K}{W}$$

$$d_4 = \underline{\underline{9,8\ cm}}$$

c) Bei Sanierungen ist der Wert nach Energieeinsparverordnung EnEV einzuhalten, das heißt, die zusätzliche Dämmung muss mindestens $\underline{\underline{10\ cm}}$ dick sein.

Herstellen einer Stahlbetonstütze

1. Welche Aufgaben haben Stahlbetonstützen in einem Gebäude zu erfüllen?

Aufnahme der Eigenlasten und Nutzlasten, und Ableitung der Lasten auf darunterliegende Bauteile (Decken, Balken, Wände, Fundamente, …).

2. Erläutern Sie die Begriffe „Eigenlasten" und „Nutzlasten". Nennen Sie je mindestens vier Beispiele.

Eigenlasten sind die ständig wirkenden Lasten der Bauteile, z. B.
- Wände,
- Decken,
- Stützen,
- Putzflächen,
- Estriche

Nutzlasten sind die meist beweglichen und veränderlichen Lasten, die während der Nutzung des Bauwerkes zusätzlich wirken, z. B.
- Windlasten,
- Schneelasten,
- Personen,
- Maschinen, Geräte,
- Möbel, Teppiche

3. Weshalb wird bei Stützen eine „Stützenkopfverstärkung" angebracht?

Am Kopf der Stütze werden aus Decken, Unterzügen oder Riegeln große Kräfte auf einem kleinen Querschnitt eingetragen. Um zu verhindern, dass sich die Stütze durch die Decke durchstanzt, wird eine umfangreiche Zusatzbewehrung nötig. Diese wird in der Stützenkopfverstärkung untergebracht.

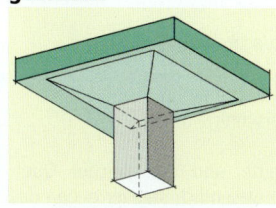

4. Wodurch unterscheiden sich Stützen mit
a) innen liegender Stützenkopfbewehrung,

a) innen liegende Stützenkopfbewehrung:
Die zusätzliche Bewehrung des Stützenkopfes liegt innerhalb der Deckenplatte bzw. des Unterzuges.

→ →

**b) außen liegender Stützenkopf-
bewehrung.
Nennen Sie dabei die Vor- und
Nachteile der jeweiligen Art der
Bewehrung.**

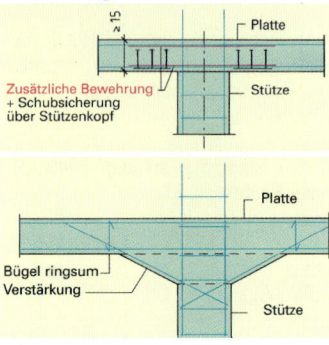

Zusätzliche Bewehrung
+ Schubsicherung
über Stützenkopf

Platte

Stütze

Bügel ringsum
Verstärkung

Platte

Stütze

Vorteile:
- einfache Schalung,
- keine schrägen Hindernisse in der Raumnutzung.

Nachteile:
- oft stärkere Deckenplatten nötig,
- sehr dicht liegende Bewehrung behindert die Verdichtung des Frischbetons.

b) außen liegende Stützenkopfbewehrung:
Die zusätzliche Bewehrung wird schräg (etwa 1:3) auf größerer Fläche in die Decke eingebunden.

Vorteile:
- gute Lastverteilung,
- größere Auflagefläche für die Decken und Unterzüge,
- geringere rechnerische Spannweiten der Decken und Unterzüge.

Nachteile:
- sehr aufwendige Schalarbeiten,
- Raumnutzung im Deckenbereich ist beeinträchtigt.

5. Was sind „Vouten"?

Vouten sind die Schrägen z.B. an Stützen, die der Aufnahme der außen liegenden Stützenkopfbewehrung dienen.

6. Zählen Sie mindestens fünf typische Querschnittsformen von Stahlbetonstützen auf.

- quadratisch,
- rechteckig,
- rund,
- sechseckig/achteckig,
- Doppel-T,
- Rohrquerschnitte (hohl),
- Kastenquerschnitte (hohl).

7. Welche Vorteile bieten Hohlquerschnitte gegenüber Vollquerschnitten?

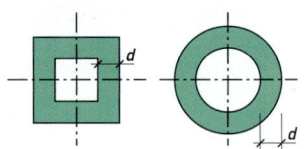

Hohlquerschnitte sind bei gleicher Querschnittsgröße wesentlich stabiler gegen das Ausknicken, was bei sehr langen Stützen von Bedeutung ist. Zusätzlich wird Material eingespart.

8. Wann werden üblicherweise
a) quadratische/runde Stützen,
b) rechteckige Stützen ein-
gesetzt?

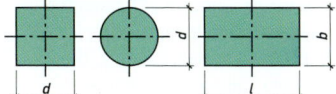

a) quadratische/runde Stützen:
Wenn die Gefahr des Ausknickens unter der Last in jeder Richtung gleich groß ist. Dies ist meist bei frei stehenden Stützen der Fall.

b) rechteckige Stützen:
Wenn die Gefahr des Ausknickens in einer Richtung wesentlich geringer ist, z. B. weil eine Reihe Stützen im Skelettbau seitlich durch Riegel gehalten wird.

7 B

9. In welchen Formen, Festig-
keiten und Dimensionen ist
Betonstahl im Handel erhältlich?

Betonstabstahl:
• als B550B
• Länge 12, 14 oder 15 m
• Durchmesser 6 ... 40 mm
Betonstahl in Ringen:
• als B500A oder B500B
• Ringbund je 2 ... 5 t Masse
• Durchmesser 4 ... 16 mm

10. Worin besteht der Unter-
schied zwischen Betonstählen
B500A und B500B?

A – normale Duktilität (Dehnbarkeit und Formbarkeit)
B – hohe Duktilität

11. Nennen Sie die Mindestdicke
von Stützen in Abhängigkeit von
ihrer Herstellungsart.

• 20 cm – bei Ortbetonstützen
• 12 cm – bei Fertigteilstützen (liegende Fertigung)

12. Welche Regeln gelten für die
Anordnung der Längsstähle in
der Stützenbewehrung?

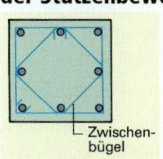
Zwischen-bügel

• Die Stähle sollen so nah wie möglich an der Außenseite des Bauteils liegen.
• Maximaler Abstand 30 cm.
• Bei Stützen bis zu 40 × 40 cm genügen vier Eckstähle.
• Mindestdurchmesser 12 mm.

13. Erklären Sie, welche Regeln
bei der Anordnung der Bügel in
der Stützenbewehrung einzu-
halten sind.

• Es dürfen nur geschlossene Bügel verwendet werden.
• Die Bügel sind *außen* um die Längsstähle zu führen.

→   →

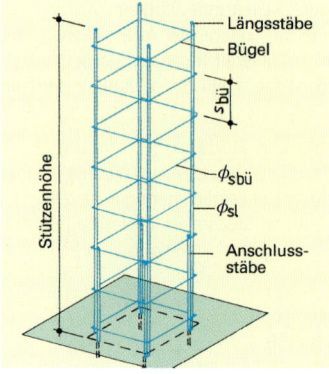

Beschriftung der Abbildung: Längsstäbe, Bügel, $s_{bü}$, Stützenhöhe, $\phi_{sbü}$, ϕ_{sl}, Anschlussstäbe

- Die Haken der Bügel sind in der Anordnung zu versetzen.
- Durchmesser der Bügel:
  - generell mindestens 6 mm,
  - bei Verwendung von Stahlmatten Mindestdurchmesser 5 mm,
  - Durchmesser mindestens $\frac{1}{4}$ des größten Längsstabdurchmessers.
- Abstände der Bügel:
  - maximal so groß wie die kleinste Stützenabmessung,
  - maximal $12 \times$ Durchmesser der Längsstähle,
  - an Kopf und Fuß der Stütze enger, da dort die größten Spaltkräfte wirken.
- Die Bügel dürfen an jeder Ecke maximal fünf Längsstähle gegen Ausknicken sichern.

14. a) Erklären Sie den Unterschied zwischen Hauptbügeln und Zwischenbügeln in der Stützenbewehrung.
b) Welche Regeln gelten für die Zwischenbügel?

a) Die Hauptbügel gehören zur Hauptbewehrung der Stütze, umschließen die Längsstähle und verhindern so, dass diese unter Last ausknicken können.
Zwischenbügel werden angeordnet, um bei großen Stützenquerschnitten die Längsstähle im Mittelbereich der Seitenflächen vor Ausknicken zu schützen.

b) Regeln:
  - Die Zwischenbügel dürfen das Einbringen des Betons und die Verdichtung nicht behindern (freier Innenraum).
  - Der Abstand der Zwischenbügel darf maximal doppelt so groß wie der Abstand der Hauptbügel sein.

15. Was versteht man unter einer „Spiralbewehrung"?

Bei runden und vieleckigen Stützenquerschnitten wird anstelle einzelner Bügel eine spiralförmige Außenbewehrung („Umschnürung") eingebaut. Die Ganghöhe der Spirale bleibt über die gesamte Höhe der Stütze gleich.
Die Tragfähigkeit der Stütze wird dadurch wesentlich erhöht.

16. Welche Bewehrungsregeln gelten für die Umschnürungen von Stützen?

- Gleichbleibende Ganghöhe über die gesamte Stützenlänge,
- Ganghöhe maximal 8 cm,
- Ganghöhe maximal $\frac{1}{5}$ des Kernquerschnitts (Durchmesser der Umschnürung in der Achse gemessen).

7 B

17. Beschreiben Sie die Ausführung der Anschlussbewehrung für eine in der folgenden Etage weitergeführte Stütze.

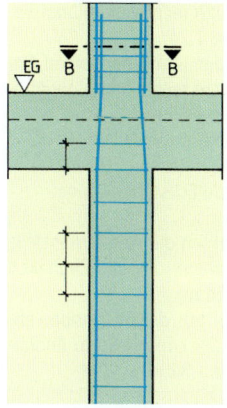

Variante 1:
Stoß durch Überlappung der Bewehrung um 50 … 80 cm. Die Bewehrung des unten liegenden Bauteils (Stütze in der darunterliegenden Etage, Fundament oder Bodenplatte) wird dabei um mindestens $2 \cdot \phi_s$ nach innen gezogen („gekröpft").
Variante 2:
Direkter stumpfer Stoß („Druckstoß"), dabei wird die Bewehrung an der Stoßstelle durch besondere Verbindungsmittel in ihrer Lage gesichert.

18. Beschreiben Sie den Arbeitsablauf zur Herstellung eines Bewehrungskorbes aus Einzelstählen für eine Stütze.

- Zwei Längsstähle (Eckstäbe) der Stütze werden auf Montageböcken aufgelegt,
- Bügelabstände anzeichnen,
- Bügel biegen und so auf die Längsstähle hängen, dass die Endhaken in der Richtung versetzt sind,
- Bügel mit beiden Längsstählen verbinden,
- die anderen beiden Eckstähle in die Bügel einlegen und an allen Verbindungsstellen mit den Bügeln verbinden,
- wenn weitere Zwischenstähle auf den Längsseiten benötigt werden, dann werden diese jetzt Seite für Seite eingelegt und mit den Bügeln verbunden,
- Abstandhalter für die Betondeckung an den Bügeln anbringen.

19. Im Bild ist der Bewehrungs- und Biegeplan für eine Stahlbetonstütze zu sehen.
a) Was zeigt der Bewehrungsplan?
b) Was zeigt der Biegeplan?
c) Beschreiben Sie die zu biegende Form der Bewehrungsstähle der Positionen ① … ⑥.

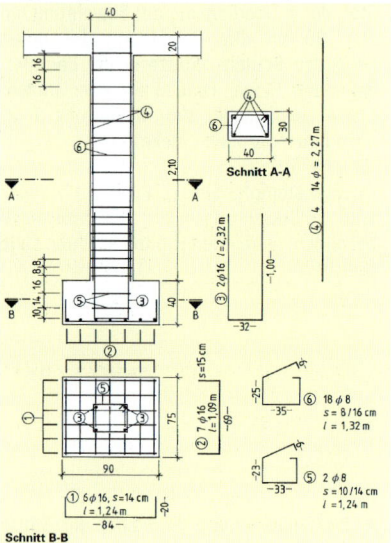

a) Bewehrungsplan:
   Zeigt die genaue Lage der einzelnen Bewehrungsstähle in der Stütze in Ansicht und Schnitt.

b) Biegeplan:
   Zeigt die verschiedenen Stähle in ihrer Biegeform, die Anzahl, den Durchmesser und die Gesamtlänge der Stähle.

c) Biegeformen:
   ① – gerader Stahl, an beiden Enden je 20 cm rechtwinklig abgebogen (Länge 1,24 m)
   ② – gerader Stahl, an beiden Enden je 15 cm rechtwinklig abgebogen (Länge 1,09 m)
   ③ – Anschlussstahl U-Form 1,00 × 0,32 m (Länge 2,32 m)
   ④ – gerade Eckstähle, Länge 2,27 m
   ⑤ – Bügel um die Anschlussstähle 33 × 23 cm mit 6 cm Endhaken (Länge 1,24 m)
   ⑥ – Bügel um die Stützenbewehrung 35 × 25 cm mit 6 cm Endhaken (Länge 1,32 m)

20. Zu welchem Zweck werden Stahllisten erstellt?

Die Stahlliste enthält nach Positionen getrennt Anzahl, Durchmesser und Gesamtlängen aller einzubauenden Stähle. Nach ihr wird der Stahl bestellt. Auch die Masse der zu transportierenden Ladung wird dort ausgewiesen.

**21. Erstellen Sie zu der Stützen-
bewehrung in Aufgabe 19. die
Stahlliste.**

7 B

Pos.	St.	d (mm)	l (m)	l ϕ 8 mm	l ϕ 14 mm	l ϕ 16 mm
1						
2						
3						
4						
5						
6						
Gesamtlänge in m						
Masse in kg/m						
Masse in kg						
Gesamtmasse in kg						

Pos.	St.	d (mm)	l (m)	l ϕ 8 mm	l ϕ 14 mm	l ϕ 16 mm
1	6	16	1,24	–	–	7,44
2	7	16	1,09	–	–	7,63
3	2	16	2,32	–	–	4,64
4	4	14	2,27	–	9,08	–
5	2	8	1,24	2,48	–	–
6	18	8	1,32	23,76	–	–
Gesamtlänge in m				26,24	9,08	19,71
Masse in kg/m				0,395	1,208	1,578
Masse in kg				10,365	10,969	31,102
Gesamtmasse in kg				52,436		

**22. Welche Aufgabe hat die
Betondeckung der Stütze zu
erfüllen?**

- Sicherung der Verbundwirkung zwischen Stahl und Beton,
- Korrosionsschutz der Bewehrung,
- Feuerwiderstand gewährleisten.

**23. Wovon ist die Dicke der
Betondeckung abhängig?**

- Größtkorn der Gesteinskörnung,
- Abstände der Bewehrungsstäbe,
- Expositionsklasse.

**24. Was versteht man bei der
Betondeckung unter einem „Vorhaltemaß" und wie wird die auf
der Baustelle einzuhaltende Betondeckung ermittelt?**

Beim Einbau des Betons kann es zu Abweichungen von der planmäßigen Lage des
Bewehrungsstabes kommen (z. B. stehen
beim Betonieren einer Decke die Arbeiter
auf der Bewehrung, wodurch sich diese
durchbiegt). Das Vorhaltemaß soll derartige
Toleranzen berücksichtigen und beträgt zwischen 1,0 und 1,5 cm. Die einzuhaltende
Betondeckung („Nennbetondeckung") setzt
sich aus der Mindestbetondeckung + Vorhaltemaß zusammen, also:

$c_{nom.} = c_{min.} + \Delta c$

25. Benennen Sie die Betonstähle A…D und erklären Sie, welche Aufgaben die einzelnen Stähle im Fundament erfüllen.

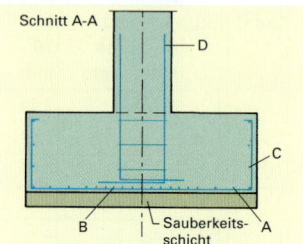

A – Tragstähle:
• Lastverteilung in Längs- und Querrichtung.

B – Tragstähle (eng liegend):
• Lastverteilung längs und quer,
• Verhinderung des Durchstanzens der Stütze.

C – Ringbewehrung:
• Verhindert das Auseinanderdrücken der Winkelhaken (Bügel).

D – Anschlussbewehrung:
• Verbindet das Fundament mit der Stütze.

26. In einer Baugrube sollen für eine Tiefgarage Stützenfundamente betoniert werden. Beschreiben Sie den Arbeitsablauf bei der Herstellung der im Bild gezeigten Stützenfundamente.

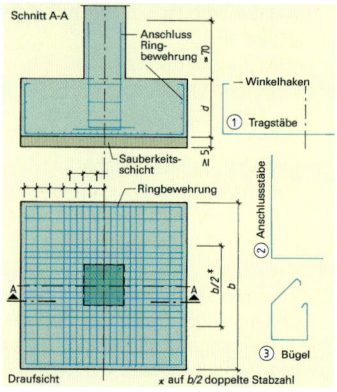

1. Untergrund:
Die Baugrubensohle ist ebenflächig herzustellen und gleichmäßig zu verdichten. Zur Wasserhaltung gegen Oberflächen- und Sickerwasser ist eine Querneigung der Sohle nach außen (mind. 1 %) und eine Ringdränage anzuordnen.

2. Sauberkeitsschicht:
Auf der Baugrubensohle wird eine Sauberkeitsschicht von mindestens 5 cm Dicke aufgebracht und verdichtet.
Auf diese Schicht wird im Bereich der Fundamente eine Folie aufgebracht, die verhindert, dass sich der Zementleim beim Einbringen des Betons mit der Kiesschicht vermischt.

3. Bewehrung:
• Verlegung der ersten Bewehrungslage (Längsstähle), in der Mitte in dichteren Abständen, damit sich die Stütze nicht durchstanzt,
• Verlegung der zweiten Lage (Querstähle) rechtwinklig dazu und Verbinden der Stähle mit den Längsstählen,
• Einbau der Ringbewehrung (Bügel) und Verbinden mit den Aufbiegungen der Längs- und Querstähle,

398

- Einbau der Anschlussstäbe und Verbinden mit den Tragstählen der Längs- bzw. Querbewehrung,
- Einbau der Bügel um die Anschlussstähle.

4. Schalung:
Herstellen der Schalung aus
- Schalhaut,
- Gurthölzern,
- Fundamentzargen.

Anschließend werden auf die Ringbewehrung Abstandhalter aufgebracht, die die Lage der Bewehrung im Fundament und damit die Einhaltung der Betondeckung sicherstellen.

7 B

27. Was versteht man unter einem „Köcherfundament" bzw. „Hülsenfundament"?

Bei einem Köcherfundament wird im Inneren des Fundamentes ein Hohlraum gelassen, in den die Stütze eingesetzt werden kann.

28. Bei welchen Stützenkonstruktionen verwendet man
a) Block-   b) Köcher-
   fundamente,   fundamente,

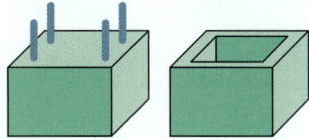

a) Blockfundamente:
Zum Anschluss der Stützen können Profilstähle (U-, I-Träger), Stützenfüße oder Bewehrungsstähle in den Beton einbetoniert werden.
Eingesetzt bei Stützen aus:
- Ortbeton,
- Stahl/Leichtmetall,
- Holz,
- Mauerwerk.

b) Hülsenfundamente:
Hülsenfundamente werden ausschließlich für Stahlbetonfertigteilstützen verwendet.

29. Für einen Hallenbau sollen statt Blockfundamenten und Ortbetonstützen nun Köcherfundamente und Stützen aus Stahlbetonfertigteilen verwendet werden.
Welche Vorteile ergeben sich daraus?

- Weniger Bauzeit, da die Fundamente schon ausgehärtet und sofort voll belastbar sind,
- höhere Maßgenauigkeit,
- wetterunabhängiges Bauen, da keine Schäden durch Wasser und Frost zu befürchten sind.

30. Sie sollen ein Hülsenfundament
a) als Fertigteil versetzen,
b) vor Ort betonieren.
Mit welchen Problemen müssen Sie jeweils rechnen?

a) Fertigteil:
Das Fertigteil muss exakt auf die vorgegebene Höhe waagerecht und fluchtrecht versetzt werden, da beim Einbau der Stütze in der Hülse nur noch geringe Höhendifferenzen ausgeglichen werden können. Das Fertigteil muss vollflächig auf der gleichmäßig verdichteten Bettung aufliegen, da es sonst zu unterschiedlichen Setzungen kommen kann.

b) Ortbeton:
Die Hülsenschalung muss gut verankert werden, damit sie durch den Auftrieb des Betons beim Betonieren und Verdichten nicht nach oben getrieben wird.

31. Benennen Sie die Teile A ... G des dargestellten Köcherfundamentes.

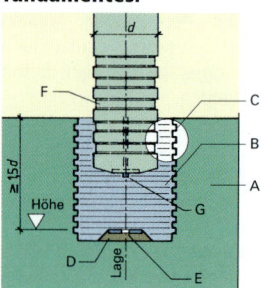

A – Fundamentbeton

B – Köcher

C – Wandung des Köchers aus gewelltem Vierkant-Blechprofil

D – Mörtelbett (Höhenausgleich)

E – Stahlplatte mit Loch

F – Stütze, im Fußbereich mit profilierter Oberfläche

G – Stahlplatte, mit Dorn zur Zentrierung beim Versetzen der Stütze

32. Was versteht man unter einer „systemlosen Stützenschalung"?

„Systemlos" heißt, sie wird nicht aus Fertigteilen mit vorgegebenen Maßen zusammengestellt, sondern aus einzelnen Brettern oder Holztafeln exakt auf die erforderliche Größe zugeschnitten und zusammengebaut.

33. a) Nennen Sie die Bauteile A ... H der im Bild gezeigten Brettschalung.
b) Worauf ist beim Aufbau der Schalung besonders zu achten?

a) Bauteile
A – Schalhaut aus Schalbrettern
B – Innenschild
C – Außenschild
D – Brettlaschen

→

→

400

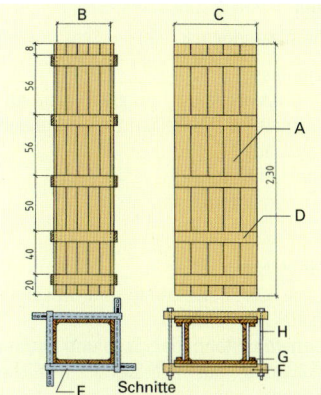

Schnitte

E – Säulenzwingen aus Stahl oder Kant-
  hölzern
F – Spannholz
G – Dränglaschen
H – Spannstangen

b) Zu beachten:
- Der Abstand der Brettlaschen und
  Zwingen muss am Stützenfuß deutlich
  enger sein, da der Betondruck dort
  am größten ist.
- Die Stützen müssen flucht- und senkrecht sicher durch seitliche Stützen
  gehalten werden, sodass sie sich auch
  beim Betonieren und Verdichten nicht
  verschieben können.
- Wenn Stütze und Unterzug in einem
  Arbeitsgang geschalt und betoniert
  werden, muss die Schalhaut der Unter-
  zugschalung auf der Stützenschalung
  liegen, da die Stützenschalung sonst
  kaum wieder ausschalbar ist.

**34. Worin unterscheiden sich die
beiden verschiedenen Arten von
Systemschalungen für Stützen?**

Rasterschalung:
Die Schalung besteht aus Stahl- oder Alu-
miniumrahmenelementen, die im 5-cm-
Raster aneinandergestellt und verbunden
werden können. Die Unterteilung in Schalhaut und Gurtung entfällt – die Rahmenschalung erfüllt beide Funktionen.
Trägerschalung:
Bei der Trägerschalung werden die seitlichen
Lasten beim Betonieren von der Schalhaut
auf senkrecht stehende Träger übertragen,
die dann mit speziellen Wandriegeln aus
Stahl zusammengehalten werden.

**35. Die runde Stütze soll mit ei-
ner Trägerschalung geschalt und
dann betoniert werden.
a) Welche Materialien können zum
   Schalen verwendet werden?
b) Welche Alternativen gibt es
   zur Trägerschalung?**

a) Materialien
   Schalhaut:
- Holzleisten und runder Stützenkranz
- Kunststoffrohr (KG) mit Stützenkranz
   Träger:
- Holzgitterträger
- Vollwandträger aus Holz

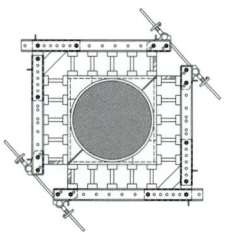

Riegel:
- Stahlwandriegel

b) Alternativen:
Rundstützenschalung aus zwei Halbrundelementen, die miteinander verbunden werden, aus
- Stahlprofilen,
- Aluminiumprofilen.

36. Beschreiben Sie die Vorgehensweise beim Betonieren einer Stahlbetonstütze.

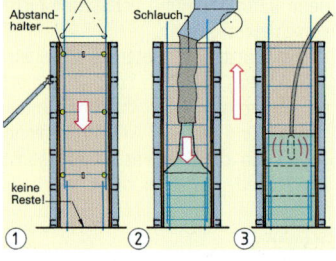

1. Vorarbeiten:
   - Lage der Bewehrung und Abstandhalter kontrollieren,
   - sicheren Stand der Schalung prüfen (Fußkranz auf der Decke, seitliche Stützen, …),
   - Arbeitsbühne oder Gerüst für das Einbringen und Verdichten aufstellen.
2. Einbringen des Betons:
   - Fallhöhe des Betons max. 1,00 m, sonst entmischt er sich (Verwendung von Fallrohren oder Schläuchen),
   - lagenweise in Schüttlagen von etwa 50 cm einbringen,
   - Betonsteiggeschwindigkeit max. 2,00 m/h.
3. Verdichten:
   - Innenrüttler schnell eintauchen und langsam nach oben ziehen, damit alle Luft entweichen kann,
   - bis in die vorherige Schicht eintauchen, um Zementleim zu verteilen,
   - nicht an die Schalung und den Bewehrungskorb kommen.

37. Welchen Vorteil bietet ein Schalungsrüttler gegenüber einem Innenrüttler?

Der Schalungsrüttler versetzt die gesamte Schalung in Vibration, daher kommt es zu einer sehr gleichmäßigen Verdichtung, besonders auch im Bereich der Betondeckung. Der Rüttler kommt nicht an die Bewehrung, wodurch verhindert wird, dass sich die Bewehrung im vorherigen Betonierabschnitt vom jungen Beton löst.

Lernfeld 7 B
Fachmathematik

1. Auf die Baustelle wurden 120 Bretter 2,8/12,5 cm, 3,50 m lang geliefert.
a) Wie groß ist die mögliche Schalfläche?
b) Wie groß war der Verschnitt (%), wenn eine Fläche von 42,00 m² eingeschalt wurde?

a) Schalfläche:
$A = 120 \cdot (l \cdot b)$
$A = 120 \cdot (3,50 \text{ m} \cdot 0,125 \text{ m})$
$A = \underline{\underline{52,50 \text{ m}^2}}$

b) Verschnitt:
Verschnitt $= 52,50 \text{ m}^2 - 42,00 \text{ m}^2$
$= 10,50 \text{ m}^2$

$\dfrac{p\%}{10,50 \text{ m}^2} = \dfrac{100\%}{52,50 \text{ m}^2}$

$p\% = \dfrac{10,50 \text{ m} \cdot 100\%}{52,50 \text{ m}^2} = \underline{\underline{20\%}}$

2. Mit den folgende Lieferungen an Schalbrettern soll jeweils eine Fläche von 76,00 m² eingeschalt werden.
Berechnen Sie den Verschnitt (%).

	St.	Bretter	$p\%$
a)	220	2,4/10 cm, 4,00 m	?
b)	270	2,8/10 cm, 3,00 m	?
c)	120	2,0/12 cm, 6,00 m	?
d)	120	2,4/12 cm, 5,50 m	?
e)	150	2,8/14 cm, 4,50 m	?

	St.	Bretter	$p\%$
a)	220	2,4/10 cm, 4,00 m	13,6
b)	270	2,8/10 cm, 3,00 m	6,2
c)	120	2,0/12 cm, 6,00 m	12,0
d)	120	2,4/12 cm, 5,50 m	4,0
e)	150	2,8/14 cm, 4,50 m	19,6

3. Eine Schalung besteht aus
- **28 Brettern 2,8/12,5 cm, 3,85 m lang**
- **12 Laschen 2,4/10,0 cm, 60 cm lang**
- **12 Laschen 2,4/10,0 cm, 55 cm lang**
a) Berechnen Sie das Volumen der Schalung.
b) Wie viel wiegt das Schalmaterial bei einer Rohdichte von 350 kg/m³?

a) Volumen:
$V = 28 \cdot (0,028 \text{ m} \cdot 0,125 \text{ m} \cdot 3,85 \text{ m})$
$\qquad + 12 \cdot (0,024 \text{ m} \cdot 0,10 \text{ m} \cdot 0,60 \text{ m})$
$\qquad + 12 \cdot (0,024 \text{ m} \cdot 0,10 \text{ m} \cdot 0,55 \text{ m})$
$V = 0,3773 \text{ m}^3 + 0,0173 \text{ m}^3 + 0,0158 \text{ m}^3$
$V = \underline{\underline{0,410 \text{ m}^3}}$

b) Masse:
$m = \varrho \cdot V$
$m = 350 \text{ kg/m}^3 \cdot 0,410 \text{ m}^3$
$m = \underline{\underline{143,5 \text{ kg}}}$

4. Wie viele Schalbretter 2,8/14,5 cm, 4,60 m lang kann ein Anhänger aufnehmen, der mit maximal 1000 kg beladen werden darf? (Rohdichte = 370 kg/m³)

$V_{Brett} = 0{,}028\ m \cdot 0{,}145\ m \cdot 4{,}60\ m$
$V_{Brett} = 0{,}018676\ m^3$
$m_{Brett} = 0{,}018676\ m^3 \cdot 370\ kg/m^3 = 6{,}91\ kg$
$\text{Anzahl}_{Ladung} = \dfrac{1000\ kg}{6{,}91\ kg/Brett} = 144{,}7\ \text{Bretter}$
Maximal dürfen also <u>144 Bretter</u> geladen werden.

5. Eine rechteckige Stütze 35 × 50 cm (h = 2,85 m) soll eingeschalt werden.

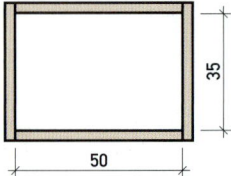

35 / 50

a) Wie viele Schalbretter 2,4/10 cm benötigen Sie für die Schalhaut?
b) Wie groß ist der Verschnitt (%), wenn die Bretter in einer Länge von 3,00 m bzw. 3,60 m angeliefert werden?

a) <u>Anzahl Schalbretter:</u>
lange Seite = 50 cm, das heißt 5 · 10 cm, also 5 Bretter
kurze Seite = 35 cm + 2 · 2,4 cm = 39,8 cm, also 4 Bretter
Anzahl = 2 · 5 Bretter + 2 · 4 Bretter
Anzahl = <u>18 Bretter</u>

b) <u>Verschnittmenge:</u>
Von 3,00 m werden nur 2,85 m benötigt, also sind 0,15 cm Verschnitt.
$\dfrac{p\%}{0{,}15\ m} = \dfrac{100\%}{3{,}00\ m}$
$p\% = \dfrac{0{,}15\ m \cdot 100\%}{3{,}00\ m} = \underline{\underline{5\%}}$
Von 3,60 m werden nur 2,85 m benötigt, also sind 0,75 cm Verschnitt.
$\dfrac{p\%}{0{,}75\ m} = \dfrac{100\%}{3{,}60\ m}$
$p\% = \dfrac{0{,}75\ m \cdot 100\%}{3{,}60\ m} = \underline{\underline{20{,}8\%}}$

6. Stützen der Höhe h sollen mit Brettern von 3,00 m bzw. 3,60 m Länge eingeschalt werden. Berechnen Sie jeweils die Verschnittmenge (%).

	h	3,00 m	3,60 m
a)	1,95 m	?	?
b)	2,40 m	?	?
c)	2,55 m	?	?
d)	2,65 m	?	?
e)	2,95 m	?	?

	h	3,00 m	3,60 m
a)	1,95 m	35,0 %	45,8 %
b)	2,40 m	20,0 %	33,3 %
c)	2,55 m	15,0 %	29,2 %
d)	2,65 m	11,7 %	26,4 %
e)	2,95 m	1,7 %	18,1 %

**7. Berechnen Sie die Gesamt-
masse folgender Holzlieferung:
(Rohdichte = 350 kg/m³)**
– **8 Kanthölzer 8/16 cm, 3,55 m
lang**
– **20 m² Schalholz, 24 mm dick**
– **8 Balken 10/24 cm, 6,35 m lang**
– **14 Bohlen 5/25 cm, 4,20 m lang**
**Kann die Ladung mit einem Fahr-
zeug, das 1 t laden darf, in einer
Fuhre befördert werden?**

$V = 8 \cdot (0,08\,m \cdot 0,16\,m \cdot 3,55\,m)$
$\quad + 20,00\,m^2 \cdot 0,024\,m$
$\quad + 8 \cdot (0,10\,m \cdot 0,24\,m \cdot 6,35\,m)$
$\quad + 14 \cdot (0,05\,m \cdot 0,25\,m \cdot 4,20\,m)$
$V = 0,364\,m^3 + 0,48\,m^3 + 1,219\,m^3$
$\quad + 0,735\,m^3$
$V = \underline{\underline{2,798\,m^3}}$
$m = \varrho \cdot V$
$m = 350\,kg/m^3 \cdot 2,798\,m^3$
$m = \underline{\underline{979,3\,kg}}$

Die Ladung kann mit dem Fahrzeug in einer Fuhre transportiert werden.

7 B

**8. Eine sechseckige Stütze
(Durchmesser 60 cm) soll eingeschalt werden.**

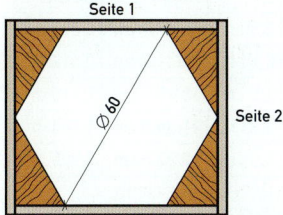

**a) Wie groß müssen die Kant-
hölzer sein, die diagonal längs
aufgetrennt werden müssen?**
**b) Wie viele Schalbretter
2,8/12 cm werden benötigt?**
**c) Berechnen Sie das Volumen
des Festbetons der Stütze bei
einer Höhe von 4,30 m.**

a) Kanthölzer:

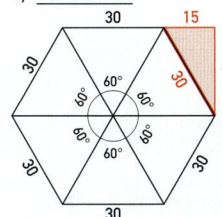

Beim Sechseck sind alle Kanten und Radien $= \dfrac{d}{2}$, also 30 cm.

$c^2 = a^2 + b^2$
$(30\,cm)^2 = (15\,cm)^2 + b^2$
$900\,cm^2 = 225\,cm^2 + b^2$
$b^2 = 675\,cm$
$b = \sqrt{675\,cm^2} = \underline{\underline{26\,cm}}$

Die Kanthölzer müssen 15/26 cm sein.

b) Schalbretter:
Seite 1 $= \dfrac{60\,cm}{12\,cm} = 5$ Bretter
Seite 2 $= \dfrac{(2,8 + 26 + 26 + 2,8)\,cm}{12\,cm/Brett}$
$= 4,8$ Bretter
Es müssen also $4 \cdot 5 = \underline{\underline{20\,Bretter}}$ bestellt werden.

c) Volumen der Stütze:

$A = 6 \cdot$ Dreieck

$A = 6 \cdot \dfrac{0,30\ m \cdot 0,26\ m}{2}$

$A = 0,234\ m^2$

$V = A \cdot h$

$V = 0,234\ m^2 \cdot 4,30\ m$

$V = \underline{1,006\ m^3}$

9. **Für folgende sechseckige Stützen mit dem Durchmesser d und der Höhe h sind jeweils die Dimensionen der diagonal zu schneidenden Kanthölzer und der benötigte Festbeton in m^3 auszurechnen.**

	d	h	Holz	Beton
a)	40 cm	2,60 m	?	?
b)	50 cm	3,10 m	?	?
c)	70 cm	3,55 m	?	?
d)	85 cm	2,85 m	?	?
e)	75 cm	5,65 m	?	?

	d	h	Holz	Beton
a)	40 cm	2,60 m	10/17,3 cm	0,270 m³
b)	50 cm	3,10 m	13/21,7 cm	0,512 m³
c)	70 cm	3,55 m	18/30,3 cm	1,118 m³
d)	85 cm	2,85 m	21/36,8 cm	1,344 m³
e)	75 cm	5,65 m	19/32,5 cm	2,305 m³

10. **Eine achteckige Stütze mit einem Durchmesser von 80 cm ist zu betonieren.**

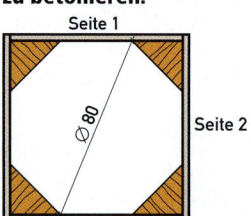

a) Ermitteln Sie den Materialbedarf für die Schalung (Kantholz und Schalbretter 2,4/14 cm).

a) Materialbedarf:

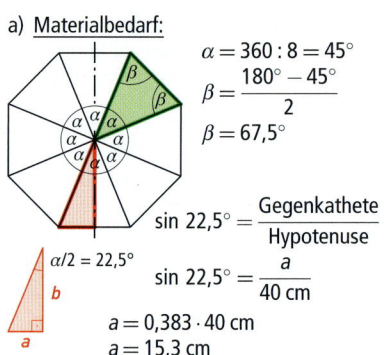

$\alpha = 360 : 8 = 45°$

$\beta = \dfrac{180° - 45°}{2}$

$\beta = 67,5°$

$\sin 22,5° = \dfrac{\text{Gegenkathete}}{\text{Hypotenuse}}$

$\sin 22,5° = \dfrac{a}{40\ cm}$

$a = 0,383 \cdot 40\ cm$

$a = 15,3\ cm$

**b) Berechnen Sie das Festbeton-
volumen der Stütze bei einer
Höhe von 6,80 m.**

$$\cos 22{,}5° = \frac{\text{Ankathete}}{\text{Hypotenuse}}$$

$$\cos 22{,}5° = \frac{b}{40 \text{ cm}}$$

$b = 0{,}924 \cdot 40 \text{ cm}$
$b = 37{,}0 \text{ cm}$

Kantholz:

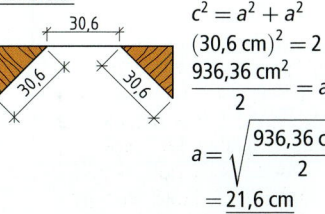

$c^2 = a^2 + a^2$
$(30{,}6 \text{ cm})^2 = 2 \cdot a^2$
$\dfrac{936{,}36 \text{ cm}^2}{2} = a^2$

$a = \sqrt{\dfrac{936{,}36 \text{ cm}^2}{2}}$
$\quad = \underline{21{,}6 \text{ cm}}$

Für die 4 Ecken müssen 2 Kanthölzer von je
21,6/21,6 cm diagonal aufgeschnitten werden.

Bretter für Schalhaut:
Seite 1 $=$
$$\frac{(2{,}4 + 21{,}6 + 30{,}6 + 21{,}6 + 2{,}4) \text{ cm}}{14 \text{ cm/Brett}}$$
Seite 1 $= 5{,}6$ Bretter
Seite 2 $= \dfrac{(21{,}6 + 30{,}6 + 21{,}6) \text{ cm}}{14 \text{ cm/Brett}}$
Seite 2 $= 5{,}3$ Bretter

Anzahl $= 4 \cdot 6$ Bretter $= \underline{24 \text{ Bretter}}$
(2 Bretter könnten gespart werden, wenn die
0,3 Bretter der Seite 2 aus den Abschnitten
der Randbretter der Seite 1 geschnitten
werden.)

b) Festbetonvolumen:

$A = 16 \cdot$ Dreieck
$A = 16 \cdot \dfrac{0{,}153 \text{ m} \cdot 0{,}37 \text{ m}}{2}$

$A = 0{,}453 \text{ m}^2$

$V = A \cdot 6{,}80 \text{ m}$
$V = \underline{3{,}080 \text{ m}^3}$

11. Für folgende achteckige Stützen mit dem Durchmesser *d* und der Höhe *h* sind jeweils die diagonal zu schneidenden Kanthölzer und der Festbeton in m^3 auszurechnen.

	d	*h*	Holz	Beton
a)	40 cm	2,45 m	?	?
b)	50 cm	3,25 m	?	?
c)	60 cm	3,80 m	?	?
d)	70 cm	4,65 m	?	?
e)	1,00 m	8,80 m	?	?

	d	*h*	Holz	Beton
a)	40 cm	2,45 m	11/11 cm	$0,277\ m^3$
b)	50 cm	3,25 m	14/14 cm	$0,575\ m^3$
c)	60 cm	3,80 m	16/16 cm	$0,968\ m^3$
d)	70 cm	4,65 m	19/19 cm	$1,610\ m^3$
e)	1,00 m	8,80 m	27/27 cm	$6,211\ m^3$

12. Die im Bild gezeigte quadratische Stütze ist einzuschalen und zu betonieren.

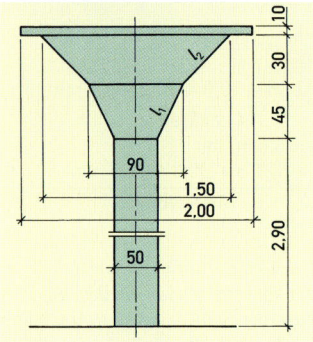

a) Berechnen Sie die Schalfläche in m^2.

b) Wie groß ist das Volumen der Stütze?

c) Wie viele Stützen lassen sich mit 11,000 m^3 Transportbeton betonieren?

a) Schalfläche:

$$A_{Stütze} = 4 \cdot (0,50\ m \cdot 2,90\ m) = 5,80\ m^2$$

$$l_1 = \sqrt{(0,20\ m)^2 + (0,45\ m)^2} = 0,49\ m$$

$$A_{Trapez1} = 4 \cdot \frac{0,50\ m + 0,90\ m}{2} \cdot 0,49\ m$$

$$A_{Trapez1} = 1,37\ m^2$$

$$l_2 = \sqrt{(0,30\ m)^2 + (0,30\ m)^2} = 0,42\ m$$

$$A_{Trapez2} = 4 \cdot \frac{0,90\ m + 1,50\ m}{2} \cdot 0,42\ m$$

$$A_{Trapez2} = 2,02\ m^2$$

$$A_{Platte} = (2,00\ m)^2 - (1,50\ m)^2 + 4 \cdot 0,10\ m \cdot 2,00\ m$$

$$A_{Platte} = 2,55\ m^2$$

$$A_{Schalung} = 5,80\ m^2 + 1,37\ m^2 + 2,02\ m^2 + 2,55\ m^2$$

$$A_{Schalung} = \underline{11,74\ m^2}$$

b) Volumen der Stütze:

$$V_{Stütze} = 0,50\ m \cdot 0,50\ m \cdot 2,90\ m$$
$$= 0,725\ m^3$$

$$V_{Trapez1} = \frac{A_{oben} + A_{unten}}{2} \cdot h$$

$$V_{Trapez1} = \frac{(0,90\,m)^2 + (0,50\,m)^2}{2} \cdot 0,45\,m$$

$$V_{Trapez1} = 0,239\,m^3$$

$$V_{Trapez2} = \frac{(1,50\,m)^2 + (0,90\,m)^2}{2} \cdot 0,30\,m$$

$$V_{Trapez2} = 0,459\,m^3$$

$$V_{Platte} = 2,00\,m \cdot 2,00\,m \cdot 0,10\,m$$
$$= 0,400\,m^3$$

$$V_{Stütze} = 0,725\,m^3 + 0,239\,m^3 + 0,459\,m^3$$
$$+ 0,400\,m^3$$

$$V_{Stütze} = \underline{1,823\,m^3}$$

7 B

c) Anzahl Stützen:

$$Anzahl = \frac{11,000\,m^3}{1,823\,m^3/Stütze} = 6,03\,Stützen$$

Es können 6 Stützen betoniert werden.

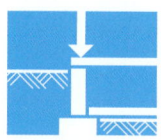

Lernfeld 8 B
Herstellen einer Kelleraußenwand

1. Worin besteht der Unterschied zwischen einer kurzen Wand und einem Pfeiler?

Eine Stütze ist maximal viermal so lang wie breit – ansonsten spricht man von einer (kurzen) Wand.

2. Welche Arten von Wänden werden nach ihrer Funktion unterschieden?

- tragende Wände,
- aussteifende Wände,
- nichttragende Wände.

3. Erläutern Sie, welche Funktionen die folgenden Wände zu erfüllen haben:
a) tragende Wände,
b) aussteifende Wände,
c) nichttragende Wände.

Tragende Wände nehmen die senkrechten Lasten des Gebäudes auf und leiten sie über die darunterliegenden Bauwerksteile in die Fundamente ab.
Aussteifende Wände stehen rechtwinklig zu den tragenden Wänden und verhindern so das Ausknicken durch die Bauwerks- oder Windlast.
Nichttragende Wände dienen der Raumabgrenzung. An der Gebäudeaußenseite müssen sie auch Windlasten aufnehmen können.

4. Welche Anforderungen werden gestellt an
a) tragende Wände,
b) aussteifende Wände.

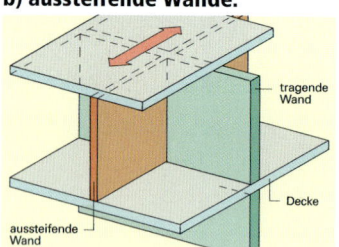

a) Tragende Wände:
- müssen die Bauwerkslasten aufnehmen können, d.h. ausreichend druckfest sein.
- Mindestwanddicke 24 cm,
- Außenwände im Regelfall mind. 30 cm dick wegen Schall- und Wärmeschutz.

b) Aussteifende Wände:
- mindestens 8 cm dick,
- entweder gleichzeitig mit den tragenden Wänden herstellen oder mit Anschlussbewehrung verbinden,
- Länge = mind. $\frac{1}{5}$ der Geschosshöhe.

410

5. Nennen Sie mindestens sechs Aufgaben, die Wände erfüllen können.

- Raumabgrenzung,
- senkrechte Lastableitung,
- Aufnahme von Windlasten,
- Aussteifung des Gebäudes,
- Brandschutz,
- Wärmeschutz,
- Wetterschutz.

8 B

6. Nach welchen Kriterien wird die Dicke einer Stahlbetonwand festgelegt?

- Standsicherheit/Tragfähigkeit,
- Wärme-/Schall- bzw. Brandschutz,
- Einhaltung der Mindestwanddicken.

7. Nennen Sie die vier Varianten, eine Stahlbetonwand herzustellen.

- Ortbeton mit Schalung,
- Setzen von Hohlwandelementen und anschließendes Ausbetonieren,
- Setzen von massiven Betonelementen,
- Setzen von Schalsteinen und anschließendes Ausbetonieren.

8. Welche Arten von Wandschalungen gibt es?

- systemlose Schalungen,
- Trägerschalung,
- Rahmenschalung.

9. Worin unterscheiden sich Rahmenschalungen von Trägerschalungen?

Rahmenschalungen:
Der Rahmen aus Stahl oder Aluminium ist fest mit der Schalhaut verbunden und übernimmt auch die Funktion der Gurte.
Trägerschalungen:
Die Schalplatten werden mit den Schalhautträgern und Gurten zu großen Elementen vorgefertigt, die dann mittels Kran zum Einsatz gebracht werden.

10. Ordnen Sie den drei verschiedenen Schalungsarten (systemlos = sl, Trägerschalung = Tr, Rahmenschalung = Ra) die entsprechenden Eigenschaften zu.

Eigenschaften	sl	Tr	Ra
Ankerstellen beliebig wählbar	?	?	?
geringe Dicke der Schalungskonstruktion	?	?	?
zum Teil unabhängig vom Kran einsetzbar	?	?	?
Fertigung für eine bestimmte Wandgröße	?	?	?
wechselnde Formen und Wandstärken möglich	?	?	?

Eigenschaften	sl	Tr	Ra
Ankerstellen beliebig wählbar	X	X	–
geringe Dicke der Schalungskonstruktion	–	–	X
zum Teil unabhängig vom Kran einsetzbar	X	–	X
Fertigung für eine bestimmte Wandgröße	–	X	–
wechselnde Formen und Wandstärken möglich	X	–	–

11. Welche Aufgaben haben die Wandschalungen zu erfüllen? Nennen Sie mindestens fünf davon.

- Formgebung für den Frischbeton,
- Aufnahme des Frischbetondrucks,
- Sicherung gegen horizontale Kräfte (Windlasten),
- Aufnahme der Lasten beim Betonieren,
- Schutz des jungen Betons beim Erstarren und Erhärten,
- Oberflächengestaltung.

12. Benennen Sie die Bauteile A … G einer Trägerschalung und erläutern Sie die Aufgaben der Bauteile.

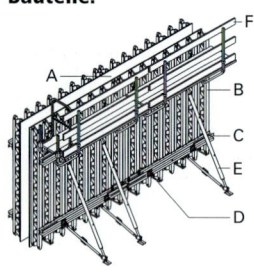

A – Schalhaut:
- Formgebung für den Beton,
- Gestaltung der Betonoberfläche (Struktur),
- Schutz des jungen Betons vor der Witterung.

B – Träger (vertikal):
- Aufnahme des Frischbetondrucks,
- Verhinderung der Durchbiegung der Schalhaut.

C – Gurtung (horizontal):
- Aufnahme der Lasten von den Trägern,
- Ausrichtung der Wand in der Flucht.

412

D – Verspannung:
• Sicherung des exakten Wandabstandes,
• Aufnahme der seitlichen Druckkräfte (Frischbetondruck).
E – Richtstützen:
• Sicherung der senkrechten Lage der Wandschalung,
• Fixierung der exakten Lage des Wandfußes auf der Decke.
F – Arbeitsbühne:
• sicherer Standplatz für die Arbeiter beim Betonieren und Verdichten,
• Aufnahme von Werkzeugen und Geräten.

8 B

**13. Wonach richtet sich die Art der Wandschalung, die eingesetzt werden soll?
Nennen Sie mindestens acht Kriterien.**

• Größe des Bauobjektes,
• Grundriss, Wandhöhen und Wandstärken,
• Einsatzhäufigkeit,
• Arbeitsaufwand/-zeit,
• Schalungsdruck und Betonierleistung,
• Maßgenauigkeit,
• gewünschte Oberflächenstruktur,
• Fugenausbildung,
• Wiederverwendbarkeit,
• Wartungsaufwand,
• Kosten,
• Verfügbarkeit eines Kranes.

14. Welche Vorteile bieten Rahmenschalungen gegenüber allen anderen Wandschalungsarten?

Die Rahmenschalungen sind sehr schnell einsetzbar. Da der Rahmen die Gurtung ersetzt, sind die Schalungsstärken geringer. Kleinere Elemente können (besonders bei Aluminiumrahmen) auch von Hand verbaut werden.

15. Aus welchen Elementen besteht ein Rahmenschalsystem?

Aus
• Rahmenschaltafeln in verschiedenen Breiten und Höhen,
• rechtwinkligen Innen- und Außenecken,
• Scharnierecken für nicht rechtwinklige Eckausbildungen,
• Verbindungselementen,
• Verspannungen,
• Richtstützen.

16. Unter welchen Umständen können Rahmenschalungen gegenüber systemlosen Schalungen wirtschaftlicher sein?

Der Anschaffungspreis von Rahmenschalungen ist im Vergleich zu Holzschaltafeln und Kanthölzern sehr hoch, aber:
- schnellere Montage und Demontage ist möglich,
- große Einsatzhäufigkeit der Elemente,
- langlebiger bei entsprechender Wartung,
- die Schalungen können gemietet werden, verursachen im Unternehmen also keine Kosten, wenn nicht gebaut wird.

17. Benennen Sie die Bauteile A … F der im Bild gezeigten Rahmenschalung.

A – Rahmenschaltafel
B – Innenecke rechtwinklig
C – Scharnierecke innen
D – Scharnierecke außen
E – Verspannung
F – Zwischenstück aus Schalholz zum Längenausgleich

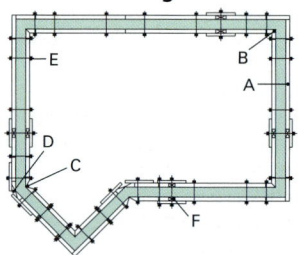

18. Wie können Sie als Facharbeiter dazu beitragen, die Kosten beim Einsatz von Rahmenschalungen gering zu halten?

- Sorgsamer Umgang mit den Rahmenschaltafeln (keine groben Stöße, nicht werfen, …),
- Aufbringen von ausreichend Schalöl (Trennmittel) auf die Oberfläche,
- keine rohe Gewalt beim Ein- und Ausbau der Verbindungsstücke,
- nach dem Betonieren Verunreinigungen (Kleckerbeton) an den Rahmenteilen entfernen,
- nach Ausschalen sorgsame Säuberung der Schalhaut.

19. Beschreiben Sie den Arbeitsablauf beim Schalen und Betonieren einer Kelleraußenwand.

① – erste Wandschalung stellen:
- Erste Wandseite aus Rahmenschalelementen montieren oder aus Schaltafeln, Trägern und Gurten vorfertigen und mit Kran versetzen.

→   →

414

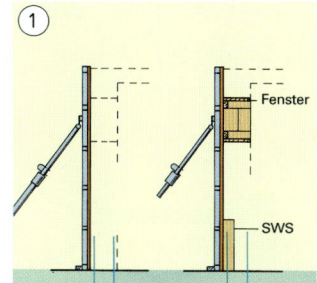

- Richtstützen außen anbringen und die Schalung senkrecht und fluchtrecht ausrichten.
- Am Fuß der Wand die Lage der Schalung mit Drängbrettern außen sichern.
- Aussparungen für Fenster, Türen, Wanddurchbrüche und Wandschlitze als Holzkästen herstellen und an der Schalung anbauen.
- Schalfläche (auch die Kästen) mit Trennmittel (Schalöl) einspritzen oder einstreichen.
- Bewehrung einbauen und mit der Anschlussbewehrung verbinden.

8 B

② – zweite Wandschalung stellen:
- Hülsen und Anker mit der ersten Wandseite verbinden.
- Zweite Wandseite aus Rahmenschalelementen aufbauen oder aus Schaltafeln, Trägern und Gurten vorfertigen und mit Kran versetzen, vorher mit Trennmittel behandeln.

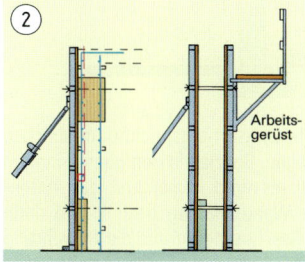

- Verspannung beidseitig an den Schalungswandungen verankern.
- Betonierbühne mit dreiteiligem Seitenschutz anbringen.
- Senkrechte und fluchtrechte Lage der gesamten Schalung nochmals überprüfen.

③ – Betonieren:
- Füllhöhe des Betons in der Schalung anzeichnen.
- Beton lagenweise (30 ... 50 cm) einbringen und verdichten.
- Nach der Erhärtung ausschalen.
- Betonflächen nachbehandeln.
- Schalung säubern und lagern.

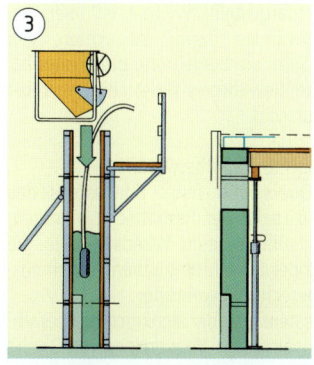

20. Welche Kräfte wirken auf eine Kelleraußenwand?

- Lasten der darüberliegenden Wände und Decken (vertikal),
- Erddruck auf der Außenseite (horizontal),
- wenn vorhanden der hydrostatische Druck durch Grundwasser (horizontal).

21. Zeichnen Sie in die dargestellte Kelleraußenwand ein
a) wirkende Kräfte (rot),
b) zu erwartende Verformung (blau),
c) auftretende Zug- $\oplus$ und Druckkräfte $\ominus$ (grün).

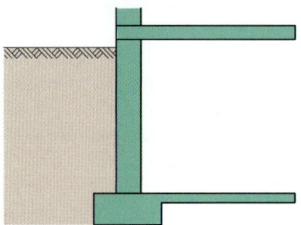
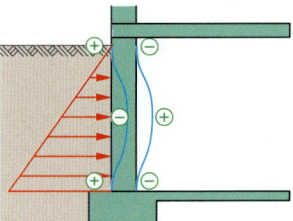

22. Warum werden die Bewehrungspläne für Wände immer so gezeichnet, dass sie von der Innenseite zu sehen sind?

Die Darstellungsart entspricht dem üblichen Arbeitsablauf. Speziell in den oberen Etagen eines Hauses wird immer erst die Außenseite der Wandschalung gestellt und dann von der Geschossdecke aus die Bewehrung eingebaut. Daher sind die Zeichnungen auch so dargestellt. Wichtig ist aber, bei Zwischenwänden darauf zu achten, von welcher Seite die Bewehrung gezeichnet ist, damit die Bewehrung nicht seitenverkehrt eingebaut wird.

23. Nennen Sie die Mindestvorgaben für die einzelnen Bewehrungen einer Wand.

a) Senkrechte Hauptbewehrung:
   Der Querschnitt muss mindestens das 0,0015-Fache der Betonfläche betragen, dabei sollten beide Wandseiten je die Hälfte der Bewehrung haben (Regelfall).
b) Waagerechte Bewehrung:
   Mindestens $^1/_5$ der senkrechten Bewehrung, was bei der Verwendung von Q- und R-Matten immer der Fall ist.
c) Verbindungen:
   Die Bewehrung beider Wandseiten ist mindestens viermal pro m² Wandfläche miteinander zu verbinden – meist werden dazu S-Haken verwendet.

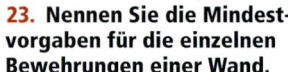

d) Steckbügel:
Diese werden an Wandenden (bei Ecken in beiden Richtungen) sowie Tür- und Fensteröffnungen eingebaut.

24. Eine Wand soll mit Rechteckmatten (Lagermatten) bewehrt werden. Ermitteln Sie (mit Tabellenbuch), welche Matten mindestens eingesetzt werden müssen.

Matten-Typ	Stababstände in mm	Stabquerschnitte in cm^2/m		Anzahl Stäbe mit ϕ in mm	
		längs	quer	längs	quer
Q 188		1,88	1,88	16 ϕ 6,0	40 ϕ 6,0
Q 257		2,57	2,57	16 ϕ 7,0	40 ϕ 7,0
Q 335	150/150	3,35	3,35	16 ϕ 8,0	40 ϕ 8,0
Q 424		4,24	4,24	8 ϕ 9,0	40 ϕ 9,0
Q 524		5,24	5,24	8 ϕ 10,0	40 ϕ 10,0
Q 636	100/125	6,36	6,28	16 ϕ 9,0	48 ϕ 10,0
R 188		1,88	1,13	16 ϕ 6,0	24 ϕ 6,0
R 257		2,57	1,13	16 ϕ 7,0	24 ϕ 6,0
R 335	150/250	3,35	1,13	16 ϕ 8,0	24 ϕ 6,0
R 424		4,24	2,01	12 ϕ 9,0	24 ϕ 8,0
R 524		5,24	2,01	12 ϕ 10,0	24 ϕ 8,0

a) Wandstärke = 15 cm
b) Wandstärke = 24 cm
c) Wandstärke = 30 cm
d) Wandstärke = 45 cm

Der Mindestquerschnitt beträgt das 0,0015-Fache der Betonfläche, davon auf jeder Seite die Hälfte.

a) Wandstärke $= 15$ cm:
$A_{Beton} = l \cdot b = 100$ cm $\cdot$ 15 cm
$\qquad = 1500$ cm^2
$A_{Stahl} = 0,0015 \cdot 1500$ cm^2
$\qquad = 2,25$ cm^2/m Wand

Auf jeder Seite müssten also pro m Wand 1,125 cm^2 = 112,5 mm^2 eingebaut werden.

Die Fläche des Stahls pro m Wandlänge in Haupttragrichtung lässt sich aus der Bezeichnung der Stahlmatte herauslesen, also R 257 $= 257$ mm^2 Stahl/m usw.

Bei einer 15 cm dicken Wand reicht also eine R 188. (188 mm^2/m $>$ 112,5 mm^2/m)

b) Wandstärke $= 24$ cm:
$A_{Beton} = l \cdot b = 100$ cm $\cdot$ 24 cm $= 2400$ cm^2
$A_{Stahl} = 0,0015 \cdot 2400$ cm^2
$\qquad = 3,60$ cm^2/m Wand

Auf jeder Seite müssten also pro m Wand 1,8 cm^2 = 180 mm^2 eingebaut werden. Es muss also mindestens eine R 257 eingebaut werden.

c) Wandstärke $= 30$ cm:
$A_{Beton} = l \cdot b = 100$ cm $\cdot$ 30 cm $= 3000$ cm^2
$A_{Stahl} = 0,0015 \cdot 3000$ cm^2
$\qquad = 4,50$ cm^2/m Wand

Auf jeder Seite müssten also pro m Wand 2,25 cm^2 = 225 mm^2 eingebaut werden. Es genügt immer noch eine R 257.

d) Wandstärke $= 45$ cm:
$A_{Beton} = l \cdot b = 100$ cm $\cdot$ 45 cm $= 4500$ cm^2
$A_{Stahl} = 0,0015 \cdot 4500$ cm^2
$\qquad = 6,75$ cm^2/m Wand

8 B

Auf jeder Seite müssten also pro m Wand $3,375\ cm^2 = 337,5\ mm^2$ eingebaut werden. Eine R 335 genügt hier gerade nicht mehr, es muss schon eine R 424 sein.

25. Ein Beton trägt auf dem Lieferschein die Bezeichnung „C20/25".
a) Wofür steht diese Bezeichnung?
b) Wann wird die Druckfestigkeitsprüfung durchgeführt?
c) Wie sieht der Probekörper aus?
d) Welche Druckfestigkeit hat der Betonprobewürfel mindestens zu erbringen?

a) C – concrete (englisches Wort für Beton) 20/25 – Mindestdruckfestigkeit (Druckfestigkeitsklasse)
b) Nach 28 Tagen Lagerung im Wasserbett.
c) Würfel $15 \times 15 \times 15$ cm (in Deutschland üblich), oder Zylinder $d = 15$ cm, $h = 30$ cm (in anderen Ländern Europas).
d) Würfel $= 25\ N/mm^2$
Zylinder $= 20\ N/mm^2$

26. a) Was versteht man beim Frischbeton unter „Konsistenz"?
b) Wie werden verschiedene Konsistenzstufen in der Herstellung erreicht?
c) Wofür ist die Angabe der Konsistenz wichtig?

a) „Konsistenz" $=$ die Verarbeitbarkeit des Betons von sehr steif bis sehr fließfähig.
b) Erreichbar durch die zugegebene Wassermenge oder die Zugabe von Fließmitteln.
c) Wichtig für die Art des Transportes zur Baustelle und auf der Baustelle sowie den Einsatz der verschiedenen Verdichtungsgeräte.

27. Mit welchen Verfahren wird üblicherweise die Konsistenz des Frischbetons festgestellt?

• Bestimmung des Ausbreitmaßes (Konsistenzklasse F1 … F6)
• Bestimmung des Verdichtungsmaßes (Konsistenzklasse C0 … C4)

28. Ordnen Sie die Konsistenzen des Frischbetons den jeweiligen Konsistenzklassen zu.

Konsistenz	F	C
sehr steif		
steif		
plastisch		
weich		
sehr weich		
fließfähig		
sehr fließfähig		

Konsistenz	F	C
sehr steif		C0
steif	F1	C1
plastisch	F2	C2
weich	F3	C3
sehr weich	F4	C4
fließfähig	F5	
sehr fließfähig	F6	

29. Welche Konsistenzstufen des Frischbetons kann man auf der Baustelle mit folgenden Transportmitteln zum Einsatzort befördern?

Fördermittel	Konsistenz
Förderband	
Kübel	
Betonpumpe	
Kübel mit Fallrohr	
Rinne/Rutsche	

Fördermittel	Konsistenz
Förderband	F1 – F2
Kübel	F2 – F4
Betonpumpe	F2 – F4
Kübel mit Fallrohr	F2 – F4
Rinne / Rutsche	F3 – F6

8 B

30. Warum lässt sich ein fließfähiger Frischbeton nicht mit der Betonpumpe fördern?

Beim fließfähigen Beton liegen die Zementteilchen im Zementleim weit auseinander, daher ist die Schmierwirkung des Zementleimes (Schmierfilm an der Wandung des Rohres der Betonpumpe, der eine Verstopfung verhindert) nicht mehr gegeben.
Die Reibung an der Rohrwandung steigt, und es kommt zu Verstopfungen.

31. In der Tabelle sind typische Gefährdungen, auf die mit den Expositionsklassen hingewiesen wird, den entsprechenden Expositionsklassen zugeordnet. Ergänzen Sie.

Expos.klasse	Gefährdung
?	Keine Gefährdung
XC	?
?	Korrosion der Bewehrung durch Chloride wie Streusalz
XS	?
?	Frostangriff (Wassersättigung mit/ohne Taumittel)
XA	?
?	Betonkorrosion durch mechanischen Verschleiß

Expos.klasse	Gefährdung
XO	Keine Gefährdung
XC	Korrosion der Bewehrung durch Karbonatisierung
XD	Korrosion der Bewehrung durch Chloride wie Streusalz
XS	Korrosion der Bewehrung durch Chloride aus Meersalz
XF	Frostangriff (Wassersättigung mit/ohne Taumittel)
XA	Betonkorrosion durch chemischen Angriff
XM	Betonkorrosion durch mechanischen Verschleiß

32. Welche Expositionsklassen sind für folgende Bauteile vorzusehen (benutzen Sie das Tabellenbuch)?

Bauteil	Klasse
unbewehrtes Trennwandfundament	?
bewehrte Fundamentplatte	?
Kelleraußenwand im Grundwasserbereich	?
Außenwand	?
Betonfahrbahnplatte im Straßenbau	?
Innenwände	?
Bohrpfahlgründung am Meer	?
Brückenpfeiler auf dem Mittelstreifen der Autobahn	?

Bauteil	Klasse
unbewehrtes Trennwandfundament	X 0
bewehrte Fundamentplatte	XC 2
Kelleraußenwand im Grundwasserbereich	XC 4, XF 1
Außenwand	XC 4, XF 1
Betonfahrbahnplatte im Straßenbau	XF 4, XD 3
Innenwände	XC 2
Bohrpfahlgründung am Meer	XC 2, XS 2, XA 2
Brückenpfeiler auf dem Mittelstreifen der Autobahn	XC 4, XD 1

33. a) Was passiert, wenn Frischbeton beim Einbringen in die Schalung aus größerer Höhe herabfällt?
b) Wie groß ist die maximal zulässige Fallhöhe?

a) Unterschiedlich große Körner fallen verschieden schnell, wodurch der Beton sich im Fallen entmischt.
b) Die maximale Fallhöhe darf 1,00 m nicht übersteigen.

34. Welche Einrichtungen werden verwendet, um beim Einbringen des Frischbetons eine Entmischung zu vermeiden?

• Prallbleche,
• Schütttrichter/Schüttrohre,
• Krankübel mit Schüttschlauch,
• Betonpumpen mit Schlauch.

35. Wovon ist die Dicke einer Schüttlage beim Betonieren in Wandschalungen abhängig? Geben Sie Richtwerte an.

Die Dicke hängt vom eingesetzten Verdichtungsgerät ab. Die Schütthöhen sollten zwischen 30 cm und 50 cm betragen.

36. Beschreiben Sie, worauf Sie beim Verdichten des Betons in der Wandschalung mit dem Innenrüttler zu achten haben.

• Den Rüttler schnell in den Beton eintauchen und langsam nach oben ziehen (sonst bildet sich zuerst oben eine dichte Schicht, die die Luft nicht mehr entweichen lässt).

→

420

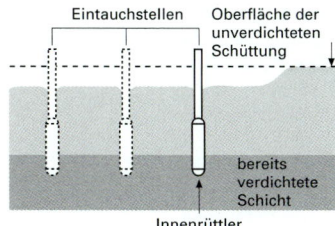

Eintauchstellen — Oberfläche der unverdichteten Schüttung

bereits verdichtete Schicht

Innenrüttler

- 10 … 15 cm in die vorherige Schicht eintauchen, um den Zementleim auf der Oberfläche der vorherigen Schicht auch zu verteilen.
- Frischbeton nicht mit dem Rüttler verteilen.
- Nicht an die Bewehrung kommen.
- Den Rüttler nicht an die Schalung halten.
- Tauchbereiche sollen sich überlappen (Eintauchstellen im Abstand des 8 … 10-Fachen des Rüttlerdurchmessers).

8 B

37. Nennen Sie vier mögliche Verdichtungsgeräte für Frischbeton.

- Innenrüttler
- Schalungsrüttler („Außenrüttler")
- Rüttelbohle
- Rütteltisch

38. Erklären Sie den Unterschied zwischen Innenrüttler und Außenrüttler.
Wann wird ein Außenrüttler eingesetzt?

Innenrüttler:
Der Innenrüttler wird in den Beton eingetaucht und verdichtet den umliegenden Beton direkt durch die eingebrachten Schwingungen.
Außenrüttler:
Der Außenrüttler wird außen an die Schalung angebracht. Er bringt die Schalung und damit auch den innen liegenden Beton zum Schwingen.
Einsatz:
- Bei dünnen Wänden, Pfeilern und Platten, da sonst die Schwingungen nicht den ganzen Beton erreichen.
- Wenn bei dünnen Bauteilen die Bewehrung zu eng liegt, um mit dem Innenrüttler dazwischen zu verdichten.

39. Was versteht man unter der „Nachbehandlung" von Beton?

Alle Maßnahmen, die nach Einbringen und Verdichten des Betons getroffen werden müssen, damit er seine volle Qualität erreicht.

40. Wovor muss der „junge Beton" während der Erhärtung geschützt werden?

- vor zu hohen Temperaturen,
- vor zu niedrigen Temperaturen/Frost,
- vor zu schneller Austrocknung.

41. Auf welche Art lässt sich Beton vor zu schneller Austrocknung schützen?

- Aufsprühen von Wasser,
- Aufsprühen eines Wachsfilmes,
- Abdecken mit Folie.

42. Wovon hängt die Dauer der Nachbehandlung ab?

- Bauteilabmessungen,
- Witterung,
- Betonzusammensetzung,
- Frischbetontemperatur bzw. Wärmeentwicklung des Betons.

43. Was versteht man unter einem „Hohlwandelement" („Filigranwand")?

Das Hohlwandelement besteht aus zwei 5...8 cm dicken Betonaußenschalen, die die Hauptbewehrung dicht ummanteln. Beide Seiten sind mit Gitterträgern fest verbunden, sodass nach dem Ausbetonieren eine 17,5...40 cm breite massive Stahlbetonwand entsteht.

44. Nennen Sie mindestens sechs Vorteile von Fertigteilwänden aus Stahlbeton gegenüber Ortbetonwänden.

- Einsparung der Schalung,
- kürzere Bauzeit,
- schnelle Montage,
- sehr maßgenau,
- glatte Oberflächen,
- sofort voll belastbar,
- weniger Baufeuchte,
- wetterunabhängige Vorfertigung.

45. Eine Kelleraußenwand soll aus Hohlwandelementen erstellt werden.
Welche Bewehrung ist in der Wand vorhanden bzw. muss noch eingebaut werden?

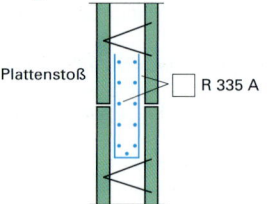

Im Hohlwandelement vorhanden:
- vertikale Hauptbewehrung und horizontale Querbewehrung in den Wandschalen,
- Gitterträger zum Verbinden der beiden Wandschalen.

Zusätzlich einzubauen:
- Anschlussbewehrung vom Fundament zur Wand gegen die Schubkräfte des Erddruckes,
- Anschlussbewehrung oben im Frischbeton, zum Anschluss der Decken und aufgehenden Wände,
- Bewehrung der Plattenstöße an Ecken und Wandanschlüssen.

422

46. Zu welchem Zweck werden in Hohlwandelementen Gitterträger eingebaut?

Gitterträger
- sichern den Abstand der Wandschalen und legen so die Wandstärke fest,
- stabilisieren das Wandelement beim meist liegenden Transport zur Baustelle,
- halten die Wandhälften beim Einbau auf der Baustelle mittels Kran zusammen,
- nehmen beim Betoneinbau den Frischbetondruck auf.

47. Beschreiben Sie die Montage einer Kelleraußenwand aus Hohlwandelementen.

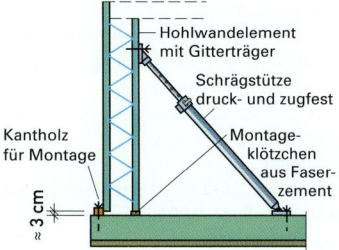

Hohlwandelement mit Gitterträger

Schrägstütze druck- und zugfest

Kantholz für Montage

Montageklötzchen aus Faserzement

3 cm

Vorbereiten der Unterkonstruktion:
- Herstellen der Streifenfundamente oder der Fundamentplatte.
- Einbauen der Anschlussbewehrung nach den Vorgaben des Statikers,
- Einlegen von Dichtungsbändern für die Arbeitsfugen.

Versetzen der Wandelemente:
- Genaue Lage der Wand einmessen, Wandflucht mit Schlagschnur markieren.
- Wandelemente nach Plan mittels Kran versetzen, in Flucht und Höhe ausrichten und in der Lage sichern:
  – Höhe und exakt waagerechte Einbaulage mittels Montageklötzchen festlegen,
  – senkrechte Lage mit Richtstützen, die auf der Decke verankert werden, sichern,
  – vor der Wand Kantholz anbringen, das verhindert, dass das Wandelement nach vorn wegrutscht.

Fertigstellung der Wand:
- Einbau der Anschlussbewehrungen an Ecken und Wandanschlüssen,
- Betonieren und Verdichten des Frischbetons,
- Einbau der Anschlussbewehrung für die Decken,
- Nachbehandlung des Betons,
- nach Erhärtung Abbau der Richtstützen.

8 B

48. Welche Unterschiede bestehen zwischen Hohlwandelementen und massiven vorgefertigten Wandelementen?

49. Erklären Sie, welche Besonderheiten (A ... E) ein Wandelement aus Stahlbeton gegenüber anderen Wandbaustoffen haben kann.

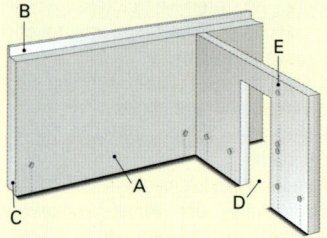

Die massiven Wände sind nach Versetzen sofort voll belastbar (keine Zeiten für die Erhärtung des Betons) und brauchen keine Anschlussbewehrung.

A – Wandbaustoff:
• fertig ausgehärteter Beton, sofort voll belastbar,
• zur besseren Wärmedämmung auch aus Leichtbeton, z. B. Porenbeton, lieferbar,
• als „Sandwich-Element" auch in mehrschichtigem Aufbau mit Wärmedämmschichten und fertiger Fassade herstellbar.

B – Wandaufkantung:
• führt die Fassadengestaltung und damit ggf. auch die Wärmedämmung lückenlos bis Oberkante Decke weiter,
• dient als Randschalung für die Stahlbetondecke.

C – Fußpunkt:
• wird ohne Anschlussbewehrung auf einer Mörtelfuge (MG III) versetzt.

D – Wandöffnungen:
• alle Wandöffnungen mit den dazugehörigen Bewehrungen (Sturz, Wandende, ...) sind komplett vorgefertigt,
• Türen und Fenster können bereits im Werk eingebaut werden.

E – Installationen:
• Elektroinstallationen erfolgen in dafür vorgesehenen Leerrohren in der Wand,
• zum Teil können auch schon Wasserrohre eingebaut sein,
• spätere Änderungswünsche des Kunden können allerdings nur schwer umgesetzt werden.

50.
a) Aus welchen Materialien können die Schalungssteine im Wandbau hergestellt werden?
b) Welche Vorteile hat eine solche Wand?

a) Materialien:
• gefügedichter Normalbeton,
• Leichtbeton,
• Holzspanbeton,
• Schaumkunststoff,
• Beton mit integrierter Dämmschicht.

→

424

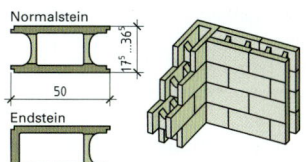

Normalstein
50
Endstein

b) Vorteile:
- sehr leichte Bauteile,
- ohne Kran versetzbar,
- fugenlos versetzbar (Nut + Feder).

8 B

51. Beschreiben Sie das Vorgehen beim Bau einer Wand aus Schalungssteinen.

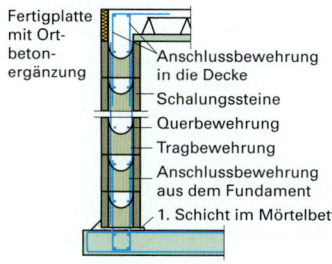

Fertigplatte mit Ortbetonergänzung
- Anschlussbewehrung in die Decke
- Schalungssteine
- Querbewehrung
- Tragbewehrung
- Anschlussbewehrung aus dem Fundament
- 1. Schicht im Mörtelbett

1. Anlegen der Wände:
Anzeichnen der Wände und Mauern der ersten Schicht mit Mörtelfuge (waage- und fluchtrecht).

2. Wandbau:
Weitere Schichten werden ohne Mörtel in Nut und Feder lose versetzt. Dabei sind die senkrechte Tragbewehrung und waagerechte Querbewehrung nach Plan einzubauen und zu verbinden. Am Fuß der Wand ist die Anschlussbewehrung mit der Tragbewehrung zu verbinden.
Tür- und Fensteröffnungen sind seitlich mit Randsteinen herzustellen, der Sturz erhält nur unten einen Schalboden und wird mit einem Bewehrungskorb bewehrt.
Hüllrohre für Installationen werden in der jeweiligen Schicht eingebaut.

3. Betonieren:
Anschlussbewehrung für die Decke und darüberliegende Wände einbauen. Vor dem Betonieren sind die Wände mit Richtstützen in ihrer Lage auszurichten und zu fixieren.
Betonieren und Verdichten, nach der Erhärtung Demontage der Stützen.

52. Erklären Sie die Begriffe
a) schwarze Wanne,
b) weiße Wanne.

Bei beiden Begriffen handelt es sich um die Abdichtung des Gebäudes gegen nichtdrückendes oder drückendes Wasser.
„Wanne", da die Abdichtung sowohl alle umliegenden Außenwände, als auch den Gebäudeboden betrifft. Die Farbe (schwarz/weiß) richtet sich nach dem Aussehen der Abdichtung, das heißt im Wesentlichen nach den verwendeten Materialien.

→   →

a) <u>schwarze Wanne:</u>
- Bitumenbahnen,
- Schweißbahnen,
- Bitumenspachtelmassen.

b) <u>weiße Wanne:</u>
- wasserdichter Ortbeton,
- wasserdichte Betonfertigteile,
- innen/außen liegende Fugenbänder.

53. Unterscheiden Sie die Begriffe
a) Bodenfeuchte,
b) nichtdrückendes Wasser,
c) drückendes Wasser.

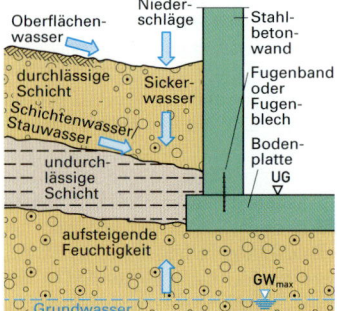

54. Sie sollen eine wasserdichte Kelleraußenwand aus Hohlwandelementen herstellen.
Worauf ist dabei besonders zu achten? Begründen Sie Ihre Aussagen.

a) <u>Bodenfeuchte:</u>
Feuchte ist immer vorhanden. Bei Böden, die so durchlässig sind, dass das eindringende Wasser schnell versickern kann, werden die Bauwerke nur durch die Bodenfeuchte belastet.

b) <u>nichtdrückendes Wasser:</u>
Ist der Boden schlecht durchlässig, so durchfeuchtet er bei eindringendem Niederschlag, und an der Außenwand des Gebäudes fällt nichtdrückendes Wasser an („nichtdrückendes Sickerwasser").

c) <u>drückendes Wasser:</u>
Sammelt sich das Sickerwasser an der Außenwand auf einer bestimmten Höhe, so entsteht durch die Stauhöhe ein hydrostatischer Druck („zeitweise aufstauendes Sickerwasser").
Das Gleiche geschieht, wenn das Gebäude bis zu einer bestimmten Höhe im Grundwasser steht („drückendes Wasser").

<u>Versetzen der Wandelemente:</u>
Die Hohlwandelemente sind so aufzustellen („aufzuständern"), dass sie unten mindestens 30 mm Abstand zur Bodenplatte haben.
<u>Betonmischung:</u>
Bei freien Fallhöhen über 1,00 m ist eine Anschlussmischung mit feinerer Gesteinskörnung (0/8) zu verwenden, die weniger zur Entmischung neigt.
Das Größtkorn der Kernbetonmischung ist auf die Wandstärke abzustimmen, sonst

426

lässt sich wegen der Fugenbleche der Beton nicht ausreichend verdichten.

Konsistenz F3 oder höher, um eine optimale Verdichtung zu gewährleisten.

Betoneinbau:

Die rauen Innenoberflächen der Elemente sind zur besseren Verbundwirkung mit dem Ortbeton vor dem Betonieren ausreichend anzunässen.

Beton in Lagen von maximal 50 cm einbringen und sorgfältig verdichten, um Kiesnester und Hohlräume zu vermeiden.

Zur Verringerung der Schwundrissbildung ist besonderer Wert auf eine sorgfältige Nachbehandlung zu legen.

55. Nennen Sie die Mindestabmessungen für Bodenplatten und Wände aus WU-Beton gegen drückendes Wasser.

Bodenplatten:
- aus Ortbeton mind. 25 cm dick,
- aus Fertigteilen (z. B. bei Schächten) mind. 20 cm dick.

Wände:
- aus Ortbeton mind. 24 cm dick,
- Elementwände mind. 24 cm dick,
- Fertigteilwände mind. 20 cm dick.

56. Benennen Sie die Bauteile A…J der dargestellten wasserundurchlässigen Kelleraußenwand und beschreiben Sie jeweils die Funktion des Bauteils.

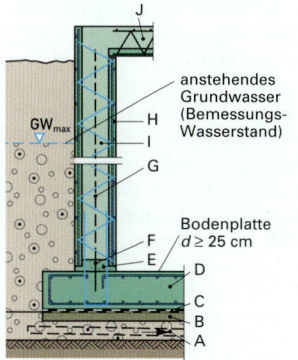

A – Flächendränung:
Ableitung von Wasser unter der Bodenplatte.

B – Sauberkeitsschicht:
Ebene Unterlage, sichert die waagerechte Einbaulage der Bodenplatte.

C – PE-Folie (zweilagig):
Verhindert, dass der Zementleim des Frischbetons der Bodenplatte in die Sauberkeitsschicht versickert.

D – Bodenplatte:
Bewehrte Ortbetonplatte aus wasserundurchlässigem Beton, mindestens 25 cm dick.

E – Anschlussmischung:
Kleinere Gesteinskörnung um ein Entmischen beim Fallen aus größeren Höhen zu verhindern und um einen dichten hohlraumfreien Anschluss zu gewährleisten.

F – Fugenblech:
Waagerechter Einbau des Fugenbleches in der Bodenplatte, mittig in der Hohlelementwand – Abdichtung der Fugen zwischen Bodenplatte und Wand.
G – Fugenbleche:
Senkrechte Fugenbleche mittig in den Stoßfugen der einzelnen Wandelemente, auch in den Gebäudeecken zur Abdichtung der vertikalen Stöße.
H – Wandelemente:
Hohlwandelemente mit fertiger Bewehrung und sehr dichter Betondeckung in Sichtbetonqualität. Gleichzeitig Schalung für den Ortbeton.
I – Ortbeton:
Wasserdichter Kernbeton der Kelleraußenwand – sichert die Tragfähigkeit und die Dichtheit der Wand.
J – Fertigelementdecke:
Fertigplatte mit Ortbetonergänzung.

57. Welche Möglichkeiten gibt es, die Fugen zwischen Bodenplatte und Kelleraußenwand wasserdicht herzustellen?

- innen liegende Fugenbleche,
- innen liegende Fugenbänder,
- außen liegende Fugenbänder,
- Injektionsschläuche.

58. Worauf ist bei der Dichtung einer Fuge mit Dichtungsbändern zu achten bei
a) innen liegendem Dichtungsband,
b) außen liegendem Dichtungsband?

Innen liegendes Dichtungsband:
Das Dichtungsband ist in seiner Lage so zu fixieren, dass es sich beim Einschütten und Verdichten des Betons nicht verschiebt oder umknickt. Bei Hohlwandelementen ist das nur schwer sicherzustellen.
Außen liegendes Dichtungsband:
Wenn es an der Außenschalung fixiert ist, kann es sich beim Betonieren nicht verformen. Nach dem Ausschalen ist es an der Oberfläche so zu schützen, dass es bei der Verfüllung der Baugrube nicht beschädigt wird.

a)
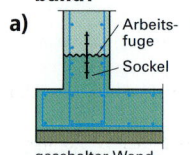
geschalter Wandsockel mit Fugenband oder Fugenblech

b)
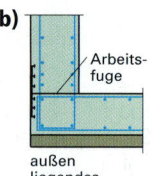
außen liegendes Fugenband

428

59. Worin unterscheiden sich die Fugenbänder für Arbeitsfugen von Fugenbändern für Dehnungsfugen?

Die Fugenbänder in *Arbeitsfugen* müssen dicht umschlossen sein und dichten die Verbindungsfuge durch ihre dichte Oberfläche ab.
Fugenbänder in *Dehnungsfugen* müssen beidseitig dicht im Beton verankert sein, in den Fugen müssen sie aber Dehnungen aufnehmen können. Daher sind in diesem Bereich Dehnkammern eingebaut.

8 B

60. Nennen Sie je drei Möglichkeiten Sichtbetonflächen zu gestalten
a) durch die Schalung,
b) durch die Nachbearbeitung der Flächen.

a) Schalung:
- Kunstharzbeschichtung – sehr glatt
- Kunststoffschalung – sehr glatt
- raue Bretter – Holzstruktur
- geflammte Bretter – grobe Holzstruktur
- gehobelte Bretter – ebene Holzstruktur
- profilierte Matritzen – beliebige Strukturoberflächen
- getränkte Matritzen – Waschbeton

b) Nachbearbeitung:
- Sandstrahlen
- Stocken
- Spitzen

61. Was versteht man unter einer „Perimeterdämmung"?

Aufbringen einer Schicht aus Schaumkunststoffplatten mit geringer Wasseraufnahme außen auf der wasserdichten Wand zur Erhöhung der Wärmedämmung des Gebäudes.

Lernfeld 8 B
Fachmathematik

1. Eine 12,80 m lange und 2,55 m hohe Wand soll mit Rahmenschalungen ($l \cdot h = 0{,}90\ m \cdot 2{,}70\ m$) eingeschalt werden.
Wie viele Rahmenschaltafeln werden benötigt, wenn an den Stirnseiten jeweils 1 Tafel steht?

$$\text{Anzahl} = \frac{12{,}80\ m}{0{,}90\ m/\text{Tafel}} = 14{,}22\ \text{Tafeln}$$

Also werden auf jeder Seite 15 Tafeln und die beiden für die Stirnseiten benötigt.
Die Schalung besteht also aus 32 Rahmenschaltafeln.

2. Wie viele Rahmenschaltafeln der Breite b werden für die Wände mit der Länge l benötigt?

	b	l	Rahmen-tafeln
a)	0,30 m	2,65 m	?
b)	0,60 m	3,35 m	?
c)	0,72 m	6,80 m	?
d)	0,90 m	10,55 m	?
e)	1,20 m	20,35 m	?

	b	l	Rahmen-tafeln
a)	0,30 m	2,65 m	20
b)	0,60 m	3,35 m	14
c)	0,72 m	6,80 m	22
d)	0,90 m	10,55 m	26
e)	1,20 m	20,35 m	36

3. Die dargestellte 3,10 m hohe Wand soll aus 15 cm dicken Rahmenschaltafeln ($l \cdot h = 0,60$ m $\cdot$ 3,20 m) eingeschalt werden. Die Außenecken werden eingeschalt, indem die Schalung mindestens 20 cm weiter geführt wird. An der Innenecke ist ein Reststück als Holzschalung auszuführen, die Schalkästen der Fenster-/Türöffnung werden ebenfalls mit Holz geschalt.

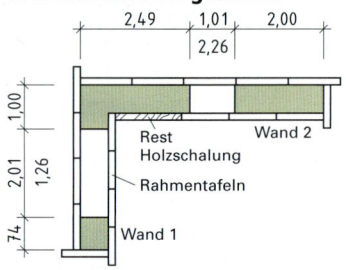

a) Berechnen Sie die Anzahl der benötigten Rahmenschaltafeln.

b) Berechnen Sie die Schalfläche der Holzschalung.

c) Wie viele Schalbretter 2,5/14,5 cm (2,60 m lang) werden bei 12 % Verschnitt benötigt?

a) Anzahl der Rahmenschaltafeln:
Außenseite Wand 1:
$$\text{Anzahl} = \frac{3,75\ m + 0,35\ m}{0,60\ m} = 6,83 \text{ Tafeln}$$
Also sind 7 · 0,60 m schon breiter als die benötigte Schalung der Wand 2.

Innenseite Wand 1:
$$\text{Anzahl} = \frac{3,50\ m + 0,35\ m}{0,60\ m} = 6,42 \text{ Tafeln}$$
7 · 0,60 m reichen aus.

Außenseite Wand 2:
$$\text{Anzahl} = \frac{5,50\ m + 0,35\ m}{0,60\ m} = 9,75,$$
also 10 Tafeln

Innenseite Wand 2:
$$\text{Anzahl} = \frac{5,25\ m}{0,60\ m} = 8,75, \text{ also 8 Tafeln}$$
(der Rest wird mit Holz geschalt)

Anzahl Rahmenschaltafeln:
7 + 7 + 10 + 8 + 2 · 1 (Stirnseiten) = 34 Rahmenschaltafeln

b) Schalfläche:
$$A = (2 \cdot 2,01 + 2 \cdot 1,21 + 2 \cdot 2,26 + 2 \cdot 0,96)\ m \cdot 0,25\ m + 0,45\ m \cdot 3,20\ m$$
$$= 4,66\ m^2$$

c) Schalbretter:
$$\text{Anzahl} = \frac{4,66\ m^2}{(0,145 \cdot 2,60)\ m^2/\text{Brett}} \cdot 1,12$$
$$= 13,8, \text{ also 14 Bretter}$$

4. Das im Bild gezeigte Gebäude soll mit einer Rahmenschalung geschalt werden.

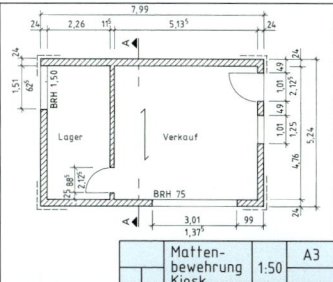

Die Rahmenschaltafeln sind 30, 60, 90 cm oder 1,20 m breit und 2,70 m hoch und 15 cm dick. Die Außenecken werden geschalt, indem eine Seite der Schalung

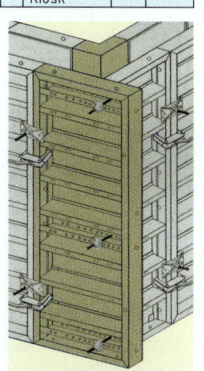

mindestens 20 cm vorbeigeführt wird, die Innenecken sind 30 × 30 cm.

a) Wie viele Rahmenschaltafeln werden benötigt, wenn möglichst wenige Elemente eingesetzt werden sollen?

b) Wie groß ist die Schalfläche, die aus Brettern geschalt werden muss?

c) Wie viele Schalbretter 2,4/ 12,5 cm (2,70 m lang) werden bei 14 % Verschnitt benötigt?

→

a) Möglichst wenige Elemente:
2 · Außenseite der Längswände:

$$\text{Anzahl} = \frac{7,99\,\text{m} + 0,35\,\text{m}}{1,20\,\text{m}} = 6,95$$

Also sind 7 · 1,20 m schon breiter als die benötigte Schalung der Querwand (6 · 1,20 m + 1 · 0,90 m = 8,10 m → reicht nicht).

2 · Außenseite der Querwände:

$$\text{Anzahl} = \frac{5,24\,\text{m} + 0,35\,\text{m}}{1,20\,\text{m}} = 4,66 \text{ Tafeln}$$

5 · 1,20 m reichen aus, aber sparsamer ist 4 · 1,20 m + 1 · 0,90 m = 5,70 m → reicht auch.

4 · Innenseiten der Querwände:

$$\text{Anzahl} = \frac{4,76\,\text{m} - 2 \cdot 0,30\,\text{m}}{1,20\,\text{m}} = 3,47 \text{ Tafeln}$$

Also 3 · 1,20 m = 3,60 m, es fehlen noch 56 cm. Dafür kann noch 1 · 0,30 m eingebaut werden, 26 cm müssen mit Holz geschalt werden.

2 · kurze Innenseite der Längswand:

$$\text{Anzahl} = \frac{2,26\,\text{m} - 2 \cdot 0,30\,\text{m}}{1,20\,\text{m}} = 1,38 \text{ Tafeln}$$

Also 1 · 1,20 m, es fehlen noch 46 cm. Dafür kann noch 1 · 0,30 m eingebaut werden, 16 cm müssen mit Holz geschalt werden.

2 · lange Innenseite der Längswand:

$$\text{Anzahl} = \frac{5,135\,\text{m} - 2 \cdot 0,30\,\text{m}}{1,20\,\text{m}}$$
$$= 3,78 \text{ Tafeln}$$

Also 3 · 1,20 m, es fehlen noch 93,5 cm. Dafür kann noch 1 · 0,90 m eingebaut werden, 3,5 cm müssen mit Holz geschalt werden.

→

8 B

Rahmenschaltafeln:

30 cm breit	6
60 cm breit	0
90 cm breit	4
1,20 m breit	42

b) Brettschalung:
$A = (4 \cdot 0,26\,\text{m} + 2 \cdot 0,16\,\text{m} + 2 \cdot 0,035\,\text{m})$
$\quad \cdot 2,70\,\text{m}$
$A = \underline{3,86\,\text{m}^2}$

c) Schalbretter:
$\text{Anzahl} = \dfrac{3,86\,\text{m}^2}{(0,125 \cdot 2,70)\,\text{m}^2/\text{Brett}} \cdot 1,14$
$= 13,03$, also $\underline{14\ \text{Bretter}}$

5. Auf der Baustelle (Aufgabe 4.) sind nur 2,40 m breite Rahmenschaltafeln vorhanden.

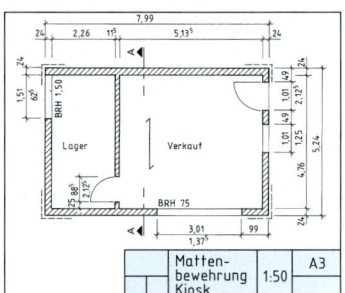

a) Wie viele Tafeln können eingesetzt werden?
b) Wie viele m² Brettschalung wird für die Restfläche benötigt?
c) Berechnen Sie für die jeweils angegebene Rahmenschaltafelbreite (*b*) die erforderliche Anzahl Tafeln (St.) und die aus Brettern zu schalende Restfläche (*A*).

a) Nur 2,40 m breite Elemente:
2 · Außenseite der Längswände:
$\text{Anzahl} = \dfrac{7,99\,\text{m} + 0,35\,\text{m}}{2,40\,\text{m}} = 3,475$,
also 4 Tafeln.

2 · Außenseite der Querwände:
$\text{Anzahl} = \dfrac{5,24\,\text{m} + 0,35\,\text{m}}{2,40\,\text{m}} = 2,33$,
also 3 Tafeln.

4 · Innenseiten der Querwände:
$\text{Anzahl} = \dfrac{4,76\,\text{m} - 2 \cdot 0,30\,\text{m}}{2,40\,\text{m}} = 1,73$,
also 1 Tafel und 1,76 m Restlänge.

2 · kurze Innenseite der Längswand:
$\text{Anzahl} = \dfrac{2,26\,\text{m} - 2 \cdot 0,30\,\text{m}}{2,40\,\text{m}}$
$= 0,69$ Tafeln.
Hier passt keine Tafel, es müssen 1,66 m mit Holz geschalt werden.

2 · lange Innenseite der Längswand:
$\text{Anzahl} = \dfrac{5,135\,\text{m} - 2 \cdot 0,30\,\text{m}}{2,40\,\text{m}} = 1,89$,
also 1 Tafel und 2,135 m Restlänge.

Rahmenschaltafeln:
Anzahl $= 2 \cdot 4 + 2 \cdot 3 + 4 \cdot 1 + 2 \cdot 1$
$= \underline{20 \text{ Tafeln}}$

b) Brettschalung:
$A = (4 \cdot 1,76 \text{ m} + 2 \cdot 1,66 \text{ m} + 2 \cdot 2,135 \text{ m})$
$\quad \cdot 2,70 \text{ m}$
$A = \underline{39,50 \text{ m}^2}$

8 B

c) Rahmentafeln und Brettschalungen:

b	St.	A
1,20 m	?	?
0,90 m	?	?
0,72 m	?	?
0,60 m	?	?

b	St.	A
1,20 m	46	13,58 m²
0,90 m	60	10,34 m²
0,72 m	76	8,40 m²
0,60 m	94	10,34 m²

6. Ermitteln Sie das zu bestellende Transportbetonvolumen für das Gebäude in Aufgabe **5.** bei einer Verdichtung von 5,5 % (Wandhöhen = 2,65 m).

$V_{\text{Längswände}} = 2 \cdot (7,99 \text{ m} \cdot 0,24 \text{ m} \cdot 2,65 \text{ m})$
$\quad\quad\quad\quad\quad -3,01 \text{ m} \cdot 1,375 \text{ m} \cdot 0,24 \text{ m}$
$V_{\text{Längswände}} = 9,17 \text{ m}^3$
$V_{\text{Querwände}} = 2 \cdot (4,76 \text{ m} \cdot 2,65 \text{ m} \cdot 0,24 \text{ m}) - 1,01 \text{ m}$
$\quad\quad\quad\quad\quad \cdot 2,125 \text{ m} \cdot 0,24 \text{ m} - 1,01 \text{ m} \cdot 1,25 \text{ m}$
$\quad\quad\quad\quad\quad \cdot 0,24 \text{ m} - 1,51 \text{ m} \cdot 0,625 \text{ m} \cdot 0,24 \text{ m}$
$V_{\text{Querwände}} = 5,010 \text{ m}^3$
$V_{\text{Trennwand}} = 4,76 \text{ m} \cdot 2,65 \text{ m} \cdot 0,115 \text{ m}$
$\quad\quad\quad\quad\quad -0,885 \text{ m} \cdot 2,125 \text{ m} \cdot 0,115 \text{ m}$
$V_{\text{Trennwand}} = 1,235 \text{ m}^3$
$V_{\text{Gesamt}} = 15,415 \text{ m} \cdot 1,055 = \underline{16,263 \text{ m}^3}$
Es müssen $\underline{17 \text{ m}^3 \text{ Beton}}$ bestellt werden.

7. Berechnen Sie, wie viele m³ Transportbeton jeweils für die im Bild (folgende Seite) gezeigten Wände bei einer durchschnittlichen Verdichtung von 4,5 % bestellt werden müssen.

a) $V_{\text{Wand}} = 6,00 \text{ m} \cdot 3,25 \text{ m} \cdot 0,30 \text{ m}$
$\quad\quad\quad = 5,850 \text{ m}^3$
$V_{\text{Fenster1}} = 2,26 \text{ m} \cdot 1,26 \text{ m} \cdot 0,30 \text{ m}$
$\quad\quad\quad = 0,854 \text{ m}^3$
$V_{\text{Fenster2}} = 0,76 \text{ m} \cdot 1,26 \text{ m} \cdot 0,30 \text{ m}$
$\quad\quad\quad = 0,287 \text{ m}^3$
$V_{\text{Festbeton}} = 5,850 \text{ m}^3 - 0,854 \text{ m}^3 - 0,287 \text{ m}^3$
$\quad\quad\quad = 4,709 \text{ m}^3$
$V_{\text{Transportbeton}} = 4,709 \text{ m}^3 \cdot 1,045 = \underline{4,921 \text{ m}^3}$
Es müssen $\underline{5,0 \text{ m}^3 \text{ Beton}}$ bestellt werden.

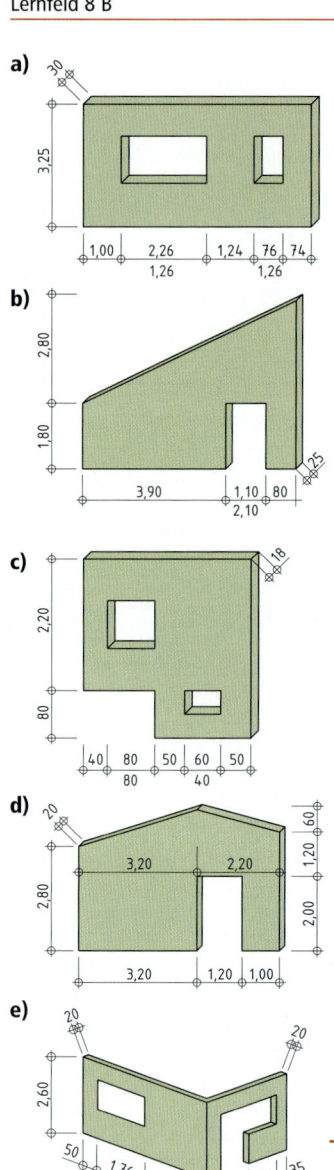

b) $V_{Wand} = \dfrac{1,80\ m + 4,60\ m}{2} \cdot 5,80\ m$

$\qquad \cdot\, 0,25\ m = 4,640\ m^3$

$V_{Tür} = 2,10\ m \cdot 1,10\ m \cdot 0,25\ m = 0,578\ m^3$

$V_{Festbeton} = 4,640\ m^3 - 0,578\ m^3 = 4,062\ m^3$

$V_{Transportbeton} = 4,062\ m^3 \cdot 1,045 = \underline{4,245\ m^3}$

Es müssen 4,3 m³ Beton bestellt werden.

c) $V_{Wand} = (2,80\ m \cdot 3,00\ m - 1,20\ m \cdot 0,80\ m)$

$\qquad \cdot\, 0,18\ m = 1,339\ m^3$

$V_{Fenster1} = 0,80\ m \cdot 0,80\ m \cdot 0,18\ m$

$\qquad = 0,115\ m^3$

$V_{Fenster2} = 0,60\ m \cdot 0,40\ m \cdot 0,18\ m$

$\qquad = 0,043\ m^3$

$V_{Festbeton} = 1,339\ m^3 - 0,115\ m^3$

$\qquad\qquad - 0,043\ m^3$

$\qquad = 1,181\ m^3$

$V_{Transportbeton} = 1,181\ m^3 \cdot 1,045$

$\qquad = \underline{1,234\ m^3}$

Es müssen 1,3 m³ Beton bestellt werden.

d) $V_{Wand} = (5,40\ m \cdot 3,80\ m$

$\qquad - \dfrac{3,20\ m \cdot 1,00\ m}{2} - \dfrac{2,20\ m \cdot 0,60\ m}{2})$

$\qquad \cdot\, 0,20\ m = 3,652\ m^3$

$V_{Tür} = 2,00\ m \cdot 1,20\ m \cdot 0,20\ m = 0,480\ m^3$

$V_{Festbeton} = 3,652\ m^3 - 0,480\ m^3$

$\qquad = 3,172\ m^3$

$V_{Transportbeton} = 3,172\ m^3 \cdot 1,045$

$\qquad = \underline{3,315\ m^3}$

Es müssen 3,4 m³ Beton bestellt werden.

e) $V_{Wände} = (4,50\ m + 2,85\ m) \cdot 2,60\ m$

$\qquad \cdot\, 0,20\ m = 3,822\ m^3$

$V_{Fenster1} = 1,76\ m \cdot 1,01\ m \cdot 0,20\ m$

$\qquad = 0,356\ m^3$

$V_{Fenster2} = 1,00\ m \cdot 2,01\ m \cdot 0,20\ m$

$\qquad\qquad + 1,00\ m \cdot 1,01\ m \cdot 0,20\ m$

$\qquad = 0,604\ m^3$

$$V_{Festbeton} = 3{,}822\ m^3 - 0{,}356\ m^3 - 0{,}604\ m^3$$
$$= 2{,}862\ m^3$$
$$V_{Transportbeton} = 2{,}862\ m^3 \cdot 1{,}045 = \underline{2{,}991\ m^3}$$

Es müssen $\underline{3{,}0\ m^3\ Beton}$ bestellt werden.

8. 4 Betonbauer (BB) erstellen eine Wandschalung mit einer Fläche von 128,00 m² in 3 Tagen je 7,25 Stunden. Wie lange brauchen 3 Betonbauer für eine Fläche von 85,50 m²?

4 BB	128,00 m²	$3 \cdot 7{,}25 = 21{,}75$ h
1 BB	128,00 m²	$21{,}75 \cdot 4 = 87{,}0$ h
1 BB	1,00 m²	$87{,}0 : 128 = 0{,}68$ h
1 BB	85,50 m²	$0{,}68 \cdot 85{,}5 = 58{,}11$ h
3 BB	85,50 m²	$58{,}11 : 3 = \underline{19{,}4\ h}$

9. 7 Betonbauer (BB) haben eine Rahmenschalung von 560,00 m² in 8 Tagen je 7,5 Stunden aufgebaut. Wie lange brauchen
a) 5 Betonbauer für 620,00 m²,
b) 12 Betonbauer für 2800,00 m²?

a)

7 BB	560,00 m²	$8 \cdot 7{,}5 = 60$ h
1 BB	560,00 m²	$60 \cdot 5 = 300$ h
1 BB	1,00 m²	$300 : 560 = 0{,}54$ h
1 BB	620 m²	$0{,}54 \cdot 620 = 334{,}8$ h
5 BB	620 m²	$334{,}8 : 5 = \underline{67\ h}$

67 h : 7,5 h/d = 8,93 d,
also: $\underline{8\ Tage,\ 6\ Stunden\ und\ 59\ Minuten}$

b)

7 BB	560,00 m²	$8 \cdot 7{,}5 = 60$ h
1 BB	560,00 m²	$60 \cdot 5 = 300$ h
1 BB	1,00 m²	$300 : 560 = 0{,}54$ h
1 BB	2800 m²	$0{,}54 \cdot 2800 = 1512$ h
12 BB	2800 m²	$1512 : 12 = \underline{126{,}0\ h}$

126 h : 7,5 h/d = 16,8 d,
also: $\underline{16\ Tage\ und\ 6\ Stunden}$

10. Das Kellergeschoss eines Hauses ist einzuschalen. 4 Betonbauer (BB) haben die Fläche von 490,00 m² in 6 Tagen je 8 Stunden geschafft.

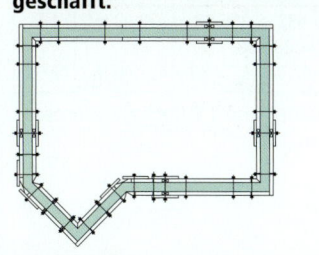

a)

4 BB	490,00 m²	$6 \cdot 8 = 48$ h
1 BB	490,00 m²	$48 \cdot 4 = 192{,}0$ h
1 BB	1,00 m²	$192{,}0 : 490 = 0{,}39$ h
1 BB	380,00 m²	$0{,}39 \cdot 380 = 148{,}2$ h
5 BB	380,00 m²	$148{,}2 : 5 = \underline{29{,}6\ h}$

29,6 h : 8 h/d = 3,7 d,
also: $\underline{3\ Tage,\ 5\ Stunden\ und\ 36\ Minuten}$

8 B

a) Wie lange brauchen 5 Beton-bauer für eine Fläche von 380,00 m²?

b) Wie weit kommen 8 Beton-bauer in 6 Tagen, wenn am Tag 10 Stunden gearbeitet wird?

c) Wie viele Betonbauer müssen eingesetzt werden, um 612,00 m² in 8 Tagen je 7,5 Stunden fertig zu bekommen?

b)

4 BB	490,00 m²	48 h
1 BB	490,00 m² : 4 = 122,5 m²	48 h
1 BB	122,5 m² : 48 = 2,55 m²	1 h
1 BB	2,55 m² · 60 = 153 m²	60 h
8 BB	153 m² · 8 = <u>1224 m²</u>	480 h

c)

4 BB		490,00 m²	48 h
4 BB · 48 = 192 BB		490,00 m²	1 h
192 BB : 490 = 0,392 BB		1,00 m²	1 h
0,392 · 612 = 240 BB		612,00 m²	1 h
240 : 60 = <u>4,00 BB</u>		612,00 m²	60 h

11. In der Vorfertigung sind 3 Betonbauer damit beschäftigt, aus Schaltafeln und Trägern Trägerschalungen für 4,50 m hohe Wände zusammenzubauen. In 4 Tagen je 8,5 Stunden haben sie 45,00 m Wandschalungen montiert.

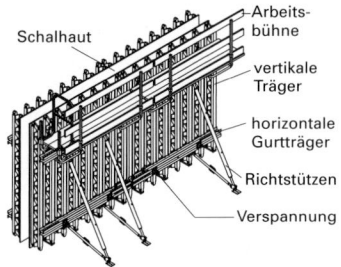

Schalhaut — Arbeits-bühne — vertikale Träger — horizontale Gurtträger — Richtstützen — Verspannung

a) Wie lange brauchen die drei für die ersten zweimal 6,00 m?

b) Wie lange brauchen 5 Beton-bauer für eine Wandschalung von 72,00 m Länge und 6,00 m Höhe, wenn sich der Aufwand pro m² durch die Verwendung anderer Träger um 1/3 erhöht?

→

a)

3 BB	45,00 m	4 · 8,5 = 34,0 h
1 BB	45,00 m	34 · 3 = 102 h
1 BB	1,00 m	102,0 : 45 = 2,27 h
1 BB	12,00 m	2,27 · 12 = 27,2 h
3 BB	12,00 m	27,2 : 3 = <u>9 h</u>

Zu Beginn des zweiten Arbeitstages sind die 12,00 m geschafft.

b)

3 BB	202,50 m²	4 · 8,5 = 34,0 h
1 BB	202,50 m²	34 · 3 = 102 h
1 BB	1,00 m²	102,0 : 202,5 = 0,50 h
1 BB	432,00 m²	0,50 · 432 = 216 h + 1/3 = 288 h
5 BB	432,00 m²	288 : 5 = <u>57,6 h</u>

57,6 h : 8,5 h/d = 6,78 d, also <u>6 Tage und 6 Stunden</u>

c)

3 BB		202,50 m²	34 h
3 · 34 = 102 BB		202,50 m²	1 h
102 : 202,5 = 0,50 BB		1,00 m²	1 h
0,50 · 432 = 216 BB + 1/3 = 288 BB		432,00 m²	1 h
288 : 42,5 = <u>6,77 BB</u>		432,00 m²	42,5 h

Es müssten also <u>7 Betonbauer</u> eingesetzt werden.

→

436

c) Wie viele Betonbauer müssten eingesetzt werden, um mit der größeren Wandschalung schon nach 5 Tagen fertig zu werden?

d) Wie lange müssten die Betonbauer am Tag arbeiten, wenn sich ein Arbeiter nach dem ersten Tag krank meldet, die Arbeit aber trotzdem nach 4 Tagen fertig sein muss?

e) Wie viele m Wandschalung kann man in einer Woche (5 Tage je 8,5 Stunden) mit einer Kolonne von 5 Betonbauern vorfertigen?

d) Nach dem ersten Tag ist ein Viertel geschafft, es bleiben also noch 45,00 m − 11,25 m = 28,75 m Schalung zu bauen.

3 BB	45,00 m	$4 \cdot 8,5 = 34,0$ h
1 BB	45,00 m	$34 \cdot 3 = 102$ h
1 BB	1,00 m	$102,0 : 45 = 2,27$ h
1 BB	28,75 m	$2,27 \cdot 28,75 = 65,3$ h
2 BB	28,75 m	$65,3 : 2 = \underline{32,7}$ h

Pro Tag müsste dann also jeder Betonbauer 32,7 h : 3 d = 10,9 h arbeiten, also <u>10 Stunden und 54 Minuten am Tag</u>.

e)
3 BB	45,00 m	34,0 h
1 BB	$45,00 : 3 = 15,00$ m	34,0 h
1 BB	$15,00 : 34 = 0,441$ m	1,0 h
1 BB	$0,441 \cdot 42,5 = 18,75$ m	42,5 h
5 BB	$18,75 \text{ m} \cdot 5 = \underline{93,75 \text{ m}}$	42,5 h

Die Kolonne kann in der Woche <u>maximal 94 m</u> schaffen.

8 B

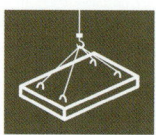

Lernfeld 12 B
Herstellen einer Fertigteildecke

1. Welche Vorteile bieten Fertig-teildecken gegenüber Ortbeton-decken?
Nennen Sie mindestens fünf davon.

- witterungsunabhängige Produktion und Erhärtung,
- sehr hohe Maßgenauigkeit,
- effektiver Betoneinsatz, da kaum Rest-mengen bleiben,
- kürzere Bauzeit,
- Vermeidung hoher Personal- und Material-kosten bei der Schalung auf der Baustelle,
- geringere Baufeuchte.

2. Nennen Sie die drei ver-schiedenen Konstruktionsarten von Decken.

- Plattendecken
- Plattenbalkendecken
- Balkendecken

3. Im Folgenden ist eine Platten-decke dargestellt.

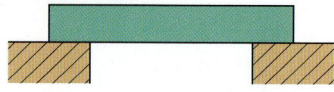

a) Zeichnen Sie die Verformung der Decke unter Last ein.
b) An welchen Stellen treten Zugspannungen $\oplus$ bzw. Druckspannungen $\ominus$ auf? Zeichnen Sie die Lage der Hauptbewehrung ein.
c) Ordnen Sie den einzelnen Bereichen des Plattenquer-schnittes (oben, Mitte, unten) die dort benötigten Materia-lien zu.
d) Ist eine Plattendecke aus konstruktiver Sicht überhaupt sinnvoll?

a)

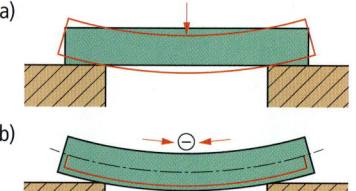

b)

c) Im unteren Bereich der Decke treten Zugspannungen auf, die von der Beweh-rung aufgenommen werden müssen. Die maximalen Zugspannungen sind am unteren Rand der Decke, also muss die Bewehrung so weit als möglich am unteren Plattenrand liegen.
Im oberen Bereich der Decke treten Druckspannungen auf, die der Beton problemlos aufnehmen kann. Dort wird keine Bewehrung benötigt.
Im Bereich der Nulllinie (Plattenmitte) treten nur sehr schwache Zug- bzw. Druckspannungen auf. Hier könnten

→

→

438

Hohlräume angeordnet werden, die die Decke leichter und evtl. wärmedämmender machen.

d) Die Plattendecke ist weniger zweckmäßig, da sie im Verhältnis zur Tragfähigkeit sehr schwer ist. Der Beton im unteren Bereich bringt keine höhere Festigkeit, sondern dient nur als Korrosionsschutz.

4. a) Wie müsste eine möglichst leichte, weitspannende und tragfähige Decke konstruiert sein?
b) Kennen Sie derartige Deckenkonstruktionen?

a) Optimal wäre eine Deckenkonstruktion, die im unteren Bereich ausschließlich Bewehrung enthält und im oberen Bereich eine druckfeste Betonplatte. Im mittleren Bereich sollten Hohlräume angeordnet sein, die die Last reduzieren.

12 B

b) Plattenbalkendecke:
Unten: Im Steg liegt die Hauptbewehrung, der wenige Beton sorgt für die dichte Betondeckung und den Abstand der Bewehrung zur Nulllinie.
Oben: Lastverteilende Betonplatte oberhalb der Nulllinie.
Zwischen den Stegen: Große Hohlräume reduzieren die Last.
Holzbalkendecken:
Unten: Zugfeste Deckenbalken.
Oben: Lastverteilende Dielung.
Zwischen den Balken: Hohlräume und Wärmedämmmaterialien.

5. Ordnen Sie die folgenden
Decken den Konstruktionsarten
Balkendecke (B), Plattenbalkendecke (PB) bzw. Plattendecke (P)
zu:

Deckenkonstruktion	B	PB	P
Ortbetondecke massiv	?	?	?
Fertigplatten mit Ortbetonergänzung	?	?	?
Hohlplatten aus Stahlbeton	?	?	?
Leichtbeton-/ Porenbetonplatten	?	?	?
Trogplatten	?	?	?
Stahlsteindecken	?	?	?
Balkendecken mit Zwischenbauteilen	?	?	?
Balkendecken ohne Zwischenbauteile	?	?	?
Doppelstegplatten	?	?	?
Rippendecken	?	?	?

Deckenkonstruktion	B	PB	P
Ortbetondecke massiv	–	–	X
Fertigplatten mit Ortbetonergänzung	–	–	X
Hohlplatten aus Stahlbeton	–	(X)	X
Leichtbeton-/ Porenbetonplatten	–	–	X
Trogplatten	–	X	–
Stahlsteindecken	–	X	–
Balkendecken mit Zwischenbauteilen	X	(X)	–
Balkendecken ohne Zwischenbauteile	X	–	–
Doppelstegplatten	–	X	–
Rippendecken	–	X	–

6. Sie sollen eine Decke aus
Fertigteilplatten verlegen und
anschließend den Ortbeton
aufbringen.
Beschreiben Sie den Arbeitsablauf.

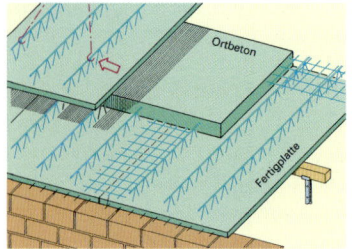

1. Reihenweises Aufstellen der Montagejoche in den nach Zeichnung vorgegebenen Abständen.
2. Verlegen der Fertigteilplatten nach Ver-
   legeplan. Die Platten sind parallel ohne
   Lücken zu verlegen.
3. Randabschalungen an den Decken-
   durchbrüchen, Treppenhäusern und Ring-
   ankern herstellen.
4. Zusätzliche Bewehrung verlegen:
   • an Plattenstößen mindestens 20 %
     der Längsbewehrung verlegen,
   • obere Randbewehrung, um durch
     Einspannungen auftretende Zugspan-
     nungen aufzunehmen.
5. Betonieren und verdichten.

→

440

6. Nachbehandlung des Ortbetons:
   - Abdecken mit Folien oder
   - Wasser aufsprühen.

7. Ihr Unternehmen bietet dem Bauherrn an, eine Fertigteilplattendecke mit Ortbeton zu verlegen. Erläutern Sie dem Bauherrn die Vorteile dieser Bauweise im Vergleich mit einer a) Ortbetondecke, b) Hohlplattendecke.

a) Vergleich zur Ortbetondecke:
   - kürzere Bauzeit,
   - keine Schalung notwendig,
   - höhere Maßgenauigkeit,
   - nur wenige Plattenstöße, ansonsten ist die Unteransicht der Decke „tapezierfertig",
   - weniger Baufeuchte.

b) Vergleich zur Hohlplattendecke:
   - jede Raumform (schräg, Aussparungen, Rundungen, …) ist problemlos im Werk herstellbar,
   - Randabschalungen kann man als fertige Aufkantung vorfertigen,
   - zusätzliche obere Bewehrung im Randbereich kann verlegt werden,
   - weniger Plattenstöße in der Unteransicht der Decke,
   - kaum Nacharbeiten um die Sichtfläche herzustellen.

12 B

8. Im Bild ist der Anschluss eines Balkonelementes an die Fertigteilplattendecke zu sehen. Welche Funktion haben die Bauteile A … G?

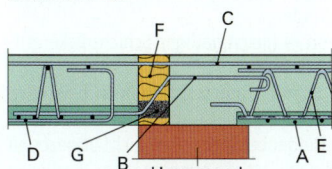

A – Fertigteilplatte:
   - fertige Unteransicht der Decke,
   - Haupttragbewehrung mit dichter Betondeckung.

B – Anschlussbewehrung:
   - verbindet die Balkonplatte zugfest mit der Deckenbewehrung.

C – Stützbewehrung:
   - Aufnahme der Zugkräfte über der Wand („Stützung"),
   - Haupttragbewehrung in der Balkonplatte, da bei Kragplatten die Zugkräfte auf der Oberseite entstehen.

D – Balkonplatte:
   - fertige Unteransicht des Balkons,
   - die Bewehrung dient als Transportsicherung bis zur Baustelle, im eingebauten Zustand wäre sie nicht erforderlich.

E – Gitterträger:
- Unterstützung der oberen Bewehrung,
- sichert die richtige Einbauhöhe der oberen Bewehrungslage,
- Anschlusspunkt beim Umsetzen des Bauteils mittels Kran.

F – Wärmedämmung:
- thermische Trennung zwischen Decke und Balkon, sonst würde an dieser Stelle eine Wärmebrücke entstehen.

G – Druckübertragungselement:
- verhindert, dass die Balkonplatte sich durch Eigen- und Nutzlasten in die Wärmedämmung eindrückt.

9. Beschreiben Sie den Arbeitsablauf bei der Herstellung einer Fertigteilplattendecke im Betonfertigteilwerk.
Worauf ist besonders zu achten?

- Schalung nach dem letzten Einsatz richtig säubern,
- Schalung zusammenbauen (Länge, Breite, Aussparungen, …),
- Schaloberfläche mit Trennmittel behandeln,
- Hauptbewehrung zuschneiden und auf Abstandhaltern aus Kunststoff oder Faserbeton verlegen,
- das Vorhaltemaß für die Betondeckung darf in diesem Fall um 5…10 mm verringert werden, da es in der Fertigung kaum Abweichungen gibt,
- Gitterträger auf der Hauptbewehrung verlegen und zugfest mit der Bewehrung verbinden,
- Beton in gleichmäßiger Schichtdicke aufbringen,
- Verdichtung durch Schalungsrüttler bzw. Rütteltische,
- die Betonoberfläche wird nicht abgezogen und geglättet, da nur eine raue Oberfläche einen guten Verbund zum Ortbeton ermöglicht.

10. Im Bild (folgende Seite) ist der Stoß zweier Fertigteilplatten auf einer Wand zu sehen.

a – Mindestauflage der Fertigteilplatte auf der Wand 4 cm

→

→

Nennen Sie die Mindestmaße a und b und erklären Sie die Aufgaben der Bauteile A … E.

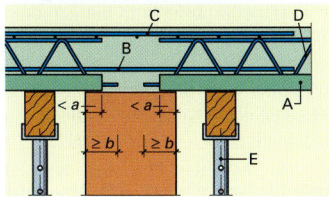

b – Mindestverankerungslänge der Bewehrung („Auflagertiefe") 10 cm

A – Fertigteilplatte:
• fertige Unteransicht der Decke,
• Haupttragbewehrung mit sehr dichter Betondeckung.

B – Stoßbewehrung:
• Bewehrung des Plattenstoßes.

C – Stützbewehrung:
• Aufnahme der Zugkräfte über der Wand („Stützung").

D – Gitterträger:
• Unterstützung der oberen Bewehrung und Sicherung der richtigen Einbauhöhe,
• Anschlusspunkt beim Umsetzen des Bauteils mittels Kran.

E – Unterstützungsjoche:
• sichern die exakte Höhenlage der Platten am Rand bzw.
• verhindern die Durchbiegung der Platten in der Mitte aufgrund der Eigenlast.

11. Wonach richtet sich der Abstand der Unterstützungsjoche bei der Montage einer Fertigteilplattendecke?

• Stützweite der Decke,
• Deckendicke (einschließlich der Ortbetonschicht),
• Höhe der Gitterträger,
• Typ der Gitterträger,
• Abstände der Gitterträger.

12. In welcher Richtung sind die Joche im Raum aufzustellen?

Die Joche laufen immer rechtwinklig zu den Gitterträgern der zu verlegenden Decke, also rechtwinklig zur Haupttragrichtung der Decke.

13. Erklären Sie das Prinzip einer „Höckerdecke". Wie wird diese Decke vorgefertigt?

Gitterträgerabstand

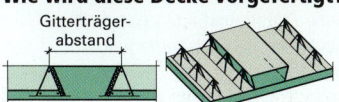

Prinzip:
In einigen Feldern wird der Beton zwischen den Gitterträgern im Fertigteilwerk schon mit eingebaut und so ein druckfester Stahlbetonbalken hergestellt. Dieser Stahlbetonbalken ermöglicht es, die Fertigteildecke vor Ort ohne Unterstützungskonstruktionen zu verlegen.

12 B

Fertigung:
Im Fertigteilwerk werden entlang zweier benachbarter Gitterträger Streifen aus Rippenstreckmetall befestigt, die so breit sind, dass sie bis zur späteren Oberfläche des Ortbetons gehen. Beim Betonieren der Fertigteilplatte wird der Bereich zwischen den Rippenstreckmetallstreifen vollständig mit ausbetoniert.

14. Welche Vorteile hat die Höckerdecke?

- Einsparung von Bauzeit und Montageaufwand, da keine Unterstützungskonstruktionen mehr erforderlich sind und bis zur Aushärtung der Ortbetonschicht belassen werden müssen.
- In den unter der Decke liegenden Räumen kann nach der Verlegung sofort weitergearbeitet werden, ohne dass Stützen im Wege stehen.

15. Welche Möglichkeiten gibt es noch, bei Fertigteildecken auf Unterstützungen zu verzichten?

- Sehr geringe Stützweiten und entsprechend groß dimensionierte Obergurte der Gitterträger.
- Auf Randunterstützungen kann verzichtet werden, wenn die Platten auf der Wand mindestens 4 cm aufliegen und Zwischenunterstützungen eingebaut wurden.
- Die Bewehrung in den Fertigteilplatten kann vorgespannt werden (siehe Lernfeld 16 B). Die Vorspannung nimmt die Kräfte auf und die gewölbte Platte verformt sich unter der Belastung (Eigenlast + Ortbeton + Nutzlasten) bis annähernd in die waagerechte Lage. Auch hier sind keinerlei Unterstützungskonstruktionen erforderlich.

16. Nennen Sie mindestens vier Vorteile einer Fertigdecke aus Hohlplatten.

- keine Ortbetonarbeiten notwendig,
- die Decke ist nach Verlegung sofort voll belastbar,
- keine Unterstützungskonstruktionen bei der Verlegung erforderlich,
- sehr glatte maßgenaue Unteransicht,

→   →

• die Verlegung ist wetterunabhängig (auch bei Frost oder starken Niederschlägen).

17. Beschreiben Sie die Herstellung einer Stahlbetonhohlplatte im Fertigteilwerk.

• Schalung nach dem letzten Einsatz richtig säubern,
• Schalung zusammenbauen (Länge, Breite, Aussparungen, …),
• Schaloberfläche mit Trennmittel behandeln,
• Hauptbewehrung zuschneiden und auf Abstandhaltern aus Kunststoff oder Faserbeton verlegen,
• auf Abstandhaltern die obere Bewehrungslage verlegen,
• von der Stirnseite werden in Längsrichtung Stahlrohre als Schalung für die Hohlräume eingefahren,
• der Beton wird in steifer Konsistenz eingebracht und verdichtet, die Oberfläche wird meist nur rau abgezogen,
• wenn der Erhärtungsprozess dies erlaubt, werden die Stahlrohre gezogen und die Platte ausgeschalt.

12 B

18. Erklären Sie die Funktion einer Hohlplattendecke aus Stahlbeton.

Im unteren Bereich der Decke treten Zugspannungen auf, daher ist dort die Hauptbewehrung in einer gut verdichteten Betondeckung zu finden.
Im oberen Bereich treten Druckspannungen auf, die von der oberen Betonschicht aufgenommen werden.
In der Mitte der Platte (Nulllinie) treten keine oder sehr geringe Spannungen auf, sodass hier große Hohlräume eingebaut werden können, die die Platte leichter und wärmedämmender machen.

19. Welche Nachteile hat der Einsatz einer Hohlplattendecke?

• Da sie aus einzelnen Elementen besteht, muss um die Deckenplatte ein Ringanker eingebaut werden.
• Die Platten haben im Regelfall nur eine Tragrichtung (Einachsbewehrung).

→

→

- Da es keine Ortbetonschicht gibt, lässt sich auch keine obere Bewehrungslage einbauen – daher können keine Durchlaufplatten über Zwischenwände verlegt werden.

20. Benennen Sie die Teile A ... D der im Bild gezeigten Hohlplatte und ihre jeweilige Funktion.

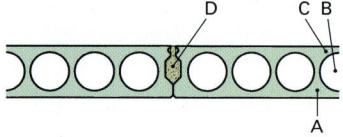

A – untere Betonschicht:
- Hauptbewehrung in Längsrichtung,
- dichte Betondeckung schützt den Beton,
- glatte Unteransicht als Raumabschluss.

B – Hohlräume:
- machen die Platte leichter,
- Wärmedämmung,
- die Stirnseiten werden oft mit Plastikdeckeln verschlossen, damit der Beton beim Betonieren des Ringankers nicht in die Hohlräume läuft.

C – obere Betonschicht:
- lastverteilende Platte,
- nimmt die Druckkräfte in der Platte auf.

D – Fugenverguss:
- verbindet die benachbarten Platten,
- bildet aus den Einzelplatten eine durchgängige Scheibe.

21. Beschreiben Sie die Fugenausbildung bei der Verlegung einer Hohlplattendecke.

Vergussbeton C25/30 (Körnung 0/8)

Im unteren Bereich liegen die Platten ohne Fuge direkt aneinander. Dadurch kann kein Beton in den darunterliegenden Raum dringen und die Fugen sind leicht zu verspachteln.

Die Seiten der Platten sind rau und profiliert, damit der Vergussbeton gut haften kann. Zur besseren Haftung werden die Plattenseiten vor dem Betonieren angenässt.

Der Vergussbeton bildet mit den Platten eine druckfeste Scheibe, die von allen Seiten waagerecht auf Druck beansprucht werden kann – aber nicht auf Zug, daher ist umlaufend ein Ringanker vorzusehen. Zur Gewährleistung einer ausreichenden Druckfestigkeit wird mindestens ein C25/30 mit einer Körnung 0/8 verwendet.

22. Welchen Vorteil hat eine Fertigdecke aus Porenbeton?

- sehr gute Wärmedämmung,
- gleichmäßiger Aufbau ohne Hohlräume und Wärmebrücken,
- ebene Ober- und Unterseiten,
- keine Unterstützungen bei der Verlegung nötig,
- schnelle, einfache Montage.

23. Beschreiben Sie die Vorgehensweise bei der Verlegung einer Stahlsteindecke.

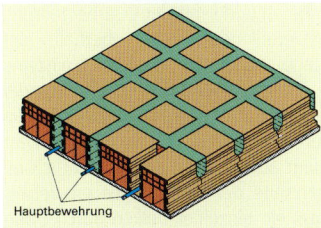
Hauptbewehrung

1. Eine Schalung als vollständige Deckenschalung oder alle 25 cm als Streifenschalung unter den Stößen der Deckenziegelreihen aufbauen.
2. Die Deckenziegel in Reihen parallel zur Haupttragrichtung der Decke lückenlos verlegen.
3. Hauptbewehrung nach Zeichnungsvorgaben in den Stößen der Ziegelreihen verlegen. Wenn erforderlich Querbewehrung in den Stößen oben zwischen den Ziegeln einlegen.
4. Ziegel so stark vornässen, dass sie dem Frischbeton möglichst keine Feuchte mehr entziehen können.
5. Betonieren und verdichten, wobei besonders auch auf die Stoßfugen der Ziegelreihen zu achten ist, denn diese müssen in der Decke später die Druckkräfte auf der Oberseite aufnehmen.

24. Mit welchen Argumenten könnten Sie einen Bauherrn von der Verwendung einer Stahlsteindecke überzeugen?

- geringe Eigenlast,
- geringe Deckendicke bei großen Spannweiten,
- die in den vielen Hohlkammern der Ziegel eingeschlossene Luft ist eine gute Wärmedämmung,
- „Handmontagedecke", das heißt, er braucht keinen Kran zu bestellen. Das einzige große Gerät ist die Betonpumpe,
- wenig Baufeuchte.

25. Worin unterscheiden sich Ziegel die als Zwischenbauteile in Balkendecken oder in Rippen- →

Die Ziegel, die in Rippendecken oder als Zwischenbauteile eingesetzt werden, haben nur die Funktion Hohlraum zu schaffen und →

12 B

decken eingebaut werden von Ziegeln in Stahlsteindecken? Begründen Sie Ihre Aussage.

26. Im Bild ist der Aufbau einer Balkendecke zu sehen. Benennen Sie die Bauteile A und B und erläutern Sie deren Funktion.

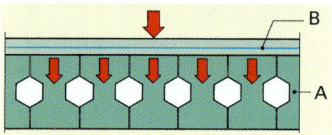

27. Beschreiben Sie den Arbeitsablauf bei der Verlegung einer Balkendecke mit Zwischenlage aus Ziegeln.

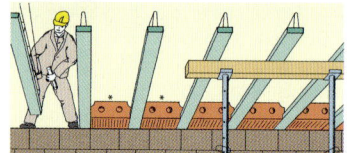

als Schalung für den Beton zu dienen. Sie sind daher gleichmäßig strukturiert.

Die Ziegel in den Stahlsteindecken müssen im oberen Deckenbereich die Druckkräfte der Platte aufnehmen, haben daher dort viel enger liegende Stege als im unteren Bereich.

A – Stahlbetonbalken:
Jeder Balken trägt seine Auflast auf der Breite und Länge eines einzelnen Balkens.

B – Aufbeton mit Querbewehrung:
Der Aufbeton wirkt mit der Querbewehrung als lastverteilende Platte oberhalb der Balkenlage. Dadurch werden einzelne Lasten (Pfeiler) oder Linienlasten (Wände) auf mehrere Balken gleichmäßig verteilt. So wird verhindert, dass sich ein Balken mehr durchbiegt als die anderen und dadurch an der Unterseite der Decke Risse entstehen, oder dass ein einzelner Balken durch Überlastung zu Bruch geht.

1. Montagejoche erstellen:
Vor der Verlegung der Deckenbalken werden Montagejoche auf Höhe der Decke gestellt, da sich sonst die Balken aufgrund der noch fehlenden oberen Betonlage nach unten durchbiegen würden.

2. Verlegung der Balkenlage:
Die Balkenlage wird nach Montageplan im Abstand der Füllziegel parallel verlegt, sodass die Ziegel gut auf den Balken aufliegen.

3. Verlegen der Füllziegel:
Die Ziegel (meist 25 cm lang) werden zwischen den Balken eingehängt und vor dem Betonieren ausreichend vorgenässt, damit sie dem Frischbeton nicht das Anmachwasser entziehen.

4. Betonieren:
Die Balken werden betoniert und verdichtet, anschließend wird der Beton auf Höhe der Füllziegel abgezogen.

448

5. Nacharbeiten:
Nach dem Aushärten der Betonbalken können die Joche beseitigt werden – die Decke trägt jetzt selbst.

28. Die in Aufgabe 27. beschriebene Decke soll beim Betonieren der Balken mit einer zusätzlichen Aufbetonschicht von 8 cm versehen werden.
Was ändert sich dabei aus konstruktiver Sicht?

Die Decke in Aufgabe 27. ist eine *Balkendecke,* bei der jeder Balken die Last eines Feldes trägt.
Durch die Aufbetonschicht entsteht eine andere Deckenart aus den tragenden Stahlbetonbalken unten in der Zugzone und der darüber in der Druckzone liegenden lastverteilenden Betonplatte – eine *Plattenbalkendecke.*

12 B

29. Nennen Sie Möglichkeiten um Plattenbalkendecken herzustellen.

- Schalung + Ortbeton (sehr aufwendige Schalarbeiten),
- Füllkörperdecken auf Schalung aus Füllkörpern und Ortbeton,
- Füllkörperdecken ohne Schalung aus Balken, Füllkörpern und Ortbeton,
- Verlegung von TT-Platten,
- Verlegung von Trogplatten.

30. Welche Vorteile bzw. Nachteile sehen Sie bei der Verwendung von TT-Platten als Deckenkonstruktion?

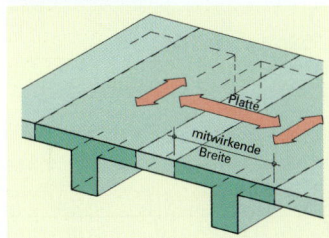

Vorteile:
- leichte Konstruktion, da im unteren Bereich (Zugzone) kaum Beton eingesetzt wird,
- große Spannweiten ohne Zwischenunterstützung,
- im unteren Bereich können technische Gebäudeausrüstungen in die Decke integriert werden (Rohre, Lüftung, Heizung, Kabel, …).
Nachteile:
- keine glatte Unteransicht, die Decke muss noch mit einer abgehängten Trockenbaudecke versehen werden,
- große Deckenhöhen, dadurch auch große Etagenhöhen in den Gebäuden,
- kaum Wärmedämmung und auch beim Einbau einer Dämmung in den Feldern bleiben die Balken immer Wärmebrücken.

31. Sie wollen dem Bauherrn eine Rippendecke aus Spannbetonträgern und Ziegelfüllkörpern anbieten.
Suchen Sie Argumente, um ihn davon zu überzeugen.

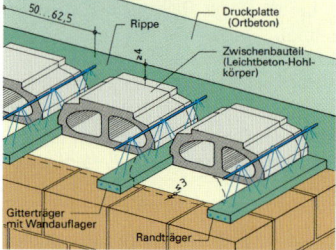

- durch die Vorspannung der Träger ist keine Schalung erforderlich, also kann in den darunterliegenden Räumen gleich weitergearbeitet werden (Zeitersparnis),
- geringe Eigenlast,
- geringe Deckendicke bei großen Spannweiten,
- die in den vielen Hohlkammern der Ziegel eingeschlossene Luft ist eine gute Wärmedämmung,
- „Handmontagedecke", das heißt, er braucht keinen Kran zu bestellen. Das einzige große Gerät ist die Betonpumpe,
- sehr wenig Baufeuchte.

Lernfeld 12 B
Fachmathematik

1. Eine 5 cm dicke Fertigteildeckenplatte mit einer Länge von 5,25 m und einer Breite von 2,45 m wird angeliefert. Wie schwer ist die Platte bei einer Rohdichte des Stahlbetons von 2,50 kg/dm^3?

$V = l \cdot b \cdot h$
$V = 5,25 \text{ m} \cdot 2,45 \text{ m} \cdot 0,05 \text{ m}$
$V = 0,643 \text{ m}^3$
$V = 643 \text{ dm}^3$
$m = \varrho \cdot V$
$m = 2,50 \text{ kg/dm}^3 \cdot 643 \text{ dm}^3$
$m = \underline{\underline{1608 \text{ kg}}}$

2. Berechnen Sie die Masse folgender Fertigteildeckenplatten (Rohdichte = 2,50 kg/dm^3):

	l	b	d	m
a)	4,60 m	3,60 m	6 cm	?
b)	5,95 m	4,65 m	7 cm	?
c)	6,40 m	3,85 m	6,5 cm	?
d)	6,05 m	3,35 m	5,5 cm	?
e)	5,75 m	4,25 m	5 cm	?

	l	b	d	m
a)	4,60 m	3,60 m	6 cm	2484 kg
b)	5,95 m	4,65 m	7 cm	4842 kg
c)	6,40 m	3,85 m	6,5 cm	4004 kg
d)	6,05 m	3,35 m	5,5 cm	2787 kg
e)	5,75 m	4,25 m	5 cm	3055 kg

3. Die im Bild gezeigte 6,00 m lange Stahlbetonhohlplatte hat eine Rohdichte von 2,35 kg/dm³.

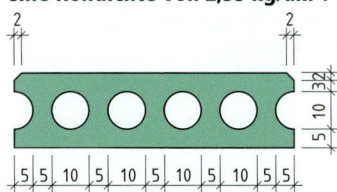

a) **Wie schwer ist die Platte?**
b) **Wie groß ist der Hohlraumanteil in der Platte (in %)?**

a) <u>Masse der Platte:</u>
$A = 0,75\ \text{m} \cdot 0,20\ \text{m} - 5\ \cdot 0,785$
$\qquad \cdot (0,10\ \text{m})^2 - (0,02\ \text{m})^2$
$A = 0,15\ \text{m}^2 - 0,03925\ \text{m}^2 - 0,0004\ \text{m}^2$
$A = 0,11035\ \text{m}^2$
$V = A \cdot l$
$V = 0,11035\ \text{m}^2 \cdot 6,00\ \text{m}$
$V = 0,6621\ \text{m}^3$
$m = \varrho \cdot V = 2,35\ \text{kg/dm}^3 \cdot 662,1\ \text{dm}^3$
$m = \underline{\underline{1556\ \text{kg}}}$

12 B

b) <u>Hohlraumanteil:</u>
$A_{\text{Vollplatte}} = 0,75\ \text{m} \cdot 0,20\ \text{m} - 0,785$
$\qquad\qquad \cdot (0,10\ \text{m})^2 - (0,02\ \text{m})^2$
$A_{\text{Vollplatte}} = 0,15\ \text{m}^2 - 0,00785\ \text{m}^2$
$\qquad\qquad - 0,0004\ \text{m}^2$
$A_{\text{Vollplatte}} = 0,14175\ \text{m}^2$
$A_{\text{Lochanteil}} = 4 \cdot 0,785 \cdot (0,10\ \text{m})^2$
$A_{\text{Lochanteil}} = 0,0314\ \text{m}^2$

$$\frac{x\%}{A_{\text{Lochanteil}}} = \frac{100\%}{A_{\text{Vollplatte}}}$$

$$\frac{x\%}{0,0314\ \text{m}^2} = \frac{100\%}{0,14175\ \text{m}^2}$$

$x\% = \underline{\underline{22,15\%}}$

4. Berechnen Sie für den im Bild Aufgabe 3. gezeigten Hohlplattentyp jeweils die Masse und den Hohlraumgehalt bei der genannten Anzahl an 10-cm-Hohlräumen. Die Länge bleibt bei 6,00 m, die Dicke bei 20 cm, nur die Breite der Platten ändert sich.

	Anzahl	m	$x\%$
a)	5	?	?
b)	6	?	?
c)	8	?	?
d)	9	?	?
e)	10	?	?

	Anzahl	m	$x\%$
a)	5	1868 kg	22,85 %
b)	6	2181 kg	23,36 %
c)	8	2805 kg	23,99 %
d)	9	3118 kg	24,22 %
e)	10	3430 kg	24,40 %

5. Die im Bild dargestellten Vollplatten aus Leichtbeton (Rohdichte = 1,80 kg/dm³) sind zu verlegen.

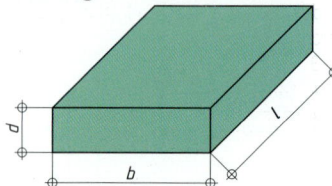

a) Wie groß ist die Transportmasse einer Ladung von 6 Platten, Länge 5,75 m, Breite 1,25 m, Dicke 25 cm?

b) Wie breit sind die einzelnen Platten, wenn 8 Platten (Länge 6,00 m, 20 cm dick) 17,280 t wiegen?

c) Wie lang sind die einzelnen Platten, wenn 12 Platten (Breite 0,75 m, 24 cm dick) 26,244 t wiegen?

a) Transportmasse:
$V = l \cdot b \cdot d$
$V = 5,75\ m \cdot 1,25\ m \cdot 0,25\ m = 1,797\ m^3$
$m = 6 \cdot (1797\ dm^3 \cdot 1,80\ kg/dm^3)$
$m = 19\,407,6\ kg$
$m = \underline{\underline{19,4\ t}}$

b) Breite der Platten:
$m = 8 \cdot (\varrho \cdot V)$
$17\,280\ kg = 8 \cdot 1,80\ kg/dm^3 \cdot V$
$V = \dfrac{17\,280\ kg}{8 \cdot 1,80\ kg/dm^3}$
$V = 1200\ dm^3$
$V = l \cdot b \cdot d$
$1,200\ m^3 = 6,00\ m \cdot b \cdot 0,20\ m$
$b = \dfrac{1,200\ m^3}{6,00\ m \cdot 0,20\ m} = \underline{\underline{1,00\ m}}$

c) Länge der Platten:
$m = 12 \cdot (\varrho \cdot V)$
$26\,244\ kg = 12 \cdot 1,80\ kg/dm^3 \cdot V$
$V = \dfrac{26\,244\ kg}{12 \cdot 1,80\ kg/dm^3}$
$V = 1215\ dm^3$
$V = l \cdot b \cdot d$
$1,215\ m^3 = l \cdot 0,75\ m \cdot 0,24\ m$
$l = \dfrac{1,215\ m^3}{0,75\ m \cdot 0,24\ m} = \underline{\underline{6,75\ m}}$

6. Im Bild ist eine Vollplatte aus Porenbeton zu sehen.

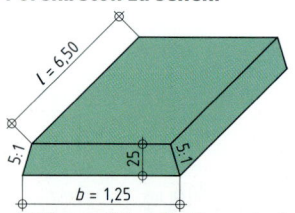

a) Wie groß ist die Porenbeton-rohdichte, wenn diese Platte 1,170 t wiegt?

a) Porenbetonrohdichte:
$V = l \cdot b \cdot d$
$V = 6,50\ m \cdot \dfrac{1,15\ m + 1,25\ m}{2} \cdot 0,25\ m$
$V = 1,950\ m^3$
$m = \varrho \cdot V$
$\varrho = \dfrac{m}{V} = \dfrac{1170\ kg}{1950\ dm^3}$
$\varrho = \underline{\underline{0,6\ kg/dm^3}}$

b) Wie oft muss man mit einem Lkw mit 5 t Ladekapazität fahren, um 15 Platten zur Baustelle zu bringen?

b) Anzahl Fahrten:

$$\text{Platten pro Lkw} = \frac{5,000 \text{ t}}{1,170 \text{ t/Platte}}$$

Platten pro Lkw = 4,27 Platten
Es dürfen also nur 4 Platten geladen werden, daher
- 3 Fahrten mit 4 Platten,
- 4. Fahrt mit 3 Platten.

→ 4 Fahrten

7. Ermitteln Sie die Porenbetonrohdichte der in Aufgabe 6. zu sehenden 25 cm dicken Vollplatten mit der Länge l, der Breite b und der Masse m:

	l	b	m	ϱ
a)	5,25 m	1,45 m	1470 kg	?
b)	4,75 m	1,05 m	831 kg	?
c)	7,00 m	0,75 m	674 kg	?
d)	7,50 m	2,55 m	3047 kg	?
e)	6,55 m	1,75 m	2088 kg	?

	l	b	m	ϱ
a)	5,25 m	1,45 m	1470 kg	0,80 kg/dm^3
b)	4,75 m	1,05 m	831 kg	0,70 kg/dm^3
c)	7,00 m	0,75 m	674 kg	0,55 kg/dm^3
d)	7,50 m	2,55 m	3047 kg	0,65 kg/dm^3
e)	6,55 m	1,75 m	2088 kg	0,75 kg/dm^3

12 B

8. Die Reihen der Ziegel einer Stahlsteindecke sind je 25 cm breit. Wie viele Reihen braucht man über einem 8,26 cm breiten Raum?

Die Raumbreiten sollten immer im Achtelmetermaß (am + 1 cm Fuge) angelegt sein (diese Fuge kann bei der Aufteilung vernachlässigt werden).

$$\text{Reihen} = \frac{\text{Raumbreite}}{\text{Reihenbreite}} = \frac{8,25 \text{ m}}{0,25 \text{ m}} = \underline{\underline{33 \text{ Reihen}}}$$

9. Wie viele Reihen 25 cm breiter Ziegel werden für die Stahlsteindecke über einem Raum mit der Breite b benötigt?

	b	Reihen Ziegel
a)	6,76 m	?
b)	4,51 m	?
c)	2,26 m	?
d)	3,76 m	?
e)	5,01 m	?

	b	Reihen Ziegel
a)	6,76 m	27
b)	4,51 m	18
c)	2,26 m	9
d)	3,76 m	15
e)	5,01 m	20

10. Über dem im Bild im Grundriss zu sehenden Raum soll eine Stahlsteindecke verlegt werden.

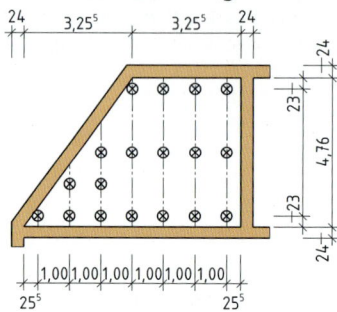

a) Berechnen Sie die Länge der Kanthölzer für die Unterkonstruktion (Wandabstand am Ende 1 cm).

b) Ermitteln Sie die erforderliche Anzahl der Stahlrohrstützen und die Abstände. Der Wandabstand soll 23 cm betragen, der maximale Abstand der Stützen einer Reihe 2,20 m.

c) Unter den Ziegelreihen soll eine Streifenschalung (siehe Bild) angeordnet werden. Berechnen Sie die erforderliche Länge der Bretter 2,8/12 cm.

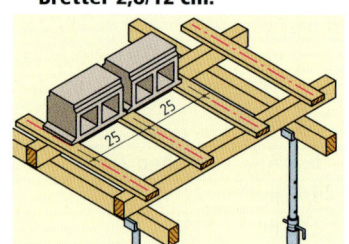

a) Länge der Kanthölzer (von rechts beginnend):
Kantholz 1 … 4 = $\underline{4{,}74\ m}$
Kantholz 5:

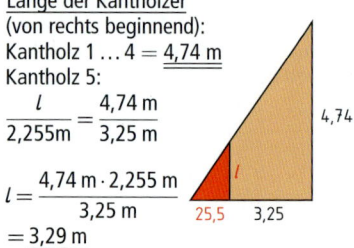

$$\frac{l}{2{,}255\,m} = \frac{4{,}74\ m}{3{,}25\ m}$$

$$l = \frac{4{,}74\ m \cdot 2{,}255\ m}{3{,}25\ m}$$

$$= \underline{3{,}29\ m}$$

Kantholz 6:

$$\frac{l}{1{,}255\ m} = \frac{4{,}74\ m}{3{,}25\ m}$$

$$l = \frac{4{,}74\ m \cdot 1{,}255\ m}{3{,}25\ m} = \underline{1{,}83\ m}$$

Kantholz 7:

$$\frac{l}{0{,}255\ m} = \frac{4{,}74\ m}{3{,}25\ m}$$

$$l = \frac{4{,}74\ m \cdot 0{,}255\ m}{3{,}25\ m} = \underline{0{,}37\ m}$$

b) Stahlrohrstützen:
Für Kantholz 1 … 4 jeweils:
23 cm – 2,15 m – 2,15 m – 23 cm
(je 3 Stützen)
Für Kantholz 5:
23 cm – 1,415 m – 1,415 m – 23 cm
(3 Stützen)
Für Kantholz 6:
23 cm – 1,37 m – 23 cm (2 Stützen)
Für Kantholz 7:
1 Stütze mittig
Also werden $\underline{18\ Stahlrohrstützen}$ benötigt.

c) Länge der Bretter:
Die Länge muss immer an der längeren Seite (im Bild nächste Seite) ermittelt werden, um die Enden dann noch schräg abschneiden zu können.

454

1. Brett (direkt an der langen Wand) = 6,51 m
Das 2. Brett liegt mittig unter dem Stoß der ersten beiden Ziegelreihen (25 cm vor der Wand), also ist das Brett (12 cm breit) 19…31 cm von der Wand entfernt, die längere Seite bei 19 cm.

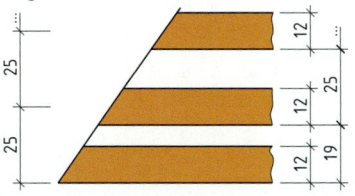

12 B

Nach der Verhältnisrechnung ergibt sich:

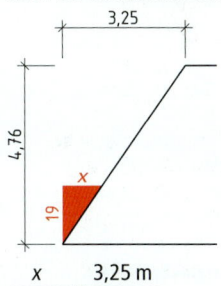

$$\frac{x}{0,19\,\text{m}} = \frac{3,25\,\text{m}}{4,76\,\text{m}}$$

$$x = \frac{3,25\,\text{m} \cdot 0,19\,\text{m}}{4,76\,\text{m}} = \underline{0,13\,\text{m}}$$

Also ist das 2. Brett 13 cm kürzer = 6,38 m
Das 3. bis 19. Brett liegen jeweils im Abstand von 25 cm zum vorherigen, sind also um y kürzer:

$$\frac{y}{0,25\,\text{m}} = \frac{3,25\,\text{m}}{4,76\,\text{m}}$$

$$y = \frac{3,25\,\text{m} \cdot 0,25\,\text{m}}{4,76\,\text{m}} = \underline{0,17\,\text{m}}$$

Folglich sind die Längen der Bretter:
Brett 3 = 6,38 m – 0,17 m = 6,21 m
Brett 4 = 6,21 m – 0,17 m = 6,04 m

Brett 5 = 6,04 m − 0,17 m = 5,87 m
Brett 6 = 5,87 m − 0,17 m = 5,70 m
Brett 7 = 5,70 m − 0,17 m = 5,53 m
Brett 8 = 5,53 m − 0,17 m = 5,36 m
Brett 9 = 5,36 m − 0,17 m = 5,19 m
Brett 10 = 5,19 m − 0,17 m = 5,02 m
Brett 11 = 5,02 m − 0,17 m = 4,85 m
Brett 12 = 4,85 m − 0,17 m = 4,68 m
Brett 13 = 4,68 m − 0,17 m = 4,51 m
Brett 14 = 4,51 m − 0,17 m = 4,34 m
Brett 15 = 4,34 m − 0,17 m = 4,17 m
Brett 16 = 4,17 m − 0,17 m = 4,00 m
Brett 17 = 4,00 m − 0,17 m = 3,83 m
Brett 18 = 3,83 m − 0,17 m = 3,66 m
Brett 19 = 3,66 m − 0,17 m = 3,49 m

Das 20. Brett liegt wieder direkt an der Wand, hat also von der Wand auf der längeren Seite einen Abstand von 12 cm.

$$\frac{z}{4,64\,m} = \frac{3,25\,m}{4,76\,m}$$

$$z = \frac{3,25\,m \cdot 4,64\,m}{4,76\,m} = \underline{3,17\,m}$$

Also ist es 6,51 m − 3,17 m = $\underline{3,34\,m}$ lang

11. Über dem dargestellten Grundriss soll eine Stahlsteindecke auf einer Streifenschalung aus Brettern 2,4/10 cm verlegt werden.

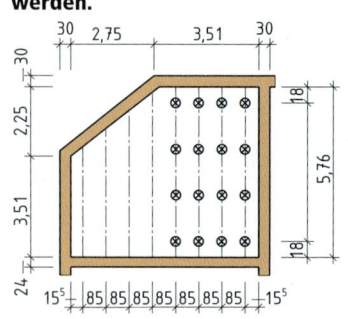

a) Länge der Kanthölzer
(von rechts beginnend):
Kantholz 1 … 4 = $\underline{5,74\,m}$
Das Kantholz 5 ist kürzer, um:

$$\frac{l}{0,045\,m} = \frac{2,25\,m}{2,75\,m}$$

$$l = \frac{2,25\,m \cdot 0,045\,m}{2,75\,m}$$
$$= \underline{0,04\,m}$$

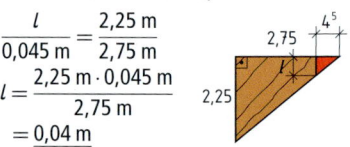

Also ist Kantholz 5 = $\underline{5,70\,m}$ lang.
Das Kantholz 6 ist kürzer, um:

$$\frac{l}{0,895\,m} = \frac{2,25\,m}{2,75\,m}$$

$$l = \frac{2,25\,m \cdot 0,895\,m}{2,75\,m} = \underline{0,73\,m}$$

Also ist Kantholz 6 = $\underline{5,01\,m}$ lang.

456

a) Berechnen Sie die Länge der Kanthölzer für die Unterkonstruktion (Wandabstand am Ende 1 cm).

b) Ermitteln Sie die erforderliche Anzahl der Stahlrohrstützen und die Abstände. Der Wandabstand soll 18 cm betragen, der maximale Abstand der Stützen einer Reihe 2,00 m.

c) Unter den Ziegelreihen soll eine Streifenschalung (siehe Bild) angeordnet werden. Berechnen Sie die erforderliche Länge der Bretter 2,4/10 cm.

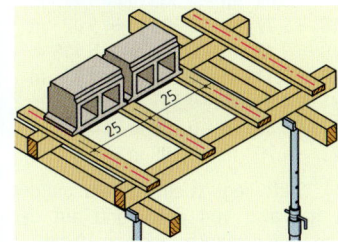

Das Kantholz 7 ist kürzer, um:

$$\frac{l}{1{,}745\ m} = \frac{2{,}25\ m}{2{,}75\ m}$$

$$l = \frac{2{,}25\ m \cdot 1{,}745\ m}{2{,}75\ m} = \underline{1{,}43\ m}$$

Also ist Kantholz 7 = 4,31 m lang.
Das Kantholz 8 ist kürzer, um:

$$\frac{l}{2{,}595\ m} = \frac{2{,}25\ m}{2{,}75\ m}$$

$$l = \frac{2{,}25\ m \cdot 2{,}595\ m}{2{,}75\ m} = \underline{2{,}12\ m}$$

Also ist Kantholz 8 = 3,62 m lang.

b) Stahlrohrstützen:
Für Kantholz 1 … 4 jeweils:
18 cm − 1,80 m − 1,80 m − 1,80 m − 18 cm (je 4 Stützen)
Für Kantholz 5:
18 cm − 1,78 m − 1,78 m − 1,78 m − 18 cm (4 Stützen)
Für Kantholz 6:
18 cm − 1,55 m − 1,55 m − 1,55 m − 18 cm (4 Stützen)
Für Kantholz 7:
18 cm − 1,975 m − 1,975 m − 18 cm (3 Stützen)
Für Kantholz 8:
18 cm − 1,63 m − 1,63 m − 18 cm (3 Stützen)
Also werden 30 Stahlrohrstützen benötigt.

c) Länge der Bretter:
Auf das gerade Raumstück passen bei einer Breite von 3,51 m genau 14 Reihen Ziegel. Daher sind die Bretter 1 … 15 auf die Länge von 6,26 m zu schneiden.
Das 16. Brett liegt in der Achse vom unteren Rand 15 · 0,25 m = 3,75 m entfernt, die längere Seite also 3,70 m von unten bzw. 2,06 m vom oberen Rand.

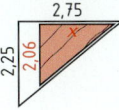

12 B

$$\frac{x}{2,06\,m} = \frac{2,75\,m}{2,25\,m}$$

$$x = \frac{2,75\,m \cdot 2,06\,m}{2,25\,m} = \underline{2,52\,m}$$

Also ist das 16. Brett
3,51 m + 2,52 m = $\underline{\underline{6,03\,m}}$ lang.

Das 17. bis 23. Brett liegen jeweils im Abstand von 25 cm zum vorherigen, sind also um y kürzer:

$$\frac{y}{0,25\,m} = \frac{2,75\,m}{2,25\,m}$$

$$x = \frac{2,75\,m \cdot 0,25\,m}{2,25\,m} = \underline{0,305\,m}$$

Folglich sind die Längen der Bretter:
Brett 17 = 6,03 m − 0,305 m = 5,725 m
Brett 18 = 5,725 m − 0,305 m = 5,42 m
Brett 19 = 5,42 m − 0,305 m = 5,115 m
Brett 20 = 5,115 m − 0,305 m = 4,81 m
Brett 21 = 4,81 m − 0,305 m = 4,505 m
Brett 22 = 4,505 m − 0,305 m = 4,20 m
Brett 23 = 4,20 m − 0,305 m = 3,895 m

Das 24. Brett liegt wieder direkt an der Wand, hat also von der Wand auf der längeren Seite einen Abstand von 10 cm.

$$\frac{z}{0,10\,m} = \frac{2,75\,m}{2,25\,m}$$

$$z = \frac{2,75\,m \cdot 0,10\,m}{2,25\,m} = \underline{0,12\,m}$$

Also ist es 3,51 m + 0,12 m = $\underline{\underline{3,63\,m}}$ lang.

Lernfeld 13 B

Herstellen einer gewendelten Treppe

1. Nennen Sie je drei Vor- und Nachteile von gewendelten Treppen gegenüber geraden Treppenläufen.

Vorteile:
- bessere optische Wirkung,
- Richtungsänderung ohne Podeste möglich,
- kürzere Lauflängen bei abgewinkelten Treppenläufen.

Nachteile:
- unterschiedliche Auftrittsbreiten,
- zum Teil sehr schmale Auftritte auf der Innenseite der Treppe,
- aufwendige Schalungskonstruktionen bei Ortbetontreppen,
- die Stufen müssen verzogen werden.

2. Erklären Sie die Begriffe
a) Geschosstreppe,
b) Ausgleichstreppe,
c) notwendige Treppe,
d) Treppenöffnung,
e) Treppenraum.

a) Geschosstreppe:
   Sie verbindet zwei Vollgeschosse miteinander.
b) Ausgleichstreppe:
   Treppe von einer Zwischenhöhe (z. B. Eingangstür) zur Geschosshöhe oder zwischen zwei Geländehöhen (Gartenbau).
c) notwendige Treppe:
   Treppe, die nach den baulichen Vorschriften unbedingt vorhanden sein muss, in der Regel zur Sicherung der Evakuierungswege in Gebäuden.
d) Treppenöffnung:
   Sie ist die Aussparung in der Decke, durch die die Treppe geführt werden soll.
e) Treppenraum:
   Der Raum, in den die Treppe eingebaut wird, häufig auch als „Treppenhaus" bezeichnet.

13 B

3. Welcher Unterschied besteht zwischen einer „Spindeltreppe" und einer „Wendeltreppe"?

Die *Wendeltreppe* führt im Kreisbogen um einen offenen Innenraum, das Treppenauge. Die *Spindeltreppe* führt um einen Kern (Holz, Stahl, Stein, Beton) als tragendes Bauteil.

4. Beschreiben Sie die dargestellten Treppen eindeutig in Textform.

a) einläufige im Antritt viertelgewendelte Rechtstreppe
b) einläufige zweimal viertelgewendelte Linkstreppe
c) einläufige rechte Wendeltreppe
d) einläufige linke Spindeltreppe

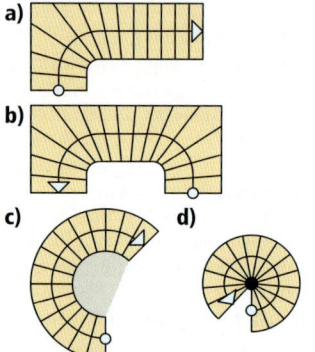

5. Skizzieren Sie die in Textform genannten Treppen:
a) einläufige halbgewendelte Linkstreppe,
b) einläufige zweimal viertelgewendelte Rechtstreppe,
c) einläufige im Antritt viertelgewendelte Rechtstreppe,
d) einläufige viertelgewendelte Linkstreppe.

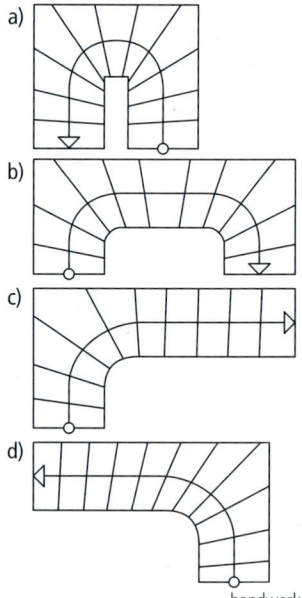

460

6. Welche Möglichkeiten gibt es, die Stufen einer gewendelten Treppe zu verziehen? Nennen Sie mindestens vier davon.

- grafisches Verziehen mit:
  - Proportionalteilung,
  - Fluchtpunktmethode,
  - Vergatterung.
- Verziehen mit Leisten,
- rechnerisches Verziehen.

7. Erklären Sie die Begriffe „Gehbereich" und „Lauflinie". Nennen Sie die Richtwerte.

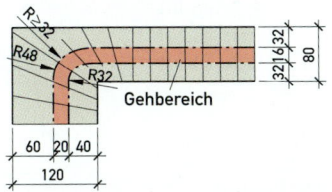

Der Gehbereich ist der auf gewendelten Treppen üblicherweise genutzte Bereich. Er wird mit 20 cm Breite, bei Treppen, die schmaler als 1,00 m sind, mit dem 0,2-Fachen der Laufbreite angenommen.
Der Gehbereich liegt bei Treppen bis 1,00 m Breite in der Mitte, bei breiteren Treppen 40 cm von der inneren Begrenzung der nutzbaren Treppenlaufbreite entfernt.
Die Lauflinie ist die Mitte des Gehbereiches, auf ihr sollen alle Auftritte gleich groß sein, also wird hier die Verziehung durchgeführt.

13 B

8. In dem abgebildeten Treppenraum ist eine halbgewendelte Rechtstreppe bei einer Geschosshöhe von 2,60 m einzubauen. Beschreiben Sie Ihre Vorgehensweise beim Anlegen und der Aufteilung der Treppe.

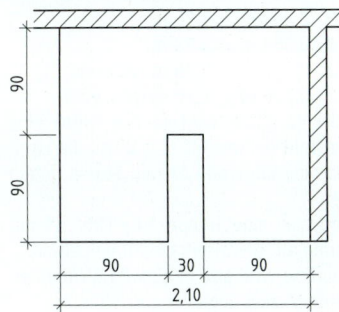

Berechnung der Lauflänge der Treppe:

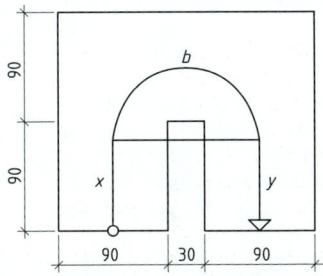

$x = y = 0,90\,m - 0,15\,m = 0,75\,m$

$b = \frac{1}{2} \cdot \pi \cdot d = 0,5 \cdot \pi \cdot 1,20\,m = 1,885\,m$

$l = 0,75\,m + 1,885\,m + 0,75\,m$

$l = \underline{\underline{3,385\,m}}$

Die Geschosshöhe muss nun in gleiche Steigungen eingeteilt werden.
$2,60\,m : 20 \to s = 13\,cm$
$2,60\,m : 19 \to s = 13,7\,cm$
$2,60\,m : 18 \to s = 14,4\,cm$

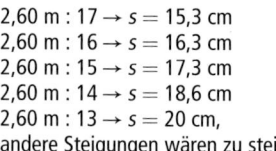

2,60 m : 17 → $s = 15{,}3$ cm
2,60 m : 16 → $s = 16{,}3$ cm
2,60 m : 15 → $s = 17{,}3$ cm
2,60 m : 14 → $s = 18{,}6$ cm
2,60 m : 13 → $s = 20$ cm,
andere Steigungen wären zu steil.
Nach der Schrittmaßregel ($a = 63$ cm $\cdot$ 2 s) werden jetzt die zugehörigen Auftritte a berechnet, und es ergeben sich folgende Treppenvarianten:
20 × 130/370 (sehr flach!)
19 × 137/356 (sehr flach!)
18 × 144/342 (sehr flach!)
17 × 153/324
16 × 163/304
15 × 173/284
14 × 186/258
13 × 200/230 (steil)

Welche Treppe passt in den Treppenraum?
20 Steigungen sind 19 Stufen + 1 Steigung auf die nächste Geschossdecke, also ist die benötigte Lauflänge
$l = 19 \cdot 0{,}37$ m $= 7{,}03$ m ($> 3{,}385$ m), viel zu groß, analog:
$l = 18 \cdot 0{,}356$ m $= 6{,}41$ m
$l = 17 \cdot 0{,}342$ m $= 5{,}81$ m
$l = 16 \cdot 0{,}324$ m $= 5{,}18$ m
$l = 15 \cdot 0{,}304$ m $= 4{,}56$ m
$l = 14 \cdot 0{,}284$ m $= 3{,}98$ m
$l = 13 \cdot 0{,}258$ m $= 3{,}35$ m (passend)
$l = 12 \cdot 0{,}230$ m $= 2{,}76$ m (passend)
Auf der Lauflinie wird in der Mitte eine Spickelstufe gebraucht, also muss die Lauflinie in eine ungerade Anzahl Stufen geteilt werden.
Es wird also eine Treppe 14 × 186/258 mit 13 Stufen auf dem Treppenlauf eingebaut.
Die Lauflinie wird also in 13 × 25,8 cm unterteilt (rote Markierungen):

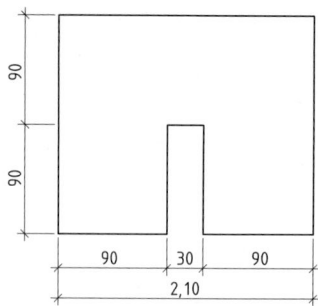

→

→

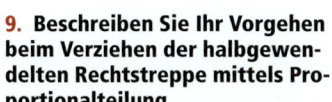

9. Beschreiben Sie Ihr Vorgehen beim Verziehen der halbgewendelten Rechtstreppe mittels Proportionalteilung.

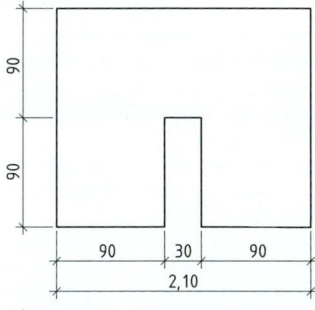

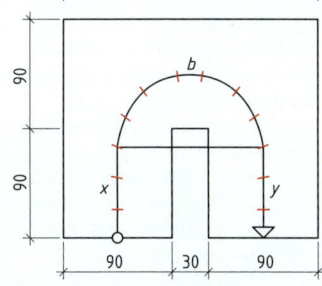

- Festlegen der Lauflinie und Lauflänge,
- Anzahl Stufen, Auftritt a und Steigung s bestimmen,
- Lauflinie in gleiche Auftritte teilen (siehe Aufgabe 8.), dann:
  - Einzeichnen der Achse und Abtragen des Mindestauftrittes von 10 cm an der Innenwange der Spickelstufe (rot),
  - Einzeichnen der Vorder- und Hinterkante der Spickelstufe und Verlängerung der Linien bis zur Achse → Punkt A,
  - Eintragen der Vorderkante der ersten und der Hinterkante der letzten zu verziehenden Stufe. Die Verlängerung zur Achse ergibt Punkt B,
  - die Strecke $\overline{AB}$ wird nun proportional zur zu verziehenden Stufenzahl geteilt:
    1. Hilfslinie von A aus ziehen,
    2. für die 1. Stufe 1 Teil, für die 2. Stufe 2 Teile, für die 3. Stufe 3 Teile, für die 4. Stufe 4 Teile und für die 5. Stufe 5 Teile abmessen, bis zum Endpunkt C,
    3. B und C mit einer Hilfslinie verbinden und diese dann durch die Proportionalteilung parallel verschieben, daher entsteht die Einteilung 1…5 auf der Strecke $\overline{AB}$,
  - die Einteilung 1…5 auf der Strecke $\overline{AB}$ wird nun mit der Einteilung auf

13 B

der Lauflinie verbunden, und man erhält so die Vorderkanten der Stufen auf beiden Seiten.

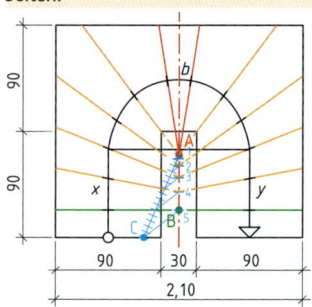

10. Erläutern Sie die Vorgehensweise beim Verziehen der halbgewendelten Rechtstreppe mittels Vergatterung.

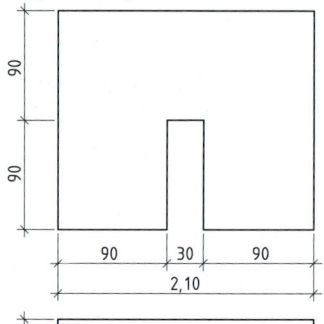

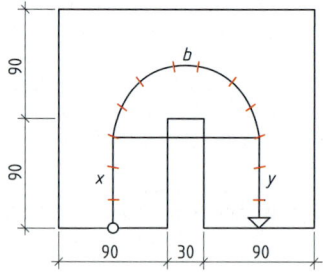

• Festlegen der Lauflinie und Lauflänge,
• Anzahl Stufen, Auftritt a und Steigung s bestimmen,
• Lauflinie in gleiche Auftritte teilen (siehe Aufgabe 8.), dann:
  – Eintragen der Mittelachse auf der Spickelstufe → Punkt A an der Innenwange,
  – Eintragen der Vorderkante der ersten und der Hinterkante der letzten zu verziehenden Stufe → Punkt B an der Innenwange,
  – Hilfskonstruktion („Vergatterung"):
    1. die Strecke $\overline{AB}$ zweimal rechtwinklig im Punkt B antragen,
    2. von C wird über A hinaus verlängert,
    3. in B wird nun die Strecke von $5{,}5 \cdot a$ (Lauflinienlänge im zu verziehenden Bereich) angetragen und mit der Hilfslinie geschnitten,
    4. die Einteilung von B aus wird nun mit C verbunden, dies ergibt die Einteilung auf der Treppeninnenwange,
  – die Einteilung in der Hilfskonstruktion wird nun auf der Innenwange der

464

Treppe angetragen und die Stufen angelegt.

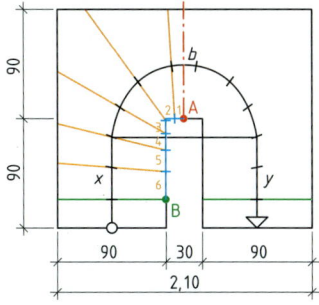

Hilfskonstruktion:

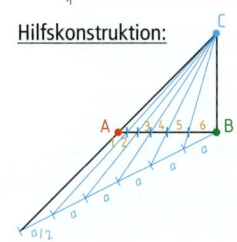

13 B

11. Erklären Sie, wie man die im Bild gezeigte halbgewendelte Rechtstreppe mit der Fluchtpunktmethode verziehen kann.

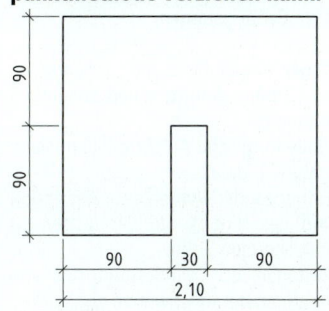

- Festlegen der Lauflinie und Lauflänge,
- Anzahl Stufen, Auftritt a und Steigung s bestimmen,
- Lauflinie in gleiche Auftritte teilen (siehe Aufgabe 8.), dann:
  - Eintragen der Vorderkante der ersten und der Hinterkante der letzten zu verziehenden Stufe als Bezugskante der Konstruktion,
  - Abtragen des Mindestauftrittes von 10 cm an der Innenwange der Spickelstufe,
  - Einzeichnen der Vorder- und Hinterkante der Spickelstufe und Verlängerung der Linien bis zur Bezugskante → Maß b,
  - das Maß b nach außen antragen und die entstehende Einteilung immer mit der nächsten Einteilung auf der Lauf-

→

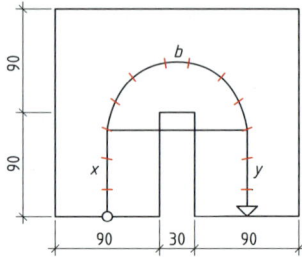

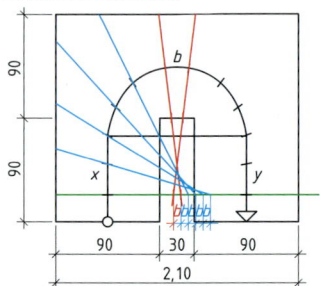

linie verbinden. So entstehen die weiteren Stufenvorderkanten.

12. Der Arbeitsraum, in dem die Treppe einzubauen (also auch anzureißen, einzuschalen bzw. zu konstruieren) ist, ist in den meisten Fällen nur ein Loch in der Geschossdecke.
Wie können Sie also bei der Konstruktion einer gewendelten Treppe vorgehen? Nennen Sie verschiedene Möglichkeiten.

1. Anderen Platz im Gebäude suchen:
   Die Größe des Treppenraumes wird in einem ausreichend großen Raum auf der Geschossdecke angerissen, dann kann die Konstruktion vor Ort erfolgen.
2. Maßstäblich verkleinern:
   Der Treppenraum wird im Maßstab auf Papier aufgezeichnet und die Konstruktion ausgeführt. Anschließend werden die Werte umgerechnet und vor Ort angetragen.
3. Rechnerische Verziehung:
   Die Werte der Stufen werden errechnet und vor Ort angetragen.

13. Verziehen Sie die im Bild gezeigte halbgewendelte Rechtstreppe rechnerisch von der zweiten bis zur vorletzten Stufe.

- Festlegen der Lauflinie und Lauflänge,
- Anzahl Stufen, Auftritt a und Steigung s bestimmen,
- Lauflinie in gleiche Auftritte teilen (siehe Aufgabe 8.), dann:
  - Eintragen der Vorderkante der ersten und der Hinterkante der letzten zu verziehenden Stufe,
  - Abtragen des Mindestauftrittes von 10 cm an der Innenwange der Spickelstufe,
  - Einzeichnen der Vorder- und Hinterkante der Spickelstufe,

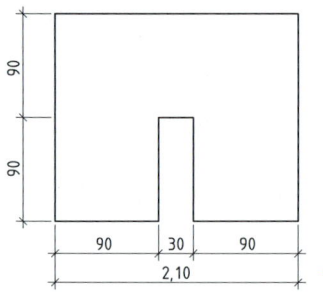

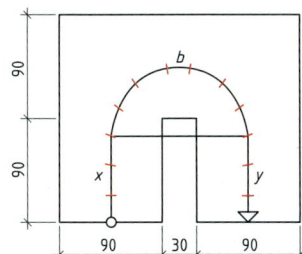

– Länge der zu verziehenden Innenwange ermitteln:

$$l = 90 \text{ cm} - 1 \cdot a + \frac{30 \text{ cm}}{2} - \frac{10 \text{ cm}}{2}$$

$$l = 90 \text{ cm} - 25{,}8 \text{ cm} + 15 \text{ cm} - 5 \text{ cm}$$
$$= 74{,}2 \text{ cm}$$

Da die 5 auf jeder Seite zu verziehenden Stufen alle größer als die Spickelstufe (10 cm) sind, werden 5 · 10 cm (Minimum) abgezogen und der Rest (R) so geteilt, dass die Innenwangen der Stufen immer einen Teil größer werden.

$R = 74{,}2 \text{ cm} - (5 \cdot 10 \text{ cm}) = 24{,}2 \text{ cm}$

1. Stufe = 1 Teil
2. Stufe = 2 Teile
3. Stufe = 3 Teile
4. Stufe = 4 Teile
5. Stufe = 5 Teile
Gesamt = 15 Teile, also:

$$1 \text{ Teil} = \frac{24{,}2 \text{ cm}}{15} = 1{,}613 \text{ cm}$$

Die Länge der Innenwangen der Stufen beträgt demnach:

1. Stufe = 10 cm + 1 · 1,613 cm
   = 11,613 cm
2. Stufe = 10 cm + 2 · 1,613 cm
   = 13,226 cm
3. Stufe = 10 cm + 3 · 1,613 cm
   = 14,839 cm
4. Stufe = 10 cm + 4 · 1,613 cm
   = 16,452 cm
5. Stufe = 10 cm + 5 · 1,613 cm
   = 18,065 cm

13 B

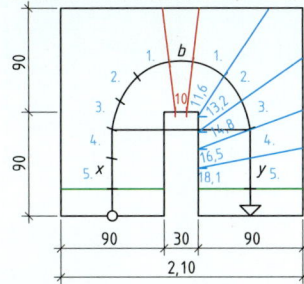

467

14. In dem dargestellten Treppen-raum ist eine im Antritt viertel-gewendelte Rechtstreppe bei einer Geschosshöhe von 2,75 m einzubauen.
Beschreiben Sie Ihre Vorgehens-weise beim Anlegen und der Aufteilung der Treppe.

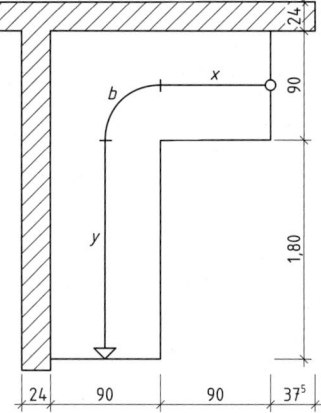

Berechnung der Lauflänge der Treppe:
$l = x + b + y = 0,90\,m + b + 1,80\,m$
$b = \dfrac{1}{4} \cdot \pi \cdot d = 0,25 \cdot \pi \cdot 0,90\,m = 0,707\,m$
$l = 0,90\,m + 0,707\,m + 1,80\,m$
$l = \underline{3,407\,m}$

Die Geschosshöhe muss nun in gleiche Stei-gungen eingeteilt werden:
2,75 m : 20 → $s = 13,8$ cm
2,75 m : 19 → $s = 14,5$ cm
2,75 m : 18 → $s = 15,3$ cm
2,75 m : 17 → $s = 16,2$ cm
2,75 m : 16 → $s = 17,2$ cm
2,75 m : 15 → $s = 18,3$ cm
2,75 m : 14 → $s = 19,6$ cm
2,75 m : 13 → $s = 21,2$ cm,
andere Steigungen wären zu steil.
Nach der Schrittmaßregel ($a = 63$ cm $- 2\,s$) werden jetzt die zugehörigen Auftritte a berechnet, und es entstehen folgende Treppenvarianten:
20 × 138/354 (sehr flach)
19 × 145/340 (sehr flach)
18 × 153/324
17 × 162/306
16 × 172/286
15 × 183/264
14 × 196/238
13 × 212/206 (sehr steil)

Welche Treppe passt in den Treppenraum?
18 Steigungen sind 17 Stufen + 1 Steigung auf die nächste Geschossdecke, also ist die benötigte Lauflänge
$l = 17 \cdot 0,324\,m = 5,51\,m$ ($> 3,407\,m$ Lauflinienlänge), also viel zu groß, analog:
$l = 16 \cdot 0,306\,m = 4,90\,m$
$l = 15 \cdot 0,286\,m = 4,29\,m$
$l = 14 \cdot 0,264\,m = 3,70\,m$
$l = 13 \cdot 0,238\,m = 3,09\,m$ (passend)
Es wird also eine Treppe 14 × 196/238 mit 13 Stufen eingebaut.

→   →

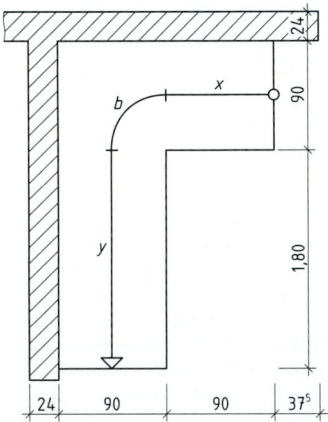

Da noch etwas Platz im Treppenloch zur Verfügung steht, kann man nun die Stufenaufteilung so festlegen, dass eine genau mittige Spickelstufe in der Ecke entsteht.
Platzbedarf von der Achse der Spickelstufe in Richtung Antritt:
$l = b/2 + x = 35{,}4\,\text{cm} + 90\,\text{cm} = 125{,}4\,\text{cm}$
1,5 Stufen = $1{,}5 \cdot a = 35{,}7\,\text{cm}$
2,5 Stufen = $2{,}5 \cdot a = 59{,}5\,\text{cm}$
3,5 Stufen = $3{,}5 \cdot a = 83{,}3\,\text{cm}$
4,5 Stufen = $4{,}5 \cdot a = 107{,}1\,\text{cm}$
Mehr Stufen finden keinen Platz, also werden auf dem ersten Teilstück 4,5 Stufen angelegt und am Treppenpodest unten müssen noch 18,3 cm vorgebaut werden.
Platzbedarf von der Achse der Spickelstufe in Richtung Austritt:
$l = b/2 + y = 35{,}4\,\text{cm} + 180\,\text{cm}$
$= 215{,}4\,\text{cm}$
Hier müssen nun die restlichen 8,5 Stufen Platz finden:
8,5 Stufen = $8{,}5 \cdot a = 202{,}3\,\text{cm}$
Am Treppenpodest oben müssen dann noch 13,1 cm vorgebaut werden.
Lösung:

13 B

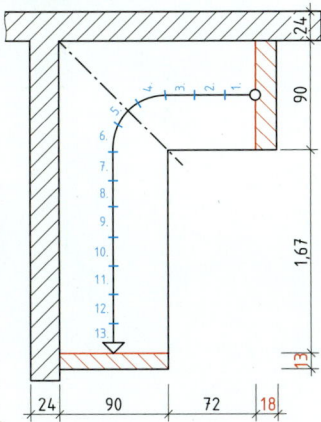

**15. Die im Antritt viertelge-
wendelte Rechtstreppe aus Aufgabe 14. soll mittels Proportionalteilung von der zweiten bis zur
zehnten Stufe verzogen werden.
Beschreiben Sie Ihr Vorgehen.**

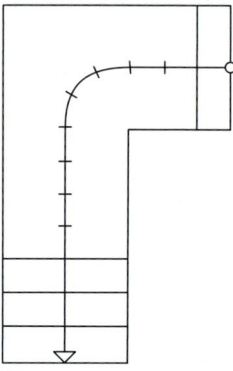

- Festlegen der Lauflinie und Lauflänge,
- Anzahl Stufen, Auftritt a und Steigung s bestimmen,
- Lauflinie in gleiche Auftritte teilen,
- Spickelstufe festlegen (siehe Aufgabe 14.), dann:

  - Einzeichnen der Achse und Abtragen des Mindestauftrittes von 10 cm an der Innen- wange der Spickelstufe (diagonal über die Ecke, also 7 cm an jeder Wangenseite),
  - Einzeichnen der Vorder- und Hinter- kante der Spickelstufe und Verlänge- rung der Linien bis zur Achse → Punkt A,

  - Eintragen der Vorderkante der ersten und der Hinterkante der letzten zu verziehenden Stufe. Die Verlängerung zur Achse ergibt Punkt B_2 (2. Stufe) und B_{10} (10. Stufe),

  - die Strecke $\overline{AB}$ wird nun proportional zur zu verziehenden Stufenzahl geteilt:
    1. Hilfslinie von A aus ziehen,
    2. für die 1. Stufe 1 Teil, für die 2. Stu- fe 2 Teile, für die 3. Stufe 3 Teile, … abmessen, bis zum Endpunkt C_2 bzw. C_{10},
    3. B und C mit einer Hilfslinie ver- binden und diese dann durch die Proportionalteilung parallel ver- schieben, dadurch entsteht die Einteilung auf der Strecke $\overline{AB}$,
    4. diese Einteilung auf der Strecke $\overline{AB}$ wird nun mit der Einteilung auf der Lauflinie verbunden, und man erhält so die Vorderkanten der Stufen auf beiden Seiten.

→

→

470

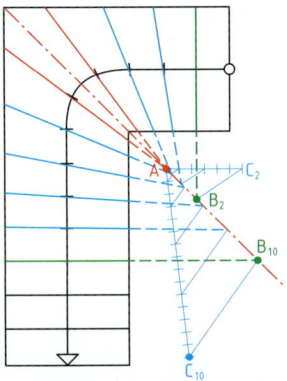

13 B

16. Die im Antritt viertelgewendelte Rechtstreppe aus Aufgabe **14.** soll durch Vergatterung von der 2. bis zur 10. Stufe verzogen werden.
Erläutern Sie Ihre Vorgehensweise.

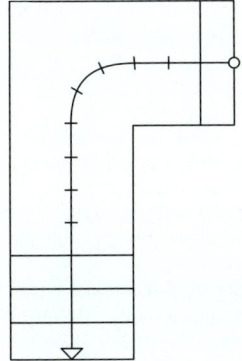

- Festlegen der Lauflinie und Lauflänge,
- Anzahl Stufen, Auftritt a und Steigung s bestimmen,
- Lauflinie in gleiche Auftritte teilen (siehe Aufgabe **14.**), dann:
  - Eintragen der Achse auf der Spickelstufe → Punkt A an der Innenwange,
  - Eintragen der Vorderkante der ersten und der Hinterkante der letzten zu verziehenden Stufe → Punkt B_2 (2. Stufe) und B_{10} (10. Stufe) an der Innenwange,
  - Hilfskonstruktion 1 („Vergatterung"):
    1. die Strecke $\overline{AB_2}$ zweimal rechtwinklig im Punkt B_2 antragen
    2. von C wird über A hinaus verlängert,
    3. in B_2 wird nun die Strecke von $3{,}5 \cdot a$ angetragen und mit der Hilfslinie geschnitten,
    4. Einteilung von B_2 aus wird nun mit C verbunden und man erhält die Einteilung auf der Treppeninnenwange,

→

→

5. die Einteilung in der Hilfskonstruktion wird nun auf der Innenwange der Treppe angetragen und die Stufen angelegt.

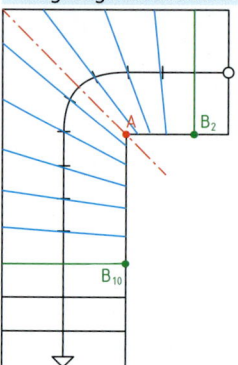

Hilfskonstruktionen:

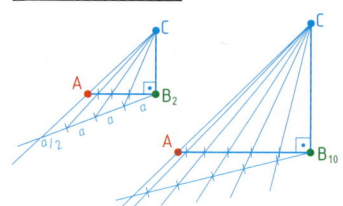

17. **Die im Antritt viertelgewendelte Rechtstreppe aus Aufgabe 14. soll durch Vergatterung von der zweiten bis zur zehnten Stufe verzogen werden.**
Erklären Sie, wie diese Treppe mit der Fluchtpunktmethode zu verziehen ist.

- Festlegen der Lauflinie und Lauflänge,
- Anzahl Stufen, Auftritt a und Steigung s bestimmen,
- Lauflinie in gleiche Auftritte teilen,
- Spickelstufe festlegen (siehe Aufgabe 14.), dann:
  - Eintragen der Vorderkante der ersten und der Hinterkante der letzten zu verziehenden Stufe als Bezugskanten 2 (2. Stufe) und 10 (10. Stufe) der Konstruktion,
  - Abtragen des Mindestauftrittes von 10 cm an der Innenwange der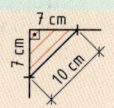

472

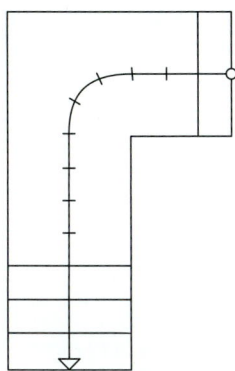

Spickelstufe (diagonal über die Ecke, also 7 cm an jeder Wangenseite),
- Einzeichnen der Vorder- und Hinterkante der Spickelstufe und Verlängerung der Linien bis zu den Bezugskanten → Maß w (waagerecht) entsteht auf Kante 10, → Maß s (senkrecht) entsteht auf Kante 2,
- die Maße w und s nach außen auf den Kanten antragen und die entstehende Einteilung immer mit der nächsten Einteilung auf der Lauflinie verbinden. So entstehen die weiteren Stufenvorderkanten.

13 B

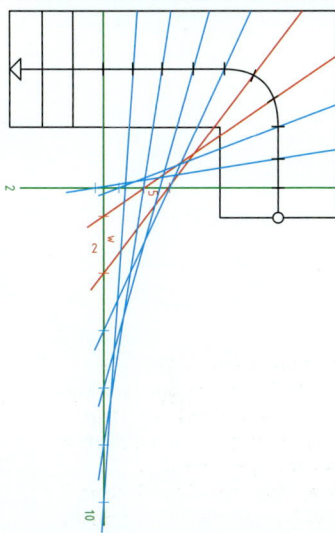

18. Verziehen Sie die im Bild gezeigte viertelgewendelte Rechtstreppe aus Aufgabe **14.** rechnerisch von der zweiten bis zur zehnten Stufe.

→

- Festlegen der Lauflinie und Lauflänge,
- Anzahl Stufen, Auftritt a und Steigung s bestimmen,
- Lauflinie in gleiche Auftritte teilen (siehe Aufgabe **8.**), dann:

→

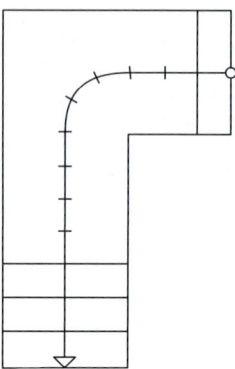

- Eintragen der Vorderkante der ersten und der Hinterkante der letzten zu verziehenden Stufe,
- Abtragen des Mindestauftrittes von 10 cm an der Innenwange der Spickelstufe (diagonal über die Ecke, also 7 cm an jeder Wangenseite),

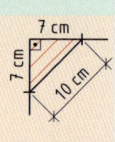

- Einzeichnen der Vorder- und Hinterkante der Spickelstufe.
- Länge der zu verziehenden Innenwange 1 ermitteln:

$l = 72\ cm - 7\ cm - 1 \cdot a = 39{,}2\ cm$

Die 3 zu verziehenden Stufen sind alle größer als die Spickelstufe (10 cm), daher werden $3 \cdot 10\ cm$ (Minimum) abgezogen und der Rest (R) so geteilt, dass die Innenwangen der Stufen immer einen Teil größer werden.

$R = 39{,}2\ cm - (3 \cdot 10\ cm) = 9{,}2\ cm$

4. Stufe = 1 Teil
3. Stufe = 2 Teile
2. Stufe = 3 Teile
Gesamt = 6 Teile, also:

$1\ Teil = \dfrac{9{,}2\ cm}{6} = 1{,}533\ cm$

Die Länge der Innenwangen der Stufen beträgt demnach (blau)

4. Stufe $= 10\ cm + 1 \cdot 1{,}533\ cm$
    $= 11{,}533\ cm$
3. Stufe $= 10\ cm + 2 \cdot 1{,}533\ cm$
    $= 13{,}066\ cm$
2. Stufe $= 10\ cm + 3 \cdot 1{,}533\ cm$
    $= 14{,}600\ cm$

- Länge der zu verziehenden Innenwange 2 ermitteln:

$1\ Teil = \dfrac{82{,}6\ cm - 50\ cm}{15} = 2{,}173\ cm$

$l = 167\ cm - 7\ cm - 3 \cdot a = 82{,}6\ cm$

Demnach entstehen auf der 82,6 cm langen Innenwange 2 die Stufen mit

folgender Länge auf der Innenwangenseite
6. Stufe = 10 cm + 1 · 2,173 cm = 12,173 cm
7. Stufe = 10 cm + 2 · 2,173 cm = 14,346 cm
8. Stufe = 10 cm + 3 · 2,173 cm = 16,519 cm
9. Stufe = 10 cm + 4 · 2,173 cm = 18,692 cm
10. Stufe = 10 cm + 5 · 2,173 cm
                    = 20,865 cm

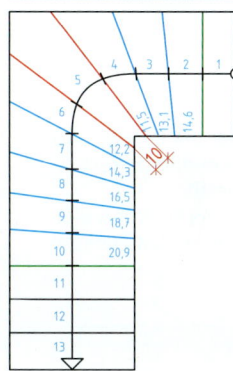

13 B

19. **Beschreiben Sie anhand der im Bild gezeigten Schalung (Punkte A … H) den Arbeitsablauf beim Herstellen einer viertelgewendelten Rechtstreppe aus Stahlbeton als Ortbeton.**

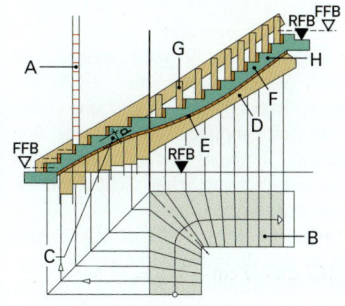

1. Anreißen der Treppe:
A – An der Wand wird eine Höhenlehre angebracht, die die Steigung der einzelnen Stufen von OK Fertigfußboden der unteren zu OK Fertigfußboden der oberen Etage markiert.

B – Die Treppe wird vor Ort oder in einem anderen Raum aufgerissen, die Maße werden an Innen- und Außenwange ermittelt und anschließend im Treppenraum angerissen.

C – Abtragen der Mindestdicke der Laufplatte der Treppe ab Unterkante Setzstufen → Anzeichnen der geschwungenen Unterkante der Laufplatte.

2. Schalung stellen:
D – Unter der Laufplattenschalung werden Lehren aus Holz-Mehrschichtplatten aufgestellt und auf Höhe gebracht (wenn beidseitig Treppenwände vorhanden sind,

können auch Brettlaschen auf Höhe angebracht werden).
E – Die Laufplattenschalung wird aus einzelnen Leisten hergestellt.
3. Bewehren und Betonieren:
F – Die Bewehrung der Laufplatte wird in beiden Richtungen nach Plan verlegt.
G – Die Vorderkanten der Stufen werden durch Stirnbretter abgeschalt.
H – Anschließend wird von unten beginnend betoniert und verdichtet.

20. Das Bild zeigt die Bewehrung einer viertelgewendelten Rechtstreppe aus Ortbeton.
Erklären Sie, welche Funktion die Bewehrungsstähle an den Punkten A ... F haben.

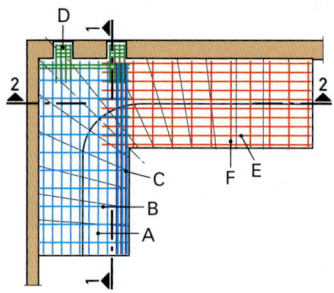

A – Haupttragbewehrung im unteren Treppenteil in Längsrichtung.
B – Querbewehrung im unteren Treppenteil zur Verteilung der Lasten auf mehrere Längsstähle.
C – Zulagestähle in Längsrichtung am Rand des unteren Plattenteils. Sie dienen als Auflager für den oberen Plattenteil.
D – Konsolbewehrung im Eckbereich der gewendelten Treppe. Da die Treppe durch ihre Form im Außenbereich viel schwerer ist, würde sie ohne dieses Wandauflager dort evtl. abkippen.
E – Haupttragbewehrung im oberen Treppenteil in Längsrichtung.
F – Querbewehrung im oberen Treppenteil zur Verteilung der Lasten auf mehrere Längsstähle.

21. Im Bild ist der Anschluss der gewendelten Treppe am unteren Podest gezeigt.
Worauf ist aus bauphysikalischer Sicht besonders zu achten?

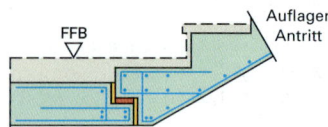

Beim Begehen der Treppen erzeugt der Trittschall Schwingungen, die sich in der gesamten Treppenplatte fortsetzen. Daher sollte die Treppenplatte konstruktiv so von der übrigen Tragkonstruktion abgekoppelt werden, dass sich der Schall nicht weiter im Gebäude ausbreiten kann.
Dies geschieht durch Auflager aus Elastomeren an den Podesten und Konsolen, den Einbau von Dämmstoffen zwischen den Bauteilen und bei Fertigteiltreppen auch zwischen Treppenwange und Wandung des Treppenraums.

22. Sie sollen eine Spindeltreppe aus den im Bild zu sehenden Stahlbetonfertigteilen aufbauen. Beschreiben Sie den Arbeitsablauf.

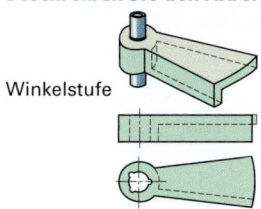

Winkelstufe

- Einmessen und Aufstellen der Stahlrohrstütze und Verankern im Boden (Einbetonieren, Anschrauben, …),
- erste Winkelstufe einführen, nach unten absenken, auf Mörtelbett (MG III) genau in Höhe versetzen und ausrichten, anschließend den Ringraum an der Stahlstütze vergießen,
- weitere Stufen aufsetzen, nach Auftritt a und Steigung s ausrichten und mit Vergussmörtel fixieren.

Lernfeld 13 B
Fachmathematik

13 B

1. Berechnen Sie nach der Schrittmaßformel für die Auftritte (a) bzw. Steigungen (s) den jeweils zugehörigen Wert.

Schrittmaßformel:
$a + 2s = 63$ cm

	a	s
a)	?	16 cm
b)	32,4 cm	?
c)	?	14,5 cm
d)	37 cm	?
e)	?	17,5 cm

	a	s
a)	31 cm	16 cm
b)	32,4 cm	15,3 cm
c)	34 cm	14,5 cm
d)	37 cm	13 cm
e)	28 cm	17,5 cm

2. In die dargestellten Grundrisse sollen gewendelte Treppen eingebaut werden. Berechnen Sie die Lauflänge der Treppen.
a)

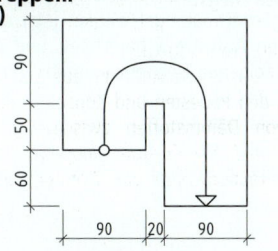

a) halbgewendelte Rechtstreppe:
$l = x + b + y$
$b = \dfrac{\pi \cdot d}{2} = \dfrac{\pi \cdot 1{,}10 \text{ m}}{2} = 1{,}73 \text{ m}$
$l = 0{,}50 \text{ m} + 1{,}73 \text{ m} + 1{,}10 \text{ m}$
$l = \underline{3{,}33 \text{ m}}$

b) viertelgewendelte Linkstreppe:
$l = x + b + y$
$b = \dfrac{\pi \cdot d}{4} = \dfrac{\pi \cdot 1{,}00 \text{ m}}{4} = 0{,}79 \text{ m}$

b)

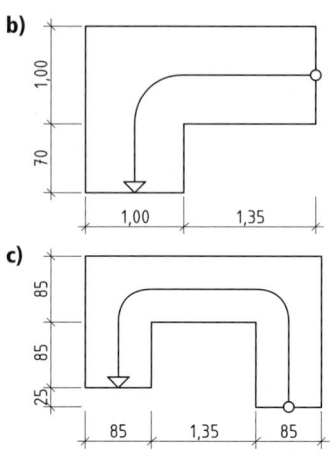

$l = 1{,}35 \text{ m} + 0{,}79 \text{ m} + 0{,}70 \text{ m}$
$l = \underline{\underline{2{,}84 \text{ m}}}$

c) zweimal viertelgewendelte Linkstreppe:
$l = x + b_1 + y + b_2 + z$
$b_1 = \dfrac{\pi \cdot d}{4} = \dfrac{\pi \cdot 0{,}85 \text{ m}}{4} = 0{,}67 \text{ m}$
$b_1 = b_2 = 0{,}67 \text{ m}$
$l = 1{,}10 \text{ m} + 0{,}67 \text{ m} + 1{,}35 \text{ m} + 0{,}67 \text{ m} + 0{,}85 \text{ m}$
$l = \underline{\underline{4{,}64 \text{ m}}}$

3. In den dargestellten Grundriss soll eine viertelgewendelte Linkstreppe für eine Geschosshöhe von 2,65 m eingebaut werden.
Der Kunde wünscht, dass die ersten beiden und die letzten fünf Stufen nicht verzogen werden, die Spickelstufe soll exakt in der Ecke liegen.
Berechnen Sie eine möglichst bequeme (flache) Treppe.

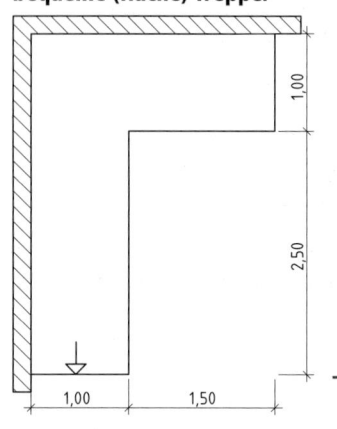

Berechnung der Lauflänge der Treppe:
$l = x + b + y = 1{,}50 \text{ m} + b + 2{,}50 \text{ m}$
$b = \dfrac{1}{4} \cdot \pi \cdot d = 0{,}25 \cdot \pi \cdot 1{,}00 \text{ m} = 0{,}785 \text{ m}$
$l = 1{,}50 \text{ m} + 0{,}785 \text{ m} + 2{,}50 \text{ m}$
$l = \underline{\underline{4{,}785 \text{ m}}}$

Die Geschosshöhe muss nun in gleiche Steigungen eingeteilt werden.
$2{,}65 \text{ m} : 12 \rightarrow s = 22{,}1 \text{ cm}$
$2{,}65 \text{ m} : 13 \rightarrow s = 20{,}4 \text{ cm}$
$2{,}65 \text{ m} : 14 \rightarrow s = 18{,}9 \text{ cm}$
$2{,}65 \text{ m} : 15 \rightarrow s = 17{,}7 \text{ cm}$
$2{,}65 \text{ m} : 16 \rightarrow s = 16{,}6 \text{ cm}$
$2{,}65 \text{ m} : 17 \rightarrow s = 15{,}6 \text{ cm}$
$2{,}65 \text{ m} : 18 \rightarrow s = 14{,}7 \text{ cm}$
$2{,}65 \text{ m} : 19 \rightarrow s = 13{,}9 \text{ cm}$,
andere Steigungen wären zu flach.
Nach der Schrittmaßregel werden jetzt die zugehörigen Auftritte a berechnet, und es entstehen folgende Treppenvarianten:
$12 \times 221/188$ (sehr steil)
$13 \times 204/222$ (sehr steil)
$14 \times 189/252$
$15 \times 177/276$

$\rightarrow$

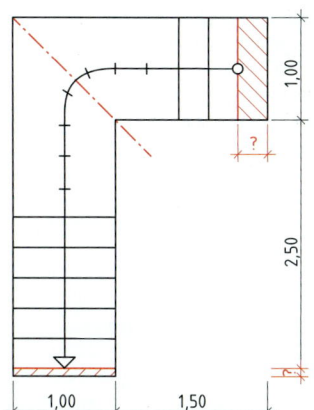

16 × 166/298
17 × 156/318
18 × 147/336
19 × 139/352 (sehr flach)

Welche Treppe passt in den Treppenraum?
12 Steigungen sind 11 Stufen + 1 Steigung auf die nächste Geschossdecke, also ist die benötigte Lauflänge
$l = 11 \cdot 0,188$ m $= 2,07$ m ($<$ 4,785 m Lauflinienlänge), also ist noch viel Platz, analog:
$l = 12 \cdot 0,221$ m $= 2,65$ m
$l = 13 \cdot 0,252$ m $= 3,28$ m
$l = 14 \cdot 0,276$ m $= 3,86$ m
$l = 15 \cdot 0,298$ m $= 4,47$ m (passt)
$l = 16 \cdot 0,318$ m $= 5,09$ m (passt nicht!)
Es wird also eine Treppe 16 × 166/298 mit 15 Stufen auf dem Treppenlauf eingebaut.
Mit dem übrigen Platz im Treppenloch wird nun die Stufenaufteilung so festgelegt, dass die Spickelstufe in der Ecke liegt.
Platzbedarf von der Achse der Spickelstufe in Richtung Antritt:

$$l = \frac{b}{2} + x = 39,3 \text{ cm} + 150 \text{ cm} = 189,3 \text{ cm}$$

1,5 Stufen $= 1,5 \cdot a = 44,7$ cm
2,5 Stufen $= 2,5 \cdot a = 74,5$ cm
3,5 Stufen $= 3,5 \cdot a = 104,3$ cm
4,5 Stufen $= 4,5 \cdot a = 134,1$ cm
5,5 Stufen $= 5,5 \cdot a = 163,9$ cm
Mehr Stufen finden keinen Platz, also werden auf dem ersten Teilstück 5,5 Stufen angelegt und am Treppenpodest unten müssen noch 25,4 cm vorgebaut werden.

Platzbedarf von der Achse der Spickelstufe in Richtung Austritt:

$$l = \frac{b}{2} + y = 39,3 \text{ cm} + 250 \text{ cm} = 289,3 \text{ cm}$$

Hier müssen nun die restlichen 9,5 Stufen Platz finden:
9,5 Stufen $= 9,5 \cdot a = 283,1$ cm

13 B

Am Treppenpodest oben müssen dann noch
6,2 cm angebaut werden.

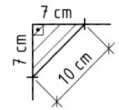

- Abtragen des Mindestauftrittes von 10 cm an der
  Innenwange der Spickel-
  stufe (diagonal über die
  Ecke, also 7 cm an jeder Wangenseite;
  rot).
- Einzeichnen der Vorder- und Hinterkante
  der Spickelstufe (rot).
- Länge der zu verziehenden Innenwange
  1 ermitteln:
  $l = 150\,cm - 7\,cm - 25,4\,cm$
  $ -2 \cdot 29,8\,cm = 58\,cm$
  Die drei zu verziehenden Stufen sind alle
  größer als die Spickelstufe (10 cm), daher
  werden $3 \cdot 10$ cm (Minimum) abgezogen
  und der Rest (R) so geteilt, dass die Innenwangen der Stufen immer einen Teil
  größer werden.
  $R = 58,0\,cm - (3 \cdot 10\,cm) = 28,0\,cm$
  5. Stufe $= 1$ Teil
  4. Stufe $= 2$ Teile
  3. Stufe $= 3$ Teile
  Gesamt $= 6$ Teile, also:
  $$1\,Teil = \frac{28,0\,cm}{6} = 4,67\,cm$$
  Die Länge der Innenwangen der Stufen
  beträgt demnach:
  5. Stufe $= 10$ cm $+ 1 \cdot 4,67$ cm $= 14,7$ cm
  4. Stufe $= 10$ cm $+ 2 \cdot 4,67$ cm $= 19,3$ cm
  3. Stufe $= 10$ cm $+ 3 \cdot 4,67$ cm $= 24,0$ cm

- Länge der zu verziehenden Innenwange
  2 ermitteln:
  $l = 250\,cm - 7\,cm - 6,2\,cm - 5 \cdot a$
  $ = 87,8\,cm$
  $R = 87,8\,cm - (4 \cdot 10\,cm) = 47,8\,cm$
  7. Stufe $= 1$ Teil
  8. Stufe $= 2$ Teile
  9. Stufe $= 3$ Teile
  10. Stufe $= 4$ Teile
  Gesamt $= 10$ Teile, also:

$\rightarrow$ $\rightarrow$

$$1 \text{ Teil} = \frac{47,8 \text{ cm}}{10} = 4,78 \text{ cm}$$

Die Länge der Innenwangen der Stufen beträgt demnach:

7. Stufe = 10 cm + 1 · 4,78 cm = 14,8 cm
8. Stufe = 10 cm + 2 · 4,78 cm = 19,6 cm
9. Stufe = 10 cm + 3 · 4,78 cm = 24,3 cm
10. Stufe = 10 cm + 4 · 4,78 cm = 29,1 cm

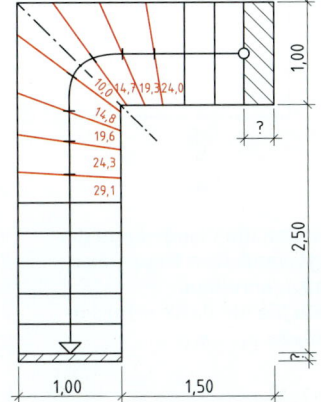

13 B

4. Verziehen Sie eine viertelgewendelte Rechtstreppe rechnerisch bei einer Geschosshöhe von 2,50 m (es werden alle Stufen verzogen).

Maximale Lauflänge der Treppe:
$l = x + b + y = \underline{2,414 \text{ m}}$

Ausgewählte Treppe:
12 × 20,8 cm/21,3 cm
Die Länge der Innenwangen der Stufen beträgt demnach:

1. Stufe = 10 cm + 4 · 0,57 cm = 12,3 cm
2. Stufe = 10 cm + 3 · 0,57 cm = 11,7 cm
3. Stufe = 10 cm + 2 · 0,57 cm = 11,1 cm
4. Stufe = 10 cm + 1 · 0,57 cm = 10,6 cm
5. Stufe = Spickelstufe = 10,0 cm
6. Stufe = 10 cm + 1 · 1,345 cm = 11,3 cm
7. Stufe = 10 cm + 2 · 1,345 cm = 12,7 cm
8. Stufe = 10 cm + 3 · 1,345 cm = 14,0 cm
9. Stufe = 10 cm + 4 · 1,345 cm = 15,4 cm

→

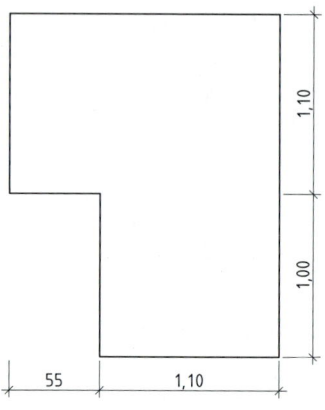

10. Stufe = 10 cm + 5 · 1,345 cm = 16,7 cm
11. Stufe = 10 cm + 6 · 1,345 cm = 18,1 cm

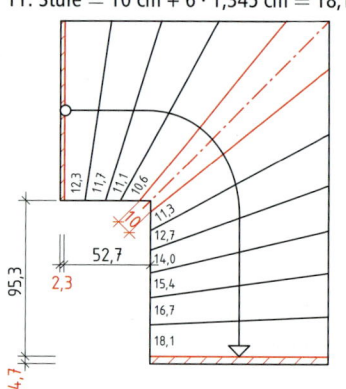

**5. Sie sollen die Wandwange der viertelgewendelten Treppe aus Aufgabe 4. anreißen.
Ermitteln Sie die dafür erforderlichen Maße $x_1 \dots x_{11}$.**

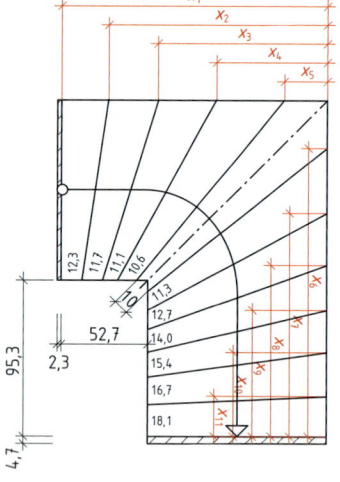

Im Bereich der Stufen 1 … 3 und 7 … 11 liegt die Lauflinie mittig in der Stufe, das heißt, die Innenwange ist um so viel kürzer, wie die Außenwange länger ist.

Stufe	Innen-wange	a	Außen-wange
1	12,3 cm	21,3 cm	30,3 cm
2	11,7 cm	21,3 cm	30,9 cm
3	11,1 cm	21,3 cm	31,5 cm
7	12,7 cm	21,3 cm	29,9 cm
8	14,0 cm	21,3 cm	28,6 cm
9	15,4 cm	21,3 cm	27,2 cm
10	16,7 cm	21,3 cm	25,9 cm
11	18,1 cm	21,3 cm	24,5 cm

Bei den drei Stufen in der Ecke verläuft die Lauflinie nicht mittig in der Stufe, daher lässt sich x_5 am einfachsten konstruktiv (z. B. im Maßstab 1 : 20) ermitteln: $x_5 = 26$ cm
Es ergeben sich nun folgende Maße zum Anzeichnen der Wandwange:

→

→

482

$x_1 = 1,650 \text{ m} - 0,023 \text{ m} = 1,627 \text{ m}$
$x_2 = 1,627 \text{ m} - 0,303 \text{ m} = 1,324 \text{ m}$
$x_3 = 1,324 \text{ m} - 0,309 \text{ m} = 1,015 \text{ m}$
$x_4 = 1,015 \text{ m} - 0,315 \text{ m} = 0,700 \text{ m}$
$x_5 = \text{konstruktiv} \qquad = 0,260 \text{ m}$
$x_{11} = \qquad\qquad = 0,245 \text{ m}$
$x_{10} = 0,245 \text{ m} + 0,259 \text{ m} = 0,504 \text{ m}$
$x_9 = 0,504 \text{ m} + 0,272 \text{ m} = 0,776 \text{ m}$
$x_8 = 0,776 \text{ m} + 0,286 \text{ m} = 1,062 \text{ m}$
$x_7 = 1,062 \text{ m} + 0,299 \text{ m} = 1,361 \text{ m}$
$x_6 = 2,053 \text{ m} - 0,260 \text{ m} = 1,793 \text{ m}$

6. Für die Schalung der Treppe sind die Maße $a \ldots f$ der 2. Stufe aus Aufgabe 4. zu ermitteln. Wie groß ist die Fläche der Trittstufe?

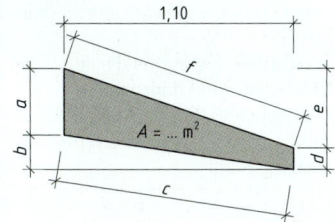

$d = 11,7 \text{ cm (siehe Verziehung)}$
$a = (s - d) + s = 29,9 \text{ cm}$
$b = 30,3 \text{ cm} - 12,3 \text{ cm} = 18,0 \text{ cm}$
$c = \sqrt{(1,10 \text{ m})^2 + (0,18 \text{ m})^2} = 1,115 \text{ m}$
$e = a + b - d = 36,2 \text{ cm}$
$f = \sqrt{(1,10 \text{ m})^2 + (0,362 \text{ m})^2} = 1,158 \text{ m}$
$A = \dfrac{a + d}{2} \cdot 1,10 \text{ m} = \underline{\underline{0,229 \text{ m}^2}}$

13 B

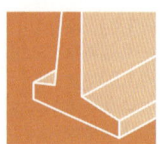

Lernfeld 15 B
Herstellen einer Stützwand

1. Welche Aufgaben erfüllen Stützwände?

- Sicherung sehr steiler Böschungen, die unter natürlichen Bedingungen nicht standfest wären,
- Aufnahme von Lasten im Randbereich der Böschungen.

2. Benennen Sie die an der Stützwand wirkenden Kräfte $A \dots E$ und R.
In welcher Richtung wirken die jeweiligen Kräfte?

A – Eigenlast der Stützwand, wirkt senkrecht (vertikal)

B – Eigenlast des Bodens, wirkt vertikal

C – Nutzlasten am Böschungsrand, wirken vertikal

D – Erddruckkraft, wirkt waagerecht (horizontal)

E – zusätzliche Erddruckkraft aus den Nutzlasten, wirkt horizontal

R – Resultierende aus den Kräften $A \dots E$, wirkt schräg, also sowohl vertikal als auch horizontal

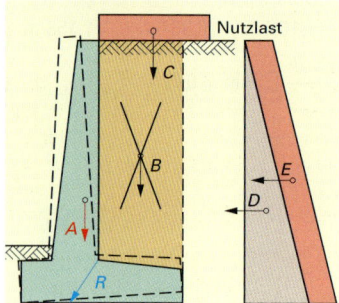

3. Nennen und skizzieren Sie mindestens drei verschiedene Konstruktionsarten von Stützwänden.

1. Schwerlastwand:

→

→

484

2. Winkelstützwand:
L – Querschnitt   T – Querschnitt

3. Stützwand mit Entlastungsplatte:

15 B

**4. Stützwände sollen „standsicher" und „gleitsicher" hergestellt werden.
Erklären Sie die beiden Begriffe.**

a) Standsicherheit:
Die Stützwand gilt als standsicher, wenn die Summe aller wirkenden Kräfte (Resultierende R) im mittleren Drittel der Bodenfuge (Auflagefläche) liegt. Die Fundamentkanten werden dabei nicht überlastet, und ein Kippen über die Vorderkante ist ausgeschlossen.

b) Gleitsicherheit:
Nutzlasten und Erddruck bewirken eine waagerechte Schubkraft auf der Rückseite der Stützwand. Wenn die Reibung der Stützwand auf der Auflagefläche größer als diese Schubkraft ist, kann die Stützwand nicht weggeschoben werden.

**5. Durch welche konstruktiven Maßnahmen kann die Sicherheit der Stützwände erhöht werden:
a) Standsicherheit,
b) Gleitsicherheit?**

a) Standsicherheit:
- hohe Eigenmasse der Stützwand,
- breite Grundplatte nach vorn (verschiebt den Kipppunkt) und nach hinten (höhere Auflast durch die größere Hinterfüllung),

→   →

- Entlastungsplatten, um ein gegenläufiges Drehmoment zu erzeugen.

b) Gleitsicherheit:
- Erhöhung der Reibung durch größere Auflagefläche (breitere Grundplatte).

6. Erläutern Sie die Funktionsweise einer Winkelstützwand.

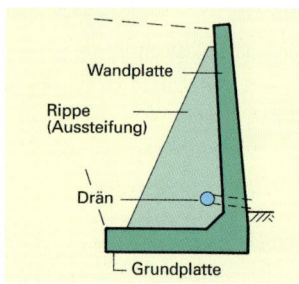

Die Wandplatte nimmt die horizontalen Schubkräfte des dahinterliegenden Bodens auf.

Die Grundplatte wird durch den Boden belastet und verhindert so das Kippen des Winkelelementes. Zusätzlich verhindert die Reibung zwischen Grundplatte und Auflagefläche das Gleiten der Wand.

Die Bewehrung zwischen Wand- und Grundplatte und (wenn erforderlich) die zusätzliche Anordnung von Rippen steifen das Element so aus, dass Wand- und Grundplatte sich unter Last in ihrer Anschlussfuge nicht trennen können.

7. Im Bild ist eine Schwerlaststützwand zu sehen.
Benennen Sie die Bauteile A … G und erläutern Sie, welche Funktion diese erfüllen.

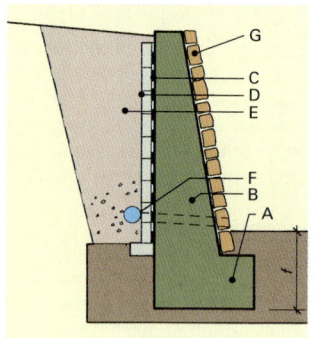

A – Stützwandfuß:
- möglichst große Auflagefläche und Reibung, als Gleitsicherung,
- Fundament, also Lastverteilung auf dem Baugrund.

B – Stützwand-Wandplatte:
- hohe Masse sichert die Standsicherheit,
- nimmt die Kräfte (Erddruck) auf und leitet sie ab.

C – Abdichtung:
- schützt den Beton gegen das Eindringen von Bodenfeuchte.

D – Sickersteine:
- leiten die Bodenfeuchte zur Dränung ab,
- schützen die Dichtungsschicht gegen Beschädigungen bei der Verfüllung der Baugrube.

486

E – Verfüllung:
- nichtbindiger Boden lässt das Oberflächen- und Schichtenwasser zur Dränung abfließen,
- verhindert die Bildung von Staunässe hinter der Stützwand.

F – Dränung:
- sammelt das Sickerwasser und entwässert durch die Wand zur Vorderseite, oder direkt in einen Vorfluter.

G – Verblendung:
- ansprechende Gestaltung der Sichtfläche der Stützwand.

8. Der Bauherr möchte zur Sicherung eines 1,50 m hohen Geländeunterschiedes an der Grenze zum Nachbargrundstück eine Stützwand bauen lassen. Machen Sie ihm drei verschiedene Vorschläge und zählen Sie ihm dabei jeweils die Vor- und Nachteile der Konstruktion auf.

1. Schwerlastwand:
a) *Ortbeton/Natursteinverkleidung*
   - ansprechende Wirkung,
   - Fußpunkt direkt am Grenzverlauf möglich (wenig Platzbedarf),
   - große Betonmengen (hoher Materialpreis),
   - aufwendige Natursteinarbeiten und Verfugung (Arbeitszeitaufwand).
b) *Natursteinmauerwerk*
   - ansprechende Wirkung,
   - Fußpunkt direkt am Grenzverlauf möglich (wenig Platzbedarf),
   - sehr hoher Zeitaufwand für Herstellung und Verfugung,
   - hoher Materialpreis.
2. Winkelstützwand aus T-Elementen:
   - schnelle Montage der Bauteile vor Ort,
   - große Auflagefläche schützt vor dem Gleiten der Wand,
   - umfangreiche Aushubarbeiten, da ein Planum für den vorderen und hinteren Teil der Grundplatte hergestellt werden muss,

15 B

→   →

- die Wandplatte steht nicht direkt an der Grundstücksgrenze daher
  - Platzverlust, aber
  - Platz für spätere Arbeiten (Hecke schneiden, ...),
- sehr große Kippsicherheit.
3. Winkelstützwand aus L-Elementen:
- schnelle Montage der Bauteile vor Ort,
- sehr material- und platzsparend, da die Auflast des Bodens genutzt wird und die Wandplatte direkt an der Grundstücksgrenze stehen kann,
- eher kippgefährdet als T-Elemente.

9. Welche Kräfte in der Stützwand werden durch die Bewehrung aufgenommen?

- Zugkräfte in der Wand- und in der Grundplatte, die durch die horizontalen Schubkräfte des Bodens entstehen,
- Schwindspannungen bei der Erhärtung des Betons,
- Temperaturspannungen.

10. Nennen Sie die Mindestmaße der Bewehrung einer Stützwand.

Hauptbewehrung (senkrecht) auf der Zugseite:
- maximaler Abstand 25 cm (bei sehr dünnen Wänden unter 25 cm Dicke maximaler Abstand 15 cm).

Querbewehrung (waagerecht) auf der Zugseite:
- mindestens 3 Stäbe pro Meter,
- mindestens $\phi = 4,5$ mm (bei Stützwänden über 30 cm Dicke $\phi = 6,0$ mm).

Randbewehrung an der Oberseite der Wandplatte:
- mindestens $2 \cdot \phi = 14$ mm Längsstähle,
- Steckbügel mindestens $\phi = 8$ mm.

**11. Im Bild ist der obere Abschluss der Stützwandplatte zu sehen.
Welche Aufgaben erfüllen die Betonstähle A…F?**

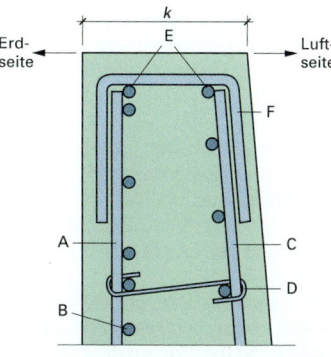

**12. Wo und wodurch treten an einer Stützwand Biegezugkräfte auf?
Auf welche Art werden diese Kräfte durch die Bewehrung aufgenommen?**

A – Haupttragbewehrung:
• nimmt die Zugspannungen auf der Stützwandrückseite auf.
B – Querbewehrung:
• verteilt die Kräfte über alle Zugstähle,
• verhindert die Rissbildung durch Schwinden und Temperaturspannungen.
C – Mattenbewehrung:
• verhindert die Rissbildung durch Schwinden und Temperaturspannungen auf der Vorderseite der Wandplatte.
D – S-Haken:
• sichern den exakten Abstand der Bewehrung beim Betonieren.
E – Randbewehrung:
• verstärkt den oberen Wandabschluss.
F – Steckbügel:
• verbinden die beiden Bewehrungsebenen, sichern die Lage beim Betonieren,
• verhindern ein Aufreißen der Wand unter Belastung.

Der hinter der Stützwand anliegende Boden und zusätzliche Lasten von Verkehr oder Gebäuden wirken auf der Rückseite der Stützwand und würden diese als senkrecht stehenden Kragarm nach vorn verformen bzw. verbiegen. Diese Kräfte werden durch die an der Stützwandrückseite liegenden senkrechten Hauptbewehrungsstähle aufgenommen, die zur Verankerung bis auf die Unterseite der Stützwandsohle geführt werden.

15 B

13. **Die dargestellte Stützwand ist zu bewehren.**
Erklären Sie, wozu die Stähle A … I benötigt werden.

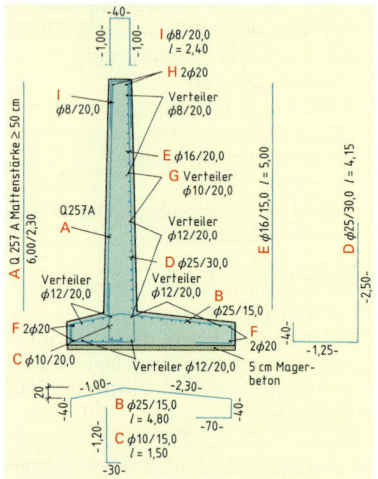

A – Mattenbewehrung auf der Vorderseite der Stützwand, um Schwind- und Temperaturspannungen aufzunehmen.
B – Zugbewehrung an der Oberseite der Grundplatte.
C – Anschlussbewehrung für die Matten auf der Vorderseite der Wand.
D – Anschlussbewehrung für die Einzelstabbewehrung auf der Wandrückseite.
E – Einzelstabbewehrung zur Aufnahme der Zugspannungen an der Wandrückseite.
F – Montagestähle, um die Zugbewehrung der Grundplatte zu montieren.
G – Verteilerstähle, um die Zugspannungen auf der Wandrückseite auf alle Einzelstäbe zu verteilen.
H – Randstähle an der Wandoberseite.
I – Bügel zur Verbindung der beiden Bewehrungsebenen.

14. **Beschreiben Sie den kompletten Arbeitsablauf bei der Herstellung der im Bild gezeigten Stützwand.**

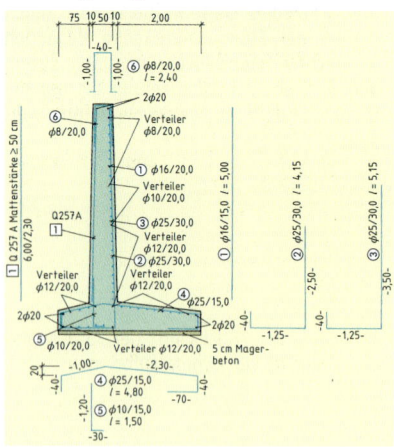

1. Vermessung:
   - Abstecken der Flucht der geplanten Stützwand im Gelände,
   - Markieren der auszuhebenden Länge und Breite einschließlich Böschung und Arbeitsraum,
   - Antragen der Höhen.
2. Aushub:
   - Aushub der Baugrube mit Böschung und Arbeitsraum,
   - Aushub so tief unter Bodenplatte, dass noch eine Sauberkeitsschicht eingebracht werden kann.
3. Auflagefläche schaffen:
   - keine unnötige Auflockerung des natürlich gelagerten Bodens,
   - ebenes Planum schaffen,

490

- Fläche verdichten und abziehen,
- 5 cm Magerbeton einbringen, der die Bewehrung der Sohle vor Verunreinigungen schützen soll.

4. Stützwandsohle herstellen:
   - Bügel der Sohlbewehrung mittels Montagestählen zu einem Bewehrungskorb zusammenfügen,
   - Verteilerstähle an der Fußvorderseite und an der Oberseite der Sohlbewehrung anbringen,
   - Anschlussbewehrung für die Stützwand befestigen,
   - Schalung des Stützwandfußes aufbauen,
   - Abstandhalter an der Bewehrung anbringen, um die exakte Lage der Bewehrung in der Schalung beim Betonieren zu gewährleisten,
   - Einbringen und Verdichten des Betons, einschließlich Nachbehandlung.

5. Stützwand herstellen:
   - auf der ausgehärteten Betonsohle die Rückseite der Wandschalung aufbauen, ausrichten und verankern,
   - Tragbewehrung auf der Wandrückseite herstellen und mit den Anschlussstäben verbinden,
   - auf der Vorderseite der Wand die Mattenbewehrung aufstellen, mit S-Haken mit der Tragbewehrung und am Fuß mit der Anschlussbewehrung verbinden,
   - am Kopf der Stützwand Bügelbewehrung einbauen,
   - Abstandhalter auf der ganzen Fläche einbauen,
   - zweite Wandseite schalen,
   - Beton einbringen und verdichten,
   - nach Erhärtung ausschalen,
   - auf der Rückseite der Stützwand Feuchtigkeitsschutz aufbringen,

15 B

- Dränung in Sickerschicht verlegen und an die Entwässerung anschließen,
- Baugrube lagenweise verfüllen und verdichten.

15. Sie sollen eine Stützwand aus Ortbeton einschalen. Nennen Sie die drei möglichen Schalungsarten.

- systemlose Schalung
- Trägerschalung
- Rahmenschalung

16. Im Bild ist das Ende einer eingeschalten Stützwand in Draufsicht zu sehen.
Um welche Schalungsart handelt es sich dabei?
Benennen Sie die Bauteile A … G der Schalung und ihre jeweilige Funktion.

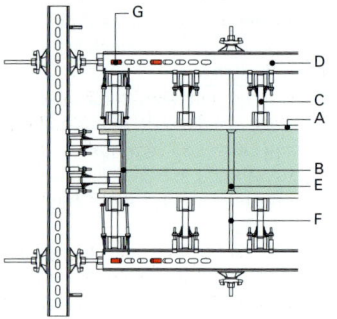

Es handelt sich um eine Trägerschalung.
A – Schalhaut der Wandflächen:
- nimmt den Betondruck auf und leitet ihn auf die Träger ab,
- dichte glatte oder profilierte Oberfläche zur Formgebung der Wandflächen.

B – Schalhaut der Stirnfläche:
- nimmt den Betondruck auf und leitet ihn auf die Träger ab,
- dichte glatte Oberfläche, am Ende eines Betonierabschnittes mit Verzahnung zum nächsten Wandabschnitt.

C – Schalungsträger:
- nehmen den Betondruck von der Schalhaut auf und leiten ihn auf die Stahlträger (Gurte) ab,
- werden auf Biegung beansprucht.

D – Stahlriegel:
- sichern die fluchtrechte Lage der Wand,
- nehmen den Betondruck aus den Schalungsträgern auf.

E – Hüllrohr:
- Hohlraum im Beton zum Einbau von Ankern,
- sichert den exakten Abstand der Schalungsseiten.

F – Anker:
- verbinden die Riegel beider Schalungsseiten und nehmen so den Betondruck beider Seiten auf,
- werden auf Zug beansprucht.

492

G – Stirnlaschen:
- verankern die kurze Trägerschalung der Stirnseite so an den Seitenschalungen, dass diese durch den Betondruck nicht weggeschoben werden kann.

17. Was versteht man unter einer „einhäuptigen Schalung"? Welche Probleme können bei dieser Schalung auftreten?

Die einhäuptige Schalung wird gestellt, wenn die Stützwand nur auf einer Seite (Vorderseite) eingeschalt werden muss. Das ist der Fall, wenn auf der Rückseite gegen den anstehenden Boden oder Fels bzw. gegen bestehende Bauwerke betoniert wird.
Probleme:
- der Betondruck kann nicht durch Verankerungen mit der Rückseite aufgenommen werden,
- gegen den Betondruck werden Abstützböcke aufgestellt, die im Boden fest verankert werden müssen.

15 B

18. Erläutern Sie die Begriffe:
a) Sichtbeton,
b) Beton mit hohem Wassereindringwiderstand,
c) selbstverdichtender Beton,
d) leicht verarbeitbarer Beton,
e) Stahlfaserbeton,
f) Spritzbeton.

a) Sichtbeton:
Beton, der als Bauteiloberfläche sichtbar bleibt und an den deshalb besondere Anforderungen (Ebenheit, Textur, Farbe, …) gestellt werden.
b) Beton mit hohem Wassereindringwiderstand:
Beton, der in der Zusammensetzung und Verarbeitung so hergestellt wird, dass selbst bei drückendem Wasser die Eindringtiefe gering bleibt.
c) Selbstverdichtender Beton:
Beton, der aufgrund seiner Mischung ohne Verdichtung nur durch die Erdanziehungskraft alle Bewehrungszwischenräume und Hohlräume ausfüllt und die Porenluft nach oben entweichen lässt.
d) Leicht verarbeitbarer Beton:
Beton, der durch den Einsatz von Fließmitteln im Konsistenzbereich F5 … F6 liegt, gut pumpbar ist und nicht verdichtet werden muss.

e) Stahlfaserbeton:
Dem Beton werden Stahlfasern zugesetzt, die im gesamten Bauwerk gleichmäßig verteilt sind und damit die Biegezugfestigkeit erhöhen und Schwundrisse verhindern.

f) Spritzbeton:
Beton, der in Druckrohrleitungen gefördert und über eine Düse mit Druck an die Wand gespritzt wird. Der Aufspritzdruck verdichtet den Frischbeton an der Wand.

19. Sie sollen eine Stützwand aus Sichtbeton herstellen.
Nennen Sie jeweils mindestens fünf Regeln die bei Mischung und Verarbeitung einzuhalten sind.

Mischung	Verarbeitung
?	?
?	?
?	?
?	?
?	?

Mischung	Verarbeitung
• hoher Mehlkornanteil • Zementgehalt mind. 300 kg/m³ • w/z-Wert max. 0,55 • kein Restwasser oder Restbeton verwenden • möglichst geringe Schwankungen der Ausgangsstoffe • Herstellwerk und Ausgangsstoffe während der Bauzeit nicht ändern	• Trennmittel gleichmäßig auf die Schalung aufbringen • mörteldichte Schalungsstöße • durch kurze Transportzeiten Entmischung verhindern • Fallhöhe max. 1,00 m • kurze Schüttabstände • Betonierlagen max. 50 cm • gleichmäßige Verdichtung

20. Welche positiven Eigenschaften erhält der Beton durch den Einsatz von Stahlfasern in der Mischung („Stahlfaserbeton")?

Die Fasern
• wirken wie Bewehrung, können diese aber nicht ersetzen, da sie nicht gerichtet sind,
• sind gleichmäßig in der gesamten Mischung verteilt,
• reduzieren das Schwindverhalten des Betons,

→

→

494

- verhindern die Rissbildung beim Abbinden des Zementleimes,
- verbessern die Biegezugfestigkeit des Bauteiles.

21. Nennen Sie mindestens vier Formen von Stahlfasern, die im Stahlfaserbeton verwendet werden können.

- glatte Stahldrahtfasern mit Endhaken,
- profilierte Stahldrahtfasern mit Endhaken,
- gewellte Stahlfasern,
- gefräste Stahlfasern,
- profilierte Blechfasern.

**22. Der Bauherr wünscht eine besondere farbige oder strukturierte Sichtbetonfläche für seine Stützwand.
Machen Sie mindestens sieben Vorschläge.**

farbige Oberfläche:
- Verwendung von farbigen Zementen (weiß, hellgrau, dunkelgrau, rotbraun),
- Einmischen von Farbpigmenten (gelbbraun, blau, rötlich, …),
- Farbbeschichtung des Festbetons.

15 B

strukturierte Oberfläche:
- Muster durch Dreieck- oder Trapezleisten auf die Schalung,
- Verwendung von sägerauem Holz als Schalhaut,
- Einsetzen von Strukturmatten (Matrizen) in die Schalung,
- Sandstrahlen,
- Stocken, Spitzen, Scharrieren, Bossieren,
- Flammstrahlen.

23. Worin unterscheidet sich beim Aufbringen einer Spritzbetonschicht das „Trockenspritzverfahren" vom „Nassspritzverfahren"?

Trockenspritzverfahren:
Erdfeuchter Beton oder Betontrockenmischung wird durch Schläuche zur Düse gefördert. Dort wird direkt vor dem Aufspritzen das Wasser zugegeben.
Die Konsistenz ist direkt an der Düse einstellbar.
Nassspritzverfahren:
Die fertige und auf Konsistenz eingestellte Mischung wird durch Schläuche zur Spritzdüse gefördert und aufgespritzt.

24. Nennen Sie die vier verschiedenen Arten von Fugen in Stützwänden.

- Arbeitsfugen
- Scheinfugen
- Dehnungsfugen
- Setzfugen

25. Erläutern Sie den Unterschied zwischen Setzfugen und Dehnungsfugen an Stützwänden.

Setzfugen:
Sie sollen die durch unterschiedliches Setzungsverhalten der Stützwandteile (z. B. bei sehr unterschiedlicher Baugrundsituation) zu erwartenden vertikalen Bewegungen aufnehmen.

Dehnungsfugen:
Sie nehmen die horizontalen Verschiebungen zwischen Stützwandteilen auf, die durch Temperaturschwankungen und Schwinden hervorgerufen werden.

26. Welche Arten von Fugenbändern sind unten dargestellt?

a) ⊢—•—•—▢—•—•—⊣
b) ⊥⊥⊥⊓⊥⊥⊥
c) ⊓⊔ ⊐⊏ ⊒⊏
d) ⊥⊥⊥ ⊥⊥⊥
e) ⊢▬▬▬▬▬⊣

a) Innen liegendes Dehnungsband
b) Außen liegendes Dehnungsband
c) Fugenabschlussband
d) Außen liegendes Arbeitsfugenband
e) Innen liegendes Arbeitsfugenband

27. Benennen Sie die Teile A ... E des im Bild gezeigten Fugenbandes und ihre jeweilige Funktion.

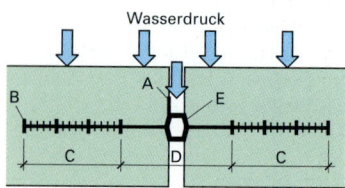
Wasserdruck

A – Nagellasche:
Bei Herstellung des ersten (linken) Bauabschnittes wird das Fugenband innen an die Stirnseitenschalung angenagelt und so fixiert, dass es sich beim Betonieren nicht verschieben kann.

B – Anker:
Verankert das Fugenband fest im Beton beider Stützwandbauabschnitte.

C – Dichtteil:
Die Lamellen werden allseits dicht vom Beton umschlossen, was zu einer wasserdichten Verbindung führt.

→

→

496

D – Dehnteil:
Nimmt die Dehnungen durch Schwinden und Bauwerksbewegungen auf.
E – Dehnschlauch:
Stabiles, dehnbares und sehr reißfestes Profil im Fugenzwischenraum.

28. Zählen Sie mindestens fünf Materialien auf, mit denen Dehnungsfugen von Stützwänden abgedichtet werden können.

- elastische Fugendichtmassen als Ein- oder Zwei-Komponentensysteme, zum Teil mit beigemischten Faserstoffen,
- elastische Fugenfüllplatten,
- Schaumstoffschnüre („Klemmstrick"),
- Fugenabdeckbänder aus Kunststoff,
- innen liegende Fugenbänder,
- außen liegende Fugenbänder,
- Fugenabschlussbänder.

**29. Beim Betonieren einer Stützwand soll über mehrere Tage hinweg Beton eingebracht werden. Das Bild zeigt die Arbeitsfuge (senkrecht) am Ende eines Arbeitstages.
Was ist bei den Bauteilen A...D zu beachten?**

A – Bewehrung auf der Sichtseite:
- durchgehend an Stößen überlappend anzuordnen,
- Betondeckung durch die Verwendung von Abstandhaltern einhalten.

B – Bewehrung auf der Rückseite:
- durchgehend übergreifend,
- Betondeckung auch über den Dichtungsbändern immer einhalten.

C – Dichtungsband außen liegend:
- an die Schalung der Rückseite angenagelt,
- exakt senkrecht und mittig zur Arbeitsfuge anordnen.

D – Rippenstreckmetall:
- beidseitig an die Schalung genagelt,
- der Zementleim fließt durch die Maschen des Streckmetalls, umschließt das Metall, die Betonkörnung wird zurückgehalten,
- trennt die einzelnen Arbeitsabschnitte, ermöglicht aber eine gute Verzahnung.

15 B

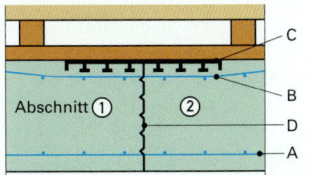

Abschnitt ① ② — D

C

B

A

Lernfeld 15 B
Fachmathematik

**1. Berechnen Sie die Querschnittsfläche des Winkelstützwandelementes
a) in m²,
b) in dm²,
c) in cm².**

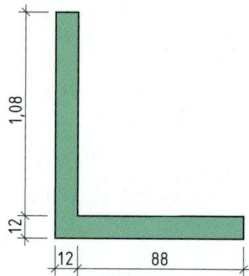

**2. Rechnen Sie die Ergebnisse von Aufgabe 1. um
a) m² → dm²,
b) m² → cm²,
c) m² → mm².**

a) Querschnittsfläche in m²:
$A_1 = 1,20\,m \cdot 0,12\,m = 0,1440\,m^2$
$A_2 = 0,88\,m \cdot 0,12\,m = 0,1056\,m^2$
$A = A_1 + A_2 = 0,1440\,m^2 + 0,1056\,m^2$
$A = \underline{\underline{0,2496\,m^2}}$

b) Querschnittsfläche in dm²:
$A_1 = 12\,dm \cdot 1,2\,dm = 14,40\,dm^2$
$A_2 = 8,8\,dm \cdot 1,2\,dm = 10,56\,dm^2$
$A = A_1 + A_2 = 14,40\,dm^2 + 10,56\,dm^2$
$A = \underline{\underline{24,96\,dm^2}}$

c) Querschnittsfläche in cm²:
$A_1 = 120\,cm \cdot 12\,cm = 1440\,cm^2$
$A_2 = 88\,cm \cdot 12\,cm = 1056\,cm^2$
$A = A_1 + A_2 = 1440\,cm^2 + 1056\,cm^2$
$A = \underline{\underline{2496\,cm^2}}$

a) $\underline{m^2 \rightarrow dm^2}$:
$1\,m \qquad = 10\,dm$
$1\,m \cdot 1\,m = 10\,dm \cdot 10\,dm$
$1\,m^2 \qquad = 10\,dm \cdot 10\,dm$, also
$1\,m^2 \qquad = 100\,dm^2$
$0,2496\,m^2 = (0,2496 \cdot 100)\,dm^2$
$\qquad\qquad\quad = \underline{\underline{24,96\,dm^2}}$

b) $\underline{m^2 \rightarrow cm^2}$:
$1\,m \qquad = 100\,cm$
$1\,m \cdot 1\,m = 100\,cm \cdot 100\,cm$
$1\,m^2 \qquad = 100\,cm \cdot 100\,cm$, also
$1\,m^2 \qquad = 10\,000\,cm^2$
$0,2496\,m^2 = (0,2496 \cdot 10\,000)\,cm^2$
$\qquad\qquad\quad = \underline{\underline{2496\,cm^2}}$

→   →

498

c) $\underline{m^2 \rightarrow mm^2}$:

1 m	= 1000 mm
1 m · 1 m	= 1000 mm · 1000 mm
1 m^2	= 1000 mm · 1000 mm, also
1 m^2	= 1 000 000 mm^2
0,2496 m^2	= (0,2496 · 1 000 000)mm^2
	= $\underline{249\,600\ mm^2}$

3. Rechnen Sie in die jeweils feh-lenden Einheiten um.

	m^2	dm^2	cm^2	mm^2
a)	?	?	3800	?
b)	0,125	?	?	?
c)	?	?	?	64 500
d)	1,67	?	?	?
e)	?	227	?	?

	m^2	dm^2	cm^2	mm^2
a)	0,38	38	3 800	380 000
b)	0,125	12,5	1 250	125 000
c)	0,0645	6,45	645	64 500
d)	1,67	167	16 700	1 670 000
e)	2,27	227	22 700	2 270 000

15 B

4. Wie viele m^3 Beton werden benötigt, um das Stützwand-element herzustellen?

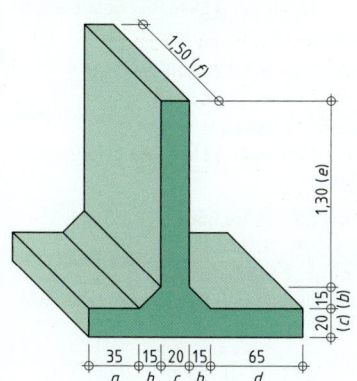

$A_{gesamt} = A_1 + A_2 + A_3$

$A_1 = (e + b) \cdot c$

$A_1 = 1,45\ m \cdot 0,20\ m = 0,29\ m^2$

$A_2 = 2 \cdot \left(\dfrac{b \cdot b}{2} \right)$

$A_2 = 2 \cdot \left(\dfrac{0,15\ m \cdot 0,15\ m}{2} \right) = 0,0225\ m^2$

$A_3 = (a + b + c + b + d) \cdot c$

$A_3 = 1,50\ m \cdot 0,20\ m = 0,30\ m^2$

$A_{gesamt} = 0,29\ m^2 + 0,0225\ m^2 + 0,30\ m^2$

$A_{gesamt} = 0,6125\ m^2$

$V = A \cdot f$

$V = 0,6125\ m^2 \cdot 1,50\ m = \underline{0,919\ m^3}$

5. Ermitteln Sie den Bedarf an Beton zur Herstellung von Stützwandelementen von 1,50 m Länge, wenn für $a \ldots e$ in Abbildung zu Aufg. **4.** folgende Werte (in cm) angenommen werden.

	a	b	c	d	e	m^3
a)	50	10	25	70	120	?
b)	30	20	30	80	170	?
c)	45	20	25	120	150	?
d)	25	10	20	60	80	?
e)	15	8	12	45	65	?

	a	b	c	d	e	m^3
a)	50	10	25	70	120	1,121
b)	30	20	30	80	170	1,725
c)	45	20	25	120	150	1,560
d)	25	10	20	60	80	0,660
e)	15	8	12	45	65	0,299

6. Wie viele der Elemente (vgl. **5.**) können jeweils auf einen 12,5-t-Lkw verladen werden? (Rohdichte Stahlbeton 2,3 t/m^3)

a) $m = 2,3 \ t/m^3 \cdot 1,121 \ m^3 = 2,578 \ t$

Anzahl: $\dfrac{12,5 \ t}{2,578 \ t/\text{Element}} = 4,85$ Elemente, also dürfen nur <u>4 Elemente</u> geladen werden.

b) $m = 2,3 \ t/m^3 \cdot 1,725 \ m^3 = 3,968 \ t$

Anzahl: $\dfrac{12,5 \ t}{3,968 \ t/\text{Element}} = 3,15$ Elemente, also dürfen nur <u>3 Elemente</u> geladen werden.

c) $m = 2,3 \ t/m^3 \cdot 1,560 \ m^3 = 3,588 \ t$

Anzahl: $\dfrac{12,5 \ t}{3,588 \ t/\text{Element}} = 3,48$ Elemente, also dürfen nur <u>4 Elemente</u> geladen werden.

d) $m = 2,3 \ t/m^3 \cdot 0,660 \ m^3 = 1,518 \ t$

Anzahl: $\dfrac{12,5 \ t}{1,518 \ t/\text{Element}} = 8,23$ Elemente, also dürfen nur <u>8 Elemente</u> geladen werden.

e) $m = 2,3 \ t/m^3 \cdot 0,299 \ m^3 = 0,688 \ t$

Anzahl: $\dfrac{12,5 \ t}{0,688 \ t/\text{Element}} = 18,17$ Elemente, also dürfen hier nur <u>18 Elemente</u> geladen werden.

7. Von der dargestellten Stützwand soll ein Teilabschnitt von 124,00 m betoniert werden. Berechnen Sie

a) m³ Kies für die Sauberkeits-schicht bei 15 % Verdichtung,

b) Liefermasse (in t) Kies bei einer Rohdichte von 1,85 kg/dm³,

c) m² Schalung (einschließlich der Stirnflächen),

d) m³ Beton.

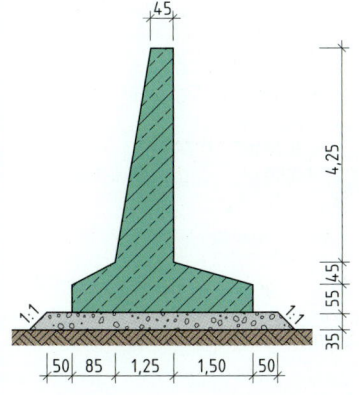

a) $\underline{m^3\ Kies:}$

$l_o = 0{,}50\ m + 0{,}85\ m + 1{,}25\ m$
$\qquad + 1{,}50\ m + 0{,}50\ m$

$l_o = 4{,}60\ m$

$l_u = 4{,}60\ m + 2 \cdot 0{,}35\ m = 5{,}30\ m$

$A = \dfrac{l_o + l_u}{2} \cdot h = \dfrac{4{,}60\ m + 5{,}30\ m}{2} \cdot 0{,}35\ m$

$A = 1{,}7325\ m^2$

$V = A \cdot l = 1{,}7325\ m^2 \cdot 124{,}00\ m$
$\quad = 214{,}830\ m^3$

mit 15 % Verdichtung sind anzuliefern:

$V = 1{,}15 \cdot 214{,}830\ m^3 = \underline{\underline{247{,}055\ m^3}}$

b) $\underline{Masse\ Kies:}$

$m = 247{,}055\ m^3 \cdot 1{,}85\ t/m^3 = \underline{\underline{457\ t}}$

c) $\underline{m^2\ Schalung:}$

Vorderseite:

$l_1 = 0{,}55\ m$

$l_2 = \sqrt{(0{,}85\ m)^2 + (0{,}45\ m)^2} = 0{,}96\ m$

$l_3 = \sqrt{(4{,}25\ m)^2 + (0{,}80\ m)^2} = 4{,}325\ m$

$A_{Vorderseite} = (l_1 + l_2 + l_3) \cdot 124{,}00\ m$

$A_{Vorderseite} = 723{,}54\ m^2$

Rückseite:

$l_1 = 0{,}55\ m$

$l_2 = \sqrt{(1{,}50\ m)^2 + (0{,}45\ m)^2} = 1{,}57\ m$

$l_3 = 4{,}25\ m$

$A_{Rückseite} = (l_1 + l_2 + l_3) \cdot 124{,}00\ m$

$A_{Rückseite} = 789{,}88\ m^2$

Stirnseite:

$A_1 = 0{,}55\ m \cdot 3{,}60\ m = 1{,}98\ m^2$

$A_2 = \dfrac{l_o + l_u}{2} \cdot h = \dfrac{1{,}25\ m + 3{,}60\ m}{2} \cdot 0{,}45\ m$

$A_2 = 1{,}09\ m^2$

15 B

→ →

$$A_3 = \frac{l_o + l_u}{2} \cdot h = \frac{0,45\ \text{m} + 1,25\ \text{m}}{2} \cdot 4,25\ \text{m}$$
$$A_3 = 3,61\ \text{m}^2$$
$$A_{\text{Stirnseite}} = 1,98\ \text{m}^2 + 1,09\ \text{m}^2 + 3,61\ \text{m}^2$$
$$= 6,68\ \text{m}^2$$
$$A_{\text{gesamt}} = A_{\text{Vorderseite}} + A_{\text{Rückseite}} + 2 \cdot A_{\text{Stirnseite}}$$
$$A_{\text{gesamt}} = 723,54\ \text{m}^2 + 789,88\ \text{m}^2 + 2 \cdot 6,68\ \text{m}^2$$
$$A_{\text{gesamt}} = \underline{\underline{1526,78\ \text{m}^2}}$$

d) $\underline{\text{m}^3\ \text{Beton:}}$
$$V = A_{\text{Stirnseite}} \cdot l = 6,68\ \text{m}^2 \cdot 124,00\ \text{m}$$
$$V = \underline{\underline{828,320\ \text{m}^3}}$$

8. Wie schwer ist das dargestellte Winkelstützwandelement bei einer Höhe von h = 1,20 m und einer Länge von l = 1,50 m? (Rohdichte Beton 2,35 t/m^3)

$$A_1 = 1,30\ \text{m} \cdot 0,20\ \text{m} = 0,26\ \text{m}^2$$
$$A_2 = 1,20\ \text{m} \cdot 0,20\ \text{m} = 0,24\ \text{m}^2$$
$$A_{\text{gesamt}} = A_1 + A_2$$
$$A_{\text{gesamt}} = 0,26\ \text{m}^2 + 0,24\ \text{m}^2$$
$$A_{\text{gesamt}} = 0,50\ \text{m}^2$$
$$V = A \cdot l$$
$$V = 0,50\ \text{m}^2 \cdot 1,50\ \text{m}$$
$$V = 0,750\ \text{m}^3$$
$$m = V \cdot \varrho$$
$$m = 0,750\ \text{m}^3 \cdot 2,35\ \text{t/m}^3$$
$$m = \underline{\underline{1,7625\ \text{t}}}$$

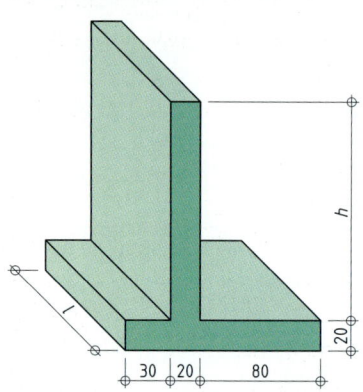

9. Berechnen Sie die fehlenden Werte für folgende Winkelstützwandelemente der gleichen Bauart wie in Aufgabe 8.

	l	h	V	m
a)	1,00 m	0,80 m	?	?
b)	?	0,90 m	0,550 m^3	?
c)	1,50 m	?	?	1,974 t
d)	2,00 m	?	?	2,500 t
e)	?	1,45 m	0,743 m^3	?

	l	h	V	m
a)	1,00 m	0,80 m	0,420 m^3	0,987 t
b)	1,25 m	0,90 m	0,550 m^3	1,293 t
c)	1,50 m	1,50 m	0,84 m^3	1,974 t
d)	2,00 m	1,36 m	1,064 m^3	2,500 t
e)	1,35 m	1,45 m	0,743 m^3	1,746 t

10. Das in der Draufsicht gezeigte Baugrundstück soll auf den beiden gekennzeichneten Seiten mit 1,35 m hohen und 1,25 m langen Winkelstützwandelementen eingefasst werden.

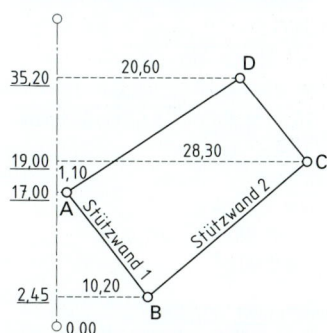

a) Stützwand 1:

$$l_1 = \sqrt{(17,00\,\text{m} - 2,45\,\text{m})^2 + (10,20\,\text{m} - 1,10\,\text{m})^2}$$

$$l_1 = \sqrt{(14,55\,\text{m})^2 + (9,10\,\text{m})^2} = 17,16\,\text{m}$$

Elemente: $\dfrac{17,16\,\text{m}}{1,25\,\text{m/Element}} = 13,7$ Element

Es werden von außen beginnend 13 Elemente gesetzt.

Restlänge: $17,16\,\text{m} - (13 \cdot 1,25\,\text{m}) = \underline{0,91\,\text{m}}$

Stützwand 2:

$$l_2 = \sqrt{(19,00\,\text{m} - 2,45\,\text{m})^2 + (28,30\,\text{m} - 10,20\,\text{m})^2}$$

$$l_2 = \sqrt{(16,55\,\text{m})^2 + (18,10\,\text{m})^2} = \underline{24,53\,\text{m}}$$

Elemente: $\dfrac{24,53\,\text{m}}{1,25\,\text{m/Element}} = 19,6$ Elemente

Es werden von außen beginnend 19 Elemente gesetzt.

Restlänge: $24,53\,\text{m} - (19 \cdot 1,25\,\text{m}) = \underline{0,78\,\text{m}}$

b) Grundstücksfläche:
Länge der Diagonale $\overline{AC}$:

$$l_d = \sqrt{(19,00\,\text{m} - 17,00\,\text{m})^2 + (28,30\,\text{m} - 1,10\,\text{m})^2}$$

$$l_d = \sqrt{(2,00\,\text{m})^2 + (27,20\,\text{m})^2} = \underline{27,27\,\text{m}}$$

15 B

→

→

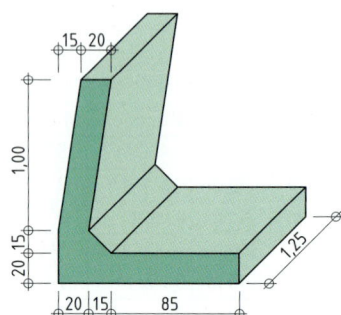

a) **Berechnen Sie die erforderliche Anzahl Stützwandelemente (jeweils von außen beginnend, die Ecke wird geschalt und betoniert), und die zu schalenden Restlängen in der Innenecke.**

b) **Wie groß ist die Grundstücksgröße in m^2? (Achtung: Das Grundstück muss nicht rechtwinklig sein!)**

c) **Die Stützwandelemente sollen mit einem 12-t-Lkw auf die Baustelle gebracht werden. Der Ladekran trägt beim Abladen neben das Fahrzeug 2,0 t. Um die Elemente vor Ort gleich zu versetzen, muss der Kran aber soweit ausgefahren werden, dass er nur noch 1,2 t heben kann. Können die Elemente mit dem Ladekran gleich versetzt oder nur abgeladen werden (Rohdichte Beton = 2,3 kg/dm³)? Wie oft muss der Lkw zur Baustelle kommen?**

Fläche Dreieck unten (nach Satz des Heron):

$$s = \frac{a+b+c}{2} = \frac{17,16\,m + 24,53\,m + 27,27\,m}{2}$$

$$s = 34,48\,m$$

$$A = \sqrt{(s-a) \cdot (s-b) \cdot (s-c) \cdot s}$$

$$A = \sqrt{(34,48 - 17,16)\,m \cdot (34,48 - 24,53)\,m \cdot (34,48 - 27,27)\,m \cdot 34,48\,m}$$

$$A = \sqrt{17,32\,m \cdot 9,95\,m \cdot 7,21\,m \cdot 34,48\,m}$$

$$A = \sqrt{42\,842,37\,m^4}$$

$$A = \underline{206,98\,m^2}$$

Fläche Dreieck oben (nach Satz des Heron):

$$l_3 = \sqrt{(35,20\,m - 19,00\,m)^2 + (28,30\,m - 20,60\,m)^2}$$

$$l_3 = \sqrt{(16,20\,m)^2 + (7,70\,m)^2} = \underline{17,94\,m}$$

$$l_4 = \sqrt{(35,20\,m - 17,00\,m)^2 + (20,60\,m - 1,10\,m)^2}$$

$$l_4 = \sqrt{(18,20\,m)^2 + (19,50\,m)^2} = \underline{26,67\,m}$$

$$s = \frac{a+b+c}{2} = \frac{17,94\,m + 26,67\,m + 27,27\,m}{2}$$

$$s = 35,94\,m$$

$$A = \sqrt{(s-a) \cdot (s-b) \cdot (s-c) \cdot s}$$

$$A = \sqrt{(35,94 - 17,94)\,m \cdot (35,94 - 26,67)\,m \cdot (35,94 - 27,27)\,m \cdot 35,94\,m}$$

$$A = \sqrt{18,00\,m \cdot 9,27\,m \cdot 8,67\,m \cdot 35,94\,m}$$

$$A = \sqrt{51\,993,54\,m^4}$$

$$A = \underline{228,02\,m^2}$$

$$A_{gesamt} = A_{unten} + A_{oben}$$

$$= 206,98\,m^2 + 228,02\,m^2$$

$$A_{gesamt} = \underline{435,00\,m^2}$$

c) Abladen oder Versetzen?

$$A = 1,20\,m \cdot 0,20\,m + 0,15\,m \cdot 0,20\,m$$

$$+ \frac{0,15\,m \cdot 0,15\,m}{2} + 1,00\,m \cdot 0,20\,m$$

$$A = 0,48\,m^2$$

$$V = A \cdot l = 0,48\,m^2 \cdot 1,25\,m$$

$$V = 0,600\,m^3$$

$$m = 0,600\,m^3 \cdot 2,3\,t/m^3$$

$$m = \underline{1,38\,t}$$

504

Der Lkw kann die Elemente auf der Baustelle nur abladen, zum Versetzen sind sie zu schwer. Daher muss für das Versetzen der Elemente ein zusätzlicher Mobilkran bestellt werden.

Wie oft muss der Lkw zur Baustelle kommen?
Auf einen 12-t-Lkw passen:

$$\frac{12,0\ t}{1,38\ t/\text{Element}} = 8,7\ \text{Elemente}$$

Es dürfen also jeweils 8 Elemente transportiert werden.
Anzahl Fahrten:

$$\frac{(13+19)\ \text{Elemente}}{8\ \text{Elemente/Fahrt}} = 4\ \text{Fahrten}$$

Wenn also 4-mal gefahren werden muss, muss der Lkw noch 3-mal zur Baustelle kommen.

11. Berechnen Sie für die Dreiecksflächen mit den Koordinaten *a ... d* nach dem Satz des Heron die Längen AB, BC, CA (in m) und den Flächeninhalt *A* (in m²).

15 B

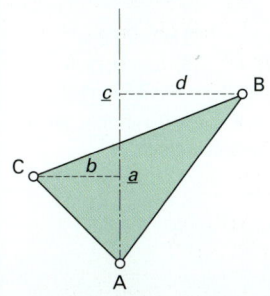

	a	*b*	*c*	*d*
a)	3,20 m	3,60 m	6,40 m	4,10 m
b)	5,10 m	4,80 m	7,20 m	10,10 m
c)	10,00 m	10,20 m	20,30 m	15,10 m
d)	1,30 m	4,10 m	10,30 m	8,60 m
e)	7,20 m	2,10 m	9,80 m	8,10 m

	$\overline{AB}$ (m)	$\overline{BC}$ (m)	$\overline{CA}$ (m)	A (m²)
a)	7,60	8,34	4,82	18,09
b)	12,40	15,05	7,00	42,99
c)	25,30	27,32	14,28	178,99
d)	13,42	15,57	4,30	26,69
e)	12,71	10,53	7,50	39,46

12. Die im Bild gezeigte 35,00 m lange Schwerlastwand aus Stahlbeton soll in mehreren Abschnitten in einer Woche betoniert werden.
Folgende Betonmengen sind schon bestellt:
Montag:
12 Fahrmischer je 5,00 m³
Dienstag:
9 Fahrmischer je 7,50 m³
Mittwoch:
10 Fahrmischer je 5,00 m³
Donnerstag:
10 Fahrmischer je 7,50 m³

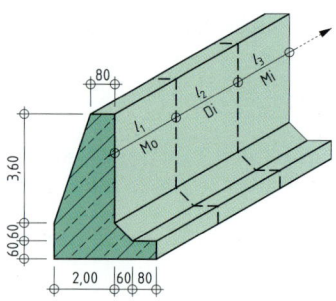

a) Sie sollen jeweils die Fugenbänder für die Arbeitsfugen anbringen. Berechnen Sie dazu die Längen $l_1 \dots l_4$.
b) Wie viel Beton ist am Freitag für die Restarbeiten zu bestellen?

a) $A = 0,60 \text{ m} \cdot 3,40 \text{ m} + \dfrac{0,60 \text{ m} \cdot 0,60 \text{ m}}{2}$

$\qquad + 2,00 \text{ m} \cdot 0,60 \text{ m} + \dfrac{2,00 \text{ m} + 0,80 \text{ m}}{2}$

$\qquad \cdot 3,60 \text{ m} = \underline{8,46 \text{ m}^2}$

Montag:
$V = 12 \cdot 5,00 \text{ m}^3 = 60,00 \text{ m}^3$

$l = \dfrac{V}{A} = \dfrac{60,00 \text{ m}^3}{8,46 \text{ m}^2} = \underline{\underline{7,09 \text{ m}}}$

Dienstag:
$V = 9 \cdot 7,50 \text{ m}^3 = 67,50 \text{ m}^3$

$l = \dfrac{V}{A} = \dfrac{67,50 \text{ m}^3}{8,46 \text{ m}^2} = \underline{\underline{7,98 \text{ m}}}$

Mittwoch:
$V = 10 \cdot 5,00 \text{ m}^3 = 50,00 \text{ m}^3$

$l = \dfrac{V}{A} = \dfrac{50,00 \text{ m}^3}{8,46 \text{ m}^2} = \underline{\underline{5,91 \text{ m}}}$

Donnerstag:
$V = 10 \cdot 7,50 \text{ m}^3 = 75,00 \text{ m}^3$

$l = \dfrac{V}{A} = \dfrac{75,00 \text{ m}^3}{8,46 \text{ m}^2} = \underline{\underline{8,87 \text{ m}}}$

b) Freitag:
Rest: $35,00 \text{ m} - 7,09 \text{ m} - 7,98 \text{ m}$
$\qquad - 5,91 \text{ m} - 8,87 \text{ m} = 5,15 \text{ m}$
$V = 5,15 \text{ m} \cdot 8,46 \text{ m}^2 = \underline{\underline{43,57 \text{ m}^3}}$

Es müssen z. B. noch 9 Fahrmischer mit je 5,00 m³ bestellt werden.

Lernfeld 16 B

Herstellen eines Trägers aus Spannbeton

1. Was ist das Besondere an „Spannbeton"?

Im Spannbeton werden die tragenden Stähle in der Zugzone vorgespannt, anschließend einbetoniert. Die gespannten Stähle können sich unter Last nur noch gering dehnen, daher kommt es kaum zu Betonverformungen.

2. Erläutern Sie den Unterschied zwischen Stahlbeton und Spannbeton bei Belastung eines Balkens.
Welche Nachteile hat der Stahlbetonbalken?

Stahlbeton:
Der Balken biegt sich bei Belastung nach unten durch. Der Stahl nimmt an der Bauteilunterseite die Zugkräfte auf und dehnt sich dabei etwas.
Nachteile:
- Verformung unter Last nach unten,
- Risse im Beton der Zugzone ermöglichen das Eindringen von Feuchte,
- Bewehrungsstahl ist korrosionsgefährdet.

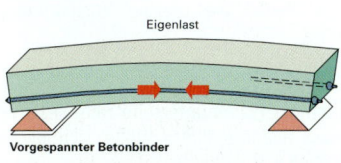

Eigenlast

Vorgespannter Betonbinder

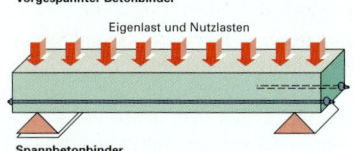

Eigenlast und Nutzlasten

Spannbetonbinder

Spannbeton:
Durch die vorgespannte Bewehrung wölbt sich das Bauteil leicht nach oben. Unter Last verformt sich das Bauteil bis maximal zur waagerechten Lage. Eine Durchbiegung nach unten gibt es nicht. Die gespannten Stähle nehmen die Zugkräfte in der Zugzone auf, dehnen sich aber deutlich weniger.

3. Welche Vorteile bietet der Spannbeton gegenüber dem Stahlbeton?

- keine Risse in der Zugzone,
- geringe Verformung bei Belastung,
- größere freie Stützweiten,
- schlankere, leichtere Konstruktionen.

16 B

4. Nennen Sie die drei Arten von Spannbeton nach der Herstellung.

5. Beschreiben Sie anhand der Bilder 1 ... 3 die Herstellung einer Spannbetondeckenplatte mit gleichzeitigem Verbund im Fertigteilwerk.

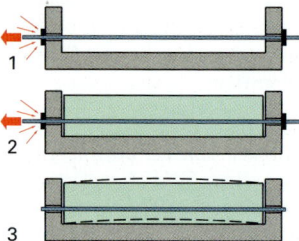

- Spannbeton mit gleichzeitigem Verbund,
- Spannbeton mit nachträglichem Verbund,
- Spannbeton ohne Verbund.

1 – Vorbereitung des Spannbettes:
Die Schalung wird im Fertigteilwerk aufgestellt, die Stirnseiten zugfest verankert. Dann werden die Spannstähle eingelegt und auf der einen Seite fest mit der Stirnschalung verbunden. An der anderen Stirnseite werden die Stähle nacheinander mit hydraulischen Pressen gezogen, bis die festgelegte Vorspannung erreicht ist, und dann an der Stirnschalung fest verankert.

2 – Betonieren:
Wenn alle Spannstähle vorgespannt sind, wird der Beton eingebracht und verdichtet. Bei der Erhärtung verbinden sich die Spannstähle auf der gesamten Länge rundum mit dem Festbeton, wodurch später im Bauteil überall die gleiche Vorspannung herrscht.

3 – Ausschalen:
Die Endverankerungen werden gelöst, der Stahl an der Plattenunterseite zieht sich zusammen und die Platte wölbt sich leicht nach oben.
Im Fertigteilwerk können in langen Spannbahnen bestimmter Breite (50 cm, 62,5 cm, 75 cm oder 1,00 m) und Höhe (20 cm, 25 cm) gleichzeitig eine ganze Reihe Platten hergestellt werden, indem aus der langen Bahn die Platten nach Maß geschnitten werden. Auch Schrägschnitte, Rundungen und Aussparungen sind so problemlos herstellbar, da auf der gesamten Länge der Platten dieselbe Vorspannung herrscht.

6. Für welche Bauwerke oder Bauteile werden die folgenden Arten des Spannbetons üblicherweise eingesetzt:
a) Spannbeton mit gleichzeitigem Verbund,
b) Spannbeton mit nachträglichem Verbund,
c) Spannbeton ohne Verbund?

a) Spannbeton mit gleichzeitigem Verbund:
- Massenbauteile wie:
  - Eisenbahnschwellen,
  - Masten,
  - Stürze im Mauerwerk,
  - Deckenplatten in standardisierten Breiten und Längen.
- Balken, Unterzüge und Deckenplatten nach Maß.

b) Spannbeton mit nachträglichem Verbund:
- bei sehr langen Bauwerken, die aus mehreren Bauteilen auf der Baustelle zusammengefügt und dann vorgespannt werden (z. B. 3- oder 5-teilige Hallenbinder),
- bei sehr langen vor Ort hergestellten Bauwerken, die anschließend erst insgesamt vorgespannt werden (z. B. Brücken).

c) Spannbeton ohne Verbund:
- bei sehr langen und teuren Bauwerken, die aufgrund der hohen Belastungen später noch nachgespannt werden sollen,
- bei Bauwerken, bei denen die Spannglieder austauschbar sein sollen (z. B. Brücken),
- bei sehr langen Brückenbauwerken.

16 B

7. Beschreiben Sie den Arbeitsablauf bei der Herstellung eines Spannbetonbauteils mit nachträglichem Verbund.

Das Bauteil wird eingeschalt, zwischen der erforderlichen ungespannten Bewehrung werden Hüllrohre aus profiliertem Blech oder Kunststoff von einer Stirnseite bis zur anderen in der vorgeschriebenen Höhe auf Unterstützungskörben verlegt und befestigt. Nachdem das Bauwerk abschnittsweise betoniert und ausgehärtet ist, werden die Spannstähle oder -seile mit einer Winde eingezogen und an einer Bauwerksseite fest verankert.

→   →

Auf der anderen Seite wird mit hydraulischen Pressen auf ein Spannglied nach dem anderen die Vorspannung aufgebracht, anschließend eine Ankerplatte gesetzt und der Stahl fest verankert.

Danach wird durch eine Öffnung in der Ankerplatte Verpressmörtel eingefüllt, bis er an der anderen Seite wieder austritt. Nach dem Verschließen beider Öffnungen härtet der Verpressmörtel aus und verbindet sich fest mit den Spannstählen und dem profilierten Hüllrohr. Nach der Erhärtung können die Ankerplatten an beiden Seiten gelöst werden.

8. Woran erkennt man auf der Baustelle Spannbetonbauteile a) mit gleichzeitigem Verbund, b) mit nachträglichem Verbund, c) ohne Verbund?

a) gleichzeitiger Verbund:
Die Spannstähle sind am Ende des Bauteils bündig abgeschnitten und mit Festbeton ummantelt.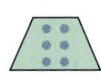

b) nachträglicher Verbund:
Die Spannstähle sind am Ende des Bauteils bündig abgeschnitten und mit Feinbeton (Verpressmörtel) ummantelt (sollte man sich nicht sicher sein, dann kurz anfeuchten – meist haben Kernbeton und Verpressmörtel ein unterschiedliches Saugverhalten).

c) ohne Verbund:
Die Ankerplatten bleiben an den Stirnseiten erhalten und dürfen nicht gelöst werden.

9. Welche Vorteile bieten Spannbetonkonstruktionen ohne Verbund gegenüber allen anderen Stahlbeton- und Spannbetonkonstruktionen?

→

- Die Spannstähle können bei Materialermüdung oder höheren Belastungen nachgespannt werden.

→

510

• Die Spannglieder (z. B. bei einer Brücke) können nach Jahren einzeln nacheinander gegen neue Spannglieder ausgetauscht werden. Da der Beton in der Regel in der Festigkeit noch zugenommen hat, erhält man nach Austausch aller Spannglieder eine neuwertige Brücke, das heißt die Brücke hat aus dieser Sicht eine unbegrenzte Standzeit!

10. Geben Sie die Mindestabstände der Spannglieder an bei
a) Spannbeton mit gleichzeitigem Verbund,
b) Spannbeton mit nachträglichem Verbund.

a) Spannbeton mit gleichzeitigem Verbund:
• vertikal Stabdurchmesser, aber mindestens 10 mm,
• horizontal Stabdurchmesser, aber mindestens 20 mm.
b) Spannbeton mit nachträglichem Verbund:
• vertikal 0,8 · Hüllrohrdurchmesser, aber mindestens 40 mm,
• horizontal 0,8 · Hüllrohrdurchmesser, aber mindestens 50 mm.

11. Wodurch unterscheidet sich beim Spannbeton ohne Verbund das „interne Vorspannen" vom „externen Vorspannen"?

internes Vorspannen:
Die mit Fett gefüllten Hüllrohre, in denen die Spannglieder liegen, befinden sich im Betonquerschnitt.
externes Vorspannen:
Die Hüllrohre mit den Spanngliedern liegen zwar innerhalb des Bauteils, aber in Hohlräumen der Konstruktion, nicht im Festbeton.

16 B

12. Zählen Sie mindestens drei Arten von Spannstählen auf.

• warm gewalzte Stäbe (glatt oder profiliert) mit Durchmessern von 26 … 40 mm,
• vergütete runde Drähte (glatt oder profiliert) mit Durchmessern von 5 … 14 mm,
• kalt gezogene runde Drähte (glatt oder profiliert) mit Durchmessern von 4 … 12 mm,
• Litzen, also 2, 3, 5 oder 7 miteinander verwundende Drähte.

13. Zu welchem Zweck wird am Spannanker die wendelförmige Bewehrung benötigt?

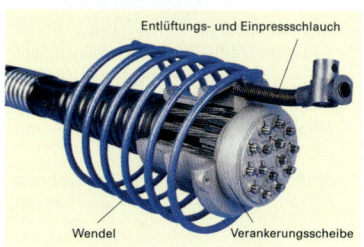

Entlüftungs- und Einpressschlauch

Wendel   Verankerungsscheibe

Bei Spannbeton mit nachträglichem Verbund und ohne Verbund wirken sehr große Zug- und Spaltkräfte am Ende der Bewehrung auf den Festbeton. Dies könnte dazu führen, dass der Festbeton aufgespalten wird. Die wendelförmige Bewehrung verteilt diese Kräfte auf eine größere Fläche und verhindert so das Aufspalten.

14. In welchen Profilformen werden Spannbetonträger hergestellt?

- Rechteckprofil
- T - Profil
- I - Profil

15. Bis zu welchen Längen kann man folgende Träger wirtschaftlich herstellen:
a) Stahlbetonträger,
b) Spannbeton-T-Träger,
c) Spannbeton-I-Träger?

a) bis 15,00 m (max. 20,00 m)
b) bis zu 30,00 m
c) bis zu 40,00 m

16. Eine Brücke aus Spannbeton soll im „Freivorbau" von beiden Ufern aus abschnittsweise hergestellt werden.

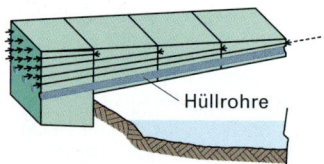

Hüllrohre

Beschreiben Sie den Arbeitsablauf. Erläutern Sie besonders, an welchen Stellen (und zu welchem Zweck) Spannglieder eingebaut werden müssen.

1. Bau der Brücke aus Teilen:
   - Am Ufer wird ein massives Widerlager betoniert, mit ausreichend Spannkanälen in verschiedenen Höhen.
   - Das erste frei tragende Segment wird eingeschalt, bewehrt und mit Spanngliedern im oberen Plattenbereich versehen.
   - Nach der Erhärtung (vor dem Ausschalen) wird die Spannbewehrung am Widerlager auf Vorspannung gebracht, wodurch das erste Segment als Kragplatte am Widerlager hängt.
   - Das zweite und jedes folgende Segment bis zur Mitte (ebenso auf der anderen Seite) wird ebenso hergestellt, sodass die Brückenhälften als lange Kragplatten an den Widerlagern angespannt sind.

512

2. Herstellen des Gesamttragwerkes:
- Nachdem die Brückenhälften in der Mitte verbunden worden sind, wird die Haupttragbewehrung eingezogen.
- Im unteren Plattenbereich wurden Hüllrohre von einem Widerlager bis zum anderen mit eingebaut – durch diese werden jetzt lange Spannglieder eingezogen und an einem Widerlager verankert.
- Am anderen Ufer werden die Spannglieder mit hydraulischen Pressen gezogen, auf Vorspannung gebracht und mit Ankerplatten gesichert.
- Bei Spannbeton mit nachträglichem Verbund werden jetzt die Hüllrohre mit Einpressmörtel ausgepresst.
- Nach der Erhärtung des Mörtels trägt die Brücke als Gesamtbauwerk.

Lernfeld 16 B
Fachmathematik

16 B

**1. Eine Spannbetonplatte soll hergestellt werden.
Es sollen 12 mm Spannstähle im Abstand von 8 cm eingebaut werden, der Randabstand soll beidseitig mindestens 10 cm betragen.**

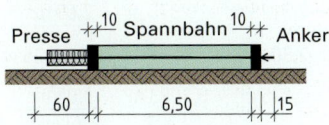

**a) Wie viele Stähle sind einzubauen?
Legen Sie die Anordnung der Stähle fest.**

a) Anzahl der Stähle:
aufzuteilende Breite:
$b = 1,25\ m - 2 \cdot 10\ cm - 1,2\ cm$
$= 1,038\ m$
1 Stahl + 1 Abstand = 9,2 cm
Anzahl: $\dfrac{1,038\ m}{0,092\ m} = 11 + 1$ Stahl zu Beginn,
also werden <u>12 Stähle</u> eingebaut.

Anordnung in der Platte:

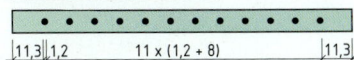

b) Gesamtlänge des Spannstahls:
$l = (0,15\ m + 0,10\ m + 6,50\ m + 0,10\ m + 0,60\ m) \cdot 12$
$l = \underline{89,40\ m}$

b) Berechnen Sie die Gesamtlänge des benötigten Spannstahls einschließlich der Verankerungs- und Zuglängen (siehe Bild auf der vorherigen Seite).

c) Wie schwer ist der so verbaute Spannstahl (Rohdichte 7,85 kg/dm³)?

d) Wie viel % des Spannstahls sind nach dem Ausschalen Verschnitt?

e) Wie viel Beton wird für die Platte benötigt?

c) Masse des Spannstahls:

$$V = \frac{\pi}{4} \cdot d^2 \cdot l$$

$V = 0{,}785 \cdot (0{,}12 \text{ dm})^2 \cdot 894 \text{ dm}$

$V = 10{,}11 \text{ dm}^3$

$m = 10{,}11 \text{ dm}^3 \cdot 7{,}85 \text{ kg/dm}^3$

$m = \underline{\underline{79{,}3 \text{ kg}}}$

d) Verschnitt:

in der Platte eingebaut (100 %) sind:

$l = 12 \cdot 6{,}50 \text{ m} = 78{,}00 \text{ m}$

verbaut wurden einschließlich Verschnitt:

$l = 89{,}40 \text{ m}$

$$\frac{100 \%}{78{,}00 \text{ m}} = \frac{x \%}{89{,}40 \text{ m}}$$

$$x \% = \frac{100 \% \cdot 89{,}40 \text{ m}}{78{,}00 \text{ m}}$$

$x \% = 114{,}6 \%$

Also sind $\underline{14{,}6 \% \text{ Verschnitt}}$ angefallen.

e) Beton:

$V = l \cdot b \cdot h$

$V = 6{,}50 \text{ m} \cdot 1{,}25 \text{ m} \cdot 0{,}20 \text{ m}$

$V = \underline{\underline{1{,}625 \text{ m}^3}}$

2. Berechnen Sie für die Platten, die im Fertigteilwerk aus den beiden 8,00 m langen, in der Draufsicht gezeigten Spannbahnen (folgende Seite) geschnitten werden,

a) m³ Beton,

b) m² Deckenplatten,

c) % Verschnitt.

Bahn 1:

a) Beton:

$V = l \cdot b \cdot h = 8{,}00 \text{ m} \cdot 1{,}25 \text{ m} \cdot 0{,}20 \text{ m}$

$\quad = \underline{\underline{2{,}000 \text{ m}^3}}$

b) Deckenplatten:

$A_1 = 1{,}85 \text{ m} \cdot 1{,}25 \text{ m} + \frac{2}{3} \cdot 0{,}45 \text{ m} \cdot 1{,}25 \text{ m}$

$A_1 = 2{,}3125 \text{ m}^2 + 0{,}375 \text{ m}^2 = \underline{2{,}69 \text{ m}^2}$

$A_2 = 2{,}30 \text{ m} \cdot 1{,}25 \text{ m} + \frac{2}{3} \cdot 0{,}25 \text{ m} \cdot 1{,}25 \text{ m}$

$A_2 = 2{,}875 \text{ m}^2 + 0{,}2083 \text{ m}^2 = \underline{3{,}08 \text{ m}^2}$

$A_3 = 2{,}55 \text{ m} \cdot 1{,}25 \text{ m} + \frac{2}{3} \cdot 0{,}10 \text{ m} \cdot 1{,}25 \text{ m}$

$A_3 = 3{,}1875 \text{ m}^2 + 0{,}0833 \text{ m}^2 = \underline{3{,}27 \text{ m}^2}$

$A_{gesamt} = A_1 + A_2 + A_3 = 2{,}69 \text{ m}^2$

$\qquad\qquad + 3{,}08 \text{ m}^2 + 3{,}27 \text{ m}^2$

$A_{gesamt} = \underline{\underline{9{,}04 \text{ m}^2}}$

514

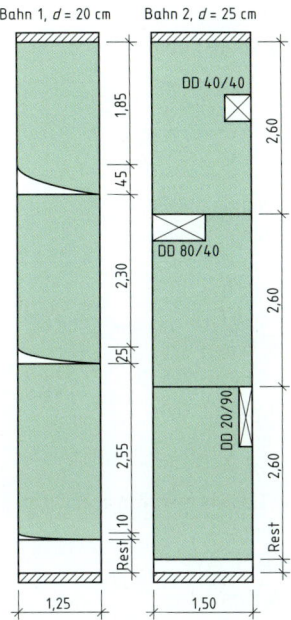

Bahn 1, $d = 20$ cm Bahn 2, $d = 25$ cm

DD 40/40
1,85
45
DD 80/40
2,30
25
DD 20/90
2,55
Rest 10
Rest
1,25 1,50

2,60
2,60
2,60

c) Verschnitt:
$A_{Bahn} = 1,25$ m $\cdot 8,00$ m $= 10,00$ m^2

$\dfrac{100\,\%}{9,04\text{ m}^2} = \dfrac{x\,\%}{10,00\text{ m}^2}$

$x\,\% = \dfrac{100\,\% \cdot 10,00\text{ m}^2}{9,04\text{ m}^2}$

$x\,\% = 110,62\,\%$

Also sind 10,62 % Verschnitt angefallen.

Bahn 2:
a) Beton:
$V = l \cdot b \cdot h = 8,00$ m $\cdot 1,50$ m $\cdot 0,25$ m
$= \underline{3,00\text{ m}^3}$

b) Deckenplatten:
$A_1 = 2,60$ m $\cdot 1,50$ m $- 0,40$ m $\cdot 0,40$ m
$A_1 = 3,90$ m$^2 - 0,16$ m$^2 = \underline{3,74\text{ m}^2}$
$A_2 = 2,60$ m $\cdot 1,50$ m $- 0,40$ m $\cdot 0,80$ m
$A_2 = 3,90$ m$^2 - 0,32$ m$^2 = \underline{3,58\text{ m}^2}$
$A_3 = 2,60$ m $\cdot 1,50$ m $- 0,20$ m $\cdot 0,90$ m
$A_3 = 3,90$ m$^2 - 0,18$ m$^2 = \underline{3,72\text{ m}^2}$
$A_{gesamt} = A_1 + A_2 + A_3 = 3,74$ m^2
$\qquad\qquad + 3,58$ m$^2 + 3,72$ m^2
$A_{gesamt} = \underline{11,04\text{ m}^2}$

c) Verschnitt:
$A_{Bahn} = 1,50$ m $\cdot 8,00$ m $= 12,00$ m^2

$\dfrac{100\,\%}{11,04\text{ m}^2} = \dfrac{x\,\%}{12,00\text{ m}^2}$

$x\,\% = \dfrac{100\,\% \cdot 12,00\text{ m}^2}{11,04\text{ m}^2}$

$x\,\% = 108,7\,\%$

Also sind 8,7 % Verschnitt angefallen.

3. Im Fertigteilwerk sind 2 Spann-bahnen b = 75 cm, d = 20 cm, l = 60,00 m und 1 Spannbahn b = 1,00 m, d = 25 cm und l = 50,00 m zu betonieren. Ermitteln Sie das dazu erforder-liche Betonvolumen.

$V_1 = 2 \cdot l \cdot b \cdot h$
$V_1 = 2 \cdot 60,00$ m $\cdot 0,75$ m $\cdot 0,20$ m
$V_1 = \underline{18,000\text{ m}^3}$
$V_2 = l \cdot b \cdot h$
$V_2 = 50,00$ m $\cdot 1,00$ m $\cdot 0,25$ m
$V_2 = \underline{12,500\text{ m}^3}$
$V_{gesamt} = V_1 + V_2 = \underline{30,500\text{ m}^3}$

4. **Für die dargestellte Decke sollen die Deckenplatten (Dicke *d* = 20 cm) im Fertigteilwerk hergestellt werden.**

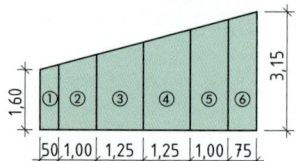

a) **Berechnen Sie die Zuschnittlängen der Platten jeweils an der rechten und linken Seite.**
b) **Wie schwer sind die einzelnen Deckenplatten (Rohdichte Beton 2,3 kg/dm³)?**
c) **Wie schwer ist die gesamte Ladung?**

a) Längen:

$l_{1, \text{links}} = \underline{1{,}60 \text{ m}}$

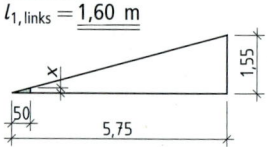

$$\frac{\text{Gesamtlänge}}{\text{Gesamtbreite}} = \frac{\text{Teillänge}}{\text{Teilbreite}}$$

$$\frac{1{,}55 \text{ m}}{5{,}75 \text{ m}} = \frac{x}{0{,}50 \text{ m}}$$

$$x = \frac{1{,}55 \text{ m} \cdot 0{,}50 \text{ m}}{5{,}75 \text{ m}} = 0{,}135 \text{ m}$$

$l_{1, \text{rechts}} = 1{,}60 \text{ m} + 0{,}135 \text{ m} = \underline{1{,}735 \text{m}}$

$l_{2, \text{links}} = \underline{1{,}735 \text{ m}}$

$$x = \frac{1{,}55 \text{ m} \cdot 1{,}00 \text{ m}}{5{,}75 \text{ m}} = 0{,}27 \text{ m}$$

$l_{2, \text{rechts}} = 1{,}735 \text{ m} + 0{,}27 \text{ m} = \underline{2{,}005 \text{ m}}$

$l_{3, \text{links}} = \underline{2{,}005 \text{ m}}$

$$x = \frac{1{,}55 \text{ m} \cdot 1{,}25 \text{ m}}{5{,}75 \text{ m}} = 0{,}337 \text{ m}$$

$l_{3, \text{rechts}} = 2{,}005 \text{ m} + 0{,}337 \text{ m} = \underline{2{,}342 \text{ m}}$

$l_{4, \text{links}} = \underline{2{,}342 \text{ m}}$

$l_{4, \text{rechts}} = 2{,}342 \text{ m} + 0{,}337 \text{ m} = \underline{2{,}679 \text{ m}}$

$l_{5, \text{links}} = \underline{2{,}679 \text{ m}}$

$l_{5, \text{rechts}} = 2{,}679 \text{ m} + 0{,}27 \text{ m} = \underline{2{,}949 \text{ m}}$

$l_{6, \text{links}} = \underline{2{,}949 \text{ m}}$

$$x = \frac{1{,}55 \text{ m} \cdot 0{,}75 \text{ m}}{5{,}75 \text{ m}} = 0{,}202 \text{ m}$$

$l_{6, \text{rechts}} = 2{,}949 \text{ m} + 0{,}202 \text{ m} = \underline{3{,}15 \text{ m}}$

b) Masse der Deckenplatten:

$$V = \frac{l_{\text{links}} + l_{\text{rechts}}}{2} \cdot b \cdot d$$

$$V_1 = \frac{1{,}60 \text{ m} + 1{,}735 \text{ m}}{2} \cdot 0{,}50 \text{ m} \cdot 0{,}20 \text{ m}$$

$$= 0{,}167 \text{ m}^3$$

$$m_1 = V_1 \cdot 2{,}3 \text{ t/m}^3 = \underline{0{,}384 \text{ t}}$$

$$V_2 = \frac{1,735\,\text{m} + 2,005\,\text{m}}{2} \cdot 1,00\,\text{m} \cdot 0,20\,\text{m}$$
$$= 0,374\,\text{m}^3$$
$$m_2 = V_2 \cdot 2,3\,\text{t/m}^3 = \underline{\underline{0,860\,\text{t}}}$$
$$V_3 = \frac{2,005\,\text{m} + 2,342\,\text{m}}{2} \cdot 1,25\,\text{m} \cdot 0,20\,\text{m}$$
$$= 0,543\,\text{m}^3$$
$$m_3 = V_3 \cdot 2,3\,\text{t/m}^3 = \underline{\underline{1,250\,\text{t}}}$$
$$V_4 = \frac{2,342\,\text{m} + 2,679\,\text{m}}{2} \cdot 1,25\,\text{m} \cdot 0,20\,\text{m}$$
$$= 0,628\,\text{m}^3$$
$$m_4 = V_4 \cdot 2,3\,\text{t/m}^3 = \underline{\underline{1,444\,\text{t}}}$$
$$V_5 = \frac{2,679\,\text{m} + 2,949\,\text{m}}{2} \cdot 1,00\,\text{m} \cdot 0,20\,\text{m}$$
$$= 0,563\,\text{m}^3$$
$$m_5 = V_5 \cdot 2,3\,\text{t/m}^3 = \underline{\underline{1,294\,\text{t}}}$$
$$V_6 = \frac{2,949\,\text{m} + 3,150\,\text{m}}{2} \cdot 0,75\,\text{m} \cdot 0,20\,\text{m}$$
$$= 0,457\,\text{m}^3$$
$$m_6 = V_6 \cdot 2,3\,\text{t/m}^3 = \underline{\underline{1,052\,\text{t}}}$$

c) Gesamtmasse der Ladung:
$$m_{gesamt} = 0,384\,\text{t} + 0,860\,\text{t} + 1,250\,\text{t}$$
$$+ 1,444\,\text{t} + 1,295\,\text{t} + 1,051\,\text{t}$$
$$m_{gesamt} = \underline{\underline{6,284\,\text{t}}}$$

5. **Ein Hallenbinder (siehe Bild auf der folgenden Seite) ist zu lang, um ihn auf die Baustelle zu transportieren. Daher soll er vor Ort aus 3 Fertigteilen zusammengespannt und danach auf die Hallenstützen versetzt werden (Spannbeton mit nachträglichem Verbund).**
Zu diesem Zweck sind im unteren Teil des Binders jeweils 3 Hüllrohre (Durchmesser 80 mm) angeordnet, durch die je ein Spannstahl (Durchmesser 36 mm) eingezogen werden soll.

→

a) Masse Spannstahl:
$$A = \frac{\pi}{4} \cdot d^2$$
$$A = 0,785 \cdot (0,36\,\text{dm})^2$$
$$A = 0,101736\,\text{dm}^2$$
$$V = A \cdot l$$
$$V = 0,101736\,\text{dm}^2 \cdot 496\,\text{dm}$$
$$V = 50,461\,\text{dm}^3$$
$$m = V \cdot 7,85\,\text{kg/dm}^3$$
$$m = \underline{\underline{396\,\text{kg}}}$$
Jeder Spannstahl wiegt 396 kg.

→

16 B

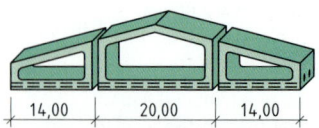

14,00   20,00   14,00

a) Wie schwer ist ein Spannstahl, wenn für die Zugarbeiten und Verankerungslängen noch 1,60 m zugerechnet werden müssen (Rohdichte Stahl 7,85 kg/dm³)?

b) Ermitteln Sie das Volumen des Verpressmörtels, das in die Hohlräume eingebracht werden muss.

c) Ein Sack Verpressmörteltrockenmischung (25 kg ≙ 20 L) ergibt beim Anmischen 16 L Verpressmörtel. Auf einer Palette sind 20 Sack Trockenmischung. Wie viele Paletten sind pro Hallenbinder zu bestellen?

6. Berechnen Sie die Masse der drei Träger (Rohdichte Stahlbeton 2,3 kg/dm³):
a) Stahlbeton, l = 15,00 m

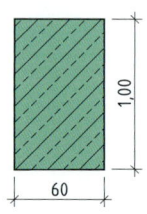

1,00

60

b) Volumen Verpressmörtel:

$A = \dfrac{\pi}{4} \cdot d^2$ — Stahlquerschnitt

$A = 0,785 \cdot (0,8\ dm)^2 - 0,101736\ dm^2$

$A = 0,400664\ dm^2$

$V = 3 \cdot (A \cdot l)$

$V = 3 \cdot (0,400664\ dm^2 \cdot 480\ dm)$

$V = \underline{576,956\ dm^3}$

c) Paletten für 1 Hallenbinder:

$\text{Anzahl Säcke} = \dfrac{577\ dm^3}{16\ dm^3/\text{Sack}} = 36,06$

$\rightarrow \underline{37\ Sack}$

Also müssen für die Montage jeden Hallenbinders zum Verpressen 2 Paletten Verpressmörtel bestellt werden.

a) Stahlbeton, l = 15,00 m:

$A = b \cdot h = 0,60\ m \cdot 1,00\ m$

$A = 0,60\ m^2$

$V = A \cdot l = 0,60\ m^2 \cdot 15,00\ m$

$V = 9,000\ m^3$

$m = V \cdot 2,3\ t/m^3$

$m = \underline{20,700\ t}$

b) Spannbeton, l = 25,00 m

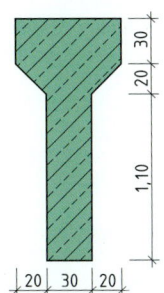

c) Spannbeton, l = 35,00 m

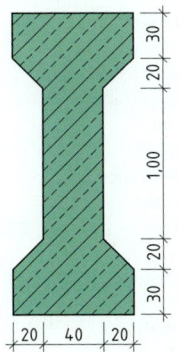

b) Spannbeton, l = 25,00 m:
$A_1 = 0,30 \text{ m} \cdot 0,70 \text{ m} = 0,21 \text{ m}^2$
$A_2 = 2 \cdot \dfrac{0,20 \text{ m} \cdot 0,20 \text{ m}}{2} = 0,04 \text{ m}^2$
$A_3 = 1,30 \text{ m} \cdot 0,30 \text{ m} = 0,39 \text{ m}^2$
$A_{gesamt} = 0,21 \text{ m}^2 + 0,04 \text{ m}^2 + 0,39 \text{ m}^2$
$A_{gesamt} = 0,64 \text{ m}^2$
$V = A \cdot l = 0,64 \text{ m}^2 \cdot 25,00 \text{ m}$
$V = 16,000 \text{ m}^2$
$m = V \cdot 2,3 \text{ t/m}^3$
$m = \underline{\underline{36,800 \text{ t}}}$

c) Spannbeton, l = 35,00 m:
$A_1 = 2 \cdot (0,30 \text{ m} \cdot 0,80 \text{ m}) = 0,48 \text{ m}^2$
$A_2 = 4 \cdot \dfrac{0,20 \text{ m} \cdot 0,20 \text{ m}}{2} = 0,08 \text{ m}^2$
$A_3 = 1,40 \text{ m} \cdot 0,40 \text{ m} = 0,56 \text{ m}^2$
$A_{gesamt} = 0,48 \text{ m}^2 + 0,08 \text{ m}^2 + 0,56 \text{ m}^2$
$A_{gesamt} = 1,12 \text{ m}^2$
$V = A \cdot l = 1,12 \text{ m}^2 \cdot 35,00 \text{ m}$
$V = 39,200 \text{ m}^3$
$m = V \cdot 2,3 \text{ t/m}^3$
$m = \underline{\underline{90,160 \text{ t}}}$

16 B

Sachwortverzeichnis

Notizen

Notizen